QUAND L'EUROPE
PARLAIT FRANÇAIS

DU MÊME AUTEUR

Édition des *Mémoires de Henri de Campion*, Mercure de France, 1967, rééd. 1991.

L'Âge de l'éloquence : rhétorique et « res literaria » de la Renaissance au seuil de l'époque classique, Genève, Droz, 1980 ; rééd. Albin Michel, 1994.

Édition des *Fables* de La Fontaine, Imprimerie nationale, 1985 ; rééd. La Pochothèque, Hachette, 1995.

Héros et orateurs, rhétorique et dramaturgie cornéliennes, Genève, Droz, 1990 ; 2e éd. revue et corrigée, 1996.

L'État culturel. Une religion moderne, Éditions de Fallois, 1991 ; rééd. Le Livre de Poche, Hachette, 1992.

La diplomatie de l'esprit, Paris, Hermann, 1995.

L'École du silence, le sentiment des images au XVIIe siècle, Paris, Flammarion, 1995.

Le loisir lettré à l'âge classique (avec d'autres auteurs), Genève, Droz, 1996.

Le Poète et le Roi, Jean de La Fontaine en son siècle, Éditions de Fallois, 1997 ; rééd. Le Livre de Poche, Hachette, 1999.

Nicolas Poussin, Sainte Françoise Romaine, Réunion des Musées nationaux, 2001.

La Querelle des Anciens et des Modernes, en coll. avec A.-M. Lecoq, Folio classique, 2001.

MARC FUMAROLI

de l'Académie française

QUAND L'EUROPE
PARLAIT FRANÇAIS

Éditions de Fallois

PARIS

ISBN 2-87706-426-3

Pour Liliane de Rothschild,
mémoire vivante et généreuse
de l'Europe française.

« Gustave III, l'abbé Galiani, Grimm, le prince de Ligne, le marquis Caraccioli, tous les gens d'esprit qui ont aperçu en France cette perfection passagère de la société n'ont cessé de l'adorer. Tant qu'on ne fera pas de tous les hommes des anges, ou des gens passionnés pour le même objet comme en Angleterre, ce qu'ils auront de mieux à faire pour se plaire sera d'être Français comme on l'était dans le salon de Mme du Deffand. »

STENDHAL, *Histoire de la peinture en Italie*

PRÉFACE

Ce livre est une promenade au hasard de rencontres entre Français et étrangers, dans un XVIIIe siècle où les Français sont partout chez eux, où Paris est la seconde patrie de tous les étrangers, et où la France est l'objet de la curiosité générale des Européens.

Le siècle des Lumières commence en 1713-1714, avec la signature des traités d'Utrecht et de Rastadt qui sauve l'essentiel des positions de la France en Europe. Il s'achève en 1814, avec l'entrée des Alliés à Paris et la chute de l'Empire napoléonien. Chemin faisant, on croisera ses générations successives et les principaux événements qui les ont marquées. On fera aussi un voyage à travers l'Europe d'alors, et ses différentes capitales : on partira de Paris et de Versailles, et on y reviendra souvent, mais on se retrouvera aussi à Londres, à Rome, à Berlin, à Dresde, à Vienne, à Saint-Pétersbourg, à Varsovie d'où l'on garde les yeux fixés sur Paris et sur Versailles comme si l'on y était.

Le siècle qui a cru au bonheur sur la terre

Partout on rencontrera cette disposition à la joie qu'on appelle les Lumières, et qui fait de ce siècle français l'un des plus optimistes que l'histoire du monde ait connus. Par un conservatisme remarquable, et peu remarqué, les États-Unis d'Amérique, fils du XVIIIe siècle et son immense « lieu de mémoire », en portent encore aujourd'hui la marque euphorique, naïve et « jeune », à jamais effacée en Europe après la Terreur de 1792-1794. Les

Lumières françaises ? Un dégel du sacré, une religion poignante et profane du bonheur et de l'instant de grâce, et dont la Jérusalem céleste est à Paris. Parfois quiétiste, parfois militante, avec son haut et bas clergé, ses fidèles, ses libertins, ses tartuffes, elle fut persécutée à Paris même par ses propres hérésies dont le dogme féroce a été mis en lumière par Chateaubriand : « Au fond de ces divers systèmes, repose un remède héroïque, avoué ou sous-entendu, on n'hésite que sur le moment de l'application : ce remède est de tuer. Il est simple, se comprend à merveille, et se rattache à cette sublime Terreur, laquelle, d'affranchissement en affranchissement, nous a traqués dans les fortifications de Paris : massacrez sans faiblesse tout ce qui empêche le genre humain d'avancer » [1].

Les guerres du XVIIIe siècle n'ont certainement pas été des « guerres en dentelles », mais elles eurent lieu entre armées de métier, et leurs batailles ne furent jamais que la diplomatie continuée par d'autres moyens. Rien de comparable ni à la « première guerre mondiale » des années 1701-1715, ni à la seconde, déclenchée pendant la Révolution française, et qui ne s'acheva qu'en 1815, à Waterloo, ni à plus forte raison avec les guerres totales d'anéantissement de l'ennemi qui ont commencé en 1914. Les soixante-dix années de paix et de prospérité, très relatives et inégales selon les lieux, interrompues à plusieurs fois par des conflits localisés, que connut l'Europe au XVIIIe siècle, sont à tous égards exceptionnelles sur le fond continu, sombre et tragique de l'histoire européenne. Elles ont encouragé toutes les facultés raisonnables et déraisonnables de bonheur et d'espérance sur la terre dont étaient pourvus les Européens, et avec une *furia* singulière, les Français, à se gonfler et se balancer dans les nues d'un avenir toujours meilleur, comme les ballons remplis de gaz chaud des frères Montgolfier que les sujets de Louis XVI ne se lassaient pas de voir s'élever dans les airs et s'éloigner avec le vent. Le catholicisme, malgré les résistances jansénistes, le protestantisme et le judaïsme eux-mêmes prirent les couleurs flatteuses d'un paradis prochain que l'on voit encore, à la lumière de leurs hautes fenêtres vitrées, dans l'ornementation des églises, des temples et des synagogues « rocaille ».

Partout, dans cette Europe qui croit connaître un âge d'or, ou

---

1. *Mémoires d'outre-tombe*, éd. J.-C. Berchet, Garnier, 1998, t. II, p. 583-584.

qui le croit imminent, on rencontre des ambassadeurs de profession, des agents ou intermédiaires secrets ou à temps partiel, des gens du monde et du grand monde qui trouvent tout naturel de baigner dans un champ magnétique alimentant de son électricité l'immense et fin réseau ininterrompu de négociations diplomatiques dont ils détiennent un des fils : cette incessante activité négociatrice est le principe de l'harmonie relative, fragile, sensitive, mais somme toute réelle et bénéfique, qui prévient alors l'Europe contre toute explosion majeure. Versailles, centre nerveux de ce réseau, s'offre alors le luxe de deux diplomaties, l'une officielle, conduite par le ministre en place des Affaires étrangères, l'autre clandestine, et doublant l'autre : le Secret du roi.

Gens de lettres, artistes, musiciens, « virtuoses » du marché des antiquités et des œuvres d'art, souvent en route d'une capitale à l'autre, souvent en correspondance avec les princes et les souverains, se révèlent toujours, à y regarder de près, tantôt des collaborateurs conscients d'une négociation amorcée, tantôt des catalyseurs sans le savoir de relations diplomatiques, stabilisées et/ou en voie de réchauffement, entre deux cours. La République des Lettres est l'un des vastes filets qui sous-tendent l'intrigue générale. Son « roi » Voltaire, quand il séjourne à Berlin ou à Potsdam, est un intermédiaire de grand choix et toujours disponible entre Versailles et le roi de Prusse. La République des Arts ne demeure pas en reste. Le retour des comédiens italiens à Paris, demandé par le Régent au duc de Modène dès 1716, est un signal de paix adressé à l'Europe. Le séjour d'un peintre ou d'un sculpteur français à Stockholm est le gage d'un resserrement d'alliance entre la France et une Suède toujours menacée par Saint-Pétersbourg.

La distinction tranchée que nous sommes tentés de faire aujourd'hui entre « culture » et « diplomatie » fait obstacle à la compréhension d'un XVIIIᵉ siècle où la diplomatie imprègne tout, parce que ce siècle a recherché passionnément une paix civilisée qu'il savait fragile ; il avait compris que seule une diplomatie ininterrompue, du genre de celle qui avait mis fin en 1648 à la guerre de Trente Ans et réussi les traités de Westphalie, pouvait tenir la gageure de respecter l'inévitable diversité européenne, tout en la ramenant sans cesse vers la paix ; il savait aussi que le chef-d'œuvre de l'esprit humain, le compromis entre passions et intérêts opposés, est apparenté en profondeur aux Belles-Lettres et aux Beaux-Arts, fruits et ornements de la paix. C'est cette conspiration générale des esprits, dont les fils sont si nombreux qu'ils défient la description et l'analyse, qui fut totalement déconcertée et en grande partie démantelée par l'extrémisme de la Révolution française, inconcevable et paralysante pour des hommes accoutumés à la modération et à la conciliation. L'ancienne diplomatie tentera néanmoins, autour de Talleyrand et de Metternich au Congrès de Vienne, de se reconstituer comme système nerveux de l'équilibre européen. Ce que le XIXe siècle a eu de fécond est né de ce parti pris de prudence que même un Bismarck, évitant d'abîmer trop gravement la France vaincue en 1870, faisait sien, et qui a définitivement sombré dans l'hystérie nationaliste de 1914.

Têtes couronnées

Partout aussi, dans l'Europe éprise de bonheur et de paix qui se dessine à l'arrière-plan de ce livre, on rencontrera ce que notre mémoire démocratique s'efforce d'oublier, de hautes figures d'une aristocratie qui, sans renier ses origines et sa vocation militaire, s'est convertie aux mœurs et aux arts de la paix, qui en a pris la tête et qui en donne l'exemple. Quelques-unes de ces figures sont couronnées : elles sont issues de dynasties régnantes dont les alliances dessinent à travers l'Europe un autre réseau, familial celui-là, dont on ne saurait surestimer le *liant*, même si l'on est tenté après coup de faire porter l'accent sur les germes de conflit que sont les rivalités dynastiques, les querelles de succession, les mariages manqués.

L'Europe des Lumières, affaire de familles ? Pour nous la famille, c'est Œdipe, Étéocle et Polynice. Mais le XVIIIe siècle ne remonte pas aussi volontiers que nous à l'Antiquité thébaine. Les mœurs de cour adoucies par de longs siècles de christianisme croient alors avoir prévalu sur la terreur de la tragédie grecque. On ne veut pas entendre parler des assassinats de tsarévitchs et de tsars à Moscou et à Saint-Pétersbourg : la diplomatie européenne, les yeux fixés sur les familles royales française, anglaise, autrichienne, fait fonds sur le terrain très humainement affectif des cousinages et des noces, indemne de tout tranchant idéologique ou passionnel, pour faciliter des rapprochements féconds ou pour cicatriser les plaies de conflits qui, sans cet onguent familial, seraient restées ouvertes et purulentes. En ce sens le « Pacte de Famille » conclu par Choiseul en 1761 pour réunir les différentes branches de la dynastie de Bourbon, puis complété en 1770 par le mariage du dauphin et de Marie-Antoinette d'Autriche, qui réconciliait les deux grandes familles « ennemies héréditaires », Bourbon et Habsbourg, est le chef-d'œuvre d'un art diplomatique qui croit aux dénouements heureux de romans et de contes de fées. Subsidiairement, l'équilibre interne du Saint-Empire romain germanique et son insertion en Europe reposent sur un arbre généalogique hercynien, dont les branchages s'étendent à l'Angleterre, aux pays scandinaves et à la Russie, ce qui ne suffit pas à prévenir ni à contenir le machiavélisme de Frédéric II, ni le partage d'une victime expiatoire, la Pologne, mais qui n'en offre pas moins au jeu diplomatique matière à manœuvres subtiles et apaisantes que la hache de Napoléon, puis celle de Clemenceau, rendront certes plus simples, rationnelles et « transparentes », mais au prix de créer un enchaînement de haines inexpiables.

Princes, maréchaux et gentilshommes

L'aristocratie couronnée ne règne pas seule. Elle est inséparable d'une aristocratie de cour et de ville qu'on a eu beau jeu de caricaturer rétrospectivement et en bloc, sous les traits d'une féodalité tardive ou d'une vampirique classe de loisir. Elle se bat, elle reste guerrière, et elle paye lourdement l'impôt du sang. De ses rangs sortent de grands généraux et maréchaux, et cela restera encore vrai dans la France de la Révolution et de l'Empire. Convertie depuis la Renaissance au savoir vivre en temps de paix, elle a été au XVIIIe siècle, de tous les publics des Lumières, peut-être celui qui leur a été le plus perméable et le plus généreusement acquis. Rousseau, protégé par Malesherbes et par le prince de Conti, hôte du maréchal de Luxembourg et du marquis de Girardin, a trouvé de surcroît son disciple le plus doué chez un jeune aristocrate, Chateaubriand. Si la « révolution » américaine a rencontré tant de sympathies en Europe, si la Révolution française, dans ses deux premières années, a soulevé un enthousiasme général qui a empêché d'apercevoir vers quelle dérive elle s'orientait déjà, c'est que la bonne volonté réformatrice et progressiste des Lumières, l'esprit de croisade en faveur du bien contre le mal superstitieux et despotique étaient partagés par les plus grands noms de l'aristocratie française, et répandus à son exemple dans les aristocraties continentales, éduquées par des précepteurs

« éclairés », et nourries de lectures « philosophiques » venues de Paris. Les propos du prince royal de Suède à son ancien précepteur le comte Scheffer, en 1767, donnent une idée du « politiquement correct » qui lui avait été inculqué, et dont le futur Gustave III commence à se méfier un peu :

« Les jésuites conspirent en Espagne, et en Portugal, pour former une monarchie, non en honneur de Dieu, mais pour assouvir leurs propres ambitions. Ils sont chassés de l'Espagne et du Portugal, on y continue de soutenir l'Inquisition et le P. Malagrida est condamné comme hérétique et non comme régicide. En France, ils sont bannis, mais on y brûle *Bélisaire* et Jean Calas. On y traite Rousseau en criminel et l'on y défend *L'Encyclopédie*. Les jésuites pourront être anéantis, leur institut aboli, mais il y aura de nouvelles erreurs qui prendront la place des anciennes, et des horreurs égales faites pour d'autres motifs feront regretter peut-être les anciennes. Espérer de chasser la superstition, et de corriger la méchanceté des hommes, c'est, je crois, chercher la pierre philosophale ; tant qu'ils vivront en société, qu'ils auront des passions et des intérêts différents, ils seront méchants et cruels. Il est beau de tenter de les corriger, il est presque impossible d'y réussir »[1].

On ne comprend pas l'audace ni l'écho du combat de Voltaire contre « l'Infâme » si l'on ne voit pas que le seigneur de Ferney savait pouvoir compter sur la sympathie de la noblesse d'épée française, par définition laïque, galante, libre dans ses mœurs, et que la Querelle jansénistes-jésuites avait rendue encore plus dédaigneuse que nature envers le joug clérical et la morale de sacristie. Autorisant et diffusant la foi des Lumières en des lendemains qui chantent, l'aristocratie française en offrait par son genre de vie et par la forme de société ouverte dont elle donnait l'exemple une sorte d'aperçu immédiat et prometteur. La liberté de mœurs du « vivre noblement » semble elle-même inviter à faire des plaisirs et du bonheur l'horizon d'une humanité délivrée de ses chaînes. L'élégance, la politesse et la douceur des manières semblent préfigurer un monde où la liberté de chacun saurait s'accommoder de l'égalité de tous et où la vivacité des passions particulières saurait ne pas troubler la joie d'être ensemble. De surcroît, artiste de la vie sociale privée, l'aristocratie de ville, et

---

1. Cité dans Gunnar von Proschwitz, *Gustave III par ses lettres*, Norstedts, Stockholm, Paris, Touzot, 1986, p. 44, lettre au comte Scheffer.

ses riches imitateurs, ont su créer dans leurs hôtels et leurs maisons de campagne de véritables académies privées où les différents arts plastiques, le théâtre, la musique, l'art des jardins, les arts de la table, l'orfèvrerie, la joaillerie, la mode vestimentaire concouraient à offrir à l'art de la conversation et à la galanterie un milieu euphorique où les philosophes trempaient leur propre enthousiasme et lui trouvaient un miroir complaisant.

Versailles et Paris

Diplomatie et liberté de mœurs, République des Lettres et des Arts, royauté et aristocratie de cour et de ville, bonne compagnie mêlant gens du monde et gens de lettres, correspondance des arts et des hauts artisanats au service des plaisirs sociaux, Lumières et éducation aux Lumières, sur tous ces registres la France alors est mère et maîtresse incontestée. Le Versailles de Louis XV a reçu en héritage de Louis XIV une tradition d'intelligence diplomatique sans rivale en Europe, au point que ce sont des diplomates d'origine française, tel le comte de Mercy d'Argenteau, qui sont chargés de représenter les cours étrangères, et cela en France même. Les Académies créées ou réformées sous Louis XIV ont transporté à Paris le centre de la République des Lettres, et le grand monde parisien, qui vit en symbiose avec les Académies royales, est devenu le public et l'arbitre de la réputation européenne des livres, comme il est devenu, avec l'institution du Salon, le public et l'arbitre des goûts en peinture et sculpture : sa faveur est le critère de la réputation européenne des artistes. La plus ancienne monarchie d'Europe, qui n'avait jamais eu autant d'autorité que sous Louis XIV, continue sous Louis XV et Louis XVI, avec de sensibles inflexions esthétiques, mais dans le même magnifique rituel, à exercer son droit d'aînesse et à imposer sa supériorité de prestige sur toutes les cours européennes. Une aristocratie nombreuse et éclatante, portant des noms chargés d'histoire qui parlent depuis les croisades à l'imagination de toute l'Europe, fait couronne autour du roi et de la famille royale, dans le plus fabuleux château et domaine jamais construits par un souverain.

À côté de ce théâtre légué par le Grand Siècle est apparu depuis la Régence (1715-1723) une vaste scène multiple dont la vitalité, l'inventivité et le rayonnement hors de France ne doivent rien à la Cour. Paris est alors devenu le laboratoire des charmes de la vie privée, l'aristocratie de ville donne le ton de son urba-

nité à toute l'Europe. Pour servir une clientèle française et internationale, le marché de l'art et du haut artisanat de luxe se
concentre à Paris. C'est là que se sont cristallisés la mode et le
goût « rocaille », décor approprié aux loisirs qu'occupent la vie
de « compagnie », sa conversation, ses lectures, son théâtre de
chambre et de château, ses intrigues amoureuses, son commerce
de lettres, son commentaire de toutes les nouvelles et nouveautés.
Seule la musique échappe à l'hégémonie parisienne. Le français
du XVIIIe siècle est essentiellement un charme de société, une
merveilleuse rhétorique du dialogue. Les arts avec lesquels il
s'accorde le mieux sont les arts visuels, les plus sociaux. Il se
prête moins bien que l'italien ou l'allemand au chant, et sa vocation à l'esprit, mais aussi à l'analyse, l'éloigne, au moins en principe, de l'expression musicale. Malgré le génie de Rameau, et
l'éclat des Concerts spirituels donnés aux Tuileries, la musique
italienne prévaut donc dans le reste de l'Europe. Cette irritante
bizarrerie fait l'objet en France d'une querelle littéraire à rebon-
dissements qui dure tout le siècle.

La presse parisienne, relayée par des gazettes en français
publiées à Amsterdam, à Londres, en Allemagne, se fait la
chambre d'écho de ces émois qui divisent en deux camps la capitale française. Cette presse européenne est aussi, avec l'opinion
parisienne, le juge en dernier ressort des livres et des idées. Parallèlement à la *Gazette de France* qui publie les nouvelles de la vie
publique et de la vie de cour, de nombreux journaux publiés en
français à Paris, à Londres, en Allemagne, une infinité de
brochures et de chansons, font connaître à l'Europe dans le
moindre détail les liaisons et les disputes dont bruisse la « grande
compagnie » parisienne. C'est parmi cette « grande compagnie »,
galaxie où tournent de très nombreuses planètes, que la célébrité
des « philosophes » prospère et s'étend au-delà des frontières,
c'est elle qui met à la mode leurs livres et les fait désirer même et
surtout lorsque le Parlement, la Sorbonne, ou l'Archevêché les
condamnent aux gémonies.

Jusqu'en 1748, grâce à l'entregent du « ministre de la Maison
du roi et de Paris » qu'était, entre autres, le comte de Maurepas,
Versailles avait gardé un contrôle certain, quoique invisible et
discret, sur les « compagnies » parisiennes et leurs gens de lettres
Le château perd la main après la disgrâce de cet habile homme.
L'indépendance frondeuse de la Ville, l'audace provocatrice des
philosophes sûrs des résonateurs dont ils disposent, échappent à
la prudence et à la modération des ministres. Cette fronde de

mots, les conflits à répétition entre les « philosophes » et leurs
censeurs parlementaires ou ecclésiastiques, ne font qu'accroître
l'intérêt et l'amusement des cours et du public étranger,
pas toujours francophiles, pour le caractère polémique de la vie
littéraire, artistique et mondaine de Paris. Chaque nouvelle
« querelle » suscite une nouvelle vague de curiosité, et les souverains étrangers n'hésitent pas à y intervenir. Nul ne vit alors dans
cette agitation permanente une menace pour l'antique monarchie
française. C'était au contraire une raison de plus pour s'attacher
à un royaume capable à la fois de la gloire de la mémoire et de
l'impertinence sarcastique la plus insouciante et effrénée.

Il est évident que personne en Europe, pas même les Anglais
qui avaient toutes les raisons de souhaiter l'affaiblissement de la
France, leur principale rivale sur le continent, n'envisageait qu'une
Révolution, tenue d'abord pour une nouvelle manifestation particulièrement désordonnée de l'esprit frondeur des Parisiens, pût
jeter à bas en quelques mois tous les fondements du royaume, sa
dynastie légitimée par les siècles, son aristocratie qui avait libéré
l'Amérique et pris massivement le parti des Lumières, et même
son Église, certes étrillée par les philosophes, mais dont le clergé,
au témoignage de Burke, était l'un des plus « éclairés » de
l'époque. La stupeur, la désillusion, le désarroi créés par la Terreur
furent à la mesure de la sympathie, de l'admiration, voire de la
fascination qu'avait exercées la France des Lumières. La Terreur
mit en crise, même parmi les plus fervents, les Lumières elles-
mêmes. Les poètes Chénier, Alfieri et Schiller se portèrent à la
défense de Louis XVI. Goethe et Wordsworth se retournèrent
contre la Révolution. Mme de Staël eut beau vouloir isoler les
Lumières de la Méduse qui s'était levée dans leur sillage en 1792-
1794, le XIXe siècle ne cessa plus de méditer avec la noire ironie de
Schopenhauer, de Flaubert et de Dostoïevski, ce Mal absolu qui
avait surgi du sein même de la passion du Bien.

L' « universalité » de la langue française

Par tous les chemins où il entraîne, ce livre nous conduit à la
rencontre d'un XVIIIe siècle qui converse et qui correspond en
français, même lorsqu'il n'est pas francophile. Rivarol, dans les
années d'euphorie inquiétante qui ont précédé la Révolution
française, parlant pompeusement d'universalité de notre langue,
tirait argument de la récente victoire française sur l'Angleterre,

aux côtés des Insurgents américains, pour en conclure que l'anglais n'avait pas d'avenir ! La violence du nationalisme jacobin et l'esprit de conquête du Directoire, du Consulat et de l'Empire déchirèrent largement le voile qui avait fait croire aux Français et à beaucoup d'Européens que la langue du royaume et le royaume lui-même s'identifiaient à l'universalisme humanitaire des Lumières. La Révolution avait éveillé le « génie » des nations, et réveillé en chacune l'amour jaloux de sa propre langue.

Jusqu'en 1789, l'« universalité » toute relative du français, contestée déjà en Angleterre, en Italie, en Allemagne, en Espagne, bénéficia des mêmes puissants vecteurs qui assuraient la prééminence de la monarchie française en Europe : l'autorité et l'intelligence d'un excellent réseau diplomatique, la qualité des traductions de tous les livres européens importants publiées en français à Paris, à Amsterdam, à Londres, le prestige de l'étiquette de la première cour du monde, l'autorité des Académies royales et du Salon de l'Académie de peinture et sculpture ; mais aussi, à la Ville, l'attraction des grandes ventes d'objets d'art et la qualité de leurs experts, l'aimantation exercée de par le monde par une aristocratie urbaine qui portait les loisirs de la vie privée à la hauteur d'un grand art de vivre, servi par des artistes, du premier piqueur de chasse au valet de chiens, du cuisinier au jardinier, du couturier au joaillier, du perruquier au parfumeur, du peintre à l'architecte, du poète de circonstance au philosophe – directeur de conscience et maître à penser, de la ballerine au grand comédien, du dramaturge au romancier, du précepteur à la dame de compagnie, sans compter la gaîté des foires, des fêtes et de la vie quotidienne des rues de Paris, la gentillesse et la joliesse de ses actrices et de ses grisettes.

Tous ces attraits faisaient l'objet d'une publicité indirecte (et d'autant plus pénétrante) par la typographie, la gravure, les journaux, les brochures, les ambassadeurs français dans les cours étrangères et les troupes de théâtre jouant partout le répertoire français, classique ou récent. Comme l'Amérique aujourd'hui, sans recourir au volontarisme d'une « politique culturelle » ou d'une « politique linguistique », la France du XVIIIe siècle et sa langue étaient tout simplement contagieuses et irrésistibles, parce que leur image était celle du peu de bonheur et d'intelligence dont les hommes sont capables au cours de leur bref passage dans la vallée de larmes terrestre. Il est aussi ridicule de croire qu'un Colbert ait jamais imaginé ni prévu ni planifié de longue main la séduction d'une telle image que de supposer aujourd'hui un projet de persuasion occulte du Département d'État visant à imprimer dans l'imagination universelle la *pin-up* America.

Rien n'est si mystérieux dans l'histoire de l'Europe, et maintenant, du monde, que la vocation de certaines langues à l' « universalité ». Le latin de la Rome républicaine et impériale, le grec de l'Empire tardif puis de Byzance, l'italien et l'espagnol de la Renaissance et de la Contre-Réforme, le français du XVIIe et du XVIIIe siècle, projeté sur sa lancée jusqu'en 1914, l'anglais du XXe siècle, ont eu cette vocation, mais chaque fois dans des conditions si différentes, si incompatibles, si incomparables, qu'aucune explication commune ne peut être proposée. La puissance politique et militaire avait depuis longtemps déserté la Grèce, quand la langue grecque s'est imposée comme la *koïnê* de la Méditerranée hellénistique passée sous autorité latine, et comme langue littéraire archaïsante préférée par l'élite impériale romaine. Le français, devenu hégémonique en Europe à partir des traités de Westphalie en 1648, était une langue en elle-même incommode, difficile, aristocratique et littéraire, comme le latin de Cicéron ou le grec de Lucien, inséparable comme ses ancêtres antiques d'un « bon ton » dans les manières, d'une « tenue » en société, et d'une qualité d'esprit, nourrie de littérature, dans la conversation.

C'est bien pourtant cette exigence de *style* qui a fait son prestige universel, alors que l'anglais qui s'impose aujourd'hui dans le monde entier est une langue vernaculaire et technique dispensant de tout *style*, et moins comparable à la *koïnê* de la Méditerranée romaine qu'à la *lingua franca* de la Méditerranée de l'après-Croisades : or c'est bien ce caractère sommaire, commode, élémentaire, passif, ne demandant à ses locuteurs aucun engagement ni dans la manière ni dans la matière de leur parole, qui fait l'essentiel de sa puissance d'attraction. La « transparence » molle de cet anglais global est le contraire de la « clarté » précise et vive que réclamait le français des Lumières, même lorsqu'il était parlé et écrit par Robespierre, dont la tenue était impeccable, les cheveux toujours poudrés de frais, la diction et les manières celles d'un homme de cour. La question se pose : quelle langue au XXIe siècle offrira un idiome civilisé au monde global ?

Système de communication ou banquet des esprits ?

Ce livre n'a pas la moindre prétention de théoriser, ni de défendre une thèse quelconque. Il m'a conduit cependant, au fur et à mesure qu'il s'est déployé, à mieux prendre conscience de l'obstacle qui empêche les Français d'aujourd'hui de comprendre quels sont les vrais atouts de leur propre langue, qu'ils parlent encore, mais distraitement et qu'ils n'osent plus aimer.

D'un côté, les politiques écoutent volontiers les linguistes, qui leur expliquent que le français étant un système de communication, pour que ce système survive dans un monde « en constante mutation », il doit se libérer des normes grammaticales et des scrupules sémantiques hérités d'un autre monde, aristocratique, réactionnaire, littéraire, et qui le mettraient en situation de handicap vis-à-vis de l'américain « global », qu'on juge parfaitement adapté à l'information utilitaire et amplement suffisant à de faux « débats » médiatiques. Place donc à une attitude résolument technique et cependant volontariste qui délivrera enfin de sa vieille précision un néo-français élémentaire et facilitant une communication sommaire. Tel est le discours qui domine impérieusement aujourd'hui parmi nous. La pression d'un enseignement de masse va elle aussi, sans l'avouer, dans le sens d'un idiolecte hexagonal retaillé à la mesure du dialecte global. Or le français a eu beau s'humilier, renoncer aux scrupules envers le franglais (cet été 2001, tous les titres de films et plusieurs titres de romans sont affichés en anglais à Paris), renier sa grammaire, laisser flotter le sens des mots, cette Cendrillon n'est pas devenue pour autant plus attrayante ni plus vivace. Elle a perdu ses amis traditionnels à l'étranger, plus fidèles à Molière, Saint-Simon, Balzac, Baudelaire et Proust qu'attirés par les théories démagogiques de nos modernes conseillers linguistiques du Prince. En France même, le nouveau français ne prétend plus être la colonne vertébrale d'une éducation civilisée, et il a ainsi perdu les titres qu'avait encore l'ancien à tenir tête à l'américain global. C'est aujourd'hui en anglais, dans des revues de livres fidèles à la tradition de la République des Lettres, mais publiées à Londres et à New York, que le dernier mot sur la valeur mondiale des livres et des idées est imprimé et s'impose.

D'un autre côté, on entend d'éloquents discours en faveur d'une sauvegarde francophone dont la doctrine, pour le moins floue, penche nettement du côté d'un néo-français lui-même gélatineux, le plus petit commun dénominateur entre les membres de cette vaste, vague et multiple communauté provinciale.

Cette traversée du XVIIIe siècle avec des étrangers parlant et écrivant le français m'a prouvé le contraire de tout ce qui passe aujourd'hui pour l'évidence politiquement correcte en matière de langue. Si le français, au moment où il a exercé sa plus vive attraction sur un monde exigeant et difficile, a répondu à l'attente des Lumières, ce n'est certainement pas seulement au titre de système de communication. Frédéric II, qui tenait à tort l'allemand pour un tel système, disait qu'il le réservait à ses chevaux et à ses palefreniers, qu'il aimait d'ailleurs beaucoup. Si l'abbé Conti, Francesco Algarotti, Vittorio Alfieri défendaient l'italien, et Walpole l'anglais, contre une hégémonie trop exclusive du français des Lumières, c'est qu'ils jugeaient que leur propre langue n'était pas un système de communication, mais une manière d'être, de penser et de sentir différente de celle des Français, et qu'il leur importait d'habiter d'abord et de préférence la leur. Ils étaient polyglottes et c'est en toute connaissance de cause qu'ils admettaient ou contestaient la prééminence du français. Les plus grands amis de notre langue, qui étaient souvent les plus chauds partisans des Lumières, ne la séparaient pas de l'éducation dont elle était le vecteur, de la littérature sur laquelle elle était gagée, et de tout un art de vivre civilement, voire heureusement, auxquels ne conduisaient pas les systèmes de communication locaux dont se contentaient la plupart de leurs compatriotes. La grammaire française, le lexique du français, dont Voltaire n'avait pas peur de tourner en dérision la relative pauvreté, la syntaxe française, la sémantique exigeante du français, sa versification dont Walpole voyait bien les défauts un siècle avant la « crise du vers » diagnostiquée par Mallarmé, les genres où notre langue excellait, notamment les genres intimes, la lettre, le journal, la poésie de circonstance, les *Mémoires*, et ce genre littéraire oral qu'est la conversation entre amis, tout cet apprentissage difficile avait le sens d'une initiation à une manière exceptionnelle d'être libre et naturel avec autrui et avec soi-même. C'était tout autre chose que de communiquer. C'était entrer « en compagnie ».

Qu'on le veuille ou non, au XXIe siècle comme au XVIIIe siècle, quiconque de par le monde veut secouer la chape de plomb du conformisme et de la communication de masse, quiconque découvre qu'il veut avant de mourir prendre part à une conversation civilisée, image sur cette terre de *nostra conversatio quae est in cœlis*, se met au français, et certainement pas au français dont se contentent les consommateurs du système de communication néo-français et que les publicitaires se sont mis eux-mêmes à dédaigner en lui préférant l'anglais. Un éditeur me disait un jour que le nombre des vrais lecteurs dans un pays comme la France

(il entendait par là ceux qui s'étaient construit une vraie bibliothèque) n'avait pas varié depuis le XVIᵉ siècle : entre 3 et 5 000.
Les variations démographiques et les degrés d'alphabétisation n'y
avaient jamais rien changé. Optimiste, je suis porté à croire par
expérience que le nombre de gens dans le monde actuel capables
d'une vraie conversation en français (ce sont nécessairement aussi
de vrais lecteurs et des détenteurs de bibliothèque), a plutôt
augmenté et qu'il s'est, depuis le XVIIIᵉ siècle, diversifié autour de
la terre. Le nombre des jeunes candidats à ce club n'a pas non
plus diminué. Allez partout dans le monde, au Japon, en Argen-
tine, aux États-Unis, vous y trouverez sans doute moins de menus
en français, moins d'hôtels où l'on vous parle français, moins de
repas d'affaires où l'on discute en français, moins de pesants
colloques où l'on communique dans notre langue, mais vous y
trouverez aujourd'hui, comme sous Louis XV, des artistes de la
conversation française qui ne proviennent ni des canaux francophones ni des écoles Berlitz du néo-français : ils sont passés par
des voies inédites pour participer au banquet des esprits dont la
France a été longtemps l'hôtesse experte, et dont le souvenir ne
s'effacera jamais. Partout, ces honnêtes gens sont d'avance vos
amis, vos confidents, vos correspondants.

C'est dans cette minorité clandestine mondiale, et non plus
dans la minorité visible, splendidement meublée, mais circonscrite à quelques capitales, du banquet des Lumières, que réside
aujourd'hui, à l'insu des statisticiens, des linguistes et des
programmateurs de « novlangues », à l'insu de la plupart des
Français, la vie et l'avenir de leur idiome irremplaçable au titre de
langue littéraire et de langue de la « bonne compagnie ». Le français, langue moderne de la clandestinité de l'esprit ?

1

PARIS À L'AUBE DES LUMIÈRES : L'ABBÉ CONTI ET LE COMTE DE CAYLUS

Le XVIIᵉ siècle s'abîme et disparaît dans le long et terrible conflit que Churchill appelait « la première guerre mondiale », la guerre de Succession d'Espagne. Sur plusieurs fronts, européens et outre-mer, de 1701 à 1714, sur terre et sur mer, les forces de l'empereur Habsbourg coalisé avec l'Angleterre et la Hollande s'opposèrent à la puissante machine de guerre de Louis XIV. Le XVIIIᵉ siècle point et se lève aussitôt que le bruit de négociations secrètes de paix séparée entre la France et l'Angleterre, rendues possibles par l'arrivée au pouvoir à Londres d'un gouvernement tory, commence à se répandre à Paris. La lassitude se déclare des terribles sacrifices et de la tension permanente demandés au royaume de France depuis plus de dix ans par son Grand Roi, lui-même crépusculaire, accablé par de terribles hivers, les défaites de ses généraux et la mort de son fils et de ses petits-fils. L'unique héritier de la branche aînée est un orphelin né fragile en 1710. Le XVIIIᵉ siècle, c'est cet enfant qui prend en 1715 le nom de Louis XV.

Paris s'éveille

Un appétit irrésistible de vie civile, de détente et de bonheur s'empare de Paris. L'élan pris alors traversera les générations jusqu'en 1789.

La capitale française tourne le dos au Quartier général de Versailles et devient une fête sitôt que la paix d'Utrecht est signée avec Londres en 1713, bientôt suivie en 1714 par la paix de

Rastadt avec la Hollande et l'empereur. Le vieux Louis XIV a sauvé l'honneur et les frontières du royaume. Son petit-fils Philippe d'Anjou est reconnu roi d'Espagne par l'Europe. Les atouts de la France, à l'intérieur de la règle du jeu fixé par les traités de Westphalie en 1648, restent intacts. Paris, qui n'avait jamais été sérieusement menacé même aux pires moments de la guerre, se sent en sécurité pour longtemps. Sa réaction en 1792, aux menaces provocatrices du duc de Brunswick, sera d'autant plus hystérique que la Ville se tenait depuis le règne de Louis XIV pour un sanctuaire hors de portée de tout ennemi.

La vie privée prend sa revanche sur les angoisses et les malheurs publics. La duchesse du Maine s'échappant des pompes de Versailles et de Marly, ralliant à elle gens de lettres, poètes et grands seigneurs, donne au château de Sceaux le branle et l'exemple : les résidences de campagne se multiplient soudain aux environs de la capitale. Dès les derniers mois de guerre, les plaisirs de société bruissent dans les parcs et dans les demeures largement ouvertes par de hautes baies sur les pièces d'eau et les jardins : la conversation, la comédie, les divertissements champêtres réinventent la joie de vivre. L'Europe étonnée et impatiente d'imiter observe la subite transformation de la vallée de larmes en un paysage ensoleillé pour fêtes galantes dont le ton est donné par les particuliers, et non plus par la cour du Grand Roi.

Les négociations secrètes en vue de la paix d'Utrecht, de 1711 à 1713, devant passer par des canaux indirects, ont elles-mêmes rendu tout leur sel aux compagnies parisiennes, où se fondent d'abord *incognito* les émissaires anglais, tels Matthew Prior et Henry St John, officiellement ignorés de Versailles, comme le sera longtemps Franklin avant que Vergennes n'ait publiquement reconnu son rang d'ambassadeur. C'étaient les premiers étrangers que l'on revoyait depuis longtemps. La carrière mondaine de Mme de Tencin, libérée à point nommé en 1712 de son couvent de dominicaines cloîtrées, commence dans l'hôtel de sa sœur, Mme de Ferriol, rue Neuve-Saint-Augustin. Elle entre dans le monde en devenant la maîtresse de Matthew Prior, et en s'imposant par son esprit aux hôtes de la rue Neuve-Saint-Augustin : le maréchal d'Uxelles, l'amant en titre de la maîtresse de maison, Vauban, Arthur Dillon, un des plus beaux hommes de son temps, St John et surtout Fontenelle, qui fréquente assidûment la maison bien qu'il soit surtout l'oracle de la compagnie que réunit deux jours par semaine chez elle, rue de Richelieu, la marquise de Lambert. En 1715, Mme de Tencin est au Palais-Royal la maîtresse de maison de l'ancien précepteur du Régent, Guillaume Dubois, qui deviendra cardinal en 1721 et sera nommé Premier ministre en 1722 ; elle a pris alors pour amant un homme de lettres, le chevalier Destouches. L'enfant qu'il lui fit, aussitôt abandonné sur le seuil d'une église, deviendra Jean Le Rond d'Alembert.

Peu à peu sortent des limbes et montent sur le théâtre les acteurs du Paris des Lumières. Rue Neuve-Saint-Augustin, la très belle Circassienne, Mlle Aïssé, ramenée de son ambassade à Constantinople par le comte de Ferriol, et qui deviendra l'héroïne d'une histoire d'amour qui fera pleurer l'Europe, joue encore en 1712-1715 avec les deux fils de la maison, le petit comte d'Argental et son frère Pont-de-Veyle : tous deux resteront leur vie durant des amis très dévoués et les correspondants assidus de Voltaire, leur compagnon d'études au collège Louis-le-Grand.

Déjà au départ du siècle, un goût plus gracieux que le grand goût de Versailles se cherche chez le banquier Pierre Crozat, dont l'hôtel tout neuf achevé en 1706, avec ses vastes jardins, occupe tout le haut de la rue de Richelieu, au pied des remparts, non loin de l'hôtel de Mme de Lambert et du Palais-Royal. Les concerts que donne dans sa maison de campagne de Montmorency ce financier expert en œuvres d'art réunissent à une nuée de gens du monde et de jolies femmes, les peintres Charles de La Fosse et Antoine Watteau, l'arbitre des élégances artistiques Roger de Piles, le jeune expert d'estampes et de dessins Pierre-Jean Mariette, et des antiquaires doctes et raffinés de la nouvelle Académie des inscriptions et belles-lettres, tels que l'abbé Fraguier.

L'aube du siècle des Lumières s'était donc levée bien avant que le Roi-Soleil, au début du mois de septembre 1715, n'eût disparu de l'horizon. Le Régent, dont Crozat avait composé la collection de tableaux et de dessins, partageait lui-même depuis longtemps l'aspiration parisienne aux plaisirs de la vie civile et aux arts de la paix. L'un des premiers gestes du nouveau maître de la France après la mort de Louis XIV fut de transporter le siège du gouvernement au cœur de Paris, au Palais-Royal, l'une des deux résidences parisiennes, avec le palais du Luxembourg, de la branche cadette de la dynastie.

Sitôt signé le traité de Rastadt, le jeune colonel de Caylus, entré dans l'armée à l'âge de quinze ans, et qui avait vite monté en grade au cours de brillantes campagnes en Catalogne et en Allemagne, fait savoir à sa mère que, l'impôt du sang largement payé envers le roi, il quitte l'armée. « Mon fils me mande, écrivit la comtesse à sa tante, qu'il poserait sa tête sur l'échafaud plutôt que de continuer à servir. » Il avait, dans les intervalles de ses campagnes, fréquenté l'hôtel Crozat, lié un commerce d'amitié avec ses habitués, notamment Watteau, étudié en compagnie du peintre la fabuleuse collection de peintures et de dessins réunie par le banquier en même temps qu'il composait celle du Régent. La vocation de « virtuose » du jeune colonel, qui se partagera entre le commerce des sociétés badines et polies et la culture assidue des lettres et des arts, s'y était déclarée.

Son premier mouvement de libre gentilhomme revenu à la vie civile fut de partir compléter son éducation artistique en Italie, où il voyagea prés d'un an, et où il serait resté davantage si la nouvelle de la mort de Louis XIV ne l'avait pas rappelé auprès de sa mère à Paris. En 1717, la situation familiale étant stabilisée, il repart, cette fois en vue de commencer son éducation d'antiquaire, pour la Grèce et la Turquie où il étudiera sur place l'architecture, la sculpture, les inscriptions, la topographie du monde gréco-romain. À son retour en 1718, il rencontre chez sa mère l'abbé vénitien Antonio Conti, philosophe, mathématicien, poéticien, essayiste, un savant universel qui correspond avec Newton et avec Leibniz, mais qui fréquente aussi Luigi Riccoboni, le chef de la troupe de comédiens appelée par le Régent à Paris dès 1716 pour rouvrir le Théâtre italien fermé par Louis XIV en 1696, ou les peintres et « virtuoses » vénitiens, Rosalba Carriera, Sebastiano Ricci, Antonio-Maria Zanetti, invités à Paris chez Pierre Crozat. Après les Anglais, ce sont les Italiens qui reviennent. Paris d'un mouvement tout naturel devient en quelques années l'incontestable capitale cosmopolite des Lumières.

Télémaque et Mentor

La comtesse de Caylus, émerveillée par la conversation, la sensibilité et la piété voilée de son nouvel ami vénitien, et soucieuse d'alimenter à la meilleure source l'esprit curieux et studieux de son fils, écrit à celui-ci en 1718 : « Faites-vous le disciple de l'abbé Conti. » Et de fait le Mentor italien initie le Télémaque français aux systèmes de Newton et de Leibniz, et il élargit si bien l'horizon philosophique et scientifique de ce néophyte que celui-ci peut faire en 1724, muni de lettres de recommandation de l'abbé, un troisième voyage qui le consacre citoyen de la République des Lettres, et qui le conduit à Amsterdam et à Londres. En même temps qu'il visite dans les villes qu'il traverse collections et cabinets de curiosités, il est reçu par plusieurs princes européens de l'esprit : à Londres, le Dr Robert Mead, à Amsterdam les célèbres calvinistes du Refuge, Basnage de Beauval et Jean Leclerc. Caylus est désormais devenu le Français par excellence des Lumières, se préparant à la carrière indépendante qui lui vaudra néanmoins la gloire au milieu du siècle.

Pour devenir non seulement « un honnête homme » à la manière du XVIIᵉ siècle, mais un expert de stature internationale dans plusieurs arts, un antiquaire jouissant d'une autorité européenne, un mécène et un guide pour de nombreux jeunes artistes, ce gentilhomme d'épée, d'agréable commerce et de joyeuse compagnie, s'est imposé sans tapage une ascèse persévérante ; il excellera, sans jamais viser à la gloriole d'auteur, dans plusieurs genres littéraires, depuis les plus agréables et fugitifs, jusqu'aux plus sévères et érudits.

« Vivre noblement », ce mode aristocratique d'être dont la supériorité a été établie par l'antiquité grecque et qui reste en France, en temps de paix, le seul idéal qui puisse rivaliser avec la « vie contemplative » du moine, cela suppose pour le comte de Caylus à la fois les agréments de la vie de château et de compagnie urbaine, et la pratique désintéressée des disciplines de l'esprit empruntées aux gens de lettres et aux érudits. Le loisir, la *scholè* des Grecs, l'*otium* des Latins, est l'idéal commun que partagent lettrés et gentilshommes, studieux pour les uns, nonchalant et galant pour les autres.

Le comte de Caylus participe pleinement de l'un et de l'autre, ce qui fait de lui l'archétype des Lumières françaises. Cet homme du monde ne sera jamais un mondain : il a sans doute l'esprit de société, il court les spectacles, les parties de plaisir, il fréquente plusieurs cercles aimables, il présidera les lundis de Mme Geoffrin, il vit Paris en parisien, mais il a le culte de l'amitié, et il ne renâcle pas à l'étude assidue et à la dépense d'activité au service de la vérité et de la beauté. Ce descendant en ligne paternelle d'une grande famille du Rouergue ressemble au Gascon Montaigne par son sens jaloux du quant-à-soi méditatif et de l'intimité. Toujours gai en société, il s'accorde le droit d'être un mélancolique par-devers lui. Adonné aux « divertissements » condamnés par Pascal, il sait aussi demeurer au repos dans une chambre.

Le commerce entre ce jeune militaire libéré du service armé et le très docte abbé vénitien, son aîné, dura, grâce à la correspondance, bien au-delà du retour en 1726 d'Antonio Conti à Venise, où Montesquieu sera l'hôte de l'abbé en 1728. Un tel compagnonnage, la douceur de mœurs et la passion désintéressée des choses de l'esprit qu'il suppose, sont caractéristiques à la fois du cosmopolitisme, de l'encyclopédisme et de la sociabilité du XVIIIᵉ siècle français. Les Lumières n'ont donc pas attendu la génération des Encyclopédistes pour se répandre à Paris et rayonner sur l'Europe. Elles n'ont jamais été si heureuses, douces et fécondes qu'à leur apparition. Au seuil de ce livre, qui réunit une galerie de portraits d'étrangers conquis par la France des Lumières, le portrait de ce Télémaque français et de son Mentor italien s'impose.

Anne-Claude Philippe de Tubières, de Grimoard, de Pestel, de Lévis, comte de Caylus, né en 1692, mort en 1765, dont nous avons le portrait par Watteau peint en 1719, et un profil dessiné et gravé par Cochin beaucoup plus tard, n'avait rien de l'élégante maigreur aristocratique prêtée par son ami peintre aux personnages masculins de ses conversations galantes. Bâti en force, le visage large et la mâchoire puissante, infatigable promeneur, il aurait pu passer « de loin » pour un portefaix si « de près » la finesse du dessin de son nez et de ses lèvres, ses longues mains sensibles et artistes, et le regard capable d'autorité autant que de mélancolie et d'ennui, n'avaient trahi en lui le grand seigneur. Mais ce grand seigneur avait partagé très jeune la vie des camps avec la troupe et il se trouvait aussi à l'aise parmi les gens de la rue et des foires parisiennes que dans les compagnies élégantes et intelligentes. Il se plut toujours, troquant l'habit de cour contre la veste de coutil et la culotte de toile, à se mêler comme le Saladin des *Mille et une nuits* à la vie grouillante du Paris de tous les jours, à lier commerce avec ses « caractères », le badaud, le cocher de fiacre, la grisette, les gens de métier, se délectant de leur naturel et prenant note de leur langage dru, comme Montaigne prenait des leçons du patois des paysans de Gascogne.

La haine que lui porta Diderot (d'autant plus meurtrière que l'auteur des « Salons » de la *Correspondance littéraire* doit beaucoup au goût et aux idées sur l'art de Caylus) a suffi pour effacer de la mémoire française cet original qui fut à sa manière un prince de l'esprit : il avait le tort d'être bien né, de détester la charlatanerie des « philosophes », et de mener à sa guise la vie apparemment désinvolte et inlassablement féconde d'une abeille des Lumières.

Une Trinité fénelonienne

L'abbé Antonio Conti, né à Padoue en 1677 dans une ancienne famille du patriciat vénitien, mort dans sa ville natale en 1749, appartenait à la génération précédente. Il était entré en 1699 dans la congrégation de l'*Oratorio della Pava*, où il acheva sa formation d'humaniste par de fortes études de philosophie et de théologie, d'accent platonicien et augustinien. En 1709, sans quitter le sacerdoce, il obtint son congé de la congrégation pour mieux connaître les nouveautés qui arrivaient du Nord, Bacon et Descartes, Malebranche et Locke, Newton et Leibniz, mathématiques, physique et philosophie : elles passionnaient les meilleurs professeurs de l'université de Padoue. En 1713 l'année du traité d'Utrecht, dûment initié dans sa patrie à la nouvelle science et aux nouvelles doctrines, il put s'acheminer à Paris où il impressionna assez Malebranche pour que celui-ci acceptât de disputer avec lui de son système métaphysique, et où il fréquenta plusieurs membres éminents de l'Académie des sciences. Loin d'être un naïf ébloui, Conti se gardait bien de s'attacher à aucune école de pensée ou théorie scientifique nouvelles, bien qu'il tînt à se rendre maître de toutes. Pour mieux connaître la contrepartie du cartésianisme qui dominait en France, il se rendit à Londres, où il rencontra l'astronome Halley et le mathématicien Newton. Sa maîtrise de la nouvelle science lui valut d'être élu à la Royal Society. Il poussa ses pérégrinations jusqu'en Hollande et en Allemagne, où il rencontra le grand rival de Newton, Leibniz. Il resta en correspondance avec lui. Sa curiosité, sa puissance d'assimilation et de comparaison, son irénisme, faisaient de cet ecclésiastique éclairé l'interlocuteur et le public idéal pour les plus grands esprits contemporains de la République des Lettres.

À son retour à Paris, Conti put prendre toute la mesure de l'expansion de la Querelle des Anciens et des Modernes en une ardente Querelle d'Homère : il établit alors, en français et pour ses amis, un bilan équitable des positions en présence, sans cacher néanmoins qu'il penche du côté des Anciens. Les Modernes, français et surtout anglais, sont trop tentés à ses yeux, comme à ceux du Napolitain Vico dont il sera des rares à pressentir le génie, de trahir le lointain pour l'immédiat, le divin pour l'utile.

C'est au début de ce second séjour parisien, en 1718, qu'il se lia à la comtesse de Caylus, et qu'il traduisit pour elle en italien l'*Athalie* de Racine. Un attachement d'automne, où il entrait de l'amour, les unit l'un à l'autre. Mme de Caylus avait été l'une des beautés de Versailles, plus gracieuse et délicieuse que belle, et mieux faite déjà pour les robes seyantes de Watteau que pour les carapaces passementées dont l'étiquette royale corsetait les dames.

Faute pour l'instant d'iconographie de l'abbé, il est difficile d'imaginer son apparence physique. Il avait en 1718 la quarantaine bien sonnée, plus jeune de six ans que la comtesse. On serait tenté de croire que cet ecclésiastique très bien né, très doux, et qui ne vivait que d'esprit, rappela à tort ou à raison à Mme de Caylus quelque chose de la beauté spirituelle de Fénelon, qu'elle avait connu de près, trente ans plus tôt, à Versailles et à Saint-Cyr, intimidant de lumière intérieure. Mme de Caylus et l'abbé Conti ensemble se prirent tout naturellement de sympathie pour le chevalier Ramsay, le plus célèbre disciple de Fénelon, et ils lurent en manuscrit l'œuvre majeure de ce singulier personnage, *Les Voyages de Cyrus,* inspirés comme il se devait par les *Aventures de Télémaque.*

Sur ce point encore ils inauguraient tous deux le siècle des Lumières, qui porta un culte à Fénelon. Conti était trop platonicien et augustinien pour ne pas goûter les raffinements littéraires et la théologie négative qui plaçait l'archevêque de Cambrai au-dessus et à côté des contradictions doctrinales, de lui fort bien connues, de la « crise de la conscience européenne » mais aussi des disputes théologiques entre molinistes et jansénistes. Mme de Caylus avait elle-même trop souffert du jansénisme, puis tâté du terrible Bossuet, pour ne pas goûter par contraste la religion exigeante, mais sensible au cœur, de Fénelon. Cet autre Cygne venu de Padoue qu'elle avait découvert et donné pour maître à son fils pourrait-il ramener celui-ci de l'agnosticisme à la foi ? L'abbé se garda bien de prêcher ce jeune ex-colonel dont le caractère et les goûts étaient déjà formés. Il s'employa à encourager sa passion de connaître et son goût de méditer et d'écrire. Les hautes études, pour une âme qui s'était fermée à la religion, pouvaient tenir lieu d'exercices spirituels. Le principe des Lumières françaises, jusqu'en 1750, est à chercher dans ce relais de la piété puis pour les Muses et les Grâces.

Engageant le comte à collaborer avec lui à l'examen critique de la chronologie de Newton, il attira aussi dans le cercle de la comtesse et de son fils des académiciens des sciences ou de grands amateurs lettrés qui rendirent le foyer maternel encore plus attrayant pour le jeune homme et parachevèrent, par leur conversation, son éducation supérieure de militaire converti à la vie de l'esprit. S'il est un trait distinctif du XVIIIe siècle, c'est la foi qu'il a placée dans l'éducation, et la générosité avec laquelle il a réfléchi à ses méthodes. Ce trait est intensément présent chez Antonio Conti et chez Mme de Caylus, et le comte, qui en avait bénéficié auprès d'eux, à son tour veillera paternellement à la meilleure formation de nombreux jeunes artistes.

En échange de ce préceptorat, l'abbé reçut et apprit beaucoup lui-même dans l'intimité de la comtesse. Il comprit ce qu'ajoutait à la vie de l'esprit la singulière alliance d'intelligence morale et de discernement du cœur dont une femme pouvait se montrer capable : le commerce tout masculin de la République des Lettres ne lui avait pas laissé entrevoir ce liant délicat et, rentré à Padoue, l'abbé Conti ne trouvera de compensation à l'éloignement de son amie et à la compagnie attirée auprès d'elle, que dans les lettres échangées avec la comtesse et dans la brillante vie musicale véni-tienne dont il lui faisait parvenir des nouvelles, accompagnées de nombreuses partitions manuscrites [1].

Dans les années 1718-1726, et encore par une double corres-pondance Paris-Venise, assidue jusqu'à la mort de la comtesse en 1729, la mère, le fils, et l'abbé italien, qui était l'ami tendre de l'une et le Mentor de l'autre, formèrent une harmonieuse et douce trinité partageant lectures, idées, amitiés, curiosités, goûts. C'est probablement pour atténuer son chagrin du départ de l'abbé pour Venise en 1726 que Mme de Caylus dicta à son fils ses *Souvenirs de la cour de Louis XIV*, que Voltaire rendra dura-blement célèbres en les publiant, avec ses propres notes, en 1771. Ce trio ne se laissa pas étourdir par la chasse aux plaisirs et la folie de fêtes qui enivraient le Paris de la Régence. Mme de Caylus a appris à ses deux hommes qu'il y a aussi une connais-sance par la douleur. Elle savait ce que c'est que la séparation, le deuil, le sentiment de l'âge, le retour sur la jeunesse et le passé. Elle était indemne de l'euphorie naïve – et qui deviendra de plus en plus abstraite – qui menaçait les Lumières.

La langue française était le médium par lequel s'entendaient ces trois êtres d'exception. L'abbé Conti avait beau partager jusqu'à un certain point l'agacement de ses compatriotes pour la gloriole des Français exaltant leur langue au-dessus de toutes les

---

1. Voir Sylvie Mamy, *La Musique française et l'imaginaire français des Lumières*, B.N.F., 1996. Le même auteur prépare une édition des lettres de l'abbé Conti à Mme de Caylus.

autres langues modernes, et notamment la langue littéraire italienne, il avait beau faire connaître et goûter la poésie italienne et la musique italienne à son amie française et à son fils, tous deux excellents italianisants, il reconnaissait que l'apologétique de leur langue par les Français avait une part de vrai, et il l'avait apprise avec l'esprit de perfection qu'il mettait en toute chose. Ses essais et sa correspondance en français sont d'une belle netteté et d'une impeccable correction : ils sentent malgré tout la *patavinitas*, l'accent de Padoue, comme disaient les anciens Romains des provinciaux incapables par définition de se rendre maîtres de l'*urbanitas* du latin parlé et écrit par les natifs de l'*Urbs*. Modeste, Conti le savait trop bien. Pour lui, la Rome moderne et chrétienne était Paris. C'est à Paris qu'il avait connu une Diotime, une Monique. Elle parlait le français de Louis XIV et de Racine. À Paris, comme dans la Rome de Tite-Live, le français littéraire et le français de la conversation, à la différence de ce qui se passait en Italie, étaient la même langue. Cette langue avait pour ainsi dire intériorisé les exigences rhétoriques de l'*urbanitas* latine : clarté, précision, douceur, naturel. Le français avait vocation à être le latin vivant des Modernes, la langue des Lumières catholiques. L'esprit et le cœur pouvaient y entrer en diapason et se faire entendre, comme une improvisation musicale ininterrompue. Aucune voix vénitienne ou napolitaine, pas même celle du prodigieux castrat Farinelli, ne put faire oublier à l'abbé la voix française de Mme de Caylus.

Le fils de la comtesse, qui resta toute sa vie célibataire, ne fut jamais si heureux qu'entre sa mère et cet aîné ecclésiastique qu'elle lui avait donné pour Mentor. Sa vie commencera à secrètement s'assombrir après qu'Antonio Conti les eut quittés, et plus encore quand la mort de la comtesse le laissa seul avec lui-même. Il aura beau se livrer à des activités de plus en plus étendues et fécondes, il ne comblera jamais le vide laissé par sa mère et son Mentor. C'était une configuration émotive à trois qu'il avait déjà connue dans son enfance, quoique sur un mode plus strident.

La presque reine et sa nièce

Deux femmes presque inséparables avaient en effet veillé sur son enfance. L'une est une légende parvenue jusqu'à nous. L'autre est presque oubliée. La moins visible était sa mère, jeune alors et sans ressources, Marthe-Marguerite Le Valois, marquise de Villette-Mursay, plus connue sous le nom qu'elle prit à son mariage en 1686, de comtesse de Caylus. L'autre, matrone monumentale, était sa grand-tante, Françoise d'Aubigné, plus célèbre sous le nom qu'elle doit à Louis XIV, son amant, puis son époux secret, de marquise de Maintenon.

L'une et l'autre grandes dames avaient jailli sur l'arbre de Jessé d'une vigoureuse famille entrée soudain au XVIe siècle dans la noblesse d'épée. Le grand-père de l'une, l'arrière-grand-père de l'autre, était le formidable Agrippa d'Aubigné, le premier noble de la lignée, héros du parti calviniste, grand guerrier, grand amoureux, grand humaniste aussi et l'un des plus splendides poètes français, l'auteur de l'*Hécatombe à Diane* et des *Tragiques*.

Mme de Maintenon était l'un des enfants du seul fils d'Agrippa, Constant d'Aubigné, qui avait reçu une éducation d'humaniste, mais qui choisit d'être un soudard redoutable, plusieurs fois traître à son père et meurtrier de sa première épouse. Ce Barbe-Bleue fut aimé passionnément par sa seconde femme, Jeanne de Cardailhac, la fille du gouverneur de la prison de Bordeaux où il était incarcéré. Françoise d'Aubigné, leur fille, connut dans leur sillage une enfance errante et misérable.

Une fille d'Agrippa, Louise-Artémise, épousa Benjamin Le Valois, sieur de Villette. Leur fils Philippe Le Valois, marquis de Villette, eut de son premier mariage la future Mme de Caylus, qui s'appela d'abord Mlle de Mursay, née en 1671. Philippe de Villette fit une brillante carrière dans la marine royale, ainsi que ses quatre fils, dont trois moururent dans les guerres de Louis XIV. En 1695, ce loup de mer était encore assez vert pour épouser une compagne de sa fille dans la maison d'éducation de Saint-Cyr, Mlle de Marsilly, dont il eut plusieurs enfants, et qui devint plus tard Lady Bolingbroke. C'est qu'alors Françoise d'Aubigné, quasi reine de France, répandait sur toute sa famille un peu de son illustration et de son influence. Celle qui, depuis 1685, était l'épouse morganatique du roi de France, la « presque reine », prit soin par exemple de son soudard de frère, digne fils de leur père Constant d'Aubigné, en dépit de ses frasques compromettantes ; elle maria la fille de ce frère, Françoise-Charlotte, au maréchal de Noailles, qui sera du Conseil des ministres sous la Régence.

Mme de Maintenon ne perdit pas non plus de vue sa nièce, Mlle de Villette-Mursay. Elle la fit enlever à ses parents en 1680, alors qu'elle avait neuf ans, pour la garder auprès d'elle à Versailles et la convertir au catholicisme. Elle la maria, alors qu'elle avait moins de seize ans, au comte de Caylus.

Ce n'était pas, loin de là, une mésalliance. Les Caylus étaient une famille de très ancienne et illustre noblesse militaire, enracinée dans le Rouergue, mais introduite depuis longtemps dans la noblesse de cour et d'Église. Le frère du comte, Monseigneur de Caylus, était évêque d'Auxerre. Un de leurs ancêtres est entré dans la légende française : c'est Jacques de Lévis, comte de Quélus, favori de Henri III, et tué, au désespoir du roi, dans un célèbre duel avec d'Entraigues. Il est question de lui dans les *Tragiques* d'Agrippa d'Aubigné. Mais le mari donné par Mme de Maintenon à Mlle de Villette-Mursay encore enfant n'avait aucun éclat, il n'avait été choisi qu'à la condition de s'éloigner aussitôt, pour laisser à la tante la pleine jouissance de sa nièce. Mlle de Mursay, exceptionnellement douée, était en effet le chef-d'œuvre dont était fière Mme de Maintenon éducatrice. Elle fit dans son adolescence l'enchantement de la cour de Versailles.

« Les jeux et les ris, a écrit l'abbé de Choisy, brillaient à l'envi autour d'elle ; son esprit était encore plus aimable que son visage, on n'avait pas le temps de respirer ni de s'ennuyer quand elle était quelque part... et si sa gaieté naturelle lui eût permis de retrancher certains petits airs, un peu coquets, que toute son innocence ne pouvait justifier, c'eût été une personne tout accomplie. »

Même Saint-Simon, peu suspect d'indulgence pour tout ce qui touche à Mme de Maintenon, s'avoue émerveillé par la nièce de sa vieille ennemie :

« Jamais, écrit-il, un visage si spirituel, si touchant, si parlant, jamais une fraîcheur pareille, jamais tant de grâce ni d'esprit, jamais tant de gaieté et d'amusement, jamais de créature plus séduisante. »

Racine, étonné de sa diction et de ses talents d'actrice, composa pour elle le prologue de la « Piété », dans *Esther*, qu'il avait écrit à la requête de Mme de Maintenon pour le théâtre de Saint-Cyr. Elle joua non seulement ce prologue écrit pour elle, mais plusieurs autres rôles de la pièce, en remplacement des jeunes actrices défaillantes, au ravissement général du poète, du roi et de la Cour. Elle triompha encore dans le rôle d'*Athalie*, l'emportant sur le souvenir de la Champmeslé par la grâce de la diction et la sincérité de l'émotion.

Mais l'enchanteresse Caylus était à l'étroit dans le faste dévot réglé par un roi vieillissant. Saint-Simon écrit que Louis XIV redoutait les saillies gaies et piquantes de Mme de Caylus, et croyait y voir de la moquerie à son endroit.

« Quelque divertissante qu'elle fût, ajoute-t-il, il n'était point à l'aise avec elle, et elle, qui avait senti cet éloignement, était aussi embarrassée en sa présence. Il ne la goûta jamais et fut toujours réservé, souvent sévère, avec elle. Cela affligeait Mme de Maintenon. »

Elle est éloignée de Versailles d'abord en 1691. Sa liaison avec le duc de Villeroy la fait exiler une seconde fois en 1694. Elle doit se réfugier chez sa belle-mère, à Paris. C'est alors que pour la première fois, il lui faut partager la vie de son mari, et elle en a deux enfants. L'aîné voit le jour en 1692. C'est le futur Caylus des Lumières.

Il est impossible de savoir comment il a été élevé. Il est probable que souvent son oncle Monseigneur de Caylus, le chef de l'épiscopat janséniste, le prit avec lui à Auxerre. Il est certain aussi que, malgré sa vie mouvementée, Mme de Caylus se chargea le plus possible elle-même du soin de son éducation. Or justement, entre 1694 et 1707, elle est interdite de Versailles. Elle s'est jetée dans la plus austère dévotion, sous la direction du général de l'Oratoire, le Père de La Tour, connu lui-même pour son jansénisme, ce qui aggrave la disgrâce de la jeune femme auprès du roi. On peut penser que, dans toute cette période, elle s'est occupée avec zèle de ses deux enfants, et notamment de la formation de l'esprit de son aîné. Le jansénisme ergoteur et punitif qu'Anne-Philippe rencontra d'abord de tous côtés autour de lui, éloigna pour toujours le jeune homme de la foi religieuse. Par cette forme de sécheresse, qui ne fit pourtant pas de lui un libertin, il est aussi un Français typique des Lumières.

En 1704, son père, que Saint-Simon décrit « blasé, hébété depuis plusieurs années de vin et d'eau-de-vie », et relégué avec son régiment sur la frontière du Nord, meurt. Mme de Caylus change de directeur. Elle est guérie du jansénisme. Elle rentre en grâce et revient en 1707 égayer à Versailles sa tante et même le vieux roi, dans les interstices de l'éprouvante vie de cour, aux heures les plus sombres de la « grande guerre ». Son fils aîné a alors quinze ans. Elle le présente à Louis XIV. Il est envoyé au sacrifice à l'armée. Il se bat héroïquement à Malplaquet, une victoire difficilement arrachée par le maréchal de Villars et accueillie avec un extrême soulagement à Versailles au milieu de tant de désastres. Au retour de l'adolescent, le roi le prend sur ses genoux, et s'écrie devant la Cour : « Voyez mon petit Caylus, il a déjà tué l'un de mes ennemis. »

Pour comprendre la suite de la vie de Caylus, il faut toujours avoir à l'esprit qu'il avait été très tôt introduit dans le saint des saints de la monarchie, et qu'il avait vu de près et en face le Grand Roi à Versailles. Même jeune homme, tout accordé qu'il fût par certains côtés au Paris de la Régence, il resta profondément attaché à ce « Grand Siècle » disparu dont la légende ne fit que croître sous Louis XV, et dont Voltaire, qui connaissait bien et estimait beaucoup et le comte et sa mère, s'est fait le chantre dans *Le Siècle de Louis XIV*, publié en 1756. Mme de Caylus y est citée et célébrée en bonne place.

La mort de Louis XIV en septembre 1715 put sembler ruiner le « parti Maintenon », dont Mme de Caylus était l'ornement, et assurer le triomphe de ses adversaires, le duc d'Orléans, régent de France, et ses partisans. Mme de Maintenon en grands voiles de veuve se retire et s'enferme définitivement à Saint-Cyr, mère abbesse de son couvent d'éducation. Mme de Caylus, dont la rente est menacée, doit rentrer à Paris où, prévoyante, elle avait obtenu dès 1714 d'être logée dans une petite maison appartenant aux Bâtiments du roi et située en vue du parc du Palais du Luxembourg. Par cette retraite presque champêtre, elle participait du mouvement centrifuge général qui rend au XVIIIe siècle tous ses droits à la vie privée. C'est là que son fils aîné l'a rejointe en 1715. La correspondance que la comtesse entretient avec sa tante de Saint-Cyr abonde en éloges sur le caractère de son fils et sur la douceur de leur vie commune. Elle écrit à Mme de Maintenon :

« Mon habitation est commode, jolie, solitaire. [...] J'entends dès le matin le chant de plusieurs coqs et le son des cloches de plusieurs petits couvents qui invitent à prier Dieu. [...] Mon petit jardin est à peu près grand comme deux fois votre petite chambre de Saint-Cyr. Cependant il y a de tout, deux cabinets extrêmement couverts des palissades de chasselas, de fleurs dans des pots, j'ai une écurie que j'emploierai pas si tôt pour mes équipages... Je suis fort bien ici, je ne perds pas un rayon de soleil ni un mot des vêpres d'un séminaire où les femmes n'entrent point : c'est ainsi que la vie est mêlée, d'un côté le Luxembourg [où la fille du Régent se livre à ses orgies] de l'autre les louanges de Dieu [...] Je laisse à mon fils la liberté d'être seul tant qu'il veut : je suis bien aise le soir, quand la compagnie est sortie, de le retrouver. Toutes les vertus morales sont dans ce petit garçon, à la réserve de la piété qu'il faut espérer qui viendra ; en attendant, c'est une compagnie fort aimable que j'ai avec moi. [...] Ses mœurs sont si bonnes et ses intentions si droites. Tant de vérité et d'éloignement du mal me persuadent que Dieu le touchera... Je dîne, je soupe seule ou avec mon fils. Pour l'ordinaire, après mon dîner, mon fils et moi nous jouons ensemble au trictrac ; je cause avec lui, je travaille, il me fait la lecture ; sur les quatre ou cinq heures, il me vient du monde, parfois trop ; à huit heures tout part. Je demeure seule dans ma solitude. J'ai retenu une fois Mme de Barneval et M. d'Auxerre, plus pour mon fils que pour moi ; il est si assidu à me tenir compagnie, je crois qu'il lui est bon qu'il s'en fasse une habitude, que j'ai grand soin qu'il ne s'ennuie pas trop. Je suis contente de mon fils aîné, c'est un honnête homme et un aimable ami » [1].

Elle écrit à son fils :

« Tenez lieu de père à votre frère, et d'ami à votre mère. Soulagez-moi dans mes peines, elles sont plus grandes à cet égard que vous ne pouvez l'imaginer... J'espère quelque jour vous faire voir combien je vous aime et vous estime... Vous avez du courage, de l'esprit et des ressources dans l'esprit : souvenez-vous en. Vous êtes toute ma consolation, comme vous êtes tout ce qui me touche à Paris, faites en sorte qu'il ne me revienne rien qui trouble ma paix » [2].

S'il faut en juger par l'espèce de *Journal intime* que tenait le comte de Caylus entre 1717 et 1747, et dont il ne nous reste pour le moment que les épaves des *Maximes et réflexions* publiées au XIXe siècle, sa mère n'avait rien à craindre d'un fils qu'elle avait, sauf la piété, formé à son image, à la fois sociable et contemplatif. C'est auprès de sa mère qu'il prit les habitudes régulières qui convenaient à la vie de loisir studieux qu'il avait choisie. Mais ce célibataire, que sa mère appelle « mon philosophe » ou « mon mélancolique » et qui a quitté sans regret la vie militaire, est avant tout épris de liberté personnelle. Il se tiendra toujours à l'écart du Versailles de Louis XV. Il n'aimera la société qu'entre amis, en terrain privé. Dans ses *Maximes et réflexions* on trouve ce fragment sur le voyage qui donne la mesure de son amour de l'indépendance et de son horreur de l'oppression, à commencer par l'oppression mondaine :

« En voyage, on n'a pas la plus faible idée du moindre devoir. Dans un séjour, quand on aime la société, on a beau vouloir s'en

---

1. Extraits de plusieurs lettres de l'année 1715, voir Mme de Maintenon, Mme de Caylus et Mme de Dangeau, *L'Estime et la tendresse*. Correspondances intimes réunies et présentées par Pierre-E. Leroy et Marcel Loyau, Albin Michel, 1998.

2. Comtesse de Caylus, *Souvenirs et correspondance*, p.p. E. Raunié, 1881, pp. 303-304, lettres 84 et 86.

soulager, il y en a toujours quelque apparence dans les actions de la journée. Dans sa patrie, on est rencontré malgré qu'on en ait, par quelqu'un qui vous connaît et que l'on ne peut ni doit brusquer. Dans une ville étrangère, au contraire, on se donne pour ce que l'on veut être ; on suit absolument tous ses goûts, on est sensible avec raison aux amitiés que l'on reçoit ; dans son pays, mille motifs qui vous sont étrangers vous en font accabler. »

La maisonnette et son petit jardin, où il vit avec sa mère, ne sont pourtant pas une thébaïde « au désert ». Ils sont le théâtre discret d'une activité de ruche. Un va-et-vient de visiteurs, des réunions, des dîners parmi les plus huppés du Paris d'alors mêlent une activité politique et diplomatique continue et tenace à une conversation et à des correspondances portant sur toutes les questions brûlantes de la vie littéraire, artistique et musicale de l'époque.

Les lettres de la comtesse de Caylus à Mme de Maintenon entre 1715 et 1719, quoique très discrètes, laissent entendre toutes sortes de conciliabules et d'intrigues. Ces femmes supérieures et apparemment vaincues par la mort du Grand Roi sont loin d'avoir renoncé entièrement au monde. Dans une biographie de l'abbé Antonio Conti, rédigée après la mort de celui-ci en 1749, l'on découvre un aspect de la vie de Mme de Caylus et de son fils, dans leur petite maison voisine du Luxembourg, qui ne répond guère aux apparences quasi agrestes de la modeste demeure :

« Il entra, écrit l'auteur de cette biographie, l'astronome vénitien Toaldo, dans la conversation de Mme de Caylus à son retour d'Angleterre. Il était son voisin (il logeait dans les dépendances du palais du Luxembourg). Chez elle, il avait le plaisir de rencontrer la fine fleur du monde parisien. Son mérite lui avait conservé toutes les amitiés qu'elle avait nouées à la cour du roi défunt. L'évêque de Fréjus, depuis cardinal de Fleury, était de ses amis les plus étroits, et venait souvent la voir. Parmi les habitués, figuraient M. Boudin, médecin de la dauphine, et M. Nicolas, le géomètre, collaborateur du mathématicien Rémond de Montmor, de l'Académie des sciences. Le plus souvent on voyait assis en cercle dans sa chambre "ses" maréchaux, de Villars, de Tallard, de Tessé, de Boufflers, de Villeroy, outre le duc de Villeroy, le duc de La Feuillade, et le maréchal duc de Brissac. Tous ces grands seigneurs aimaient tendrement l'abbé Conti, parce qu'ils trouvaient en lui ces choses qui font aimer sous tous climats. Mais Mme de Caylus jouissait de ce privilège plus qu'aucun autre. Dès qu'il la connut, il naquit entre eux une réciproque et particulière estime. Même après son retour en Italie, ils s'écrivaient à chaque ordinaire de la poste, et même très longuement. C'était, à ce qu'il semble, la dame la plus parfaite qu'il ait connue dans ses voyages. Il ne cessait jamais d'en faire l'éloge, et lorsqu'il fut près de mourir, de tous les écrits qu'il laissait, il n'estimait digne d'être lu que les lettres qu'il avait reçues de Mme de Caylus. Ces lettres font vraiment admirer son esprit. Elles sont pleines de choses littéraires, politiques, de nouvelles du temps mêlées à la manière d'une conversation, et elles sont écrites naturellement avec une grâce qui enchante. Elle avait deux fils, l'un qui avait laissé l'armée pour voyager et s'adonner aux beaux-arts, l'autre qui était chevalier de Malte et servait le roi. Le comte dînait presque tous les soirs avec sa mère, et même après la mort de celle-ci, en 1729, il poursuivit la correspondance avec l'abbé Conti, et il fut le dernier et le plus fidèle de ses amis en France. »

Les rendez-vous du « parti Maintenon » et de la Vieille Cour chez Mme de Caylus, secrètement reliée à l'auguste veuve de Saint-Cyr, vont à contre-courant des excitations financières et des orgies de la Régence. Pourtant la comtesse avait souffert de Versailles, et elle ne fut jamais si heureuse qu'après avoir quitté le château et caché sa vie dans un chez-elle. De son côté, le comte son fils fréquentait l'hôtel Crozat qui était presque un prolongement du Palais-Royal : il voyait le duc d'Orléans, il n'était pas insensible à l'air du temps de la Régence. Ni la mère ni le fils n'étaient du XVIIe siècle de Louis XIV et de Mme de Maintenon, bien qu'ils ne fussent pas non plus, pour avoir fait partie du premier cercle du roi défunt, de ce nouveau siècle frivole et jouisseur dont le Régent se voulait le prince charmant. Mme de Caylus et son fils, comme à sa façon l'abbé Conti, étaient de leur temps avec le détachement intime de ceux qui ont de la mémoire.

De Louis XIV à Louis XV

Le XIXe siècle s'abîmera et disparaîtra dans la Grande Guerre de 1914 plus radicalement que le XVIIe siècle dans la Guerre de Succession d'Espagne. Le siècle de Victor Hugo a obéi au précédent du siècle de Voltaire, qui coulera corps et biens dans le cataclysme de la Terreur et des guerres révolutionnaires. Les années Dada qui suivent le 11 novembre 1918 valent bien les Incroyables et les Merveilleuses apparues après le 9 Thermidor. En 1715, la monarchie française avait reçu de Louis XIV une telle analogie, quasi pharaonique, avec l'ordre cosmique, que la translation d'un règne à l'autre, malgré le penchant du Régent pour la nouveauté, réussit à faire triompher la continuité. Le Roi-Soleil a disparu, mais sa veuve veille à ce que le jeune astre qui lui a succédé ne perde pas de vue son exemple et sa tradition.

Mme de Maintenon, entre 1715 et 1719, date de sa mort, quoique retirée dans sa chambre de Saint-Cyr, ne se contente pas de faire de la Maison d'éducation pour jeunes filles nobles qu'elle a créée un sanctuaire du culte de Louis le Grand. Ensevelie en apparence dans le deuil et les exercices de piété, elle n'en demeure pas moins une puissance invisible qui de loin tente de retenir les destinées du royaume sur la pente du siècle nouveau. Elle dispose en la personne de sa nièce, qui correspond régulièrement avec elle et qui lui rend visite à Saint-Cyr, d'un relais précieux à Paris, auprès de tous les fidèles du roi défunt. Et puis il reste une arme à la veuve du roi : son génie d'éducatrice, inséparable de son génie politique.

Comme l'a montré Michel Antoine dans son admirable biographie de Louis XV, l'illustre veuve, exilée de la Cour, garde de loin la haute main sur l'éducation de l'enfant Louis XV, c'est-à-dire sur l'avenir. L'instituteur de l'enfant-roi, l'abbé Pérot, est un disciple de Mgr Godet des Marais, directeur spirituel de Mme de Maintenon et Supérieur de la Maison de Saint-Cyr. La gouvernante du dauphin, puis du petit roi, est la duchesse de Ventadour, dont la conduite et les principes sont dictés dès l'origine par Mme de Maintenon, qui dirige en fait depuis le début l'éducation du prince. Quand le maréchal de Villeroy succède à la duchesse de Ventadour, et devient le gouverneur du roi, c'est encore un membre du parti Maintenon qui a la haute main sur la formation de l'esprit du roi. Le maréchal va d'ailleurs être un fidèle de Mme de Caylus dans sa retraite très entourée du Luxembourg, ainsi, naturellement, que son fils, le duc de Villeroy, capitaine des gardes du roi, autrefois l'amant en titre de Mme de Caylus, et maintenant son ami et son hôte assidu. Quant au maréchal, il avait été lui-même l'amant de la duchesse de Ventadour, et ce couple étroitement fidèle à Mme de Maintenon se partage sous la Régence la responsabilité de l'éducation du roi.

La correspondance confidentielle entre Mme de Ventadour et Mme de Maintenon se poursuit elle aussi de plus belle après 1715. Le roi est donc élevé dans le culte de son arrière-grand-père, et dirigé selon les vues de l'épouse morganatique de celui-ci, que sert toujours de loin le fidèle abbé Pérot. Le 15 février 1717, Louis XV a sept ans. Il est remis entre les mains, toujours sous l'autorité du maréchal de Villeroy, de son nouveau précepteur, l'ancien évêque de Fréjus, M. de Fleury. Mme de Ventadour doit se retirer, au vif désespoir de l'enfant, mais le parti Maintenon n'a rien perdu au change. Le maréchal de Villeroy, fidèle courtisan de Louis XIV et de Mme de Maintenon, toléré par courtoisie par le Régent, forme le roi aux grandes manières officielles telles qu'on les avait vu à Versailles pratiquer infatigablement par le souverain. L'enfant-roi doit se produire dans des ballets devant la Cour, et il est initié au sport royal de la vénerie. Mais l'atout maître de Mme de Maintenon était l'évêque de Fréjus, que le roi avait pris soin, avec l'approbation de son épouse, de nommer dans son testament précepteur du futur roi. C'était l'un des articles secondaires du testament de Louis XIV que le Régent n'avait pas pris garde de faire abolir par le Parlement en 1715. L'abbé Pérot, le premier instituteur du roi et fidèle de Mme de Maintenon, restait en place dans l'équipe des éducateurs royaux. Un professeur au Collège de France, François Chevallier, mathématicien, ingénieur des fortifications, leur était adjoint, et il avait appartenu, comme d'autres membres éminents de l'équipe, à la petite académie recrutée par Fénelon, avec l'aval de Mme de Maintenon dont il était alors très proche, pour l'éducation du duc de Bourgogne, père de Louis XV.

La continuité avec la Vieille Cour était donc très grande auprès du roi, compensant l'influence et l'exemple du Régent, et de sa coterie au pouvoir. Maintenon y veillait de loin. Le 10 août 1721, le maréchal de Villeroy est disgracié par le Régent et exilé dans son gouvernorat de Lyon. M. de Fréjus est lui aussi écarté. Mais le roi exige son retour et l'obtient. L'évêque est alors plus puissant que jamais sur son esprit, et ne trouve guère d'obstacle dans le nouveau gouverneur, le duc de Charost.

Un des premiers effets de l'éducation reçue par Louis XV fut sa volonté déclarée de regagner Versailles, théâtre de la monarchie solaire, où il s'installe de nouveau, après un séjour parisien de sept ans, le 15 juin 1722. La mort de Philippe d'Orléans, Premier ministre après avoir exercé la Régence, suit de peu, le 2 décembre 1723. Après un interlude assez pitoyable du duc de Bourbon, exilé en Normandie le 10 juin 1726 avec sa maîtresse Mme de Prie, intime amie de Mme du Deffand, le roi, tout en affirmant prendre lui-même les affaires en main, confie l'exercice du pouvoir à son bien-aimé M. de Fleury, qui va bientôt recevoir le chapeau de cardinal, en 1726.

Quelle revanche pour le parti Maintenon ! Mme de Caylus n'est pas restée inactive dans ce retournement de fortune politique. Sous la Régence, nous avons une lettre d'elle au duc du Maine, fils légitimé de Mme de Montespan, élève chéri de Mme de Maintenon et grand vaincu de la Régence, où on la voit très informée de la conspiration tramée par le duc avec l'ambassadeur d'Espagne, le prince de Cellamare, pour renverser le Régent. Peu à peu sous la Régence, la coterie Maintenon, même après la mort de celle-ci en 1719, s'étoffe et devient un véritable parti conservateur, qui a pour programme de sauver les principes de la politique européenne de Louis XIV. Or ce parti avait un candidat : Mgr de Fleury, précepteur de Louis XV, placé là par Mme de Maintenon dont il avait été l'intime ami. Il avait 73 ans lorsque le jeune roi en fait son Premier ministre. Comme beaucoup d'habitués du cercle de Mme de Caylus au Luxembourg, c'est donc un contemporain du règne du Grand Roi. C'était aussi un homme de haute culture, initié par son érudition à l'histoire et à la tradition millénaires d'une monarchie dont l'ancienneté en Europe n'avait de rivale que dans la triple tiare pontificale. Personne mieux que lui ne pouvait inspirer à Louis XV la passion de ne pas déroger de Louis XIV. Dans l'une des lettres de Mme de Caylus à sa tante retirée à Saint-Cyr, on trouve cette phrase lourde de sous-entendus et de complicités :

« Je vous envoie une lettre de M. de Fréjus : il vient me voir de temps en temps, il me semble aussi qu'il est *à nous.* »

Les liens entre Mme de Maintenon et l'évêque de Fréjus étaient anciens. Le comte de Caylus lui-même y avait été associé. En 1711-1712, Caylus à la tête lui-même de son régiment séjourne en Provence, retour d'Espagne, et avant de gagner le front du Rhin. Mme de Caylus écrit à son fils :

« Je suis ravie, mon cher fils, que vous soyez avec M. de Fréjus ; c'est le plus aimable homme du monde, et je vous trouverais trop heureux si vous pouviez lui plaire ; rien ne serait si capable de me donner bonne opinion de vous. Il en a mandé du bien à un de ses amis, ce qui m'a fait un plaisir infini... Mille compliments à M. de Fréjus ; nous le souhaitâmes fort à une partie de campagne que nous fîmes hier chez M. de Valincour. »

La chaleur de cette lettre fait mieux comprendre le choix que Louis XIV et Mme de Maintenon avaient fait de M. de Fleury comme précepteur du dauphin, choix qui à long terme détermina son élévation au rang de Premier ministre de Louis XV. La politique européenne de Fleury prit le contre-pied de celle du Régent et du cardinal Dubois. Versailles redevint le centre du pouvoir. Mais du fond de son tombeau, Mme de Maintenon dut constater avec dépit qu'un autre pouvoir s'était entre-temps irrésistiblement levé, échappait à ses prévisions : celui de Paris.

Les Lumières encore sous l'autorité de Versailles

On prend la mesure de la revanche, au moins apparente et provisoire, de la Vieille Cour sur celle du duc d'Orléans dans la correspondance entre Mme de Caylus et son ami l'abbé Antonio Conti après le triomphe de Fleury. Conti n'était pas seulement un philosophe chrétien, un poète, un théoricien du Beau. Comme beaucoup de grands lettrés alors, Roger de Piles, l'abbé Du Bos, Voltaire, à l'aise dans les milieux les plus différents, il était aussi diplomate. Au titre de Vénitien, il l'était doublement. Au cours de ses pérégrinations de savant, il se considérait aussi en mission d'observation et de sondages. En 1722-1726, le nouvel ambassadeur de la Sérénissime auprès de Louis XV, Barbon Morosini, était l'un de ses intimes amis. L'abbé Conti se trouva avec Morosini aux premières loges pour observer le passage de la Régence au règne personnel de Louis XV, du ministère Dubois et du ministère Bourbon au ministère Fleury. Dès 1718, il était associé à l'invisible conspiration qui travaillait à accomplir les desseins légués d'outre-tombe par Mme de Maintenon. L'abbé, la comtesse, et le fils de celle-ci manquaient d'autant moins de sens politique qu'ils plaçaient très haut l'intimité, l'intériorité, le loisir, la contemplation, et qu'ils les sentaient menacés ou déviés dans un siècle nouveau où le combat spirituel entre protestantisme et catholicisme avait pris une dimension nouvelle, plus subtile, plus indiscernable, mais d'autant plus âpre. À son retour à Venise, Conti composa un mémoire sur la situation politique générale en France et en Europe, mais cet ouvrage manuscrit est resté jusqu'ici introuvable.

Dans les lettres de l'abbé à Mme de Caylus, on peut se faire une idée de l'esprit qui avait dicté ce mémoire. Le Vénitien se félicite avec sa correspondante de la politique du cardinal Fleury, qui renverse les alliances contractées par le cardinal Dubois et renoue avec la ligne suivie par Louis XIV. Conti écrit par exemple : « Je désire voir la France reprendre sa première figure en Europe » ou encore : « de voir lui rendre sa première dignité et cette première vigueur qui la fera toujours décider du destin de l'Europe, lorsqu'elle ne voudra pas étendre plus loin ses conquêtes ».

Fleury a su montrer, écrit-il, « que ce n'est pas à la Grande-Bretagne, mais à la France, à régler l'Europe, et par là à ôter aux Anglais cette idée impérieuse que la méchanceté d'un de vos ministres [Dubois] et la faiblesse de l'autre [le duc de Bourbon] n'avaient que trop entretenue ». Le principe du parti Maintenon, dont Mme de Caylus est l'égérie, est formulé dans une autre lettre de Conti qui lui écrit :

« Après la mort de Louis XIV, il n'y a eu rien de grand en Europe. L'or anglais répandu par les cours triomphe de tout et corrompt tout le monde. »

Il souhaite de nouveau que « la France se conduise absolument par le système de Louis XIV ». La conduite du cardinal Fleury, en reprenant ce système, « a mis la France en état de donner la loi à l'empereur et d'assurer la paix à l'Europe pour le bonheur des peuples et pour le progrès des sciences et des arts ».

Cette dernière formule est capitale. Pour le Vénitien Conti, qui est aussi un citoyen de la République des Lettres, l'autorité arbitrale de la France en Europe est inséparable de son rôle de foyer central des sciences et des arts. C'est là encore un des principes que le parti « versaillais » veut transmettre intacts du siècle Louis XIV à celui de Louis XV. Mais d'un règne à l'autre, de Torcy à Fleury, l'application de ces principes ne saurait ignorer la différence des temps.

Ce n'est pas en effet le Grand « Roi de guerre », le vieux Mars, qui avait mené à bien pour la France au prix d'énormes sacrifices la Succession d'Espagne, qu'il s'agit de ressusciter de son tombeau. La France n'a plus à conquérir son hégémonie, elle a à l'exercer. Ni la situation en Europe, ni le changement d'humeur, de mœurs et de goûts qui porte les Français à la paix, aux plaisirs et aux choses de l'esprit ne réclament l'état d'exception où le Grand Roi avait fait vivre le royaume dans les années d'affrontement et de péril. La guerre n'est pas exclue, mais elle ne peut plus être que la diplomatie continuée par d'autres moyens. La grande question pour Conti, c'est le contrepoids que seule la France catholique, aristocratique et royale peut et doit opposer sur le continent à l'égoïsme diviseur et rapace de l'Angleterre, qui s'est maintenant pourvue d'un modèle politique, d'une philosophie utilitariste, et d'une science qui ne l'est pas moins. À l'horizon de la géopolitique française de l'abbé Conti, se dessine dès les années 1720 le « Pacte de famille » entre Bourbons de France, d'Espagne et de Naples que conclura Choiseul le 15 août 1761 et le renversement des alliances, symbolisé par le mariage du dauphin et de Marie-Antoinette, qui associera enfin le 16 mai 1770 les Bourbon et les Habsbourg. Les institutions de l'Europe catholique, perturbées par la Prusse luthérienne, se sont alors réunies contre un avenir protestant dont les principes ont trouvé dans la marine anglaise et l'or de la City leur bras séculier. La guerre d'Amérique, apparemment une victoire sur l'Angleterre, sera en réalité l'involontaire contribution de Louis XVI et de Vergennes au triomphe à court et à long terme de la philosophie de Locke, d'Adam Smith et de Bentham.

Au plus fort de ses guerres, le Grand Roi avait su cependant garder un autre visage : chef de son État-major militaire, il était imperturbablement resté un roi-Mécène, un Apollon catholique favorisant les arts de la paix et les neuf Muses. Les Lumières françaises du nouveau siècle ne sont si vives que parce que Louis XIV n'a jamais sacrifié les arts de la paix et la science du loisir aux armes de la guerre. L'enjeu d'une hégémonie française en Europe n'est pas seulement une question de puissance : il engage le sens ultime des Lumières européennes du nouveau siècle. L'abbé Conti, catholique platonicien et augustinien, mais très au fait des nouveautés philosophiques et scientifiques, va au fond des choses. Les Lumières inclineront-elles du côté de l'empirisme et l'utilitarisme de la rapace Angleterre, ou resteront-elles sous l'influence prédominante de la France de Descartes et de Malebranche, de Racine et de l'abbé Du Bos, attachées aux présupposés classiques, chrétiens et aristocratiques de la noblesse de l'esprit : la beauté et la vérité aimées pour elles-mêmes ? Tout ce qui en France même incline dans ce sens renforce la continuité catholique de l'Europe.

Le Mentor du comte de Caylus a ainsi orienté son disciple sur une voie dont il ne se départira plus. Dans sa correspondance, Anne-Philippe se déclare « tory » quand il parle des affaires françaises. Il emprunte le mot à Henry St John, devenu Lord Bolingbroke, le chef du pari tory, réfugié en France depuis qu'en 1714 le signataire du traité d'Utrecht, accusé de haute trahison, a été menacé d'une sentence capitale par le Parlement whig. Il est entré dans la famille de Mme de Maintenon lorsqu'il a épousé Mme de Villette, la jeune belle-mère de la comtesse. Dans la

Querelle d'Homère, Caylus prend parti avec Conti contre l'amnésie de l'Antiquité prônée par Fontenelle et son disciple Houdart de La Motte.

Partageant les vues du parti conservateur éclairé, et informé de première main des intrigues de cour qui peuvent faire affaiblir ou dévier la politique générale de la monarchie, l'ami et protégé de longue date du cardinal Fleury se garde d'occuper le moindre office administratif, se consacrant avant tout aux Muses, en étroite coopération avec les organes de la primauté spirituelle du royaume en Europe, les Académies, rouages reliant le pouvoir royal à la vie de l'esprit.

Son loisir studieux, ses travaux, la passion qu'il va mettre, après avoir vu naître à la source le goût « rocaille » et moderne de la Régence, à réorienter vers un « grand goût Louis XV » les Bâtiments du roi et l'École française de peinture et sculpture, tout en travaillant à maintenir la France au centre des études européennes sur l'Antiquité, vont s'imposer comme l'une des forces vives des Lumières françaises, sans que jamais ce gentilhomme jaloux de son indépendance ne sorte de la pénombre discrète et de la liberté d'initiative, très XVIIIe, au sein desquelles il a toujours préféré servir la continuité du royaume et la gloire de son roi.

TEXTES DE L'ABBÉ CONTI, DU COMTE DE CAYLUS
ET DE RÉMOND DE SAINT-MARD
EN HOMMAGE À MME DE CAYLUS

L'abbé Conti au comte de Caylus

Monsieur,

Il y avait quinze jours que je n'osais vous écrire, je craignais le coup fatal que la dernière lettre de M. Biart m'avait annoncé. C'est en vain que je me flattais que votre silence pourrait avoir une autre cause que ce grand malheur. L'ambassadeur Canal l'avait mandé à ses amis, mais personne n'osait m'en rien dire. La Dame religieuse cousine de l'ambassadeur m'en fit entrevoir quelque chose. Ses paroles me causèrent une grande inquiétude. On se flatte toujours dans les dernières extrémités, et j'eus la force de suspendre mes larmes pour quelques moments, mais à la vue du cachet noir de votre lettre, je perdis la parole, et je n'eus pas le courage de l'ouvrir. Enfin il le fallût. Et comme les grandes douleurs étourdissent l'esprit, je ne savais ce que je lisais, mais ayant lu votre lettre deux ou trois fois à ma sœur, à ma mère, à mon cousin, et à tous ceux qui prenaient tant d'intérêt à la santé de Mme votre mère, j'ai commencé à pleurer et je pleure encore en vous écrivant. Je ne puis me consoler, et ne prétends pas vous consoler vous-même. L'esprit, comme vous dites, est bien faible auprès des sentiments du cœur. Une épingle qui nous pique nous fait jeter des cris malgré tous les efforts de la philosophie. Pensez-vous que l'on puisse s'empêcher de se plaindre et de pleurer, quand on perd tout ? Je puis vous assurer sans la moindre exagération que je ne serais pas aussi désespéré que je le suis, si j'avais perdu toute ma famille ensemble. Je m'imaginerais toujours que ce serait des pertes que je pourrais réparer par mes réflexions. Mais dans le cas présent, toutes les réflexions me sont ôtées, ou toutes mes réflexions ne font qu'augmenter le désespoir d'avoir perdu ce qu'il y avait de plus aimable au monde. J'ai beau me distraire, je la vois toujours ou assise dans son jardin avec tant de douceur, de sagesse et de grâces, ou lire, étudier dans sa chambre, et décider avec tant de bons sens et de goût sur toutes les matières qui faisaient son amusement.

Quel esprit, quelle solidité de sentiments et de pensée, mais encore quelle vérité dans le cœur ! Je n'ai d'autre bonheur que de ne l'avoir vu souffrir pendant sa dernière maladie, de n'avoir pas entendu ses dernières paroles ni vu ses derniers regards. Mais mon imagination me la peint malgré moi, dans ce triste état. Épargnez-moi de pleurer davantage en vous écrivant ; j'avoue que je ne sais ce que je dis, car au lieu de vous consoler, je ne fais qu'exciter vos larmes malgré moi.

Vous m'offrez un commerce, dont je ne saurais assez vous remercier ; je suis fâché de ne vous avoir pas prévenu, au risque même de n'être pas écouté, mais vous êtes trop bon et la mémoire de Mme votre mère vous est trop chère pour n'avoir pas quelque pitié de ses tristes amis. Quoique tant de terres nous séparent, vous ne m'êtes pas moins présent, et j'ai toujours vécu avec vous par mes lettres. Je vous suivais partout, et je me faisais un vrai plaisir de m'informer de tous vos amusements. Pouvais-je ne pas vous aimer par votre propre mérite, et par la tendresse sincère qu'avait pour vous Mme votre mère : tendresse dont elle vous a donné tant de marques dans vos maladies ? Je n'ai pas oublié l'abattement et le désespoir où je l'ai vue pendant un mois qu'elle craignit de vous perdre.

Le mot d'attachement religieux dont vous vous servez pour me marquer jusques à quel point vous aimez tout ce qu'elle a aimé, me touche infiniment, et me fait sentir toute la bonté de votre cœur ; je n'en veux donc qu'à ce même cœur, et c'est à lui que je remets les intérêts du mien. Sur ce fondement, je continuerai à vous écrire avec la même estime et la même tendresse avec lesquelles j'écrivais à Mme votre mère. Que je plains tous ses amis… Je vous prie de leur dire que je partage leurs larmes, quoique absent. J'entends leurs plaintes, et je m'entretiens avec eux d'une perte irréparable et dont rien ne nous pourra nous consoler[1].

Voici la réponse du comte de Caylus :

Connaissant vos sentiments comme je les connais, mon cher abbé, je n'ai point été étonné de la lettre touchée et touchante que vous m'avez écrite sur le plus grand malheur de ma vie. J'ai

---

1. Luigi Ferrari, « L'abate Conti e Madame de Caylus », *Reale Instituto Veneto di scienze, lettere, ed arti*, *34/35*, t. 94, Venezia, 1934, pp. 8-10i,

éprouvé, en la lisant, une douleur aussi déraisonnable (en un sens) que celle du premier moment ; et je vous assure que dans celui où je vous écris, je suis pénétré et accablé de mon malheur. Plus je vais, et plus je sens la perte que j'ai faite. Le détail journalier de cette privation est un état affreux, et je me livre au triste plaisir de m'affliger avec vous. Je ne sais plus vivre. Cependant vous me connaissez assez de ressources dans l'esprit. Je me trouve isolé. Mon pays me dégoûte. Les affaires qui sont toujours la suite de ces malheurs me feront, je crois, abandonner ma patrie. La philosophie ne m'est d'aucun secours et je n'éprouve que le mécanique de l'homme le moins éclairé. À tout ce que le commerce le plus aimable peut avoir de séduisant, à toute la volupté et la paresse qu'il entraînait, à sa suite, succède une solitude affreuse[1]...

Dix ans plus tard, en 1740, le souvenir de Mme de Caylus restait aussi vivant dans la mémoire de son fils et de l'abbé Conti, qui mourut seulement en 1749. C'est sûrement pour l'anniversaire de la mort de la comtesse que Rémond de Saint-Mard, qui avait été un fidèle du cercle de la comtesse entre 1714 et 1729, écrivit pour le comte et peut-être pour Conti, un admirable éloge, dont Sainte-Beuve s'est inspiré pour écrire un de ses plus beaux portraits de femmes, *Mme de Caylus ou de l'urbanité.*

J'ai lu qu'autrefois on avait dit sur le poète Aristophane que les Grâces, voulant avoir un temple commun, avaient choisi son esprit pour y recevoir le culte des mortels. Cet éloge conviendrait mille fois mieux à feu Mme de Caylus. Dès qu'on avait fait connaissance avec elle, on quittait sans y penser ses maîtresses, parce qu'elles commençaient à plaire moins, et il était difficile de vivre dans sa société sans devenir son ami et son amant. Quelles autres divinités peuvent produire des choses si extraordinaires ?
Les anciens poètes en avaient imaginé une autre qui était bien aussi aimable. Ils la nommaient la Persuasion, et pour nous donner une grande idée de l'éloquence de Périclès, ils dirent qu'elle habitait sur ses lèvres. Tout le monde ne la voyait-il pas dans toutes les actions et toutes les paroles de Mme de Caylus ?

---

1. Cité par Samuel Rocheblanc, *Essai sur le comte de Caylus*, Hachette, 1889, p. 39-40.

Le mot charme se prodigue, et les dons de Vénus et de Minerve réunis ne me paraissent pas suffire pour le mériter ; en un mot, ce qui ne sait pas dégoûter de tout le reste du monde n'en est pas digne. Or je demande à tous ceux qui ont eu le bonheur de vivre avec elle, si en sa présence, ils n'ont pas oublié toute la nature et s'ils ont seulement souhaité d'être ailleurs ?

Elle était née avec beaucoup d'esprit, et avait eu l'avantage d'être élevée par la femme du monde qui avait le plus de connaissance des vrais agréments ; aussi personne n'avait une politesse plus noble, plus aisée ni une plus grande exactitude pour toutes les bienséances que Mme de Caylus.

Sa curiosité et la société des gens de réputation l'avaient rendue savante malgré elle, quoiqu'ils aient, je crois, toujours été plus occupés de lui plaire que de l'instruire. D'ailleurs son éloignement pour ce qu'on appelle beaux-esprits répondait à la beauté naturelle du sien et à la délicatesse de son goût...

Après avoir admiré la droiture de son bon sens dans les conversations sérieuses, si on se mettait à table, elle en devenait aussitôt la déesse ; alors elle me faisait souvenir de l'Hélène d'Homère. Ce poète, pour faire connaître les effets de sa beauté et de son esprit, feint qu'elle jetait dans le vin une plante rare qu'elle avait rapportée d'Égypte, et dont la vertu faisait oublier tous les déplaisirs qu'on avait jamais eus. Mme de Caylus menait plus loin qu'Hélène, elle répandait une joie si douce et si vive, un goût de volupté si noble et si élégant dans l'âme de tous ses convives, que tous les caractères paraissaient aimables et heureux, tant est surprenante la force ou plutôt la magie d'une femme qui possède de véritables charmes[1]*...*

---

1. Rémond de Saint-Mard, cité par l'abbé Gédoyn, *Œuvres diverses*, 1745, p. 229.

2

UN ALCIBIADE FRANÇAIS
ET SON PLATON ANGLAIS :
ANTOINE HAMILTON
ET LE COMTE DE GRAMONT

La grande affaire du règne de Louis XIV avait été la révolution anglaise de 1688. Depuis le retour de Charles II Stuart sur le trône en 1660, le Grand Roi avait pu maintenir l'Angleterre dans la mouvance de sa politique européenne. Restauré en grande partie grâce au soutien français, pensionné du roi de France, et pourvu de maîtresses choisies et soudoyées par les ambassadeurs français, Charles II s'arrangea toujours pour biaiser avec la violente francophobie anglaise, et empêcher son royaume d'interférer trop gravement avec les desseins du roi de France.

Charles II était français par bien des côtés. Fils d'Henriette de France, sœur de Louis XIII, et frère d'Henriette d'Angleterre, épouse du duc d'Orléans, frère de Louis XIV, il appartenait à la famille royale française ; ayant grandi et fait ses premières armes en France pendant toute la durée de « l'usurpation » de Cromwell, son esprit et ses mœurs étaient ceux d'un prince français.

Sans doute était-il nominalement anglican, comme son père Charles Ier, mais il avait été élevé par une mère catholique et très dévote, dont le rêve, aussi longtemps qu'elle régna aux côtés de son époux sur l'Angleterre, avait été de ramener son nouveau royaume dans le giron de l'Église de Rome. Le frère cadet de Charles II, le duc d'York, franchit le pas, ce dont son aîné se garda toujours prudemment : il se convertit au catholicisme en 1673 et il épousa en secondes noces une princesse catholique, Marie de Modène. Ce papisme avoué le rendit odieux en Angleterre, et provoqua pour une large part la révolution de 1688, qui porta sur le trône un prince protestant, Guillaume d'Orange, époux de Marie, la fille même du souverain déchu, et roi d'Angleterre sous le nom de Guillaume III.

Affinités et incompatibilités franco-anglaises

Entre la majorité des Anglais, attachés à l'Église anglicane ou à diverses sectes protestantes, et la dynastie des Stuarts, la difficulté était à la fois politique et religieuse. Politique, parce que la tradition de cette famille royale d'origine écossaise la portait à la monarchie absolue de type français, ce qui avait coûté la vie à Charles Ier en 1649. Religieuse, parce que leur pente les entraînait aussi vers le catholicisme, ce qui avait coûté la vie en 1587 à leur arrière-grand-mère Marie Stuart, veuve du roi Valois François II. Cette difficulté politico-religieuse était intrinsèquement liée aux affinités profondes de la dynastie avec la France, odieuse aux Anglais en général non seulement pour son catholicisme, dont Louis XIV avait réaffirmé brutalement, en 1685, par la révocation de l'Édit de Nantes, qu'il était la religion unique de son royaume, ou pour son absolutisme, qui heurtait de plein fouet la tradition parlementaire anglaise, mais aussi et surtout pour sa relative puissance maritime, coloniale et commerciale, qui gênait les intérêts d'une île dont toute la fortune, comme celle de la Hollande, tenait à son commerce sur mer. Seules les ruses de Charles II, et l'extraordinaire virtuosité de la diplomatie et de l'or de Louis XIV, avaient pu pendant vingt-huit ans, de 1660 à 1688, contenir les pulsions irrésistibles qui poussaient l'Angleterre à jouer de tous ses atouts pour contrecarrer la France sur le continent autant que sur les mers.

À partir de 1688, le frein des Stuarts étant ôté, l'Angleterre devient l'ennemie n° 1 de Louis XIV, qui croyait la tenir définitivement dans ses rets et qui avait même encouragé le duc d'York, devenu Jacques II à la mort de son frère en 1685, à déclarer le catholicisme religion officielle de son royaume, comme l'avait fait pour son malheur Marie Tudor, dite « Marie la Sanglante », au XVIe siècle. Face à la France du Grand Roi vieillissant, dont les mœurs étaient régies par l'ancienne éthique nobiliaire, anti-mercenaire, de la « générosité », et dont la pensée était dominée par une métaphysique catholique d'essence platonicienne, l'Angleterre de la *Glorious Revolution* se donna un maître à penser conforme à sa véritable *forma mentis* : le philosophe John Locke, ardemment hostile aux Stuarts, publie en 1688 son *Essay on Human Understanding* qui, à contre-courant d'une tradition ininterrompue dont Descartes lui-même était un rénovateur, fonde la connaissance humaine sur l'exclusive expérience des sens, et la morale sociale sur l'ajustement bien compris des passions et des intérêts. La théorie politique qui découle de cette anthropologie sera exposée par Locke en 1690 dans ses *Two Treatises on Civil Government.* Commissaire au commerce et aux colonies du nouveau régime, John Locke ne fera sans doute pas l'unanimité des esprits en Angleterre, l'université d'Oxford (traditionnellement fidèle aux Stuarts) aura ses « platonists », et le parti anglais des « Anciens », le plus souvent recruté dans les rangs des torys, plus ou moins favorables aux Stuarts, et s'inspirant des « Anciens » de Paris, défendra la tradition contre des « Modernes » britanniques. Mais dans l'ensemble, l'anthropologie et la théorie de connaissance lockiennes imprègnent la pensée anglaise du XVIIIᵉ siècle et elles se fondent harmonieusement avec la science telle que la pratique à Londres la Royal Society, héritière de l'empirisme inductif de Bacon et qui se donne pour fin, plus ouvertement que celle de Descartes, les applications techniques et utiles à la navigation, au commerce, à l'industrie, à l'agriculture, sources de richesse pour une aristocratie qui ne croit pas, comme sa contrepartie française, que ces activités dérogent de sa noble naissance. La traduction en beau et bon français de l'*Essai sur l'entendement humain* de Locke, œuvre de Pierre Costes, un calviniste réfugié en Hollande, et publiée à Amsterdam, inaugure l'offensive de l'utilitarisme anglais sur le continent, soutenue par l'éloge qu'en fit Voltaire dans ses *Lettres anglaises* de 1727 ; elle devient, avec la cosmologie de Newton, que Mme du Châtelet et Voltaire, toujours lui, vont vulgariser en Europe, le fer de lance d'une hégémonie anglaise, philosophique et même scientifique, sur les Lumières européennes.

Mais il faut bien voir que le conflit franco-anglais, qui prend une dimension métaphysique à partir de 1688, n'est pas une antithèse tranchée. Si l'anglomanie fait des progrès à Paris tout au long du XVIIIᵉ siècle, dans le sillage de la politique anglophile du Régent et de Dubois, et surtout sur la lancée des *Lettres anglaises* de Voltaire, qui mettent définitivement le « modèle anglais » à la mode en France, en Angleterre la fascination pour la France aristocratique « à l'antique », pour ses mœurs, ses manières, son art de vivre, concurrencée seulement par l'attraction qu'exerce l'Italie artistique du « Grand Tour », influence fortement une aristocratie qui, tout attachée qu'elle soit à des assises économiques

inconnues de sa contrepartie française, n'en est que mieux disposée à faire servir ses richesses à l'agrément de ses nobles loisirs,
logés dans des châteaux palladiens, meublés de tableaux italiens,
rafraîchis par des parcs inspirés des paysages de Nicolas Poussin
et de Claude Lorrain, et divertis par des mœurs galantes, qui sans
pouvoir rivaliser trop ouvertement avec l'élégant libertinage dont
la France catholique garde le secret, s'y adonne ardemment *intra
muros* ; et il n'est pas de destination plus désirée par l'aristocratie
anglaise au XVIIIᵉ siècle, dans les intervalles de paix entre les deux
royaumes, que Paris ou les douces provinces françaises, où elle
s'échappe dès qu'elle le peut pour de longs séjours. Au temps des
Stuarts, sous Charles Iᵉʳ et Charles II, c'était pour beaucoup la
relative symbiose entre l'aristocratie de cour anglaise et sa contrepartie française (qui passait depuis les croisades, ce que rétrospectivement on oublie trop, pour l'archétype des aristocraties
européennes) qui avait facilité l'étroite alliance entre Paris et
Londres. Cette révérence pour la mère patrie moderne du « vivre
noblement » est donc loin d'avoir disparu en Angleterre après la
révolution de 1688.

Lord Bolingbroke, qui épousa en secondes noces une exquise
Française élevée à Saint-Cyr, la marquise de Villette, s'accommoda fort bien d'un très long exil en France. Lord Chesterfield,
dans les lettres qu'il adresse à son fils pendant le « Grand Tour »
du jeune homme en Europe, ne cache pas l'admiration que lui
inspire la civilisation française des mœurs, et se flatte lui-même
d'avoir été à peu près dégrossi, à Paris, de la barbarie anglaise.
Horace Walpole, quoique fils du Premier ministre whig qui avait
été l'ennemi mortel de Bolingbroke et de la France, s'est attardé
longuement, de 1739 à 1741, dès qu'il l'a pu, dans la capitale
française, et il y noua une longue liaison platonique et épistolaire
avec une vieille dame qui, à bien des égards, était la quintessence
de la France aristocratique et son attitude tout esthétique envers
la vie : la marquise du Deffand.

Lord Bolingbroke a eu des tentations *jacobites* au début de son
exil en France. En d'autres termes, il s'est rallié un temps au fils
de *Jacques* II Stuart, le « Prétendant » à la couronne anglaise
Jacques III, qui tint cour à Saint-Germain après la mort de son
père en 1701, et qui, tant qu'il fut soutenu par Louis XIV,
semblait promettre quelque avenir à un homme d'État ambitieux.
Anglais ou Écossais, ce furent en effet les nobles « jacobites » en
exil qui allèrent le plus loin dans l'adoption des mœurs françaises
et dans l'identification à la forme d'esprit « à l'antique » de l'aris-

tocratie française. La « Restauration » de Charles II avait exporté à Londres, et réfléchi sur le théâtre anglais, à la faveur de plusieurs années de paix, les mœurs galantes et les intrigues de gynécée qui avaient fait le charme de la cour de France depuis la fin de la Fronde, un jeune roi et son frère donnant, à Paris comme à Londres, l'exemple et le branle à leur cour. Le *Journal* de Samuel Pepys porte témoignage de l'extraordinaire mélange, dans la Londres de Charles II, entre la répugnance puritaine de principe pour la « débauche » d'origine française et catholique, et un appétit goulu d'en ramasser furtivement quelques miettes.

Après 1688, il est vrai, il fallait un grain de folie ou, ce qui revient au même, un rare sens du sacrifice, pour rester « jacobite » et catholique en Angleterre, ou bien il fallait chercher par cette noble voie un alibi pour émigrer en France, et vivre résolument « à la française » soit en héros, comme le duc, puis maréchal de Berwick, fils illégitime de Jacques II et brillant général de Louis XIV pendant la guerre de Succession d'Espagne, soit en parasite de la cour d'opérette de Saint-Germain, entretenue par les subsides de Versailles. À la fin du règne de Louis XIV et au cours du XVIIIe siècle, le jacobitisme, à l'extrême droite du vaste arc-en-ciel de la noblesse anglaise, fertile pourtant en caractères extravagants, représente l'ultraviolet de la bizarrerie, une couleur qui ne se fond pas tout à fait, bien qu'elle s'efforçât de s'y accorder, avec les nuances subtiles de bleu, de jaune et de rose pâle qu'affectionnent les ailes de papillons et les ailes d'oiseaux dont se pare sous Louis XV l'aimable et frivole société polie de Paris.

L'archétype français du jeune gentilhomme

De tous les jacobites catholiques franglais qui ont suivi Jacques II en exil, il en est au moins un qui s'est montré plus Français qu'aucun Français, à la fois par la pureté de la langue qu'il a écrite et parlée, et par le naturel avec lequel il est entré, sans la moindre trace de *patavinité*, dans la forme française du « vivre noblement ». Ce gentilhomme, né dans une ancienne famille d'Écosse, Antoine Hamilton, a eu l'honneur d'être reçu par Sainte-Beuve dans le saints des saints des écrivains qui ont connu les suprêmes beautés du meilleur style français :

« Antoine Hamilton, un des écrivains les plus attiques de notre langue, n'est ni plus ni moins qu'un Anglais, de race écossaise. On a vu d'autres étrangers, Horace Walpole, l'abbé Galiani, le baron de Besenval, le prince de Ligne, posséder ou jouer l'esprit français à merveille ; mais pour Hamilton, c'est à un degré qui ne permet plus qu'on y distingue autre chose ; il est cet esprit même »[1].

Le chef-d'œuvre d'Antoine Hamilton, les *Mémoires du comte de Gramont*, publiés anonymement en 1713, présente une particularité qui montre par elle-même à quel point leur auteur savait qu'il était passé « de l'autre côté » de la langue et même de la forme d'esprit de sa propre nation. Rompant avec la première règle du genre très français et très aristocratique des *Mémoires*, qui veut que ces « récits de vie » pour servir à l'Histoire soient écrits à la première personne, Hamilton s'efface de sa narration pour se faire l'interprète, à la troisième personne, du héros dont il raconte les exploits, et ce héros, un Français, est son propre beau-frère le comte de Gramont. Il était mort en 1707, mais son crépuscule avait pu être égayé par la lecture du récit des matinées de sa vie, au début du règne de Charles II, près d'un demi-siècle plus tôt. On ne peut, avec plus d'élégance et d'abnégation qu'Antoine Hamilton, abdiquer la nationalité anglaise pour habiter et animer plus complètement la personnalité et le style d'être d'un aristocrate français, dont Hamilton veut faire, et il y réussit parfaitement, l'*Idealtype* du gentilhomme, dans la saison de sa vie où il est le plus lui-même : la jeunesse. Pour Hamilton, le « caractère » ou comme dira Sainte-Beuve, non sans quelque méprise intentionnelle, « l'esprit français », se résume et se concentre dans ce héros de « belle naissance », héritier moderne du *KalosKagathos* athénien, mais qu'il tient pour supérieur à son prédécesseur antique. Il le propose en exemple inégalable aux jeunes nobles de toute l'Europe :

« J'écris une vie, proclame avec une emphase jouée l'anonyme et invisible narrateur, plus extraordinaire que toutes celles que [Plutarque] nous a laissées »[2].

Il avait réussi dans son dessein : les *Mémoires de Gramont* furent immédiatement un succès, et ils le demeurèrent jusqu'à la Révolution. Chamfort témoigne que pour la génération qui partit libérer l'Amérique, et pour celle qui s'enthousiasma pour 1789, ce livre « était le bréviaire de la jeune noblesse ».

---

1. *Causeries du lundi*, t. X, 1855, p. 95-97.

2. Antoine Hamilton, *Mémoires du comte de Gramont*, Seuil, 1994, chap. I.

Et c'est la seconde singularité de ces *Mémoires* : prenant le contre-pied d'une autre règle du genre, qui veut qu'on ne s'attarde pas sur la jeunesse, et que le récit porte essentiellement sur le rôle du mémorialiste adulte dans les affaires publiques, Hamilton concentre sa narration sur l'âge heureux de son héros, de l'adolescence au seuil de l'âge adulte, quand il ne porte encore que le titre de chevalier. Il montre le gentilhomme français dans son éclosion, ou comme disent les Japonais pour les jeunes stars du Kabuki et du Nô : « dans sa fleur ». La gravité et la grandeur ne siéent pas à la belle jeunesse. L'ombre de la retraite et de l'acheminement à la mort qui caractérisent les *Mémoires* du XVIIᵉ siècle disparaît entièrement de cette « Vie » résumée à ses plus belles années. Les héros nobles du siècle des Lumières, Richelieu, Ligne, à l'image du comte de Gramont d'Antoine Hamilton, resteront éternellement jeunes et galants en niant l'âge et l'ombre.

Aussi les *Mémoires de Gramont* ne sont-ils pas le contraire du roman picaresque espagnol dont le *Gil Blas* de Lesage, leur contemporain, est la version moderne tournée en français. Plusieurs des épisodes de la vie de Gramont (ses succès mais aussi ses mésaventures au jeu, les situations assez grotesques où il arrive que l'entraîne sa chasse aux plus redoutables proies féminines, les *burle* que lui-même et ses amis adorent jouer aux imbéciles et aux laiderons, ou que leur jouent leurs propres Leporellos) pourraient être transposés tels quels dans le monde du *Francion* de Charles Sorel, ce roman à succès du temps de la régence de Marie de Médicis, où un jeune gentilhomme d'épée, libertin par définition, tient franchement du *picaro*. Mais, bien qu'il n'ait pu lire les *Mémoires* de Retz, publiés après 1715, Hamilton sait, comme pour lui-même l'étincelant cardinal, maintenir le comique dru, la raide drôlerie et même le franc burlesque que côtoie sans cesse le chevalier de Gramont, dans le registre sinon héroïque, du moins noble, et il y est aidé par la langue vive, mais suprêmement élégante dans laquelle il écrit et dans laquelle parlent et écrivent son gentilhomme en fleur et sa phratrie de jeunes gens enragés avec lui de vivre joyeusement. C'est même cette délicate balance entre « le fonds inépuisable de bonne humeur et de vivacité » qui emporte Gramont et la grâce avec laquelle son historien et lui-même évitent toute chute dans le ridicule, entre les situations scabreuses où se jette sans hésiter le jeune gentilhomme et la réserve imperceptiblement ironique, quoique complice, où se maintient le narrateur, qui fait tout le charme quasi mozartien (le Mozart de *Cosi fan tutte*) de ces *Mémoires* dont Voltaire, plus maintenonien qu'on ne croit, a pu écrire : « De tous les livres, [c'est] celui où le fonds le plus mince est paré du style le plus gai, le plus vif et le plus agréable »[1].

Il y avait certainement en France bien d'autres « caractères » que celui qu'Antoine Hamilton a choisi de dessiner avec des traits si animés : le jeune gentilhomme d'épée dans la *furia* de son beau naturel et de sa chasse aux plaisirs en temps de paix, dans les intervalles d'une carrière militaire qui est déjà, et qui sera encore, nous assure le narrateur, héroïque et glorieuse. Dans son insistance à ne montrer que l'une des deux faces du personnage, celle qui est tournée du côté des amours, Hamilton, dès 1713, donne le « la » au siècle de Don Giovanni :

« La gloire dans les armes, écrit peu cornéliennement Hamilton, n'est *tout au plus* que la moitié du brillant qui distingue les héros. Il faut que l'amour mette la dernière main au relief de leur caractère, par les travaux, la témérité des entreprises et la gloire des succès. Nous en avons des exemples non seulement dans les romans, mais dans l'histoire véritable des plus fameux guerriers et des plus célèbres conquérants »[2].

Mais il n'était aucun autre caractère, dans l'antique royaume de France, depuis le *Petit Jehan de Saintré* jusqu'au *Francion* de Sorel, qui incarnât mieux le tour de force d'une liberté et d'une audace jeunes se jouant, sans les tourner, parmi les règles récentes et dures de la vie de cour et les conventions d'une très ancienne aristocratie, caste militaire devenue aussi classe de loisir. Si bien que c'est ce type d'Alcibiade moderne, le Lauzun de la cour de Louis XIV, le maréchal de Richelieu de la cour de Louis XV, et leur émule austro-wallon le prince de Ligne, tous déclinés sur le modèle du chevalier de Gramont, qui a le mieux représenté « l'esprit français » à l'Europe snobée et énamourée du XVIIIe siècle. Pour que nul n'ignore qu'il décrit la fine fleur d'une nation, Hamilton ne manque pas de rappeler en passant que son héros est le petit-fils de Diane d'Andoins, comtesse de Gramont, l'une des maîtresses du jeune Henri de Navarre ; bien qu'il n'ait pas été légitimé, il descend donc en ligne directe du plus Français des rois, Henri IV, et il fait revivre sous Louis XIV la façon d'être

---

1. Voltaire, *Le Siècle de Louis XIV*, « Liste de la plupart des écrivains qui ont paru... », art. Hamilton.

2. Antoine Hamilton, *Mémoires du comte de Gramont, op. cit.*, chap. IV.

jeune qu'avaient eue après le Vert Galant, son fils légitime
préféré, Gaston d'Orléans, et le fils légitimé de Gabrielle
d'Estrées, César de Vendôme. À l'audacieuse et gracieuse liberté
de tout gentilhomme d'épée français, Gramont ajoute l'orgueil et
l'audace d'un descendant de race royale. Sa gaîté, son dédain de
l'économie, sa passion du jeu, ses dépenses somptuaires, son
appétit des intrigues galantes, ses dons et son charme amoureux,
son esprit, sa vaillance, et jusqu'à sa touche impalpable de
cynisme, sont autant de traits de haute noblesse que le jeune âge
met le mieux en évidence, et qui résument en son printemps
renouvelé de génération en génération l'antique génie des aristocraties dont la France est la moderne patrie, et dont la cour de
France à chaque début de jeune règne est le théâtre le plus
achevé.

Même lorsque Gramont doit séjourner à la cour de Turin, où
règne Madame Royale, sœur de Louis XIII, ou s'exiler à Londres,
disgracié par Louis XIV à qui il n'a pas hésité à disputer une
belle, il retrouve transposé sur de moindres planètes un terrain
d'aventures plus fruste, mais fécond en jeunes et aristocratiques
beautés exotiques, où son entraînement de jeune Parisien lui
donne d'évidents avantages. C'est pourtant dans la cour « à la
française » de Charles II et du duc d'York, dans le réseau serré de
ses multiples stratégies de conquêtes, parmi tant de ravissantes
jeunes Anglaises fort bien armées pour se défendre et souvent, de
surcroît, bien protégées par de vigilants époux, que le Français,
donnant le ton à ses jeunes pairs anglais, enchantant le roi, vrai
coq dans cette basse-cour de jeunes ducs et de duchesses décon-
certés par sa grâce, rencontre la jeune fille qui seule est vraiment
son égale, dont ce libertin hardi et ingénieux va tomber amoureux, et qui va devenir comtesse de Gramont, Elizabeth Hamilton, l'une des sœurs d'Antoine. Le mariage, comme dans les
contes de fées, n'aura lieu qu'après la fin de la saison des amours,
dans un temps postérieur à celui des *Mémoires*. Cette vocation au
grand amour, ce discernement d'une partenaire digne de lui et
qui réponde à son attente, ce mariage d'inclination réciproque
entre pairs, même s'il n'engage en rien à la vulgaire fidélité,
déclarent la qualité héroïque et française de Gramont, seul
épargné de tous les Anglais de sa caste et de sa génération par
l'échec matrimonial.

Les *Mémoires*, portrait en mouvement de Gramont, contiennent une foule de portraits-miniatures. Le seul portrait en pied
qui y figure, comme il sera inscrit plus tard dans le cœur du

héros, c'est celui de sa future épouse, dont il est dès le premier abord amoureux, sans pour autant que cela ralentisse sa vie de coureur de jupons :

« Elle avait la plus belle taille, la plus belle gorge et les plus beaux bras du monde. Elle était grande, et gracieuse jusque dans le moindre de ses mouvements. C'était l'original que toutes les femmes copiaient pour le goût des habits et l'air de la coiffure. Elle avait le front ouvert, blanc et uni ; les cheveux bien plantés, et dociles pour cet arrangement naturel qui coûte tant à trouver. Une certaine fraîcheur, que les couleurs empruntées ne sauraient imiter, formait son teint. Ses yeux n'étaient pas grands ; mais ils étaient vifs, et ses regards signifiaient tout ce qu'elle voulait. Sa bouche était pleine d'agréments, et le tour de son visage parfait. Un petit nez délicat et retroussé n'était pas le moindre ornement d'un visage tout aimable. Enfin, à son air, à son port, à toutes les grâces répandues sur sa personne entière, le chevalier de Gramont ne douta point qu'il n'y eût de quoi former des préjugés avantageux sur le reste. Son esprit était à peu près comme sa figure. Ce n'était point par ces vivacités importunes, dont les saillies ne font qu'étourdir, qu'elle cherchait à briller dans la conversation. Elle évitait encore plus cette lenteur affectée dans le discours, dont la pesanteur assoupit ; mais, sans se presser de parler, elle disait ce qu'il fallait, et pas davantage. Elle avait tout le discernement imaginable pour le solide et le faux brillant ; et, sans se parer à tout propos des lumières de son esprit, elle était réservée, mais très juste dans ses décisions. Ses sentiments étaient pleins de noblesse ; fiers à outrance, quand il en était question. Cependant elle était moins prévenue sur son mérite qu'on ne l'est d'ordinaire quand on en a tant. Faite comme on vient de dire, elle ne pouvait manquer de se faire aimer : mais, loin de le chercher, elle était difficile sur le mérite de ceux qui pouvaient y prétendre »[1].

Voilà la Française d'élection qui était prédestinée à devenir comtesse de Gramont, et que le chevalier n'a eu garde de ne pas remarquer et privilégier. Antoine Hamilton n'épargne pas les débutantes qui pullulent à Londres autour de Charles II et du duc d'York qui offrent d'agréables modèles au talent du peintre de la Cour, Sir Peter Lely, et des proies consentantes aux poursuites de leurs jeunes galants. De toutes ces jeunes Anglaises, Elizabeth était la seule beauté qui eût *de l'esprit*.

---

1. *Ibid.*, p. 118-119.

« Cette dame Mme Warenhall [une amie de Mlle d'Hamilton] était ce qu'on appelle proprement une beauté tout anglaise ; pétrie de lys et de roses, de neige, de lait quant aux couleurs ; faite de cire à l'égard des bras et des mains, de la gorge et des pieds, mais tout cela sans âme et sans air »[1].

Quand on se trouve sous la coupole du merveilleux musée de style Louis XVI offert en 1918 à la ville-martyre de Saint-Quentin par le grand-père de Michel David-Weill, entouré par le fonds d'atelier du portraitiste Quentin de La Tour, on a l'impression d'être projeté dans un salon du XVIIIe siècle, assiégé de visages tous jeunes, vifs, souriants, gais, aimables, hommes et femmes à qui il ne manque que la parole, et qui tous se ressemblent, quoique tous différents, tous singuliers, chacun aussi unique dans la vie que les portraits du Fayoum le sont dans la mort. C'est un peu comme si les archétypes du comte et de la comtesse de Gramont, posés une fois pour toutes dès 1713 par les *Mémoires* d'Antoine Hamilton, s'étaient multipliés pendant trois générations, répandant cette étincelle qui fait se reconnaître entre eux, au premier coup d'œil, hommes et femmes d'esprit. Si l'on se reporte alors par la pensée à l'admirable série de portraits peints par David entre 1787 et 1792, jusqu'au sublime tableau présentant le couple Lavoisier qui règne aujourd'hui au sommet de l'escalier monumental du Metropolitan Museum de New York, dernière guirlande de ce charme français qui s'était étendu au cours du siècle bien au-delà de la noblesse de cour et de ville, on est saisi d'effroi : il n'est pratiquement pas un de ces beaux jeunes gens spirituels et faits pour le bonheur qui n'ait eu la tête coupée sur l'échafaud en 1793 et 1794.

Un jacobite métamorphosé français

Qui était Antoine Hamilton ? L'auteur des *Mémoires de Gramont* naquit cadet, en 1646, dans la nombreuse famille de Sir George Hamilton, d'ancienne souche écossaise et catholique, et de Mary Thurles, issue elle-même d'une grande famille catholique irlandaise, les Ormond. Son frère aîné, James, l'un des amis anglais du chevalier de Gramont à la cour de Charles II, fut gentilhomme de la chambre du roi, et colonel d'un régiment à pied. Il fut tué au cours d'un engagement contre les Hollandais

---

1. *Ibid.*, p. 281.

en 1679, et son oncle le duc d'Ormond lui fit élever un monument à Westminster Abbey. Son second frère, encore plus intime de Gramont, avait été page de Charles II pendant son exil en France. Officier des Horse Guards à la cour de Londres jusqu'en 1667, il entra alors dans le corps des « gendarmes anglais » veillant à la sécurité personnelle de Louis XIV, qui l'éleva au rang de maréchal de camp et lui donna le titre de comte. Il fut tué à la bataille de Saverne, dans les rangs français.

Le jeune homme avait accompagné son second frère en France, et il est arrivé souvent à celui-ci de l'envoyer en Irlande comme agent recruteur pour leur régiment d'élite. En 1681, il apparaît dans le ballet de Philippe Quinault « Le Triomphe de l'Amour », représenté devant le roi au château de Saint-Germain. Il jouait le rôle de Zéphyr. Telle est alors la symbiose entre la cour française et l'anglaise que ce militaire au service de Louis XIV peut être nommé en 1685 par le nouveau roi Jacques II gouverneur de Limerick, en Irlande. L'un des premiers gestes du nouveau gouverneur est d'assister publiquement et avec panache à la messe.

Il est engagé dans l'âpre bataille militaire que Jacques II doit mener contre la rébellion rapide d'une grande partie de son royaume, et qui se poursuit deux années encore après que Guillaume III a été légitimé par le Parlement anglais. Hamilton est blessé au siège d'Ennenskilden, et il s'échappe à grand-peine du massacre et de la déroute de la Boyne, le 1er juillet 1690, qui mit définitivement fin au règne du dernier roi Stuart, sinon à ses espérances et à ses tentatives de reconquérir la couronne.

Désormais, revenu en France, Hamilton fera partie jusqu'à sa mort en 1720 de la cour des Stuarts en exil à qui Louis XIV avait assigné pour résidence l'un de ses plus beaux châteaux, celui de Saint-Germain. Il sera invité par la duchesse du Maine aux fêtes qu'elle donne dans son propre château et qui sont restées célèbres sous le nom de « Grandes nuits de Sceaux ». Il est l'ami des poètes épicuriens du duc de Vendôme et de son frère le Grand Prieur, l'abbé de Chaulieu et le marquis de La Fare, qui eux aussi fréquentent Sceaux.

Retiré du service, il se consacre lui-même à la poésie de circonstance et à cette brillante littérature d'improvisation en prose, contes, dialogues, essais d'humeur, maximes et réflexions morales, la seule que l'aristocratie française juge digne de son loisir, de sa nonchalance et des plaisirs de société, et que le comte de Caylus pratique déjà à la même époque avec autant de facilité que le fera le prince de Ligne à la fin du siècle.

Sa seule entreprise de longue haleine, encouragée par Boileau dès 1705, aura été les *Mémoires de Gramont,* qui, souvent réédités en France et en traduction anglaise, bénéficieront d'une publication de luxe par les soins d'Horace Walpole sur les presses de son château de Strawberry Hill, dédiée galamment à Mme du Deffand. En 1749-1776, ses œuvres inédites et posthumes paraîtront en sept volumes à Paris et à Londres.

À Saint-Germain, Hamilton préférait aux intrigues impuissantes de cette petite cour en exil l'intimité du cercle du duc de Berwick Il noua avec la belle-sœur de celui-ci, Henrietta Bulkeley, « la belle Henriette », une douce et platonique liaison qui éclaira ses dernières années, et qu'il nourrit d'un assidu commerce de lettres et d'offrandes littéraires. C'est pour elle qu'il composa quatre *Contes* pastichant un genre alors à la mode, et qui connurent un vif succès de public lorsqu'ils parurent en 1730, après avoir circulé en manuscrit dans les compagnies que ravissaient les talents de l'auteur. La cour de Louis XIV tenait elle-même en haute estime le style français de Hamilton. Ses moindres lettres y étaient lues et commentées comme l'avaient été celles de Mme de Sévigné, et Dangeau pouvait lui faire savoir, à propos de louanges qu'il avait adressées au duc de Berwick et que le duc avait fait lire au roi : « Elles ont été du goût de tous les honnêtes gens qui sont à Marly. »

De tempérament grave, peu brillant dans la conversation, peu volontiers mondain, aussi différent que possible de son beau-frère Gramont dont il fit son héros, ce célibataire devint très pieux sur ses vieux jours comme il était de mise dans l'aristocratie française et catholique. Mais rien ne donne une plus juste idée de son atticisme en français et de l'épicurisme de ses mœurs que le dialogue *De la Volupté,* que l'on va lire.

C'est un pastiche élégant à la fois de Platon, peintre de la jeunesse dorée athénienne attirée par Socrate, les Agathon, les Phèdre, les Alcibiade, et de Xénophon, peintre du jeune Cyrus. Le thème de ce dialogue est très étroitement apparenté à celui des « hussards » représentés dans les *Mémoires de Gramont* et de leur chasse aventureuse aux plaisirs. On peut s'étonner à première vue qu'un tel thème ait eu la préférence d'un écrivain jacobite, qui avait risqué plusieurs fois sa vie aux armées pour la cause du catholicisme anglais et de son roi.

L'opinion protestante unanime, luthériens, anglicans et calvinistes confondus, et cela depuis le début du XVIe siècle, associait dans sa légende noire de la religion romaine catholicisme et paganisme, foi papiste et mœurs libertines. Aujourd'hui, le catholicisme lui-même, redevenu rigoriste, s'indigne rétrospectivement qu'une telle alliance contre-nature de la foi romaine avec les plaisirs de la vie et des arts ait été autrefois possible. Au XVIIe et au XVIIIe siècle, il allait de soi qu'il y eût plusieurs demeures dans la maison du pape, du roi Très-Chrétien et des rois catholiques Stuarts.

Si l'on peut faire remonter l'épicurisme catholique d'un lettré tel que Hamilton à une tradition conciliatrice de la Haute Renaissance, celle qui prend son origine chez l'humaniste catholique Lorenzo Valla, auteur d'un *De Voluptate* (1435), et qui s'était épanouie en France chez un Rabelais, un Montaigne, un Gassendi, il faut aussi tenir compte, pour comprendre la liberté de mœurs d'un chevalier de Gramont et de ses jeune amis catholiques anglais, que l'Église romaine d'alors avait le sens des convenances, et qu'elle se gardait d'exiger trop tôt et trop abruptement, de jeunes militaires en permission, de surcroît appartenant à la noblesse de naissance, des mœurs de moines ou de barbons. Un des moments décisifs des *Mémoires de Gramont,* c'est le choix du chevalier de la vie militaire contre la vie ecclésiastique que souhaite pour lui sa mère. Une fois le choix fait, et approuvé par la pieuse dame, le jeune homme pourra et devra se conduire avec la *furia francese* sur les champs de bataille, et en cheval de race échappé dans la vie civile. Il y avait donc place dans la société catholique d'alors, sinon dans les rangs de l'Église romaine depuis longtemps ouverts aux cadets de la noblesse d'épée, pour une forme jeune de la « vie noble » que la poésie et la philosophie antiques avaient déjà exaltée presque au même rang que la vie du sage. Hamilton le savait si bien qu'il fait refuser par son héros les conseils de sagesse et de prudence que lui dispense à Londres un « philosophe laïc », le Français en exil Saint-Évremond : « vivre noblement » pour un jeune homme, c'est vivre dangereusement, joyeusement, généreusement, en assumant tous les risques de ce choix. La sagesse ni la dévotion ne sont de son fait.

ANTOINE HAMILTON :
DE LA VOLUPTÉ, DIALOGUE

Les jeunes gens firent hier le sacrifice ordinaire à Mercure ; et, en vérité, il est difficile de rien voir de plus aimable que la jeunesse d'Athènes. Après que la cérémonie fut achevée, comme il faisait beau, la plupart sortirent de la ville pour aller se divertir à la campagne, et jouir du loisir que la fête leur donne. Ils avaient encore sur la tête leurs couronnes de fleurs, qu'ils gardèrent tout le jour ; et ils s'amusaient à différents exercices le long des bords de l'Illissus. Les plus grands s'étaient fait amener des chevaux pour les monter dans la plaine et signaler leur adresse devant les plus jeunes ; les autres les regardaient faire, ou s'occupaient de jeux convenables à leur âge. Les amants, car vous savez ce que nos lois permettent, ne manquèrent pas de s'y trouver ; et moi, sans être amant, je m'y trouvai aussi, je ne sais pourquoi. Agathon arriva plus beau que le jour, et fait d'une sorte à donner de l'amour aux plus insensibles. Il était suivi d'un grand nombre de gens qui tous me parurent touchés de sa beauté ; ce qu'il était aisé de juger à leurs manières. Les uns ne partaient point et demeuraient comme immobiles, mais avec des regards si passionnés, que l'on voyait bien qu'ils ressentaient quelque chose de plus encore que les autres, qui étaient outrés dans leurs gestes et dans toutes leurs actions. J'ai bien vu des Corybantes ; j'ai vu des prêtres de Bacchus ; mais quelle différence de cette sorte de fureur à celle que l'amour inspire ! Ceux-là ont l'œil farouche, la voix terrible, les cheveux hérissés ; mais le dieu qui fait aimer ne rend que plus aimable ; il donne aux yeux, comme aux cœurs, de la vivacité et de la tendresse ; le son de la voix, quand il le règle, devient touchant, et les sentiments de l'âme répandent sur toutes les actions une grâce et une douceur que toute autre divinité ne saurait inspirer. Tous les yeux étaient fixés sur ce jeune homme, et je ne sais si je ne puis point le comparer à l'Hélène d'Homère, dont les charmes se firent sentir à Priam même. Je le suivis comme les autres, parmi lesquels il y en avait de beaucoup plus vieux que moi. Quand je fus assez près de lui pour écouter ce qu'il disait, j'entendis que quelques jeunes gens, qui semblaient plus sérieux que les autres, le prièrent de leur redire un entretien qu'il avait eu avec Aspasie sur la volupté, et dont il avait souvent parlé. Il les refusa quelque temps, les remettant à une autre fois ; et il ajouta en souriant qu'il ne les croyait pas occupés de choses si importantes. Il céda enfin ; et, toute cette troupe s'étant mise autour de lui il leur dit avec cet agrément qui lui est si naturel :

Je voudrais bien, mes amis, satisfaire votre curiosité ; mais je sens que je ne le puis faire qu'imparfaitement. Il me faudrait du temps pour me rappeler l'entretien d'Aspasie ; et vous me prenez au dépourvu. Mais vous le voulez, et souvenez-vous que je vous obéis. Vous savez la part qu'Aspasie a dans notre gouvernement, par l'amour qu'elle a su inspirer à Périclès ; vous savez aussi que la réputation de son mérite et de son esprit a attiré chez elle les plus grands philosophes, et entre autres Anaxagore ; et Socrate, qui ne dit rien sérieusement, assure néanmoins qu'elle lui a enseigné la rhétorique. Ne vous étonnez point après cela si ses discours répondent à ses connaissances, et s'ils sont au-dessus des discours que tiennent ordinairement les femmes. Un jour donc que j'étais demeuré seul avec elle, et que je lui parlais de la volupté, parce qu'elle ne peut qu'en réveiller les idées, et parce que j'ai appris de Socrate qu'il faut parler à chacun des choses où il excelle : La plupart des hommes, me dit-elle, sont débauchés, sans être voluptueux. Et comment ! lui dis-je ; la volupté est donc différente de la débauche ? Comme le blanc l'est du noir, me dit-elle ; et je vous crois fort voluptueux, sans vous croire débauché. Je vous prie, lui dis-je, apprenez-moi à me connaître, et ce que c'est que la volupté par opposition à la débauche, afin que quand Socrate viendra, avec ses questions, me prouver que je ne me connais pas moi-même, j'aie des armes pour me défendre, et que je puisse lui faire voir que vous avez eu plus d'un disciple. Aspasie ne put s'empêcher de sourire ; et, reprenant la conversation, me dit : La nature a mis dans toutes les choses qui ont vie un certain désir d'être heureux ; et c'est cette inclination qui porte chaque animal à chercher le plaisir qui lui convient. L'homme, qui participe de l'essence divine, et pour qui, dit-on, Prométhée a dérobé le feu du ciel, sait seul goûter le plaisir par l'esprit et avec réflexion ; et c'est ce goût de l'esprit, c'est cette réflexion qui distinguent la volupté d'avec la débauche. L'homme parfait est voluptueux ; mais celui qui, livré à son tempérament, ne diffère des bêtes que par la figure, n'a de plaisir que ceux de la débauche, et la débauche n'est autre chose qu'un emportement qui vient tout entier de l'impression des sens : la raison, qui nous est donnée pour nous distinguer des autres animaux, n'y a aucune part ; car la raison a sa mollesse, et sait se plier aux choses qui conviennent à la nature d'une âme bien née, et qui ne tient au corps que par des liens faibles et délicats.

À parler juste, il n'y a d'aimable que ces caractères ; les autres sont durs et sans nulle inclination pour la vertu ni pour la politesse ; aussi n'ont-ils jamais de vrais plaisirs. Mais oserais-je, Agathon, parler de choses encore plus relevées, et oserais-je les dire devant vous ? Je crains bien de m'oublier ; mais on me pardonnera de m'oublier avec Agathon. Vous connaissez Anaxagore. Il était ici comme nous voilà ; la plupart des jeunes gens étaient à l'armée, et ma chambre n'était remplie que de philosophes. La conversation se tourna sur les choses sérieuses ; et Anaxagore, prenant la parole, se mit à dogmatiser ainsi, peut-être contre son sentiment : Avant le commencement du monde (il prenait la chose de loin), les éléments étaient mêlés, et la matière formait ce que les anciens poètes ont appelé chaos ; alors la volupté ou l'amour y mit une chaleur qui n'est jamais sans mouvement ; et du mouvement, disait-il, vinrent l'ordre et l'arrangement de l'univers ; chaque partie de la matière s'unissant à celle qui lui convenait, et demeurant dans l'équilibre avec les corps voisins, selon la grandeur de son volume (car j'en ai retenu les termes), l'homme, comme le plus accompli des êtres, eut plus de part à ce feu universel, qui, dans chaque corps en particulier, comme dans toute la masse de la matière, est le principe de la vie et du mouvement. Celui qui en eut davantage fut aussi plus parfait, et reçut avec le feu plus d'inclination à la volupté. Je me mêlai dans la conversation en personne capable : Et vraiment, lui dis-je, je vous sais bon gré d'admettre le feu pour principe de toutes choses ; aussi bien je n'ai jamais rien compris à ceux qui tiennent pour l'eau, et je n'ai jamais aimé le commencement d'une des odes de Pindare. En effet, ajoutai-je, sans parler des arts, les agréments, les manières, la vivacité, tout cela serait bien loin s'il n'y avait que de l'eau au monde ; et, je suis sûre, me dit-elle, que l'eau ne vous eût jamais inspiré cette belle tragédie que vous lûtes dernièrement ici et qui fait que depuis ce temps-là on ne parle que de la Fleur d'Agathon.

J'étais si charmé, si occupé de son discours, que, sans trop répondre à ses flatteries : Mais, Aspasie, lui dis-je en l'interrompant, n'ai-je pas ouï dire à Socrate que la volupté était l'amorce de tous les maux, parce que les hommes s'y laissent prendre comme les poissons à l'appât de l'hameçon ? Il est vrai, me répondit-elle, que cette inclination qui nous porte tous au plaisir a besoin de la philosophie pour être réglée ; et c'est à quoi l'on connaît les honnêtes gens, qui par une attention exacte, règlent toutes les actions de leur vie, et savent toujours ce qu'ils font. Au contraire, les autres, errant à l'aventure et sans nul autre guide que l'impression de leur tempérament, se laissent toujours tyranniser par quelque passion brutale.

C'est la manière d'user des plaisirs qui fait la volupté ou la débauche. La volupté, repris-je, sera donc l'art d'user des plaisirs avec délicatesse et de les goûter avec sentiment ? Mais donnez-moi quelques exemples de cela, afin que, ne doutant plus du principe, je sache en tirer les conséquences. Je le veux bien, répondit Aspasie et où le prendrons-nous que dans l'amour, celui de tous les plaisirs le plus capable de délicatesse et de grossièreté ? Quiconque se livre à l'amour par une inclination qui ne porte pas sur un goût fin et sur des sentiments exquis n'est point un homme voluptueux, c'est un débauché. Mais celui qui aime les qualités de l'âme plus que celles du corps, qui tâche à s'y unir, autant qu'il est possible, par un commerce vertueux de sentiments et d'esprits ; qui, suivant une fine galanterie, ne cherche qu'à partager un beau corps avec une âme si parfaite, celui-là peut passer pour avoir le vrai goût de la volupté. Ce goût adoucit la raison plutôt qu'il ne l'affaiblit, et conserve la dignité de la nature de l'homme. Je vois bien présentement, lui dis-je, qu'il ne faut pas écouter nos sages qui condamnent indifféremment toute volupté. J'ose dire, me répondit-elle, qu'ils n'en ont pas une idée assez distincte, et qu'ils la confondent avec la débauche ; car la vérité n'est-elle pas en quelque sorte la volupté de l'entendement ? La poésie, la musique, la peinture, l'éloquence, la sculpture, ne font-elles pas tous les plaisirs de l'imagination ? Il en est de même des vins exquis, des mets délicieux, et de tout ce qui peut flatter le goût sans altérer le tempérament. Pourvu que la raison conserve son empire, tout est permis, et, l'homme ne cessant point d'être homme, l'action est juste et louable, puisque le vice n'est que dans le dérèglement. [...] On peut être philosophe et sacrifier aux Grâces ; et ces déesses, sans qui l'amour même ne saurait plaire, ne peuvent-elles pas s'accorder avec la sagesse ? J'ai toujours trouvé que cette inclination pour les choses aimables adoucit les mœurs, donne de la politesse et de l'honnêteté, et prépare à la vertu, laquelle, ainsi que l'amour, ne saurait être que dans un naturel sensible et tendre. Voilà, mes amis, quel fut le discours d'Aspasie : elle me persuada. Depuis ce jour je ne suis plus de l'avis de ces philosophes qui soutiennent que la débauche et la volupté ne diffèrent que de nom : mais ils nous aiment trop, et quittent trop souvent leur retraite pour nous ; et, quelques choses qu'ils disent, leurs actions me font croire que, dans le fond, ils ne sont pas éloignés du sentiment d'Aspasie[1].

---

1. *Œuvres diverses d'Antoine Hamilton, en vers et en prose,* publié par A.A. Renouard, 1813, p. 1-8.

3

UN CICÉRON ANGLAIS
DANS LA FRANCE DE LOUIS XV :
HENRY ST JOHN,
VISCOUNT BOLINGBROKE

Le livre récent de Bernard Cottret, *Bolingbroke, exil et écriture au siècle des Lumières* [1], est le premier depuis longtemps, dans notre langue, à attirer l'attention sur cette figure singulière du XVIIIe siècle, détestée par la bigoterie anglaise, oubliée par la légèreté française, méconnue ou caricaturée par les conventions historiques ou idéologiques où est ficelé « le siècle des Lumières ». Manifestement, il faudra encore d'autres efforts pour intéresser les Français au seul homme d'État et philosophe politique anglais qui ait, de son vivant, joui d'un plus grand prestige en France que dans son propre pays. L'immense bibliographie française consacrée aux « origines » de la révolution de 1789 et au mouvement des idées qui l'ont préparée n'accorde aucune place à Bolingbroke. Il est vrai qu'il était le chef du parti tory. Il est vrai aussi qu'il s'est beaucoup plu dans la France de Louis XV. Cela ne pardonne pas en France de nos jours. Cela n'a pas empêché les historiens américains, sur les traces de l'historiographie anglaise, d'étudier ce qu'ont retenu les *Founding Fathers*, notamment Jefferson, de la pensée et de l'action de ce conservateur « éclairé ».

Bolingbroke a su transformer son échec politique en message durable. Ce message (et les mots clefs qu'il a introduits dans le vocabulaire politique, notamment : patriote, patriotisme) est pour le moins ambigu : les historiens anglais et américains en discutent âprement le sens. On aimerait savoir comment il a été compris en

---

1. Klincksieck, 1992.

France au XVIIIᵉ siècle. Le livre de Cottret ne nous éclaire guère sur ce point. Cet homme d'État tory, qui a travaillé un moment à la restauration des Stuarts, n'en a pas moins en effet, pour mieux combattre ses adversaires whigs, pris son parti de la révolution de 1688, et adopté certains aspects de la pensée de Locke. De surcroît, son système de « patriotisme », hors d'Angleterre, a pu se prêter à une interprétation radicale et même jacobine.

Et pourtant, jacobite ou hanovrien, sous les replis d'une pensée politique faisant des concessions tactiques aux philosophes de l'autre bord, Bolingbroke est toujours resté un conservateur viscéralement attaché à l'idée qu'il se faisait de l'Angleterre : c'était pour lui une évidence dictée par son propre naturel et par la jurisprudence des siècles. Burke lui-même, qui combattit âprement son influence posthume sur George III et la nouvelle génération tory, s'est à bien des égards inspiré de ses vues sur la jurisprudence historique, relais de la loi naturelle, lorsqu'il écrivit à chaud, en 1790, ses *Réflexions sur la Révolution française*.

Dans son roman *Orlando*, Virginia Woolf décrit le passage de l'Angleterre élisabéthaine à l'Angleterre puritaine et cromwellienne comme un brusque changement de climat. On est passé (un peu comme, chez Gibbon, on passe de l'Empire romain à l'Europe chrétienne et barbare) des saisons étales de soleil à un perpétuel novembre brumeux et pluvieux, de la « Merry England », jeune, violente, ardente, généreuse, colorée, à la sévère Albion vieille avant l'âge, vêtue de deuil, hypocrite, calculatrice, moralisatrice, déjà victorienne. De toutes ses fibres, Henry St John appartenait à l'Angleterre de Henry V, de Falstaff, et au règne d'Elizabeth qu'il considérait comme exemplaire. Ce magnifique descendant, bâti en athlète, d'une famille d'ancienne aristocratie terrienne, supérieurement doué pour les sports de sa caste (l'amour, le cheval, la chasse à courre), encore plus doué si possible pour la parole, l'amitié et le *wit*, n'a jamais caché qu'il souhaitait combattre la « corruption » du « génie » de sa nation, et en restaurer la « liberté ».

Comme Henry V, dans la trilogie de Shakespeare, il fut dans sa jeunesse grand débauché, grand buveur et grand fumeur. Ses biographes anglais le traitent tous de « rake » ; aucun ne manque de renvoyer aux indécentes comédies de Congreve pour éviter d'entrer dans le détail de ces turpitudes. Il fit son « Grand Tour » sur le continent en 1698-1699, s'arrêtant longuement à Paris où il apprit un excellent français. En 1700, il fit un mariage de convenance avec une riche héritière de sa caste, qui l'adora, qui l'ennuyait, et qui subit avec dignité le perpétuel scandale public de ses débauches. La même année, il fit son entrée à la Chambre des communes, pour occuper le siège qui avait été déjà celui de son père et de son grand-père, celui du district familial de Wooton-Basset, dans le Wiltshire. Son génie d'improvisateur et d'orateur politique s'imposa d'emblée, écrasant d'abord la parole encore mal assurée de celui qui était déjà son ennemi juré, et qui allait devenir, sous George Ier et George II de Hanovre, le maître de l'Angleterre pendant vingt ans : Robert Walpole. St John était en 1700 l'étoile montante des tories, Walpole était celle des whigs.

À vingt-quatre ans, en 1704, il devint secrétaire à la Guerre dans le gouvernement tory dirigé par Robert Harley, nommé par la reine Anne, une autre fille de Jacques II, héritière du trône après la mort de Guillaume III, et la dernière des Stuarts qui régna sur l'Angleterre. La guerre de Succession d'Espagne faisait rage sur tous les fronts. Marlborough, commandant en chef des troupes anglaises et alliées sur le continent, se prit de vive amitié pour son jeune ministre. En 1707, le cabinet Harley dut céder la place à un gouvernement whig, dirigé par Robert Walpole. St John se retira de la Chambre pour se livrer à la méditation et à l'étude, selon une alternance, qui désormais va rythmer sa vie, entre la retraite philosophique (avec les plaisirs) et le combat politique. L'exil lui permettra d'aller toujours plus au fond de la querelle qui l'opposait à Walpole.

En 1710, la reine Anne rappelle Harley, qui cette fois nomme St John son secrétaire d'État. Il reprend son siège à la Chambre. Sa brève et fulgurante carrière d'homme d'État a commencé.

L'opinion anglaise (et notamment le gros électorat des « landowners », qui voyait dans la guerre et le fisc de guerre sa propre ruine et la fortune des gens d'affaires de la City) penchait pour la paix, et même une paix séparée avec la France. St John et ses amis agirent sans hésiter dans ce sens. Ils lancèrent un journal, l'*Examiner*, pour accompagner leur action, et le formidable talent de Jonathan Swift (lié très tôt à St John) les soutint de ses pamphlets. Dès novembre, la duchesse de Marlborough était écartée de l'entourage de la reine. Bien qu'une jalousie violente divisât de plus en plus sourdement Harley et St John, les pourparlers de paix avec la France – dont le chapelain des ambassades catholiques à Londres, l'abbé Gaultier, se fit le truchement – furent engagés secrètement par le ministère tory, avec l'aveu de la reine et de sa favorite Lady Masham, une jacobite. Louis XIV et

Torcy souhaitaient eux aussi vivement une paix séparée, et firent par Gaultier des propositions de compromis. Marlborough, démis de son commandement en chef, est remplacé par le duc d'Ormond, jacobite lui aussi. Le négociateur anglais fut désigné et partit pour Paris : c'était le poète Matthew Prior, un de ces brillants hommes de lettres que St John attira toujours autour de lui. Dès le 27 septembre, une première esquisse du traité de paix était signée, dont les clauses commerciales avantageuses pour l'Angleterre furent cachées aux alliés hollandais et autrichiens. Ceux-ci, après une crise d'indignation, durent se joindre à la conférence de paix qui se tint à Utrecht à partir de janvier 1711. Au même moment, le Parlement à majorité tory s'érigea en juge du précédent gouvernement, et Robert Walpole, convaincu de corruption, fut démis de son siège et emprisonné à la Tour de Londres : Bolingbroke ne cessera plus jamais de marteler le mot de « corruption » contre Walpole et son régime.

Sur le moment, la révélation du lien entre la prolongation de la guerre et l'enrichissement des whigs, développée par des pamphlets ravageurs des amis de St John, Swift et Arbuthnot, acheva d'enflammer l'opinion pour la paix. Les dernières difficultés (soulevées par la mort du dauphin en 1711, puis du duc de Bourgogne en 1712, qui ne laissait plus d'autre obstacle qu'un enfant fragile à l'accès de Philippe V d'Espagne au trône de France) furent réglées par un accord entre St John et Torcy. Ormond reçut l'ordre secret de ralentir les opérations de guerre et les troupes alliées cessèrent d'être payées par le Trésor anglais. La victoire française de Denain (27 juillet) sauva la face de Louis XIV, et intimida les alliés de l'Angleterre.

Au début du mois, St John avait été créé par la reine Viscount of Bolingbroke. Il espérait un titre moins modeste, et soupçonna Harley (nommé Earl of Oxford en 1711) d'avoir intrigué contre lui. « Ma promotion, fit-il savoir, est une mortification. » En août, il gagna Paris en personne, accompagné de Matthew Prior et de l'abbé Gaultier. Il fut reçu en chef d'État par Louis XIV et la cour de France à Fontainebleau. Fêté aussi à Paris, il essaya, après Matthew Prior, les charmes de Mme de Tencin et de sa sœur, Mme de Ferriol, qui devait rester toute sa vie sa correspondante et une amie très fidèle. Il se trouva à l'Opéra assis non loin de Jacques III, le Prétendant Stuart. On le soupçonna d'avoir déjà traité avec lui.

Cet enthousiaste accueil français ne le servit pas à Londres. Harley confia, temporairement, la suite des négociations à Lord

Darmouth, un autre ministre tory. Mais il revint à Bolingbroke d'achever l'édifice qu'il avait si bien commencé. Malgré de nouvelles difficultés entre Londres et Paris, le traité fut enfin officiellement signé le 1er avril 1713. L'empereur s'abstint. Louis XIV et Torcy avaient toutes raisons de se féliciter de cette conclusion relativement favorable de la guerre : elle aurait pu tourner au total désastre du royaume si les alliés en restant unis avaient poussé leurs avantages.

Les whigs ne pardonnèrent jamais à Bolingbroke ni sa politique d'apaisement avec la France, ni les précautions qu'il prit, dans les mois tourmentés qui précédèrent la mort de la reine Anne (1er août 1714) et qui virent la disgrâce de Robert Harley, pour assurer éventuellement, avec l'appui de Louis XIV, une succession Stuart. Parvenu à temps à Londres, l'électeur de Hanovre, héritier du trône selon les règles de la « succession protestante » établies en 1688, prit le nom de George Ier, fut couronné à Westminster et dans la foulée fit élire un Parlement whig. Devenu conseiller privé de George Ier en 1714, Robert Walpole fut nommé Premier ministre en 1721. L'heure de la vengeance whig et du long règne de Walpole était arrivée. Les auteurs du traité d'Utrecht furent aussitôt mis en accusation devant la Chambre. Bolingbroke préféra s'enfuir en France, tandis que le Parlement le dépouillait, ainsi que le duc d'Ormond, de tous ses droits civiques et de son rang de pair. En s'exilant il crut, peut-être à bon droit, échapper à l'échafaud.

Reçu chaleureusement à Paris, Bolingbroke donna des assurances à Lord Stair, l'ambassadeur du régime hanovrien. Mais Louis XIV était toujours vivant, et les chances d'une restauration Stuart, avec l'appui du roi de France et de Torcy, n'étaient pas négligeables. Le négociateur d'Utrecht rencontra le Prétendant à Commercy, et accepta de devenir son secrétaire d'État. Il reçut de lui le titre d'Earl, que la reine Anne lui avait dénié. Mais le 1er septembre Louis XIV mourut. Le Régent était bien décidé à ne pas troubler les relations franco-anglaises. Dans ces conditions plus que défavorables, et à l'insu de ses « ministres », le Prétendant décida de déclencher un soulèvement en Écosse, qui échoua piteusement. Il en fit porter le chapeau à Bolingbroke. Cela mit fin au jacobitisme de celui-ci, qui d'ailleurs, comme le légitimisme de Chateaubriand plus tard, était attachement à un principe, sans la moindre illusion sur son incarnation. Le fils de Jacques II était en effet plus encore que son père, et pourtant moins que ses propres héritiers, un infirme politique. La petite cour dont il s'entourait était grotesque. Ce cafouillage laissa Bolingbroke en rade. Le renom de conspirateur lui resta. Walpole ne cessera jamais d'en tirer efficacement parti contre lui.

La France sourit au naufragé, et le remit à flot : elle prit les traits d'une adorable veuve, Marie-Claire Deschamps de Marcilly, marquise de Villette. Compagne de la comtesse de Caylus à Saint-Cyr, elle avait triomphé avec son amie, devant le roi, dans l'*Esther* de Racine. Elle avait épousé un oncle barbon de Mme de Caylus, le marquis de Villette, cousin germain de Mme de Maintenon. Elle était veuve depuis neuf ans. Est-ce chez Mme de Caylus, est-ce chez Mme de Ferriol, que Bolingbroke rencontra Mme de Villette ? Le coup de foudre en tout cas fut réciproque. Cette Française, gaie, vive, jolie, intelligente, racée, douée de toutes les grâces de l'esprit qui manquaient aux Anglaises de sa caste, s'attacha pour toujours l'ancien « rake ». Elle lui voua une admiration et une tendresse que ses crises de mauvaise humeur, d'ivrognerie et ses éventuelles rechutes sensuelles n'altérèrent jamais. Avec la marquise, qu'il épousa en 1719 (sa première femme abandonnée était morte quelques mois plus tôt), Bolingbroke retrouva son rang, un train de maison, et il put reprendre dans la paix du cœur les réflexions et les lectures qu'il avait amorcées dans les années 1707-1709.

À partir de 1720, le couple s'installa au château de La Source, près d'Orléans, devant un vaste paysage dont le plus bel ornement était la source généreuse du Loiret. Bolingbroke se rendait souvent à Ablon, où il disposait d'une petite demeure ; de là, il pouvait se rendre aisément à Paris pour participer en invité de marque aux réunions du « Club de l'Entresol » fondé par l'abbé Alary, son ami et son initiateur aux affaires françaises ; cette Académie privée des sciences politiques était fréquentée par Montesquieu. Robert Shackelton, l'historien du grand magistrat bordelais, a bien mis en évidence la dette que le futur auteur de l'*Esprit des lois* a contractée envers l'homme d'État anglais, dont la profonde expérience des affaires de son pays et de l'Europe était de plus en plus éclairée par l'intelligence historique, par les lumières de la philosophie moderne, par le goût et le talent littéraires.

À La Source, Bolingbroke accueillait régulièrement Lévêque de Pouilly, qui publiait une revue mensuelle, l'*Europe savante*, et qui participa, avec l'abbé Alary, à l'approfondissement théorique, auquel se livrait assidûment l'exilé, de son expérience politique. Le prestige du « Cicéron anglais », élégant, éloquent, érudit, devint alors universel en France. Il s'accrut encore après la reprise du combat de Bolingbroke contre Walpole sur le sol anglais. En 1752, le *Journal britannique* publiera en traduction ce jugement de Lord Orrery, qui répondait bien au sentiment général de l'élite française : « Les passions se calmèrent par l'âge et les revers ; des études et des réflexions plus sérieuses perfectionnèrent ses facultés, il brilla dans sa retraite avec un éclat tout particulier, mais qui échappa à des yeux vulgaires. Le politique libertin devint un philosophe égal à ceux de l'Antiquité. La sagesse de Socrate, la dignité et les grâces de Pline, l'esprit et la finesse d'Horace, parurent également dans ses écrits et sa conversation. » En fait, Bolingbroke incarna, à l'égal de Pope, l'« Augustan Age » de l'Angleterre, préface modérée à une France « néoclassique » qui, elle, tourna au sang.

Le jeune Voltaire, qui avait d'excellentes antennes, se rendit à La Source dès le mois de décembre 1722. Il lut *La Henriade* à Lord et Lady Bolingbroke. Il fut ébloui par le maître de maison. « Il faut que je vous fasse part, écrivit-il de Blois à Thiriot, de l'enchantement où je suis du voyage que j'ai fait à La Source chez milord Bolingbroke et chez Mme de Villette. J'ai trouvé dans cet illustre Anglais toute l'érudition de son pays, et toute la politesse du nôtre. Je n'ai jamais entendu parler notre langue avec plus d'énergie et de justesse. Cet homme, qui a été toute sa vie plongé dans les plaisirs et les affaires, a trouvé pourtant le moyen de tout apprendre et de tout retenir. Il sait l'histoire des anciens Égyptiens comme celle de l'Angleterre, il possède Virgile comme Milton, il aime la poésie anglaise, la française et l'italienne, mais il les aime différemment parce qu'il discerne parfaitement leurs différents génies. »

Il revit encore Bolingbroke à Ablon, d'où il écrivait à Mme de Bernières en mai 1723 : « Je crois déjà être ici à cent lieues de Paris. Milord Bolingbroke me fait oublier et Henri IV et Mariamne, et comédiens et libraires. » En 1754 encore, il écrira à d'Argental, à propos des *Œuvres* récemment publiées de Bolingbroke : « Les Anglais paraissent faits pour nous apprendre à penser. » De fait, le ton de maître à disciple adopté par Bolingbroke au début de sa correspondance avec le jeune poète laisse entrevoir l'étendue (mais aussi les limites) de son influence sur le futur « philosophe » :

« Votre imagination est une source intarissable des idées les plus belles et les plus variées. Tout le monde vous l'accorde, servez-en pour inventer. Mais retenez-la quand il s'agit de corriger vos ouvrages ou de régler votre conduite. Ne souffrez pas qu'elle entre dans le département du jugement. Ils ne marchent pas bien ensemble. Montaigne aurait dit peut-être : ils ne vont pas du même pied. Il y a quelque chose de plus. La Nature donne l'imagination. Elle ne donne pas la puissance d'acquérir le jugement. L'une ne demande que la nature, l'autre veut être formé. Et voilà ce qui est difficile à faire, si l'on ne commence pas de bonne heure. Chaque année il devient plus difficile, et après un certain nombre d'années, il devient impossible de le porter à un certain degré de force, et à un certain point de précision. Il s'en faut de beaucoup que vous ayez ce nombre d'années. Ne croyez pas pour cela que vous ayez du temps à perdre. La Nature vous a donné un grand fonds de bien. Dépêchez-vous de le faire valoir. »

En 1726, Voltaire retrouvera Bolingbroke en Angleterre : très partiellement réhabilité, le chef du parti tory avait repris les armes contre Walpole, bien qu'il ne pût retrouver son siège à la Chambre des Lords. Les relations entre l'écrivain français et l'homme d'État anglais se refroidirent. Les *Lettres anglaises*, qui mythifient pour longtemps l'Angleterre, ne reflètent pas le fond du débat dont Bolingbroke et Walpole étaient les champions. En 1731, pourtant, Voltaire rendra hommage à l'héroïsme politique de Bolingbroke en lui dédiant sa tragédie *Brutus*.

Installé avec sa femme à Dawley, près d'Uxbridge, à partir de 1725, Bolingbroke, resté en correspondance constante avec Swift, et devenu l'ami, mais aussi le Mentor, du grand poète Alexandre Pope (il lui fournira le canevas philosophique de son *Essay on Man*), est maintenant sur place l'âme de l'opposition à Walpole. Il fait figure d'éducateur d'une nouvelle génération tory. Il fonde un périodique, *The Craftsman*, dont il est le principal rédacteur, et où il critique avec une ironie mordante la politique intérieure et extérieure du gouvernement de George II. Dès 1737, sous le titre *Le Craftsman*, une traduction française de ces « éditoriaux » de politique anglaise est publiée à Amsterdam. Les chefs de la diplomatie française, Chavigny, Bussy, Silhouette, lisaient attentivement ces analyses. En 1749, l'ouvrage que Bolingbroke avait rédigé en 1738 à l'intention du prince héritier Frédéric, lorsque celui-ci faisait figure de chef de l'opposition à George II et à Walpole, est lui aussi traduit, et publié en France (*Lettres sur l'esprit de patriotisme, sur l'idée d'un roi patriote, et sur l'état des partis qui divisaient l'Angleterre lors de l'avènement de George Ier*).

En 1736, las de ne pas avoir été restauré à la Chambre des

Lords et de mener un combat sans fruit, il regagne la France. Le couple s'installe à Chanteloup, en Touraine, future retraite de Choiseul dans sa disgrâce, puis au château d'Argeville, sur les bords de la Seine, entre Montereau et Fontainebleau. Il y poursuit sa méditation, et de loin, par correspondance, son action auprès des tories, toujours minoritaires malgré la disgrâce de Walpole. À partir de 1743, il s'installe avec sa femme au château familial de Battersea, sur la Tamise : la mort de son père, l'année précédente, l'en avait enfin rendu possesseur. De nouveau, les jeunes talents de l'opposition font cercle autour de lui.

C'est là (et non à Chanteloup) que mourut en mars 1750 Marie-Claire de Marcilly, Lady Bolingbroke, laissant son mari accablé. Il la suivit de près dans la tombe familiale en décembre 1751.

En grand seigneur, Bolingbroke avait toujours dédaigné de publier ses écrits. Ses articles du *Craftsman* parurent sous pseudonyme. Son traité du *Roi patriote* (destiné au prince héritier Frédéric) fut d'abord publié à tirage restreint et confidentiel, sans son aveu, et dans une version « remaniée » par Pope. C'est le seul de ses ouvrages que, contraint et forcé, Bolingbroke dut publier lui-même pour réfuter les interpolations du pirate. Il n'avait pourtant pas quitté Pope dans sa dernière maladie, il l'avait chaudement pleuré. Il ne découvrit avec fureur la traduction-trahison de son ami qu'après la mort de celui-ci, en 1744.

Publiées par son secrétaire David Mallet, ses *Œuvres*, en cinq volumes, parurent, posthumes, en 1754. Le déisme et l'anticléricalisme de ses vues en matière d'histoire et de philosophie religieuses révoltèrent le clergé anglican, et lui aliénèrent la critique officielle en France. Ses vues d'histoire et de philosophie politique anglaises, ses analyses d'histoire européenne (des classiques du torysme, que Disraeli célébrera) restèrent incomprises en France. On en conclut généralement alors que le prestige de Bolingbroke n'avait tenu qu'à sa personnalité magnétique, à son éloquence et à sa conversation.

Le beau livre d'Harvey Mansfield, *Statesmanship and Party Government : Bolingbroke and Burke*[1], les études d'Isaac Kramnick, la biographie de H.T. Dickinson[2], un subtil article de Quentin Skinner (entre autres) nous font mieux comprendre à quel

---

1. Chicago, 1965.
2. Londres, 1970.

point la philosophie politique de Brolingbroke, ajustée à la situation anglaise, a fort bien pu être interprétée en France à contresens.

Grand lecteur de Montaigne et des Anciens, Bolingbroke refuse l'idée moderne, commune à Hobbes et à Locke, du contrat fondateur de la société et des lois civiles, qui sauve les hommes d'un état de nature incompatible avec leur survie et contraire à leurs intérêts individuels. Pour Bolingbroke, la société civile a émergé sans rupture de la première société naturelle : la famille. La loi naturelle (expression de la Providence divine) et leur propre pente inclinent les hommes à la sociabilité. La guerre à l'intérieur des familles et entre les nations (agrégats de familles) n'apparaît qu'avec la société proprement politique. Si elle consolide celle-ci, c'est donc après coup. Tels sont les fondements du conservatisme politique tory de Bolingbroke, du « patriotisme » qu'il recommande à son roi, avec la tolérance confessionnelle (la religion naturelle ignore les conflits que nourrissent les arbitraires constructions théologiques). Le naturel, le « génie » de la nation anglaise, la forme politique « libre » qu'elle s'est donnée dès le Moyen Âge (et là encore Bolingbroke se sépare des « Modernes » qui situent son origine en 1688), la longue jurisprudence historique du peuple britannique demandent une prérogative royale appuyée sur un large consentement et l'organisant.

Reste que, pour effacer sa tache jacobite et pour mieux opposer leurs propres principes aux whigs, qui se posaient en seuls héritiers légitimes de 1688, ce conservateur « éclairé » a beaucoup retenu des « Modernes » (Machiavel, Hobbes et surtout Locke). Il a pu ainsi contribuer à favoriser une interprétation radicale du « modèle anglais » dans la France de Louis XVI. Détaché de son contexte britannique en effet, privé de ses moirures sémantiques, le paradoxe de Bolingbroke, qui a combattu le régime du *biparti-sanship*, recommandé au « roi patriote » de donner le gouvernement aux seuls hommes d'État « vertueux », et qui, en même temps, fit le premier la théorie et la pratique d'une opposition systématique visant à purger la patrie de la « corruption » au pouvoir, s'est prêté bien malgré lui en France à justifier le jacobinisme, révolutionnaire d'abord, totalitaire ensuite.

L'œuvre de Bolingbroke et l'essentiel de sa correspondance sont écrits dans une superbe prose anglaise. Mais l'homme d'État anglais a laissé aussi nombre de lettres en français qui attestent une aisance supérieure dans notre langue. Ces lettres ont été publiées en 1808 par le général de Grimoard. Je reproduis, d'après cette édition, trois de ces lettres.

À Mme de Ferriol

Londres, ce 17-28 décembre 1725

Nous sommes de retour des bains[1]. *Ma santé est assez bonne pour quelqu'un qui n'a pas beaucoup de désirs : celle de la marquise ne me paraît pas trop rétablie ; elle est pourtant meilleure, sans comparaison, que l'année passée. Il est vrai que je prends un intérêt très sensible au petit Breton ; et sans donner de l'attention à ce que ma gouvernante*[2] *vous dira, je vous supplie de le regarder comme un enfant dont j'ai fort aimé et le père et la mère. Ce que vous me mandez de Voltaire et de ses projets, est dans son caractère, et tout-à-fait probable ; ce qu'il me mande y est tout-à-fait contraire. Je lui répondrai dans quelque temps d'ici, et je lui laisserai toute sa vie la satisfaction de croire qu'il me prend pour dupe avec un peu de verbiage. Je serais très fâché d'avoir le cuisinier qui s'est offert à M. le chevalier de Roche-pierre : il n'est pas mauvais cuisinier ; mais il s'en faut beaucoup qu'il soit de la moitié si bon qu'il se l'imagine, et de plus il est fou. Je ne demande qu'un garçon qui ait du goût, les premiers principes de son métier, et de la docilité ; je ferai le reste, et je ferai sa fortune, s'il veut s'en fier à moi. L'article de votre lettre qui concerne le vin m'a fait d'autant plus de plaisir, qu'il sera cette année d'une rareté étonnante, et j'ai peur que la plupart de nos messieurs, ne soient réduits à se contenter de ponche. Dieu veuille nous garantir des mauvaises influences d'une telle liqueur. Le*

---

1. C'est-à-dire de la station balnéaire de Bath.

2. Mlle Aïssé, la belle Circassienne rachetée par le beau-frère de Mme de Ferriol, et que celle-ci avait élevée.

mauvais succès du discours de M. de Fontenelle[1], ne me surprend pas. J'ai souvent pensé qu'il ne ressemble pas mal à Law. Ce sont des gens d'esprit, dans leurs différentes espèces ; ce ne sont pas des génies. L'orgueil et la suffisance pourtant leur ont fait hasarder sans honte et sans crainte ce qu'un génie du premier ordre ne tenterait qu'en tremblant. Au lieu de suivre avec respect les traces de ces grands hommes qui les ont devancés dans les mêmes carrières, ils ont voulu s'ériger en originaux. Le projet n'a pas réussi : le clinquant de l'un n'a pas eu plus de cours que le papier de l'autre : ils ont fait des impertinents et des gueux ; ils ont été les dupes de leurs propres systèmes. Trouvez bon, ma chère Madame, que je vous baise très humblement les mains ; et que je me serve du papier qui me reste pour apostiller mon ami d'Argental.

À M. d'Argental

Parlons, en premier lieu, mon respectable magistrat[2], de l'objet de nos amours. Je viens d'en recevoir une lettre : vous y avez donné occasion, et je vous en remercie. En vous voyant, elle se souvient de moi ; et je meurs de peur qu'en me voyant, elle ne se souvienne de vous. Hélas ! en voyant le Sarmate[3], elle ne songe ni à l'un ni à l'autre. Devineriez-vous bien la raison de ceci ? Faites-lui mes tendres compliments. J'aurai l'honneur de lui répondre au premier jour. Continuez, s'il vous plaît, vos attentions pour l'affaire de la Source, et rendez-m'en quelquefois compte. Adieu, mon cher conseiller, je vous aime de tout mon cœur.

Mille compliments à M. votre frère[4]. J'adore mon aimable gouvernante[5] : mandez-moi des nouvelles de son cœur ; c'est devant vous qu'il s'épanche.

---

1. Voir dans le *Recueil des harangues de l'Académie française*, tome IV, p. 402, le Discours de Fontenelle sur les Poètes provençaux, en réponse au discours de La Visclède, prononcés en l'honneur de l'adoption de l'Académie de Marseille par l'Académie française, le 12 novembre 1725.

2. Fils de Mme de Ferriol.

3. Surnom donné au chevalier d'Aydie, amant de Mlle Aïssé, parce qu'il avait été en Pologne, appelée *Sarmatie* par les Anciens.

4. Le second fils de Mme de Ferriol, Pont de Veyle.

5. Mlle Aïssé.

À l'abbé Alary

25 juin 1723

Je n'aime pas les apologies, et je n'en ai pas besoin. J'ai préféré un long exil, à un retour équivoque ; mais tout est équivoque pour les ignorants mal informés des faits, et pour les gens de peu d'esprit, qui ne sauraient juger quand même ils sont informés. S'il s'agissait d'entrer dans le détail de tout ce qui s'est passé depuis quelques années, j'écrirais un livre : une lettre ne suffirait pas ; mais voici, mon cher ami, une réponse qui fermera la bouche à tout homme qui n'a pas renoncé à la raison et à l'équité naturelle. J'ai servi la feue reine jusqu'à sa mort, et je ne crois pas qu'on me reproche d'avoir manqué en rien à ce que je lui devais. J'ai été depuis ce temps dans les intérêts du chevalier de Saint-George[1], et toutes les fois que ceux qui m'accusent d'avoir manqué à ces engagements le voudront, je suis prêt à rendre compte de la manière dont j'y suis entré, et de celle dont j'en suis sorti. En attendant, je vous prie de dire de ma part, à tous ceux qui tiendront les mauvais discours dont vous m'avez parlé, que s'ils peuvent avancer un seul fait prouvé, pour justifier aucune des accusations, je me confesserai coupable de toutes celles que l'iniquité des uns et l'imbécillité des autres ont fait courir dans le monde. Après une pareille déclaration, ceux qui n'ont point de faits accompagnés de preuves à produire, doivent se taire, ou ils seront méprisés comme des calomniateurs.

---

1. Désignation sous laquelle était connu en France Jacques-Francis-Édouard (Jacques III), prétendant à la couronne d'Angleterre et père de Charles-Édouard.

4

L'ACHILLE FRANÇAIS DES HABSBOURG : EUGÈNE. PRINCE DE SAVOIE-CARIGNAN

Napoléon tenait le prince Eugène pour l'un des sept plus grands chefs de guerre de l'Histoire. Les six autres étaient Alexandre, Hannibal, César, Gustave-Adolphe, Turenne et Frédéric le Grand. L'empereur vivait encore dans un monde homérique, que la grande querelle du XVIIIᵉ siècle autour de l'*Iliade* avait maintenu plus que jamais vivant dans l'imagination européenne. Eugène de Savoie et Bonaparte avaient le même ancêtre mythique : Achille. Comme Alexandre conquérait la Perse avec l'*Iliade* pour livre de chevet, Bonaparte avait emporté en Égypte Ossian, l'*Iliade* celte. Que lisait le général Colin T. Powell aux frontières de l'Irak et du Koweit, à la tête de son arsenal atomique et électronique ?

Frédéric le Grand considérait Eugène comme son modèle et son maître, il l'appelait l'« Atlas » de la monarchie des Habsbourg, et le « véritable empereur » germanique. Voltaire, dans *Le Siècle de Louis XIV*, achevé à Potsdam, fait crédit à Eugène d'avoir ébranlé la grandeur de son propre héros, et mis à genoux la puissance ottomane. Aujourd'hui, sa statue équestre se dresse au centre de Vienne, ses palais sont parmi les monuments les plus admirés et visités de la capitale autrichienne, ses collections de dessins et d'estampes sont la gloire de l'Albertina.

Fils de la sorcière

Né à Paris le 18 octobre 1663, le petit prince, fils d'Eugène-Maurice de Savoie-Carignan, comte de Soissons, et de la flamboyante Olympia Mancini, l'une des nièces de Mazarin, fut élevé dans l'hôtel de Soissons construit pour Catherine de Médicis, et dont Olympia fit l'une des plus brillantes planètes de la galaxie parisienne de Louis XIV (Saint-Simon dit même : « le centre de la galanterie, de l'intrigue et de l'ambition de toute la Cour »). Selon toute apparence, il aurait dû faire une grande carrière dans la France du Roi-Soleil. Comment s'est-il retrouvé au début du XVIIIᵉ siècle le plus redoutable adversaire du Grand Roi, lequel n'échappa que de justesse au même désastre que les victoires d'Eugène infligèrent au Grand Turc ?

La position éclatante à la Cour de la comtesse de Soissons avait pâli à la mort de son mari en 1673. En janvier 1680, compromise dans l'affaire des Poisons, soupçonnée d'avoir raccourci par ce moyen les jours de son époux, et d'avoir tenté d'en faire autant pour lui-même, Louis XIV ne lui laissa le choix qu'entre un exil volontaire et la Bastille suivie d'un ignominieux procès. Elle quitta la France pour Bruxelles. Elle ne revint jamais. Elle laissait derrière elle, dans un hôtel désargenté, ses enfants, et parmi eux, Eugène âgé de seize ans, au soin de leur grand-mère Marie de Bourbon, princesse de Carignan.

Le petit prince, élevé à la diable, était extrêmement attaché à sa mère. La débauche dans laquelle avait vécu la comtesse avait déteint sur son fils, comme elle déteignit sur plusieurs de ses filles. Pour le soustraire à la mort qui l'attendait devant Troie, Achille travesti avait été caché par Thétys parmi les filles de Lyco-mède, dans l'île de Scyros. Le futur « Atlas » de la dynastie habs-bourgeoise, pris en mains sous les yeux de sa mère par une petite clique de lurons dont faisait partie le célèbre abbé de Choisy, qui n'allait lui-même que travesti, avait très tôt joué parmi eux, fardé, bijouté, et paré en femme mûre, le rôle de « Madame l'Ancienne ». Il n'en souffrit que davantage du départ de sa maman, aggravé par les circonstances effroyablement scanda-leuses et humiliantes de sa disgrâce. Louvois, pour faire déguer-pir plus vite la sorcière, fit organiser pendant trois jours devant l'hôtel de Soissons un vacarme de crieurs de rue et de trompet-tistes qui l'insultaient. Jusqu'à la frontière, son carrosse fut assailli et insulté par la populace en furie. À Bruxelles même, au sortir de sa première messe du dimanche, elle fut accueillie par un chœur de miaulements de chats endiablés et attachés en grappe. Pour remonter du fond d'un tel abîme, il fallait au petit prince une volonté de fer. Le malheur la lui forgea.

Louis XIV accordait de temps à autre un instant d'attention à cet adolescent court sur pattes, et que son énorme nez, ses trop grosses dents et ses cheveux raides et sales rendaient assez hideux. Il décida d'en faire un ecclésiastique, lui fit recevoir la tonsure et porter soutane. Le roi ne le mentionnait que sous le nom du « Petit Abbé ».

Aucun Ulysse ne vint arracher à Scyros ce jeune Achille. Il s'en sortit tout seul. Décidé à embrasser la carrière des armes, il s'imposa une rude discipline pour fortifier son corps, étudia les mathématiques sous un excellent maître, Joseph Sauveur, et se plongea dans la littérature militaire. Son livre de chevet devint la *Vie d'Alexandre* de Quinte-Curce. Au bout de trois ans d'entraînement secret, en février 1683, il obtint de son cousin Armand de Conti, neveu du Grand Condé et gendre de Louis XIV, qu'il le présentât au roi pour obtenir d'entrer dans le service. Le roi le reçut. Il opposa à l'insolent petit Abbé un refus méprisant et sans réplique. À ses yeux, ce nabot était « un homme incapable de tout », sauf d'être d'Église. De ce jour, nouvel Hannibal, Eugène de Savoie se jura de tirer vengeance des Romains, et de quitter la France pour n'y revenir que les armes à la main. C'est du moins la résolution que lui prête, non sans vraisemblance, le prince de Ligne, dans les *Mémoires du Prince Eugène écrits par lui-même*, apocryphe qu'il publia en 1810 à Paris.

Vienne sauvée du Turc : la seconde bataille de Poitiers

À la nouvelle qu'un de ses frères, officier dans l'armée autrichienne, avait été tué dans une bataille contre les Turcs, Eugène décida son ami Armand de Conti, travesti comme lui en femme, à gagner le front de l'Est. Ils se mettent en route la nuit du 26 juillet 1683. Malgré une mobilisation générale aux frontières du royaume et l'alerte donnée aux diplomates français, les deux jeunes gens ne purent être découverts et arrêtés qu'à Francfort. Soumis aux pressions les plus sévères, le neveu du Grand Condé céda et rentra à Paris, laissant à son ami de l'or et une bague de grand prix pour poursuivre son chemin. Présenté à l'empereur Léopold, réfugié à Passau, il fut immédiatement admis à prêter serment et entrer dans le service d'une armée impériale par définition pluriethnique et multiconfessionnelle. Français de langue, d'éducation et de goûts, Eugène n'en avait pas moins du sang Habsbourg dans les veines. Par son arrière-grand-mère, l'infante Catherine, fille de Philippe II, il descendait de Charles Quint. Louis XIV ne lui avait laissé d'avenir glorieux que de ce côté.

L'heure était tragique. Sous les yeux de l'Europe angoissée, Vienne, déjà assiégée au siècle précédent par Soliman le Magnifique, se trouvait encore une fois dans les griffes de l'armée du Grand Turc, dont Louis XIV, afin d'affaiblir la dynastie rivale, et en dépit des intérêts supérieurs de la Chrétienté, était le fidèle allié. Plus de cent mille hommes, sous les ordres du Grand Vizir trônant parmi sa fastueuse smalah orientale, enserraient la capitale du Saint Empire où le moral était au plus bas. L'empereur et la Cour avaient pris la fuite. Le Grand Vizir temporisa, attendant une reddition qui éviterait le sac de la ville et lui en livrerait tout le butin. Profitant de ce délai inespéré, une armée européenne, dont le roi de Pologne Jean Sobieski prit la tête, eut le temps de se former. Elle s'avança vers Vienne et le dimanche 12 septembre 1683, après avoir assisté à la grand-messe célébrée en plein air à Leopoldsberg, elle affronta victorieusement le camp turc. Vienne était sauvée, l'Europe respira. Louis XIV cacha son dépit. L'amnésie française, même devenue républicaine, est restée fidèle depuis à ce dépit.

La conduite d'Eugène pendant la bataille, la première où il prit part, avait été si brillante que l'empereur lui promit un commandement. Il l'obtint dès l'hiver suivant. C'est avec le rang de colonel qu'il prit part aux offensives conduites avec succès par l'armée impériale en direction de Budapest, qui fut libérée en 1686. Un enthousiasme de croisade et la fraternité d'armes européenne attirèrent sur le front austro-turc deux princes lorrains, Commercy et Vaudémont, un cousin d'Eugène, le jeune Turenne, le frère d'Armand de Conti et le marquis de Fitzjames, futur duc de Berwick, fils naturel de Jacques II Stuart. Le marquis napolitain Antonio Carafa reçut le commandement de l'armée impériale en Hongrie. Commercy devint inséparable d'Eugène. Il périt à ses côtés, nouveau Patrocle, à la bataille de Luzzara en 1702. Leur cousin et ami commun, le duc de Vendôme, commandait l'armée française qu'ils combattaient.

Depuis 1685, le petit prince avait été élevé au grade de major-général. En février 1687, pendant les vacances d'hiver de l'armée, Venise offrit les fastes de son Carnaval et tous les charmes de ses femmes pour le repos des héros vainqueurs. Eugène fut au rendez-vous, mais les Vénitiennes furent déçues. L'Autriche lui donnera bientôt le surnom de « Mars sans Vénus ».

Il repartit en campagne sur le front turc au printemps. Au cours de la bataille qui aboutit à la prise de Belgrade, le 6 septembre 1688, il fut grièvement blessé. Il en guérit après de longs mois en 1689.

Premières armes contre Louis XIV et victoire sur le Turc

Cette fois, le temps était venu pour lui de pousser, encore que de loin, sa querelle avec le roi de France. Au cours de l'automne 1688, Louis XIV, pour affaiblir sur un autre front l'empereur Léopold Ier victorieux à l'Est, avait fait envahir et ravager sans déclaration de guerre le Palatinat. L'Angleterre de la *Glorious Revolution*, les Pays-Bas et l'Empire avaient dû conclure une Grande Alliance pour contenir le Grand Roi. Eugène, d'accord avec le leader de la coalition, Guillaume III, s'efforça en vain de convaincre l'empereur de conclure la paix avec le Sultan pour retourner toutes ses forces contre la France. Il reçut du moins mission de rallier le duc de Savoie à l'Alliance où était aussi entrée l'Espagne, et il réussit. Toute l'Europe était donc liguée contre *the rogue State*, mais en l'occurrence il s'agissait du royaume de France, pourvu d'une magnifique armée, d'une marine considérable et de ressources humaines et financières qui passaient pour inépuisables.

La multiplicité et l'incompétence fréquente des commandements de l'armée coalisée, leur routine stratégique, l'indiscipline de troupes mal ou pas payées, incitèrent Eugène à proposer une réforme générale. Malgré le barrage de l'État-major autrichien et de la cour de Vienne, il parvint jusqu'à l'empereur, et celui-ci, impressionné par son zèle et son intelligence, le nomma feld-maréchal, un des plus hauts grades de l'armée. Il n'avait pas trente ans. C'est pourtant à Guillaume III d'Angleterre et à sa diplomatie d'unité que les Alliés durent d'arracher une paix quelque peu défavorable à la France, signée à Ryswick en septembre 1697.

L'année de Ryswick, pour répondre à une nouvelle offensive turque, soutenue par les subsides français, Eugène fut nommé commandant suprême de l'armée. Quelques semaines plus tard, à la mi-septembre, il remportait sur les Ottomans l'écrasante victoire de Zenta, qui inaugura le déclin définitif de la puissance turque en Europe, et incita Louis XIV à conclure la paix. Traversant alors les montagnes croates, il assiégea la ville turque de Sarajevo. L'un de ses émissaires dans la ville ayant été abattu, il ordonna l'assaut, le sac et l'incendie de la cité. Il regagna Vienne en triomphateur pendant l'hiver. Deux ans plus tard, le 26 janvier 1699, la Porte signait à Carlowitz un humiliant traité avec les puissances chrétiennes : Autriche, Venise, Pologne et Russie. L'Achille des Habsbourg put faire édifier dans Vienne, par le grand architecte Fischer von Erlach, son Palais d'hiver, et sur une colline au sud-est de la ville, par Johann von Hildebrandt, les deux palais et le jardin du Belvédère. Une passion de collectionneur vint occuper le vide, au moins apparent, de sa vie affective.

Eugène et Marlborough, vainqueurs de Blenheim

La guerre de Succession d'Espagne fut déclenchée sitôt que Louis XIV eut accepté le testament de Charles II déclarant Philippe d'Anjou, son petit-fils et celui de la défunte reine Marie-Thérèse, héritier de la couronne des Habsbourg d'Espagne. L'empereur avait son candidat : l'archiduc Charles.

Cette première « guerre mondiale » offrit enfin au prince Eugène sa chance de tirer raison du roi de France. Nommé président du Conseil de guerre à partir de 1703, Eugène put au titre de commandant suprême de l'armée impériale en imposer la réforme et concevoir une stratégie globale propre à mettre en échec la tentative de Louis XIV de faire de l'autre Empire Habsbourg, celui d'Espagne, avec le Milanais, les Pays-Bas catholiques et les colonies d'Amérique, un client du royaume de France et son auxiliaire dans l'assujettissement du Saint Empire.

Durant l'hiver 1701-1702, une seconde Grande Alliance entre l'Angleterre, la Hollande, l'Autriche et la plupart des principautés de l'Empire (sauf Cologne et la Bavière, alliées de la France) coalisa ses forces sur plusieurs fronts pour mettre en échec les desseins du Grand Roi. Sur le front italien, Eugène avait défait tour à tour les maréchaux dépêchés successivement par Versailles, Catinat, Villars, et même Vendôme, son propre cousin et ami d'enfance. Mais l'état de ses troupes ne lui permettait pas d'en tirer pleinement parti. Dès qu'il fut à Vienne investi de pleins pouvoirs, il dut à la fois redresser le financement et le moral des troupes, mais combattre une grave révolte hongroise qui affaiblissait l'Empire de l'intérieur, au moment où les troupes franco-bavaroises menaçaient d'envahir l'Autriche.

Du côté anglais, une autre grande figure de l'histoire politique et militaire, le duc de Marlborough. avait pris vigoureusement en mains les opérations contre Louis XIV. Il était clair que l'Autriche risquait l'effondrement si l'Angleterre de la reine Anne, successeur de son beau-frère Guillaume III, n'intervenait pas en force au cœur du continent. Cela supposait une étroite coopération entre Londres et Vienne. L'ambassadeur de l'empereur à Londres, Wratislaw, la ménagea. Eugène le soutint sans réserve. En mai 1704, Marlborough à marches forcées, ses troupes anglaises se trouvant grossies en route de renforts danois, hollandais et allemands, traversa la Hollande et l'Allemagne, laissant longtemps planer le doute sur sa direction et s'orientant enfin brusquement vers le Danube.

À Mundelsheim, sur le Neckar, Eugène étant venu au-devant de son collègue anglais, ils se congratulèrent et se concertèrent : une « fraternité d'armes », dont Churchill a écrit qu'elle n'a pas d'équivalent dans l'histoire militaire, s'établit durablement entre les deux généralissimes. Le contraste entre les deux hommes était pourtant saisissant. Marlborough était imposant, serein, distant, mais extrêmement civil. Eugène surprenait par sa petite taille et sa laideur, mais une colère rentrée, un uniforme et un style de vie austères, une détermination froide, souvent cassante, laissant place dans l'action à une véritable fureur héroïque, le faisaient adorer du militaire.

La tactique concertée entre eux pour empêcher la concentration des troupes franco-bavaroises, et pour créer les conditions d'une bataille décisive qui libère l'Autriche de leur menace, fonctionna à la perfection. Le 13 août 1704, l'armée alliée (cinquante-deux mille hommes) se retrouva face à face à Blenheim, sur la rive gauche du Danube, avec les cinquante-six mille hommes des maréchaux Tallard et Marsin. La grande armée française fut défaite, Tallard fait prisonnier. Eugène et Marlborough avaient pris personnellement part aux combats.

Blenheim, pas plus que la levée du siège de Vienne, ne dit rien à la mémoire française. Pour les historiens anglais et allemands, c'est l'une des plus grandes dates de l'histoire européenne, le Waterloo du XVIIIe siècle. Dans les deux cas, l'Europe à sa façon fit comprendre à la France qu'elle ne pouvait prétendre être à la fois l'arbitre et le tyran arbitraire de l'Europe. La politique anglaise a tiré le meilleur parti de cette erreur obstinée, commune à Louis XIV et à Napoléon Ier.

Winston Churchill, descendant et biographe de Marlborough, date de Blenheim l'hégémonie de l'Angleterre et du « modèle anglais » en Europe, et par-dessus tout, par un comble d'ironie, en France. Le gouvernement anglais reconnaissant offrit à Marlborough, sur une terre près de Woodstock, le gigantesque château et parc de Blenheim, dont le plan et les plantations remémorent l'ordre de bataille du 13 août 1704.

En fait, Eugène de Savoie, à la tête des troupes impériales et hollandaises qui avaient fait jonction avec les Anglais de Marlborough, partageait à égalité le mérite de la victoire. C'est ainsi qu'en jugea l'Europe continentale. Historien de Marlborough, Churchill a adopté ce point de vue. Cela le préparait à pratiquer avec Roosevelt la bicéphalité anglo-américaine en temps de guerre.

Conclusion de la « première guerre mondiale »

Sir Winston, où qu'il se trouvât entre 1939 et 1945, célébrait religieusement chaque année l'anniversaire de la bataille de Blenheim, comme il le faisait en temps de paix, en famille et au château. Tout au long de la Seconde Guerre mondiale, il fut sans cesse soutenu par le précédent de la guerre de Succession d'Espagne, de ses péripéties, de la psychologie, de la stratégie, de la diplomatie, de la popularité des deux héros dont il s'était fait l'Homère, avant d'imiter lui-même l'un d'entre eux.

En 1704, Louis XIV humilié était loin de se tenir pour battu. Eugène aurait voulu après Blenheim marcher avec Marlborough sur Versailles. La révolte de Rakoczi en Hongrie, et la promenade militaire du duc de Vendôme, du duc d'Orléans, des maréchaux Marsin et La Feuillade en Italie, deux cruelles épines aux flancs de l'Autriche, l'en empêchèrent. Forcé de prendre la tête de la contre-offensive impériale en Lombardie et dans le Piémont, il bénéficia d'un montage financier arrangé par Marlborough et la City, injection d'argent indispensable pour raffermir le moral et la puissance de feu de ses troupes, impayées, sous-équipées et inférieures en nombre à l'armée française. Son nom faisait peur jusqu'à Versailles et sa stratégie ne cessa de surprendre les chefs militaires français. Cela le conduisit à une victoire écrasante devant Turin, le 7 septembre 1706. Eugène reçut de l'empereur la charge de gouverneur de Milan. Il négocia lui-même avec les Français leur évacuation d'Italie, le 6 mars 1707 : grave erreur chevaleresque selon Sir Winston.

Tout semblait néanmoins favorable à l'invasion de la France par le sud. Elle fut retardée par l'entrée en scène au nord d'un adversaire redoutable et inattendu : le roi de Suède Charles XII, vainqueur à la fois de Pierre le Grand et d'Auguste de Saxe, roi de Pologne, et qui semblait décidé à en découdre avec le nouvel empereur Joseph Ier. Il revint encore à Marlborough, aussi habile diplomate que grand stratège, de dégager l'Autriche en persuadant le Suédois de se retourner contre le tsar. Eugène put se mettre en marche vers Toulon, soutenu par la flotte anglaise. La ville était une forteresse à la Vauban, défendue par une garnison de trente mille hommes commandés par le maréchal de Tessé. L'assaut fut donné, des gains obtenus, mais la cité resta imprenable et Eugène, furieux contre l'impéritie de l'amiral anglais, dut sonner la retraite. Il prit sa revanche au retour en s'emparant de Suse.

Son heureuse coopération avec Marlborough put reprendre quand l'empereur l'envoya sur le front des Flandres. Il revit sa mère à Bruxelles. Elle mourut peu de semaines plus tard, sans regret de la part de son fils, selon Saint-Simon. Jamais, depuis sa fuite, il n'avait été plus proche de Versailles. L'armée qu'il avait réunie à celle de l'ancêtre de Sir Winston arrêta l'invasion des Français du duc de Vendôme à Oudenarde, et les défit sévèrement, le 11 juillet 1708. Un débarquement dans la Somme fut envisagé par Marlborough, vivement approuvé rétrospectivement par son Homère moderne. Eugène préférait s'emparer de Lille et de là, dévaler sur Paris. Lille se rendit, puis sa citadelle, le 9 décembre 1708, Gand et Bruges avaient été arrachés aux Français avant l'hiver, mais Paris et Versailles restèrent hors de portée. Pendant le plus terrible hiver de l'histoire de France, Louis XIV se résigna à négocier. Les conditions des Alliés se révélèrent si draconiennes qu'il en appela publiquement à la fierté de la nation, et sûr de sa solidarité, refusa net. La sanglante bataille de Malplaquet, le 11 septembre 1709, qui tourna à l'avantage des Français conduits par les maréchaux de Villars et de Boufflers, lui donna raison.

La reddition de Lille avait cependant donné lieu à l'un de ces gestes chevaleresques entre grands seigneurs qui compensent encore au XVIIIᵉ siècle les horreurs de la guerre. Boufflers, qui commandait la place et qui avait négocié sa reddition honorable, invita à souper ses vainqueurs, Eugène et son état-major. Le prince demanda le même menu dont avaient dû se contenter les assiégés, et on lui servit donc du rôti de cheval.

En avril 1710, commencèrent à Gertuydenburg, en Utrecht, les sérieuses tractations de paix. La fortune du Grand Roi voulut que les « faucons » whigs, qui soutenaient Marlborough, durent céder à Londres le gouvernement aux « colombes » tories, qui se hâtèrent, appuyés par l'opinion publique et le talent de Jonathan Swift, de discuter secrètement les conditions d'une paix séparée avec le roi de France. Au même moment, la mort de Joseph Ier mobilisait Eugène contre une éventuelle tentative franco-bavaroise sur Vienne, et le candidat autrichien à la succession d'Espagne, l'archiduc Charles, était élu empereur. De Charles III d'Espagne, il devint tout à coup Charles VI du Saint Empire. Un des principaux buts de guerre de la Grande Alliance s'évanouissait.

Le nouvel élu, pour tenter de sauver la coalition, envoya Eugène à Londres. Reçu en héros par le public en janvier 1712, il trouva Marlborough disgracié. Swift se fit l'interprète des sentiments hostiles de la reine Anne et du nouveau gouvernement dans un pamphlet foudroyant : *La Conduite des Alliés*. Le petit prince n'aurait jamais sa pleine revanche sur Louis XIV.

Ses tentatives pour repartir à l'assaut de la France, avec l'appui hollandais, furent sabotées par le successeur de Marlborough, le duc d'Ormond, et sur le Rhin, il trouva en Villars un adversaire capable de mettre en échec ses troupes, privées du nerf anglais de la guerre. Il dut à son tour, au nom de l'empereur, entamer des négociations de paix avec le maréchal français. Le traité de Rastadt, signé le 6 mars 1714, acheva une guerre déjà à demi éteinte par la signature l'année précédente du traité d'Utrecht entre Angleterre, Pays-Bas protestants et France. Eugène prit élégamment son parti de ce compromis qui le privait d'une pleine revanche. Par l'intermédiaire de Villars, il fit savoir à Louis XIV qu'il lui « baisait les genoux », qu'il regrettait sincèrement tout ce qu'il avait été contraint de faire contre la France, et qu'à l'occasion de la paix, temps de clémence, il prenait la liberté de supplier le roi de recevoir l'assurance de son profond respect. Par la même voie, Louis fit savoir au prince que, le considérant comme un sujet de l'empereur, il le félicitait d'avoir fait son devoir.

Otium cum dignitate

Après une dernière campagne contre la Porte en 1716-1718, conclue par un triomphe militaire qui libéra définitivement Belgrade, la Serbie, la Bosnie et la Valachie, Eugène, qui avait à peine dépassé la cinquantaine, dut prendre pratiquement sa retraite. En temps de paix, il devenait très encombrant pour la cour de Vienne. C'est la figure politique classique, depuis l'ancienne Rome impériale, du héros qui ose survivre à ses victoires et qui fait ombre au prince. Corneille l'a portée au théâtre dans son ultime chef-d'œuvre : *Suréna*. Les anciennes familles, puissantes à la Hofburg, notamment les Schönborn, le haïssaient. L'empereur le redoutait. Des intrigues se nouèrent pour le perdre.

Il tint bon dans ses palais, réunissant autour de lui une petite cour, dont la comtesse Batthiany était l'ornement. Lady Mary Wortley Montagu, qui visita Vienne en 1717, parle énigmatiquement d'Eugène comme d' « Hercule chez Omphale », sans spécifier ce qu'elle entend par là.

En fait, cette « cour », très peu viennoise, avait tous les traits d'une « compagnie » à la parisienne. Le philosophe Leibniz et le poète Jean-Baptiste Rousseau (banni de France en 1712) y trouvèrent l'hospitalité en amis. Eugène tenta en vain de profiter de la présence de Leibniz à Vienne pour y créer une Académie, comme à Berlin. Pierre-Jean Mariette, sans conteste le plus grand connaisseur d'estampes et de dessins de tous les temps, séjourna deux ans au Belvédère (1717-1718) pour classer la collection d'Eugène, achetée pour l'essentiel à Paris, chez les Mariette père et fils qui tenaient boutique rue Saint-Jacques. Le cardinal Alessandro Albani, un Berenson à l'échelle du XVIIIe siècle, fut aussi l'hôte du prince.

Eugène était ainsi devenu, dans une capitale plutôt philistine, l'équivalent *Mittel Europa* (c'est-à-dire toutes proportions gardées) de ce qu'était, à la même époque, le banquier Pierre Crozat (dit « le Pauvre ») à Paris : un généreux mécène des arts et un formidable collectionneur. Il employa tour à tour pour ses bâtiments les deux plus grands architectes autrichiens. Passionné de botanique, il prit soin lui-même (avec l'aide de maîtres français de cet art) de ses jardins et des plantes rares dont il les orna. Il y fit construire un zoo qu'il peupla d'animaux sauvages, importés des pays lointains.

En France, il avait ses correspondants et ses marchands ; en Hollande et en Italie, ses peintres. Le Vénitien Giuseppe Maria Crespi et le Napolitain Francesco Solimena furent les principaux bénéficiaires de ses commandes et de sa faveur. Sur les quatre cents tableaux qu'il réunit, beaucoup étaient attribués aux plus grands maîtres italiens anciens, parmi lesquels quelques chefs-d'œuvre, mais la plupart étaient des faux. Son *connoisseurship* était plus sûr en matière de peinture flamande et hollandaise. En outre, il acheta en 1717 au futur maréchal de Belle-Isle, par l'intermédiaire de Mariette, la célèbre statue de bronze de

Lysippe, *L'Enfant en prière*, que Foucquet avait fait acheter à Rome, sur les conseils de Le Brun, pour orner le château de Vaux.

Sa fabuleuse bibliothèque de cinq mille livres imprimés et habillés par des maîtres-relieurs venus tout exprès de Paris, tel Étienne Boyer, et de trente-sept manuscrits précieux, a eu plus de chance que sa pinacothèque : elle est aujourd'hui le joyau de la Bibliothèque nationale de Vienne, où a été édifié pour elle un luxueux écrin baroque, sous la coupole de Fischer von Erlach. Le fils d'Olympia Mancini était après tout le petit-neveu du cardinal Mazarin, et il bénéficia des conseils amicaux d'un autre grand bibliophile ecclésiastique, le futur cardinal Domenico Passionei, nonce à Vienne.

Il mourut à soixante-douze ans, chez lui, le 21 avril 1736. Les deux années précédentes il avait eu encore l'énergie de bien servir les Habsbourg, au cours de la guerre de Succession de Pologne, et comme d'habitude contre les armées françaises. On raconte qu'à l'heure où il mourut, à trois heures du matin, le lion du zoo du Belvédère, peuplé de fauves exotiques, et que le prince se plaisait à nourrir lui-même, donna des signes de nervosité, s'éveilla et rugit.

Eugène n'a jamais parlé et écrit qu'en français. Il maîtrisait bien l'italien. Il ignorait l'anglais et même l'allemand, ce qui l'obligeait à recourir à des secrétaires et truchements. Par un paradoxe bien caractéristique de l'Europe française, cet ennemi acharné de la politique et des ambitions militaires de Louis XIV fut le meilleur ambassadeur, en plein cœur du Saint Empire « baroque », de la civilisation aristocratique parisienne. Faute d'une édition de la correspondance française d'Eugène, j'en cite deux fragments d'après le tome II de Winston Churchill, *Marlborough, sa vie et son temps*[1].

---

1. Traduit de l'anglais, Robert Laffont, 1950.

LETTRES D'EUGÈNES DE SAVOIE

Au duc de Savoie, pendant la campagne de Bavière, en 1703

Pour vous donner de Marlborough une image vraie : voici un homme de haute valeur, courageux, extrêmement bien disposé et animé d'un désir ardent de réussir, d'autant plus que sa carrière en Angleterre serait brisée s'il revenait les mains vides. Avec toutes ses qualités, il comprend parfaitement que l'on ne peut devenir général en un jour et se méfie de lui-même. Le général Goor, qui fut tué dans l'affaire de Donauwörth, était le genre d'homme sur lequel il s'appuyait volontiers et sa perte doit être déplorée à l'heure actuelle, car c'était un homme courageux et capable, sur l'instigation duquel, d'après tout ce que j'ai entendu dire, l'attaque avait été déclenchée ce soir-là. Il savait, en effet, que si l'on attendait jusqu'au lendemain matin, selon l'avis de la majorité, la moitié de l'infanterie aurait été décimée sans résultat. J'ai compris la perte que représente pour nous la mort de cet homme en constatant combien le duc, s'il faut en croire les nouvelles, est devenu hésitant devant les décisions à prendre. Ils avaient tous espéré que l'Électeur finirait par traiter. Bien sûr, ils invoquent pour leur défense qu'ils n'ont pas perdu de temps pendant que duraient les négociations ; néanmoins, depuis l'action du Schellenberg, rien n'a été fait, bien que l'ennemi jusqu'à présent leur ait laissé tout le temps qu'ils voulaient. Ils se sont amusés à assiéger Rain et à incendier quelques villages, au lieu de marcher droit sur l'ennemi selon mon idée, que je n'ai pas manqué de leur faire connaître. S'ils n'étaient pas en mesure de l'attaquer, il fallait occuper une position, établir un camp à une demi-heure de marche de ses lignes, et, comme ils disposaient d'une cavalerie tellement supérieure dans un pays ouvert, couper leurs communications avec Augsbourg et la Bavière, et arrêter ses convois de fourrage. Car il est certain que n'ayant pas de provisions à Augsbourg, il aurait été contraint de quitter la place. Le moment serait alors venu de profiter de la retraite et de pour-suivre l'ennemi de si près, qu'il n'ait pas la possibilité d'éviter une bataille. Il était même en leur pouvoir de prévenir sa jonction avec

Tallard, qui était déjà près de Villingen et s'est attardé là-bas plus longtemps que je ne saurais l'expliquer... Mais, pour parler clairement, Votre Altesse Royale, je n'aime pas cette lenteur chez nos alliés ; l'ennemi aura le temps de se constituer des magasins de vivres et de fourrage, et toutes nos opérations deviendront d'autant plus difficiles.

Au duc de Marlborough, pendant la campagne danubienne, en 1704 (dans l'orthographe à peu près originale)

Camp de Münster, à deux heures de Donauwörth,
le 10 août 1704

Monsieur,

Les ennemis ont marché. Il n'y a pas à douter que toute l'armée ne passe le Danube à Laüingen. Ils ont poussé un lieutenant-colonel que j'avais envoyé pour reconnaître, jusqu'à Höchstetten. La plaine de Tilligen est remplie de monde. J'ai tenu tout le jour ici, mais avec dix-huit bataillons je n'oserais hasarder de rester cette nuit ici. Je quitte cependant avec beaucoup de regret, étant bon et s'il le prenne nous aurons beaucoup de peine à le reprendre. Je fais donc marcher cette nuit l'infanterie à un camp que j'ai fais marqué auprès Donavert et une partie de la cavalerie. Je resterais ici aussi longtemps que je pourrais avec la cavalerie qui est arrivé du camp de V. E. et les dragons que j'ai avec moi. D'abord que la tête de Votre infanterie arrivera je ferais ravancer la mienne si les ennemis n'ont pas occupé le poste. Le tout milord consiste en la diligence et que vous mettiez d'abord en mouvement pour me joindre demain, sans cela je crains qu'il sera trop tard. Du reste toute l'armée y est. Les ennemis ont laissé au moins douze bataillons à Augsbourg avec Chamarante lieutenant. Pendant que j'écris j'ai nouvelle sûre que toute l'armée est passée. Ainsi il n'y a pas un moment de temps à perdre, et je crois qu'on pourrait hasarder de faire marcher en passant le Lek et le Danube cela la raccourcit beaucoup et le chemin est meilleur. J'attends une réponse milord pour me régler, il dépend du tout de ne pas se laisser enfermer entre ces montagnes et le Danube.

5

LELIO ET MARIVAUX

En 1697, Louis XIV faisait fermer par son lieutenant de police l'hôtel de Bourgogne, rue Mauconseil, où triomphait depuis 1680 le Théâtre italien. La Palatine vit dans ce geste l'effet de la piété ostentatoire dont Mme de Maintenon avait fait la règle du règne. On prétendit dans le public que les Italiens avaient joué une pièce intitulée *La Fausse Prude*, et que ce *Tartuffe* femelle avait touché au vif l'épouse morganatique du roi. Ce théâtre, qui avait fait la joie de la Cour, et le bonheur des Parisiens, fut plus probablement victime à la fois de Bossuet, qui aurait voulu fermer tous les théâtres, et du nationalisme anti-italien et anti-ultramontain qui aigrissait la doctrine gallicane de Louis XIV : les pauvres Italiens payèrent pour tous les théâtres de Paris, parce qu'ils étaient les plus doués, et qu'ils avaient le plus de succès. Depuis Henri III, les troupes de comédiens italiens, presque sans interruption, s'étaient succédé de génération en génération à Paris et à la Cour, infusant en France l'ironie, la féerie, la science des techniques du corps et des ressorts de l'action humaine propres à l'une des inventions les plus originales de la Renaissance italienne : la *commedia dell'Arte*. Dès le XVIᵉ siècle, l'Italie de Shakespeare et l'Espagne de Lope de Vega, comme plus tard la France du jeune Corneille, avaient reçu l'évangile des planches de ces mêmes missionnaires de la cabriole, des lazzi et de l'ironie. Molière avait partagé avec la troupe de Dominique Biancolelli (*Arlequin* dans l'Art) la salle de théâtre du Palais-Royal, et il avait beaucoup retenu de leurs *scenarii*, de leurs techniques de jeu, et de leurs inventions de poètes. La Comédie-Française, qui prétendit perpétuer la leçon de Molière, fut à celui-ci ce que l'Académie de peinture de Le Brun avait été à Poussin, dont elle prétendait aussi continuer l'enseignement : coupés de l'*estro* méditerranéen, les comédiens-français, comme les peintres académiciens, versèrent dans la pompe de tous les arts officiels du Nord. À Paris comme à la Cour, on ne se consola pas en 1697 d'avoir perdu cet irremplaçable « remède aux vapeurs » (la Palatine *dixit*). Claude Gillot et Claude Audran firent carrière et fortune de peintres par leurs dessins et tableaux représentant l'illusion comique disparue des Polichinelles et des Zannis. Les théâtres de la Foire firent recette en plagiant leurs *scenarii* et en imitant Arlequin. C'est dans le sillage laissé à Paris par le Théâtre italien que le jeune Watteau mûrit son génie de portraitiste de comédiens et de peintre de « fêtes galantes ».

Un des premiers gestes du Régent, après avoir fait casser par le Parlement le testament de Louis XIV, fut de demander au duc de Modène, traditionnel mécène des meilleures troupes de *commedia dell'Arte*, de lui envoyer ce qu'il avait de mieux. C'était dans la tradition de nos rois depuis les Valois. Le Régent, grand lecteur de Rabelais, et voulant rendre aux Français la joie, les plaisirs et les ris du « Beau XVIe siècle », s'en souvint opportunément. Le duc lui adressa la troupe de Luigi Riccoboni (*Lelio* dans l'Art). Elle était à Paris dès le mois de mai 1716, jouant devant le Régent fidèle au goût de sa mère. Elle rouvrit le théâtre de l'hôtel de Bourgogne. Lelio – enfant de la balle – était entouré de comédiens et de comédiennes de race : dans cette profession (que les rigoristes accusaient de prostitution publique), on est tenté de dire dans cette tribu, on pratiquait l'endogamie et l'on se succédait de père en fils, de mère en fille, un peu comme dans les troupes japonaises de Nô et de Kabuki. La seconde femme de Lelio, Elena Balletti (*Flaminia* dans l'Art), rivalisait sur la scène avec sa belle-sœur, Zanetta Benozzi (*Silvia* dans l'Art), épouse d'Antonio Balletti (*Mario* dans l'Art). Le fils de Dominique Biancolelli, l'ami de Molière, avait hérité de son père la tradition bolonaise d'Arlequin. Tous ces acteurs étaient lettrés et poètes, aussi bien que virtuoses du jeu scénique, de la danse et du chant. C'était là le secret de la *commedia dell'Arte* : chaque acteur est un artiste complet, qui invente lui-même la partition foisonnante du rôle qu'il interprète, en coopération intime, pendant les répétitions et sur la scène *all'improviso*, avec ses camarades : ils ont pour fil conducteur un *scenario* sommaire, conçu par l'un d'entre eux. La différence était profonde avec le théâtre français, théâtre littéraire, où les comédiens interprètent un texte composé entièrement d'avance par un écrivain-dramaturge. À Paris, pour remédier à l'obstacle de la langue, et en dépit de la vigueur expressive de leur jeu scénique, les comédiens italiens avaient dû dès 1680 faire appel à des écrivains professionnels français, un Regnard, un Dufresny, ou à des amateurs bénévoles que le jeu amusait, et qui rédigeaient pour eux des *scenarii* très développés, en français. Les comédiens pouvaient les apprendre par cœur et les jouer avec leur fort accent italien. Ces *scenarii*, que nous connaissons par le *Recueil* de Gherardi, publié en 1700 à Paris, étaient fidèles aux lieux communs de la *commedia dell'Arte*, mais déjà ils corrompaient son principe vital : l'acteur-poète.

La troupe de Lelio, quand elle arrive à Paris en 1716, a déjà une histoire italienne. Luigi Riccoboni, dévot et soucieux de respectabilité, s'était mis au service de grands lettrés italiens qui, humiliés par l'orgueil littéraire français, avaient honte de leur *commedia dell'Arte*, et souhaitaient prouver que la scène italienne avait aussi ses Corneille et ses Racine. Lelio et Flaminia avaient donc exhumé des textes dramatiques italiens de la Renaissance, la *Sophonisbe* de Trissin, la *Torrismonde* du Tasse ; ils avaient créé la tragédie composée par le célèbre érudit et antiquaire de Vérone, Scipione Maffei : *Mérope*. Le public italien n'avait pas suivi. Il s'ennuyait à ces représentations académiques. Pendant ce temps les lettrés italiens échangeaient des dissertations sur la *Mérope* de Maffei, que Voltaire pillera sans vergogne pour sa tragédie de même titre, jouée à la Comédie-Française.

Persuadé néanmoins que l'avenir et la dignité du théâtre italien exigeaient une réforme littéraire sur le modèle français, Lelio se souciait fort peu de faire revivre la tradition *all'improviso* interrompue par Louis XIV en 1697. Il souhaitait au contraire s'en affranchir. Le public français, de son côté, voulait retrouver ses Italiens. Lelio renoua de plus belle avec la facilité de demander à des auteurs français de composer pour les Italiens des textes à jouer. Le peintre Charles Coypel compta parmi leurs collaborateurs. Mais maintenant ces auteurs écrivaient des comédies à la française, détachées de la tradition propre aux *scenarii dell'Arte*. Un miracle pourtant se produisit : la rencontre de cette troupe italienne en quête d'auteurs français avec Marivaux.

Marivaux n'aimait pas Molière, et moins encore la tradition de la Comédie-Française qui se réclamait de Molière. Ami de Fontenelle (le neveu de Corneille), son génie le rattachait à l'intelligence du cœur de l'auteur de *La Place Royale* et à la préciosité, mais profonde, des *Amours de Psyché* de La Fontaine. Plutôt que chez Lelio, qui rêvait de trouver un nouveau Molière pour Italiens, Marivaux découvrit chez ses camarades les ressources de poésie et les dons d'interprète qui donnèrent corps et esprit à ce qu'il avait cherché jusque-là en vain : la coïncidence des contraires, le lyrisme et l'ironie, le rêve et la vie, la douceur enchanteresse de l'amour et la dureté du réel calculé par l'amour-propre. Silvia (Zanetta Benozzi), née en 1700 d'un père comédien, devint l'incarnation féminine de son idéal de poète. Casanova, qui a bien connu l'actrice, fait d'elle un portrait de femme d'esprit :

« Elle avait la taille élégante, l'air noble, les manières aisées, affable, riante, fine dans ses propos, obligeant tout le monde, remplie d'esprit et sans la moindre prétention. Sa figure était une énigme, car elle inspirait un intérêt très vif, plaisant à tout le monde, et malgré cela, à l'examen, elle n'avait pas un seul beau trait marqué : on ne pouvait pas dire qu'elle fût belle, mais personne sans doute ne s'était avisé de la trouver laide... On n'a jamais pu trouver une actrice capable de la remplacer, et pour qu'on la trouve, il faut qu'elle réunisse en elle toutes les parties que Silvia possédait dans l'art difficile du théâtre : action, voix, esprit, physionomie, maintien, et une grande connaissance du cœur humain. Tout en elle était nature, et l'art qui la perfectionnait était toujours caché. »

Dans la série de types fixes dont se composait une troupe italienne, elle occupait celui de « seconde amoureuse », souvent partenaire de son mari Mario, « second amoureux ». Les *scenarii* de la comédie italienne faisaient jouer en contrepoint l'idéalisme des « amoureux », leur élégance aristocratique, et les grimaces avides ou gourmandes des hypocrites, Pédants et Docteurs, et des domestiques naïfs ou cyniques. Cette dernière famille était bien représentée dans la troupe de Lelio par le type d'Arlequin, joué tantôt par Dominique Biancolelli, tantôt par Thomas-Antoine Vicentini, dit Thomassin. Dans la sagesse de la *Commedia*, le réel tourne en dérision la jeunesse naïve de l'idéal, et l'idéal fait voir les grosses ficelles du vieux réel. Silvia et Arlequin sont les deux pôles de cette ironie générale. Marivaux a greffé sur cette poétique de la scène – que Corneille avait déjà acclimatée en français dans *L'Illusion comique* – toutes les ressources d'une langue aiguisée par l'analyse des moralistes français et par ses propres recherches sur le cache-cache de l'esprit, du cœur et du corps. La tradition française du *Roman de la Rose* trouve un souffle nouveau en s'alliant à la tradition robuste d'une *commedia dell'Arte* en voie, depuis un

siècle, de naturalisation française. À partir du 17 octobre 1720 –
c'est la première d'*Arlequin poli par l'amour* – Marivaux donne
aux Italiens une série de chefs-d'œuvre dont la cabale de ses
ennemis trouble ou retarde en vain le succès. Il alterne à partir de
1724 avec la Comédie-Française, pour laquelle il écrit *La Seconde
Surprise de l'Amour* et *L'Île de la Raison*.

Voltaire détestait Marivaux. L'auteur des *Lettres anglaises*
représente, beaucoup mieux encore que Molière, le bon sens
français et son plafond souvent bas. Riccoboni lui-même ne vit
jamais en Marivaux qu'un des collaborateurs occasionnels de son
théâtre. Il écrivait lui-même des comédies, comme plusieurs
autres de ses camarades, et il poursuivait imperturbablement le
dessein d'arracher Molière à la Comédie-Française pour faire de
lui le modèle d'un Théâtre italien réformé. Il publia en 1730 à
Paris une *Histoire du Théâtre italien*, où il s'acharne sur l'impudi-
cité, la vulgarité et l'inutilité des *lazzis* de ses ancêtres, comme le
fera plus tard Goldoni. En 1736, il publia des *Observations sur la
Comédie et sur le génie de Molière* où il fait la théorie de la
comédie à la française. C'est dans cet essai (où Riccoboni
rappelle tout de même aux Français – et notamment aux comédiens-français – tout ce que Molière dramaturge doit aux *scenarii*
– rarement publiés – des comédiens italiens) que j'ai choisi les
pages que l'on va lire.

Loin de faire voir chez Molière (le comédien) le métier de la
commedia dell'Arte, Riccoboni voudrait « élever » celle-ci jusqu'à
Molière (le dramaturge). Tout un courant, de plus en plus
vigoureux, de la recherche contemporaine, et d'abord en Italie,
a dû faire un immense effort d'archéologie et d'érudition pour
réviser la vision affadie et humiliée de la *commedia dell'Arte* qu'a
laissée Riccoboni, dans ses travaux d'historien et de critique
publiés en français et qui ont donc joui, au XVIIIe et au XIXe
siècle, d'une autorité internationale largement incontestée. Dans
la page que je cite, et où il érige en norme dramaturgique les
caractères des comédies de Molière, Riccoboni voit en eux
implicitement un progrès sur les types de la comédie italienne.
Ceux-ci diffèrent des caractères à la française en ceci qu'ils sont
métamorphiques, tout en gardant extérieurement les mêmes
traits et parfois le même masque. Le caractère (celui de Molière
comme celui de La Bruyère) est clos, *sibi constat*. Le type de la
commedia dell'Arte est ouvert. L'un dessine un poncif social et
moral inscrit dans une intrigue logiquement construite pour le
mettre en relief ; l'autre postule un lieu poétique, générateur de

libre fantaisie, aussi bien verbale que gestuelle. Le meilleur théâtre du XXᵉ siècle, de Gordon Craig à Peter Brook, de Stanis-lawski à Grotowski, est un effort de réminiscence, parallèle à celui des meilleurs historiens actuels du théâtre, pour rendre à l'acteur la plénitude poétique et inventive des comédiens de l'ancien théâtre italien, avant la « réforme » destructrice de Riccoboni à Paris et de Goldoni à Venise. Reste que le Paris du XVIIIᵉ siècle était devenu un laboratoire où deux traditions de la scène, la française et l'italienne, ont poursuivi un dialogue créa-teur fécond, commencé au siècle précédent par Corneille et Molière. Marivaux, secondé par Silvia et par Arlequin, a inventé le dialogue de l'esprit et du cœur dont Lélio, obsédé par la grande ombre de Molière, n'a pas senti qu'il était, sur son propre théâtre, l'invention la plus poétique de son siècle.

CARACTÈRES DONT IL FAUT FAIRE USAGE

Tous les caractères ne sont pas propres à être mis sur le théâtre. Les caractères simples ou principaux doivent toujours être préférés, parce qu'ils sont plus frappants, et plus susceptibles d'action théâtrale, au lieu que les caractères accessoires fournissent très difficilement la matière nécessaire à une intrigue. J'appelle caractère simple ou principal, celui qui sans participer d'aucun autre, et sans en rien emprunter, peut soutenir l'action d'une pièce par lui seul ; et caractère accessoire, celui qui émane d'un autre, et qui, pour se soutenir, a besoin du secours de quelque autre caractère. L'Avare est un caractère principal, qui fournit abondamment de la matière pour composer une pièce de cinq actes ; mais si on voulait traiter le Ménager, *qui est un caractère accessoire à celui de l'Avare, on trouverait que la matière ne serait ni suffisante, ni même aussi théâtrale que la première.*

Toute passion a ses degrés, et par cette raison tout caractère est principal ou accessoire : la sympathie *et l'amitié sont des caractères accessoires à* l'amour, *comme le* soupçon *et la* défiance *sont accessoires à la* jalousie *; or tous ces degrés de caractère, et autres semblables, ne sauraient fournir une matière qui convienne à la comédie. D'ailleurs une partie des caractères que j'ai appelés accessoires peuvent quelquefois n'être pas propres à former un caractère théâtral, parce qu'au lieu d'être une passion ou un vice dans la société, ils y sont regardés comme une vertu, ou comme un mérite : tels sont, par exemple, l'économie à l'égard de l'avarice, et l'amitié par rapport à l'amour. Ainsi ce que j'ai dit ne doit s'appliquer qu'à ceux des caractères accessoires qui sont des défauts dans la société, comme le* soupçon *et la* défiance, *et non pas à la* sympathie, *ni à* l'amitié. *D'où on peut conclure que les passions et les vices conviennent davantage au théâtre, puisqu'en donnant le moyen de corriger les mœurs, ils nous présentent encore les ridicules de ces passions.*

Il ne suffit pas d'avoir choisi un caractère convenable, il s'agit encore de le bien traiter. Pour y réussir, il est, je crois, nécessaire de ne lui en opposer aucun autre qui soit capable de partager l'intérêt et l'attention du spectateur. Nous en avons une preuve récente dans une comédie représentée depuis peu sur le Théâtre Français, et composée par un auteur dont le mérite est généralement reconnu ; un des personnages de cette comédie, dont le caractère est brusque et familier, s'attira l'attention des spectateurs, et enleva au caractère principal les suffrages et les applaudissements qu'on lui avait donnés avec raison au commencement de la pièce. Le caractère dominant de la fable fut obligé de céder, et les plaisanteries grossières du Financier *éclipsèrent presque entièrement les traits fins et délicats du* Glorieux : *dès ce moment, le principal objet de la pièce en devint, pour ainsi dire, un épisode, et ce caractère imaginé pour servir seulement de contraste au* Glorieux *l'emporta tellement, et fut si bien reçu du public, que la pièce lui est presque redevable du brillant succès qu'elle a eu.*

Je ne prétends pas cependant exclure tous les caractères d'une moyenne force, et en blâmer la liaison avec le caractère principal , mais je prétends seulement dire que celui-ci doit tellement dominer et prévaloir sur les autres, que le spectateur ne soit jamais entraîné par l'effet ou l'action qu'ils peuvent produire à son préjudice.

De tout ce que je viens de dire, on ne doit point conclure que l'on ne puisse pas faire des comédies de caractère mixte ; les fables de ce genre diffèrent beaucoup de celles que l'on appelle simplement pièces de caractères, *comme nous l'expliquerons dans la suite. La comédie de caractère mixte doit être regardée sous deux faces très différentes. Premièrement, le poète peut quelquefois se servir d'un caractère principal, en faire même l'objet de sa fable, et lui associer d'autres caractères, pour ainsi dire, subalternes, sans que l'action en devienne plus chargée et plus intriguée. Secondement, il peut joindre ensemble plusieurs caractères des deux espèces que nous avons marquées, sans donner à aucun d'eux assez de force pour le faire dominer et briller au-dessus des autres.*

Molière, dans Le Misanthrope, *fournit un exemple de la première façon de considérer la comédie de caractère mixte. Il fait du Misanthrope le principal objet de sa fable, et y joint en même temps les caractères de la Coquette, de la Médisante, et des Petits-Maîtres, sans que le caractère principal fasse par lui-même l'intrigue de l'action. Il est vrai qu'il y a peu d'intrigue dans la pièce ; mais il n'est pas moins vrai que tous les caractères qui environnent le Misanthrope, et tout ce qui arrive dans l'action, se rapportent à lui. Le Sonnet, le Procès, les conversations de la Coquette, les propos des Petits-Maîtres, ne sont ajoutés que pour le faire valoir, et ce sont, pour ainsi dire, autant de coups de lumière qui le font briller davan-*

tage. C'est un art admirable dont nous sommes redevables à Molière, et le seul que l'on pouvait employer dans une pièce d'un pareil caractère. Si l'on ne veut pas convenir que le Misanthrope soit un caractère purement métaphysique, on doit du moins avouer qu'il l'est en partie, puisqu'on ne peut le mettre au rang de ces caractères communs dont le genre humain nous présente des modèles à chaque pas, et dont les traits marqués en rendent la peinture plus facile, et diminuent le travail du poète. Molière n'a pas traité de même l'avarice, l'amour, la jalousie, et les autres caractères de cette espèce : il les fait dominer absolument, sur les caractères accessoires, sur toutes les parties de la fable, et sur l'action même qu'ils conduisent et tiennent comme enchaînée : c'est la gradation de la passion dominante qui donne le mouvement à l'action, et c'est elle qui la dénoue dans la forme que la nature du caractère le demande.

La seconde espèce de comédie de caractère mixte est, comme nous avons dit, formée de plusieurs caractères, dont chacun ne brille pas assez pour être distingué des autres, et pour être regardé comme le caractère principal. Les exemples les plus sensibles que l'on en puisse donner sont, je crois, L'École des maris, L'École des femmes, La Comtesse d'Escarbagnas, *et quelques autres ; on y trouve un assemblage de caractères qui, par leur espèce d'égalité, ne peuvent se nuire l'un à l'autre. Molière s'est servi quelquefois d'un des caractères de ses fables, pour en faire le principe du mouvement de l'action*[1] *; mais quoique ce caractère agisse, si on peut le dire ainsi, avec préférence dans la pièce, il ne nuit cependant point aux autres, qui de leur côté ne peuvent lui nuire ; ils sont tous d'égale force, et si on les considère avec attention, on verra clairement qu'aucun d'eux ne pouvait servir de caractère principal, parce qu'aucun d'eux n'a essentiellement la force suffisante pour dominer sur les autres, et les rendre des caractères subalternes, ou accessoires : tel est le caractère d'*Isabelle *dans* L'École des maris, *qui, quoique principe de l'action, ne nuit point à ceux de* Sganarelle, *d'*Ariste, *et de* Léonore : *et si les caractères d'*Isabelle *et de* Sganarelle *brillent davantage que ceux d'*Ariste *et de* Léonore, *c'est parce qu'ils sont plus en jeu, et que c'est sur eux que le poète fonde l'intrigue de sa fable ; il en est de même des caractères d'*Arnolphe *et d'*Agnès *dans* L'École des femmes : *ces deux caractères ne se nuisent point l'un à l'autre.*

---

1. Tels sont ceux d'Agnès et d'Isabelle.

Molière n'a pas traité de même les pièces de L'Avare, de George Dandin, *du* Malade imaginaire, *du* Bourgeois Gentilhomme, *et plusieurs autres qu'il a composées dans le genre de comédies de caractères principaux ou dominants, parce qu'en effet ils sont tels essentiellement. Si dans l'article où j'ai parlé de la qualité de l'intrigue propre à une pièce de caractère, je n'ai donné pour exemple que les deux pièces de* L'École des maris, et de L'École des femmes, *quoique ces deux comédies soient de caractère mixte, on sentira aisément que j'en pouvais citer de caractère principal et dominant ; mais j'ai réservé à faire sentir dans l'examen particulier de la comédie de l'Avare la qualité et la force d'un caractère dominant ; et c'est par là que j'autoriserai mon opinion sur l'intrigue convenable aux pièces de ce genre, et sur la distinction que je donne des caractères.*

[...] Convenons cependant qu'une telle réforme ne saurait être l'ouvrage d'un auteur de profession, et que Molière, tout Molière qu'il était, n'aurait peut-être pas réussi à corriger le théâtre, s'il n'avait eu la protection et la faveur du Prince le plus juste le plus éclairé qu'ait eu la Monarchie, et dont le goût fin et délicat donnait le ton non seulement à son Royaume, mais encore à son siècle. Car on ne peut pas espérer qu'il se trouve des hommes assez zélés pour le bien public, et assez généreux tout ensemble, pour donner leurs ouvrages, avec la certitude morale d'essuyer des désagréments et des contradictions, de ne point jouir du fruit de leurs travaux, et d'obtenir seulement quand ils ne seront plus les succès qui suivent enfin les sages nouveautés qu'on veut établir malgré l'habitude, ou la prévention.

LUIGI RICCOBONI[1]

---

1. Textes extraits des *Observations sur la Comédie*, Paris, 1736, p. 32-43 et p. 273-274.

6

LE CONDOTTIERE DE LOUIS XV
HERMANN-MAURICE DE SAXE,
MARÉCHAL DE FRANCE

L'humanité est anthropophage. Son histoire est celle de
Saturne. Montaigne le savait. Comme le voyage selon Pascal,
l'histoire humaine ne change pas, elle ne sait que déplacer le mal
que les hommes portent en eux. Savoir que la vérité est triste
trempe l'*humanitas* généreuse de Montaigne dans la mélancolie
des forts. Les Indiens d'Amérique, dont il a décrit la grandeur et
l'agonie, ne sont pas les premiers, ni les derniers, ni les seuls, à
avoir été nettoyés de main d'hommes de la surface de la terre. Ils
n'étaient pas eux-mêmes innocents. Leur propre histoire avait été
scandée de sacrifices humains et de massacres.

Le XVIIIᵉ siècle de Boulainvilliers et de Montesquieu s'est exalté
à l'idée de ces Germains décrits par Tacite, ancêtres de la féodalité, et qui auraient fait naître « la liberté dans les bois ». Tout un
pathos esthétisant des Lumières, particulièrement virulent chez
Diderot, oppose la « pusillanimité » des modernes civilisés, minia-
turisés par les conventions d'une société maniérée, aux grands
fauves et aux grands crimes antiques, qui font rêver et frissonner.
Bientôt, un grand crime, exigé par l'Histoire-Saturne, supprimera
de France le peu qui pouvait y subsister de descendants inermes
de ces « libres » guerriers féodaux qui, depuis la Renaissance,
avaient été comparés par d'insinuants lettrés aux héros de
Plutarque ou aux demi-dieux des épopées antiques.

Dans le Versailles de Louis XV et de Mme de Pompadour, un
condottiere venu du fond de la forêt hercynienne, Maurice de
Saxe, préfigurant à sa manière le destin d'un autre condottiere,
venu celui-là de la Méditerranée antique, Napoléon Bonaparte,
fit passer le frisson du héros homérique ou du philosophe scythe,

deux fantasmes du Paris civilisé d'alors : fort, franc, direct, intelligent et barbare, il aura été à la fois idolâtré et haï par les lilliputiens compliqués qu'il avait un temps préservés de ce qu'il nommait lui-même leur « embrouillamini ».

La généalogie de Hermann-Maurice de Saxe est aussi ancienne et ténébreuse qu'un très vieux chêne de la forêt brandebourgeoise, berceau de sa famille maternelle, les seigneurs de Kœnigsmark. La gloire de son arrière-grand-père, Jean-Christophe de Kœnigsmark, premier condottiere issu de ce nid de gerfauts, avait arraché la famille à la nuit des temps : à la tête d'armées suédoises au service de Gustave-Adolphe, il avait ravagé la Saxe et la Bohême, et organisé l'atroce sac de Prague en 1648, dont il avait partagé les dépouilles les plus juteuses entre lui-même et la reine Christine : elle l'en avait récompensé par le titre de maréchal et le gouvernement de Brême et de Werden.

Héros ou reîtres, ses fils eurent des vies aventureuses, l'un dans l'ordre de Malte, un autre, sous le nom italianisé de Conismarco, au service de la République de Venise. Mais l'un de ses petits-fils, Philippe-Christophe, grandi à Dresde auprès du futur Auguste le Fort, devint homme de cour, dans un style violent et aventurier très éloigné du *Cortegiano* de Castiglione, mais très proche des *Chroniques italiennes* de Stendhal. Son assassinat mit fin aux amours contrariées qui l'avaient lié à Sophie-Dorothée de Brunswick, mariée malgré elle au futur roi d'Angleterre, George Ier, héritier de la maison de Hanovre. Sa sœur, Aurore de Kœnigsmark, très belle, très intelligente et très hardie, se flattant d'obtenir vengeance pour son frère, vint à Dresde la réclamer du meilleur ami du défunt, l'Électeur de Saxe (devenu de surcroît roi de Pologne) Auguste le Fort. Elle réussit seulement à partager son lit, vite remplacée et mise à l'écart.

Elle en eut un fils : Hermann-Maurice, reconnu plus tard par son père et élevé au rang de comte de Saxe.

Héritier d'une lignée de reîtres, et descendant, mais bâtard, d'une dynastie royale, Maurice de Saxe fut hanté par une idée fixe, partagée de loin par sa mère : un Kœnigsmark de sang royal doit conquérir une couronne. Formé dès l'enfance à la carrière des armes par le général-comte von der Schulenburg, le jeune comte n'en reçut pas moins à la cour de Dresde un vernis d'éducation française de son précepteur calviniste exilé par la Révocation : M. d'Alençon. À treize ans, il participe à Stralsund aux combats contre Charles XII, puis, dans les Flandres, à l'offensive des Impériaux conduits par le prince Eugène de Savoie contre les

Français de Louis XIV, engagés dans la guerre de Succession d'Espagne. Il étudie sur le terrain, avec Schulenburg, la stratégie et la tactique des deux plus grands chefs de guerre du début du XVIIe siècle, Eugène et Marlborough. En 1711, à quinze ans, il est élevé au grade de colonel.

En 1714, on le maria à une riche héritière, Johanna-Maria de Loeben. L'union fut dissoute en 1721. L'année précédente, Maurice de Saxe avait découvert le Paris de la Régence. Le superbe athlète venu de l'Est s'attire la sympathie de la vieille princesse Palatine, et reçoit du Régent un brevet de maréchal de camp. Il se livre à la débauche et au jeu, mais il étudie, entre deux orgies, les sciences de la guerre moderne, mathématiques, génie, fortifications, stratégie, avec le Clausewitz de l'époque, le chevalier de Folard. Il rencontre alors l'unique passion de sa vie : Adrienne Lecouvreur.

Cette fille du peuple, blanchisseuse remarquée pour sa beauté et pour sa voix par ses voisins de la Comédie-Française, adoptée et formée par leur doyen, Le Grand, excellent professeur de diction, était devenue la grande tragédienne de sa génération. Ce n'est pas à elle que s'applique le tortueux paradoxe sur le comédien inventé plus tard par Diderot, et qui lui fut inspiré par l'introspection, au moins autant que par l'étude du jeu de la Clairon. Adrienne Lecouvreur jouait selon le précepte antique qui fait de l'acteur un pélican : « Si tu veux me faire pleurer, commence toi-même par être ému. » Pour interpréter des rôles sublimes, elle allait à ses risques et périls au fond de ses propres capacités intimes d'émotion.

Sa passion pour Maurice de Saxe, qui s'éprit d'elle au cours d'une représentation de *Phèdre*, et à qui elle fut présentée chez la marquise de Lambert, en 1721, fut le risque suprême auquel elle ne se déroba point. Leur bonheur dura trois ans, ponctués d'absences remplies par les cris admirables que nous font entendre les lettres d'Adrienne. Elle écrit de Paris au comte demeuré à Fontainebleau avec la Cour :

« Il eût bien mieux valu pour moi de rester où j'étais. Je vous voyais, rien n'y troublait mon bonheur, et je me crois ici tombée des nues parce que vous n'y êtes pas. Revenez, mon cher comte, me consoler et me rendre par votre présence la douce et unique consolation que je désire. Pour moi, je ne saurais plus me passer de vous. »

Mais en 1725 Maurice de Saxe retourne à Dresde, séduit par la proposition qui lui est faite par la noblesse locale de l'élire grand-duc de Courlande. La chimérique aventure va l'occuper trois ans (1726-1728). Elle n'aboutira pas, faute de l'aval russe et du soutien d'Auguste III. Quand il rentre à Paris, l'ogre « sarmate » cède à l'attrait de nouvelles proies. Consumée, Adrienne meurt dans les bras de l'homme qu'elle aime, tandis que Voltaire, dont elle avait fait triompher plusieurs pièces, va et vient nerveusement dans la pièce voisine. Les obsèques chrétiennes lui ayant été refusées par le curé rigoriste de Saint-Sulpice, son cadavre, enlevé de nuit par la police, fut jeté dans une fosse creusée dans le premier terrain vague venu et recouvert de chaux vive. Une des plus célèbres odes de Voltaire vengera la grande artiste de cette odieuse muflerie ecclésiastique :

> *Sitôt qu'elle n'est plus, elle est donc criminelle !*
> *Elle a charmé le monde, et vous l'en punissez...*

La guerre de Succession d'Autriche, qui commence en 1740 avec l'accession au trône de Prusse de Frédéric II et la mort quasi simultanée de l'empereur Charles VI, va offrir l'occasion à Maurice de Saxe de donner toute sa mesure militaire et de pourvoir à point nommé la monarchie française d'un bras séculier. Dès 1732, tirant les conclusions de son expérience et de ses études avec Folard, il avait mis au point, dans *Mes rêveries, ou Mémoires sur l'art de la guerre*, sa doctrine de technicien militaire (publiées en 1756, elles seront, comme toute la carrière du maréchal, attentivement méditées par Bonaparte).

Les premières opérations de la guerre, en Bohême, sous le maréchal de Belle-Isle, et la prise de Prague en 1742, achevèrent de démontrer à Louis XV, à son Premier ministre octogénaire, le cardinal Fleury, et à leur opinion publique, qu'aucun des maréchaux français n'avait le prestige, le bonheur et la science de la guerre de ce prince allemand, luthérien de surcroît, que le Régent avait eu l'esprit de nommer maréchal de camp dès 1721. Il avait déjà fait ses preuves au service de la France, en 1733-1734, sous le maréchal de Berwick, dans l'armée du Rhin disputant Philipsbourg aux Impériaux. Il avait été nommé lieutenant général. Mais maintenant sa supériorité était devenue une évidence éclatante pour toute l'Europe.

En 1743, avec le titre de maréchal de France, il reçoit le commandement de l'armée du Rhin. En 1745, en présence de Louis XV, il remporte l'éclatante victoire de Fontenoy, suivie d'une brillante guerre de sièges qui arrache aux Impériaux les principales villes des Flandres et rend impossible un plus grand débarquement anglais. Le roi donne en principauté au maréchal le château et domaine de Chambord, il le nomme gouverneur d'Alsace, et le couvre de pensions et de privilèges.

D'Argenson, ministre des Affaires étrangères, qui intrigue en faveur du prince de Conti, n'est pas le seul à la Cour à trouver Maurice de Saxe encombrant, sinon dangereux. Ce géant ne condescend pas au jeu parisien ni au versaillais. Mais sa popularité en France est prodigieuse, elle préfigure celle du vainqueur de Marengo. À Bruxelles, dont il s'est emparé en février 1746, il entoure sa couche de sultan oriental d'un harem de ravissantes comédiennes, recrutées pour le théâtre aux armées. En dépit de l'envie, il empiète sur le domaine du marquis d'Argenson en négociant, cette même année, le remariage du dauphin, veuf, avec sa nièce Marie-Josèphe de Saxe, fille de son demi-frère Auguste III. Cette union entre France et Saxe va faciliter la conclusion de la paix d'Aix-la-Chapelle.

De condottiere, il est devenu le génie tutélaire de la monarchie. Il le sait. Il remplit une case dans la tête de la nation la plus puissante, la plus douée mais aussi la plus féminine d'Europe. Dans une lettre secrète au comte de Bruhl, Maurice de Saxe écrit en effet, le 10 octobre 1746 :

« S'ils ne m'avaient pas, ils ne sauraient où donner de la tête [...] Outre cela, les troupes et l'État ont confiance en moi, qui entretiens dans l'espérance, et cela fait beaucoup pour le maintien intérieur de l'État et la tranquillité de la monarchie. Pour moi, qui n'ai pour toute arme que le bouclier de la vérité, l'on me craint, le roi m'aime, et le public espère en moi. »

Cela rappelle le mot de Richelieu sur le « manque d'esprit de suite » qui empêche la France politique et morale d'être à la hauteur de la France physique.

Entre Conti (aspirant en coulisse à la direction des affaires) et le héros de Fontenoy, a commencé une de ces luttes de cour âpres et sourdes qui ont miné l'Ancien Régime. Le maréchal marquera un point important lorsqu'il obtiendra le 10 janvier 1747 le renvoi du principal soutien de Conti, le ministre des Affaires étrangères Argenson. Conti n'en continua pas moins de bénéficier de la sympathie de son cousin Louis XV. La lutte entre les prétentions du prince et le bon sens du maréchal s'achèvera par la mort de celui-ci, mais elle ne profita point à son « rival », appelé à rester un éternel candidat.

Contrairement à l'avis du comte, mieux placé que personne pour savoir que la prise de Maestricht et de Berg-op-Zoom permettait à la France de dicter ses conditions (« Ne rendons rien, ou guère »), la paix d'Aix-la-Chapelle, en 1748, stipula la restitution des Flandres à l'Autriche. La coterie Conti s'ingéniait à faire craindre le durable proconsulat à Bruxelles d'un « nouveau Verrès ».

Maurice de Saxe n'en devint que plus populaire et l'opinion française fut indignée par les termes du traité : « Bête comme la paix », ce fut le cri unanime de Paris. Plus tard, la conclusion piteuse de la guerre de Sept Ans (1756-1763), l'abandon du Canada, le retournement des alliances traditionnelles, achèveront d'ébranler la confiance de la nation dans « l'esprit de suite » de la monarchie absolue.

Impavide, le maréchal, avant de se retirer en 1748 dans sa « principauté » de Chambord, offrit à Louis XV, à la reine, à Mme de Pompadour, à la Cour, et à quinze mille spectateurs, une fabuleuse parade militaire dans la plaine des Sablons. Il présida en uniforme de colonel des uhlans le défilé de mercenaires à cheval, africains, tartares, valaques, polonais, allemands, harnachés et casqués en costumes d'opéra, brandissant leurs lances, suivis de dragons manœuvrant à pied et de l'artillerie légère. Les revues parisiennes de la Grande Armée, en présence de Napoléon, réveillèrent sous l'Empire les souvenirs de ces heures de panache, qu'une pluie torrentielle n'avait pas réussi à gâcher.

La paix et le luxe royal déployé à Chambord accélérèrent le rythme des intrigues de loges de théâtre et d'alcôves qui animaient les loisirs de l'insatiable maréchal, concurrencé auprès de ces dames par les fermiers généraux Épinay et Dupin de Francueil et par le jeune dramaturge Marmontel. En 1749, au retour d'un voyage à Dresde, Maurice de Saxe fit halte à Sans-Souci, où Frédéric II, alors allié de la France, le reçut comme un aîné, un maître et un roi. À Voltaire, ami intime des deux hommes, le « Salomon du Nord » écrivit :

« J'ai vu ici le héros de la France, ce Turenne du siècle de Louis XV. Je suis instruit par ses discours, non pas dans la langue française, mais dans l'art de la guerre. Ce maréchal pourrait être le professeur de tous les généraux d'Europe. »

C'est le sommet du XVIIIᵉ siècle monarchique. Ensuite commence le plan incliné sur lequel il dévale dans l'abîme. Tandis que Maurice de Saxe était l'hôte de Frédéric II, Louis XV commettait l'erreur de chasser l'indispensable Maurepas, poussant Voltaire, son historiographe, à quitter Versailles pour Potsdam.

L'année suivante, l'atout maître du roi sur l'échiquier européen disparaissait. Le maréchal de Saxe mourut le 30 novembre 1750 à Chambord, officiellement d'une fluxion de poitrine. Il avait cinquante-quatre ans. Le bruit courut (et la légende l'amplifia) qu'il s'était battu en duel dans la forêt avec le prince de Conti, qui l'aurait blessé à mort.

À l'ambassadeur d'Espagne, ignorant la nouvelle, et qui plaignait le roi d'«une perte considérable en vaisseaux», Louis XV répondit : «Je viens d'en faire une plus grande. On peut refaire des vaisseaux, on ne refait pas des hommes tels que le maréchal de Saxe.» Le deuil général rendit d'Alembert lui-même poète, et lui fit publier dans les *Nouvelles littéraires* cette épitaphe du grand homme :

> *Par le malheur instruit dès ses plus jeunes ans*
> *Cher au peuple, à l'armée, au prince, à la victoire,*
> *Redouté des Anglais, haï des courtisans,*
> *Il ne manqua rien à sa gloire.*

La dépouille de ce luthérien, que le cardinal de Tencin avait en vain tenté de convertir, fut transportée en grande pompe à Strasbourg, au temple de Saint-Thomas, où le sculpteur Pigalle lui dressa, vingt-sept ans plus tard, un magnifique tombeau.

Le meilleur service que le maréchal ait rendu aux Lettres françaises est d'avoir engendré, avec Marie Rinteau, dite au théâtre Mlle de Verrières, une fille adultérine, prénommée Aurore, comme Mme de Kœnigsmark, sa grand-mère. Veuve et mariée à Dupin de Francueil en secondes noces, Aurore de Horn donnera le jour au père de George Sand, Maurice Dupin. La romancière avait encore plus de branche que l'orgueilleuse Marguerite Yourcenar.

L'ancien élève de M. d'Alençon parlait le français exquis du temps, mais il ne put jamais se faire à l'orthographe. Il écrivit toujours phonétiquement. En 1746, les fureurs de la mode étant déjà ce qu'elles sont, un parti se forma à l'Académie française pour élire immortel le vainqueur de Fontenoy. On promit naturellement au futur académicien une «élection de maréchal». Dans son élégante biographie de *Maurice de Saxe*[1], le duc de Castries rapporte tel quel l'échange de correspondance à ce sujet

---

1. Fayard, 1963.

entre l'éventuel candidat et l'un de ses plus loyaux appuis à la Cour, le maréchal de Noailles, neveu de Mme de Maintenon :

« On m'a proposez, écrit le "roi de Chambord", d'aître de l'academye française. J'ay répondus que je ne savez seulement l'ortograffe, et que se la malet comme une bage à un chat. On ma répondu que le maréchal de Vilar ne savet pas écrire, et qu'il en étet bien. Sait une persequution : vous n'en êtes pas, mon maître, sela rend la défence que je fais plus belle ; personne n'a plus d'esprit que vous, ne parle et nécrit mieux, pourcoi n'en êtes-vous pa. Sela mambarasse. Je ne voudrès choquer personne, bien moins un corps où il y a des gens de merite ; d'un autre coté, je crains le ridicule, celui-si me paret bien conditionné ; aiei la bonté de me répondre un petit mot. »

Noailles lui répondit :

« Je n'ai reçu qu'hier, à Saint-Germain où j'étais à prendre le bon air, mon cher Maréchal, la lettre dans laquelle vous me consultez sur la proposition qui vous est faite d'être de l'Académie française. Je pense comme vous, mon très cher comte, que rien ne vous convient moins, et quand on cite le maréchal de Villars, c'est un ridicule qu'il s'est donné avec plusieurs autres qu'il avait, malgré de grandes et bonnes qualités. J'ai toujours regardé cette affiche comme ne convenant pas à un homme de guerre, pas même à un homme sérieux. Si c'était l'Académie des sciences, encore ! Patience, il y a des objets qui peuvent convenir à toutes les professions. Mais pour s'associer à des gens qui ne savent que jouer des mots et changer l'ancienne orthographe, je vous avoue que je serais fâché d'y voir mon cher comte Maurice. Il m'ordonne de lui dire mon sentiment et je le fais avec franchise et sincérité, que j'aurai toujours pour ce qui l'intéresse. »

Le maréchal, comme Molière, manque donc à la gloire de l'Académie. Il n'en a pas moins énormément écrit, avec naturel et esprit, comme il parlait. De ses très nombreuses lettres publiées (mais dont l'orthographe a été rétablie), j'en ai retenu deux adressées à Adrienne Lecouvreur depuis Mittau, où le comte de Provence, futur Louis XVIII, passera de longues années d'émigration, et où le comte de Saxe s'était débattu en vain pour faire valoir ses droits au grand-duché de Courlande.

Lettres du comte de Saxe
à Mlle Adrienne Lecouvreur

1726[1]

Pourquoi[2] *donc ne vous aimerais-je pas toujours ? Et réellement je ne vois pas que jamais je puisse vous manquer, du moins je ne m'en sens pas capable à présent. [...]*

Pour le pauvre d'Argental[3]*, c'est bien l'âme la plus pure, la probité la plus loyale, et l'esprit le plus juste et le plus doux que la nature ait formé [...] O climat cent et cent fois heureux, où l'indulgente et sage nature forme de pareils chefs-d'œuvre !*

Vos jours en France sont filés d'or et de soie et quoique l'on s'y plaigne quelquefois, le mal que l'on sent n'est pas un mal, ou il ne l'est que par rapport aux délices dans lesquelles coulent nos heureux jours. Ce n'est pas de même ici, et je peux dire aux étrangers qui ont l'infortune d'aborder ces contrées ce que dit Pharasmane à Rhadamiste[4]*, dans la première audience, je pense. Les mœurs de ce pays tiennent du féroce de ce discours, quoique le reste ne soit pas tout à fait conforme, et les soldats me manquent : sans cela, bientôt, « entrant dans l'Ibérie, je distrairai les Sarmates du soin de l'Arménie ». Mais halte-là, je me jette trop dans le pompeux, revenons au tendre, qui vaut sans doute mieux.*

Il ne m'a pas paru simple, comme vous le croyez, de ne point avoir de vos lettres. Mais si je ne vous ai point fait de reproche, c'est plutôt manque de confiance que d'indifférence, et je me suis plaint de l'irrégularité des postes plutôt que de vous. Mais vous,

---

1. *Adrienne Lecouvreur et Maurice de Saxe. Leurs lettres d'amour*, Paris, A. Messein, 1926, p. 226-229.

2. Le début de la lettre manque.

3. Charles-Augustin de Ferriol, comte d'Argental (1700-1788), conseiller au parlement de Paris, amoureux de Mlle Lecouvreur, grand amateur de théâtre, ami fidèle de Voltaire qui l'appelait son « ange ».

4. « C'est la flamme à la main qu'il faut dans l'Ibérie / Me distraire du soin d'entrer dans l'Arménie » (Crébillon, *Rhadamisthe et Zénobie*, acte II, scène II).

comment pouvez-vous me croire cette tranquillité, puisque vous savez bien que vos lettres font mon unique consolation, que je désire les jours, les moments qu'elles doivent arriver, avec ardeur, et qu'aux dépens de mes jours je ne voudrais vivre que ceux que la poste arrive, c'est-à-dire que je voudrais perdre de ma vie ceux qui m'éloignent ces bienheureux moments ? Je vous ai dit aussi que quand ces postes arrivent et qu'elles ne m'apportent rien, je suis triste, et vous me faites grand tort de m'y croire indifférent [...]

Je souhaite fort que M. le c[omte] de Charolais[1] puisse se corriger ; il a de l'étoffe pour faire un grand prince, mais il y a bien des rognures encore à faire. Peut-être qu'avec l'âge, il deviendra connaisseur et amateur du beau, ce qui pourtant me paraît difficile, car il hait la lecture, et vraisemblablement ne l'aimera jamais. Je lui suis bien obligé des bontés dont il m'honore, je l'en remercierai, et tâcherai de ne pas déroger à l'opinion qu'il a de moi.

La plupart des choses gênent par l'éloignement, mais j'ose vous assurer que ma situation paraîtrait bien différente si on la voyait de près, et je ne crois pas que jamais personne se soit trouvé dans la mienne. L'ouverture de la Diète[2] doit se faire après-demain, nous verrons comme cela ira. Je découvre journellement des brigues, et des gens sur qui je me fiais entièrement me manquent par la pure crainte de perdre quelques moutons sur la frontière de Pologne. Cependant le grand nombre tient pour moi, et je doute fort que les plus partisans de la République osent soutenir mes regards. Je sens à présent bien réellement ce que peut une conduite irréprochable, la hardiesse qu'elle nous donne, et l'impression qu'elle fait, sur les âmes les plus basses, le respect forcé qu'elle attire, et comme l'héroïsme anéantit tout ce qui paraît devant lui.

C'est quelque chose de bien singulier que les hauts et les bas de la multitude qu'un soupçon, un caprice émeut. J'ai vu ces Courlandais dans le premier mouvement prêts à tout sacrifier, quatre jours après être intimidés, puis revenir ensuite gémir de leur faiblesse, souhaiter de l'assistance, puis ne la vouloir plus, ensuite se raffermir, et enfin ne savoir plus où en être. Je les ai vus tout à coup, une

---

1. Charles de Bourbon-Condé, comte de Charolais, frère du duc de Bourbon, né le 19 juin 1700, mort le 23 juillet 1760. Maurice de Saxe l'a connu à l'armée de Hongrie.

2. Il s'agissait d'une dernière formalité pour la consécration du vote accompli le 28 juin en sa faveur. La Charte qui devait fixer les obligations réciproques des électeurs et du nouveau duc fut signée le 5 juillet, et la Diète se sépara le 6.

seule femme ayant dit avec un air mystérieux : « Il y a quelque
chose là-dessous », et tout d'un coup ces gens si fermes s'effrayer
et retomber dans le premier état. Enfin je suis au moment le plus
difficile et le plus délicat. Si je m'en tire bien, je ne croirai plus rien
d'impossible. Le mal qu'il y a, c'est que je ne suis point aidé, et qu'il
faut que ma médiocre éloquence fasse front partout. C'est mon
unique arme. Il faut parler peu, et cependant ne pas paraître mysté-
rieux, et savoir persuader. Ma foi, mon cher enfant, tout cela est
bien difficile, et je commence à ne plus tant aimer les Courlandais.
Adieu, je vous embrasse bien tendrement et bien cordialement.
Aimez-moi toujours, Adieu...

À Mittau, le 10 de janvier 1727[1]

Je vous dirai toujours la même chose, vous êtes bien adorable,
et je vous aime bien. Rien n'égale la tendresse et l'estime que je
conçois de plus en plus pour vous, et tout ce qui peut assurer une
véritable passion. Votre lettre du 15 du passé élève mon âme
jusqu'au troisième ciel. Où trouver quelqu'un dans le monde qui
joint à une figure aimable de rares talents, une vive et sincère
tendresse, et les qualités d'une charmante maîtresse, aux mérites
les plus solides ? Où trouverais-je, dis-je, quelqu'un qui sache
aimer comme vous faites, qui soit constante, fidèle ? Car enfin je le
crois, et j'aurais grand tort de faire autrement, et je suis bien
heureux. Oui assurément je le suis, et le serai tant que vous
voudrez, rien ne peut me faire tant que vous m'aimerez. Oui, ma
foi, et c'est du plus sincère et du meilleur de mon cœur que je vous
le dit. Ma fortune ne sera jamais mauvaise tant que je la pourrai
partager avec vous, et quelque mauvaise qu'elle puisse être, elle
pourra toujours rendre la vôtre agréable si je ne cesse de vous
plaire. [...]

---

1. *Adrienne Lecouvreur et Maurice de Saxe. Leurs lettres d'amour*, op. cit.,
p. 232.

7

FRÉDÉRIC II ET VOLTAIRE

Je fis un feu,
L'azur m'ayant abandonné,
Un feu pour être mon ami
Un feu pour être heureux.

Ce quatrain d'Éluard pourrait assez bien résumer ce que représentaient la cour de France et Paris pour l'Europe du XVIIIᵉ siècle : la vie, la gaieté, l'esprit, la conversation, le bonheur social et profane. Le crépuscule de la Chrétienté et l'été indien de l'aristocratie laissaient se lever, irrésistible et éphémère, une étonnante réussite toute terrestre, l'art de vivre français. À Stockholm comme à Dresde, à Madrid comme à Moscou, à Naples comme à Vienne, à Berlin comme à Stockholm, on rapportait précieusement quelques brandons de ce feu pour dissiper la pesanteur des habitudes et animer la tristesse ordinaire des jours. Londres et ses marchands résistaient seuls, malgré de rares traîtres dans l'aristocratie anglaise tels que Lord Chesterfield ou Horace Walpole. La politique française avait pris sur elle, contre la *Glorious Revolution*, la cause jacobite, et elle gênait en Amérique l'expansion du commerce britannique. Pour échapper à l'utilitarisme bourgeois qui régnait déjà chez eux, il était de meilleur ton, pour le spleen des jeunes nobles anglais, d'aller se dissiper en Italie plutôt qu'en France.

La biographie du Kronprinz de Prusse, Frédéric, et de sa sœur Wilhelmine, future margravine malheureuse de Bayreuth et auteur d'excellents *Mémoires* en français, donne la plus juste idée de la fascination qu'exerçait sur l'imagination européenne, par-delà les différences de religion et de caractère national, et sous le jeu serré des rivalités politiques et militaires, cet « esprit de joie » français qui, tel un feu grégeois, dansait plus vivement que jamais depuis 1715 sur le toit de l'édifice majestueux et redoutable que Louis XIV avait fait autrefois de son royaume. Cette alliance unique de la puissance intelligente et de la joie insolente de vivre a été la vraie lumière du siècle, et son attraction s'exerçait très loin, jusque dans les froides contrées régies à la trique par le père bouffi, avare et cruel de Frédéric et de Wilhelmine, le roi Frédéric-Guillaume, qui crachait dans les plats de ses enfants avant qu'on ne les servît et qui les assommait lui-même, ensuite, à coups de canne ! Le petit Kronprinz, né en 1712, fut, comme sa sœur, dédoublé toute sa vie. Sa vie réelle, au moins jusqu'à la mort de son père, en 1740, fut une longue torture physique et morale qui lui forgea sans doute une âme d'acier, à l'image de la lame qui trancha sous ses yeux et sur les ordres de son père la gorge de son meilleur ami, Jean-Hermann von Katte, dont le seul tort était de s'être attaché de trop près à l'héritier du trône de Prusse et d'avoir consolé ses tourments. Frédéric fut donc bien préparé à imprimer une volonté carnassière à la bureaucratie docile et à l'armée de géants recrutés pour leur taille, que son père lui légua. L'autre vie du Kronprinz, puis du roi Frédéric II, la vie de l'esprit, du goût, des sens, de la détente intérieure, elle était tout ailleurs, dans la seule langue qu'il voulut jamais parler et écrire, le français. Elle le rattacha dès l'enfance, comme par un cordon ombilical, à ce festin des dieux parisien qu'il ne connut jamais directement, mais dont il s'imprégna de loin par les livres, les estampes, les tableaux, les récits. Il essaya de le reconstituer, sitôt qu'il le put, d'abord dans son château de Rheinsberg, où, nous dit Pierre Gaxotte, « il a voulu transporter un coin de France, un morceau de Trianon, avec son décor de fête, ses plafonds peints, ses marbres, ses figures de pierre, ses mythologies aériennes, ses rondes de génies joufflus », ses Watteau, ses vins de Champagne, de Volnay et de Pommard ; puis à Sans-Souci, près de Potsdam, où, devenu roi, il transporta les Watteau et travestit définitivement l'élégant style rocaille en rococo bariolé.

Dès le temps de Rheinsberg, il avait écrit à Voltaire une lettre d'adorateur, d'un style encore bien appliqué : « Je me croirai plus riche en possédant vos ouvrages que je ne le serai par la possession de tous les biens passagers et méprisables de la fortune... » Ainsi commence un des plus étranges « flirts » de l'histoire politico-littéraire, entre le plus célèbre écrivain français et le roi le plus ambitieux du siècle, qui se révéla vite trop grand politique et stratège pour ne pas faire servir sa propre fascination francophile aux intérêts de sa propagande et de son double jeu. Voltaire, flatté, enchanté, se laissa faire. Les torrents d'éloge qu'il déversa sur la tête de son admirateur couronné (César, Julien, Alcibiade, Salomon), qui de son côté le qualifiait de Cicéron, Démosthène, Platon, Virgile, Thucydide et Salluste, ne l'empêchèrent pas de ressentir une première déception lorsque, aussitôt Frédéric couronné, il fut reçu à Clèves non pas en Premier ministre comme il l'espérait, mais en vieux confrère. Il rentra aussitôt en France, mais la comédie de cette amitié le servait trop bien pour qu'il l'interrompît jamais de son chef. La correspondance entre le « philosophe » et le « roi philosophe » suffisait à étonner l'Europe. Voltaire se chargea de corriger le style et de publier l'*Anti-Machiavel* de ce cynique Machiavel ! En 1750, enfin, tout fumant de sa victoire sur l'Autriche, à qui il avait arraché la riche Silésie, Frédéric II parvint à ses fins. Quoique couvert d'honneurs et de pensions par la cour de Versailles, Voltaire n'y était pas traité de pair à compagnon par Louis XV, comme Virgile l'avait été par Auguste. Il y était d'ailleurs fort mal logé, dans un entresol surplombant des latrines malodorantes. Il partit donc pour Berlin, séduit par une pluie d'or. Cette fois il fut reçu en triomphateur (26 juillet 1750) : « Cent cinquante mille soldats victorieux, point de procureurs, opéra, comédie, philosophie, poésie, un héros philosophe et poète, grandeur et grâces, grenadiers et muses, trompettes et violons, repas de Platon, société et liberté. » Au bout de quelques mois, le philosophe déchanta. Lorsqu'il se décida à quitter la Prusse, Frédéric le traitait déjà publiquement de faquin et le poursuivit sur la route du retour par de mesquines persécutions. Voltaire s'en vengea comme il put. Les intérêts communs étaient néanmoins trop forts. Voltaire continua à se targuer de son royal « élève » et celui-ci à bénéficier de la légende, répandue complaisamment par Voltaire et la presse philosophique française, du « législateur éclairé », donnant l'exemple à l'Europe, et notamment à Louis XV, de la lutte intransigeante contre les préjugés et les superstitions. Ce combat en faveur de l'humanité prit entre autres la forme du partage féroce de la Pologne catholique avec la Russie et l'Autriche. D'Alembert, non moins roué que Voltaire, fit lui aussi le voyage de Prusse et, lui aussi pensionné du roi, le servit avec un zèle militant. Il lui écrivait en 1766 : « Votre Majesté trouvera en moi la docilité qu'un philosophe doit à celui qu'il regarde comme son chef et son modèle. »

À l'école et dans la conversation de Voltaire, Frédéric avait peaufiné son style français, en prose mais aussi en vers. Prenant volontiers lui-même la plume et inondant l'Europe de ses essais, pamphlets et poèmes, il donna l'exemple aux chefs d'État d'un narcissisme littéraire très habilement publicitaire. Mais c'est tout de même sa correspondance avec Voltaire, où les deux esprits font la roue, échangeant les rôles du chat et de la souris sous le voile effronté de la flatterie, qui reste le joyau de la production abondante de ce roi de Prusse qui n'eut foi qu'en lui-même et dans notre langue.

Lettres de Frédéric II à Voltaire

[Remusberg, 6 mars 1737][1]

Monsieur,

J'ai été agréablement surpris par les vers que vous avez bien voulu m'adresser ; ils sont dignes de l'auteur. Le sujet le plus stérile devient fécond entre vos mains. Vous parlez de moi et je ne me reconnais plus ; tout ce que vous touchez se convertit en or.

Mon nom sera connu par tes fameux écrits.
Des temps injurieux affrontant les mépris,
Je renaîtrai sans cesse, autant que tes ouvrages,
Triomphant de l'envie, iront d'âges en âges
De la postérité recueillir les suffrages
Et feront en tout temps le charme des esprits...
De tes vers immortels un pied, un hémistiche,
Où tu places mon nom comme un saint dans sa niche,
Me fait participer à l'immortalité
Que le nom de Voltaire avait seul mérité.

Qui saurait qu'Alexandre le Grand exista jadis, si Quinte Curce et quelques fameux historiens n'eussent pris soin de nous transmettre l'histoire de sa vie ? Le vaillant Achille et le sage Nestor n'auraient pas échappé à l'oubli des temps sans Homère qui les célébra. Je ne suis pas, je vous assure, ni une espèce ni un candidat de grand homme ; je ne suis qu'un simple individu qui n'est connu que d'une petite partie du continent et dont le nom, selon toutes les apparences, ne servira jamais qu'à décorer quelque arbre de généalogie, pour tomber ensuite dans l'obscurité et dans l'oubli. Je suis surpris de mon imprudence lorsque je fais réflexion sur ce que je vous adresse des vers. Je désapprouve ma témérité dans le temps que je tombe dans la même faute. Despréaux dit qu'

Un âne, pour le moins, instruit par la nature,
À l'instinct qui le guide obéit sans murmure,
Ne va point follement, de sa bizarre voix,
Défier aux chansons les oiseaux des bois.

---

1. *O.C.* de Voltaire, Voltaire Foundation, Oxford, *Correspondence*, (Best) D1294.

Je vous prie, monsieur, de vouloir être mon maître en fait de poésie, comme vous le pouvez être en tout. Vous ne trouverez jamais de disciple plus docile et plus souple que je serai. Bien loin de m'offenser de vos corrections, je les prendrai comme les marques les plus certaines de l'amitié que vous avez pour moi.

Un entier loisir m'a donné le temps de m'occuper à la science qui me plaît. Je tâche de profiter de cette oisiveté et de la rendre utile, en m'appliquant à l'étude de la philosophie, de l'histoire, et en m'amusant avec la poésie et la musique. Je vis à présent comme homme et je trouve cette vie infiniment préférable à la majestueuse gravité et à la tyrannique contrainte des cours. Je n'aime pas un genre de vie mesuré à la toise. Il n'y a que la liberté qui ait des appas pour moi.

Des personnes peut-être prévenues vous ont fait un portrait trop avantageux de moi. Leur amitié m'a tenu lieu de mérite. Souvenez-vous, monsieur, je vous prie, de la description que vous faites de la renommée,

Dont la bouche, indiscrète en sa légèreté,
Prodigue le mensonge avec la vérité.

Quand des personnes d'un certain rang remplissent la moitié d'une carrière, on leur adjuge le prix que les autres ne reçoivent qu'après l'avoir achevée. D'où peut venir une si étrange diffé-rence ? Ou bien nous sommes moins capables que d'autres à faire bien ce que nous faisons, ou de vils adulateurs relèvent et font valoir nos moindres actions.

Le feu roi de Pologne, Auguste, calculait de grands nombres avec assez de facilité ; tout le monde s'empressait à vanter sa haute science dans les mathématiques ; il ignorait jusqu'aux éléments de l'algèbre.

Dispensez-moi, je vous prie, de vous citer plusieurs autres exemples que je pourrais vous alléguer.

Il n'y a eu, de nos jours, de grand prince véritablement instruit que le czar Pierre Ier. Il était non seulement législateur de son pays, mais il possédait parfaitement l'art de la marine. Il était architecte, anatomicien, chirurgien (quelquefois dangereux), soldat expert, économe consommé ; enfin, pour en faire le modèle de tous les princes, il aurait fallu qu'il eût une éducation moins barbare et moins féroce que celle qu'il avait reçue dans un pays où l'autorité absolue n'était connue que par la cruauté.

On m'a assuré que vous étiez amateur de la peinture ; c'est ce qui m'a déterminé à vous envoyer la tête de Socrate, qui est assez bien travaillée. Je vous prie, contentez-vous de mon intention.

J'attends avec une véritable impatience cette Philosophie et ce poème qui mènent tout droit à la ciguë. Je vous assure que je garderai un secret inviolable sur ce sujet. Jamais personne n'apprendra que vous m'avez envoyé ces deux pièces, et bien moins seront-elles vues. Je m'en fais une affaire d'honneur. Je ne peux vous en dire davantage, sentant toute l'indignité qu'il y aurait de trahir soit par imprudence, soit par indiscrétion, un ami que j'estime et qui m'oblige.

Les ministres étrangers sont des espions privilégiés des cours. Ma confiance n'est pas aveugle, ni destituée de prévoyance sur leur sujet. D'où pouvez-vous avoir l'épigramme que j'ai faite sur M. La Croze ? je ne l'ai donnée qu'à lui. Ce bon gros savant occasionna ce badinage ; c'était une saillie d'imagination, dont la pointe consiste dans une équivoque assez triviale, et qui était passable dans les circonstances dans lesquelles je la composai, mais qui d'ailleurs est assez insipide. La pièce du père Tournemine se trouve dans la Bibliothèque française. M. La Croze l'a lue. Il hait les jésuites comme les chrétiens haïssent le diable et n'estime religieux que ceux de la congrégation de Saint-Maur, dans l'ordre desquels il a été.

Vous voilà donc parti de la Hollande. Je sentirai le poids de ce double éloignement. Vos lettres seront plus rares et mille empêchements fâcheux concourront à rendre votre correspondance moins fréquente. Je me servirai de l'adresse que vous me donnez du sieur Du Breuil. Je lui recommanderai fort d'accélérer autant qu'il pourra l'envoi de mes lettres et le retour des vôtres.

Puissiez-vous jouir à Cirey de tous les agréments de la vie ! Votre bonheur n'égalera jamais les vœux que je fais pour vous, ni ce que vous méritez. Marquez, je vous prie, à madame la marquise du Châtelet qu'il n'y a qu'elle seule à qui je puisse me résoudre de céder M. de Voltaire, comme il n'y a qu'elle seule qui soit digne de vous posséder.

Quand même Cirey serait à l'autre bout du monde, je ne renonce pas à la satisfaction de m'y rendre un jour. On a vu des rois voyager pour de moindres sujets, et je vous assure que ma curiosité égale l'estime que j'ai pour vous. Est-il étonnant que je désire voir l'homme le plus digne de l'immortalité, et qui la tient de lui-même ? je suis avec toute l'estime imaginable, monsieur, votre très affectionné ami.

Frédéric

Je viens de recevoir des lettres de Berlin, d'où l'on m'écrit que le résident de l'empereur avait reçu La Pucelle *imprimée. Ne m'accusez pas d'indiscrétion.*

À Ruppin, ce 19 d'avril 1738[1]

Monsieur, j'y perds de toutes les façons lorsque vous êtes malade, tant par l'intérêt que je prends à tout ce qui vous touche, que par la perte d'une infinité de bonnes pensées que j'aurais reçues si votre santé l'avait permis.

Pour l'amour de l'humanité, ne m'alarmez plus par vos fréquentes indispositions, et ne vous imaginez pas que ces alarmes soient métaphoriques ; elles sont trop réelles, pour mon malheur. Je tremble de vous appliquer les deux plus beaux vers que Rousseau ait peut-être faits de sa vie :

> *Et ne mesurons point au nombre des années*
> *La course des héros.*

Césarion m'a fait un rapport exact de l'état de votre santé. J'ai consulté des médecins sur ce sujet ; ils m'ont assuré, foi de médecins, que je n'avais rien à craindre pour vos jours ; mais, pour votre incommodité, qu'elle ne pouvait être radicalement guérie, à cause que le mal était trop invétéré. Ils ont jugé que vous deviez avoir une obstruction dans les viscères du bas-ventre, que quelques ressorts se sont relâchés, que des flegmes, des flatuosités ou une espèce de néphrétique sont la cause de vos incommodités. Voilà ce qu'à plus de cent lieues la Faculté en a jugé. Malgré le peu de foi que j'ajoute à la décision de ces messieurs, plus incertaine souvent que celle des métaphysiciens, je vous prie cependant, et cela véritablement, de faire dresser le statum morbi *de vos incommodités, afin de voir si peut-être quelque habile médecin ne pourrait vous soulager. Quelle joie serait la mienne de contribuer en quelque façon au rétablissement de votre santé ! Envoyez-moi donc, je vous prie, l'énumération de vos infirmités et de vos misères, en termes barbares et en langage baroque, et cela avec toute l'exactitude possible. Vous m'obligerez véritablement ; ce sera un petit sacrifice que vous serez obligé de faire à mon amitié.*

---

1. *Ibid.*, (Best) D1482.

Vous accusez la réception de quelques-unes de mes pièces, et vous n'y ajoutez aucune critique. Ne croyez point que j'ai négligé celles que vous avez bien voulu faire de mes autres pièces. Je joins ici la correction nouvelle de l'Ode sur l'amour de dieu, ajoutée à une petite pièce adressée à Césarion. La manie des vers me lutine sans cesse, et je crains que ce soit de ces maux auxquels il n'y aura aucun remède.

Depuis que l'Apollon de Cirey veut bien éclairer les petits atomes de Remusberg, tout y cultive les arts et les sciences.

Voici une lettre d'un jeune homme qui est chez moi, à un de ses amis ; quelques mots de votre part sur son sujet l'encourageront infiniment ; c'est un génie qui se formera par la culture, et qui s'arrête, crainte de mal faire.

Je voudrais que vous eussiez eu besoin de mon Ode sur la patience *pour vous consoler des rigueurs d'une maîtresse, et non pour supporter vos infirmités. Il est facile de donner des consolations de ce qu'on ne souffre point soi-même ; mais c'est l'effort d'un génie supérieur que de triompher des maux les plus aigus, et d'écrire avec toute la liberté d'esprit du sein même des souffrances.*

Votre épître *sur l'envie* est inimitable. Je la préfère presque encore à ses deux jumelles. Vous parlez de l'envie comme un homme qui a senti le mal qu'elle peut faire, et des sentiments généreux comme de votre patrimoine. Je vous reconnais toujours aux grands sentiments. Vous les sentez si bien, qu'il vous est facile de les exprimer.*

Comment parler de mes pièces après avoir parlé des vôtres ? Ce qu'il vous plaît d'en dire sent un tant soit peu l'ironie. Mes vers sont les fruits d'un arbre sauvage ; les vôtres sont d'un arbre franc. En un mot :

> Tandis que l'aigle altier s'élève dans les airs,
>> L'hirondelle rase la terre.
> Philomèle est ici l'emblème de mes vers ;
> Quant à l'oiseau du dieu qui porte le tonnerre,
>> Il ne convient qu'au seul Voltaire.

Je me conforme entièrement à votre sentiment touchant les pièces de théâtre. L'amour, cette passion charmante, ne devrait y être employé que comme les épiceries que l'on met à quelque ragoût, mais qu'on ne prodigue pas toute part de crainte que ce goût uniforme n'émousse la finesse du palais. Mérope *mérite de toutes manières de corriger le goût corrompu du public, et de relever Melpomène du mépris que les colifichets de ses ornements lui attirent. Je me repose bien sur vous des corrections que vous aurez faites aux deux derniers actes de cette tragédie. Peu de chose la rendrait parfaite ; elle l'est assurément à présent.*

Corneille, après lui Racine, ensuite La Grange, ont épuisé tous les lieux communs de la galanterie et du tendre. Crébillon a mis, pour ainsi dire, les furies sur le théâtre ; toutes ses pièces inspirent de l'horreur, tout y est affreux, tout y est terrible. Il fallait absolument, après eux, quitter une route usée, pour en suivre une plus neuve, une plus brillante.

Les passions que vous mettez sur le théâtre sont aussi capables que l'amour d'émouvoir, d'intéresser et de plaire. Il n'y a qu'à les bien traiter et les produire de la manière que vous le faites dans la Mérope *et dans* La Mort de César.

> Le ciel te réservait pour éclairer la France.
> Tu sortais triomphant de la carrière immense
> Que l'épopée offrait à tes désirs ardents ;
> Et, nouveau Thucydide, on te vit avec gloire
> Remporter les lauriers consacrés à l'histoire.
> Bientôt, d'un vol plus haut, par des efforts puissants,
> Ta main sut débrouiller Newton et la nature ;
> Et Melpomène, enfin, languissant sans parure,
> Attend tout à présent de tes riches présents.

Je quitte la brillante poésie pour m'abîmer avec vous dans le gouffre de la métaphysique ; j'abandonne le langage des dieux, que je ne fais que bégayer, pour parler celui de la divinité même, qui m'est inconnu. Il s'agit à présent d'élever le faîte du bâtiment dont les fondements sont très peu solides. C'est un ouvrage d'araignée qui est à jour de tous côtés, et dont les fils subtils soutiennent la structure.

Personne ne peut être moins prévenu en faveur de son opinion que je le suis de la mienne. J'ai discuté la matière de la fatalité absolue avec toute l'application possible, et j'y ai trouvé des difficultés presque invincibles. J'ai lu une infinité de systèmes, et je n'en ai trouvé aucun qui ne soit hérissé d'absurdités ; ce qui m'a jeté dans un pyrrhonisme affreux. D'ailleurs je n'ai aucune raison particulière qui me porte plutôt pour la fatalité absolue que pour la liberté. Qu'elle soit ou qu'elle ne soit pas, les choses iront toujours le même train. Je soutiens ces sortes de choses tant que je le puis, pour voir jusqu'où l'on peut pousser le raisonnement, et de quel côté se trouve le plus d'absurdités.

Il n'en est pas tout à fait de même de la raison suffisante. Tout homme qui veut être philosophe, mathématicien, politique, en un mot, tout homme qui ne veut pas avoir des vues bornées, doit admettre la raison suffisante.

Qu'est-ce que cette raison suffisante ? C'est la cause des événements. Or, tout philosophe recherche cette cause, ce principe ; donc tout philosophe admet la raison suffisante. Elle est fondée sur la vérité la plus évidente de nos actions. Rien ne saurait produire un être, puisque rien n'existe pas. Il faut donc nécessairement que les êtres ou les événements aient une cause de leur être dans ce qui les a précédés ; et cette cause, on l'appelle la raison suffisante de leur existence ou de leur naissance. Il n'y a que le vulgaire qui, ne connaissant point de raison suffisante, attribue au hasard les effets dont les causes lui sont inconnues. Le hasard, en ce sens, est un synonyme de rien. C'est un être sorti du cerveau creux des poètes, et qui, comme ces globules de savon que font les enfants, n'a aucun corps.

Vous allez boire à présent la lie de mon nectar sur le sujet de la fatalité absolue. Je crains fort que vous n'éprouviez, à l'application de mon hypothèse, ce qui m'arriva l'autre jour. J'avais lu dans je ne sais quel livre de physique, où il s'agissait du muscle céphalopharyngien. Me voilà à consulter Furetière pour en trouver l'éclaircissement. Il dit que le muscle céphalopharyngien est l'orifice de l'œsophage, nommé pharynx. Ah ! pour le coup, dis-je, me voilà devenu bien habile. Les explications sont souvent plus obscures que le texte même. Venons-en à la mienne.

J'avoue premièrement que les hommes ont un sentiment de liberté ; ils ont ce qu'ils appellent la puissance de déterminer leur volonté, d'opérer des mouvements, etc.

Si vous appelez l'acte d'opérer des mouvements, l'acte de prendre une résolution, de commettre quelque action – si vous appelez ces actes la liberté de l'homme, je conviens avec vous que l'homme est libre. Mais si vous appelez liberté les raisons qui déterminent ses résolutions, les causes des mouvements qu'ils opèrent, en un mot, ce qui peut influer sur ces actions des hommes, je puis prouver que l'homme n'est point libre.

Mes preuves seront tirées de l'expérience ; elles seront tirées des observations que j'ai faites sur les motifs de mes actions et sur celles des autres.

Je soutiens premièrement que tous les hommes se déterminent par des raisons (tant bonnes que mauvaises), ce qui ne fait rien à mon hypothèse ; et ces raisons ont pour fondement une certaine idée de bonheur ou de bien-être. D'où vient que, lorsqu'un libraire m'apporte La Henriade *et les épigrammes ordurières de Rousseau, d'où vient ce que je choisis* La Henriade *? C'est que* La Henriade *est un ouvrage parfait, et dont mon esprit et mon cœur peuvent tirer un usage excellent, et que les épigrammes ordurières salissent l'imagination. C'est donc l'idée de mon avantage, de mon bien, qui porte ma raison à se déterminer en faveur d'un de ces ouvrages préférablement à l'autre. C'est donc l'idée de mon bonheur qui détermine toutes mes actions. C'est donc le ressort dont je dépends, et ce ressort est lié avec un autre, qui est mon tempérament. C'est là précisément la roue avec laquelle le créateur monte les ressorts de la volonté ; et l'homme a la même liberté que le pendule. Il a de certaines vibrations, en un mot, il peut faire des actions, etc., mais toutes asservies à son tempérament, et à sa façon de penser plus ou moins bornée.* [...]

Je me réserve de vous parler une autre fois de votre excellent essai de physique. Cet ouvrage mérite bien d'occuper une autre lettre particulièrement destinée à ce sujet. Je remplirai également mes engagements touchant Le Siècle de Louis XIV *; et je joindrai à cette lettre quelques* considérations sur l'état du corps politique de l'Europe, *que je vous prierai cependant de ne communiquer à personne. Mon dessein était de les faire imprimer en Angleterre, comme l'ouvrage d'un anonyme. Quelques raisons m'en ont fait différer l'exécution.*

J'attends l'épître sur l'amitié *comme une pièce qui couronnera les autres. Je suis aussi affamé de vos ouvrages que vous êtes diligent à les composer.*

Je fus tout surpris, en vérité, lorsque je vis que la marquise du Châtelet me trouvait si admirable. J'en ai cherché la raison avec Leibniz, et je suis tenté de croire que cette grande admiration de la marquise ne parvient que d'un petit grain de paresse. Elle n'est pas aussi généreuse que vous de ses moments. Je me déclare incontinent le rival de Newton, et, suivant la mode de Paris, je vais composer un libelle contre lui. Il ne dépendra que de la marquise de rétablir la paix entre nous. Je cède volontiers à Newton la préférence que l'ancienneté de connaissance et son mérite supérieur lui ont acquise, et je ne demande que quelques mots écrits dans quelques moments perdus ; moyennant quoi je tiens la marquise quitte de toute admiration quelconque.

J'ai sonné le tocsin mal à propos dans la dernière lettre que je vous ai écrite ; vous voudrez bien continuer votre correspondance par M. Thiriot. Mon soupçon, après l'avoir éclairci, s'est trouvé mal fondé. J'en suis bien aise, puisque cela me procurera d'autant plus promptement de vos réponses.

Vous ne sauriez croire à quel point j'estime vos pensées, et combien j'aime votre cœur. Je suis bien fâché d'être le Saturne du ciel planétaire dont vous êtes le soleil. Qu'y faire ? Mes sentiments me rapprochent de vous, et l'affection que je vous porte n'en est pas moins fervente. Je suis à jamais, monsieur, votre parfait et très fidèle ami.

Féderic

À Potsdam, ce 26 septembre 1770[1]

Je n'ai point été fâché que les sentiments que j'annonce au sujet de votre statue, dans une lettre à M. d'Alembert, aient été divulgués. Ce sont des vérités dont j'ai toujours été intimement convaincu, et que Maupertuis ni personne n'ont effacées de mon esprit. Il était très juste que vous jouissiez vivant de la reconnaissance publique, et que je me trouvasse avoir quelque part à cette démonstration de vos contemporains, en ayant tant eu au plaisir que m'ont fait vos ouvrages.

Les bagatelles que j'écris ne sont pas de ce genre ; elles sont un amusement pour moi. Je m'instruis moi-même en pensant à des manières de philosophie, sur lesquelles je griffonne quelquefois trop hardiment mes pensées. Cet ouvrage sur le Système de la nature est trop hardi pour les lecteurs actuels auxquels il pourrait tomber entre les mains. Je ne veux scandaliser personne ; je n'ai parlé qu'à moi-même en l'écrivant. Mais, dès qu'il s'agit de s'énoncer en public, ma maxime constante est de ménager la délicatesse des oreilles superstitieuses, de ne choquer personne, et d'attendre que le siècle soit assez éclairé pour qu'on puisse impunément penser tout haut.

Laissez donc, je vous prie, ce faible ouvrage dans l'obscurité où l'auteur l'a condamné et donnez au public, en sa place, ce que vous avez écrit sur le même sujet, et qui sera préférable à mon bavardage.

Je n'entends plus parler des Grecs modernes. Si jamais les sciences refleurissent chez eux, ils seront jaloux qu'un Gaulois, par sa Henriade, ait surpassé leur Homère, que ce même Gaulois l'ait emporté sur Sophocle, se soit égalé à Thucydide, et ait laissé loin derrière lui Platon, Aristote, et toute l'école du Portique.

---

1. *Ibid.*, (Best) D16667.

Pour moi, je crois que les barbares possesseurs de ces belles contrées seront obligés d'implorer la clémence de leurs vainqueurs, et qu'ils trouveront dans l'âme de Catherine autant de modération à conclure la paix que d'énergie pour pousser vivement la guerre. Et quant à cette fatalité qui préside aux événements, selon que le prétend l'auteur du Système de la nature, *je ne sais quand elle amènera des révolutions qui pourront ressusciter les sciences ensevelies depuis si longtemps dans ces contrées asservies et dégradées de leur ancienne splendeur.*

Mon occupation principale est de combattre l'ignorance et les préjugés dans les contrées que le hasard de la naissance me fait gouverner, d'éclairer les esprits, de cultiver les mœurs, et de rendre les hommes aussi heureux que le comporte la nature humaine, et que le permettent les moyens que j'y puis employer.

À présent, je ne fais que revenir d'une longue course ; j'ai été en Moravie, et j'ai revu cet empereur qui se prépare à jouer un grand rôle en Europe. Né dans une cour bigote, il en a secoué la superstition ; élevé dans le faste, il a adopté des mœurs simples ; nourri d'encens, il est modeste ; enflammé du désir de la gloire, il sacrifie son ambition au devoir filial, qu'il remplit avec scrupule ; et, n'ayant eu que des maîtres pédants, il a assez de goût pour lire Voltaire, et pour en estimer le mérite.

Si vous n'êtes pas satisfait du portrait véridique de ce prince, j'avouerai que vous êtes difficile à contenter. Outre ces avantages, ce prince possède très bien la littérature italienne ; il m'a cité presque un acte entier du Pastor Fido *et quelques vers du Tasse. Il faut toujours commencer par là. Après les belles lettres, dans l'âge de la réflexion, vient la philosophie ; et quand nous l'avons bien étudiée, nous sommes obligés de dire comme Montaigne : Que sais-je ?*

Ce que je sais certainement, c'est que j'aurai une copie de ce buste auquel Pigalle travaille, et ne pouvant posséder l'original, j'en aurai au moins la copie. C'est se contenter de peu, lorsqu'on se souvient qu'autrefois on a possédé ce divin génie même. La jeunesse est l'âge des bonnes aventures ; quand on devient vieux et décrépit, il faut renoncer aux beaux esprits comme aux maîtresses.

Conservez-vous toujours pour éclairer encore, sur vos vieux jours, la fin de ce siècle qui se glorifie de vous posséder, et qui sait connaître ce trésor qu'il possède.

Féderic

8

FRÉDÉRIQUE SOPHIE-WILHELMINE, MARGRAVINE DE BAYREUTH LA SŒUR DE FRÉDÉRIC II

La seule femme pour laquelle Frédéric II ait eu quelque temps une vraie tendresse, c'était sa sœur, Frédérique Sophie-Wilhelmine de Hohenzollern. Le prince héritier de Prusse et son aînée de deux ans et demi apprirent ensemble la fraternité dans leur enfance, à la plus dure des écoles du cœur, celle de la persécution partagée.

« Le pouvoir rend fou », dit la sagesse des nations. Il n'est donc pas de trop de tout ce qu'aujourd'hui nous appelons à la légère « culture » (rien de moins, dans son sens originel, que l'ensemble des médecines préventives de la folie du pouvoir) pour conjurer cette menace capitale, auprès de laquelle les fureurs de la nature semblent bien peu de chose. Mais la culture, dans ce sens politique supérieur, ne brillait pas d'un vif éclat dans la cour-caserne du Roi-sergent, le père de Frédérique Sophie-Wilhelmine, de Frédéric et de neuf autres enfants. Même la religion chrétienne, qui, en Europe, s'est si heureusement alliée à la culture pour mieux apprivoiser la sauvagerie naturelle des petits chefs et des grands princes, n'exerçait guère sur le pouvoir prussien cette thérapie de la violence, que nous imaginons aujourd'hui, à tort, avoir été dispensée par le clergé aux seuls sujets des monarchies. Le luthéranisme était, en Prusse, religion nationale : une fonction subalterne de l'État. Luther avait aboli la polarité catholique entre pouvoir spirituel et pouvoir temporel et laissé aux princes laïques toute latitude d'exercer comme ils l'entendent le pouvoir absolu qu'ils ont reçu de Dieu sur les pécheurs réunis en société politique.

Ni les adoucissements de la culture (dont parle Talleyrand

quand il dit de Napoléon : « Quel dommage qu'un si grand homme soit si mal élevé »), ni la moindre ébauche de spiritualité religieuse, n'avaient pu influer sur la conduite de ce potentat enivré de bière et d'ambition, rongeant assez politiquement son frein quand il avait affaire à l'empereur Habsbourg et à ses propres pairs, mais prenant d'autant plus furieusement sa revanche chez lui sur ses sujets et sur ses enfants, tous traités en esclaves, à l'exception des uhlans de très haute taille qu'il collectionnait dans toute l'Allemagne pour sa garde personnelle. À ses heures, il avait cependant des accès de sentimentalité, quand son prodigieux égoïsme possessif et calculateur s'estimait assouvi et jugeait sa victime exsangue. Il connaissait même des accès de bigoterie piétiste, quand l'humeur mélancolique le prenait d'écraser son entourage sous les sermons moralisants.

L'épouse de Frédéric-Guillaume Ier, Sophie-Dorothée de Hanovre, quoique exposée elle aussi aux brutalités et aux injures de son seigneur et maître, n'en était pas moins la sœur ivre d'orgueil de George II d'Angleterre. Elle descendait comme lui d'un prince allemand regardé de haut par les Hohenzollern, mais que les suites de la révolution anglaise de 1688 avaient propulsé sur le trône des Stuarts. Elle trouvait dans l'exaltation de son frère à la fois une garantie contre les pires excès de son mari, et une raison d'être qui la consolait de tout. Le moins que l'on puisse dire de cette princesse hautaine et intrigante est bien qu'elle n'avait rien d'une mère aimante. Mortellement jaloux de son beau-frère (et voisin) devenu roi d'Angleterre, Frédéric-Guillaume enrageait de la double alliance dont Sophie-Dorothée faisait toute l'ambition de sa vie : le mariage de sa fille aînée avec son neveu, fils aîné et héritier de George II et celui de son fils aîné, futur roi de Prusse, avec sa nièce, sœur du futur roi d'Angleterre. C'était bien alors l'affaire d'État prussienne et elle dressait le roi et la reine l'un contre l'autre, avec leurs confidents, favoris et espions. Les deux partis ne pouvaient s'anéantir mutuellement, mais les enfants, enjeux du conflit, leur servaient de champ de bataille.

Le seul réconfort des deux enjeux et victimes du conflit est la tendresse qui les unit, comparable à celle qui console les prisonniers dans leur geôle ou les otages dans leur cachot. Si l'éducation de Sophie-Wilhelmine est beaucoup plus négligée par ses parents que celle de Frédéric qui est tout de même l'héritier du trône, le jeune prince est très tôt en butte à une violence redoublée de la part de son père. Le Roi-sergent est travaillé par un véritable complexe d'Œdipe à l'envers qui lui fait voir dans son héritier, au fur et à mesure qu'il grandit, un rival redoutable qu'il faut briser et qu'il accable d'humiliations. Sophie-Whilhelmine devient tout naturellement la confidente des chagrins et des révoltes rentrées qui agitent son frère.

Même si ce couple royal de Thénardiers prussiens inspire à juste titre l'effroi, il faut toutefois se garder de tomber dans le mélodrame à la Hugo. Les deux enfants royaux ne sont pas eux-mêmes des oies blanches violentées par des bourreaux. L'orgueil et les calculs d'ambition, bus avec le lait, soutiennent très tôt leur jeune stoïcisme et les atroces rebuffades qu'essuient leurs velléités affectueuses les trempent pour tenir un jour sans faiblesse leur rang. Nous sommes dans l'antre et à l'école des fauves.

Une fois mariée, par la volonté de son père et au grand déses-poir de sa mère, au fils aîné du margrave de Bayreuth (issu d'une branche cadette de la maison des Hohenzollern), Sophie-Wilhelmine, elle-même cruellement déçue et humiliée dans sa petite cour barbare et crottée, vivra par procuration la gloire croissante de son frère, enfin devenu roi. Ils échangèrent une correspondance en français que Sainte-Beuve a beaucoup louée. Pour tromper sa mélancolie, elle fit bâtir avec goût et elle écrivit des *Mémoires* en français dont la première partie seulement a été retrouvée et publiée en 1810. Ils ont déçu Sainte-Beuve, choqué par leur réalisme souvent burlesque.

Le frère et la sœur, dans leur enfance et leur jeunesse misé-rables, avaient trouvé dans la langue française le chiffre de leurs confidences et de leur commune espérance en des jours meilleurs. Les consolations et même la gaîté leur vinrent de Fran-çaises et de Français huguenots que la Révocation avait contraints de s'exiler à Berlin mais qui avaient emporté avec eux leur langue, leur goût pour les Belles-Lettres et cet « esprit de joie » que les calvinistes du royaume, héritiers de la Renaissance comme Henri IV, avaient partagé depuis l'Édit de Nantes avec leurs compatriotes catholiques. La gouvernante des enfants royaux, la vieille Mme de Rocoules, n'avait jamais appris l'alle-mand : elle faisait des vers comme tous les lecteurs du *Mercure galant* et sa conversation était restée vive et gaillarde. Frédéric ne l'appela jamais que « sa chère bonne maman ». Leur précepteur, Duhan, fils d'un secrétaire champenois du maréchal de Turenne devenu en Prusse conseiller d'État, était un officier lettré, qui non seulement donna au frère et à la sœur le goût des livres et des manières françaises, mais fit de son français parlé, savoureux et coloré, leur langue quasi maternelle.

Même à Bayreuth, Sophie-Wilhelmine trouvera un répit dans la « conversation aisée et agréable » et dans l'esprit vaste et orné du médecin huguenot Superville. Pour Frédéric (qui put voyager brièvement en France) comme pour Sophie-Wilhelmine (qui ne put jamais s'y rendre) le pays de Scarron et de Voltaire, aperçu de loin comme par un soupirail, fut (surtout pour la sœur aînée, par position plus contemplative) une seconde patrie, celle des mœurs civiles et de l'intelligence des choses de la vie. Cela ne les empêcha nullement de rester des princes Hohenzollern attachés avec bec et ongles aux intérêts de leur maison. La France n'était pas pour eux l'État français, mais un état d'esprit.

On a parfois rapproché les *Mémoires* de la margravine de Bayreuth de ceux du duc de Saint-Simon. Ce qui étonne dans ces deux textes en effet, c'est la langue et le style qui tranchent sur la prose française des écrivains professionnels du XVIIIe siècle, même les plus originaux. La margravine et le duc font l'effet de parler une langue verte qui n'est jamais passée par le filtre du thème latin et qui doit sa syntaxe et son vocabulaire à un dialecte dru dont on ne trouve pas trace dans la prose châtiée d'un Fontenelle ou d'un Voltaire. Saint-Simon écrit dans un dialecte superbe dont il a fait sans doute une langue d'art, toute personnelle et originale, mais qu'il a d'abord parlée dans son milieu de grandes familles aristocratiques, à l'aise dans le naturel de la conversation de cour, à laquelle elles donnent le ton, mais qui doivent ce naturel aux profondes racines qu'elles conservent en province par leurs terres, dans le peuple par leur nombreuse domesticité, dans la tradition orale par leur mémoire généalogique. La margravine de Bayreuth, grande dame jusqu'au bout des ongles, a beau lire Boileau et Voltaire : elle écrit avec désinvolture et talent dans une langue qu'elle tient directement de la noblesse de province française dont sortait Mme de Rocoules et des officiers de cour dont descendait le précepteur Duhan. Le dédain aristocratique du pédantisme, chez la margravine prussienne comme chez le duc français, leur donne une oreille très fine et un discernement très sûr pour préférer au français d'école, d'académie ou d'administration, un français succulent et de vieille roche, lavé de toute trace d'abstraction.

Mais il faut bien reconnaître, même si l'impitoyable liberté du « petit duc » ne passe rien à Louis XIV, à ses ministres ni à la cour de Versailles, que les eaux-fortes du Tacite français savent accorder leur réalisme avec le sentiment de la vraie grandeur d'un règne et avec le sens des prodigieuses ressources spirituelles d'une nation que ce règne peut bien étouffer : elles affleurent en abondance jusque dans la cage dorée de Versailles. Ni Tacite ni Suétone n'avaient rencontré de Racine, ni de Fénelon, ni de duc de Beauvilliers dans les sinistres cours impériales romaines, pas plus que Procope dans la cour byzantine de Théodora. La margravine elle non plus ne connaît pas ce réflecteur caché qui rend capable de sublime et même de douceur la lumière terrible des *Mémoires* de Saint-Simon. La fille du Roi-sergent est condamnée à une virulence satirique ininterrompue dont la verve grotesque remonte au *Roman comique* de Scarron (1651), qui semble avoir été la première source littéraire commune à son frère et à elle, de leur résistance par le rire et la caricature aux adultes qui les malmenaient. La langue de Scarron était celle-là même que les domestiques français de la cour de Berlin leur avaient apprise, la langue d'un XVIIᵉ siècle de la place Maubert et de la province. Voltaire apprit à Frédéric II à se corriger et à écrire un français académique. La margravine, pour notre bonheur, est restée, dans ses *Mémoires*, fidèle à son enfance, à la langue et à la drôlerie ravageuse qui lui avaient permis alors, avec son frère, de tenir bon.

En dépit des honneurs qu'il lui réserve lorsqu'elle vient à Berlin et des lettres affectueuses qu'il lui écrit, Frédéric devenu Frédéric II rompt avec l'ancienne tendresse solidaire qui l'attachait à sa sœur. La margravine, en visite à Berlin pour le couronnement, ne s'y trompe pas : « On est clairvoyant quand on aime ; l'amitié a ceci de commun avec l'amour ; je ne fus point dupe de ses vaines démonstrations et je remarquai qu'il ne se souciait plus de moi. » Quand elle mourut, le 14 octobre 1758, Frédéric II, très affecté sans doute, ne se laissa pas pourtant abattre : il commanda sur-le-champ à Voltaire, qui admirait les talents de Sophie-Wilhelmine et qui avait correspondu avec elle, un monument poétique digne d'une grande princesse Hohenzollern. Voltaire lui adressa aussitôt une élégie qui commence ainsi :

Ombre illustre, ombre chère, âme héroïque et pure...

Frédéric garda le silence plusieurs mois puis il réitéra sa demande comme s'il n'avait reçu qu'une bluette : « Il faut que l'Europe pleure avec moi une vertu trop peu commune ; il faut que tout le monde sache qu'elle est digne de l'immortalité et c'est à vous de l'y placer. » À cet ordre déjà napoléonien, Voltaire obtempéra en composant, dans le grand genre cette fois, l'*Ode sur la mort de la margrave de Bareith* :

> *Ô Bareith ! Ô Vertu, ô grâces adorées...*

J'ai reproduit pour cette anthologie deux passages caractéristiques des *Mémoires* de la margravine. L'un raconte la visite du tsar Pierre Ier à Berlin en 1722 et l'autre les premières impressions de la nouvelle mariée à son arrivée à Bayreuth en 1732. L'œil de la princesse prussienne est celui d'une Parisienne exilée à Quimper-Corentin ou au Mans, mais qui sait faire observer les différents degrés de la barbarie provinciale : elle doit conclure sans joie que Berlin, vu de Pétersbourg ou de Bayreuth, c'est malgré tout l'étage au-dessus. Paris reste hors concours.

EXTRAITS DES *MÉMOIRES*
DE LA MARGRAVINE DE BAYREUTH

LE CZAR CHEZ LE ROI DE PRUSSE (1722) [1]

J'ai oublié de faire mention dans l'année précédente de l'arrivée du Czar Pierre le grand à Berlin. Cette anecdote est assez curieuse pour mériter une place dans ces mémoires. Ce prince qui se plaisait beaucoup à voyager venait de Hollande. Il avait été obligé de s'arrêter au pays de Clèves, la Czarine y ayant fait une fausse couche. Comme il n'aimait ni le monde, ni les cérémonies, il fit prier le roi de le loger dans une maison de plaisance de la reine qui était dans les faubourgs de Berlin. Cette princesse en fut fort fâchée, elle avait fait bâtir une très-jolie maison qu'elle avait pris soin d'orner magnifiquement. La galerie de porcelaine qu'on y voyait était superbe, aussi bien que toutes les chambres décorées de glaces, et comme cette maison était un vrai bijou, elle en portait le nom. Le jardin était très-joli et bordé par la rivière, ce qui lui donnait un grand agrément.

La reine pour prévenir les désordres que Mrs. les Russes avaient faits dans tous les autres endroits où ils avaient demeuré, fit démeubler toute la maison et en fit emporter ce qu'il y avait de plus fragile. Le Czar, son épouse et toute leur cour arrivèrent quelques jours après par eau à Mon-bijou. Le roi et la reine les reçurent au bord de la rivière. Le roi donne la main à la Czarine pour la conduire à terre. Dès que le Czar fut débarqué, il tendit la main au roi et lui dit : je suis bien aise de vous voir, mon frère Frédéric. Il s'approcha ensuite de la reine qu'il voulut embrasser, mais elle le repoussa. La Czarine débuta par baiser la main à la reine, ce qu'elle fit à plusieurs reprises. Elle lui présenta ensuite le duc et la duchesse de Mecklenbourg qui les avaient accompagnés et 400 soi-disantes dames qui étaient à sa suite. C'étaient pour la plupart des servantes allemandes, qui faisaient les fonctions de dames, de femmes de chambre, de cuisinières et de blanchisseuses. Presque toutes ces créatures portaient chacune un enfant richement vêtu sur les bras, et lorsqu'on leur demandait si c'étaient les leurs, elles répondaient en faisant des salamalecs à la russienne : le Czar m'a fait l'honneur de me faire cet enfant. La reine ne voulut pas saluer

---

1. Margrave de Bayreuth, *Mémoires*, préface de P. Gaxotte, Mercure de France, 1967, p. 43-45.

ces créatures. La Czarine en revanche traita avec beaucoup de hauteur les princesses du sang, et ce ne fut qu'avec beaucoup de peine, que le roi obtint d'elle qu'elle les saluât. Je vis toute cette cour le lendemain où le Czar et son épouse vinrent rendre visite à la reine. Cette princesse les reçut aux grands appartements du château, et alla au-devant d'eux jusqu'à la salle des gardes. La reine donna la main à la Czarine, lui laissant la droite et la condui-sit dans sa chambre d'audience.

Le roi et le Czar les suivirent. Dès que ce prince me vit, il me reconnut, m'ayant vue cinq ans auparavant. Il me prit entre ses bras et m'écorcha tout le visage à force de me baiser. Je lui donnais des soufflets et me débattais tant que je pouvais, lui disant que je ne voulais point de ces familiarités et qu'il me déshonorait. Il rit beaucoup de cette idée et s'entretint longtemps avec moi. On m'avait fait ma leçon ; je lui parlai de sa flotte et de ses conquêtes, ce qui le charma si fort qu'il dit plusieurs fois à la Czarine que s'il pouvait avoir un enfant comme moi, il céderait volontiers une de ses provinces. La Czarine me fit aussi beaucoup de caresses. La reine et elle se placèrent sous le dais, chacune dans un fauteuil, j'étais à côté de la reine, et les princesses du sang vis-à-vis d'elle.

La Czarine était petite et ramassée, fort basanée et n'avait ni air ni grâce. Il suffisait de la voir pour deviner sa basse extraction. On l'aurait prise à son affublement pour une comédienne allemande. Son habit avait été acheté à la friperie. Il était à l'antique et fort chargé d'argent et de crasse. Le devant de son corps de jupe était orné de pierreries. Le dessin en était singulier, c'était un aigle double dont les plumes étaient garnies du plus petit carat et cristal monté. Elle avait une douzaine d'ordres et autant de portraits de saints et de reliques attachés tout le long du parement de son habit, de façon que, lorsqu'elle marchait on aurait cru entendre un mulet : tous ces ordres qui se choquaient l'un l'autre faisant le même bruit.

Le Czar en revanche était très-grand et assez bien fait, son visage était beau, mais sa physionomie avait quelque chose de si rude qu'il faisait peur. Il était vêtu à la matelote avec un habit tout uni. La Czarine qui parlait très-mal allemand et qui n'entendait pas bien ce que la reine lui disait, fit approcher sa folle, et s'entretint avec elle en russien. Cette pauvre créature était une princesse Galitzin et avait été réduite à faire ce métier-là, pour sauver sa vie. Ayant été mêlée dans une conspiration contre le Czar, on lui avait donné deux fois le knout. Je ne sais ce qu'elle disait à la Czarine, mais cette princesse faisait de grands éclats de rire.

On se mit enfin à table où le Czar se plaça à côté de la reine. Il est connu que ce prince avait été empoisonné. Dans sa jeunesse le venin le plus subtil lui était tombé sur les nerfs, ce qui était cause qu'il lui prenait très-souvent des espèces de convulsions, qu'il n'était pas en état d'empêcher. Cet accident lui prit à table, il faisait plusieurs contorsions et comme il tenait son couteau et qu'il en gesticulait fort près de la reine, cette princesse eut peur et voulut se lever à diverses reprises. Le Czar la rassura, et la pria de se tranquilliser, parce qu'il ne lui ferait aucun mal : il lui prit en même temps la main qu'il serra avec tant de violence entre les siennes que la reine fut obligée de crier miséricorde, ce qui le fit rire de bon cœur, lui disant qu'elle avait les os plus délicats que sa Catharine. On avait tout préparé après souper pour le bal, mais il s'évada dès qu'il se fut levé de table et s'en retourna tout seul et à pied à Mon-bijou. On lui fit voir le jour suivant tout ce qu'il y avait de remarquable à Berlin, et entr'autres le cabinet de médailles et de statues antiques. Il y en avait une parmi ces dernières, à ce qu'on m'a dit, qui représentait une divinité païenne dans une posture fort indécente : on se servait du temps des anciens Romains de ce simulacre pour parer les chambres nuptiales. On regardait cette pièce comme très-rare ; elle passait pour être une des plus belles qu'il y ait. Le Czar l'admira beaucoup et ordonna à la Czarine de la baiser. Elle voulut s'en défendre, il se fâcha et lui dit en allemand corrompu : Kop ab, ce qui signifie : je vous ferai décapiter si vous ne m'obéissez. La Czarine eut si peur qu'elle fit tout ce qu'il voulut. Il demanda sans façon cette statue et plusieurs autres au roi qui ne put les lui refuser. Il en fit de même d'un cabinet dont toute la boiserie était d'ambre. Ce cabinet était unique dans son espèce et avait coûté des sommes immenses au roi Frédéric premier. Il eut le triste sort d'être conduit à Petersbourg au grand regret de tout le monde.

Cette cour barbare partit enfin deux jours après. La reine se rendit d'abord à Mon-bijou. La désolation de Jérusalem y régnait ; je n'ai jamais rien vu de pareil, tout y était tellement ruiné que la reine fut obligée de faire rebâtir presque toute la maison.

L'ARRIVÉE DE LA MARGRAVINE À BAYREUTH (1732)[1]

J'y arrivai enfin le 22 de Janvier à six heures du soir. On sera peut-être curieux de savoir mon entrée : la voici. À une portée de

1. *Ibid.*, p. 220-224.

fusil de la ville je fus haranguée de la part du Margrave par Mr. de Dobenek, grand-bailli de Bareith. C'était une grande figure tout d'une venue, affectant de parler un allemand épuré et possédant l'art déclamatoire des comédiens germaniques, d'ailleurs très bon et honnête homme. Nous entrâmes peu après en ville au bruit d'une triple décharge du canon. Le carrosse où étaient les Messieurs commença la marche ; puis suivait le mien, attelé de six haridelles de poste ; ensuite mes dames ; après les gens de la chambre et enfin six ou sept chariots de bagages fermaient la marche. Je fus un peu piquée de cette réception, mais je n'en fis rien remarquer. Le Margrave et les deux princesses ses filles me reçurent au bas de l'escalier avec la cour ; il me conduisit d'abord à mon appartement. Il était si beau, qu'il mérite bien que je m'y arrête un moment. J'y fus introduite par un long corridor, tapissé de toiles d'araignées et si crasseux, que cela faisait mal au cœur. J'entrai dans une grande chambre, dont le plafond, quoique antique, faisait le plus grand ornement ; la haute lice qui y était, avait été, à ce que je crois, fort belle de son temps, pour lors elle était si vieille et si ternie, qu'on ne pouvait deviner ce qu'elle représentait qu'avec l'aide d'un microscope ; les figures en étaient en grand et les visages si troués et passés, qu'il semblait que ce fussent des spectres. Le cabinet prochain était meublé d'une brocatelle couleur de crasse ; à côté de celui-ci on en trouvait un second, dont l'ameublement de damas vert piqué faisait un effet admirable ; je dis piqué, car il était en lambeaux, la toile paraissant partout. J'entrai dans ma chambre de lit, dont tout l'assortiment était de damas vert avec des aigles d'or éraillés. Mon lit était si beau et si neuf, qu'en quinze jours de temps il n'avait plus de rideaux, car dès qu'on y touchait ils se déchiraient. Cette magnificence à laquelle je n'étais pas accoutumée, me surprit extrêmement. Le Margrave me fit donner un fauteuil ; nous nous assîmes tous pour faire la belle conversation, où Télémaque et Amelot [traducteur français de L'Homme de cœur de Graciàn] ne furent point oubliés. On me présenta ensuite les Messieurs de la cour et les étrangers ; en voici le portrait, à commencer par le Margrave [régnant, son beau-pêre].

Ce prince, alors âgé de 43 ans, était plus beau que laid ; sa physionomie fausse ne prévenait point, on peut la compter au nombre de celles qui ne promettent rien ; sa maigreur était extrême et ses jambes cagneuses ; il n'avait ni air ni grâce, quoiqu'il s'efforçât de s'en donner ; son corps cacochyme contenait un génie fort borné, il connaissait si peu son faible, qu'il s'imaginait avoir beaucoup d'esprit ; il était très poli, sans posséder cette aisance de manières qui doit assaisonner la politesse ; infatué d'amour-propre, il ne parlait que de sa justice et de son grand art de régner ; il voulait passer pour avoir de la fermeté et s'en piquait même, mais en sa place il avait beaucoup de timidité et de faiblesse ; il était faux, jaloux et soupçonneux ; ce dernier défaut était en quelque façon pardonnable, ce prince ne l'ayant contracté qu'à force d'avoir été dupé par des gens auxquels il avait donné sa confiance ; il n'avait aucune application pour les affaires, la lecture de Télémaque et d'Amelot lui avait gâté l'esprit, il en tirait des maximes de morale, qui convenaient à son caractère et à ses passions ; sa conduite était un mélange de haut et de bas, tantôt il faisait l'Empereur et introduisait des étiquettes ridicules, qui ne lui convenaient pas, et d'un autre côté il s'abaissait jusqu'à oublier sa dignité ; il n'était ni avare ni généreux, et ne donnait jamais sans qu'on l'en fît souvenir ; son plus grand défaut était d'aimer le vin, il buvait depuis le matin jusqu'au soir, ce qui contribuait beaucoup à lui affaiblir l'esprit. Je crois que dans le fond il n'avait pas le cœur mauvais. Sa popularité lui avait attiré l'amour de ses sujets ; malgré son peu de génie il était doué de beaucoup de pénétration et connaissait à fond ceux qui composaient son ministère et sa cour. Ce prince se piquait d'être physionomiste, et de pouvoir par cet art approfondir le caractère de ceux qui étaient autour de lui. Plusieurs coquins, dont il se servait comme d'espions, lui faisaient faire des injustices par leurs faux rapports ; j'en ai souvent éprouvé les calomnies.

La princesse Charlotte, sa fille aînée, pouvait passer pour une vraie beauté, mais ce n'était qu'une belle statue, étant tout-à-fait simple et ayant quelquefois l'esprit dérangé [...]

Mr. le Baron Stein, premier ministre, est d'une très-grande et illustre maison ; il a des manières et du monde ; c'est un fort honnête homme, mais qui ne pêche pas du côté de l'esprit ; il est du nombre de ces gens qui disent oui à tout, et qui ne pensent pas plus loin que leur nez.

Mr. de Voit, mon grand-maître, aussi d'illustre maison que ce dernier, était second ministre. C'est un homme de mise qui a beaucoup voyagé, et a été dans le grand monde ; il est assez agréable dans la société et avec cela homme de bien ; sa hauteur et son ton décisif le rendaient odieux ; son désir de dominer lui faisait commettre des fautes grossières ; son peu de fermeté et ses peurs paniques lui avaient fait donner le surnom de père des difficultés. En effet il prenait ombrage de tout, et s'inquiétait perpétuellement sans rime ni raison.

Mr. de Fischer, aussi ministre, de roturier qu'il était, s'était poussé peu à peu jusqu'à ce qu'il fût parvenu à cet emploi. Il avait le mérite *des gens de sa sorte, qui s'élèvent ordinairement dans la bonne fortune, et oublient la bassesse de leur extraction ; il tranchait du grand seigneur ; son caractère brouillon, intrigant et ambitieux ne valait rien, il possédait alors la confiance du Margrave ; fâché de n'avoir eu aucune part à mon mariage et que Mr. de Voit, dont il était l'ennemi juré, y eût travaillé, il fit retomber sur le prince et sur moi toute sa rage et nous a causé de cruels chagrins.*

Mr. de Corff, grand-écuyer, pouvait passer avec raison pour le plus grand lourdaud de son siècle ; il n'avait pas le sens commun et s'imaginait avoir beaucoup d'esprit, c'était ce qu'on appelle ordinairement une méchante bête, car il était intrigant et rapporteur.

Le grand-veneur de Gleichen est un bon et honnête homme, qui ne se mêle que de son métier ; sa physionomie ostrogothique porte l'empreinte de son sort ; les cornes d'Actéon convenaient à son métier ; il les porte avec patience, ayant consenti à se séparer de sa femme, qui les lui avait plantées, pour lui faire épouser son amant. J'ai vu très-souvent cette dame en compagnie de ses deux maris ; celui-ci vit encore, le second, qui était Mr. de Berghove, est mort.

Le colonel de Reitzenstein est un très-méchant homme, rempli de vices sans mélange de vertus ; il n'est plus en service.

Mr. de Wittinghoff était la copie de celui-ci. Je passe le reste sous silence, n'ayant fait mention de ceux-ci que parce qu'ils sont relatifs à ces mémoires.

Je fus très-mal édifiée de cette cour, et encore plus de la mauvaise chère que nous fîmes ce soir-là ; c'étaient des ragoûts à la diable, assaisonnés de vin aigre, de gros raisins et d'oignons. Je me trouvai mal à la fin du repas et fus obligée de me retirer. On n'avait pas eu les moindres attentions pour moi, mes appartements n'avaient pas été chauffés, les fenêtres y étaient en pièces, ce qui causait un froid insoutenable. Je fus malade à mourir toute la nuit, que je passai en souffrances et à faire de tristes réflexions sur ma situation. Je me trouvai dans un nouveau monde avec des gens plus semblables à des villageois qu'à des courtisans ; la pauvreté régnait partout : j'avais beau chercher ces richesses qu'on m'avait tant vantées, je n'en voyais pas la moindre apparence. Le prince [son mari, fils aîné du Margrave] s'efforçait de me consoler ; je l'aimais passionnément ; la conformité d'humeur et de caractère lie les cœurs ; elle se trouvait en nous, et c'était l'unique soulagement que je trouvasse à mes peines.

Je tins appartement le lendemain. Je trouvai les dames aussi désagréables que les hommes. La Baronne de Stein ne voulut point céder le pas à ma gouvernante. Je priai le Margrave d'y mettre ordre ; il me le promit, mais n'en fit rien. [...]

9

FRANCESCO ALGAROTTI ET FRÉDÉRIC II

Interne au collège Louis-le-Grand entre 1704 et 1711, François-Marie Arouet eut la chance de naître aux choses de l'esprit dans une institution restée ouverte sur le vaste monde, en dépit de la guerre qui opposait la France au reste de l'Europe. Il entendait parler de la Chine, de la Nouvelle-France, de l'Amérique du Sud par les missionnaires jésuites qui en revenaient, il trouvait dans le Père de Tournemine, directeur depuis 1701 du *Journal de Trévoux*, un des hommes les plus attentifs à cette « crise de la conscience européenne » dont les principaux foyers étaient alors à Londres et à Amsterdam.

Voltaire avait malgré tout souffert de claustrophobie, ou, si l'on préfère, d'exception française, dans ses jeunes années. On sait aujourd'hui que, même s'il n'avait pas été frappé d'exil après l'affaire du chevalier de Rohan et son embastillement en 1726, il serait parti pour l'Angleterre, car de longue main il s'était préparé à aller découvrir cette île déjà si puissante, mais pour des raisons encore mystérieuses pour les continentaux. Boileau n'était jamais allé au-delà d'Auteuil, ni Racine plus loin qu'Uzès ; le plus long voyage de La Fontaine l'avait conduit dans le Limousin. Cette sédentarité littéraire française cessa avec la fin du règne de Louis XIV. Voltaire renoue avec Érasme le voyageur, quoique comme Érasme il n'aimât guère le voyage pour le voyage. Il n'eut de cesse qu'il ne trouvât, après Cirey, après Sans-Souci, après les Délices, un petit royaume bien à lui où il pût se sentir en sécurité, écrire en paix, et laisser le monde venir à lui, comme au collège Louis-le-Grand. Ce Parisien, après 1726, a le plus souvent vécu loin de Paris, et lorsqu'il se fixa enfin, ce fut pour s'installer à Ferney à la frontière française. La France l'inquiétait.

Le roi voyageur de la République européenne des Lettres n'a jamais vu l'Italie. Mais il correspondit avec de nombreux Italiens, le marquis Albergati Capacelli, Severio Bettinelli, l'abbé Galiani. et même le pape Benoît XIV Lambertini, à qui il dédia sa tragédie *Mahomet*. Plus tard, par ses campagnes en faveur des Calas et des Sirven, il fit la fortune européenne de Cesare Beccaria, l'auteur du livre *Des délits et des peines*, qui inspira son action de réformateur des procédures pénales françaises.

La vulgarisation galante

L'Italien qui l'amusa le plus est sans conteste Francesco Algarotti. Dès 1735, il lui adressait depuis Cirey une chaleureuse *Épître en vers*. Algarotti fut plus tard la consolation de son séjour en Prusse, auprès de Frédéric II, où la vie de château, pour lui, ne fut pas toujours un lit de roses. Et à Ferney, en correspondance suivie avec cette vedette italienne de la République des Lettres, qu'il appelait volontiers, comme Frédéric II, le « cygne de Padoue », il fit bon accueil à un flot d'Italiens annoncés et recommandés par son vassal préféré dans la péninsule.

Né en 1712, dans une famille de riches marchands de la Sérénissime, Algarotti fit d'excellentes études auprès des meilleurs maîtres de l'Italie d'alors, à Bologne, où il s'initia à la médecine et à la physique expérimentale, mais aussi à Padoue et à Florence où il acheva sa formation littéraire. Il s'installe à Paris en 1734, et c'est là qu'il écrit le livre qui devait lui valoir une réputation internationale : *Il Newtonianismo per le Dame*, publié à Milan en 1737. Cet ouvrage, plusieurs fois remanié par son auteur, se voulait l'équivalent à la gloire de Newton et de son optique, de ce qu'avait fait Fontenelle, dans les *Entretiens sur la pluralité des mondes*, à la gloire de Descartes, de sa physique et de son astronomie : l'alliance de l'éventail et du compas, la vulgarisation scientifique servie par l'aimable galanterie d'une conversation dans un boudoir ou dans un parc, en compagnie d'une jolie femme.

Voltaire avait été alerté de l'arrivée à Paris de ce nouveau talent par son informateur attitré, Nicolas-Claude Thiériot, qui lui écrivit en 1735 : « Nous avons ici le marquis Algarotti, jeune homme qui sait les langues et les mœurs de tous les pays, qui fait des vers comme l'Arioste, et qui sait son Locke et son Newton ».

Voltaire, *in petto*, se montra sévère pour l'impur mélange de mondanité et de science pratiqué par l'imitateur italien de Fontenelle dans son premier livre : « L'air de copie, écrivit-il à Thiériot, domine trop. Je crois qu'il y a plus de vérité dans dix pages de mes *Éléments [de la philosophie de Newton,* publiés eux aussi en 1737] que dans tout son livre. » Il n'en avait pas moins, avec son flair ordinaire, fait entrer sur le champ Algarotti dans le réseau de ses correspondants européens, en lui adressant une première *Épître en vers.* Il l'invita à Cirey, où le jeune Italien fit l'impression la plus favorable sur Mme du Châtelet et sur son amant.

Élégant, doué, brillant touche-à-tout encyclopédique, ce Vénitien aurait été un autre Alcibiade des Lumières si son origine roturière ne l'avait empêché d'allier la plume à l'épée. Faute de guerre, il se mêla de diplomatie. En matière d'amours, Algarotti avait tous les penchants : son androgynie de « bel indifférent » servit ses succès mondains dans plusieurs cours et plusieurs capitales. L'Italie du début du XVIIIᵉ siècle avait dans un grand seigneur érudit véronais, Scipione Maffei, ami de l'abbé Conti, son propre prince littéraire, fort respecté à Paris. Il y rencontra en 1734 le beau Francesco. Il le tint pour un charlatan, paré d'un faux titre de marquis. C'est seulement lorsque Algarotti eut été fait comte par Frédéric II, et que son autorité européenne de « virtuose » se fut affermie, qu'il lui accorda son amitié et entra en correspondance suivie avec lui.

Un « *Latin lover* » à *Londres*

Après la France et Voltaire, Francesco conquit l'Angleterre savante, qui l'élut membre de la Royal Society. Toutes les portes, même celles de la Cour, s'étaient d'emblée ouvertes pour lui grâce aux lettres de recommandation du seigneur de Cirey. Un portrait de Liotard, qui date de cette période de sa vie, révèle d'autres atouts : l'œil de velours et les lèvres bien dessinées d'un Rudolph Valentino en cheveux poudrés. Il s'acquit en même temps l'adoration de deux « lions » de la société londonienne, Lord Hervey, jeune vedette politique du parti au pouvoir, les whigs, qui laissait volontiers entendre ses préférences amoureuses, et son amie Lady Wortley Montagu, grande dame des Lettres anglaises et ardente militante féministe. Elle avait le double de l'âge d'Algarotti, son cœur était en friche. Elle s'éprit pour l'Italien d'une passion violente, tout en l'introduisant auprès des gens de lettres qu'elle patronnait, les plus en vue de l'époque, Pope et Gray.

Les deux jaloux adorateurs firent leur cour à Algarotti en français, à l'écrit et à l'oral. Il aurait quant à lui préféré faire des progrès en anglais, mais la langue de Voltaire et de Marivaux passait alors pour celle de la galanterie. Parler et écrire en français mettait du sel de romanesque dans l'expression fine du désir et des chagrins d'amour. Dans une note de Lord Hervey à Algarotti, qui la veille de son départ pour l'Italie avait dîné chez Lady Mary en cachette de son ami, on lit ceci :

« En vérité, c'est faire trop d'honneur à l'endroit où vous avez soupé d'en faire un mystère – si c'était pour ménager *sa* réputation ; si c'était pour la vôtre, je vous le pardonne. Mais l'ingrate s'en est vantée, et ne s'est pas contentée de la victoire et du pillage ; elle voulait un triomphe public... elle traverse la ville de Londres, se vante de sa conquête, et après vous avoir fait servir aux emplois les plus bas, insulte votre mémoire en les déclarant au public : *veni, vidi, vici* – est la devise qu'elle a prise »[1].

Les lettres de Lady Mary à Algarotti n'étaient pas moins passionnées :

« Qu'on est timide quand on aime ! J'ai peur de vous offenser en vous envoyant ce billet, quoique mon intention est de vous faire plaisir. Enfin je suis si folle en tout ce qui vous regarde que je ne suis pas sûre de mes propres pensées. Ma raison murmure tout bas des sottises de mon cœur sans avoir la force de les détruire. Je suis déchirée de mille mouvements différents qui vous importent très peu, et je ne sais pourquoi je vous en fais la confidence. Tout ce qui est certain, c'est que je vous aimerai toute ma vie, malgré vos caprices et ma raison »[2].

Après son départ, Algarotti ne répondit plus aux lettres de Lady Mary, où elle se comparait à Didon abandonnée par Énée. Lord Hervey put se vanter du moins de rester en correspondance avec l'infidèle. La grande dame ne se déprit pas pour autant de son « sylphe » et continua de lui adresser des « cris du cœur », le suivant de loin dans ses déplacements sur le continent. En 1739, il revint à Londres, mais pour s'installer chez Lord Hervey. Cela ne découragea pas son amoureuse, plus enflammée que jamais

---

1. Cité dans Robert Halsband, *The Leap for another world, 1736-1739. The Life of Lady Mary Wortley Montagu*, Oxford, 1960, p. 157.

2. *Ibid.*

par ces dédains. Elle se décida à aller s'installer en Italie pour être sûre de le revoir et peut-être de le retenir auprès d'elle. Ils se fixèrent un rendez-vous à Venise. Elle s'y rendit. Il n'apparut jamais, mais la correspondance entre eux reprit.

Reportage sur la Russie

En 1739, Lord Baltimore, ambassadeur anglais auprès de la tsarine Anna Ivanovna, proposa à Algarotti de l'emmener sur *The Augusta*, qui les conduirait d'Amsterdam à Copenhague, de Stockholm à Saint-Pétersbourg. Algarotti s'embarqua. Il tirera de cette expédition dans l'Empire des tsars des *Viaggi di Russia*, lettres-essais adressées à Lord Hervey, réunies et publiées en 1764. Sur les traces du Voltaire des *Lettres anglaises*, Algarotti s'y exerce au genre du reportage d'envoyé spécial dans un pays longtemps mystérieux et devenu important[1]. Bien qu'il n'eût guère quitté Saint-Pétersbourg, où il était tenu d'assister aux fêtes extravagantes à la cour d'Anna Ivanovna, il décrivit dans ces « Lettres » fictives, comme s'il en avait été « témoin oculaire », la guerre russo-turque de 1736-1739. Avec la même ferveur et partialité que Voltaire, il rend rétrospectivement hommage au « nouveau Prométhée », le « Génie de la Russie », Pierre le Grand, et à la « fenêtre » que le despote avait ouverte sur l'Europe en « créant » de toutes pièces la cité et le port de Saint-Pétersbourg. En aparté, dans sa correspondance non publiée, ce Vénitien décrit la capitale neuve de la Russie comme « un campement asiatique de cabanes alignées au garde à vous », à admirer de loin. Il faisait de première main (quoique soigneusement édulcoré) le tableau de la cour d'Anna Ivanovna, et de seconde main, celui des mœurs, de l'économie et de la géographie de l'« Ours blanc » russe, objet d'une curiosité croissante à Londres comme à Paris. L'ouvrage fut jugé « digne du bureau d'un ministre » et son tableau des mœurs barbares ou féroces qui prévalent dans l'Empire des tsars tint lieu, pour la fin du XVIIIe siècle, de ce que *La Russie en 1839* d'Astolphe de Custine sera pour le premier XIXe siècle.

---

1. Voir l'édition de cet ouvrage par Wiliam Spaggiari, Fondazione Pietro Bembo, Ugo Guanda editore, Parme, 1991.

La Cythère de Frédéric II

La grande rencontre de la vie d'Algarotti, comme d'ailleurs de celle de son ami Voltaire, ce fut Frédéric II, qui avait son âge et dont il partageait les goûts, quoique avec une exclusivité moins sévère. Il le rencontra sur le chemin du retour de Saint-Pétersbourg, à Rheinsberg, où Frédéric encore Kronprinz rongeait son frein. Ce fut le coup de foudre réciproque. Algarotti écrit alors à Voltaire : « J'ai vu, *oh me beato*, ce prince adorable [...]. Je ne saurais dire la quantité de plaisirs que j'ai eus ! » (1739). L'année suivante, il est invité à la cour de Berlin par le nouveau roi ; il est assis aux côtés de Frédéric II, comme aurait pu l'être une maîtresse royale, dans le carrosse du couronnement. Il resta à la cour de Prusse en 1740-1742, chargé de missions diplomatiques. Il passa ensuite à la cour de Saxe, avec le titre assez singulier de conseiller de guerre.

À cette occasion, Voltaire, définitivement emballé pour Algarotti, lui adressa une seconde *Épître en vers* (février 1744)

> *Enfant du Pinde et de Cythère,*
> *Brillant et sage Algarotti,*
> *À qui le ciel a départi*
> *L'art d'aimer, d'écrire et de plaire,*
> *Et que pour comble de bienfaits*
> *Un des meilleurs rois de la terre*
> *A fait son conseiller en guerre,*
> *Dès qu'il a voulu vivre en paix :*
> *Dans vos palais de porcelaine*
> *Recevez ces frivoles sons,*
> *Enfilés sans art et sans peine*
> *Au charmant pays des pompons.*
> *Ô Saxe que nous vous aimons !*
> *Ô Saxe que nous vous devons*
> *D'amour et de reconnaissance !*

Est-ce sur l'inspiration de cette épître, qui faisait de lui l'Ovide du siècle « rocaille » ? En 1745, Algarotti publie à Naples un bref ouvrage, allégorique, *Il congresso di Citera*. Ici encore, comme dans le « Newtonisme pour les dames », il se montre un imitateur de Paris, résumant en langue italienne ces « questions du cœur » dont le mensuel français *Le Mercure galant* (Fontenelle en avait été le collaborateur assidu, et le dramaturge Charles Dufresny en avait pris la direction en 1711) s'était fait une spécialité auprès du public féminin et des gens du monde modernes et à la mode. La traduction française du *Congrès de Cythère* paraîtra en 1768, en tout petit format de poche, orné d'un joli frontispice gravé de style rocaille et elle sera constamment rééditée jusqu'en 1789.

Écrivant en italien, pour un public européen qui parle et lit cette langue aussi bien que le français, Algarotti tient cependant à sortir de « l'exception française ». La comparaison des mœurs amoureuses dans les trois nations civilisées d'Europe : Angleterre, France et Italie, lui permet d'exalter un quatrième modèle, qui bénéficie de la leçon des trois autres : celui de la cour de Frédéric II.

Tout commence par un triste tableau des premières années du siècle, ravagées par la guerre, et où l'Amour a été partout sacrifié à Mars. Quand la paix est revenue, avec les plaisirs, la division a subsisté, car dans les trois pays civilisés, l'amour a été pratiqué de façon si différente et imparfaite que Vénus a jugé bon de réunir un congrès pour mettre fin à ces querelles. Trois Dames, une Anglaise, une Française, et une Italienne, sont choisies pour exposer les points de vue en présence. Elles sont transportées avec tous leurs atours à Cythère, dans le Temple d'Amour. L'Anglaise, Lady Gravely, nostalgique du règne de Charles II, se plaint du triste moralisme qui lui a succédé : il sépare les sexes, chacun entre soi, et il a désappris aux hommes à briller « dans l'affaire la plus importante de toutes ». La Française, Mme de Jazy, ne va pas par quatre chemins : « On peut dire que c'est seulement à Paris, le vrai théâtre d'Amour, que vivre s'appelle vivre, partout ailleurs on ne fait que végéter. » Et de décrire les mœurs amoureuses aimables et faciles, purifiées de jalousie et de disputes, qui garantissent à Paris, avec les agréments de l'esprit, « une reproduction continuelle de désirs et de plaisirs » entre les deux sexes, d'autant plus exquise qu'elle se sait et se veut éphémère. La France a porté à sa perfection moderne l'Art d'aimer d'Ovide.

Le député italien, Mme Béatrice, proteste. Le Temple d'Amour est profané. L'Italie s'est mise malheureusement à l'école moderne des Français, dont la devise amoureuse est : *Plaisir sans peine*. Or la volupté ne va pas sans épreuves et sans souffrance. Il faut revenir aux maîtres du véritable art d'aimer : Dante, Pétrarque, Bembo.

La Volupté prend alors la parole, et rend sa sentence, qui tient le milieu entre la Française à la mode et l'Italienne nostalgique de Platon. Le vrai plaisir s'accompagne d'imagination. Il ne peut ignorer la jalousie mais il se garde de la folie raisonneuse du soupçon. Chez les vrais Sybarites, le myrte de Vénus est entrelacé au laurier d'Apollon, médecin des âmes et patron des arts. Si chaque nation a ses mœurs, chacune doit les tempérer en s'inspirant de ce qu'il y a de meilleur dans celles du voisin. Les Français sacrifient trop le secret, le mystère qui, pourvu qu'ils ne dégénèrent pas en duplicité, sont les condiments de la volupté. Les platoniciens italiens se représentent des amours trop idéaux. Ovide, mieux compris que ne font les Français, est le meilleur maître. Rome même, en la personne de Jules César, n'a rien perdu de son héroïsme en apprenant l'art d'aimer et en goûtant, comme les Dieux, le nectar que verse Hébé.

Au sortir de cette harangue très allusive et qui les laisse toutes trois rêveuses, les députés de l'Europe assistent à un banquet bien arrosé, sous une tente de Perse, dans un bosquet, parmi un jardin fleuri et parsemé de gracieuses fabriques. Tout laisse croire que cette Cythère délicieuse se confond avec le Sans-Souci de Potsdam : « Ce qui rend ces jardins encore plus charmants, conclut Algarotti, ce sont les Nymphes et les Sylvains qui les peuplent, et à qui le Dieu d'amour accorde le don d'intelligence, Vénus le don du plaisir : tous leurs jeux sont épicés de volupté. » Londres, Paris, et même l'Italie n'ont plus d'attraits, insinue Algarotti, quand on a connu ce paradis du vrai sybaritisme. C'était aussi l'avis de Frédéric II qui, déjà en possession d'un *Départ pour Cythère* de Lancret, fit encore l'acquisition, entre 1752 et 1765, de la seconde version de *L'Embarquement pour Cythère* de Watteau. Potsdam n'avait plus rien à envier à Paris.

Algarotti, amateur et journaliste d'art

Auguste III, prince-électeur de Saxe et roi de Pologne, ne garda pas longtemps son nouveau « conseiller de guerre » auprès de lui. Il l'envoya en Italie en mission diplomatique, sous le prétexte d'acheter des œuvres d'art pour la pinacothèque de Dresde (à moins qu'il ne faille comprendre l'inverse). Le père du prince, Auguste II le Fort, avait déjà fait de sa galerie de tableaux l'une des plus magnifiques de l'Europe du Nord, et l'achat à Modène en 1746 de cent chefs-d'œuvre, dispersés par le duc Francesco III d'Este, la portera au tout premier rang. Dès 1742, Algarotti, précurseur de la muséographie, présentait au roi un *Progetto per ridurre a compimento il Regio Museo di Dresda*. Au cours de sa mission en Italie, il se devait donc de n'acheter qu'au plus haut niveau. Il s'y employa à Venise, prenant conseil de Giambattista Tiepolo : il admirait la « féconde fantaisie » du peintre, qui faisait revivre celle de Véronèse. Il donna des conseils littéraires au grand fresquiste pour les sujets de ses vastes compositions, et il lui commanda, pour sa collection personnelle, un voluptueux *Bain de Diane*. Il lui passa des commandes plus importantes, de goût plus noble, pour Auguste III et pour son Premier ministre le comte de Brühl.

En 1751, il adressa à son ami parisien Pierre-Jean Mariette, l'autorité suprême en la matière en Europe, un bilan de ses achats officiels. Sebastiano Ricci, le Borgognone, Palma Vecchio, Piazzetta, Tiepolo, le grand pastelliste Jean-François Liotard (qui fit son portrait, aujourd'hui à Amsterdam), figurent en bonne place dans ce brillant tableau de chasse. De l'étude de l'optique de Newton, Algarotti était passé au *connoisseurship*, où il sut se faire un nom.

Il ne fut pas un « œil » infaillible, pas plus d'ailleurs que son ami le grandissime expert Mariette. Il prit pour un chef-d'œuvre d'Holbein un tableau remarqué par lui au palais Dolfin à Venise, *La Madone du bourgmestre Mayer,* mais dont il fallut bientôt reconnaître qu'il s'agissait d'une copie exécutée au XVIIe siècle pour Marie de Médicis. Néanmoins son goût d'amateur, et sa virtuosité littéraire lui permirent de figurer honorablement dans la longue tradition italienne – et depuis le règne de Louis XIV, française – des écrivains d'art. Dès 1744, il avait esquissé un *Discorso sulla pittura*, publié à Dresde en 1746. Mais c'est à Venise qu'il fit paraître, après l'avoir plusieurs fois réécrit, son *Saggio sopra la pittura,* avec une dédicace datée de 1755, l'année où Winckelmann, alors conservateur des antiques à Dresde, publie l'édition augmentée de ses premières recherches sur l'art grec, postdatée de 1756. Cette même année paraissent les *Antiquités romaines* de Piranèse et l'*Essai* de Burke *sur le sublime et le beau*[1].

C'est l'heure du grand tournant esthétique du siècle des Lumières. Le virage du côté du néoclassicisme commence. À bien des égards, les deux écrits sur l'art d'Algarotti ne prennent pas ce tournant, ils prolongent les vues et le goût dont le Français Roger de Piles, l'oracle du cercle de Pierre Crozat, avait été le théoricien

---

1. Voir l'édition du *Saggio sopra la pittura* de William Spaggiari, Archivio Guido Izzi, Rome, 2000.

« coloriste » au début du XVIIIᵉ siècle. Algarotti reste fidèle aux préférences françaises depuis la Régence, et à celles de Frédéric II. Il reprend à de Piles la « balance des peintres », qui permet de rendre à chaque grand maître sa part des forces et de faiblesses, et le modèle de la « grappe de raisin » attribuée à Titien : diversement illuminée elle donne au regard du peintre le « la » pour juger des lumières, des ombres, des reliefs et des retraits qui rendent vivante et harmonieuse une composition d'histoire.

Pour autant, il a bien retenu aussi les principes de Gian-Pietro Bellori, le théoricien romain de la fin du XVIIᵉ siècle, il ne renie ni Raphaël ni Poussin, mais il ne voit aucune contradiction entre cette conception « académique » et romaine de l'art, et l'enthousiasme inventif des coloristes de Venise. Les Bolonais de l'école des Carrache, les Vénitiens de Titien à Tiepolo, et surtout le Corrège, l'idole du premier XVIIIᵉ siècle, sont les maîtres de son « Idée du Beau » en peinture, d'un éclectisme « rocaille » franco-italien.

Algarotti est ainsi un excellent témoin tardif du goût raffiné et très ouvert qui a mûri dans l'Europe des grands amateurs jusque dans les années 1750, et que les Caylus, les Piranèse et les Winckelmann infléchissent alors vers le « retour à l'antique ».

En 1746, il est de retour à la cour de Frédéric, son île de Cythère. Le roi de Prusse le nomme son chambellan, l'élit chevalier de l'Ordre du Mérite, et lui confère le titre de comte héréditaire, avec une pension considérable. Il restera à Berlin et à Potsdam jusqu'en 1753. Dans l'intervalle, il aura assisté sur place aux bourrasques des relations entre le roi et Voltaire, sans perdre l'amitié ni de l'un ni de l'autre. À Berlin il écrit de nombreux essais, parfois dans un genre analogue à celui que Voltaire met en œuvre dans les articles du *Dictionnaire philosophique*, ou plus volontiers dans le genre des discours de l'Académie pan-italienne des Arcades (dont il était membre comme Voltaire) ou des mémoires de l'Académie des inscriptions.

Défense de l'italien littéraire dans l'Europe française

Son *Saggio sopra la lingua francese*, en 1750, son autre *Saggio sopra la necessità di scrivere nella propria lingua*, sont autant de plaidoyers en faveur de l'italien. Loin de contester la suprématie de fait du français, Algarotti lui oppose le devoir pour les lettrés

italiens d'illustrer et de poursuivre leur grande tradition littéraire [1], dans leur propre langue, qui a des vertus dont le français
est privé. Nous sommes encore avec Algarotti à cent lieues de
Herder et de Hamann, et de leurs théories romantiques sur
l'enracinement linguistique des peuples : aussi la modération
d'Algarotti sera-t-elle accusée d'antipatriotisme au XIXᵉ siècle, par
un Foscolo et un Tommaseo. Ses œuvres seront dédaignées
comme celles d'un « afrancesado ».

Rentré en Italie, il resta un prince de la vie littéraire de la
péninsule. Il meurt en 1764. Sur sa tombe, au Campo Santo de
Pise, Frédéric fit graver l'inscription suivante : *Ovidii aemulo,
Newtonii discipulo, Fredericus Rex.*

Algarotti, conformément aux principes énoncés dans ses *Saggi*,
a écrit l'ensemble de son œuvre en italien, qui restait d'ailleurs,
depuis le XVIᵉ siècle, largement familier à toute l'Europe cultivée.
L'Europe française était largement polyglotte. Voltaire écrivait en
italien au « Cygne de Padoue ». Le monde de la musique, celui du
théâtre et celui des arts, de Londres à Dresde, de Paris à Saint-
Pétersbourg, parlait italien. Et en France même, il était hors de
question pour quiconque avait la moindre prétention aux lettres,
de ne pouvoir lire dans le texte original l'*Orlando Furioso* et la
Gerusalemme liberata. L'hégémonie relative du français, qui
pouvait dans la théorie de ses apologistes parisiens prendre un
caractère méprisant et polémique, n'avait rien de menaçant ni de
corrosif pour les autres langues d'Europe.

Il va de soi que le cosmopolite Algarotti savait parler et écrire
en bon français. Vulgarisateur de Newton, et Londonien d'honneur, il était tout aussi à l'aise en anglais. Avec Frédéric II, dont
nous avons vu la partialité en faveur du français, il écrivait dans
la langue de Voltaire. Voici quelques échantillons de la correspondance entre le roi de Prusse et son confident.

---

1. Sur la querelle linguistique franco-italienne qui commence sous
Louis XIV, voir *Discussioni linguistiche del Settecento, a cura di M. Puppo,*
Turin, UTET, 1956 et 1966, ainsi que Corrado Viola, *Tradizioni leterarie a
confronto : Italia e Francia nella polemica Orsi-Bouhours,* Fiorini, Vérone,
2001.

CORRESPONDANCE ENTRE FRÉDÉRIC II
ET LE COMTE ALGAROTTI

Du Kronprinz Frédéric à Algarotti

À Remusberg ce 1. septembre 1739

Élève d'Horace et d'Euclide,
Citoyen aimable et charmant
Du pays du raisonnement,
Où règnent l'arbitre du vide,
Les calculs, et les arguments ;
Naturalisé par Ovide
Dans l'empire des agréments,
Où la vivacité charmante,
L'imagination brillante,
Préfèrent à la vérité
La fiction et la gaieté
Nouvel auteur de la lumière,
Phébus de ton pays natal ;
C'est ta brillante carrière,
C'est ta science qui l'éclaire,
Qui déjà lui sert de fanal.
La souplesse de ton génie
Te fit naître pour les talents ;
C'est Newton en philosophie,
Le Bernin pour les bâtiments,
Homère pour la poésie,
Homère qui faisait des dieux
Comme les saints se font à Rome,
Où l'on place souvent un homme
Très indignement dans les cieux.
Oui, déjà Virgile et le Tasse
Surpris de tes puissants progrès
Poliment te cèdent la place
Qu'ils pensaient tenir pour jamais.

J'ai tout reçu, mon cher Algarotti, depuis la poésie divine du Cygne de Padoue jusqu'aux ouvrages estimables du sublime Candide. Heureux sont les hommes qui peuvent jouir de la compagnie des gens d'esprit ! plus heureux sont les princes qui peuvent les posséder ! Un prince qui ne voudrait avoir que des semblables sujets serait réduit à n'avoir pas un empire fort peuplé ; je préférerais cependant son indigence à la richesse des autres, et je me trouverais principalement agréablement flatté si je pouvais compter que

> Tu décoreras ces climats
> De ta lyre et de ton compas.
> Plus que Maron, par ton génie
> Tu pourrais voir couler ta vie
> Chez ceux qui marchent sur les pas
> Et d'Auguste, et de Mécénas.

Passez-moi cette comparaison, et souvenez-vous qu'il faut donner quelque chose à la tyrannie de la rime.

J'espère que ma première lettre vous sera parvenue. J'aurai bientôt achevé la réfutation de Machiavel ; je ne fais à présent que revoir l'ouvrage, et corriger quelques négligences de style, et quelques fautes contre la pureté de la langue qui peuvent m'être échappées dans le feu de la composition. Je vous adresserai l'ouvrage dès qu'il sera achevé, pour vous prier d'avoir soin de l'impression : je fais ce que je puis pour l'en rendre digne.

Je n'oublierai jamais les huit jours que vous avez passés chez moi. Beaucoup d'étrangers vous ont suivi ; mais aucun ne vous a valu, et aucun ne vous vaudra si tôt. Je ne quitterai pas si tôt encore ma retraite où je vis dans le repos, et partagé entre l'étude, et les beaux-arts. Je vous prie, que rien n'efface de votre mémoire les citoyens de Remusberg : prenez-les d'ailleurs pour ce qu'il vous plaira, mais ne leur faites jamais injustice sur l'amitié, et l'estime qu'ils ont pour vous. Je suis, mon cher Algarotti.

Vôtre très-fidèlement affectionné
Féderic

De Francesco Algarotti à Frédéric II

À Dresde, ce 2 mai 1742

Sire,

Toutes les lettres dont V. M. m'honore sont assurément dignes du cèdre ; mais je voudrais, Sire, que la dernière fût écrite sur du linge incombustible ; afin que dans la suite des siècles, victorieuse même du feu, elle pût être à jamais un monument des bontés dont V. M. daigne m'honorer. La postérité y verrait les trésors de son esprit ouverts plus que jamais dans les beaux vers dont elle est enrichie ; elle y admirerait les grands projets dont son âme est remplie ; et elle m'envierait des badinages et des expressions de la part d'un Roi qui fera ses délices et son admiration : des expressions, dis-je, qu'on n'est accoutumé d'entendre que dans la bouche de celles dont on est le plus aimé. Quels commentaires et quelles recherches ne ferait-on pas sur moi ? Je serais perpétuellement dans les bouches des hommes : mon nom vivrait à côté de celui de V. M. et en parlant d'Achille on se souviendrait quelquefois de Patrocle. Par quel endroit, Sire, ai-je mérité ces nouvelles faveurs de la part de V. M. ? Est-ce parce que j'aime et admire V. M. ? mais, Sire, si la crainte doit augmenter à proportion de la quantité de rivaux que l'on a, dans quelles inquiétudes ne dois-je point vivre ? j'en ai pour le moins tout autant que le nombre de ceux qui ont eu l'honneur de la voir, ou qui lisent la gazette, ne fût-ce que celle de Vienne. Mais, Sire, V. M. non contente de tant de marques de bonté, non contente de me faire vivre dans des tableaux poétiques que le Corrège français avouerait lui-même ; elle m'honore encore de ses ordres. Ce serait, Sire, mettre le comble à mon bonheur, si je ne trouvais pas dans moi-même des obstacles insurmontables pour les exécuter : et il faut bien, Sire, que je me plaigne du sort, en ce que de tant de commissions dont V. M. pourrait m'honorer, il m'en fait justement tomber une en partage, dont je ne saurais faire gloire, et pour laquelle je me sens tout-à-fait inepte. Tout ce qui peut me consoler, Sire, c'est que si je n'obtiens pas par le succès le plaisir de lui obéir, je ne saurais pas assurément perdre par l'aveu de mon incapacité le trésor inestimable de son estime, que je regarderai toujours comme ce que je puis posséder de plus précieux dans le monde. D'ailleurs Sire, si V. M. me permet d'ajouter encore deux mots là-dessus, je crois que le plus sûr moyen d'avoir ce qu'elle souhaite, c'est de le demander, ou de faire insinuer ses intentions à la Cour. Ils ne pourront que savoir gré à V. M.

de ce qu'elle leur procurera un moyen de serrer plus que jamais avec V. M. les nœuds d'une amitié qui leur doit être et si agréable et si utile. Pour moi, Sire, je prépare mon admiration pour tout ce qu'elle va nous faire voir dans un mois. Je suis sûr qu'elle taillera de la bonne besogne aux Autrichiens et à la Renommée.

Tout le monde est convaincu, Sire, que la destinée de l'Empire et de l'Europe est entre vos mains. Lancez la foudre, Sire, comme Jupiter, mais rendez aussi comme lui, la paix à la terre, et la sérénité au ciel dès que sa justice est satisfaite.

Algarotti

Du comte Algarotti à Frédéric II

À Berlin, ce 2 de septembre 1749

Sire,

Bien loin qu'un mal ne vienne jamais sans l'autre, V. M. m'a bien prouvé le contraire par la lettre dont elle daigne m'honorer. Je vois, Sire, que Jupiter n'a pas tant versé sur moi de ce tonneau qu'il a apparemment à sa gauche, qu'il n'ait encore voulu ouvrir celui qui est à sa droite. La consultation que V. M. veut bien m'envoyer, car Apollon est aussi médecin, est une émanation divine de ce tonneau bienfaisant, et sera probablement un baume à mes maux. Malgré l'abattement où je suis, la confiance qu'un malade doit avoir en son médecin ne me manque assurément pas, car je me fie presqu'autant à Féderic signé au bas d'une consultation, que je me fierais à Féderic même à la tête de 60 mille hommes. J'ai déjà commencé, Sire, à suivre les prescriptions de V. M. Ma diète est très sévère, et je me suis retranché absolument le souper. L'impression de mon livre m'est une dissipation agréable, à moins que la lenteur des imprimeurs ne dérange la sécrétion de ce suc si nécessaire à l'équilibre de l'économie animale. Je rends à V. M. les plus humbles grâces de la permission qu'elle m'accorde touchant Mr. de la Métrie, et bien plus encore de ce que V. M. veut que j'achève ma guérison sous ses yeux mêmes. C'est une bien forte raison pour hâter mon imprimeur afin de pouvoir me rendre auprès de l'auguste médecin dont j'ai l'honneur d'être le malade.

Algarotti

De Frédéric II au comte Algarotti

À Potsdam, ce 6 de septembre 1749

Voici un canevas très en abrégé de l'opéra de Coriolan. *Je me suis assujetti à la voix de nos chanteurs, au caprice des décorateurs, et aux règles de la musique. La scène la plus pathétique est celle de Paulino avec son père ; mais comme le récitatif n'est pas son fort, il faut mettre ce qu'il y a de plus touchant dans la bouche de l'Astrua ; ce qui pourra fournir un récitatif avec accompagnement. Vous verrez que je n'ai pas voulu faire un long opéra ; s'il dure trois heures et un quart avec les ballets, cela suffit. Je vous prie de le faire étendre par Filati ; mais d'avoir l'œil qu'il n'ait de longs récitatifs que dans la scène cinquième du troisième acte. Le récitatif de l'Astrua du premier acte n'a pas besoin d'être trop long. Le récit du sénateur Benedetto à la fin de l'opéra doit être touchant sans accompagnement, parce que ce sénateur le fait sans passion ; mais cependant il faut que le poète touche tous les points que j'indique.*

Quant aux pensées, je vous prie de les lui fournir, et de faire que cette pièce tienne un peu de la tragédie française. Au poète il est permis de piller tous les beaux endroits applicables au sujet ; et lorsque le poète n'aura plus besoin de mon brouillon, il faut le remettre à Graven, parce qu'il y a toutes sortes de choses pour les airs dont le détail le regarde nécessairement. Soyez le Prométhée de notre poète. Soufflez-lui ce feu divin que vous avez pris dans les cieux ; et que votre inspection suffise à produire d'aussi belles choses que les grands talents en ont pu mettre au jour. Le public et moi vous aurons l'obligation d'avoir illustré notre spectacle, et de nous avoir fourni des plaisirs raisonnables.

Féderic

Du comte Algarotti à Frédéric II

À Berlin, ce 11 de septembre 1749

Sire,

Je supplie V. M. de me permettre de la féliciter sur son opéra de Coriolan, *dont elle va voir l'effet beaucoup mieux encore que V. M. n'a pu faire à la lecture. Je l'ai entendu répéter deux fois ; tout l'intérêt s'y trouve malgré la brièveté des récitatifs ; et V. M. a donné ses ordres pour la musique de façon qu'au milieu de la variété la plus agréable, ce même intérêt y est augmenté au point que Corio-lan va tirer presqu'autant de larmes des beaux yeux de Berlin, qu'en a tiré Iphigénie le carnaval passé. V. M. a trouvé la plus sûre méthode d'avoir les plus beaux opéras du monde : c'est de les faire elle-même :*

...totamque infusa per artus
Mens agitat molem.

Si après Coriolan, Sire, il est permis de parler de moi, je dirai à V. M. que M. Lieberkühn a voulu absolument que je commence à prendre les eaux d'Egra depuis quelques jours. Il regarde ce remède tout comme V. M. la base fondamentale de ma guérison : il me semble même que je commence à en ressentir les bons effets. V. M. aura vu sans doute le specificum universale, *pour ainsi dire, dans une lettre de M. Cataneo dont M. le comte de Podewils m'a parlé : quoique je sois aussi incrédule sur ces sortes de remèdes que je le suis sur le mouvement perpétuel, et sur les quadratures du cercle qu'on nous donne tous les jours, je m'en vais pourtant écrire à Venise pour tâcher de savoir au juste quelques particulari-tés là-dessus. Mais en même temps, Sire, je regarde cette espèce de foi que je trouve maintenant en moi-même comme un symptôme de ma maladie.*

Mon impression ne va pas aussi vite que je le voudrais, mais autant qu'il m'est possible de la faire aller. Il paraît que mon impri-meur ait pris la devise festina lente.

Oserais-je demander à V. M. dont les instants valent les années des autres, quelle épître, quelle ode, quel poème elle a maintenant entre les mains ? Nous consumons notre vie à tourner quelques phrases, à arranger des mots : V. M. dans ses heures perdues peut créer les plus belles choses, qui feront à jamais les délices de ceux qui sauront ce que c'est de marier la philosophie la plus utile à la plus agréable poésie.

Algarotti

De Frédéric II au comte Algarotti

À Potsdam, ce 12 de septembre 1749

Je suis bien aise de vous savoir aux eaux d'Egra. Je suis sûr qu'après la cure vous vous sentirez soulagé de beaucoup. Vous faites bien plus sagement que moi avec vos ouvrages ; vous les limez, et après cela vous les faites imprimer ; pour moi j'imprime, je me repens, et puis je corrige. Vous me demandez ce que je fais. J'efface beaucoup. J'en suis à ma huitième épître, et pour n'y pas revenir si souvent, je les laisserai encore reposer toutes ; je les reverrai dans quelque temps, en suite de quoi on procédera à l'impression. Nous aurons cette après-dînée l'épreuve de Coriolan. Je pourrai vous en dire des nouvelles lorsque je l'aurai entendue.

Voltaire vient de faire un tour qui est indigne. Il mériterait d'être fleurdelisé au Parnasse. C'est bien dommage qu'une âme aussi lâche soit unie à un aussi beau génie. Il a les gentillesses et les malices d'un singe. Je vous conterai ce que c'est lorsque je vous reverrai ; cependant je ne ferai semblant de rien, car j'en ai besoin pour l'étude de l'élocution française. On peut apprendre de bonnes choses d'un scélérat. Je veux savoir son français ; que m'importe sa morale ? Cet homme a trouvé le moyen de réunir les contraires. On admire son esprit en même temps qu'on méprise son caractère. La du Chatelet est accouchée d'un livre, et l'on attend encore l'enfant ; peut-être que par distraction, elle oubliera d'accoucher, ou si l'embryon paraît, ce sera des œuvres mêlées.

Je vous prie, ne vous servez point du panacée que Cataneo annonce. Je ne crois aucune des nouvelles qu'il mande, quand même elles sont vraies ; je ne voudrais me servir d'aucune médecine qu'il loue, quand même il en aurait fait l'épreuve, et surtout d'un panacée. Ce sont des chimistes qui les inventent. On y a grande foi quand ils paraissent, mais on ne tarde pas à s'en désabuser. Je vous recommande la belle humeur, le régime, la dissipation, et d'avoir soin de cette machine qui vous fait si bien penser.

Adieu.

Féderic

10

CHARLOTTE-SOPHIE D'ALDENBURG
COMTESSE DE BENTINCK
LA « SÉVIGNÉ DE L'ALLEMAGNE »

On peut dire de la démocratie moderne, en paraphrasant le mot fameux : « Que la République était belle sous l'Empire », qu'elle n'a jamais été si belle que naissante sous l'Ancien Régime français, quand les hiérarchies encore fortes et les caractères encore tranchés pliaient sans se rompre sous une aspiration de luxe à l'égalité (par les talents) et à la liberté (par l'affirmation de soi). Cette double aspiration n'avait pas encore découvert son propre pouvoir autodestructeur. Chateaubriand l'a compris mieux que personne. Il écrit, dans la *Vie de Rancé* : « Là, sous la protection des femmes, commença le mélange de la société, et se forma, par la fusion des rangs, cette égalité intellectuelle, ces mœurs inimitables de notre ancienne patrie. La politesse de l'esprit se joignit à la politesse des manières ; on sut également bien vivre et bien parler. » Ce même Français des Lumières, inconsolable de leur désastre, pouvait s'affirmer à la fois « démocrate par nature » et « aristocrate de mœurs ».

Dans la France catholique et monarchique de Louis XV et de Marivaux, le heurt entre les anciens principes religieux, moraux, sociaux et l'appétit d'indépendance des modernes s'était beaucoup atténué. Au grand scandale des jansénistes aigris, les femmes étaient les premières à créer ce climat diplomatique et à en bénéficier. L'Europe protestante, le Danemark de Kœnigsmark, la Genève de Julie d'Étange, l'Allemagne de Werther, l'Écosse de Corinne et de Lord Nelvil étaient au XVIIIe siècle beaucoup plus âpres que la France pour les femmes. Il fallait avoir l'âme très haut placée et jouir de la solidarité de l'Europe française pour se permettre, dans ces régions, de fronder ouvertement les conventions bibliques et patriarcales.

Charlotte-Sophie d'Aldenburg, comtesse de Bentinck (1715-1800), n'est jamais venue à Paris. Elle n'en fut pas moins française. Cela ne signifiait pas seulement : francophone. Se vouloir et se sentir français, revenait à partager une manière aristocratique d'être au-dessus des conventions. C'était aussi, pour une femme, une façon d'être libre, non par droit, mais par mérite et courage.

Jusqu'ici, cette grande dame célèbre dans l'Europe du XVIIIe siècle n'avait obtenu de biographies qu'en anglais et en hollandais. Depuis la découverte relativement récente, dans les archives de sa famille, de lettres et billets très nombreux que Voltaire lui adressa (le grand homme ne conserva pas aussi précieusement les répliques de sa correspondante), la voici enfin adoptée par la recherche française, sous le double patronage de la Voltaire Foundation d'Oxford et des études féministes [1].

Charlotte-Sophie était née princesse de sang royal, dans la branche cadette de la famille régnante danoise, fille unique de sa lignée. De son gouverneur, M. de Launay, et de sa grand-mère, Charlotte-Amélie, née princesse de La Trémoille (calviniste exilée volontaire chez ses cousins danois et mariée en 1680 au comte Antoine d'Aldenburg), elle reçut une éducation toute française. Dès l'âge de douze ans au château de Varel, sur les rives de la mer du Nord, s'inspirant pour le style de l'autoportrait de son arrière-grand-mère, la princesse de Tarente, que la Grande Mademoiselle avait publié en 1659, dans sa fameuse *Galerie de portraits*, Charlotte-Sophie se décrivit elle-même : « On me dit assez souvent que j'ai l'humeur indomptable, et il faut passer condamnation. J'ai l'esprit contrariant, ce qui me rend désagréable dans la conversation. Quand je veux quelque chose, rien que l'autorité n'est capable de me l'ôter de la tête. On me dit tout cela, et s'il faut parler sincèrement, je crois qu'on a raison. Je suis lasse de dire du mal de moi. Dieu me veuille corriger et me rendre digne fille du plus honnête homme de père et de la plus vertueuse mère qui fut jamais. Dieu me veuille faire son enfant. »

---

1. Ces deux autorités se conjuguent dans le premier livre qui lui ait été consacré dans notre langue, en 1997, sous le titre *Une femme des Lumières*, biographie et anthologie excellentes signées Anne Soprani (auteur de *La Révolution et les femmes*, 1988) et André Magnan (premier éditeur en 1976 et 1982 des lettres de Voltaire à la comtesse) aux éditions du C.N.R.S.

Cette précoce « conscience de soi » aristocratique, l'art de penser, parler et écrire dans le français le plus élégant, des talents de numismate, de musicienne et de dessinatrice, du goût pour la beauté et pour le bonheur, constituèrent le meilleur du douaire, grevé d'énormes dettes, que lui laissa son père lorsqu'il mourut en 1738. Entre-temps, il l'avait poussée à épouser un noble, riche et puissant voisin, Willem Bentinck, Hollandais rattaché par la branche aînée de sa famille à la dynastie d'Orange et à la cour d'Angleterre, et devenu comte d'Empire par achat de titre à la cour de Vienne. Le fiancé était à même de couvrir les dettes les plus criantes des Aldenburg, tout en recevant en échange des droits sur leurs terres. Or, à dix-huit ans, Charlotte-Sophie était déjà la maîtresse de son cousin, le comte régnant Albrecht-Wolfgang de Schaumburg-Lippe, qui, galamment, lui proposa de rompre son propre mariage pour l'enlever et l'épouser : « Madame, vous m'aimez depuis votre enfance, j'ai eu le bonheur de faire dans votre cœur la première impression qu'il ait jamais reçue, et je vous estime et je vous connais assez pour être sûr qu'il ne dépend pas de vous-même de changer, que vous devez conserver pour moi cette bienveillance qui me rendait si glorieux [...] Vous devez éviter un mariage qui ne sera dans le fond qu'un crime. »

Charlotte-Sophie préféra se faire violence pour ne pas désobéir à son père. Elle ne tint pas longtemps ce choix cruel. Incapable de se plier à un mariage imposé, elle renoue bientôt avec son grand amour, Albrecht-Wolfgang. Elle attend cependant la mort de son père, en 1738, pour rompre publiquement une union qui l'a déjà faite mère de deux fils. Elle doit signer un acte de séparation désastreux qui la prive du revenu de ses terres hollandaises, allemandes et danoises et lui interdit de revoir ses enfants.

Elle est l'objet du mépris universel dans les cours du Nord. Elle a beau cacher au château de Varel où elle a passé son enfance la naissance d'un troisième fils des œuvres de son amant, elle se sait traquée.

« Les fondements mêmes de mon âme ont été si ébranlés que les secousses affreuses qu'elle a reçues ont manqué de bouleverser entièrement ma raison, ma mémoire, ma santé et mon repos », écrira-t-elle dans une ébauche de *Mémoires* apologétiques qu'elle n'achèvera ni ne publiera jamais.

Elle fait front. Avec sa mère, qui lui est solidaire, avec son jeune fils adultérin, bientôt suivi de deux autres, elle s'installe au château de Bückeberg, capitale du minuscule comté de Lippe, dont son amant est le souverain. Elle y règne elle-même, à la fois marquise de Montespan et marquise du Châtelet, rejetant dans l'ombre la pieuse épouse légitime du comte régnant et mettant ce petit havre nordique à l'heure des livres, de la conversation, du mobilier, de la musique, des fêtes et des arts de Paris.

Quand Frédéric II, en 1740, l'année de son couronnement, fait un bref séjour avec sa suite à Bückeberg, Charlotte-Sophie se lie à Maupertuis, qui accompagnait le jeune roi de Prusse. Elle restera en correspondance avec l'illustre savant français. Elle manie elle-même télescope et microscope.

La même année, en route vers Berlin, Voltaire fait halte à Bückeberg. La belle et brillante comtesse qui, comme Frédéric II, a tout lu du philosophe français (même ses *Éléments de la physique* de Newton) donne au grand homme l'impression délicieuse de retrouver loin du logis la marquise du Châtelet. Pour elle et pour son cercle, il donne lecture de sa tragédie *Mahomet*. Une autre correspondance s'amorce pour Charlotte-Sophie.

En 1743, les princes régnants d'Anhalt viennent recevoir l'hommage de la princesse d'Aldenburg et de la comtesse de Bentinck au château de Varel, terre dont ils sont suzerains. Leur fille, la future Catherine II, âgée de quatorze ans, est fascinée par les talents et la liberté de la comtesse. Elle écrira dans ses *Mémoires* : « Je n'avais jamais vu de femme à cheval ; je fus enchantée de la voir ; elle montait comme un écuyer [...] Elle dansait quand la fantaisie lui en prenait, chantait, riait, sautait comme une enfant, quoiqu'elle eût bien trente ans alors. » Ses parents s'effraient du mauvais exemple de ces manières françaises. Il est trop tard. La belle Sophie d'Anhalt-Zerbst est déjà française d'allure et d'esprit.

En 1748, le comte de Schaumburg-Lippe meurt. Charlotte-Sophie doit plaider contre son ex-mari (devenu un puissant ministre des États de Hollande) pour sauver quelque chose de ses biens aliénés par un contrat de divorce léonin. L'affaire est désespérément compliquée. Elle relève à la fois de la juridiction de la chancellerie danoise et de celle du Saint-Empire. Pour obtenir l'appui de la Prusse, elle s'installe à Berlin en 1750. Elle y retrouve ses deux correspondants français, Maupertuis, devenu président de l'Académie de Prusse fondée par Frédéric II, et Voltaire, gentilhomme de la chambre du roi. La vie du philosophe courtisan auprès de « Salomon » n'étant pas toujours facile, Voltaire s'attache d'autant plus à la comtesse danoise qu'il qualifie de « reine de Saba ». Quand son service à Potsdam l'éloigne d'elle, et même lorsqu'il réside avec le roi à Berlin, un commerce épistolaire ininterrompu les rapproche, il se fait l'avocat efficace, auprès de Frédéric II, des affaires embrouillées de la comtesse. Dans l'un de ses billets, daté de Potsdam, il lui écrit : « M. de Maupertuis s'est laissé arracher à souper une lettre de vous. Je lui ai fait la plus douce violence du monde. Nous ne sommes jaloux l'un de l'autre que pour vous servir. J'ai lu la lettre au roi, on vous a nommée la Sévigné de l'Allemagne. Vous avez déjà été sujet de la conversation bien longtemps. Vous vous y prenez à merveille, Madame. On réussit quand on sait plaire. »

Lorsque éclate la querelle entre Maupertuis et Kœnig, Voltaire est indigné que dans un débat scientifique Maupertuis fasse appel à l'autorité du monarque. Il tourne cruellement en dérision le pédant « docteur Akakia ». La comtesse de Bentinck, n'écoutant que sa générosité, prend parti pour le philosophe français. Frédéric II, qui soutient le directeur de son Académie, les disgracie l'un et l'autre : « Ils ont fait tout ce qu'ils ont pu pour me faire enrager. »

Avant de quitter Berlin, Charlotte-Sophie doit signer en 1754 un accord humiliant avec les représentants de son fils aîné, assorti d'une rente modeste garantie par le Danemark et la Prusse. Elle n'avait plus d'autre recours qu'en appel, devant le conseil aulique du Saint-Empire à Vienne. Elle s'y rend, non sans faire halte en route à Leipzig, où elle se lie d'étroite amitié avec la plus grande figure des lettres allemandes du temps, Johann Christoph Gottsched, dont elle va rester une correspondante assidue. À Vienne, elle s'impose avec beaucoup plus de facilité et d'éclat qu'à Berlin où Frédéric II ne lui pardonnait pas non plus sa liaison avec le prince Henri, son frère cadet. Une femme, Marie-Thérèse, occupe le trône impérial, une autre femme, gouvernante des archiduchesses aînées (dont Marie-Antoinette), la princesse de Trautson, domine la Cour : elle se fait apprécier de l'une, elle devient l'amie intime de l'autre. Le chancelier Kaunitz à la Hofburg ne résiste pas plus à ses charmes que le prince Henri de Prusse à Berlin.

Quand elle quitte Vienne, le 17 mai 1758, pour un bref « Grand Tour » en Italie, elle ne manque pas de faire une longue visite à son grand ami Voltaire, aux Délices. Elle écrit à Gottsched : « M. de Voltaire est présentement la divinité que tout le monde adore. Je n'ai jamais vu une idolâtrie plus poussée que celle que tout le monde a pour lui. Aussi sait-il bien la mériter par ses façons. Il est charmant, doux, égal, gracieux, sociable.

Enfin, Monsieur, vous ne le reconnaîtriez assurément pas. D'abord, il est coquet, bien poudré, tiré à quatre épingles. Il se faufile régulièrement avec la compagnie, il se prête à tous, il daigne se communiquer à chacun, il soupe, il joue, il se promène, il vit comme les autres, et parle comme personne n'a jamais parlé. Sa maison est montée comme celle d'un prince, et il est le seul dans ce pays-ci qui vive de cette opulence »[1].

En revanche, tout déplaît à cette luthérienne dans la ville de Calvin. En 1791, elle écrira à sa petite-fille, Charlotte Milnes, qui se trouvait alors en Grèce : « M. de Voltaire lui-même a essayé en vain de me la faire trouver agréable. Tout m'a paru dans ce pays-là d'une mercantile audacieuse, qui me repoussait. On arrivait à pied en claque dans les sociétés, et l'on était jaloux du rang jusqu'au ridicule ; jusque dans les rues, on briguait le côté droit dans les crottes. Le ton était savant, prêcheur, décisif et caustique. On se moquait des cours, et on en outrait les vices ; on était faux et envieux, d'une distinction que l'on reprochait aux courtisans de briguer, et que l'on courait avidement là où elle ne menait à rien [...] Le lac Léman est le plus ennuyeux de tous les lacs. »

C'est en condensé, avec un peu d'avance, les impressions de Chateaubriand à Philadelphie et de Tocqueville à Boston.

De retour à Vienne, la comtesse y devient peu à peu *persona non grata*. L'évolution de la guerre de Sept Ans contraint Marie-Thérèse à soutenir, avec la France, les intérêts danois, et à abandonner la cause des Aldenburg. La grande carrière galante et mondaine de Charlotte-Sophie s'achève avec son départ de la capitale autrichienne en 1761. Elle se retire d'abord dans son vieux château de Jever, puis en 1768, elle s'installe dans l'opulente cité hanséatique de Hambourg, qu'elle ne quittera plus jusqu'à sa mort en 1800. Sa correspondance avec sa mère et avec ses amis dans toute l'Europe, l'éclaircie que représente pour elle la trop brève ambassade du jeune couple Noailles (« le marquis est le plus aimable Français que je me souvienne d'avoir vu à cet âge »), compensent un peu sa gêne matérielle et son peu d'attrait pour cette ville bourgeoise. Mais après avoir été pleinement fille, amante, étoile du grand monde, femme d'affaires et d'intrigues, elle s'accomplit dans sa vocation de mère et de grand-mère. Deux

---

1. *Une femme des Lumières. Écrits et lettres de la comtesse de Bentinck, 1715-1800*, éd. A. Soprani et A. Magnan, C.N.R.S éditions, 1997, p. 106.

de ses fils adultérins (notamment le plus jeune, Weisbrod, devenu à Paris un graveur de premier ordre, et qui incise pour elle le catalogue de sa belle collection de monnaies et de médailles antiques) lui tiennent compagnie. Les enfants du cadet de ses fils légitimes, brisant l'interdit jeté sur elle par Willem Bentinck, viennent souvent réjouir la comtesse de leur jeunesse et de leur tendresse.

Quand la Révolution éclate en France, elle a déjà pris parti. Sa maison de Hambourg devient un refuge et un centre de renseignements pour le parti des Princes. Ses lettres à ses amis : le baron de Johnn, haut diplomate danois, le général Nicolaï, au service du duc de Wurtemberg, montrent avec quelle passion et lucidité politique elle suit jour après jour les événements de Paris.

Cette femme des Lumières avait toutes les raisons d'approuver ou de souhaiter l'émancipation de son sexe. Elle avait même écrit des *Lettres*, qu'elle n'acheva ni ne publia, pour fixer ses idées sur l'exclusif et excessif empire masculin, et sur la meilleure éducation à donner aux femmes pour que soit rétablie la balance naturelle. Pourtant, ni les vues abstraites de Condorcet ni celles d'Olympe de Gouges sur les droits de l'homme, ne la réconcilièrent le moins du monde avec la Révolution française. Au contraire, elle voit dans ce cataclysme le point d'arrêt d'un mouvement évolutif auquel elle avait participé de l'intérieur, et même une réaction brutale de l'« usurpation masculine » : « La révolution a banni de tout, écrit-elle, la douceur, l'aménité ; elle a substitué la violence. » *Le Serment des Horaces* de David, son *Enlèvement des Sabines*, et la haine dont fut l'objet, jusqu'à l'échafaud, la malheureuse Marie-Antoinette, ne démentent pas cette interprétation résolument féministe des événements ; en décembre 1789, la comtesse écrit au baron de Johnn : « Je sens redoubler le douloureux mépris que les principes et les arrangements masculins m'inspirent depuis longtemps. Pardonnez-moi cette idée, Monsieur. M. de Voltaire dit dans sa *Henriade*, en faisant parler son héros :

> *Dans ce sexe après tout vous n'êtes pas comprise :*
> *L'illustre Elizabeth n'en a que les appas.*

« Je vous dis quelque chose de pareil, Monsieur. Vous n'avez aussi, de ce sexe despotique et inconséquent que le degré de lumières et de force d'esprit que l'éducation vous donne au-dessus de nous ; et si tous les hommes vous ressemblaient je crois

que tout irait bien mieux ; pour autant qu'il serait possible que
les choses allassent bien en bouleversant tout, comme les
hommes l'ont fait par l'abus de la force, dans la loi claire de la
Nature qui a mis pour base de tout la parfaite égalité des droits
entre les deux sexes : abus dont a résulté par la suite le désordre
et le vice partout. Riez, je le veux bien, de cette idée ! Elle
prendra pourtant quelque jour, j'en suis sûre. On s'en doutera à
la fin, comme on s'est douté de la liberté. Et ce n'est qu'après
que l'on aura établi l'ordre naturel et nécessaire qu'il deviendra
possible d'imaginer et de réaliser un bon gouvernement et de
bonnes lois, arrangement impossible à faire tant que l'on lésera
inhumainement et rendra lâche et passive la bonne moitié de la
création » [1].

Elle voulait des femmes libres d'être naturelles, et pas du tout
des citoyennes au masculin. Elle eut encore le temps d'assister de
loin à l'ascension de Bonaparte, qui ne lui fit pas changer d'avis
sur la régression de la cause qui lui était chère. L'hypocrite
morale victorienne du XIXe siècle, qu'elle vit poindre avec dépit
chez ses petites-filles anglaises, et ce qui l'a remplacée depuis, lui
ont donné rétrospectivement raison.

---

1. *Ibid.*, p. 141.

LETTRES DE LA COMTESSE DE BENTINCK [1]

À Voltaire

Hambourg, le 17 avril 1778

J'ai envie de crier au miracle, Monsieur ! Quoi ? Les hommes seraient devenus justes ? Quoi, la vérité triompherait et réduirait les préjugés au silence ? Je le vois, grâce au ciel, sans oser presque le croire. La révolution en Angleterre paraît incompréhensible ; celle que vous venez d'opérer est cent fois plus surprenante. On a vu tomber des nations du faîte de la puissance, mais quand avait-on jamais trouvé des peuples entiers équitables, sourds à la voix du fanatisme, ne point punir le sage d'avoir osé les éclairer et travailler à les rendre heureux ?

Ce n'est pas vous, Monsieur, c'est la France que je félicite de l'emporter en tout sur sa fière rivale. Ce n'est donc pas le seul empire précaire de la mer, c'est celui du bon sens et de la saine philosophie qu'elle vient de lui arracher. Vous venez de faire en morale la besogne du brave Washington. On vous bénit, on vous admire tous deux. Dans quel siècle vivons-nous, Monsieur, et ne se pourrait-il pas bien que la comète que votre ami Euler nous a déco-

---

1. De la « Sévigné de l'Allemagne », je reproduis ici, d'après l'édition Soprani-Magnan, trois lettres caractéristiques. La première la montre, dans toute son admiration pour Voltaire, jubilant de son triomphe parisien en 1778, comme si elle avait été là au premier rang des spectateurs d'*Irène* à la Comédie-Française. La deuxième, que je cite partiellement, établit avec quelle lucidité politique cette voltairienne, désespérée que son grand homme ne soit plus là pour s'interposer, commente de loin, en juillet 1789, les débuts de la Révolution, sans la moindre indulgence pour le Genevois Necker. La troisième, adressée à sa petite-fille anglaise Sophie Hawkins-Witsched en 1794 (elle est une grand-mère de 80 ans), rapporte ses conversations avec Voltaire, aux Délices, sur la personne et sur les œuvres de Rousseau. (Éd. Soprani-Magnan, p. 122-123, 131-133, 165-167.)

chée, fût sur le point de nous renverser ? Vous me la faites plus appréhender que tous les calculs de l'Apocalypse. Faut-il vous dire après cela, Monsieur, avec quel transport de joie j'ai savouré vos plaisirs, et cette gloire si douce (puisqu'elle est méritée) qui a fait verser des larmes de satisfaction aux gens de bien ? J'avoue qu'il y a un peu de présomption de ma part, à vouloir me flatter qu'au milieu de tant d'applaudissements et de transports, ma faible voix puisse se faire entendre au travers de la voix publique. Mais c'est celle de mon cœur que j'écoute et qui me guide. Il me dit que l'ancienneté de mes droits, la constance de mon attachement, n'échapperont point à l'équité du vôtre. Je n'ai point attendu ces brillants hommages pour vous consacrer les miens ; et la France, l'Europe entière, ne font que confirmer ce que j'ai osé dire et penser depuis quarante ans.

Au milieu de tant de félicités, je ne suis cependant pas un instant sans inquiétude. Comment votre précieuse santé résistera-t-elle à des mouvements si violents ; et après l'air pur de la campagne, comment vos poumons soutiendront-ils les brouillards malfaisants d'une ville, et d'une rivière trop peu rapide pour entraîner ces exhalaisons fatales, dont notre Elbe plus considérable me fait voir tous les jours les inconvénients ? Je n'espère qu'en Madame Denis et en Monsieur Tronchin. Je demande à Dieu et à eux de vous faire faire un tour à Ferney. Je sens parfaitement qu'il est délicieux d'être adoré, mais je comprends qu'il l'est avant tout de vivre et de se porter bien. Tout Paris est essoufflé, Monsieur, de grâce ! laissez respirer l'amour et l'admiration ! Allez travailler pour lui dans votre aimable retraite, et revenez dans une saison moins dangereuse pour le séjour des villes, moissonner de nouveaux lauriers. La vénération et l'amitié m'arrachent ces libertés, que le sentiment seul peut justifier.

Que ne puis-je vous revoir un seul jour avant ma mort ! Je vous avoue que je verrais avec un redoublement de joie l'illustre Franklin, *votre ami, à vos côtés. Le plus beau fleuron de vos couronnes a été votre présence mutuelle, dans ces mémorables instants qui ont décidé du sort de l'Amérique et de la façon de penser de l'univers.*

Adieu, Monsieur, vivez, et souvenez-vous que vous n'avez plus que cela de bon à faire, après avoir dit et fait tout le reste.

*CS Comtesse douairière de Bentinck
née Comtesse d'Aldenburg*

Au baron de Johnn

Hambourg, le 21 juillet 1789

Que dites-vous, Monsieur, des événements imprévus et incompréhensibles que la poste de France d'hier nous a apportés ? Je suppose que vous avez déjà ces détails surprenants, et qui nous affectent et nous intriguent si furieusement ici. Comme cependant il se pourrait que vous n'eussiez point encore ces relations, et que la poste de Hollande d'aujourd'hui n'en fût pas fournie encore (la gazette de Leyde étant toujours tardive d'une poste), je joindrai ici une gazette allemande d'ici qui doit venir ce midi, et qui sûrement les contiendra tous. Nous avons eu dans la gazette de la cour de France une motion violente de la façon du comte de Mirabeau. Ce détestable boutefeu, qui fait autant de mal en action à Paris qu'il en fait par écrit à Berlin, a occasionné la députation et représentation faite au roi, de la part des États assemblés, pour lui faire, d'une façon très insolente et très choquante, l'extravagante proposition de renvoyer les régiments étrangers entre autres, qu'ils traitent de barbares, et les troupes en général, qu'il a fait approcher près de Paris et de Versailles pour réprimer l'effervescence populaire, ce qui a mis martel en tête à messieurs les frondeurs, qui sentent germer l'esprit de rébellion sous le beau nom de patriotisme.

Le roi, apparemment aigri de cette amère et impertinente adresse, et sentant le danger où il se trouve quand on ose lui parler sur ce ton, soufflé par le comte d'Artois, par sa clique opposée à celle de Necker (ce Necker absent), a pris à la fin par faiblesse un parti bien fort (du moins c'est ainsi qu'en combinant les faits, je tâche de me l'expliquer à moi-même, sans que personne jusqu'ici me l'ait expliqué ainsi). On lui a fait sentir sans doute que s'il se prêtait à cette demande des États, son autorité serait perdue sans ressource, et [que] sa personne elle-même, et les États resteraient exposés à la fantaisie et à la fureur du peuple gouverné par le tiers état, et le plus fort alors ; la cour, le clergé et la noblesse devant alors en passer par tout ce que Mirabeau et consorts voudraient leur imposer. Qu'il s'ensuivait nécessairement de là que M. Necker, qui avait haut la main mendié la faveur du peuple dont il est encore l'idole, ne se prêterait jamais à des démarches fausses et dangereuses. Que c'était donc le premier qu'il fallait éloigner. C'est ainsi que je crois que l'on a persuadé ce pauvre prince, enclin à suivre toujours l'avis de celui qui parle le dernier.

Le bannissement du ministre genevois prononcé, le reste de ses collègues, qui ont vu la tournure que les affaires allaient prendre naturellement, et le besoin absolu que le monarque fût ferme comme un roc après le parti mâle qu'on lui avait fait prendre, ne jugeant peut-être pas le bon Louis XVI susceptible d'en soutenir un pareil, prévoyant par conséquent l'orage qui en ce cas tomberait à plomb sur les ministres en place, ont tous demandé leur démission, cela voulant dire : « Sauve qui peut ! ». Notamment ce pauvre Montmorin, ami particulier de Necker et qui est tout ami et favori du roi qu'il est, sieht ihn doch, ohne zweifel, nicht vor vol an *(sans doute, n'a pourtant pas confiance en lui).*

C'est ainsi, Monsieur, que je crois combiner et comprendre toute cette parade, qui peut décider du sort de la France et de celui de ses rois, le tout jusqu'à nouvel ordre, et que quelqu'un au fait me l'explique mieux. En attendant, que va-t-il s'ensuivre de tout cela ? Car ou je me trompe, ou nous sommes au moment des événements les plus étranges, et que Dieu seul put prévoir et calculer. Si le roi avait le courage et la fermeté du grand Frédéric, ou de cette maîtresse femme qui donne la loi en Russie et dans la moitié du monde, je dirais : tout peut se redresser encore : le monarque se souvenant tout d'un coup qu'il est homme et souverain, s'apercevant que tout est perdu pour lui s'il ne vient pas à bout de rattraper les rênes du gouvernement échappées à sa faible main, réveillé par de fortes secousses de son sommeil léthargique, se mettant lui-même à la tête des cinquante mille hommes qu'il a appelés près de lui, pourrait donner la loi aux États et au peuple, et dicter, l'épée à la main, la constitution telle qu'il la voudrait établir.

Mais quand je pense qu'il faudrait pour cela que les troupes en question tinssent bon pour lui, et que lui-même eût après à soutenir un parti pris, au travers des obstacles, des difficultés, et des dangers les plus éminents, je tiens alors l'espoir d'une telle réussite une chose impossible à espérer, et une chimère. Et quand je vois alors qu'on l'a cependant entraînée, et entreprise, les cheveux me dressent à la tête pour l'événement, qui ne peut selon moi être que funeste, et épouvantable ! Dieu veuille que je me trompe, et voie trop noir. Mais je vous avoue qu'il n'y a point d'horreurs que je ne prévoie et auxquelles je ne m'attende. Que je me trouverais heureuse de m'être trompée ! Mais hélas, j'ai été trop bon prophète déjà, lorsque j'ai vu M. Necker rentrer au ministère, pour livrer son roi au tiers état, et se procurer l'amour du peuple, aux dépens de l'autorité de son maître et de sa gloire. J'ai d'abord pronostiqué qu'un étranger, un roturier, un parvenu, professant une religion prohibée et se boursouflant dans une place éminente, entouré d'envieux et d'ennemis, auxquels il prêtait un côté si faible et une conduite si facile à dénigrer, ne pourrait se soutenir que dans un moment d'effervescence, à moins d'un miracle. Il est vrai que je lui donnais encore cinq ou six semaines de règne, et ne m'attendais pas à le voir déjà à la dernière marche du gouffre. Malgré tout cela, je ne jurerais pas que, dans quelque nouvelle convulsion qui prendrait au pauvre royaume, on ne le rappelât encore une fois et qu'aiguillonné de son ambition effrénée, il ne fût assez enragé pour l'accepter et pour vouloir jouir du charme momentané de rentrer en triomphe à Paris, pour finir peut-être à la fin encore plus tragiquement.

À Sophie Hawkins-Witsched

Le 2 décembre 1794

Vous êtes la plus aimable et la plus singulière petite créature du monde, ma chère petite chatte, votre agréable gazouillage du 11 novembre m'a d'abord effrayée, par la crainte d'une fausse couche ; et puis amusée et revergaillardie, par la naïveté de vos jolies idées, et tout votre tripot avec J.-J. Rousseau. J'aurais plutôt deviné le grand Mogol pour votre parrain que cet apôtre de la Révolution française. Vous me faites des questions auxquelles je vous répondrai aussi franchement que mes lumières, très bornées, me le permettent, [moi] qui ne puis avoir des opinions en philosophie, n'étant qu'une pauvre vieille femme, qui peut dire qu'elle connaît tel ou tel fait, mais non juger des principes au-dessus de son génie, et de ses lumières. La matière a tant été rebattue par des personnes éclairées que chacun peut y puiser des arguments, pour et contre les idées de cet homme extraordinaire qui a joué un si grand rôle après sa mort. Je ne l'ai pas connu personnellement, mais j'ai lu chaque ouvrage sorti de sa plume, à mesure qu'ils ont paru. J'ai beaucoup entendu Voltaire rendre compte au roi de Prusse (à souper, chez sa sœur Mme la margrave de Bayreuth) de ses idées sur ce célèbre original, sur son caractère et ses ouvrages, et nous avons en sus parlé de lui plus de cinquante fois ensemble. Je vous rendrai compte de tout cela, et puis vous conclurez sur les résultats.

La première personne qui s'est engouée du style et des idées de J.-Jacques, c'était feu la princesse d'Anhalt-Zerbst [mère de la grande Catherine] qui depuis notre première jeunesse me faisait l'honneur d'être mon amie. Cette dame joignait à beaucoup de talents, et de lumières, un esprit assez juste, et un génie quelquefois hardi, et se plaisant au sublime, et un peu à la singularité ! C'était une bibliothèque vivante *qui, ne devant qu'à elle-même et à son travail les connaissances dont elle avait orné son esprit supérieur, les avait reçues sans méthode, et sans cet ordre que la science y a mis, et qui est si nécessaire à leur perfection. Son génie y suppléait souvent. Souvent aussi il l'emportait. Le premier ouvrage de Jean-Jacques eut cet effet. Elle s'en enthousiasma, au point qu'elle me dit « que ce jeune auteur, s'il continuait ainsi, serait un jour le Haller de la France, c'est-à-dire qu'il effacerait Voltaire, et Montesquieu, et votre illustre Pope ». Elle n'avait lu alors que son ouvrage sur* Le danger des Lumières chez les hommes. *Elle me disait de jeter, de brûler tous mes livres de morale et de logique, et de laisser place dans ma bibliothèque, et dans ma tête, pour ce philosophe, qui seul développerait tout ce que l'humanité pouvait développer, c'est-à-dire que* nous ne savons rien.

Je vis d'abord qu'elle était enivrée, et que la propre fougue de son imagination brillante l'emportait ; je n'eus pas grand-peur qu'un esprit aussi sensé et aussi réfléchi que le sien s'égarât longtemps, et j'étais bien sûre qu'elle ne tarderait pas à revenir de ce petit écart ! Mais je sentis, dès lors, le danger de ce style enchanteur, puisqu'il faisait des impressions si profondes sur une si bonne tête, et je me mis à munir la mienne, bien plus facile à séduire, contre un ascendant vainqueur. J.-Jacques lui-même m'aida à fournir des armes contre sa philosophie. Son Contrat social, *ouvrage qui a fait tant de mal en France, me parut mériter l'attention des plus habiles instituteurs des nations, mais absolument au-dessus de mes connaissances. J'entendis discuter ces matières élevées par les personnes susceptibles d'en juger par connaissance de cause. Je m'aperçus que ces jugements avaient le sort de presque tous ceux de l'humanité, savoir qu'ils diffèrent entre eux, et ne sont jamais d'accord, à peine en mathématique, jamais en morale, et uniquement en arithmétique.*

Rousseau resta donc créateur d'un code admiré des uns, censuré des autres, et son mérite indécis.

Son Héloïse *fit une espèce de révolution que son* Émile *a achevée [1761-1762].*

La même différence de jugements fut portée sur la première, et ce roman est encore la pomme de discorde entre les gens de goût et les moralistes un peu sévères. C'est une controverse qui, je crois, ne sera jamais bien décidée et que, très heureusement selon moi, on a mise à côté, pour s'occuper d'un ouvrage encore plus dangereux à juger, y ayant un tel mélange de bon, de mauvais, de pernicieux, et d'excellent, que feu Salomon lui-même, s'il ressuscitait pour l'apprécier, y serait furieusement embarrassé. Je parle de son Émile, *de ce croquis d'éducation que sa téméraire hardiesse a osé présenter à la frivolité de la France, et de ses voisins, qu'elle a livrés à la même épidémie.*

Ce mémorable ouvrage, qui a fait une révolution dans les esprits (avant que son code en ait fait une dans l'Europe), fixa pendant quelques temps les yeux de tous ceux qui lisent, et occasionna très promptement des changements surprenants et précipités, sans assez de réflexion peut-être, dans l'important objet de l'éducation particulière et même, en quelques endroits, publique.

Tout ce que je puis ajouter, ma chère Sophie, c'est que dans ces deux ouvrages, Héloïse *et* Émile, *en nous inspirant en plusieurs égards de l'admiration, et de l'agrément, nous guérirent cependant radicalement, la princesse de Zerbst de l'enthousiasme, et moi du doute qui me restait sur le fond du caractère de l'auteur. Les funestes effets que ce malheureux code a occasionnés, l'égarement des esprits, la perte des mœurs, la destruction de la religion, de l'ordre et des lois, l'oubli total de l'humanité même, l'affreuse anarchie qui en a été la suite en France (et le sera peut-être par tout le reste de la Chrétienté), décidera peut-être du mérite et du danger de ces ouvrages, dont l'intention au moins paraît avoir été pure, dont l'auteur ne saurait être censé directement coupable des abus que l'on a souvent faits de ses idées, souvent mal saisies, falsifiées, exagérées, susceptibles peut-être de faire naître des idées heureuses à des esprits sages, mais devenues des poisons entre les perfides mains qui s'en sont servis, et en ont abusé pour perdre l'ordre, la religion, la morale et le bonheur.*

Je vous ai dit, ou du moins j'ai essayé de vous dire, ma chère Sophie, ce que je pense de votre célèbre parrain. Je ne vous dis pas que ce soit comme cela qu'il faut penser, car en vérité, la matière absorbe mes lumières. Mais ce que je vous ai dit est le résultat de mes réflexions, et de ce que j'ai digéré dans ma tête pendant une trentaine d'années, mais à quoi je n'ai guère plus pensé depuis trois ou quatre ans ; et mon âge et mes infirmités, et mille objets plus prochains, ayant affaibli ma mémoire, et toutes mes facultés, il ne m'en est plus resté des idées bien suivies ; et je n'en ai conservé qu'à peine les résultats que je vous soumets, et qui me font juger que ce fameux Jean-Jacques a dit et imprimé de bonnes et excellentes choses, mais aussi de dangereuses, et de hasardées. Et l'événement prouve malheureusement, qu'eût-il eu les meilleures intentions du monde, il a pourtant fait beaucoup plus de mal que de bien, et que son imprudent flambeau a allumé la terre au lieu de l'éclairer.

Pour ce qui est de M. de Voltaire, j'ai cru remarquer qu'il ne l'aimait ni ne le haïssait. Il avait quelquefois contre lui la petite jalousie de métier usitée, mais je l'ai toujours vu rendre justice à son esprit, à son style, sans même craindre d'en être éclipsé. Je l'ai entendu à Genève le défendre vivement, mais sans passion comme il avait [fait] contre La Beaumelle et Fréron. Il m'a dit un jour, que je me rappelle fort bien, « que les chapitres dans Héloïse sur le duel et sur le suicide étaient des chefs-d'œuvre de bon sens et de vérité, après lesquels il ne restait rien à ajouter ». Mais il badinait l'idée entière du roman comme roman, et je pense qu'il n'a pas eu tort, raison pour laquelle je serais bien fâchée si le vœu de votre père, que vous ressembliez à son héroïne Héloïse (passe pour sa superficielle Sophie) se fût exaucé, car cette Héloïse était, sauf votre respect, une franche catin et Sophie promettait de le devenir. Je ne me soucie donc nullement que votre parrain ait formé vos mœurs, et je bénis Dieu que c'est votre digne mère, et votre propre bon esprit, qui se sont chargés de cette besogne morale, qui grâce au ciel a très bien réussi telle qu'elle est, à quoi j'espère que vous vous tiendrez, sans faire de vos filles ni des Héloïses ni des Sophies à la Rousseau, mais bien à la tête blanche, et au cœur blanc et pur, sans chercher midi à quatorze heures, et vouloir comme ce sublime Rousseau être toujours plus sensé, ou du moins toujours différent du reste du monde, façon de voir qui, donnant dans le goût national anglais, y serait encore plus dangereuse qu'en France.

Ses principes, si bien ornés par les grâces de son style et de son esprit, mènent à des excès dont on ne se doute pas, et il se pourrait fort bien que la maudite morale qu'il a débitée sur le vice le plus dangereux de tous sans exception par ses effets, ait beaucoup trop pris déjà en Angleterre : je veux dire l'ivrognerie. Cette affreuse passion est au moment, ma chère petite chatte, de faire perdre à l'Angleterre toute sa prépondérance nationale en fait de génie, de principes, d'esprit et de mœurs. Jean-Jacques en a été le répréhensible apôtre [dans la Lettre à d'Alembert] et, ne fût-ce que cette erreur seule, il [y] aurait bien des reproches à faire [...]

Je radote. Adieu.

11

LE MODÈLE PARISIEN VU DE LONDRES : LORD CHESTERFIELD, PRÉCEPTEUR DE SON FILS

Les grands seigneurs, notamment ceux du XVIIIe siècle, passent pour d'exécrables pères de famille. Philip Dormer Stanhope, quatrième Earl of Chesterfield (1694-1773), est le type même du grand seigneur du XVIIIe siècle. Le libertinage de ses mœurs, le *wit* qui le faisait redouter à Londres et estimer de Swift et de Voltaire, semblent bien peu propices à l'amour paternel et à la persévérance préceptorale. Et cependant, c'est le père, c'est le précepteur qui, chez Lord Chesterfield, ont prévalu dans sa renommée posthume sur l'homme du monde désinvolte et sur l'homme d'esprit. Un an après sa mort, en 1774, paraissait l'ouvrage qui a fait de lui, peut-être contre son gré, un classique de la littérature anglaise : les Lettres qu'il avait adressées à son fils Philip depuis 1737 (c'était alors un enfant de cinq ans) jusqu'en 1768 (Philip mourut cette année-là, cinq ans avant son père). Jamais père ne s'est montré précepteur aussi affectueux et prévoyant que ce lord qui passait pour blasé et sec. Jamais fils n'a été guidé, suivi, accompagné, endoctriné, conseillé, enseigné, morigéné, avec plus de douceur patiente et de vigilance que ce fils de lord. Seul l'Émile de Rousseau, mais c'est un être de fiction, a été éduqué avec autant d'intelligence et d'amour. Même de courts fragments, dans une traduction française du XIXe siècle, peuvent donner l'idée de ce prodigieux pygmalionisme par correspondance : il en subsiste quatre cent trente lettres. Toutes sont en anglais. Mais l'éducation européenne que Lord Chesterfield entendait donner à son fils était essentiellement de style français, et les conseils qu'il lui adresse ne sont jamais aussi sentis qu'au cours des deux années 1750-1752 pendant lesquelles Philip, au terme de son

« Grand Tour » sur le continent, séjourne à Paris, une ville que ce grand seigneur anglais connaît à fond. Du moins il s'en flatte. Le lamentable échec de son préceptorat est peut-être dû au fait que, de la fluidité des mœurs dans l'*extrêmement bonne société* parisienne d'alors, il a voulu tirer un système qu'il croyait incarner, mais dont aucun adolescent ne pouvait revêtir le moule.

Les Lumières, un conflit d'éducation

Il est question à plusieurs reprises dans ces Lettres de M. et Mme Dupin, chez qui Rousseau a été secrétaire et dont Lord Chesterfield avait été souvent l'hôte. Il a pu, chez eux ou ailleurs, croiser Rousseau. Il est peu probable qu'il l'ait rencontré. Il est difficile d'imaginer deux hommes aussi incompatibles que ces deux contemporains. Nous parlons volontiers du siècle des Lumières comme si tout y convergeait vers notre bienheureuse modernité dans un même salon bien éclairé. Chesterfield lui-même ne dément pas le mythe : en bon whig, ennemi par tradition de famille du régime politique français, il se réjouit en 1752 d'apprendre en lisant les *Considérations* de Duclos (dédiées à Louis XV) « qu'il y a un germe de raison qui commence à se développer en France ». Il en déduit que la monarchie Très Chrétienne, son droit divin, son papisme, ne franchiront pas le siècle. Mais chez Lord Chesterfield, le père et le précepteur, qui œuvrent de concert, sont beaucoup plus traditionnels que les convictions politiques. Lord Chesterfield élève son fils comme lui-même aurait voulu être élevé, il le moule sur un modèle qu'il est fier d'avoir reçu et d'illustrer. Rousseau, qui va beaucoup plus loin que quiconque au XVIIIe siècle dans son rejet de toute tradition historique, a fort bien senti la force conservatrice de cet instinct paternel. Dans l'*Émile*, le précepteur a supprimé le père, qui l'eût gêné. Il a même supprimé la mère. Ces deux morts inaugurales, dans une œuvre qui est un mythe, sont déjà tout un programme. Émile est un orphelin. Le champ est ainsi entièrement laissé libre au précepteur philosophe qui dispose d'un empire absolu sur l'enfant et qui est donc à même de le former selon la loi naturelle. Lord Chesterfield, qui a des précepteurs à ses ordres, veut être maître de se perpétuer, avec tout ce qu'il représente, en son fils. Rousseau élève Émile loin de Paris, contre Paris. La capitale de l'Ancien Régime est pour lui celle de la corruption la plus profonde de l'homme naturel. Lord Chesterfield, qui voit dans Paris « le séjour des grâces », lui demande de parachever son œuvre.

Le grand seigneur whig peut bien souhaiter une réforme du système politique français. Il n'a pas plus à reprendre qu'Edmund Burke, whig lui aussi, à la réussite morale de la France royale, fille aînée d'une civilisation européenne de plusieurs siècles. Bien plus que les différences de constitution politique entre Angleterre et France, c'est cette civilisation européenne qui importe à Lord Chesterfield, et c'est à elle qu'il souhaite accorder son fils, comme lui-même s'y était accordé. Il peut bien soutenir la politique anglaise dirigée contre l'hégémonie arbitrale de la France de Louis XIV et de Louis XV en Europe. Il n'en voit pas moins en France le foyer central des mœurs civiles qui régissent le jeu européen. Pour Rousseau, Paris est pour cela même l'adversaire par excellence. Émile est formé par les soins de son précepteur en étranger et même en vainqueur d'une fausse civilisation. Le mythe pédagogique d'*Émile ou de l'éducation* est aussi radicalement révolutionnaire que la philosophie politique du *Contrat social*, paru la même année. Le siècle, et pas seulement le siècle, l'histoire de l'Europe, tourne sur les gonds que sont ces deux livres. Lord Chesterfield n'a pas écrit un livre et moins encore un mythe. Il a mis en œuvre, pendant vingt-cinq ans, un style d'éducation qui s'était élaboré depuis la Renaissance et qui, avec de nombreuses variantes, était devenu celui de toute l'Europe civilisée. Il a eu seulement le mérite de l'expliciter avec un luxe de précisions qui n'appartient qu'à lui, au cours d'une correspondance qu'il était seul à pouvoir soutenir avec tant d'abondance, de bienveillance et de naturel. Un naturel où Rousseau, qui s'attache à développer en son Émile l'enfant de la nature, n'aurait vu que l'art suprême de la corruption civilisée.

Le débat qui n'a pas eu lieu, entre Lord Chesterfield et Rousseau, nous porte rétrospectivement au cœur de la tragédie latente des Lumières. Émile est élevé en « noble sauvage », capable de traverser le monde des cités sans laisser entamer son intégrité native. Le *Contrat social* donne la même année les moyens politiques de régénérer les cités corrompues. Ce sont deux livres de rupture radicale, inspirés par un véritable prophétisme religieux, aussi évident dans la « Profession de foi du vicaire savoyard » de l'*Émile* que dans le chapitre sur la religion civile du *Contrat*. Les *Lettres de Lord Chesterfield à son fils* auraient pu être écrites, avec des variantes, par n'importe quel père de son rang et de son époque, si un autre père que lui avait pu s'aviser de jouer au précepteur, alors qu'il y avait d'excellents et nombreux domestiques pour faire ce métier. L'un d'entre eux est le Pangloss de Voltaire, qui en 1759, dans son chef-d'œuvre *Candide*, avait par avance renvoyé dos à dos Chesterfield (qu'il aimait bien) et Rousseau (qu'il ne détestait pas encore). La seule éducation qui compte, c'est la plus imprévue, celle de la vie.

Chesterfield a eu cependant de modestes modèles, par exemple les *Avis d'une mère à son fils* de la marquise de Lambert, qu'il cite, ou mieux encore l'*Advice to a daughter* adressé par Lord Halifax, son grand-père, à Elizabeth Stanhope, sa propre mère. Les *Lettres* s'inscrivent dans une longue tradition de pédagogie aristocratique. Rousseau en 1762 peut bien la rejeter en bloc comme une montagne « d'habitudes étouffant la nature » : cette tradition a des origines millénaires. Elle remonte à l'*Institution oratoire* de Quintilien : elle a trouvé un nouveau départ chez les grands éducateurs de princes de la Renaissance, elle s'est développée, transmise, modifiée ensuite de nation à nation, de génération à génération : elle jouit au XVIIIᵉ siècle d'une autorité et d'un prestige « naturels » que le temps et l'expérience seuls peuvent conférer. Mais cette « nature » traditionnelle, pour Rousseau, n'est qu'un piège : elle a la fausse évidence des concrétions historiques qui nous happent dès le berceau, et nous dérobent le libre usage de notre nature et notre énergie. Rousseau avait été précédé, sur un mode tout ecclésiastique, par Fénelon. L'éducation du duc de Bourgogne, secrètement dirigée contre le modèle de Louis XIV, avait voulu former au cœur d'une cour corrompue un prince vraiment chrétien, un philanthrope couronné. Cette profonde réforme du royaume par la pédagogie du Prince, même si elle n'eut pas d'effet politique immédiat, a préparé la révolution de Rousseau. *Les Aventures de Télémaque* ont frayé la voie à l'*Émile*. Mais la tradition avait encore de beaux jours devant elle.

L'*Avis d'une mère à son fils* avait été publié contre le gré de Mme de Lambert. L'*Advice to a daughter* avait paru après la mort de Lord Halifax. Il s'agissait en effet de textes à usage privé, quasi ésotériques, inséparables d'un contexte social, familial, aulique, à l'intérieur desquels ils prenaient sens. C'est ce contexte qui était lui-même, par définition, le principal éducateur. Ces orientations écrites se bornaient à faciliter ou à accélérer les leçons d'une tradition portée par la société de l'enfant. Rien de commun avec le mythe fondateur que Rousseau écrit avec l'*Émile*, et qui sépare l'enfant de sa société familiale et historique aussi radicalement que le Platon de la *République*. Pas plus que

Mme de Lambert ou son grand-père Halifax, Lord Chesterfield n'a écrit ses *Lettres* en vue de les publier. Il aurait très probablement regardé avec indifférence qu'elles le fussent. Mais la seconde édition des *Lettres* en 1775 (la première, parue l'année précédente, ayant été vite épuisée) porte un titre qui eût tout de même mortifié leur auteur, tant il respire la cuistrerie prêcheuse et publicitaire : *Lord Chesterfield's Advice to his son on men and manners, or a New system of education in which the principles of politeness, the Art of acquiring a Knowledge of the world, with every Instructions necessary to form a Man of honour, virtue, taste, and fashion, is laid down in a plain, easy, familiar manner. The second edition to which is now added the Marchioness of Lambert's Advice to his son* (1775). Quelle revanche pour la femme *undistinguished* que Philip avait épousée à l'insu de son père, alors que celui-ci lui avait recommandé si vivement de prendre des maîtresses amusantes et charmantes, en attendant le brillant mariage qu'il aurait lui-même arrangé ! Voilà que les secrets de la tradition propre à l'éducation aristocratique se trouvaient démocratisés, embourgeoisés, comme un produit de consommation courante et commode. C'était un signe des temps.

Les *Lettres*, si elles sont bien un chef-d'œuvre littéraire, ne sont pas une œuvre littéraire, pas plus que les *Mémoires*, les *Correspondances*, les *Testaments d'un père à son fils* et autres manuscrits à usage interne de l'aristocratie d'Ancien Régime. Improvisées au fur et à mesure par l'un des *wits* les plus ornés de l'Angleterre du XVIIIe siècle, elles s'accordent à la croissance de l'enfant auquel elles s'adressent, et elles déploient progressivement à nos yeux les ressources de mémoire et d'expérience accumulées par leur auteur. Elles font par touches successives son portrait complet, son portrait vivant et animé, et c'est d'abord cet autoportrait qui, par imitation et contagion, doit agir sur l'âme de l'enfant et lui donner la forme souhaitée. Mais c'est un portrait de loin. Lord Chesterfield est presque constamment séparé de son fils. Il ne peut exercer sur lui l'effet mimétique de l'exemple direct et familier. C'est donc un portrait qui écrit, ou plutôt qui parle par écrit, et qui dévoile peu à peu tout l'édifice intérieur construit par le père afin qu'il se reconstruise dans l'esprit de son fils. Prodigieux transvasement, aussi attachant à observer qu'un grand phénomène naturel ! Rousseau veut opposer de façon radicale culture et nature. Ici nous voyons bien, grâce à ces *Lettres* qui suppléent une absence, qu'une seconde nature peut, grâce à la force des traditions et le talent de leurs représentants, animer les phénomènes de culture et leur conférer une sorte d'énergie génératrice.

Une inspiration exceptionnelle, passionnée et constante, a fait jaillir ce flot régulier de lettres. Un accident intime, nous allons le voir, est à l'origine de cette ardeur éducatrice. Mais la mémoire où le noble lord puise généreusement pour alimenter cette abondante correspondance n'a rien de subjectif. La passion d'éduquer son fils fait monter sous la plume de Lord Chesterfield une somme de savoirs et de sagesse civile rassemblés depuis la Renaissance, et dont les éléments édifient par couches successives la Forme idéale du parfait *gentleman*, synthèse à la fois de l'*Orator* antique selon Cicéron et Quintilien, du *Cortegiano* selon Castiglione, et de l'*Honnête homme* à la française selon La Rochefoucauld et le chevalier de Méré. Cette Forme idéale, élaborée et enrichie par l'expérience des générations successives, est déjà à ce titre « naturelle ». Lord Chesterfield peut à bon droit considérer qu'elle est sienne, qu'elle lui est « naturelle ». Il incarne cet *habitus* moral selon sa propre invention et sa vocation la plus singulière et personnelle. Elle est devenue sa propre nature. Elle est lui-même.

Un grand seigneur whig francophile

Car son éducation a été beaucoup moins voulue et organisée que celle qu'il dirige de loin avec tant de méthode dans l'intérêt de son fils. Elle a été par là même beaucoup plus ordinaire. Son père, le troisième Earl of Chesterfield, mort en 1726, ne s'est guère intéressé à lui. Il a été élevé par sa grand-mère maternelle, qui lui a inculqué l'admiration pour son époux, mort un an trop tôt pour que Philip le connaisse : George Savile, Marquis of Halifax (1633-1695). Ce grand seigneur lettré, qui faisait de Montaigne son auteur de chevet, avait joué un rôle déterminant et modérateur dans la transition délicate entre la monarchie de Jacques II Stuart et celle de Guillaume III d'Orange, en 1688. Un des pères fondateurs du nouveau régime, il n'en avait pas moins été un des amis et collaborateurs les plus proches de Charles II, le plus intelligent et politique de tous les Stuarts. Orateur, polémiste, moraliste, il offrait rétrospectivement à son petit-fils l'exemple parfait de l'homme d'État libéral, qui a fait la force pendant plus de quatre siècles de la politique anglaise. Cet exemple lui était transmis par tradition orale et familiale directe.

En 1714, instruit jusque-là chez sa grand-mère par un précepteur d'origine française et huguenote, M. Jonneau, qui lui a appris un français parfait, il entre à dix-huit ans à Trinity Hall, Cambridge. Membre du Witty Club, une de ces associations littéraires qui caractérisent la vie universitaire anglaise, il étudie soigneusement les orateurs et les poètes antiques, il apprend par cœur Horace.

Mais le jeune homme, qui se plie résolument à ces exercices, le fait d'autant plus volontiers qu'il les sait indispensables à son dessein déjà formé. Auprès de sa grand-mère, dès son enfance, il a rencontré des hommes d'État dont la conversation, la sagesse pratique, l'expérience acquise de longue main, lui ont donné déjà, avec le souvenir toujours vivant de Lord Halifax, l'idée de ce qu'il voulait devenir. Il rapporte les mots de Lord Galway, qui lui avait dit un jour, alors qu'il n'était encore qu'un adolescent :

« Si vous avez l'intention de devenir un homme d'État, il faut vous lever tôt. Dans les offices éminents que vos talents, votre rang et votre fortune vous conduiront à occuper, vous devez être à même de recevoir des visiteurs à toute heure du jour, et à moins de vous lever constamment très tôt, vous n'aurez aucun loisir pour vous-même. »

Toute sa vie, il ne se leva donc jamais plus tard que huit heures, même lorsqu'une fête ou la débauche l'avaient tenu éveillé jusqu'à quatre heures du matin. Son presque contemporain, le duc d'Orléans, se pliait à la même discipline, et ses nuits d'orgie ne mordaient ni sur son loisir ni sur les affaires de sa Régence. L'éducation du futur Lord Chesterfield fut donc largement sa propre œuvre et l'exemple vivant compta plus encore pour lui que les livres. Aussi ne resta-t-il guère plus d'un an à Cambridge, assez pour se former le solide bagage littéraire classique qu'un homme de sa caste et de son ambition se devait de détenir. Il écrira un jour à son fils :

« Je me souviens, lorsque je quittai Cambridge, que j'avais contracté dans le commerce des pédants de ce plat séminaire une effronterie littéraire, un tour d'esprit satirique et méprisant, et un goût particulier pour argumenter et contredire ; mais dès que j'eus fait mon entrée dans le monde, je m'aperçus que ce n'était pas le ton qu'il fallait et j'adoptai un caractère tout autre ; je cachai mon savoir, j'applaudis souvent sans approuver et je cédai communément sans être convaincu. *Suaviter in modo* [la douceur dans les manières] était ma loi et mes prophètes et si je plus (entre vous et moi), ce fut bien plutôt pour cela que pour mon savoir et mon mérite. »

Paris, où il séjourna en 1714-1715 après Anvers et Bruxelles, dans une amorce de « Grand Tour », fut pour lui l'expérience décisive. Il y dénoua sa timidité et son agressivité et ce fut une Française de la bonne société qui lui fit faire, dans cet ordre à ses yeux capital, les plus rapides progrès. Il rappelle, dans une lettre à son fils, le propos qu'elle lui tint d'abord, et il le fait en français :

« " Savez-vous que j'ai entrepris ce jeune homme et qu'il le faut rassurer ? Pour moi, je crois en avoir fait la conquête car il s'est émancipé dans le moment, au point de me dire, en tremblant, qu'il faisait chaud. Il faut que vous m'aidiez à le dérouiller. Il lui faut nécessairement une passion et s'il ne m'en juge pas digne, nous lui en chercherons quelque autre. Au reste, notre novice, n'allez pas vous encanailler avec les filles d'opéra et les comédiennes qui vous épargneront les frais du sentiment et de la politesse, mais qui vous en coûteront bien plus à tout autre égard. Je vous le dis encore, si vous vous encaillez, vous êtes perdu, mon ami. Ces malheureuses ruineront et votre fortune et votre santé, corrompront vos mœurs, et vous n'aurez jamais le ton de la compagnie."

« L'assemblée rit à ce sermon, et moi j'en restai foudroyé. Je ne savais pas si elle était sérieuse ou si elle plaisantait. Tour à tour, je me sentis content et honteux, encouragé et abattu. Mais je vis dans la suite que la dame aussi bien que la compagnie à laquelle elle m'avait présenté, me guidaient et soutenaient dans la société, je pris peu à peu de l'assurance, et je commençai à n'avoir plus de honte dans mes efforts pour devenir civil. Je copiai les meilleurs maîtres, d'abord servilement, puis plus librement, et à la fin je jouai harmonieusement des habitudes prises et de l'invention. »

La chrysalide cambridgienne s'est entrouverte : le papillon prend son vol. Mais ce miracle de l'art et de la nature ne pouvait avoir lieu qu'à Paris. Lord Chesterfield y réussit tellement bien qu'il passa très vite, dans toute l'Europe, pour un des maîtres de l'« esprit ». Il fit honneur à cette réputation d'autant plus résolument qu'elle lui coûtait fort cher. Son esprit indépendant et redoutable, qui faisait de lui un héritier d'Antoine Hamilton et du comte de Gramont, un rival de Swift et de Voltaire, l'isola dans son propre parti, les whigs, et compromit presque continûment sa carrière d'homme d'État. Le chef du parti, Sir Robert Walpole, que Chesterfield dès leurs études communes à Cambridge avait rangé dans la catégorie des *bores*, était par là même mieux accordé à la lourdeur provinciale des Hanovre, et de leur médiocre cour londonienne. Walpole, Premier ministre inamovible de George Ier, puis de George II, ne voulut jamais de Chesterfield dans ses cabinets successifs. Il lui accorda tout au plus, à la demande de George II, l'ambassade de La Haye en 1728-1732. Cela n'empêcha pas Chesterfield de briller, par son éloquence et son ironie, à la Chambre des communes, puis après la mort de son père en 1726, à la Chambre des Lords, s'opposant souvent aux *bills* proposés par ses propres amis politiques. Il devint aussi un journaliste et un polémiste de première force, dans la tradition de son ami Swift. Sa position sur la scène anglaise était donc d'une indépendance singulière. Ce whig était le familier du poète catholique libéral Alexander Pope et du docteur Arbuthnot, un modéré soupçonné de sympathies jacobites. Il en vint même à se rapprocher politiquement de Lord Bolingbroke, le chef du parti tory, contraint à de longs séjours d'exil en France. Par son style d'être, par ses goûts et par son esprit, par sa forme donc, Lord Chesterfield était à certains égards un tory, voire un jacobite, alors que ses convictions politiques, sur lesquelles il ne varia jamais, faisaient de lui un fidèle serviteur du régime issu de la révolution de 1688. Son côté « français », voire « parisien », nuance son loyalisme de principe envers la dynastie de Hanovre, dont il méprisait à part lui les manières basses, les maîtresses vulgaires et le *priggishness*.

La France, « séjour des Grâces »

Il serait donc difficile de soutenir que l'attachement de Chesterfield à la forme du parfait *gentleman*, dans la version même que la France monarchique avait perfectionnée et donnée en modèle à toute l'Europe, est la demi-trahison de toute une vie. La France, pour Chesterfield, c'est encore, comme pour Lord Halifax ou pour Montesquieu, Montaigne et ses *Essais*. Mais ce sont aussi les « grâces », qui auraient paru serviles à Montaigne, et que Montesquieu a cependant honorées dès sa première œuvre : *Le Temple de Cnide*. Leur tradition, depuis Mme de Rambouillet et Voiture, s'est imposée à Paris : elle était mieux à même que la philosophie « à sauts et à gambades » des *Essais* de servir les fins et les méthodes de la Cour. Cette forme était d'origine italienne. Née à la cour des papes de la Renaissance, dont elle avait servi le prestige et la diplomatie européens, elle avait mûri à Urbin, à Ferrare, à Venise ; elle avait été colorée à son usage par la monarchie espagnole, ses ministres et ses ambassadeurs, dont les intrigues savantes avaient, pendant un siècle entier, soutenu la puissance militaire castillane ; mais depuis les traités de Westphalie (1648) et la paix des Pyrénées (1659), dont Lord Chesterfield rappelle souvent à son fils le caractère fondateur, c'était au tour de la cour de France d'arbitrer le jeu militaire et diplomatique européen. La forme italo-espagnole du *civil servant* aulique était devenue française. Délestant la noblesse d'épée de la liberté philosophique du « sage » selon Montaigne, elle était devenue l'instrument politique de Louis XIV, le complément indispensable de sa marine et de son armée. Livrée magnifique de ses représentants, elle était imitée par ses adversaires.

Mais, pour un grand seigneur anglais, adopter les chamarrures de cette livrée, qui donnait le ton aux cours d'Europe, c'était faire allégeance à l'Europe française, et non pas à la cour de Versailles. C'était reconnaître et respecter les règles d'un jeu, et non s'identifier servilement au meilleur joueur. Lord Chesterfield a pris le style français, la langue française, mais il est Anglais, il est whig, il est lui-même. Il appartenait à une génération pour laquelle la forme française était l'uniforme européen, et il pouvait croire qu'elle était indispensable aux hommes d'État et diplomates anglais pour se montrer à la hauteur de leurs rivaux français. Et il est bien vrai qu'être *gentleman* à la française à Londres, sous George Ier et George II de Hanovre, avait un sens de fierté et de liberté à la Montaigne tout différent que pour un noble français d'être courtisan à Versailles et homme de salon à Paris. Il était donc l'ami et le correspondant de Voltaire, de Montesquieu, et bien que ses trois séjours à Paris eussent été relativement brefs, il connaissait la géographie mondaine de la Ville, aussi bien que les rouages de la cour de Versailles. Il vit à Paris par la pensée. Lorsqu'il se lia d'amitié, lors de son troisième séjour en France, en 1741, avec Bolingbroke, le négociateur en 1713 du traité d'Utrecht qui sauva Louis XIV (traité que le jeune Stanhope, faisant ses débuts aux Communes en 1714, avait qualifié de « trahison », réclamant la corde pour Bolingbroke), il fit un pas de plus vers cette France qui le fascinait : on voit bien là combien un choix de style peut déterminer au moins une oscillation politique. L'idéal européen et français de civilisation, qu'il partageait avec le chef tory en exil, avait fini par balancer dans son esprit une allégeance whig qui était pourtant intransigeante, quoique fort peu doctrinaire. Au fond, sa réputation de héros du style français de *gentleman*, reconnu par ses pairs parisiens, avait toujours compensé à ses yeux l'éloignement du pouvoir auquel il fut réduit par Walpole. Il y a chez lui un certain degré de parade esthétique. reflet londonien de l'esthétisation accélérée de la forme française du gentilhomme, dont le fils de son vieil ennemi Sir Robert Walpole, Horace, sera à la génération suivante le miroir le plus achevé. Mais un certain degré seulement. Dans sa brève vice-royauté d'Irlande (janvier 1745-avril 1746), il remplit cette tâche impossible avec une admirable alliance d'intelligence politique et d'humanité. On commence peut-être à entrevoir l'une des sources de l'énergie exceptionnelle, mais luxueuse, qu'il dépensa pendant vingt-cinq ans pour « reproduire » dans son propre fils Philip la forme d'esprit et de manières, encore plus européenne que française, qui était devenue très vite, pour lui, à Londres, du fait de sa relative quarantaine politique, sa raison singulière d'être.

Il fut donc le Garrick londonien d'un rôle peaufiné par des siècles d'expérience, nuancé, par chacune des trois grandes nations latines, mais habité par un vigoureux caractère d'indépendance tout anglais et tout sien. Il voulut en transmettre les secrets de métier à son fils. Quel directeur d'acteurs, de Molière à Copeau, de Stanislawski à Decroux, peut être comparé à ce grand seigneur du XVIIIᵉ siècle ? Quelle formation d'acteur, ailleurs qu'au Japon, a-t-elle duré vingt-cinq ans ? Quand Chesterfield en arrive, après quinze ans consacrés à meubler la mémoire et à former le caractère de son fils, à diriger ses premiers pas sur la scène du monde, en Italie, puis en France, à quels détails, et avec quelle précision méticuleuse de véritable maître ne s'attache-t-il pas ! L'expression du visage, la position et la modulation de la voix, le port, les attitudes, les gestes de la main, le style de l'entrée et de l'approche, les soins du corps, les vêtements, rien n'est laissé au hasard.

Cette comparaison avec l'art du théâtre peut s'étendre à d'autres arts. Comme ses pairs parisiens et européens du XVIIIᵉ siècle, Lord Chesterfield est en effet un artiste universel. L'art social résume pour lui et contient tous les autres. Les miroirs que la prophétie iconoclaste de Rousseau veut briser, non seulement la scène, mais les arts plastiques, il les chérit et les cultive parce qu'il s'y reconnaît. Lord Chesterfield est un antiquaire amateur et un collectionneur de statues antiques : en août 1755, il fut élu membre étranger de l'Académie royale des inscriptions et belles-lettres, il y devint le confrère du comte de Caylus. La forme du parfait *gentleman* européen que veut incarner et réincarner Lord Chesterfield est d'abord une Idée, une statue idéale. Chesterfield a su être, pour lui-même, le Pygmalion de cette statue. Il a intériorisé et vivifié par l'imitation le héros de marbre que fut, pour lui, dès son enfance, le légendaire marquis de Halifax, son grand-père. Il l'a singularisé en lui prêtant sa vie propre, ses idiosyncrasies et il veut maintenant en produire une copie. Pygmalion paternel, il a décidé de prêter à la statue idéale la vie, les traits, et même les défauts de son propre fils.

Après la sculpture, la peinture. C'est un art dont il est souvent question, à titre métaphorique, dans les *Lettres* : celles-ci dessinent, puis peignent, trait après trait, touche après touche, de séance de pose en séance de pose, sur une « toile » qui prend vie et ressemblance peu à peu, le portrait en pied de la Forme idéale que Lord Chesterfield s'emploie, avec une passion balzacienne, à perpétuer. Ce portrait, même s'il ressemble à Lord Chesterfield, est à bien des égards le testament moral de l'Europe française debout en 1750, mais qui donne en son centre des signes d'usure et de frivolité. La passion déployée par Chesterfield pour la maintenir intacte serait-elle un symptôme de la difficulté naissante à faire passer de sa propre génération (née au temps de Louis XIV) à celle de son fils, un modèle d'humanité qui, depuis la Rome de Léon X et l'Escorial de Philippe II, a trouvé sa maturité à la cour de Versailles, et de là, s'est répandue dans toute l'Europe ? Ce modèle s'était accru, modifié et transmis comme *naturellement*, par la contagion de l'expérience aulique, l'exemple familial, la légende et les arts. Que d'efforts, que de temps, maintenant, pour faire passer le chef-d'œuvre consacré par les siècles dans un autre cadre ! Rousseau, dès 1750-1755, dans le tonnerre de ses deux *Discours*, avait fait vaciller, au nom de la Nature originaire, la foi de l'Europe dans les sécrétions glorieuses de sa propre histoire.

À dessiner ce portrait idéal, à le peindre, à le patiner sur la toile vivante de son propre fils, Chesterfield éprouve les joies et les anxiétés de l'artiste d'Ancien Régime dans son atelier, poursuivant la tradition des maîtres, guettant les progrès de son œuvre et tremblant de la voir achevée. Outre statues, bas-reliefs, bustes et médailles antiques, Lord Chesterfield avait en effet collectionné dans son hôtel palladien de Grosvenor Square et dans son château de Blackheath, des tableaux de maîtres italiens. C'était un connaisseur, et il n'avait pas manqué de former en son fils un « virtuose » capable à son tour d'un discernement dans cet art.

On le voit dans ces *Lettres* utiliser les compétences de son fils pour négocier à Paris, dans une grande vente, l'achat éventuel de deux portraits du Titien. Il a fait acheter par Philip un carton de

Thomas Blanchard d'après le Dominiquin. L'expertise d'œuvres d'art faisait partie des talents du parfait gentilhomme européen. Elle entre, comme le théâtre, miroir de la vie humaine, dans son éducation. Les arts et l'éducation ont alors en effet un même principe générateur, la *mimesis*, l'imitation. Ce n'est pas un simple décalque mécanique. C'est un acte de régénération du modèle, comme la paternité elle-même, comme la renaissance de la végétation au printemps. Aux origines de la Renaissance, Pétrarque avait, dans une lettre célèbre à son disciple Boccace, énoncé pour plusieurs siècles la loi naturelle du Même et de l'Autre qui faisait de la *mimesis* une fonction vitale commune à la génération biologique, à l'invention dans les arts, et à l'éducation humaine. Le poète écrivait à son disciple :

« La ressemblance d'une œuvre littéraire à son modèle doit être analogue à celle d'un fils à son père, qui s'accommode souvent d'une grande différence physique, et qui tient à rien, à un " air " comme disent les peintres d'aujourd'hui : aussitôt qu'on voit le fils, le père revient en mémoire, la comparaison entre les deux les montre alors tout différents, et pourtant un mystérieux *je ne sais quoi* maintient le rapprochement. Dans tout ce que nous écrivons à la ressemblance d'un modèle, il faut introduire beaucoup de différences, et laisser voilé ce qui subsiste de ressemblance, si bien qu'on ne puisse le remarquer, sinon à tête reposée, et plutôt comme un soupçon que comme une certitude. Il faut donc s'inspirer d'un naturel fécond et des vertus de son style, mais ne pas répéter ses propres termes : dans le premier cas, la ressemblance reste cachée, dans le second cas elle ressort crûment : dans le premier cas, on a affaire à un poète ; dans le second, à un singe. »

Chesterfield, imprégné de ce *tao* de l'humanisme, se veut un poète, régénérateur d'une tradition, médiateur de formes revitalisées ; il ne veut pas d'un fils-singe répétant, sans l'animer de son propre chef, une forme vidée. Et il n'ignorait pas que la peinture de la Renaissance, notamment celle de Rome et de Venise, avait joué un rôle essentiel dans l'éclosion et la vitalité des modèles de la civilisation des cours. Le portrait par Raphaël de Balthazar Castiglione, autant et même plus que le traité *Du Courtisan* de cet ambassadeur du Saint-Siège, avait été conçu comme un exemple vivant à imiter et à réinventer pour le diplomate et le haut dignitaire des monarchies. Les portraits de jeunes gens du Titien sont autant de variantes singulières autour d'un même type universel : celui du gentilhomme qui est préparé aux affaires politiques et à la négociation internationale autant qu'à la guerre sur terre et sur mer. Ils font une pause, avant de s'élancer sur le théâtre du monde. Les dieux et les allégories des « peintures d'histoire » de l'artiste de Charles Quint, de Philippe II et de Paul III Farnèse – Vénus et Mars, Vénus et Adonis, Jupiter et Antiope – peuplent la mémoire et orientent l'élan vital de ces jeunes héros sur le point de partir à la conquête, non des Lieux saints, mais de la Toison d'or des cours européennes. Dans l'un de ses plus beaux portraits, l'*Homme au gant*, qui, comme celui de Castiglione par Raphaël, est l'une des gloires du Louvre, Titien allie la douceur méditative d'un regard et d'un visage d'adolescent avec la carrure assurée d'un buste adulte. Les sculpteurs romains, admirables portraitistes de l'élite de l'Empire, étaient déjà capables de donner puissance plastique à ces paradoxes de l'âge et de l'âme. Mais le peintre vénitien moderne complète cet oxymore de la tête et du buste par celui des bras et surtout des mains, instruments de la préhension et de l'action dans le temps, dans le monde sensible. Des deux mains vigoureuses, mais savoureuses, du beau modèle anonyme du Titien, l'une est nue, l'index étendu vers la terre, l'autre au repos est élégamment gantée. C'est la devise d'une conduite, un projet de vie ardente et subtile, en contradiction seulement apparente avec le velouté presque féminin du regard et ses réserves de passion. Un tel portrait est chargé du magique pouvoir de susciter des imitateurs, Rastignacs et De Marsays d'Ancien Régime.

Pierre-Paul Rubens, le peintre humaniste et diplomate réhabilité en France, sous Louis XIV, par Roger de Piles, avait compris mieux que personne, au début du XVIIe siècle, avant Vélasquez, avant Van Dyck, cette haute fonction d'éducation d'une élite politique européenne que les grands peintres de la Renaissance avaient su donner à leur *mimesis*. Tout naturellement, ces maîtres étaient devenus l'objet âprement disputé des collections princières d'Europe. Ils étaient aussi les professeurs silencieux d'un Institut des hautes études internationales.

Et tout naturellement aussi, né pour la haute politique, formé pour elle, Lord Chesterfield est un amateur « virtuose » de tableaux italiens. Pour faire entendre à son fils que l'heure est venue pour lui d'apporter la *finishing touch* à son éducation de *gentleman-civil servant*, il a recours au vocabulaire du connaisseur et du critique d'art. Il écrit à Philip, encore à Naples et qui s'apprête à gagner Paris :

« Pour parler comme un *virtuoso*, votre toile, j'en ai la certitude, est de bonne qualité et Raphaël Harte [Harte est le nom du docte précepteur du jeune homme] a dessiné les contours admirablement : il n'y manque plus que la couleur du Titien et les grâces, la *morbidezza* du Guide, et ce n'est pas une petite affaire. »

Lord Chesterfield sait son Roger de Piles sur le bout des doigts. Ce critique et historien de l'art (1635-1709) était devenu, au cours du règne de Louis XIV, l'oracle des connaisseurs et amateurs de peinture. Il s'était fait connaître, dès 1677, dans ses *Conversations sur la connaissance de la peinture,* par son apologie de Rubens, et en général des peintres coloristes qu'il souhaitait racheter du dédain où les tenait l'Académie royale de peinture. Celle-ci, sous la férule de Charles Le Brun, avait imposé un grand goût classique digne du Grand Roi. Ses modèles étaient Poussin et les maîtres de l'école romano-florentine : des dessinateurs.

L'heure de Roger de Piles était venue dans les dernières années du règne de Louis XIV, avec le succès de son *Cours de peinture par principes* (1708) et de son *Abrégé de la vie des peintres* (posthume, 1715). Le génie de Watteau s'imposait alors aux connaisseurs parisiens. Le « dessin » est sans doute lié, dans cette poétique de la peinture, à l'Idée platonicienne et à sa transcendance, victorieuse du sensible. La « couleur » en revanche est liée à un retournement de l'esprit vers le sensible, vers ses moirures, et à l'art d'y frayer prestement sa voie, d'y toucher juste. Le « dessin » renvoyait à des essences dégagées et contemplées, la « couleur » à des apparences fuyantes et flatteuses. L'un était philosophique et religieux, l'autre sophistique. Mais le débat en dernière analyse avait un enjeu politique. Le « dessin », en France, renvoyait au grand genre officiel de la peinture d'histoire, miroir direct de la grandeur royale et des fondations augustes de la monarchie. La « couleur » biaisait avec le grand genre où Louis XIV s'était reconnu pour l'éternité : elle enveloppait l'art de gouverner dans les voiles ondoyants de la séduction esthétique, voire érotique. Elle lui demandait le même sens des « nuances » et le même fin discernement des roueries sociales que les moralistes et romanciers de Louis XV demandent aux nouveaux héros de la Cour et de la Ville, le maréchal de Richelieu ou le prince de Conti. Le passage du « dessin » classique à la « couleur » rocaille signe l'évolution d'une monarchie qui cherche de moins en moins à intimider, de plus en plus à plaire.

La France, école de l'homme de cour et du diplomate

À l'origine de ce poudroiement et de cet ondoiement « rocaille » de la parole en société, on peut reconnaître, dans les marges déjà du règne de Louis XIV, le luxe épicurien et libertin du La Fontaine des *Amours de Psyché* ; mais il faut voir aussi que ce luxe même était dès lors en voie de devenir la méthode de la diplomatie française, la stratégie savante du pouvoir royal et de ses représentants. Le pouvoir « corrompt » et se corrompt. La Fontaine, dont on sait les liens avec Londres, était l'ami de l'ambassadeur de Louis XIV auprès de la cour de Charles II. Barillon, dont le charme personnel savait se soutenir des louis d'or français et des attraits de Louise de Keroualle, duchesse de Portsmouth, maîtresse de Charles II et espionne de Louis XIV.

Roger de Piles est un critique d'art. Mais il fut avant tout le fidèle secrétaire de Nicolas Amelot de La Houssaye, ambassadeur à Venise. Lui-même, pour ses talents propres, fut chargé de missions diplomatiques délicates. L'ambassadeur de Louis XIV et son secrétaire avaient en réalité des préoccupations convergentes. Si Roger de Piles a célébré Rubens, élève de Juste Lipse, admirateur de Sénèque et de Tacite, Amelot pour sa part a publié un essai sur Tacite (1680) et une traduction des *Annales* de l'historien et moraliste latin. Il a également traduit *Le Prince* de Machiavel et *L'Homme de cour* de Balthazar Gracián (1684). Il a édité les *Lettres* du cardinal d'Ossat (1692), un classique de la correspondance diplomatique. Il a publié en 1688 la première édition des *Mémoires* de La Rochefoucauld, et après sa mort, parut son édition commentée des *Maximes*. Si Roger de Piles cherche chez les peintres coloristes, italiens et flamands, un miroir des raffinements de séduction dont sont devenus capables les hommes de cour français, Amelot cherche chez les moralistes latins et espagnols et chez La Rochefoucauld le secret d'allier l'art de plaire à la force de gagner, *ad majorem Regis gloriam*. Superposition fascinante des contraires : l'implacabilité intérieure et le miroitement extérieur des grâces. Lord Chesterfield résume ce mystère pour son fils dans ce *motto* : *Volto sciolto e pensieri stretti*, Visage ouvert et pensées serrées.

La question morale que pose cette conduite de cour, c'est celle de la dissimulation, et plus précisément la délicate différence de degré qui sépare cet art du secret de la simulation et du mensonge. La dissimulation est une nécessité politique et sociale, qui peut et doit rester invisible ; la simulation et le mensonge sont des vices voyants du cœur. La dissimulation est l'indice général des rapports sociaux : elle est inséparable de la convenance, qui est attention pénétrante à autrui et à ses singularités autant que protection de soi. La simulation et le mensonge sont des moyens violents, symptômes d'une fêlure d'esprit et faiblesse d'âme. Ils rompent le pacte social et rendent odieux ceux qui s'y abaissent. À la limite, on pourrait dire que la dissimulation, *habitus* de la conduite des virtuoses, les dispense de la simulation et du mensonge auxquels sont réduits les faibles et les malhabiles. Dans une lettre du 15 janvier 1748, antérieure à celles que nous citons ici, Lord Chesterfield écrit à son fils :

« On a dit depuis longtemps : *Qui nescit dissimulare, nescit regnare*, je vais plus loin et je dis que sans quelque degré de dissimulation, aucune affaire de quelque ordre que ce soit ne peut être menée à bien. C'est la simulation qui est fausse, basse et criminelle : telle est la ruse que Lord Bacon qualifie de sagesse ignoble et de la main gauche […] Lord Bolingbroke, dans son *Idée d'un roi patriote* […], dit de son côté que la simulation est un *stiletto* [un petit poignard pour tuer en traître], non seulement une arme injuste, mais illégale ; recourir à une telle arme est rarement excusable, jamais justifié. La dissimulation est un bouclier, comme le secret est une armure. »

Dissimulation et secret supposent la force d'âme, mais connue de soi seul. Quel voile plus innocent, agréable pour autrui, délicieux pour la société, délassant pour soi-même que celui des « grâces » ? C'est là que l' « art de plaire » parisien, raffiné dans la compagnie des dames, s'affirme indispensable au « héros des monarchies ».

Diplomate lui-même, autant qu'homme de cour et de conversation, Chesterfield est initié à cette casuistique des formes sociales. Pour lui, le dessin, dans son grand œuvre d'éducateur, c'est la partie sévère, savante, morale de celle-ci, dont il a laissé la responsabilité aux deux précepteurs successifs de Philip, deux doctes de premier ordre, Pierre Mattaire et William Harte. Ils ont forgé le caractère de l'enfant, puis du jeune homme, ils l'ont pourvu du savoir littéraire et historique, des éléments de piété indispensables pour le construire intérieurement et le pourvoir de ressources pour le reste de sa vie. Chesterfield lui-même s'attache à compléter ce savoir en dirigeant les études de « sciences politiques » de son fils : caractère des différentes nations de l'Europe, régimes politiques des différents États, nature de leurs richesses et de leur économie, forces et faiblesses de leurs traditions militaires. Doué pour les études, le jeune Philip Stanhope est même devenu un bon spécialiste du droit international, notamment celui qui régit les affaires internes du Saint-Empire, dont le roi d'Angleterre est l'un des Électeurs. Il est en possession de tous ces éléments de la force d'âme qui peuvent s'acquérir.

Mais maintenant, on arrive à Paris. Il s'agit de tout autre chose : il faut apprendre à jeter un voile séducteur sur ce caractère moralement bien formé, sur cet esprit solidement construit pour bien jouer et gagner. Il faut apprendre à dissimuler cette solidité sous les grâces, ce dessin sous les couleurs. Pour appliquer et colorer ce voile, Chesterfield prend lui-même les pinceaux. Il écarte William Harte, le savant précepteur qui accompagne Philip et qui l'a rendu presque trop savant ; il revient au père d'achever lui-même, dans cette étape finale et de loin la plus difficile, le portrait de l'*Homme au gant* qu'il s'est attaché de longue main à parfaire. C'est cette phase décisive de la correspondance que nous avons reproduite ici.

Une sorte d'angoisse fait frémir maintenant les lettres de Lord Chesterfield. Elle est contenue et compensée par une forme d'allégresse. Philip arrivant à Paris en 1750 lui fait revivre sa propre expérience de la capitale française où il compte de nombreuses relations, masculines et féminines. C'est là qu'il a eu la révélation du secret des « héros » selon Gracián, des honnêtes gens selon La Rochefoucauld, des « grâces » selon Titien. Pour son fils et pour lui-même, il rouvre l'*Enseigne de Gersaint.* S'il a connu le chef-d'œuvre de Watteau, il n'y a pas seulement vu l'anti-Hogarth, l'antithèse du *Rake's Progress,* le reflet enchanté de l'élégance, de la galanterie, du raffinement de la mondanité parisienne. Il aura compris Watteau comme il comprend Titien et le Guide, un symbole, cette fois français et contemporain, de la séduction énigmatique dont sait se parer le véritable homme du monde, et qui, loin de renvoyer au vide et au vice comme le veut le puritain Hogarth, dissimule et révèle la supériorité d'une sagesse civile et d'un caractère. S'il a connu à Paris les roses de la « douceur de vivre », il a éprouvé aussi, au cours des négociations auxquelles il a été mêlé, et qui ont toujours eu des ramifications dans les salons les plus élégants de Paris, les épines que ces fleurs cachent, même pour ceux qui les redoutent. À La Haye, en 1745, il a été floué par le charmant abbé de La Ville, envoyé de Louis XV : il n'en est pas moins depuis devenu son ami. De ces deux faces du « grand monde » français, de son pouvoir de leurre qui le rend si « artiste », il a retenu une devise qu'il inculque à son fils : *Suaviter in modo, fortiter in re.* Douceur dans la manière, force dans l'acte. En d'autres termes : la main de fer dans le gant de velours. L'une est brutale et maladroite sans l'autre : l'autre à elle seule est vaine et vide.

C'est donc bien maintenant, au cours du pèlerinage à la Cythère parisienne, l'heure de se pourvoir du gant de velours. Sans lui la main de fer, si bien trempée qu'elle ait été, se rouillera. Aussi le rythme des objurgations paternelles s'accélère. Au moment où Philip prend le chemin de la capitale française, Lord Chesterfield termine ses Lettres par un leitmotiv en grec : « *Charites, charites* » (les grâces, les grâces). On croirait entendre Méphisto faisant retentir aux oreilles de Faust l'étrange invocation : « les Mères, les Mères ». Sans les grâces, il n'est pas question de réussir dans l'Europe française, serait-on le plus savant politique et le plus déterminé. Ni Frédéric II, ni Choiseul n'auraient démenti Lord Chesterfield.

Le secret de l'ascendant français

Or Paris, pour Chesterfield, est l'école des grâces, c'est Cythère. Ses salons, ses soupers, ses théâtres, ses fêtes, ses intrigues galantes, sa science de la gaieté et des plaisirs, ce sont tout de même encore, en 1750, pour lui, autant de symptômes paradoxaux d'une supériorité dissimulée, d'autant plus saisissante qu'elle sait prendre avec un naturel désarmant le masque féminin de la grâce voluptueuse. L'*onagata* japonais, c'est cet acteur de génie qui, au prix d'un entraînement de fer, a réussi à prendre sur lui tous les charmes les plus délicieux de la *geisha*, quitte si nécessaire, au moment où on s'y attend le moins, telles Judith ou Clorinde, à tirer roidement l'épée et tuer. Paris, pour Chesterfield, est une école d'*onagatas*, même si de son temps l'entraînement a cessé d'être de fer, et si la surprise de la force sous la douceur y est devenue beaucoup plus rare. Il rêve pour son fils, qu'il a fait entraîner si longuement et si sévèrement, de le voir s'emparer et se revêtir des « grâces » françaises, au besoin pour les retourner le moment venu contre la France.

Tant d'années de travaux et de voyages d'études n'auront de sens que si le jeune Philip traverse victorieusement cette suprême initiation. La gravité de cette étape est marquée dans la correspondance par le changement d'en-tête : le *My dear boy*, de règle jusque-là, devient *My dear friend*. C'est le signal du passage de l'école à la vraie vie, de l'enfance recluse à l'âge adulte et à son odyssée. Mais c'est aussi l'invite adressée au jeune homme de mériter le titre d'ami, et de se montrer capable d'entrer avec son père, et à sa suite, dans l'étroite communauté des samouraïs de l'aristocratie européenne, capables aussi bien de tirer l'épée de l'esprit que de déployer les charmes de la séduction et de la douceur. Mais réussir à l'école des grâces « n'est pas une petite affaire ». Chesterfield ne se le dissimule pas et il ne le dissimule pas à son fils.

Il a beau s'être assuré sur place, à Paris, la complicité d'amies expérimentées et sûres, comme la marquise de Monconseil, ou d'auxiliaires de la meilleure qualité, tels que l'abbé de Guasco, l'ami de Montesquieu ou l'abbé de La Ville, son ancien adversaire à La Haye ; il a beau bien connaître lui-même le terrain et prévoir ses épreuves, il sait bien qu'il n'est plus tout à fait le maître du jeu. Il a réuni sur place toutes les conditions favorables à l'initiation. Mais encore faut-il, pour qu'elle réussisse, que la nature de son fils s'y prête. Et là le père n'a point de prise. Pour revêtir les grâces, il faut du génie naturel, de l'*ingenium*. On peut croître dans les grâces, mais il faut d'abord en avoir été capable et en avoir trouvé la semence en soi-même. Ce don d'artiste social ne s'apprend pas, il se trouve. Qu'est-ce donc que Chesterfield entend par « grâces » ? Le « je ne sais quoi » des moralistes classiques, la *sprezzatura* de Castiglione, l'art de plaire de Moncrif : dans tout cela, on devine un élément érotique qui tient de la contagion magique plus que du code sémiotique. Le secret du succès sur le théâtre du monde, c'est une sorte d'état second enchanté et enchanteur auquel hommes et femmes ne peuvent pas résister : mais cet enchantement, s'il passe par la convenance des gestes, par la justesse des mouvements, par la danse, est dû avant tout à un charme naturel qui ne s'invente ni ne s'apprend. Il se découvre, tout au plus. Ici encore, on a affaire à un paradoxe, à une union des contraires et des incompatibles : l'art suprême de plaire n'atteint son effet que s'il est d'abord désir spontané et génie naturel de plaire. Dans ce grand écart dont l'homme de cour doit être capable, nature et culture se recoupent et se soutiennent inséparablement.

Comment faire jaillir cette étincelle vitale qui ferait de Philip ce que Henry James appellerait *a success* à Paris ? Lord Chesterfield met en action toutes les roueries de l'école des grâces. Le théâtre est l'une d'entre elles. La scène enseigne que « le fond », le texte, même d'un grand écrivain tel que Corneille, ne suffit pas à transporter les spectateurs. Pour le comédien, et donc aussi pour l'homme du grand monde, « l'air, le regard, les gestes, les mouvements, l'énonciation, l'accent propre, harmonieux sont aussi nécessaires que le fond même ». Le théâtre des salons français répond à celui de la scène. La forme dont ses acteurs sont capables exerce un effet magique sur ses spectateurs :

« Les Français, écrit Chesterfield, c'est justice à leur rendre, se préoccupent fort de la pureté, de l'exactitude, de l'élégance, du style dans la conversation et dans leurs lettres. *Bien narrer* pour eux est un objet d'étude : et quoiqu'ils la poussent quelquefois jusqu'à l'affectation, ils ne s'expriment jamais d'une façon vulgaire, qui est bien le pire de ces extrêmes. »

Ce ton de la bonne compagnie ne s'apprend que par imprégnation et mimétisme.

Mais la scène comique, comme le théâtre du monde, est aussi l'occasion d'une étude tout aussi indispensable pour le savoir-vivre supérieur : celle des « caractères ». L'art de se rendre aimable suppose en effet un fin discernement des différences qui séparent les hommes, et qu'il faut connaître et reconnaître afin de ne jamais les heurter gauchement :

« On peut connaître, écrit Chesterfield à son fils, avec bien peu de savoir et d'expérience du monde, les caractères décidés, frappants, hauts en couleur. Ces caractères ne sont pas communs et font d'abord impression : mais pour distinguer, et les nuances et les ombres presque imperceptibles, et les plus fines gradations du vice et de la vertu, de la raison et de la folie, de la force et de la faiblesse, dont les caractères sont communément composés, il faut avoir quelque expérience, avoir beaucoup observé, et prêté une merveilleuse attention. Dans les mêmes cas, la plupart des hommes font la même chose, mais avec une différence qui fait le succès. Un homme qui a étudié le monde sait le temps et l'occasion d'agir ; il a analysé les caractères auxquels il a affaire : il y adapte ses moyens et met ses raisonnements à leur portée. Mais celui qui n'a que ce qu'on appelle le simple bon sens, qui n'a raisonné que d'après lui-même, et qui n'a pas lutté contre le monde, place à contretemps ce qu'il dit, court précipitamment, brusquement au but et se casse le nez avant de l'atteindre. »

Avoir du monde est une science, étudiée dans le miroir des caractères et actions humaines, et c'est cette science aussi qui donne à celui qui la possède la sûreté de l'artiste, son effet infaillible sur autrui. Chesterfield lui-même se fait comédien et danseur pour mettre son fils sur la voie. Mimant par écrit le vol savant et gracieux de l'*Indifférent* de Watteau, il l'invite à l'imiter dans sa lettre du 14 février 1752 :

« Il y a un habit de cour, comme un habit de noces, sans lequel vous ne pouvez être reçu. Ce vêtement est le *volto sciolto*, un air accessible, une aménité élégante, des manières aisées et enga-geantes, une attention générale, et tout ce je ne sais quoi qui compose les grâces. »

Il faut rayonner. Mais comment donner le sens de la danse nuptiale ? Lord Chesterfield n'hésite pas à prendre le contre-pied de la morale que ses précepteurs ont enseignée jusque-là à son fils et qui, avec le poids du savoir dont ils l'ont lesté, devient maintenant un péril. Il jette littéralement son fils dans les bras de ces Parisiennes à qui il doit lui-même d'avoir été éclairé. Il lui fait l'éloge de Vénus et Cupidon, écartant Junon et Minerve :

« Les femmes, écrit-il à Philip le 15 avril 1751, sont les véri-tables raffineuses de l'or masculin, elles n'y ajoutent pas du poids, il est vrai, mais elles y donnent de l'éclat et du brillant. À propos, on m'assure que Mme de Blot, sans avoir des traits, est jolie comme un cœur et que nonobstant cela, elle s'en est tenue jusqu'ici scrupuleusement à son mari, quoiqu'il y ait déjà plus d'un an qu'elle est mariée. Elle n'y pense pas ; il faut décrotter cette femme-là. Décrottez-vous donc tous les deux réciproque-ment. Force assiduités, attentions, regards tendres et déclarations passionnées de votre côté produiront au moins en elle quelque velléité du sien, et quand une fois la velléité y est, les œuvres ne sont pas loin. »

Ailleurs il lui écrit, assuré que le caractère déjà formé de son fils n'a rien à perdre à ces exercices, et qu'il a été assez prévenu pour bien choisir :

« *Nocturna versate manu, versate diurna*, qu'on peut traduire ainsi en anglais : *Turn men by day, and women, by night* [feuille-tez les hommes le jour, et les femmes la nuit]. Je parle seulement des meilleures éditions. »

Ce sont des passages tels que ceux-ci qui firent dire laconique-ment à Samuel Johnson que l'on interrogeait, à la table de Sir Joshua Reynolds, sur les *Lettres* récemment parues :

« *They teach the morals of a whore, and the manners of a dancing master* [Elles enseignent des mœurs de putain, et des manières de maître à danser]. »

Tant pis pour les puritains et les pédants. Il n'est plus temps, à

Paris, d'étudier même l'Arioste et le Tasse. Il faut passer à l'action et devenir galant. Si les poètes classiques et italiens n'en ont pas donné le désir, que les romanciers français mettent en appétit ! Lord Chesterfield recommande à son fils la lecture des *Égarements du cœur et de l'esprit* de Crébillon fils. La réussite en amour, le chef-d'œuvre de persuasion galante qui la prépare, l'état second qui la rend irrésistible, deviennent la grande métaphore, mais aussi le grand véhicule, des grâces d'une sociabilité heureuse et générale. Cythère n'est pas une fin, mais un détour, un pèlerinage éducatif, au demeurant le plus agréable qui soit.

Travaillant de l'intérieur avec Vénus, Chesterfield se garde bien de négliger l'extérieur : la « mécanique » des gestes, la seconde nature du maintien. Il exhorte son fils à répéter les exercices de Marcel, le maître à danser qui a pris le pas désormais sur le docteur Harte, qui regagne l'Angleterre. Il compte aussi sur M. de La Guérinière, maître insigne d'équitation, pour donner souplesse, ressort, précision aux actions de son fils. Il lui donne lui-même des leçons méticuleuses de propreté physique, entrant dans des détails (les ongles, la bouche, le nez) qui laissent assez entendre les soupçons qu'il nourrit sur les insuffisances de l'éducation pédante dispensée jusque-là par Mattaire et Harte. Mais encore une fois cet entraînement du corps, des attitudes, des mouvements envers autrui suppose chez le jeune homme l'apparition d'une nouvelle *morbidezza* intérieure que seules les femmes peuvent éveiller. Pygmalion ne peut rien pour animer sa statue sans les secours de Vénus « tout entière ».

Ce père a beau se démener de tout son talent et de toute son affection pour achever l'éducation de son fils, il ne trouve pas le contact. De loin sans doute, mais avec les yeux d'Argus de ses nombreux informateurs, il a étudié Philip depuis son enfance, il l'a espionné pendant son « Grand Tour » et il redouble d'ubiquité pendant le séjour de Philip à Paris.

« Souvenez-vous, lui écrit-il le 8 novembre 1750, peu après son arrivée, que je saurai tout ce que vous direz, ou ferez à Paris, aussi exactement que si par une force magique je vous suivais partout, comme un sylphe ou un gnome, invisible moi-même. »

Pourquoi cette anxiété, cette pression, qu'il compense gentiment en cherchant à créer entre son fils et lui un climat de confiance et de confidence d'homme à homme ?

Le fils naturel

Jusqu'ici Philip ne l'a pas à proprement parler déçu. Docile, apprécié de ses précepteurs, goûté par les étrangers qu'il a fréquentés, l'enfant et le jeune homme ont fait un excellent élève. Jamais Philip n'a surpris son père. Jamais non plus il ne l'a désespéré. Mais cette bonne moyenne ne suffit plus. Les charmes de Vénus, concentrés et réfractés par le miroir des arts, la contagion des salons de la capitale, réussiront-ils à faire accéder le trop bon élève à la vraie supériorité ? L'enjeu n'est pas seulement le succès d'une entreprise commencée depuis près de quinze ans. Joueur, Chesterfield est beau perdant, et il est préparé à perdre. Mais il est engagé beaucoup trop sérieusement.

Si l'entreprise l'a requis a ce degré, et d'une façon aussi persévérante et passionnée, c'est que la réussite, s'il l'obtenait, lui prouverait que Philip est bien son fils et qu'il est digne de porter son nom. Lord Chesterfield n'avait pas en effet de fils légitime. Philip, qu'il avait reconnu, n'en était pas moins un bâtard aux yeux du monde. Il l'avait eu à La Haye d'une belle huguenote, Mlle du Bouchet, de trop petite fortune pour qu'il pût l'épouser. Quand il se maria, en 1733, ce fut avec la fille naturelle de George Ier, et de l'ancienne maîtresse allemande du roi, la comtesse Ehrengard Melusina von der Schulenburg, élevée en Angleterre au rang de duchesse de Kendal. Ce mariage, whig s'il en fut, était moins politique que financier. Chesterfield avait été gentilhomme de la chambre du prince de Galles mais George II, accédant au trône en 1727, lui avait préféré l'éternel Walpole. Petronilla von der Schulenburg, Lady Chesterfield, était fort riche, de son propre fait et en espérance. Jusqu'à la mort de sa mère, elle continua de vivre auprès de celle-ci, dans un hôtel voisin de celui de Chesterfield, dans Grosvenor Square.

« Le mariage, a-t-il écrit dans ses *Pensées détachées*, est le remède à l'amour, et l'amitié est le remède au mariage. »

Pour que l'on ne rît pas trop de cette union (qui au surplus aggrava l'irréconciliable animosité contre lui de la reine Caroline, le véritable roi d'Angleterre après l'avènement de son mari George II), il prit aussitôt pour maîtresse en titre une « grande beauté », Fanny Shirley, pour laquelle il composa, secondé par son ami le poète Pope, des poésies galantes. Son mariage resta stérile.

L'espoir de la race, mais aussi tout ce qui lui restait de

tendresse, se reporta donc sur l'enfant naturel, dont il avait peut-être aimé la mère. Cela n'allait pas sans difficulté pratique. Même reconnu, Philip ne pouvait pas habiter chez son père. Il devait aussi être séparé de sa mère, pour être confié à des précepteurs capables de le préparer à une carrière digne d'un Stanhope. Philip, comme l'Émile de Rousseau, a donc été élevé en orphelin. Il n'y a pas eu pour lui de milieu familial qui lui transmît par l'exemple, la tradition orale et le mimétisme contagieux, la forme appropriée à un rang qu'il revenait à son père de lui frayer, dans une Angleterre qui pardonnait difficilement l'illégitimité de naissance. Cette situation, qui éloignait le père du fils, explique la nécessité où s'est trouvé Lord Chesterfield de recourir à la correspondance pour exercer sur l'enfant et le jeune homme l'empreinte de la tradition. Le père a déployé tout son talent d'écrivain et d'homme de conversation pour se faire voir, entendre, aimer de son fils, comme s'il avait été là, auprès de lui. Mais cet exploit de l'art épistolaire n'a pas suffi à surmonter le handicap de la bâtardise ni celui de l'absence. À certains égards, l'excès de générosité et d'attention de ce père lointain soulignait encore davantage le malaise. Philip répond avec difficulté à son père, et toujours sans abandon. Lord Chesterfield s'en plaint. Les précepteurs doivent écrire longuement pour couvrir ce mutisme. Cette obscure résistance empêche les pouvoirs de persuasion de l'épistolier paternel de s'exercer pleinement. Lord Chesterfield comptait que la sorcellerie érotique des « grâces » parisiennes, l'euphorie de la liberté et des plaisirs dans le grand monde français dissiperaient cette réserve et ce reproche secrets. Le talent social, s'il se révélait à Paris, s'il se faisait connaître jusqu'à Londres, pouvait enfin faire un peu oublier la naissance du jeune homme.

Or il est clair que l'épreuve parisienne a été un échec. Philip dans l'ensemble est resté terne et maussade. Dans une lettre qu'il écrit dès le 25 février 1751 à la marquise de Monconseil, en français, Lord Chesterfield se met à douter du succès. Il répond à un compte rendu sans complaisance que la marquise lui a adressé des réactions de son fils à Paris [1].

Les savants stratagèmes qu'il échafaude avec sa correspondante pour amender l'ingrat naturel de son fils n'ont d'analogues que les ruses de Rousseau pour aller dans le sens du naturel de son

---

1. Voir le texte de cette lettre, ci-après, p. 211.

Émile. Ils restent sans effet. On trouvera leur suite dans la lettre à Philip du 4 février 1751.

Le « Grand Tour » s'achève. Il s'agit désormais de lancer Philip dans la carrière politique et diplomatique. Mais Lord Chesterfield dcit compter sur lui seul pour combattre la force du préjugé qui fait obstacle à son fils. En 1754, le roi George II et le duc de Newcastle, son Premier ministre d'alors, s'opposèrent, malgré la promesse de ce dernier, à la nomination de Philip comme secrétaire de légation. sans salaire, à Venise. L'argument était sa naissance illégitime.

Chesterfield s'arrangea pour faire élire son fils aux Communes. Dès son premier discours, la timidité bredouillante de Philip le disqualifia pour toute carrière parlementaire. Son père obtint pour lui le poste médiocre de résident d'Angleterre à Hambourg (1756), puis à Dresde (1764). La santé du jeune homme déclinait. En 1768, au cours d'un voyage de détente en France, il mourut soudain, à Avignon. Chesterfield découvrit alors que son fils s'était marié à son insu avec une femme *undistinguished*, et qu'il en avait eu deux enfants. Tel était le seul répit que Philip se fût accordé dans une existence, toute de bonne volonté envers son père. Chesterfield prit loyalement en charge cette famille inattendue. À sa mort, en dépit de la résistance de ses héritiers légaux, la veuve de Philip, Eugenia Stanhope, vendit les *Lettres* à l'éditeur Dodsley pour 1 500 livres.

Bien avant la mort de Philip, Chesterfield avait pris parti de son échec. En 1759, sans interrompre sa correspondance avec son fils naturel, il entreprit l'éducation d'un autre Stanhope, lui aussi prénommé Philip, fils, légitime cette fois, d'un de ses cousins. Il était déjà son parrain, il devint son père adoptif. L'enfant avait alors quatre ans. Au même rythme, et suivant la même progression, il entreprit par lettres de dessiner une nouvelle fois l'*Homme au gant*. Deux cent trente lettres subsistent de cette seconde éducation entreprise par Sa Seigneurie. Cette fois, c'est le père adoptif qui mourut trop tôt pour juger s'il avait réussi. En 1773, cet autre Philip Stanhope, qui devint, lui, le cinquième Earl of Chesterfield, n'avait que quinze ans (1755-1815). Riche, et goûté du roi George III en dépit ou à cause de ses mauvaises manières, il fit une assez honorable carrière dans la diplomatie et le *civil service*, puis il se retira noblement dans son hôtel londonien et sur ses terres de Bretby. Gainsborough a peint de lui un splendide portrait, en chasseur posant avec son chien.

Le moule, par deux fois, n'avait pas trouvé de cire digne de lui.

Du moins, dans les *Lettres* de Lord Chesterfield à son fils naturel, ce moule subsiste-t-il en creux, avec la précision et le relief d'une médaille classique. C'est d'abord l'autoportrait de Lord Chesterfield lui-même, en gentleman de *haut ton*, pourvu de tous les attraits de la naissance, de la fortune, et de l'expérience en toutes choses du dessous des cartes. C'est aussi le portrait idéal de l'homme de cour européen, de sa sociabilité brillante et de son encyclopédisme. Les deux portraits coïncident, non sans un effet d'ironie cruelle lorsqu'on les rapproche de leur destinataire, le fils docile de Mlle du Bouchet. Un autre effet d'ironie, dont Chesterfield joue volontiers quand il plaisante par exemple sur la petite taille des Stanhope, ressort du contraste entre ce portrait d'orateur de cour, par définition beau, grand, bien tourné, selon le canon de Polyclète recommandé par Quintilien, et l'apparence physique de Sa Seigneurie, que George II, quand il se déprit de lui, qualifiait volontiers de *dwarf-baboon*, de babouin-nain. Mais sa tête et son nez disproportionnés, sa voix criarde faisaient partie de son autorité et de son esprit, donnant même toute leur saveur à ses manières parfaites. Les Habsbourg peints par Vélasquez ont beau être prognathes, ils n'en sont pas moins, selon un adjectif cher à Henry James, *magnificent*. Chesterfield pensait sans doute que ces handicaps, qu'il avait si ingénieusement retournés en sa faveur, n'étaient pas plus graves que celui qu'il invitait son fils à surmonter.

L'homme au gant contre le noble sauvage

Les contemporains furent choqués, comme Samuel Johnson, par l'impudeur des incitations à la volupté (mais sans débauche) adressées par ce père à son fils : aucun ne prêta attention à la férocité involontaire et inévitable de l'entreprise éducative elle-même. Loin de « corrompre » son fils, ce père, qui a fait de son mieux, l'a perpétuellement rencogné. Il y a l'amorce d'une sorte de *Bartleby* du XVIIIe siècle dans le commentaire prudhommesque que James Boswell, dans sa fameuse *Vie du Dr Johnson*, donne de l'épigramme que le vieil érudit avait dirigée contre les *Lettres* de Lord Chesterfield :

« Cette collection de lettres ne peut être lavée du sérieux soupçon d'encourager, dans quelques passages, l'un des vices les plus destructeurs du bon ordre et du confort de la société, que Sa Seigneurie représente sous les traits légers de la galanterie à la mode. Dans d'autres, on peut l'accuser à bon droit d'inculquer la basse pratique de la dissimulation, et de recommander, avec une anxiété disproportionnée, une attention perpétuelle à l'élégance tout extérieure des manières. Mais il faut en même temps reconnaître qu'elles contiennent beaucoup d'excellents préceptes de conduite et quantité d'informations solides sur la vie et les manières, très heureusement formulées ; il y avait un mérite considérable de la part de Sa Seigneurie à consacrer tant d'attention au progrès de quelqu'un qui dépendait de sa protection ; même les parents les plus exemplaires ne l'ont surpassé en aucun cas : et quoique je ne puisse accepter sous aucun prétexte que l'on efface la distinction entre enfants légaux et illégaux, effacement qui, en réalité, insulte l'établissement civil de notre pays, pour ne pas lever les yeux plus haut, je ne peux pas m'empêcher de trouver louable toute attention tendre accordée à ceux qui nous doivent l'existence. La personnalité de Philip Stanhope a été injustement dépeinte comme diamétralement opposée à celle que souhaitait former en lui Lord Chesterfield. On l'a qualifiée de grossière, ennuyeuse et maladroite. Je l'ai connu à Dresde, quand il était ambassadeur dans cette cour ; et bien qu'il ne pût pas se vanter des "grâces", il n'en était pas moins un homme sensible et bien élevé. »

La compassion d'un romancier découvrirait volontiers des abîmes sous les dehors de cet « homme sensible et bien élevé », épuisé sous l'orage éducatif déclenché par son père. Les lecteurs des *Lettres* – sans cesse rééditées jusqu'au XXe siècle en Angleterre, plusieurs fois traduites en France et en Europe, lues avidement par les Américains, notamment Henry James – ont tous tranquillement oublié leur destinataire initial.

Il faudrait pouvoir s'étendre sur tout ce que *The Ambassadors* ou *Princess Casamassima* de James doivent aux *Lettres* de Chesterfield. Il faudrait pouvoir étudier, dans la prosopographie des riches Américains (et Américaines : Natalie Barney, Winaretta Singer) qui ont fait leur « Grand Tour d'Europe », et ont « vécu noblement » en marge du tout-venant démocratique, l'empire qu'a exercé sur eux le modèle masculin, mais orné de féminité, qu'avait dessiné et peint le grand seigneur whig du XVIIIe siècle. Avec Henry James, avec Bernard Berenson, ils ont découvert dans les *Lettres* l'expression la plus complète, la plus accessible pour eux, d'un des mythes les plus fascinants que l'histoire de l'Europe catholique et monarchique ait inventés : celui de l'*Homme au gant*. Et l'on est en droit de se demander, à observer la vitalité nouvelle et surprenante qu'ils lui ont donnée, en plein XXᵉ siècle, si le *Noble sauvage*, tel qu'il se révèle au monde dans l'*Émile* et les *Confessions* de Rousseau, est bien l'antithèse de l'*Homme au gant* de Chesterfield. Ce *Noble sauvage* n'est-il pas en réalité le dernier avatar de la liberté et de l'indépendance *naturelles* du grand seigneur, dégagées enfin de toute loyauté et de toute livrée monarchiques, et décidées à se frayer leur propre voie sous un leurre nouveau, non plus dans la jungle des cours, mais dans celle du nouveau régime social et politique ?

Et si, bien avant Henry James et les snobs splendides d'une Amérique « corrompue » par l'Europe, la plus paradoxale greffe du *Noble sauvage* sur l'*Homme au gant*, la première, l'exemplaire, avait été l'auteur des *Natchez* et des *Mémoires d'outre-tombe*, l'Enchanteur, le vicomte de Chateaubriand ?

Lettres de Lord Chesterfield en français

À Madame la Marquise de Monconseil

À Bath, ce 1 novembre V.S 1750

Tenez-moi compte, Madame, d'un silence que j'ai gardé long-temps par la force de mon esprit, en dépit des mouvements de mon cœur, qui en murmurait souvent, et qui à tous moments voulait vous dire deux mots. Voici le cas ; vers la fin de l'automne, mes vertiges, mes migraines, et enfin tout ce qui peut désoler une tête, s'unirent pour accabler la mienne ; il ne lui en fallait sûrement pas tant. Sur ces entrefaites, cette tête, qui sait bien le respect qu'elle doit à la vôtre, et qui, même quand elle est au mieux, soutient fort mal ce vis-à-vis, prit sagement le parti de se cacher, en attendant mieux. Ce mieux est à la fin venu ; j'ai porté cette tête ici, sa ressource ordinaire, je l'ai rétablie telle quelle à force de boire, ces eaux s'entend. La voici donc qui revient, et qui se présente derechef très respectueusement à la vôtre, c'est-à-dire que je suis beaucoup mieux, et en état de vous réitérer les assurances des sentiments d'estime et d'amitié, qui sont à l'épreuve de tous les maux du monde.

Vous avez donc trouvé le moyen, comme je n'en doutais point, de garder Madame d'Hervey tout l'hiver à Paris : vous avez raison, elle aussi. Ses lettres sont autant d'éloges de la France, et des Français, au point même de nous être injurieuses. Elle a souvent le plaisir de vous voir, cela seul me suffirait pour en dire autant, ou davantage. Au reste, je ne souhaite pas d'être si souvent le sujet de vos conversations, puisque, quelque prévenues que vous soyez toutes les deux en ma faveur, vous me connaissez toutes les deux trop bien, pour qu'il n'entre point bien des mais dans ces conversa-tions ; au lieu que j'aimerais mieux que chacune parlât de moi séparément à des gens qui ne me connaissent pas, et alors chacune pourrait, et je me flatte bien qu'elle le voudrait, mentir impunément à mon avantage.

Votre élève est actuellement en France, rôdant en Languedoc,

Provence, Dauphiné, etc. Il aura l'honneur de vous faire sa cour avant Noël. Il cherche les grâces à Paris ; je lui ai mandé où il les trouverait ; si vous croyez que je m'y suis trompé, ayez la bonté, Madame, de lui indiquer leur demeure, au moins j'en ai agi de bonne foi avec lui.

J'apprends de Berlin que Voltaire a dit un adieu perpétuel à la France, et s'est établi dans le nouveau séjour des Muses, sous l'Auguste, et en même temps le Mécène, du Nord ; mais il faut avouer aussi, qu'il a montré plus que de l'art poétique dans le marché qu'il a fait avec ce prince ; car il a la Clef d'or de Chambellan, l'Ordre de l'Amitié, cinq mille écus d'entrée, et autant de rente viagère, dont deux mille, en cas de sa mort, sont substitués sur sa nièce. Ces conditions sentent plus une des montagnes du Pérou, que celle du Parnasse[1]. Il y a déjà joué son Cicéron par appel, comme d'abus, du tribunal poétique de la France à celui de Berlin, et votre arrêt y a été cassé ; mais vous avez tant de beaux esprit à Paris, que vous ne vous ressentirez pas de la perte de celui-ci. Les dames mêmes vous en dédommagent. La comédie pathétique de Madame de Graffigny est excellente dans ce goût-là[2], et le Milton de Madame du Boccage a, je vous en assure, beaucoup de mérite. Elle l'a beaucoup abrégé, mais avec jugement ; et sa traduction du Temple de la Renommée de Pope est d'une exactitude étonnante. Bon soir, Madame.

À Madame la Marquise de Monconseil

À Bath, ce 5 novembre V.S. 1750

Nos dernières lettres se sont croisées, Madame. J'ai reçu la vôtre deux jours après avoir envoyé la mienne ; de façon que ma justification trottait en même temps que mon accusation. Celle-ci, ne sera donc qu'un remerciement de l'attention que vous avez bien voulu faire à mon silence, qui ne méritait pas vos regrets, ou vos reproches.

Ce lien de notre commerce, cet enfant enfin, l'objet qui a donné

---

1. « Savez-vous, Monsieur, ce qui me prouve le plus la supériorité du vôtre [esprit] et ce qui fait que je vous trouve un grand philosophe ? C'est que vous êtes devenu riche » (Mme du Deffand à Voltaire, 28 octobre 1759).

2. Elle était l'auteur de *Cénie*.

lieu aux termes qui pourraient être suspects aux curieux qui ouvriraient nos lettres, aura bientôt l'honneur de vous faire sa cour. Il aura bien plus besoin de votre secours, qu'il n'en aurait eu, s'il eût été l'objet d'un soupçon bien fondé ; une telle naissance aurait rendu une bonne moitié de mes soins inutiles. Suppléez, Madame, à ce défaut par les vôtres, et rendez-le au moins digne d'une naissance, qui l'aurait rendu plus digne de vos soins. Vous le pouvez, vous qui êtes capable de donner à l'amitié ce que les autres ne savent donner qu'à des sentiments plus vifs. Réellement je compte sur vous uniquement, pour faire la fortune de cet être que je vous remets ; les autres lui feront des politesses, m'en diront du bien, mais se soucieront très peu au fond du reste. Il en serait précisément où il en est actuellement, et à cet âge c'est reculer que de ne pas avancer : mais je suis bien sûr que vous en agirez d'une toute autre façon. Vous lui direz ses défauts avec cette autorité, qui accompagne toujours la justesse de votre critique, et la manière avec laquelle vous la ferez. Il faut nécessairement qu'il soit gauche, et embarrassé. L'Allemagne ne donne pas les grâces, et l'Italie ne les donne guère plus. Ce n'est que dans les bonnes compagnies à Paris qu'on les peut acquérir : permettez-lui donc, non seulement, mais ordonnez-lui de fréquenter votre maison les soirées, c'est-à-dire quand il n'y sera pas de trop, et pour vous en soulager quelquefois, fourrez-le dans d'autres compagnies ; ce sera une contrainte bien douce, et bien avantageuse pour lui. Il a sûrement un très grand fond de savoir ; je ne sais s'il a de l'esprit, mais je sais bien que s'il en a, vous mettrez le comble à son caractère en lui donnant les manières, et les grâces, qui ornent les meilleurs caractères, et qui expient en quelque façon les fautes des plus mauvais. Dans le train ordinaire du monde, combien de gens ne voyons-nous pas, qui ne se sauvent qu'en faveur de leurs manières, et d'autres qui, avec un mérite très solide, ne se font pas jour, faute de ces manières ! On a beau savoir, c'est le je ne sais quoi, qui le fait valoir ; il n'y a que les sauvages qui portent les pierres précieuses brutes.

Adieu, Madame, je pars d'ici en trois jours ; et ce sera de Londres que vous aurez les premières nouvelles de votre très humble serviteur.

À Madame la Marquise de Monconseil

Londres, ce 25 février V.S. 1751

Il n'y a que vous au monde qui sachiez combiner les vrais et solides devoirs, avec tous les agréments de l'amitié ; les autres sacrifient, trop souvent, par des mouvements d'amour propre, les premiers aux derniers, ils suppriment ce qu'ils devraient dire, pour ne pas dire ce qui déplaira, quelque nécessaire qu'il soit qu'on le sache. Vous, Madame, au contraire, vous vous acquittez des vrais devoirs de l'amitié, en découvrant la vérité, quelque désagréable qu'elle puisse être, plutôt que de laisser ignorer un mal, auquel peut-être on peut trouver du remède à présent, mais qui, en peu de temps, pourrait devenir incurable. Il y a, dans le portrait que vous m'avez envoyé, et qui, je suis bien sûr, est fort ressemblant, des traits qui me choquent infiniment, et qui défigurent tout à fait l'assemblage, malgré d'autres bons traits qui s'y trouvent. Je crains même qu'il ne soit bien difficile de corriger l'original, puisque jusqu'ici vous y avez perdu vos peines, et que, depuis trois ans, j'y ai travaillé sans relâche, et comme il paraît sans succès. Je lui envoie encore par cette poste une lettre, mais des plus fortes, sur ce sujet : et pour ne vous pas commettre avec lui, et le refroidir à votre égard, ce qui serait perdre l'unique remède que j'espère, je lui dis qu'en même temps que je reçus, de votre part, une lettre qui lui était très favorable, j'en reçus une autre d'un de mes amis à Paris, sur son sujet, d'une nature bien différente, dont je fais semblant de lui envoyer l'extrait ; après cela je lui fais son portrait, sur les mémoires que vous m'avez fournis, et je finis par des remontrances les plus fortes, qu'il n'aura garde, je crois, de vous montrer. Pour le dépayser encore plus, et pour vous mettre en état de lui parler encore plus fortement sur ces matières, je lui dis que je vous ai envoyé en même temps copie de ce portrait, pour que vous me disiez véritablement s'il lui ressemble ou non. Ayez donc la bonté, Madame, de lui dire que vous avez reçu une telle lettre de ma part, et que vous vous trouvez extrêmement embarrassée sur ce que vous me devez répondre ; que vous voyez bien que je suis outré même du soupçon que ce portrait lui ressemble : que serait-ce donc si vous alliez constater cette ressemblance ? Ceci lui donnera l'alarme bien chaude, et en même temps vous fournira une occa-sion, non suspecte, de lui dire les choses du monde les plus fortes, sous prétexte de ménagements pour lui vis-à-vis de moi. En effet, il est perdu s'il ne se corrige pas foncièrement de ces mauvaises manières, de cette pente à désapprouver tout, et de ce penchant à disputer avec aigreur et empire. Qu'il ait de l'esprit, qu'il ait du bon si vous le voulez, c'est un bon fond ; mais aussi vous savez mieux que moi que c'est un fond qui rapportera bien peu, s'il n'est pas cultivé par les bonnes manières, la douceur, les grâces, les agréments, enfin par tout ce qui vous distingue. Il est encore jeune, il est vrai ; mais aussi, depuis un an et demi, il a fréquenté tout ce qu'il y avait de meilleure compagnie en Italie, et même, depuis qu'il est à Paris, il aurait dû s'être formé considérablement, vu les bonnes compagnies qu'il a fréquentées depuis plus de deux mois, pour ne rien dire de vos préceptes, et de votre exemple. Avec tout cela, vous m'avouez, et je suis sûr que vous mettez tout au mieux, que les progrès sont bien lents ; c'est-à-dire qu'il n'en a point fait du tout. Ceci me fait presque désespérer, et je n'attends de remède, si tant est que j'en attende, que de votre part. Sur votre sujet, il pense au moins comme il doit, et cela étant, il doit naturellement souhaiter de penser comme vous sur tous les autres sujets. Pour vous mettre aussi encore mieux avec lui, s'il est possible, je lui ai mandé que c'était simplement à votre sollicitation, que je m'étais à la fin porté à fixer la somme qu'il devait dépenser par mois, et qu'il avait si souvent souhaité ; que je trouvais quinze cents francs par mois une somme très raisonnable, mais que pourtant nous ne nous brouillerions pas, s'il prenait, en cas de besoin, jusqu'à deux mille ; bien entendu toujours, comme vous me l'avez conseillé, qu'il ne prît pas pour cela un ton de supériorité ou de mépris pour ceux qui n'en auraient point tant. Moyennant toutes ces circonstances, vous n'avez rien à craindre en ne le pas ménageant ; dites-lui librement ces vérités, de votre part il écoutera patiemment et avec attention : sa fortune est absolument entre vos mains ; s'il se corrige, ce ne sera que par vous. Indépendamment de toute tendresse personnelle, il a été si longtemps l'objet de mes soins, et je me suis tant flatté d'en faire quelque chose de bon, qu'il me serait très chagrinant d'échouer près du port ; et ce serait précisément le cas si, avec un fond d'esprit naturel, et beaucoup d'acquis, il lui manquait les manières si nécessaires pour les faire valoir.

Pardonnez-moi, Madame, ces détails, pardonnez-moi la peine que je vous donne. Je sais que vous me le pardonnez, puisque je sais que votre amitié n'a point de bornes ; ma reconnaissance n'en aura point non plus, et ne finira qu'avec mes jours.

12

LA MARQUISE DU DEFFAND :
DE VOLTAIRE À WALPOLE

Au centre de l'Europe des Lumières, dans le même petit appartement de la rue Saint-Dominique où la marquise de Montespan disgraciée avait fini ses jours, une aveugle siège du lundi au dimanche, de cinq heures à minuit, recevant ses hôtes dans le même fauteuil avec toit en berceau. Cette singulière « commodité de la conversation », célèbre sous le nom de « tonneau », semble préfigurer le cercueil à angle droit, pour cadavre en position assise, de Magritte. La Dame de pique du XVIIIe siècle avait perdu la vue avec la jeunesse, depuis 1753 [1].

Immobile, cette momie ne vit plus qu'en buste pour parler ou bien pour écrire sur un pupitre tramé ou pour dicter. Elle n'en est pas moins l'aimant qui attire et retient auprès d'elle les femmes et les hommes les plus titrés et spirituels de l'Europe française alors à son zénith. Sa conversation recréait cet « esprit des Mortemart » qui avait rendu redoutables, même à Louis XIV, Mme de Montespan, ses sœurs et son frère, et dont Marcel Proust recherchait encore les éclairs dans « l'esprit des Guermantes ». Converser avec la marquise du Deffand était une épreuve autant qu'un charme et une faveur. On n'entrait pas impunément dans la pièce tendue de moire jaune piquée de nœuds rouge feu où elle recevait chaque jour en fin d'après-midi. Comme la baronne danoise Karen Blixen, elle mourra amoureuse

---

1. Sur la célèbre marquise, voir le bel essai biographique de Benedetta Craveri, *Madame du Deffand et son monde*, trad. fr., Seuil, 1987, 2e éd. avec préface 1999.

d'un homme aimable et beaucoup plus jeune qu'elle, qui s'était pris dans ses rets tout en se débattant. Le dernier amour de Karen Blixen fut un jeune poète danois. Celui de Mme du Deffand, la fine pointe de l'esprit français, était un Anglais, il portait le nom d'un des plus redoutables ennemis que la France ait eus à la tête du gouvernement anglais, Robert Walpole, il était infiniment doué, il n'était plus un jouvenceau et il passait pour un peu narcisse.

Que cette vieille femme, qui avait connu tous les plaisirs et dont l'esprit brillait sur fond d'un incurable ennui, ait pu éprouver à soixante-dix ans une passion de jeune fille, violente et désespérée, et qu'elle l'ait éprouvée pour un Horace Walpole, de vingt ans plus jeune qu'elle, et qu'elle ne put jamais voir, ce sont de ces énigmes qui nous font pressentir l'envers inquiet et intime du décor du Paris aristocratique des Lumières.

Les Français avaient découvert l'Angleterre dans les *Lettres anglaises* de Voltaire, et ils auraient dû apprendre dans l'*Esprit des lois* que, depuis 1688, la constitution de ce pays était le chef-d'œuvre de la politique moderne. Mais Mme du Deffand connaissait trop bien Voltaire et elle n'avait pas assez d'admiration pour Montesquieu pour se laisser impressionner. En revanche, comme les Français de son temps, elle s'était laissé persuader par les magnifiques romans de Richardson, *Paméla, Clarissa,* que l'Angleterre, plus fruste mondainement, détenait tout ce qui manquait à une France raffinée et desséchée, hantée secrètement par la décadence : une vie privée concentrée à la campagne, où la force des caractères et la profondeur grave des sentiments ne sont pas érodées par la meule rapide de l'urbanité et de l'esprit. Parfaitement imperméable à la Suisse de *La Nouvelle Héloïse,* Mme du Deffand restait inflammable par l'Angleterre, et Horace Walpole, qui avait les séductions du *wit*, du talent, des manières et d'un goût exercé de « virtuose », était à même d'émouvoir son imagination et de réveiller son cœur blasé par une mystérieuse gravité qui ne devait rien au pédantisme et tout à une singularité intime soigneusement gardée. C'était un gentleman d'une espèce inconnue au pays des gentilshommes.

Comme dans les pièces de théâtre où le drame des protagonistes se reproduit, sur un mode différent, à l'étage des gens de service, la conversion de la spirituelle marquise du Deffand à la passion eut pour pendant celle de sa nièce de province et dame de compagnie, Julie de Lespinasse. N'en pouvant plus de l'air trop raréfié qu'elle avait dû longtemps respirer dans l'ombre de sa

vieille patronne, elle la quitta, créa sa propre « compagnie », et en
secret s'abandonna aux torrents de la passion humide selon
Rousseau. Elle s'éprit d'un jeune Espagnol, le marquis de Mora,
puis, et un peu en même temps, du comte de Guibert, mais
toujours à l'insu de d'Alembert qui se consumait en vain pour
elle. Que de cris, étouffés ou non, que de consomption furtive et
cruelle ! Mme du Deffand, qui ne voulut jamais plus entendre
parler de l'ingrate, sut souffrir jusqu'au bout les affres de sa
passion sèche et d'avance désespérée pour Walpole, taillée dans la
même étoffe que l'ennui ; elle ne céda jamais de sa dignité, sans
avoir rien à cacher, et sans interrompre la conversation redoutable et redoutée dont elle maintenait très haut la tradition.

Le « roi Voltaire » et la marquise

Voltaire lui-même, le roi Voltaire, malgré l'insolente indépendance qu'il s'était conquise aux Délices, puis dans son fief comtal
de Ferney, n'a pas résisté à la fascination qu'exerçait cette Dame
de pique. Il l'avait bien connue autrefois, lui-même encore un
brillant débutant, et elle, jeune, ravissante et libertine, à la cour
du Régent, puis dans le cercle de la duchesse du Maine, quand il
se reconstitua à Sceaux en 1720.

Voltaire encore adolescent avait déjà fréquenté la duchesse,
petite-fille du Grand Condé, et qu'on appelait « la poupée de
sang » tant elle était minuscule, bien faite, et bien née. Il avait
connu Sceaux dès sa première splendeur, au déclin du règne de
Louis le Grand : le château avait été celui de Colbert, la duchesse
pouvait tout espérer alors de la passion du roi et de Mme de
Maintenon pour l'époux avec lequel elle s'était mésalliée, l'aîné
des bâtards légitimés du Grand Roi : le duc du Maine. La
duchesse crut se rapprocher de la couronne au fur et à mesure
que mouraient les héritiers légitimes. 1715 dissipa cette grande
espérance. En 1718, le Régent fera tomber la foudre sur Sceaux,
que le dépit de la duchesse avait transformé en foyer de conspiration. Mme du Deffand (mariée cette année-là) n'avait pas tardé
à devenir l'une des maîtresses du Régent et elle participa aux
célèbres débauches du Palais-Royal, du palais du Luxembourg et
de Saint-Cloud. Chez la duchesse du Maine, amnistiée en 1720,
la jeune femme avait connu, avec Fontenelle et Voltaire, une
arrière-saison du Grand Siècle qui se prolongera jusqu'en 1753.

Depuis leurs années de jeunesse, la marquise et Voltaire

s'étaient écrit de loin en loin. Leur correspondance n'est devenue fréquente qu'en 1754, et elle s'espaça de nouveau en 1765. La mort de Voltaire, épuisé par son séjour d'apothéose à Paris en avril 1778, lui laissa à peine le temps de faire une ultime visite à sa très ancienne amie : « J'arrive mort, et je ne veux ressusciter que pour me jeter aux genoux de la marquise du Deffand. » Sitôt qu'il eut tourné les talons, elle écrira à Walpole : « Il a quatre-vingt-quatre ans, et en vérité je le crois presque immortel. Il jouit de tous ses sens, aucun même n'est affaibli ; c'est un être bien singulier et en vérité bien supérieur. »

Le grand écrivain, pendant les dix années de sa correspondance suivie avec celle qui était en train de devenir la reine régente aveugle du grand monde parisien (ces lettres alternées sont l'un des suprêmes chefs-d'œuvre de notre littérature) eut fort à faire pour lui tenir tête. La marquise faisait sans doute exception pour lui, mais elle n'aimait pas la littérature de son temps, métamorphosée à ses yeux en philosophie de carrefour. Elle eût aimé que Voltaire, qu'elle estimait, renonçât à la faiblesse de s'en vouloir le coryphée.

À distance, les deux correspondants ont eu le temps de se désoler ensemble en 1764 de la maladie et de la mort de la marquise de Pompadour, dont ils savaient que l'esprit et le charme, jusqu'à la fin, avaient réussi à conjurer l'ennui qui corrompait le cœur de Louis XV, et dont ils connaissaient l'un et l'autre la morsure. Ils découvrent alors qu'elle avait été leur amie à tous deux, mais à des degrés différents. La maîtresse royale avait été la protectrice de Voltaire, Mme du Deffand lui avait des « obligations ». Une solidarité de *vanitas vanitatum* réunit au moins en surface les deux vaillants survivants du règne de Louis XIV, de la Régence et des années brillantes du règne du Bien-Aimé.

Mais Voltaire avait tourné Pascal et ses *Pensées* en dérision, il avait réécrit l'*Œdipe-Roi* de Sophocle pour en faire une pièce à thèse, et il flattait effrontément la pente du siècle déclinant aux idées moralisatrices de réforme de bienfaisance et de progrès.

Or c'est bien la lucidité tranchante des libertins du Grand Siècle auxquels Pascal avait adressé ses *Pensées* qu'il doit affronter chez sa correspondante, mûrie et grandie par les épreuves. Une partie de l'autorité, dont dispose sur lui cette « mondaine ignorante », et qui s'en flatte, tient à son esprit déniaisé qui n'estime chez le grand écrivain que l'auteur de *Candide*, et ne voit pour le reste que charlatanisme.

Dans les lettres qu'elle lui écrit, elle ne tombe pas dans les lieux communs qu'échangent entre eux les *laudatores temporis acti*. Elle surprend Voltaire et le frappe au point sensible : « Il n'y a, à le bien prendre, qu'un seul malheur dans la vie, qui est celui d'être né. » Il la réfute, il la morigène, il s'en défend gaîment en faisant assaut d'humeur sombre, mais il se dérobe en définitive à ce regard d'aveugle qui ose rester braqué sur le néant des choses humaines et qui ressemble trop à sa propre arrière-conscience. Le sculpteur Pigalle le représentera dans une nudité héroïque de quasi-squelette, dénué des oripeaux de théâtre dans lesquels il avait enveloppé et protégé sa royauté d'opinion. Mme du Deffand, en se contentant de remuer sa plume d'oie, l'oblige déjà à se connaître hors du miroir que le public lui tend pour s'oublier.

En réalité, cette « mondaine ignorante », cette « salonnière », comme écrivent les doctorantes américaines, connaissait parfaitement ses grands auteurs, non comme auteurs, mais comme maîtres d'intelligence et de vie. En quelques nasardes qui valent des bibliothèques, elle résume pour l'édification de Voltaire « l'esprit » des *Essais* de Montaigne, source des *Pensées* de Pascal et bréviaire de l'aristocratie française lettrée depuis un siècle et demi :

« On y trouve tout ce qu'on y a jamais pensé, et nul style n'est plus énergique ; il n'enseigne rien, parce qu'il ne décide de rien ; c'est l'opposé du dogmatisme : il est vain, et tous les hommes ne le sont-ils pas ? Et ceux qui paraissent modestes ne sont-ils pas doublement vains ? Le "je" et le "moi" sont à chaque ligne, mais quelles sont les connaissances qu'on peut avoir, si ce n'est le "je" et le "moi" ? Allez [...], c'est le seul bon philosophe et le meilleur métaphysicien qu'il y ait jamais eu. Ce sont des rhapsodies, si vous voulez, des contradictions perpétuelles, mais il n'établit aucun système, il cherche, il observe, et reste dans le doute ; il n'est utile à rien, j'en conviens, mais il détache de toute opinion et détruit la présomption du savoir. »

On reste le souffle coupé (plus que Voltaire sans doute ne l'eût souhaité) par cet art souverain d'aller droit au vrai avec cette facilité naturelle : Voltaire avait sans doute attrapé lui-même quelque chose de cet art chez les semblables de la marquise, mais il en avait fait un métier. Pour la marquise, c'est un art libéral de penser, de dire, de vivre contre tout espoir, mais hardiment et brillamment, entre les pairs qu'elle s'est choisis et qui l'ont choisie, mais avant tout pour elle-même et pour la seule beauté de la chose.

Mme du Deffand écrit comme elle pense et comme elle parle, en grand maître zen de la brièveté. Le goût, et donc le style, chez elle, n'est pas affaire d'exercice ni d'esthétique ni d'effet à produire. C'est la fine pointe d'un esprit qui a fait le tour de la vie, et ce sont les fines antennes d'un jugement entraîné à discerner sur-le-champ ce qui sonne juste et ce qui sonne faux. C'est sur ce genre de bon bec de Paris que le jeune Voltaire avait aiguisé son esprit dès son adolescence. Maintenant, il peut se permettre d'éblouir un vaste public par une pyrotechnie qui fait l'effet à son interlocutrice d'un gaspillage un peu démagogique. Sa correspondance avec Mme du Deffand le reconduit à ses sources, même s'il se refuse de revenir en arrière comme l'y invite courtoisement sa dangereuse amie.

De son côté, la marquise, pierre de touche implacable de la parole juste, peut s'offrir le luxe, caché sous les figures de modestie, de tenir en haleine le seul homme de lettres contemporain qu'elle ait daigné jusqu'au bout prendre en considération. D'Alembert, qui s'effondra lorsqu'il suivit la Lespinasse, avait été sa seule illusion.

L'aveugle des Lumières

Ce n'est pas seulement par la forme que cette grande dame peut l'emporter sur un professionnel toutes catégories. C'est aussi et c'est surtout par le courage de l'âme, et par les « rencontres » (pour parler comme Montaigne) de sa propre pensée avec celle des plus grands esprits d'autrefois et d'ailleurs. Elle s'amuse sans doute de l'actualité littéraire et du jeu d'enfer qui ont fait de Voltaire le maître de l'opinion publique. Mais ces bagatelles ne la retiennent qu'avec un « regard éloigné ». Son sentiment tragique de la vie, à l'unisson de celui de Lucrèce et de Montaigne, fonde son sentiment de la forme. Le sérieux de cette femme, l'énergie de son désespoir, Voltaire les sait ou les devine, il ne veut pas vivre à cet étage de danger.

Quand elle s'offre le luxe bref d'une comparaison entre Shakespeare et Homère, à laquelle Baudelaire lui-même, un siècle plus tard, eût pu souscrire, Voltaire feint de ne pas entendre ; en classique étroit, il range ce jugement de goût supérieur à son temps parmi les « bons mots » d'une femme d'esprit. Elle a beau évoquer, avec un feint embarras, l'intérêt vif qu'elle a pris au chef-d'œuvre de Richardson, *Clarisse Harlowe,* cela non plus n'éveille aucun écho chez l'auteur de *Zadig*, pour qui le roman anglais, c'est-à-dire à cette époque le roman tout court, n'est qu'un délassement sentimental de femmes, ou de fous tels que Rousseau.

Quand elle réaffirme à Voltaire, qui l'a sermonnée pour cette trop noire pensée, que « le plus grand des malheurs est d'être né », elle commente sa propre sentence comme aurait pu le faire un auditeur de Sophocle ou de Socrate, au Vᵉ siècle avant J.-C. :

« Je suis persuadée de cette vérité, et qu'elle n'est pas particulière à Judas, à Job et moi, mais à vous, mais à feu Mme de Pompadour, à tout ce qui a été, à tout ce qui est, et à tout ce qui sera. Vivre sans aimer la vie ne fait pas désirer sa fin, et même ne diminue guère la crainte de la perdre. Ceux de qui la vie est heureuse ont un point de vue bien triste : ils ont la certitude qu'elle finira. Tout cela sont des réflexions bien oiseuses, mais il est certain que si nous n'avions pas de plaisir il y a cent ans, nous n'avions ni peines ni chagrins. Et des vingt-quatre heures de la journée, celles où l'on dort me paraissent les plus heureuses. Vous ne savez point, et vous ne pouvez savoir par vous-même, quel est l'état de ceux qui pensent, qui réfléchissent, qui ont quelque activité, et qui sont en même temps sans talent, sans passion, sans occupation, sans dissipation : qui ont eu des amis, qui les ont perdus, sans pouvoir les remplacer ; joignez à cela quelque délicatesse dans le goût, un peu de discernement, beaucoup d'amour pour la vérité : crevez les yeux à ces gens-là, et placez-les au milieu de Paris, de Pékin, enfin où vous voudrez, et je vous soutiendrai qu'il serait heureux pour eux de n'être pas nés. »

Tout le sel de cette petite controverse épistolaire tient dans un fait que ni la marquise ni Voltaire ne songent à évoquer, sous peine de pédantisme, mais qui est le point de départ (et de divergence) de leurs partis pris existentiels respectifs.

À Sceaux, auprès de la duchesse du Maine, Voltaire dès les années 1708-1715, et la marquise plus tard en 1720-1727, ont fait partie du cercle des auditeurs de Nicolas de Malézieu, précepteur et amant de la « poupée de sang » : excellent helléniste autant que bon mathématicien, académicien français et académicien des sciences, Malézieu improvisait pour la maîtresse de maison et ses invités des traductions du grec. C'était sa manière de soutenir Mme Dacier dans la Querelle d'Homère, ultime épisode de la Querelle des Anciens et des Modernes.

Que traduisait Malézieu, pour ce public que nous osons aujourd'hui à la légère qualifier de « frivole », parce qu'il goûtait aussi les vaudevilles composés par le même Malézieu ? Les *Tragédies* de Sophocle, et notamment *Œdipe-Roi* et *Œdipe à Colone* ! C'est de cette source, directe, nous le savons pour Voltaire, et même très probablement, avec un temps de retard, pour Mme du Deffand, qu'ils tiennent l'un et l'autre leur familiarité avec les terribles paroles du chœur d'*Œdipe à Colone* que Mme du Deffand a résumées pour elle-même et prises pour maxime.

Le chœur de Sophocle commente le spectacle du vieux roi aux yeux crevés, vagabond et dépossédé, soutenu par Antigone, rejoint par Ismène, et poursuivi jusque dans les faubourgs d'Athènes par la haine de Créon et par les malheurs de Polynice :

« Ne pas naître, voilà ce qui vaut mieux que tout, ou encore, arrivé au jour, retourner d'où l'on vient au plus vite, c'est là le sort à mettre aussitôt après. Dès l'heure en effet où le premier âge cesse de prêter sa douce inconscience, est-il désormais une peine qui ne t'atteigne quelque peu ? Est-il une souffrance qui manque à ton compte ?

« Meurtres, dissensions, rivalités, batailles, envies surtout ! Et puis, pour dernier lot, la vieillesse exécrable, l'impuissante, l'insociable, l'inamicale vieillesse, en qui se viennent rejoindre tous les maux, le pire des maux. »

De la tragédie d'*Œdipe-Roi* et de son « Temps retrouvé », *Œdipe à Colone,* Mme du Deffand, qui effrayait Massillon dans son enfance par son incrédulité précoce, a retenu la méditation du chœur athénien qui rejoint les gémissements de l'Ecclésiaste et du Livre de Job. Elle s'est d'autant plus profondément imprimée dans sa mémoire qu'elle s'adresse à un roi frappé de la foudre, et qu'elle-même a vu plusieurs fois tomber la foudre tout près d'elle, avant d'être privée de la vue comme Œdipe. Déjà, au moment où Malézieu, renouvelant une tradition d'hellénisme qui remonte aux origines de la Renaissance française (Lefèvre d'Étaples et Marguerite de Navarre, Jean Dorat et Ronsard), « lisait » Sophocle à son auditoire de Sceaux, celui-ci ne pouvait pas ne pas en faire l'application à sa propre actualité.

En 1708-1715, le royaume avait pris en effet, au terme de sa « grande guerre » et après la série de deuils qui frappèrent la famille royale (le Grand Dauphin, le duc et la duchesse de Bourgogne), les couleurs tragiques et maudites de Thèbes. Le très vieux roi foudroyé et dépouillé s'était élevé alors à la grandeur d'*Œdipe à Colone*. Le duc du Maine et le duc d'Orléans pouvaient passer soit pour Étéocle et Polynice qui mettraient le comble aux malheurs du royaume, soit pour l'un des Thésées qui y mettrait fin. Le duc d'Orléans, à la mort du Grand Roi, avait triomphé du duc du Maine qui sera exilé en 1719. Telle fut, pour Mme du Deffand, qui se préparait alors à entrer dans le monde comme maîtresse du Régent, la première initiation à la vanité de la vie, telle qu'elle se révèle dans la lumière d'orage du pouvoir.

À la mort du Régent, elle s'était trouvée, au titre d'amie intime de Mme de Prie (maîtresse du Premier ministre « nommé » par Louis XV, le duc de Bourbon), associée beaucoup plus étroitement aux angoisses et aux intrigues de la Cour. Tout s'était assez vite terminé en désastre le 10 juin 1726 : le duc soudain disgracié et Mme de Prie exilée en Normandie, où elle était morte brusquement et mystérieusement, sous les yeux et dans les bras de son amie, qui n'a jamais éventé le secret peut-être terrible de cette fin. La scène capitale de 1715 s'était donc répétée pour elle, non plus comme spectatrice, mais comme confidente. De nouveau, lorsqu'elle sera admise, entre 1758 et 1770, de par son étroite amitié avec Choiseul et sa femme, dans l'intimité du pouvoir suprême, elle devra encore assister à la disgrâce et à l'exil infligés à ses amis.

Dans l'enseignement au château de l'helléniste Malézieu, Voltaire de son côté avait trouvé le sujet de sa première œuvre dramatique : *Œdipe*. Il avait dix-neuf ans. Enchérissant sur la réécriture « moliniste » de la tragédie de Sophocle que Pierre Corneille avait dédiée à Foucquet en 1661, Voltaire a fait de sa première tragédie un acte de protestation contre le Dieu « méchant » des Grecs et de Pascal, et contre les prêtres qui s'en servent pour égarer les hommes. Il inaugure le siècle des Lumières par une mise en cause publique de l'« Infâme », nom moderne qu'il donnera plus tard à l'Atê grecque et au « Dieu caché » de Moïse et de saint Paul. La raison voltairienne comme la volonté jésuite ne veulent connaître le mal et le malheur que pour les défier et les réduire à merci. Ni Voltaire, ni aucun autre dramaturge moderne, ne s'est jamais avisé de reprendre le sujet d'*Œdipe à Colone*, où Sophocle élève l'acceptation du Destin réservé aux hommes jusqu'à cette parole oraculaire d'Œdipe : « C'est donc quand je ne suis plus rien que je deviens vraiment homme. » Mme du Deffand, elle, était capable de se tenir sans vertige sur cette falaise intérieure. Elle ne variera pas sur ce *cogito* existentiel et politique. Cette Parisienne était d'Athènes.

L'ironiste redouté de toute l'Europe, sans qu'il se l'avoue, a trouvé son maître : chez l'auteur de *Candide*, Mme du Deffand a percé à jour un optimisme de commande et pour la galerie, qui n'a rien à envier au « meilleur des mondes » de Pangloss, quoiqu'il soit moins sincère. Dans *Candide,* elle-même se reconnaîtrait plutôt dans le sénateur vénitien Pococurante, grand virtuose de l'ennui. Elle peut donc enfoncer son stylet dans les contradictions de son correspondant : comment Voltaire, qui sait comme elle (et comme Pococurante) le néant des choses, peut-il tromper à ce point son monde par un étalage de bienfaisance humanitaire et de zèle pseudo-philosophique ? Comment peut-on écrire « Il faut cultiver son jardin », et prendre la tête d'une croisade philosophique universelle ? N'y a-t-il pas, là, outre une faute logique, une paille dans le métal du « grand goût » classique, dont Voltaire se prétend l'héritier et dans lequel il se borne à frapper la menue monnaie que gaspille sa manie polémique et prédicante ? En experte diplomate de l'esprit, qui avance masquée, la marquise s'ingénie à le ramener à la vérité, qui est triste, et qu'on ne changera pas plus que la vie. En vain. Voltaire feint de ne pas entendre, il esquive ce qui le touche. Il la rejoint pourtant sur le même constat, partagé (dont il préserve les membres de son parti) d'une décadence générale du goût : « Le raisonner tristement s'accrédite. »

La marquise se fatiguera la première de ce dialogue de sourds. Elle a trouvé à son cœur mélancolique, dans sa passion absurde pour Horace Walpole, un divertissement autrement haletant que les pamphlets anti-Fréron et les plaidoyers pro-Calas du patriarche de Ferney. Comme le Néron de Racine dans les intervalles de ses entrevues avec Agrippine, Voltaire empereur des Lumières, a pu se dire, entre deux passes d'armes épistolaires avec l'infirme de Saint-Joseph :

« Mon génie étonné tremble devant le sien. »

L'Anglais et la marquise

Horace Walpole était tout le contraire du libertin des Lumières françaises. Sa sensibilité et ses sens, métaphorisés et sublimés par des débauches de littérature et d'art, étaient vierges lorsqu'il arrive à Paris. Il avait la cinquantaine. Introduit dans toutes les bonnes compagnies, fêté par Mme Geoffrin, il ne tarda pas à se fixer chez sa grande rivale qui résumait dans son fauteuil en corbeille et sa guimpe de dentelle, deux « siècles » d'urbanité, d'intelligence morale et d'acuité d'esprit. Ce *wit,* qui avait lancé la mode « gothique », avait le sentiment du temps et l'imagination du bizarre. Il se laissa captiver par « l'antique sibylle » qui attirait autour d'elle, dans son « coin de couvent », la fine fleur féminine du grand monde parisien : la maréchale de Luxembourg, la comtesse de Boufflers, la comtesse de Forcalquier… Mais leur « liaison », d'abord quotidienne, passa vite de la conversation à la correspondance, car Walpole, effrayé et dérangé, jugea plus prudent de mettre le Channel entre sa Dame de pique et son propre égoïsme célibataire.

Le « roman » entre une vieille fée, mais qui était une reine de Paris, et un Anglais barbon et puceau, mais qui était le quatrième fils du Premier ministre whig sous deux rois d'Angleterre successifs, surclassait celui qui s'était noué, sur le même théâtre parisien, entre Stanislas Poniatowski, l'ancien amant de Catherine II dont la tsarine avait fait un roi de Pologne, et Mme Geoffrin, sa « maman », qui avait été en grande pompe rendre visite à son « fils » couronné jusque dans Varsovie. Horace Walpole s'était fait sa propre réputation d'homme d'esprit, mais nul n'oubliait qu'il portait le nom d'un homme d'État qui avait si longtemps tenu tête à Louis XV. Lors de son « Grand Tour », sur le continent, en 1739-1741, le jeune gentleman n'avait passé que trois mois à Paris, et son nom anti-jacobite ne le fit rester que peu à Rome. Il perfectionna son français à Reims, Dijon et Lyon, et ses connaissances artistiques à Florence.

Dépourvu de toute ambition politique, ce rejeton de luxe d'une aristocratie utilitariste paracheva tout à loisir une éducation de virtuose. On appelle ainsi dans l'Europe du XVIIe et du XVIIIe siècle les riches amateurs qui cultivent pour leur plaisir les lettres et les arts. La France, à la même époque, en compte de nombreux exemplaires, le duc de Nivernais, le comte de Caylus, Watelet ; l'Italie s'enorgueillissait du marquis Scipione Maffei ou de Francesco Algarotti. L'Angleterre n'est pas en reste, et nombre de ses châteaux, qu'aucune révolution n'a brûlés ni dépouillés, sont aujourd'hui encore les fabuleux garde-meubles laissés par ces collectionneurs raffinés, importateurs infatigables de tableaux italiens et d'antiques. Mais il faut distinguer les vrais « virtuoses » de la foule de ces dilettantes distingués, qui pratiquent les arts à temps partiel. Le virtuose excelle à plein temps dans plusieurs disciplines à la fois, souvent mieux que les professionnels spécialisés. C'est le cas d'Horace Walpole.

Jusqu'à la mort de son père, en 1745, il poursuit ses études et ses lectures, le plus souvent dans le château paternel d'Orford, dans le Norfolk, dont il établit, en latin cicéronien, le catalogue et la description. Sir Robert Walpole avait réuni dans ce château une nombreuse collection de tableaux italiens ; Horace rend explicites les ambitions de son père en rédigeant et publiant (en 1747) ses *Aedes Walpolianae* sur le modèle des *Aedes Barberinae* que le pape Urbain VIII Barberini avait fait paraître en 1642 à la gloire de son palais de famille, construit sur les flancs du Quirinal, et des collections qui y avaient été accumulées en peu d'années.

À la tête de la fortune qu'à sa mort Sir Robert lui laissa, le cadet des Walpole s'émancipe alors, et cette autonomie nouvelle s'affirme dans le choix d'une résidence personnelle près de Twickenham, dans les environs de Londres, Strawberry Hill. Toute son « originalité » s'y donne enfin libre cours. Il s'écarte ostensiblement des modèles italiens dont son père s'inspirait. Dès 1750, Strawberry Hill lance une mode néogothique à laquelle la France ne se ralliera que plus d'un demi-siècle plus tard, sous la Restauration. Dentelé, pourvu de vitraux à sujets catholiques, d'un cloître pseudo-médiéval et d'une tour crénelée, cet ahurissant et monumental pavillon de banlieue abrite une collection hétéroclite de tableaux, de statues, d'émaux, de porcelaine, de gemmes, de monnaies, de sceaux, de papiers découpés, mais aussi une vaste bibliothèque et une imprimerie. Walpole complète cette « folie » gothique par un parc « à l'anglaise » parsemé de « fabriques ». C'est Des Esseintes, avec un siècle et demi d'avance sur le continent. En parfaite symétrie, mais en secrète polémique avec ce qu'il avait fait pour son père et pour le château paternel d'Orford, Walpole publie en 1774 une *Description* en anglais de son propre chef-d'œuvre et de son contenu.

Modèle pour Leonard Wolf et les presses de Bloomsbury, il fait imprimer chez lui, en éditions restreintes, ses propres œuvres mais aussi les *Odes* de son ami le poète Thomas Gray et des rééditions qui témoignent de ses goûts pour le moins disparates : une *Pharsale* de Lucain, annotée par le grand helléniste d'Oxford, Bentley, les *Mémoires de Gramont* d'Antoine Hamilton, et une traduction anglaise de l'*Histoire d'Alcidalis et de Zélide* de Vincent Voiture. Ces curiosités esthétiques et cette activité fiévreuse se précipitent en 1764 : c'est cette année-là qu'il publie son chef-d'œuvre, *The Castle of Otranto,* qui inaugure le « roman gothique ». Comme il a pris soin cette fois de le confier à un éditeur londonien, c'est un succès. Cet incunable du fantastique européen le rend aussitôt célèbre sur le continent. Les Français avaient accordé le goût européen au joli, au gracieux, et au galant. Dans le sillage des *Réflexions sur le sublime et le beau* de Burke (1757), Walpole tire un coup de pistolet dans ce concert, et fait résonner les cordes oubliées de l'inquiétante étrangeté et de la terreur. Lectrice attentive de Richardson, Mme du Deffand n'aura pas manqué de remarquer le « frisson nouveau » qu'introduisait dans la fiction européenne ce romancier amateur.

Il était temps, profitant d'une trêve dans la guerre franco-anglaise, qu'il vînt cueillir des lauriers à Paris. Il y rencontra Mme du Deffand : leurs sublimes s'amalgamèrent. Jusqu'à la mort de la marquise, en 1780, il entretint avec elle une correspondance dont il ne reste que les lettres qu'elle lui adressa. La plupart des réponses de Walpole ont disparu. Elles lui avaient été renvoyées en 1775 par sa correspondante, et il les brûla. À sa demande, elle en fit autant pour les réponses ultérieures. Ce sacrifice donne la mesure du « harcèlement moral », ou comme on le dit mieux en américain, de la *mental cruelty* dont put s'arroger, sur la Parisienne la plus redoutée de son temps, l'égoïste supérieurement entraîné de Strawberry Hill.

Pourquoi exigea-t-il cette destruction ? Craignit-il la publication posthume d'une correspondance croisée qui le montrerait dans la position ridicule ou odieuse d'un Monsieur Putiphar ? Ou bien, très fier à juste titre de sa réputation d'épistolier en langue anglaise, redouta-t-il que ses lettres en français, surtout par la comparaison avec celles d'une moderne Sévigné, ne jettent une ombre sur sa future correspondance complète ? S'il avait goûté profondément les moralistes français du XVIIᵉ siècle et « la sainte de Livry »[1], s'il avait été flatté d'être reçu dans les plus brillants salons de Paris, il n'était pas cependant un admirateur de la langue française. En 1788, il écrivait (en anglais) à l'une de ses correspondantes, Lady Craven, à propos des *Mémoires* de Frédéric II, et de la poésie française :

« On me dit que c'est une belle langue. Or je crois que n'importe quelle langue (sans excepter notre vieux saxon barbare que j'abhorre) est plus harmonieuse que le français. Ce fut donc une absurdité bizarre, de la part de ce roi, de régler sa voix sur l'idiome le plus antipoétique d'Europe, le plus stérile, et de surcroît le plus entravé de difficultés. J'ai entendu chanter du russe ou du polonais, l'un et l'autre avait une sonorité musicale. Abandonner sa propre langue, et ne pas adopter l'italien, qui est encore plus doux, plus souple et plus copieux que le latin, c'est un manque de goût qui ne saurait être approuvé même par un Français né en Provence. Quel langage que le français ! Les vers

_____

1. Mme de Sévigné.

s'y mesurent par des pieds qui n'ont jamais à être prononcés, comme le e muet partout où on le trouve. Quelle pauvreté de sons pour la rime ! Afin que des cadences semblables ne reviennent trop souvent, leurs bardes mécaniciens sont obligés de marier des terminaisons masculines et féminines qui alternent aussi régulièrement que les carrés blancs et noirs d'une table d'échecs. Croirez-vous, Madame, qu'il y a une scène dans *Zaïre* de Voltaire qui commence par trois des adverbes les plus nasaux qui aient été ronflés du même souffle : "Enfin, donc, désormais" ? » [1].

Malgré ses efforts et ceux, obéissants à contrecœur, de la marquise, quelques-unes de ses lettres ont échappé à l'autodafé. Elles datent de 1774-1775. Dix ans après la rencontre, le premier « feu » s'est depuis longtemps éteint, surtout du côté de Walpole. Mme du Deffand ne le retient plus que par une espèce de conjugalité à distance, occupée par les nouvelles de Paris (c'est le moment où ses chers Choiseul, « grand-papa et grand-maman », ont pu quitter leur exil de Chanteloup et font leur rentrée parisienne) et par l'hospitalité qu'elle offre aux parents et amis de Walpole en voyage ou en mission en France. Elle cache du mieux qu'elle peut le désir qui la torture de voir revenir son ami auprès d'elle. Elle lui confie en vain son grand et son seul secret, qui est aussi celui de son siècle : « Je soupçonne que tous les soins que je prends n'ont guère d'autres motifs que de m'armer contre l'ennui ; c'est une maladie en moi qui est incurable ; tout ce que je fais, ce sont palliatifs ; n'allez pas vous mettre en colère contre moi, ce n'est pas ma faute ; votre cousin pourra vous dire que je fais de mon mieux et que j'ai toute l'apparence de m'amuser et d'être contente. » Elle a beau s'inquiéter pour sa santé et s'enquérir de ses moindres gestes, l'objet qui l'obsède feint de ne pas remarquer cette attention braquée sur lui, et s'arrange pour que leur conversation à distance reste un double monologue. Du bout des lèvres, d'un ton maussade, il lui narre comme insipides les détails de sa propre vie, ou de la vie publique anglaise (il lui rapporte, sans en comprendre encore la portée, les premiers signaux de la guerre d'indépendance américaine). Il lui arrive toutefois, confiance intime qui dut la toucher, de recopier pour elle un fragment de

---

1. *The Letters of Horace Walpole*, éd. Peter Cunningham, Londres, 1859, t. IX, p. 161.

son *Journal* : le récit d'un rêve qu'il avait fait à Cambridge. On dirait qu'à ce stade de leur « liaison », les deux rôles étant stabilisés, ils restent unis par la complicité entre deux interprètes supérieurs de l'art épistolaire. Et sur ce terrain, la vieille marquise, écrivant dans sa propre langue, retrouvait l'ascendant qu'il détenait dans l'ordre affectif.

Sur ses vieux jours, la mort de ses frères l'ayant mis en possession du château paternel, Walpole déserta Strawberry Hill et s'installa à Orford. Il suivit de là les événements de la Révolution française, qui le confirmèrent dans une exécration de la France, du français, et des gens de lettres français, où Mme du Deffand l'aurait rejoint de grand cœur. C'est alors que ce célibataire barricadé trouva enfin une sorte de bonheur, dans l'innocente compagnie de deux jeunes filles, Agnès et Mary Berry, installées avec leur père dans une maison voisine, qu'il nomma « Little Strawberry ». Femmes-enfants de la campagne anglaise, Agnès et Mary furent admises à l'intérieur du château enchanté à la porte duquel la vieille fée française avait vainement frappé, mais où, par son insistance tenace, elle avait peut-être fini par donner au prince endormi le désir de s'éveiller à la vie du cœur.

LETTRES D'HORACE WALPOLE
À MME DU DEFFAND

De Londres, ce 26 décembre 1774

Mais que vous êtes une drôle d'amie ! Vous avez tout l'air de vous réjouir de ma goutte, car votre première idée est d'en tirer deux lettres par semaine. D'ailleurs vous oubliez la première de toutes les règles, qui est, que c'est le malade qu'on doit ménager, et non pas le malade qui doit ménager ceux qui se portent bien ; maxime échappée à personne depuis Adam, hormis à vous. Voici le fait. Vendredi j'avais été obligé de dicter une grande lettre sur mes affaires, le moment après arrive votre lettre où vous demandez deux lettres par semaine, l'une pour vous, l'autre pour mon cousin. Votre lettre d'ailleurs m'étant très-agréable, je voulais vous complaire sur-le-champ. Mais n'ayant personne qui sût écrire le français, il fallut m'adresser à M. Conway. Bref, cette fatigue m'épuisa tellement que j'en perdis la voix, la respiration, et le pouls. Mais abrégeons. La goutte ne me fait de mal que quand je m'épuise, et je vous prie pour la quatrième fois de vous en ressouvenir.

Actuellement je me porte à merveille. Les bottines ont passé mon attente de cent piques, et je compte vous en envoyer une paire comme un ex-voto pour suspendre dans votre tribune sur la chapelle. Mon cousin vous dira le reste. Il faut me dépêcher, car mon secrétaire, qui n'est qu'un visitant, n'a pas du temps de reste.

J'ai envoyé ce matin chez le marchand aux émeraudes : elles sont faites, mais pas polies, et les ouvriers ne veulent pas les achever qu'après les fêtes. Je vous serai très obligé de la nouvelle Ninon, et j'en aurai grande impatience. Grâces aussi pour le sucre d'orge, et mille fois plus de grâces pour les bonnes nouvelles de Mme d'Olonne. Je vous prie de dire à Milady Ailesbury, que la meilleure manière d'assurer tout ce qu'elle aura acheté de porcelaines de Sèvres, c'est de l'envoyer directement à notre douane de Londres, adressé à elle-même. Je suis très-pressé de recevoir les nouvelles de l'arrivée de vos parents et de votre souper. Ne manquez pas de baiser mille fois la belle petite main de la belle petite grand-maman de ma part, et si vous pouvez sans heurter le front, son joli petit pied aussi. Ne le baisez pas, mais embrassez l'Abbé [Barthélemy] aussi. Bonsoir, car je n'en puis plus, et mon secrétaire en est bien aise.

P. S. – Je ne compte d'écrire à personne avant aujourd'hui en huit.

De Londres, ce 4 janvier 1775

Votre dernière lettre était tout ce que je pouvais désirer, et je vous en remercie : mais celle de Milady Ailesbury, que je reçus avec, ne me plut nullement. Elle dit que vous vous êtes tellement épuisée à votre fête, que vous en avez pensé mourir. J'espère qu'on n'exilera plus vos parents [les Choiseul] si le retour doit vous tant coûter. Vous pouvez vous tranquilliser entièrement sur mon état ; il ne me reste que de l'enflure à la main droite, et cependant je m'en sers actuellement, bien qu'enveloppée de la bottine : M. Wiart ne reconnaîtra pas mon écriture ; à force d'être difficile, elle est meilleure. Je marche sans béquille et sans aide, mais il est vrai que je suis encore très faible, et bien plus revenant que vos parlementaires. Mais je me repose assez. La ville est déserte à l'heure qu'il est ; et de ceux qui y sont, je n'en reçois que très-peu. C'était la mode il y a deux ans de me visiter. Toutes les belles, toutes les grandes dames vinrent ici à l'envi : actuellement j'affiche la langueur, et me suis excusé sinon à mes amis intimes.

Voici mercredi au soir, et ce diable d'homme ne m'a pas encore apporté les émeraudes. J'ai peur de manquer le coche de Douvres. Couty m'a rendu ce matin deux grils et quatre livres de thé, qui iront dans la même caisse.

Mes parents vous auront dit le grand parti qui s'est offert pour leur nièce, Milady Françoise. C'est une très-aimable fille et très-jolie. Toutes ces cousines le sont.

Je n'ai pas été fâché de l'absence de mes parents. J'aime à être tout seul dans les souffrances. Je sais exactement comment il faut me traiter. Il ne faut que le silence et un régime extrêmement froid. Dans ce pays-ci tout le monde s'y oppose et me prêche. Je n'aime que des domestiques obéissants, et certainement je n'ai pas envie de me tuer. Vous voyez que je m'y connais, et me suis guéri bien promptement. Encore suis-je très-content du séjour qu'ils ont fait à Paris, des honneurs, des politesses, des bontés, qu'ils y ont reçus. Je suis charmé qu'ils ont fait connaissance avec vous, et qu'ils ont le bonheur de vous plaire. À présent je commence à désirer leur retour, et je vous prie de leur donner congé.

Comme le carrosse de Douvres part demain, et ne passe qu'une fois par semaine, j'avais peur que les émeraudes n'y seraient pas à temps ; mais les voici ; le marchand me les a apportées ce matin. J'ai peur que vous n'en serez pas exactement contente. Le couvercle de la jatte est très-lourd et mal fait : mais la jatte fait très-bien sans dessus, et tout le reste est très-bien. Si j'avais refusé de prendre le couvercle, il aurait fallu attendre encore six mois ou douze ; car on fonde très-rarement du verre à cet usage, étant passé de mode. Il faut que M. de Trudaine fasse venir la caisse, qu'on laissera à la douane de Calais à son adresse. Outre les verres, vous y trouverez deux grils et quatre livres de thé ; le tout empaqueté par M. Couty, que j'ai fait venir exprès chez moi.

Le Selwyn a passé toute la soirée d'hier chez moi, et même soupé, c'est-à-dire a mangé des biscuits et moi des pommes cuites. Votre petit ami court la campagne : aujourd'hui chez Milady Spencer, demain chez les Ossory. Moi je ne compte de sortir au plus tôt avant la semaine qui vient.

Ce vendredi 6

La main droite va mieux ; j'ai ôté la bottine, et j'écris ganté. Vous pouvez compter à M. le Duc d'Orléans cette nouvelle preuve de l'excellence des bottines. Dans mon fait c'est de la démonstration ; cinq semaines au lieu de cinq mois et demi. Vous m'avez parlé dernièrement d'un projet que vous aviez de dîner au lieu de souper : je ne suis pas de cet avis-là. Vous vous êtes accoutumée depuis si longtemps à votre méthode ordinaire, que je ne saurais croire qu'un changement vous conviendrait mieux. Peut-être si vous preniez un petit bouillon à la place de votre thé, cela vous soutiendrait mieux, et vous empêcherait de trop manger le soir ; mais je ne vous conseillerais pas de rien braquer. Vous êtes très-délicate, et il ne faut pas risquer un changement considérable tout d'un coup.

De Londres, ce 19 janvier 1775

Je puis vous assurer avec la plus grande vérité que non seulement mes parents sont infiniment contents de vous, mais qu'ils vous admirent et qu'ils vous aiment autant que vous le méritez. C'est ce qu'ils répètent trop souvent pour que j'en doute. De leur côté quelle raison d'être contents ! Jamais on n'a tant fait pour des étrangers ! Il me paraît que M. Conway serait charmé de s'établir à Paris. Oui, je leur ferai force questions ; mais ils ont bien passé le cercle de mes connaissances.

Votre ménagement poli pour mes couplets m'a fort diverti. Je m'attendais à vous entendre crier qu'ils étaient les plus plats et les plus ridicules du monde. Vous n'avez jamais eu à vous reprocher trop de complaisance pour mes ouvrages – pourquoi épargner mes vers français ? Pensez-vous que je les ai crus bons ? Je savais bien qu'ils étaient détestables. C'est mon cousin qui en fait de jolis – je trouve très-jolis ceux qu'il a faits pour Mme de Cambis. J'ai trouvé ceux de votre fête fort bien aussi, cependant pas admirables. Mais il n'y a rien où nous différons davantage qu'en fait de vers. J'ai tort sans doute, car assurément vous devez juger votre langue mieux que moi.

Permettez-vous que, faute d'autre matière, je remplisse le reste de ma lettre avec des nouvelles politiques pour mon cousin ? Voilà donc que les affaires en Amérique vont au plus mal. On y envoie encore trois autres régiments. On va demander au Parlement, qui s'est assemblé aujourd'hui, six mille matelots dont on n'a pas voulu il y a un mois. Cela ne paraît pas fort conséquent – mais voici ce qui est bien plus étrange, et qui n'a pas l'air guerrier. On annonça hier par autorité, c'est-à-dire par la sienne, dans les papiers publics, que Milord Chatham doit se présenter à la Chambre des Pairs pour faire une proposition. On a été très-curieux de savoir ce que ce devait être que cette proposition, et on assure que la voici. Autorisé par le Docteur Franklin (mon cousin vous dira qui c'est), le seigneur Chatham doit offrir au Roi de la part des Colonies trois cent cinquante mille livres sterling par an, moyennant l'abolition des taxes et des édits qui grèvent l'Amérique. On prétend qu'on s'en moquera – cependant on rit à contrecœur.

Milord North a présenté ce matin à la Chambre un cahier énorme de papiers américains, demandant qu'on les examine aujourd'hui en huit.

Vous voilà aussi savante que pas un politique dans nos cafés. Hier la Cour était en gala, jour de la Reine. Les habits étaient d'une magnificence extraordinaire, et les plumes des dames un peu émules des vôtres. À trois heures après midi arriva un brouillard si épais que personne ne sut trouver son carrosse, et grand fut le bruit, l'embarras qui survint, avec beaucoup de dommage fait aux équipages. Le valet du Ministre de Prusse renversa à coups de poing un grenadier à la porte du Palais ; le ministre se plaint au Colonel de ce qu'on s'était assuré de la personne du laquais. « Monsieur, dit le Colonel, que croyez-vous qu'on eût fait à un Anglais qui eût frappé un grenadier à la porte du Palais de Berlin ? » Nous sommes plus polis ; on a relâché le domestique.

Voilà un échantillon d'une lettre anglaise. Je ne crois pas que vous en demanderez une suite.

Le 20.

Tout est changé aujourd'hui : on dit que Milord Chatham va demander qu'on augmente l'armée par terre et par mer. Je ne saurai la vérité qu'après la poste partie ; ce qui est plus sûr, c'est ce que le Ministère s'est décidé pour la guerre, et qu'on menace les Colonies d'une punition très-rude.

Vos émeraudes coûtent cinq louis et demi. Il me semble que mes lettres sont comme les Cours, remplies de grandes et de petites choses.

De Londres, ce 27 janvier 1775

Mon cousin s'attendra à la nouvelle de la mort de Monsieur le Duc de Glocestre – mais tout va bien. Le frisson de samedi n'annonça que la fièvre, et cette fièvre est passée, et le danger aussi pour le présent, à ce que je me flatte. Nos médecins sont comme les vôtres, c'est-à-dire, des ignorants. Il y a tout lieu de croire que le voyage d'outre-mer aura lieu, mais on le remet au mois d'avril, ce qui me paraît une ignorante nouvelle. Pourquoi le différer ? Je vous avoue je n'en serai pas fâché sur mon propre compte. Notre cour est bien petite, cependant mon rôle ne me flatte pas. Je n'y suis pas propre ; et bien que l'intérêt que je prenne à la position effrayante de la

Duchesse fait que je néglige rien qui puisse lui marquer mon zèle, il est très-pénible pour moi d'aller une ou deux fois par jour en cour. Cela ne cadre pas avec mon oisiveté, mes amusements, mes occupations. Cela me rejette dans le monde, et c'est contraire à tout ce que j'ai toujours aimé, en un mot, à la liberté. Je fus charmé quand mon père quitta le ministère ; moi je quittai le Parlement d'abord que j'en pusse saisir le moment, et assurément c'est bien contre ma volonté que je me trouve courtisan à mon âge. Je n'en ai ni l'ambition, ni l'intérêt, ni l'envie, ni la jalousie, ni la fausseté ; je céderais gaîment ma place à quiconque en voudrait.

Je viens de recevoir une lettre de M. Conway du 19 par un jeune seigneur anglais. Il dit qu'ils seront de retour au temps fixe, mais j'ignore quel est ce temps fixe. Il me parle d'une grande révolution qui va se faire dans la mode de s'habiller chez vous, et par conséquent chez nous. Il dit qu'il s'agit de se mettre comme les Chevaliers du Saint-Esprit. Oh ! pour moi, je vous jure que je ne m'y mettrai point – je ne suis point fait moi pour m'habiller comme un danseur de corde. À l'arménienne, à la bonne heure : j'aimerai assez à m'envelopper d'un grand manteau jusqu'aux talons. Je crois qu'on a mal montré Saint-Cyr à mes parents. Quand j'y fus, on fit répéter des scènes et des dialogues de Mad. de Maintenon aux petites demoiselles, qui les jouèrent dans la perfection ; et vous savez qu'on me fit présent d'une lettre originale de la fondatrice : j'y fus cinq heures à mon grand contentement, quoique pas de l'extrême félicité que je sentais avec vous à Sceaux, ou à la journée de Livry. Enfin il faut s'enthousiasmer à de certaines visions, comme je fais, sans quoi tout est fade. Aussi ces songes arrivent-ils bien rarement, et ne sont que pour les élus. Cela m'arriva une fois après avoir écrit le Château d'Otrante. Deux ou trois ans après, j'allais à l'université de Cambridge, où j'avais passé trois années de ma jeunesse. En entrant dans un des collèges que j'avais entièrement oublié, je me trouvais précisément dans la cour de mon château. Les tours, les portes, la chapelle, la grande salle, tout y répondait avec la plus grande exactitude. Enfin, l'idée de ce collège m'était restée dans la tête sans y penser, et je m'en étais servi pour le plan de mon château sans m'en apercevoir ; de sorte que je croyais entrer tout de bon dans celui d'Otrante – si vous aviez été à côté de moi, je vous aurais frappée d'extasie, comme dans le carrosse quand vous me racontâtes votre visite à Mad. de Coulanges. Hah ! je n'entre pas au palais royal avec le plaisir !

Couty m'a payé les émeraudes : sont-elles arrivées en bonne santé ?

La partie anglaise de ma lettre sera bien courte aujourd'hui. On a disputé tard hier à la Chambre basse sur les remontrances des marchands américains – mais je n'en sais point le détail, sinon que Charles Fox s'est fort déchaîné contre le seigneur North, et que le Duc d'Alva s'est distingué pour la cour. On a voulu aussi rayer Charles premier du Martyrologe : Wilkes a dit qu'il le voulait bien, ayant toujours observé le jour de sa mort comme fête, et non pas comme jour maigre : mais la cour a prévalu dans l'une et l'autre contestation à une grande pluralité de voix. Ce qui est drôle, c'est que la ville de Birmingham a demandé la guerre, parce qu'on y fabrique des épées et des fusils. Je finis – il n'y a pas moyen de renchérir sur cet avis.

13

CATHERINE « LE GRAND »,
CORRESPONDANTE DE VOLTAIRE

Dans l'Europe des monarchies, l'équilibre européen dépendait symboliquement (mais les symboles alors avaient un poids immense) des alliances matrimoniales entre dynasties régnantes. Ces alliances supposaient de savants calculs où la généalogie et les affinités familiales jouaient un rôle notable. Rois et reines, princes et princesses, et le vaste réseau gentilice de leurs parents, collatéraux et alliés, leur nombreuse « maison » de haut rang, mais aussi les juristes, gens de lettres, agents, amants et maîtresses, d'extraction souvent modeste mais ennoblis par leur service, tous étaient partie prenante dans le grand jeu politico-diplomatique dont tous parlaient la langue : le français. Si l'on ajoute que l'Europe était sillonnée par des ambassadeurs, des agents en mission, des espions, voire par des voyageurs apparemment de loisir mais le plus souvent investis d'une négociation, même infime, on s'explique mieux l'étonnante « universalité de la langue française » au XVIIIᵉ siècle. La République des Lettres – que l'histoire des idées tend trop souvent à installer dans un empyrée philosophique – était elle-même un milieu conducteur particulièrement propice à cette négociation généralisée et à la circulation des informations de toute nature dont elle se nourrissait. Les plus grands esprits de l'époque, Locke, Leibniz, Du Bos, Voltaire, ont été, à des degrés divers, des intermédiaires dans cette gigantesque partie diplomatique ininterrompue dont l'enjeu était le maintien ou le rétablissement de l'équilibre relatif des puissances européennes. Une telle expérience des choses a alimenté leur pensée. On voit Montesquieu dans son *Spicilège* citer volontiers l'un des grands diplomates de son temps, le cardinal Melchior de Polignac, comme une autorité sur les institutions, les mœurs, les caractères des diverses nations européennes.

S'ils n'ont pas tous écrit en français, les maîtres de la République européenne des Lettres le parlaient, et c'est dans la traduction en français des œuvres de Hobbes, de Locke et de Leibniz, que leur pensée s'est répandue. Il n'est pas jusqu'aux salons parisiens, célébrés par l'histoire littéraire, celui de Mme de Lambert, de Mme de Tencin, de Mme Geoffrin, qui, accueillants aux princes et ambassadeurs étrangers et à leurs agents lettrés, mais aussi en relation suivie avec la haute administration de Versailles ou avec les maîtresses royales, n'aient été des relais essentiels et parfois déterminants de la grande et de la petite intrigue internationale.

Manœuvrer ce « champ magnétique » francophone, si l'on peut risquer cette alliance de mots, était une très grande affaire pour les souverains et leur chancellerie. Ce fut, nous l'avons vu, un atout essentiel dans le jeu de Frédéric II que de séduire le « roi Voltaire », dont le prestige et le réseau d'influence étaient immenses. Le roi de Prusse sut faire du philosophe, avec une habileté supérieure, son « attaché de presse » auprès de l'opinion publique internationale. Inversement, la *Correspondance littéraire*, fondée par l'abbé Raynal mais poursuivie par Grimm, était destinée aux têtes couronnées de l'Europe. Grimm était en fait un agent diplomatique allemand et russe très bien introduit à Paris et il s'employa à fournir à ses « clients » des cours d'Europe du Nord des informations de première main sur la vie des arts, des lettres et des idées à Paris. C'étaient là autant d'éléments indispensables à la « conversation » à la française que les Grands de ce monde avaient à conduire avec leurs pairs et avec le haut personnel diplomatique international. Grimm a si bien réussi dans cette tâche qu'il reçut le titre de baron d'Empire en 1772. Il représenta désormais officiellement le duc de Saxe-Gotha à Paris, abandonnant à d'autres le travail ancillaire de la *Correspondance*. Collaborateur assidu de cette revue manuscrite pour *happy few*, Diderot était entré, dès 1759, par ses recensions critiques des *Salons* du Louvre, et à un rang modeste, dans le vaste cercle de la diplomatie européenne.

*

Depuis Pierre le Grand et son célèbre voyage en Europe occidentale, la Russie des tsars nourrissait l'ambition d'entrer dans le jeu de l'équilibre européen et d'y tenir hautement sa partie. Il faut cependant attendre Catherine II (Sophie d'Anhalt-Zerbst,

princesse allemande, admiratrice éperdue de Frédéric II) pour
que cette ambition s'allie à un véritable savoir-faire diplomatique,
et sache manœuvrer dextrement la République française des
Lettres, ses vedettes et ses coteries parisiennes.

La tsarine précédente, Élisabeth Petrovna, n'avait répondu aux
avances de Voltaire que par un dédaigneux silence. Même l'*Histoire de l'Empire de Russie* (1759) que le philosophe chercha à lui
dédier, n'ébranla point cette indifférence de la fille de Pierre le
Grand. La nouvelle impératrice qui prend le pouvoir à Saint-
Pétersbourg en 1762 est bien décidée à réparer cette stupidité.
Elle fait savoir au seigneur de Ferney que sous son règne la
Russie va se conformer aux principes des Lumières. Elle pousse
aussi son offensive du côté des Encyclopédistes, en proposant à
d'Alembert de devenir le précepteur du prince impérial et à
Diderot d'imprimer librement l'*Encyclopédie* à Riga.

Avec « le roi Voltaire », Catherine II, que le prince de Ligne
nommera « Catherine le Grand », va donc entretenir une correspondance régulière, d'égale à égal, où elle cajole le philosophe et
lui présente sous le jour le plus flatteur sa propre politique étrangère et intérieure. Elle va même jusqu'à soutenir hautement les
campagnes d'opinion lancées par le philosophe contre l'obscu-
rantisme catholique en France et contre les injustices des magistrats français. Elle souscrit une lettre de change en faveur des
Sirven. Elle se pose en championne des droits de l'homme et de
la tolérance. Voltaire, subjugué, s'enthousiasme pour la « Sémiramis du Nord » et pour la guerre qu'elle fait à l'Empire ottoman :

> *Élève d'Apollon, de Thémis et de Mars,*
> *Qui sur son trône auguste as placé les beaux-arts,*
> *Qui penses en grand homme et qui permets qu'on pense,*
> *Toi qu'on voit triompher du tyran de Byzance,*
> *Et des sots préjugés, tyrans plus odieux...*
> *C'est du Nord aujourd'hui que nous vient la lumière.*

L'abbé Chappe, que Louis XV avait envoyé en Russie étudier de
plus près cette puissance montante, eut beau publier en 1768 son
Voyage de Sibérie, qui mit en fureur la tsarine, ce livre, s'il en était
besoin, aurait désabusé Voltaire sur ce qui se cachait derrière les
« villages à la Potemkine » que faisait miroiter pour lui son amie :
l'extension du servage, la barbarie tartare des mœurs et la justice
plus qu'expéditive de l'État russe. Mais le philosophe ne trahira
jamais Catherine. La princesse de Talmont, née Maria Jablo-
nowska, eut beau lui représenter en termes émouvants la justice de

la cause des nobles catholiques polonais de la confédération de Bar, révoltés contre l'ancien amant de Catherine II, Stanislas Poniatowski, dont les armées russes avaient fait un roi de Pologne (1764-1795) : Voltaire n'accorda aucun intérêt à ces « fanatiques ». Le premier et cynique partage de la Pologne entre Frédéric II, Catherine II et Marie-Thérèse en 1772, qui privera ce pays pour un siècle de véritable indépendance, ne troubla pas un instant les chatteries que le philosophe échangeait avec les deux potentats du Nord. D'ailleurs l'opinion parisienne était dans l'ensemble de son côté. Mme Geoffrin, affolée, en bonne bourgeoise, de têtes couronnées, protégeait avec bec et ongles Catherine II, fille d'une de ses hôtes et amies, et à plus forte raison couvait l'amant de l'impératrice, Stanislas, qu'elle tenait pour son propre fils « adoptif ».

Si l'on est en peine de citer la moindre lettre de Catherine II à Diderot, c'est que la tsarine ne s'est manifestement pas mise en frais pour lui. Elle correspondit avec d'Alembert, secrétaire perpétuel de l'Académie française et de l'Académie des sciences, et avec le « roi Voltaire ». Elle condescendit à se servir abondamment de Diderot qui l'aida à doter son trône des attributs de l'esprit indispensable, depuis la Renaissance, à tout souverain européen. Elle lui acheta sa bibliothèque, lui en laissant l'usufruit, elle négocia par son intermédiaire l'achat de la fabuleuse collection Crozat en 1771 : ces tableaux ornent aujourd'hui le fonds du Musée de l'Ermitage, et par suite des ventes bolcheviques, une partie du fonds de la National Gallery de Washington. Diderot se rendit avec Grimm à Saint-Pétersbourg en 1773, mais c'est dans la correspondance de la tsarine avec Voltaire que l'Europe fut informée du plaisir que la souveraine éclairée trouva dans l'éblouissante conversation du philosophe. Catherine est faible en orthographe, comme la plupart des souverains francophones d'alors, mais sa vitalité, sa grandeur d'âme, son esprit à la fois vigoureux et séducteur font merveille dans une langue, le français, qui n'était pour elle après tout que la troisième, après l'allemand et le russe.

Dans l'édition de Kehl des *Œuvres* de Voltaire, la correspondance entre la tsarine et le « philosophe » remplit un volume entier. Beaumarchais, maître d'œuvre de cette édition qui élevait l'œuvre de Voltaire au rang des grands classiques, mais que Catherine II n'aimait guère, avait pris soin de faire revoir les lettres de la tsarine par Nicolas Ruault, chargé du rôle de « blanchisseur » et qui alla souvent jusqu'à en réécrire le texte « pour le mettre en état d'être lu ». Dès que Catherine II put se procurer, par Mme Denis, nièce et « veuve » de Voltaire, les épreuves du volume, elle entra en fureur et exigea d'innombrables suppressions, ce qui contraignit Beaumarchais à faire autant de « cartons » fort coûteux : la tsarine dédaigna de les lui rembourser. Le galant éditeur ne lui en voulut point, et alla même jusqu'à écrire en novembre 1791 au prince Youssoupof que les lettres de sa souveraine « lui font plus d'honneur que toutes les couronnes du monde ».

C'était déjà le sentiment de Voltaire et de Diderot, qui l'avaient fait savoir à toute l'Europe. Il y entrait sûrement une part de flatterie de cour. Le seigneur de Ferney écrit par exemple à Ivan Ivanovich Shouvalov le 28 mars 1774 : « Le bon est rare partout. Il y a peu de Dames en France qui écrivent comme l'Impératrice. » Informé par l'enthousiaste Diderot des progrès du français à la cour de Pétersbourg, Voltaire écrivait deux jours plus tard à Mme du Deffand : « Rien n'est plus extraordinaire que cet assemblage de toutes les grâces françaises dans le pays qui n'était que celui des ours il y a cinquante ans [...]. On parle français à la cour de l'Impératrice plus purement qu'à Versailles, parce que nos belles dames ne se piquent pas de savoir la grammaire. Diderot est tout étonné de ce qu'il a vu et entendu. »

Une fois la part faite à l'hyperbole, il est certain que Voltaire s'était persuadé que la tsarine était devenue un puissant relais de sa propre propagande « philosophique » : « C'est du Nord, aujourd'hui, a-t-il pu écrire, que nous vient la lumière ! »

La tsarine était fort habile elle-même à tendre un miroir flatteur à son correspondant privilégié. À Voltaire qui avait écrit : « Notre langue est une gueuse fière, il faut lui faire l'aumône malgré elle », Catherine fait un spirituel écho, dans une lettre de juin-juillet 1776, par une comparaison du français et du russe : « Cette dernière langue, écrit-elle à Voltaire, est si riche, si énergique, et souffre tant de compositions et décompositions de termes, qu'on la manie comme l'on veut, et la vôtre est si pauvre et si sage qu'il faut être vous pour en avoir tiré le parti et l'usage que vous en avez su faire »[1].

Il faut tenir compte, pour apprécier les quelques lettres de la tsarine à Voltaire que je cite ci-après, du fait qu'elles ont été mises « au carré » des normes orthographiques et même syntaxiques du XVIIIᵉ siècle, puis des nôtres, avant d'être imprimées. Le français excellent de Catherine était avant tout d'improvisation orale, et comme on va le voir, animée par un infatigable souffle apologétique.

---

1. Voir la belle introduction de Gunnar von Proschwitz à son édition des *Lettres de Catherine II et de Gustave III*, Stockholm, 1998, p. 17-19.

LETTRES DE CATHERINE II À VOLTAIRE

À Peterhof ce 14 [25 n. s.] juillet 1769[1]

Monsieur,

J'ai reçu le 20 juin votre lettre du 27 mai. Je suis charmée d'apprendre que le printemps rétablit votre santé ; quoique la politesse vous fait dire que mes lettres y contribuent, cependant je n'ose leur attribuer cette vertu ; soyez en bien aise, car d'ailleurs vous en pourriez recevoir si souvent qu'elles vous ennuieraient à la fin.

Tous vos compatriotes, Monsieur, ne pensent pas comme vous sur mon compte. J'en connais qui aiment à se persuader qu'il est impossible que je puisse faire quelque chose de bien, qui donnent la torture à leur esprit pour en convaincre les autres, et malheur à leurs satellites s'ils osaient penser autrement qu'ils ne sont inspirés. Je suis assez bonne pour croire que c'est un avantage qu'ils me donnent sur eux, parce que celui qui ne sait les choses que par la bouche de ses propres flatteurs les sait mal, voit dans un faux jour, et agit en conséquence ; comme au reste ma gloire ne dépend pas d'eux mais bien de mes principes, de mes actions, je me console de n'avoir pas leur approbation ; en bon chrétien je leur pardonne, et j'ai pitié de ceux qui m'envient.

Vous me dites, Monsieur, que vous pensez comme moi sur différentes choses que j'ai faites et que vous vous y intéressez. Eh bien, Monsieur, sachez puisque cela vous fait plaisir que ma belle colonie de Saratow monte à vingt-sept mille âmes, qu'en dépit du gazetier de Cologne elle n'a rien à craindre des incursions Tartares, Turques etc., que chaque canton a des églises de son rite, qu'on y cultive les champs en paix, et qu'ils ne payeront aucune charge de trente ans ; que nos charges sont d'ailleurs si modiques qu'il n'y a pas de paysan en Russie qui ne mange une poule quand il lui plaît, et que depuis quelque temps il y a des provinces où ils préfèrent les dindons aux poules ; que la sortie du blé permise, avec certaine restriction qui précautionne les abus sans gêner le commerce, ayant fait hausser le prix du blé, accommode si bien le cultivateur que la

---

1. *O.C.* de Voltaire, Voltaire Foundation, Oxford, *Correspondence* (Besterman) D15775.

culture augmente d'année en année ; que la population est pareille-
ment augmentée d'un dixième dans beaucoup de provinces depuis
sept ans. Nous avons la guerre il est vrai, mais il y a bien du temps
que la Russie fait ce métier-là, et qu'elle sort de chaque guerre plus
florissante qu'elle n'y était entrée. Nos Lois vont leur train, on y
travaille tout doucement ; il est vrai qu'elles sont devenues causes
secondes, mais elles n'y perdront rien. Ces Lois seront tolérantes,
elles ne persécuteront, ne tueront, ni ne brûleront personne. Dieu
nous garde d'une histoire pareille à celle du Chevalier de la Barre,
on mettrait aux petites maisons les juges qui oseraient y procéder.
Pierre le Grand a jugé à propos d'enfermer les fous à Moscou dans
un bâtiment qui était autrefois un couvent de moines. Si la guerre
diversifie mon travail comme vous l'observez, cependant mes divers
établissements ne s'en ressentiront point. Depuis la guerre j'ai fait
deux nouvelles entreprises, je bâtis Azoph et Taganrok, où il y a un
port commencé et ruiné par Pierre Ier. Voilà deux bijoux que je fais
enchâsser, et qui pourrait bien n'être pas du goût de Moustapha ;
l'on dit que le pauvre homme ne fait que pleurer, ses amis l'ont
engagé dans cette guerre malgré lui et à son corps défendant ; ses
troupes ont commencé par piller et brûler leur propre pays ; à la
sortie des janissaires de la capitale, il y a eu plus de mille personnes
tuées, et l'envoyé de l'Empereur, sa femme et ses filles battus,
violés, traînés par les cheveux etc. sous les yeux du sultan et de
son Vizir, sans que personne osât empêcher ces désordres, tant ce
gouvernement est faible et mal arrangé. Voilà dont ce fantôme si
terrible dont on prétend me faire peur.

Vous aurez appris Monsieur, que selon vos souhaits les Turcs
ont été battus le 19 et le 21 Avril. Nous avons pris dix drapeaux,
trois queues de cheval, le bâton de commandement du Pacha et
quelques canons, deux camps turcs et aux environs de cinquante
mille ducats sont tombés entre les mains de nos soldats. Il me
semble que cette entrée de jeu est assez passable.

Quand on m'apporta les queues de cheval, je ne sais qui s'écria
dans la chambre : pour le coup on ne dira pas que cela a été
acheté au marché. Mes militaires prétendent, Monsieur, que depuis
l'invention des canons les douze mille chars de Salomon n'auront
pas assisté à une bonne batterie, ils ajoutent qu'il faudrait compter
pour perdus chars, chevaux, et conducteurs qu'on voudrait
employer en ce temps-ci à conduire ces chars. Ce que vous m'en
marquez, Monsieur, m'est une nouvelle preuve de votre amitié, que
je sens parfaitement, et dont j'ai bien des remerciements à vous
faire.

L'on dirait que l'esprit humain est toujours le même. Le ridicule des croisades passées n'a pas empêché les ecclésiastiques de Podolie, soufflés par le nonce du Pape, à prêcher contre moi une Croisade et ses fous de soi-disant confédérés ont pris la croix d'une main et se sont ligués de l'autre avec les Turcs auxquels ils ont pris deux de leurs Provinces. Pourquoi ? Afin d'empêcher un quart de nation de jouir des droits de citoyen. Et voilà pourquoi ils brûlent et saccagent leur propre pays. La bénédiction du pape leur promet le paradis. Conséquemment les Vénitiens et l'Empereur seraient excommuniés, je pense, s'ils prenaient les armes contre ces mêmes Turcs défenseurs aujourd'hui des croisés contre un quelqu'un qui n'a touché ni en blanc ni en noir à la foi romaine. Vous verrez encore, Monsieur, que ce sera le Pape qui mettra opposition au souper que vous proposez à Sophie.

Rayez, s'il vous plaît, Philipopolis du nombre des villes. Elle a été réduite en cendre ce printemps par les troupes ottomanes qui y ont passé, parce qu'on voulait les empêcher de la piller. Je ne sais pas trop si les Jésuites ont participé à toutes les méchancetés de leurs confrères, il me semble que je ne leur en ai pas donné de raison, et même lorsqu'ils furent chassés des États de Portugal, d'Espagne et de France, ils me faisaient pitié comme hommes et comme hommes malheureux, dont la plupart je crois sont innocents, et en conséquence j'ai dit et répété à qui voulait bien l'entendre, que si il y en avait qui voulussent se marier et s'établir en Russie, ils devaient être assurés de toute la protection du gouvernement. Je suis encore dans les mêmes sentiments ; il me semble que pour qui n'a pas où donner de la tête, ces propositions sont aussi hospitalières qu'honnêtes. J'espère, Monsieur, comme vous, que toutes ces turpitudes cesseront, que mes ennemis et mes envieux m'auront fait beaucoup moins de mal qu'ils ne l'espéraient, et que toutes leurs manigances tourneront à leur honte. Je suis fâchée de l'accident arrivé au jeune Galatin. Je vous prie Monsieur de m'avertir, si vous vous déterminez à l'envoyer à Riga ou ici afin que je puisse remplir mes promesses pour votre protégé. La mauvaise opinion que vous avez de la plupart des universités me confirme dans l'opinion que j'en avais, toutes ces fondations ont été faites dans des temps bien peu philosophiques, ce serait un ouvrage digne d'un homme de génie de prescrire une réforme sur laquelle l'on pourrait modeler les écoles à l'avenir.

Adieu, Monsieur, soyez assuré de la considération toute particulière que j'ai pour vous.

Caterine

À St. Petersb : ce 14/3 de mars 1771[1]

Monsieur, En lisant votre Encyclopédie, je répétais ce que j'ai dit mille fois, qu'avant vous personne n'écrivit comme vous, et qu'il est très douteux si après vous jamais quelqu'un vous égalera. C'est dans ces réflexions que me trouvèrent vos deux dernières lettres du 22 janvier et 8 février.

Vous jugez bien, Monsieur, du plaisir qu'elles m'ont fait. Vos vers et votre prose ne seront jamais surpassés, je les regarde comme le non plus ultra, *et je m'y tiens. Quand on vous a lu l'on voudrait vous relire, et l'on est dégoûté des autres lectures.*

Puisque la fête que j'ai donnée au Prince Henry a eu votre approbation, je m'en vais la croire belle ; avant celle-là je lui en avais donné une à la campagne où les bouts de chandelle et les fusées avaient eu leur place, mais il n'y eut personne de blessé, les précautions avait été bien prises, les horreurs arrivées à Paris nous ont rendus sages. Outre cela, je ne me souviens pas d'avoir vu depuis longtemps, un carnaval plus animé ; depuis le mois d'octobre jusqu'au mois de février, il n'y a eu que fête, danse, spec-tacles. Je ne sais si c'est la campagne passée qui me l'a fait paraître tel, ou bien si véritablement la joie régnait chez nous. J'apprends qu'il n'en est pas de même partout, quoiqu'on jouisse de la douceur d'une paix non interrompue depuis huit ans. J'espère que ce n'est pas par la part chrétienne qu'on prend aux malheurs des infidèles. Ce sentiment serait indigne de la postérité des premiers croisés. Il n'y a pas longtemps que vous aviez en France un nouveau St Bernard qui prêchait une croisade en esprit contre nous autres, sans je crois qu'il sût bien au juste lui-même pour quel objet ; mais ce St Bernard s'est trompé dans ses prophéties tout comme le premier, rien de ce qu'il avait prédit ne s'est vérifié, il n'a fait qu'aigrir les esprits, Si c'était là son but, il faut avouer qu'il a réussi, ce but cependant paraît bien mesquin. Monsieur, vous êtes si bon catholique, persuadez à ceux de votre croyance que l'Église grecque sous Catherine seconde n'en veut point à l'Église latine, ni à aucune qui soit sous la couverture des nuées remplies d'eau, que l'Église grecque ne sait que se défendre. Avouez, Monsieur, que cette guerre a fait briller nos guerriers. Le Comte Alexis Orlof ne

1. *Ibid.*, D17081.

cesse de faire des actions qui font parler de lui. Il vient d'envoyer quatre-vingt-six prisonniers algériens et salétins au Grand maître de Malte, en le priant de les échanger à Alger contre des esclaves chrétiens. Il y a bien longtemps qu'aucun Chevalier de St. Jean de Jérusalem n'a délivré autant de chrétiens des mains des infidèles. Avez-vous lu, Monsieur, la lettre de ce Comte aux Consuls européens de Smyrne qui intercédaient près de lui pour qu'il épargnât cette ville après la défaite de la flotte turque ? Vous me parlez du renvoi qu'il a fait d'un vaisseau turc où étaient les meubles, et les domestiques d'un Bacha. Voici le fait : peu de jours après la bataille navale de Tchesme, un trésorier de la Porte revenait sur un vaisseau du Caire avec ses femmes, ses enfants, et tout son bien et s'en allait à Constantinople. Il apprit en chemin la fausse nouvelle, comme si la flotte turque avait battu la nôtre, il se hâta de descendre à terre pour être le premier porteur de cette nouvelle au sultan. En attendant qu'il courait à toute bride à Stamboul, un de nos navires amena son vaisseau au Comte Orlof : celui-ci défendit sévèrement que personne n'entrât dans la chambre des femmes et que la charge du vaisseau ne fût touchée. Il se fit amener la plus jeune des filles du Turc âgée de six ans, il lui fit présent d'une bague de diamants, et de quelques fourrures, et la renvoya avec toute sa famille et leurs biens à Constantinople. Voilà ce qui a été imprimé à peu près dans les gazettes, mais ce qui ne l'a pas été jusqu'ici, c'est que le Comte Roumenzof ayant envoyé au camp du vizir un officier, cet officier fut mené d'abord au kiaya du vizir, le kiaya lui dit après les premiers compliments : y a-t-il quelqu'un des Comtes Orlof à l'armée du Maréchal Roumenzof ? L'officier lui répondit que non. Le Turc lui demanda avec empressement : Où sont-ils donc ? Le Major dit que deux servaient sur la flotte, et que les trois autres étaient à Petersbourg. Hé ! bien, dit le Turc, sachez que leur nom m'est en vénération et que nous sommes tous étonnés de ce que nous voyons. C'est vis-à-vis de moi surtout que leur générosité s'est signalée. Je suis ce Turc qui leur doit ses femmes, ses enfants, ses biens, je ne puis jamais m'acquitter envers eux, mais si pendant ma vie je puis leur rendre service je le compterai pour un bonheur. Il ajouta beaucoup d'autres protestations et dit entre autres que le vizir connaissait sa reconnaissance et l'approuvait. Il avait en disant cela la larme à l'œil. Voilà donc des Turcs touchés jusqu'aux larmes par la générosité des Russes de la Religion Grecque. Le tableau de cette action du Comte Orlof pourra un jour faire le pendant dans ma galerie de celui de Scipion.

Les sujets de mon voisin le roi de la Chine depuis que celui-ci a connivé à lever quelques entraves injustes, commercent avec les miens que c'est un charme. Ils ont échangé pour trois millions de roubles d'effets les premiers quatre mois que ce commerce a recommencé. Les fabriques du palais de mon voisin sont occupées à faire des tapisseries pour moi, tandis que mon voisin demande du blé et des moutons.

Vous me parlez, Monsieur, souvent de votre âge, mais quel qu'il soit, vos ouvrages sont toujours les mêmes, témoin cette Encyclopédie remplie de choses nouvelles, il ne faut que la lire pour voir que votre génie est dans toute sa force. Vis-à-vis de vous, les accidents attribués à l'âge deviennent préjugés. Je suis très curieuse de voir les ouvrages de vos horlogers. Si vous alliez établir une colonie à Astracan, je chercherais un prétexte pour vous y aller voir. À propos d'Astracan, je vous dirai que le climat de Taganrok est sans comparaison plus beau et plus sain que celui d'Astracan. Tous ceux qui en reviennent disent qu'on ne saurait assez louer cet endroit, sur lequel à l'imitation de la vieille dont il est parlé dans Candide, je m'en vais vous conter une anecdote. Après la première prise d'Azof par Pierre le Grand, il voulut avoir un port sur cette mer, et il choisit Taganroc. Ce port fut construit, ensuite de quoi il balança longtemps s'il bâtirait Petersbourg sur la Baltique ou à Taganroc, mais enfin les circonstances du temps l'entraînèrent vers la Baltique. Nous n'y avons pas gagné du côté du climat, il n'y a presque point d'hiver là-bas, tandis que le nôtre est très long.

Les Welches, Monsieur, qui vantent le génie de Moustapha, vantent-ils aussi ses prouesses ? Pendant cette guerre, je n'en connais d'autres sinon qu'il a fait couper la tête à quelques vizirs, et qu'il n'a pu contenir la populace de Constantinople, qui a roué de coups sous ses yeux les ambassadeurs des principales puissances de l'Europe, lorsque le mien était aux sept tours (l'internonce de Vienne est mort de ses meurtrissures). Si ce sont là des traits de génie, je prie le Ciel de m'en priver, et de le réserver tout entier pour Moustapha et le Chevalier Tot son soutien. Ce dernier sera étranglé un jour, le vizir Mahomet l'a bien été, quoiqu'il eût sauvé la vie au sultan et qu'il était beau-fils de ce prince.

La paix n'est pas aussi proche que les papiers publics l'ont débité, la troisième campagne est inévitable, et Mr Aly Bey aura encore gagné du temps pour s'affermir ; au bout du compte, s'il ne réussissait pas, il ira passer le carnaval à Venise avec vos exilés qui sont allés passer l'hiver à la campagne.

Je vous prie, Monsieur, de m'envoyer la lettre que vous avez écrite en vers au jeune roi de Danemark dont vous me parlez ; je

*ne voudrais pas perdre une ligne de ce que vous écrivez, jugez par
là du plaisir que j'ai à lire vos écrits, du cas que j'en fais, de l'amitié et de l'estime que j'ai pour le saint Ermite de Ferney qui me
nomme sa favorite. Vous voyez que j'en prends les airs.*

Caterine

Ce 7/26 de mars [6 April n. s.] 1771[1]

*Monsieur, j'ai reçu vos deux lettres du 19 et 27 février presque
en même temps. Vous désirez que je vous dise un mot, sur les
grossièretés et les sottises des Chinois, dont j'ai fait mention dans
une de mes lettres. Nous sommes voisins comme vous le savez,
nos lisières, de part et d'autre, sont bordées de peuples pasteurs,
tartares et païens. Ces peuplades sont très portées au brigandage,
ils enlèvent (souvent par représailles) des troupeaux et même du
monde. Ces querelles quand elles ont lieu sont décidées par des
commissaires envoyés sur les frontières. Messieurs les Chinois
sont si grands chicaneurs que c'est la mer à boire que de finir
même des misères avec eux, et il est arrivé plus d'une fois que
n'ayant plus rien à demander, ils exigeaient les os des morts, non
pas pour leur rendre honneur, mais uniquement pour chicaner. Des
misères pareilles leur ont servi de prétexte pour interrompre le
commerce pendant dix ans, je dis de prétexte, parce que la vraie
raison était que S. M. chinoise avait donné à un de ses ministres en
monopole le commerce avec la Russie. Les Chinois et les Russes
s'en plaignaient également, et comme tout commerce naturel est
très difficile à gêner, les deux nations échangeaient leurs marchan-
dises là où il n'y avait point de douane d'établie et préféraient la
nécessité aux risques. Mr. le ministre vexait les provinces chinoises
limitrophes et ne commerçait pas. Lorsque d'ici on leur écrivait l'état
des choses, en réponse on recevait des cahiers très amples de
prose mal arrangée où l'esprit philosophique ni la politesse ne se
faisaient pas même entrevoir, et qui d'un bout jusqu'à l'autre
n'étaient qu'un tissu d'ignorance et de barbarie. On leur a dit d'ici
qu'on n'avait garde d'adopter leur style, parce qu'en Europe et en
Asie ce style passait pour impoli. Je sais qu'on peut répondre à
cela que les Tartares qui ont fait la conquête de la Chine ne valent*

---

1. *Ibid.*, D17127.

pas les anciens Chinois. Je le veux croire, mais toujours cela prouve que les conquérants n'ont point adopté la politesse des conquis, et ceux ci courent risque d'être entraînés par les mœurs dominantes.

J'en viens à présent à l'article Lois *que vous avez bien voulu me communiquer, et qui est si flatteur pour moi. Assurément Monsieur, sans la guerre que le sultan m'a injustement déclarée, une grande partie de ce que vous dites serait fait, mais pour le présent on ne peut parvenir encore qu'à faire des projets pour les différentes branches du grand arbre de la législation d'après mes principes qui sont imprimés et que vous connaissez. Nous sommes trop occupés à nous battre, et cela nous donne trop de distraction, pour mettre toute l'application convenable à cet immense ouvrage dans le moment présent.*

J'aime mieux Monsieur vos vers qu'un corps de troupes auxiliaires, celles-ci pourraient tourner le dos dans un moment décisif. Vos vers feront les délices de la postérité qui ne sera que l'écho de vos contemporains. Ceux que vous m'avez envoyés impriment dans la mémoire, et le feu qui y règne est étonnant, il me donne l'enthousiasme de prophétiser. Vous vivrez deux cents ans. On espère volontiers ce que l'on souhaite, accomplissez s'il vous plaît ma prophétie ; c'est la première que je fais.

Caterine

Ce 7 [18 n. s.] Janvier 1774[1]

Monsieur, Le philosophe Diderot dont la santé est encore chancelante, restera avec nous jusqu'au mois de février qu'il retournera dans sa patrie. Grimm pense aussi de partir vers ce temps-là. Je les vois très souvent et nos conversations ne finissent pas. Ils pourront vous dire Monsieur le cas que je fais de Henri quatre et de l'auteur de la Henriade *et de tant d'autres écrits dont vous avez illustré notre siècle. Je ne sais si ils s'ennuient beaucoup à Petersbourg mais pour moi je leur parlerai toute ma vie sans m'en lasser. Je trouve à Diderot une imagination intarissable, et le range parmi les hommes les plus extraordinaires qui aient existé. S'il n'aime pas Moustapha comme vous me le mandez, au moins suis-je sûre qu'il*

---

1. *Ibid.*, D18762.

ne lui veut point de mal, sa bonté de cœur ne le lui permettrait pas, malgré l'énergie de son esprit et le penchant que je lui vois de faire baisser la balance de mon côté. Hé bien Monsieur ! il faut se consoler de ce que le projet de votre croisade a échoué en supposant que vous avez eu à faire à des bonnes âmes auxquelles cependant il ne faudra pas accorder l'énergie de Diderot.

Comme chef de l'Église grecque, je ne puis vous voir dans l'erreur sans vous reprendre en bonne foi. Vous auriez voulu voir la Grande-Duchesse rebaptisée dans l'église de Ste-Sophie. Rebaptisée dites vous ! Ah Monsieur ! l'Église grecque ne rebaptise point, elle regarde comme authentique tout baptême administré dans les autres communions chrétiennes. La Grande-Duchesse, après avoir prononcé en langue russe sa profession orthodoxe, a été reçue dans le sein de l'Église grecque au moyen de quelque signe de croix d'huile odoriférante qu'on lui a administrée en grande cérémonie, ce qui chez nous tout comme chez vous se nomme confirmation, à propos de quoi on impose un nom. Sur ce point nous sommes plus chiches que vous qui en donnez par douzaines, tandis qu'ici chacun n'en a pas plus qu'il ne lui en faut, c'est-à-dire, un seul. Vous ayant mis au fait de ce point important je continue à répondre à votre lettre. Vous saurez à présent Monsieur qu'un corps détaché de mon armée ayant passé le Danube au mois d'octobre battit un corps turc très considérable et fit prisonnier un Bacha à trois queues qui le commandait. Cet événement aurait pu avoir des suites, mais le fait est (chose dont vous ne serez pas content peut-être) qu'il n'y en eut pas, et que Moustapha et moi, nous nous trouvons à peu près dans la situation où nous étions il y a six mois, à cela près qu'il est attaqué d'un asthme et que je n'en ai pas. Il se peut que ce sultan est un esprit supérieur, mais il n'en est pas moins battu pour cela depuis cinq ans, malgré les conseils de Mr. de St. Priest et les instructions du chevalier Thott qui se tuera à fondre des canons, à exercer des canonniers, sera revêtu de cafetans d'hermine sans que pour cela l'artillerie turque en devienne meilleure et mieux desservie. Tout cela sont des enfances auxquelles l'on donne beaucoup plus d'importance qu'elles ne méritent. Je ne sais où j'ai lu que ce tour d'esprit est naturel aux Welches. Adieu Monsieur, portez vous bien et soyez assuré que personne ne fait plus de cas de votre amitié que moi.

Caterine

Ce 24 d'auguste [4 Septembre n. s.] 1774[1]

Monsieur, quoique très plaisamment vous prétendiez être en disgrâce à ma Cour, je vous déclare que vous ne l'êtes point. Je ne vous ai planté là ni pour Diderot ni pour Grimm ni pour tel autre favori. Je vous révère tout comme par le passé, et quoiqu'on vous dise, sur mon honneur je ne suis ni volage ni inconstante. Le Marquis Pougatchef m'a donné du fil à retordre cette année, j'ai été obligée pendant plus de six semaines de donner une attention non interrompue à cette affaire, et puis, vous me grondez et me dites que vous ne voulez plus aimer d'Impératrice de votre vie, cependant il me semble qu'ayant fait une si jolie paix, et pour sa forme et pour sa façon, avec les Turcs, vos ennemis et les miens, je mériterais de votre part quelque indulgence et point de haine. Malgré mes occupations je n'ai point oublié encore l'affaire de Rose le Livonien votre protégé. Son sauf-conduit n'a pu être expédié à Lubek comme vous le désiriez parce que Rose, outre ses dettes, s'est sauvé de prison et a emporté quelques milliers de roubles à différentes personnes et qu'il serait remis tout de suite en prison malgré un sauf-conduit qui n'est guère en usage chez nous. Je n'ai reçu de vous point d'autres lettres depuis plusieurs mois que celle au sujet de Rose, et par conséquent je n'ai aucune connaissance du Français dont vous me parlez dans votre lettre du 9 de ce mois. Mais en vérité Monsieur j'aurais envie de me plaindre à mon tour des déclarations d'extinction de passion que vous me faites si je ne voyais au travers de votre dépit l'intérêt que l'amitié vous inspire encore pour moi. Vivez Monsieur et raccommodons-nous, car aussi bien il n'y a pas de quoi nous brouiller. J'espère bien que vous rétracterez par un codicille en ma faveur, ce prétendu testament si peu galant. Vous êtes bon Russe, vous ne sauriez être l'ennemi de

Caterine

À St. Petersb : ce 1 [12 n. s.] d'Octobre 1777[2]

Monsieur, Pour répondre avec ordre à vos lettres, il faut que je vous dise premièrement que si vous êtes content du prince Youssoupof je dois lui rendre le témoignage qu'il est enchanté et de

---

1. *Ibid.*, D19109.
2. *Ibid.*, D20847.

l'accueil que vous avez bien voulu lui faire et de tout ce que vous avez dit pendant le temps qu'il a eu le plaisir de vous voir.

Secondement je ne saurai vous envoyer Monsieur un recueil de mes lois parce qu'il n'en existe pas encore. L'année 1775 j'ai fait publier des règlements pour le gouvernement des provinces, ceux ci ne sont traduits qu'en allemand. La pièce qui est à la tête rend raison du pourquoi de ses arrangements, c'est une pièce estimée à cause de la manière précise et concise dont y sont décrits les faits historiques des différentes époques. Je ne crois pas que ces règlements puissent servir aux treize cantons, mais je vous envoie un exemplaire pour la bibliothèque du château de Ferney. Notre édifice législatif s'élève peu à peu, le fondement en est l'instruction pour le Code que je vous ai envoyée il y a dix ans. Vous verrez que ses règlements ne dérogent point aux principes, mais qu'ils en découlent. Ses règlements seront suivis de ceux de finances, de commerce, de police etc. : lesquels nous occupent depuis deux ans, après quoi le Code ne sera qu'un ouvrage aisé et facile.

Voici l'idée que je m'en fais pour le criminel : les crimes ne sauraient être en grand nombre, de proportionner les peines aux crimes. Je crois que cela demande un travail à part. Je pense que la nature et la force des preuves et des présomptions pourraient être réduites à une forme méthodique très simple, des demandes éclairciraient le fait. Je suis persuadée et je l'ai établi que la meilleure des procédures criminelles et la plus sûre est celle qui fait aller ces sortes de matières dans un temps fixé par trois instances, sans quoi la sûreté personnelle pourrait être à la merci des passions, de l'ignorance, des balourdises involontaires, ou des têtes chaudes.

Voilà des précautions qui pourraient ne pas plaire au Saint Office soi-disant, mais la raison a ses lois contre lesquelles tôt ou tard le déraisonnement échoue. Je me flatte que la société de Berne, parce que vous en êtes, approuvera cette façon de penser. Soyez assuré, Monsieur, que la mienne à votre égard n'est soumise à aucune variation.

J'oubliais de vous dire que l'expérience depuis deux ans nous persuade que la Cour d'équité, établie par mes règlements, devient le tombeau de la chicane.

Caterine

14

EKATERINA ROMANOVNA VORONTZOFF, PRINCESSE DE DASCHKAW : UNE HÉROÏNE RUSSE *INTUS* ET *IN CUTE*

La loi salique en France interdisait aux femmes d'exercer la puissance royale, sauf en cas de régence pendant les minorités. Cela ne les empêchait pas, bannies de la succession dynastique, d'occuper une place considérable dans la vie de société et même dans la vie politique française de l'Ancien Régime. En Russie, au XVIIIᵉ siècle, les femmes ne figuraient même pas dans les recensements de l'administration tsariste. Elles avaient moins d'existence officielle que les « âmes mortes », ces serfs dont le décès n'était pas encore déclaré au cadastre et au fisc. Pourtant, la Russie du XVIIIᵉ siècle a connu quatre tsarines de plein exercice : Catherine Iʳᵉ, Anna Ivanovna, Élisabeth Petrovna et Catherine la Grande. Cette dernière prit le titre impérial en 1762, à la faveur d'une révolution de palais qui mit à l'écart son époux incapable, Pierre III ; une jeune femme de 19 ans, Ekaterina Romanovna Vorontzoff, princesse de Daschkaw (ou Dashkoff) par mariage depuis 1759, avait été la tête du complot. L'amitié et la reconnaissance qu'éprouvait la nouvelle impératrice envers son héroïne furent traversées par la jalousie des favoris successifs de Catherine II (notamment Alexis Orlov, assassin de Pierre III à l'insu et à l'indignation de la princesse). Veuve en 1764 d'un mari qu'elle « adorait », lasse des persécutions qu'elle devait endurer, Ekaterina quitta la Russie pour deux longs voyages (deux « Grands Tours ») successifs dans l'« Europe française ».

Le premier (1769-1771) la conduit, sous un nom d'emprunt, en Allemagne (Berlin, Hanovre, Spa), en Angleterre, dont elle apprend la langue, puis en France. À Paris elle se lie avec Diderot, assiste incognito à un dîner public de la famille royale à

Versailles, fait le pèlerinage de Ferney ; puis, remontant le Rhin en bateau, elle gagne Bade et s'achemine vers Saint-Pétersbourg à travers Düsseldorf, Francfort, Spa, Dresde, Berlin et Riga. Partout, écrira-t-elle dans ses *Mémoires*, elle consacre plus de temps aux visites des églises, couvents, statues, peintures et autres monuments d'art qu'aux réceptions mondaines. Partout elle se fait des amis et des correspondants.

De nouveau, de 1775 à 1782, sous prétexte de parfaire l'éducation de son fils, elle quitte la Russie et séjourne en divers points d'Europe : en Pologne, où elle se lie au « fils » de Mme Geoffrin, Stanislas Poniatowski, en Angleterre et surtout en Écosse, où elle fait recevoir son fils maître ès-arts dans la célèbre université d'Édimbourg. Puis elle passe une année en Irlande, regagne Londres, traverse les Pays-Bas, et fait halte à Paris. Elle y retrouve Diderot, qui avait fait son portrait admiratif et peu flatté en 1770 :

« La princesse Dashkoff n'est aucunement belle ; elle est petite ; elle a le front grand et haut ; de grosses joues souillées, des yeux ni grands ni petits, un peu renfoncés dans leur orbite ; les sourcils et les cheveux noirs ; le nez épaté, la bouche grande, les lèvres grosses, les dents gâtées, le cou rond et droit, d'une forme nationale ; la poitrine convexe, point de taille ; de la promptitude dans les mouvements ; point de grâces, nulle noblesse, beaucoup d'affabilité ; l'ensemble de ses traits fait de la physionomie ; son caractère est grave ; elle parle aisément notre langue ; tout ce qu'elle sait et pense, elle ne le dit pas ; mais ce qu'elle dit, elle le dit simplement, fortement, et avec le ton de la vérité ; elle a l'âme hérissée par le malheur ; ses idées sont fermes et grandes ; elle a de la hardiesse ; elle sent fièrement ; je lui crois un goût profond d'honnêteté et de dignité. Elle connaît les hommes et les intérêts de sa nation ; elle est pénétrée d'aversion pour le despotisme, ou tout ce qui tient de près ou de loin à la tyrannie ; lorsqu'une action est grande, elle ne peut souffrir qu'on la rabaisse par de petites vues politiques. Elle relève avec la même véracité le bien et le mal qu'elle sait de ses amis et de ses ennemis. Les chagrins l'ont extrêmement vieillie, et ont tout à fait dérangé sa santé. Elle a cette année 36 ans, décembre 1770, et en paraît quarante »[1].

---

1. Diderot, *Mélanges de littérature et de philosophie*, in *Œuvres de Diderot*, Paris, éd. J.A. Naigeon, t. IX, 1798, p. 409-420.

Marie-Antoinette doit insister pour recevoir cette célèbre exilée qui fuit les mondanités. Par la Suisse, elle gagne ensuite l'Italie, où sa curiosité éclairée s'attarde de ville en ville dans les bibliothèques, cabinets d'histoire naturelle, galeries de peintures, et collections d'antiques ; à Rome, elle est reçue par le pape et noue amitié avec l'ambassadeur de France, le cardinal de Bernis. Elle a elle-même acquis la stature d'un ambassadeur itinérant de la Russie des Lumières : à Vienne, sur le chemin du retour, elle discute avec le chancelier Kaunitz des mérites de Pierre le Grand (qu'elle estime peu) et reçoit en cadeau de l'empereur des spécimens de sa collection personnelle d'histoire naturelle. À Berlin, Frédéric II l'invite à passer en revue, à ses côtés, les troupes prussiennes.

Un an après son retour à Saint-Pétersbourg, Catherine II la nomme directeur de l'Académie des sciences et des arts. L'année suivante, la princesse fonde l'Académie russe, et sous sa présidence, celle-ci entreprend la rédaction d'un *Dictionnaire de la langue nationale*. Cette extraordinaire autorité conquise par une femme lui vaut critiques, avanies et calomnies auxquelles l'impératrice ne reste pas toujours sourde. La princesse se retire sur ses terres. À la mort de Catherine, en 1796, elle est destituée et exilée par l'empereur Paul, qui ne lui pardonne pas d'avoir trempé dans le complot de 1762. En 1801, Paul est assassiné, et elle peut assister en triomphatrice au couronnement d'Alexandre Ier, avec lequel elle est liée d'amitié. En 1804-1805, elle rédige ses *Mémoires* dans sa campagne de Troitskoe. Elle meurt en 1810 à Moscou.

Cette Européenne n'en était pas moins farouchement hostile à l'occidentalisation de sa patrie. Diderot écrivait d'elle : « Elle est russe *intus* et *in cute*. » Elle reproche à Pierre le Grand d'avoir importé et imposé à la Russie, avec des maîtres étrangers, un modèle abstrait qui, selon elle, fait violence à sa nature profonde. En fondant l'Académie russe, elle veut faire publier « des règles et un bon dictionnaire pour affranchir complètement notre langue de ces termes étrangers et de ces phrases, si inférieurs aux nôtres, comme expression et comme énergie, qu'on avait eu l'absurdité d'y introduire ».

Dès son plus jeune âge, écrit-elle dans ses *Mémoires* rédigés en français, « Bayle, Montesquieu, Boileau et Voltaire étaient du nombre de [s]es auteurs favoris ». Cependant, cette parfaite maîtrise de la langue et des idées françaises reçues dans toute l'Europe ne lui dictait aucune indulgence envers la France. Pour son fils, elle a choisi l'éducation britannique. « Elle a pris, écrit

Diderot, beaucoup de goût pour la nation anglaise » ; elle aime
« ce peuple antimonarchique ». *Francisé* est un mot péjoratif sous
sa plume, comme il le sera sous celle de Tolstoï. Elle fuit autant
que Rousseau la « politesse française », et elle combat la « partialité », selon elle exagérée, de Gustave III de Suède en faveur de la
France et des Français.

Ses dialogues – rapportés par elle-même – avec Diderot et avec
Kaunitz établissent la profondeur quasi herderienne du sentiment
national chez une femme qui n'a voulu si bien s'initier aux
Lumières françaises que pour mieux les mettre au service de
l'idée qu'elle se faisait de sa patrie. Son sentiment féodal n'est
pas moins enraciné. Il impressionna Diderot, et il ne choquait pas
Voltaire, qui, à Ferney, plaide sans doute pour libérer les « serfs
de Saint-Claude » soumis à mainmorte par les chanoines, mais
critique au même moment les magistrats de Genève « qui souf-
frent que les domestiques leur fassent la loi » et qui écrit froidement : « Quand la populace se mêle de raisonner, tout est
perdu. »

CONVERSATIONS DE LA PRINCESSE DE DASHKOFF [1]

Avec Diderot sur le servage

Un soir, que Diderot était en tête-à-tête avec moi, l'on annonça la visite de madame Necker et madame Geoffrin. Avec beaucoup de vivacité Diderot ordonna, pour moi, au domestique de dire à ces dames que je n'étais pas à la maison. « Mais, dis-je, je connais madame Necker de Spa encore, et l'autre est en correspondance avec l'impératrice ; ainsi sa connaissance ne pourrait me faire de tort. — Vous n'avez, reprit Diderot, que neuf à dix jours restants à Paris ; elles ne vous verront par conséquent que deux ou trois fois ; elles ne vous comprendront pas, et je ne puis souffrir que l'on blasphème mes idoles. Si vous restiez deux mois, je serais le premier à vous faire lier connaissance avec madame Geoffrin : elle est une bonne pâte de femme ; mais, comme elle est une des trompettes de Paris, je ne veux pas qu'elle vous voie à la hâte. »

Je fis dire à ces dames que je ne pouvais les recevoir, ayant justement un accès de fièvre. Je ne fus pas quitte pour cela. Cependant je reçus le lendemain un billet très flatteur de madame Necker, dans lequel elle me disait que madame Geoffrin ne pouvait pas supporter l'idée d'être dans la même ville et ne pas me voir ; qu'elle avait enfin une si haute idée de moi, qu'elle serait inconsolable si elle ne m'avait vue.

Je réponds à madame Necker en me repliant sur l'envie que j'avais de conserver la bonne opinion de ces dames, que si elle était flatteuse et peut-être non méritée, ce n'était pas dans l'état de

---

1. J'emprunte ces deux extraits à l'édition récente, la première en date, des *Mémoires* de la princesse de Dashkoff dans leur texte original français, parue à L'Harmattan, 1999, sous le titre *Mon histoire, mémoires d'une femme de lettres russe à l'époque des Lumières,* présentée et annotée par Alexandre Worontzoff-Dashkoff, Catherine de Gouis, et Catherine Worontzoff-Dashkoff, avec une préface de Francis Ley. Jusqu'ici ces *Mémoires* n'étaient connus que par une traduction française (1859) de la traduction anglaise publiée par Miss Wilmott en 1840, et reproduite dans la collection « Le Temps retrouvé » au Mercure de France (1989, 2e édition).

souffrance où je me trouvais que je ne pourrais pas la justifier ; qu'il fallait donc absolument que je me refuse le plaisir de les voir et que je les priais d'accepter mes regrets.

Je fus donc obligée de garder ce jour-là ma chambre. Ordinairement, après mes courses du matin, qui commençaient à huit heures et duraient jusqu'à trois heures de l'après-midi, je finissais par m'arrêter à la porte de Diderot. Il montait dans ma voiture, dînait avec moi, et souvent nos conversations tête-à-tête avec lui duraient jusqu'à deux ou trois heures après minuit.

Un jour il me parla de l'esclavage dans lequel il croyait qu'étaient nos paysans. Je lui répondis : « Comme mon âme n'est pas celle d'une esclave, vous conviendrez qu'elle ne peut être celle d'un tyran, ainsi je mérite votre confiance sur ce sujet. J'avais partagé vos idées sur ce sujet et pour cet effet j'ai établi à ma terre d'Orel un gouvernement parce que j'avais cru pouvoir rendre mes paysans plus libres et plus heureux, et je trouve pourtant qu'il ne donne plus de prise sur eux au pillage, à la malversation du moindre petit préposé de la couronne. Le bien-être et les richesses de nos paysans font notre prospérité et augmentent nos revenus ; il faudrait donc qu'un propriétaire fût timbré pour vouloir tarir la source de ses propres richesses. Les nobles sont à l'égard de leurs paysans des intermédiaires entre eux et la couronne, et ils trouvent de l'intérêt d'oser les défendre contre la rapacité des gouverneurs et préposés dans les provinces. »

« Mais, princesse, vous ne pouvez disconvenir qu'avec la liberté leurs lumières augmenteraient, d'où découleraient ensuite l'abondance et les richesses. — Si le souverain, dis-je, en brisant quelques anneaux de la chaîne qui lie les paysans aux nobles, en brisait aussi quelques-uns qui tiennent enchaînés les nobles aux volontés des souverains arbitraires, je signerais avec mon sang au lieu d'encre, et cela de gaieté de cœur cet arrangement. D'ailleurs me pardonnerez-vous, si je vous disais que vous avez confondu l'enfer avec la cause ? Ce sont les lumières qui produisent la liberté ; celle-ci, au contraire, sans les premières, ne produirait qu'anarchie et confusion. Quand la basse classe de mes concitoyens sera éclairée, elle méritera d'être libre, parce qu'elle saura en jouir sans employer la liberté au détriment de ses confrères, ni pour détruire l'ordre et la subordination nécessaires dans tout gouvernement. — Vous argumentez bien, charmante princesse, mais vous ne m'avez pas convaincu encore. »

« Il y a, répliquai-je, dans nos lois fondamentales des antidotes contre la tyrannie des seigneurs ; quoique Pierre Ier ait annulé

plusieurs de ces lois il y a même une juridiction où les serfs peuvent exposer les griefs qu'ils ont contre leurs maîtres ; sous le présent règne, un gouverneur de province en s'abouchant avec le maréchal et les députés des nobles de son gouvernement peut les charger de retirer de l'oppression tyrannique, et de faire régir ces biens et sujets par la tutelle choisie par les nobles eux-mêmes. Je crains que je ne sache m'exprimer comme je le voudrais ; mais je vous dirai qu'ayant très souvent médité sur ce sujet, j'ai toujours cru voir un homme né aveugle placé sur un rocher escarpé, environné de précipices effrayants ; la privation de la vue le laissait ignorant sur le danger de sa position : n'en connaissant point les horreurs, il était gai, il mangeait et dormait tranquillement, il jouissait du chant des oiseaux et chantait parfois lui-même. Arrive un malheureux oculiste qui lui rend la vue, sans pouvoir le tirer de son horrible position. Voilà mon pauvre clairvoyant, malheureux à l'excès, il ne chante plus, il ne mange ni ne dort presque plus ; ces gouffres qui l'environnent, le pouvoir des vagues qu'il ne connaissait pas, tout l'effraie, et il finit par mourir dans son plus bel âge de frayeur et de désespoir. »

Diderot fut soulevé de sa chaise comme par un pouvoir mécanique par cette petite esquisse que je lui fis. Il marcha à grands pas, et crachant contre terre avec une espèce de colère, me dit d'une seule haleine : « Quelle femme vous êtes ! Vous bouleversez des idées que j'ai chéries et nourries pendant vingt ans. »

J'admirais tout en Diderot, jusqu'à cette espèce d'emportement, dont la manière chaude de voir et de sentir était la cause. Sa sincérité, l'amitié vraie qu'il avait pour ses amis, son génie pénétrant et profond, l'intérêt et l'estime qu'il m'a témoignés toujours, m'avaient attachée pour la vie. J'ai pleuré sa mort et je ne cesserai de le regretter que quand je ne serai plus animée par le souffle de la vie. L'on a peu connu cette tête extraordinaire. La vertu et la vérité présidaient à toutes ses actions, et le bien général était sa passion et sa poursuite constante. Si sa vivacité l'induisait en erreur quelquefois, il était sincère et en était la dupe lui-même. Mais ce n'est pas à moi à prétendre en faire un éloge digne de lui : d'autres plumes au-dessus de la mienne ne manqueraient pas de le faire[1]

---

1. *Mémoires*, éd. 1999, p. 91-93.

Avec Kaunitz sur Pierre le Grand

*Je lui [au chancelier Kautnitz[1]] rendis sa visite et il m'invita à
venir dîner chez lui. J'acceptai cette invitation à condition que si
après m'être rendue chez lui je ne le voyais pas arriver, il ne trouve
pas mauvais que je n'attende pas au-delà de quatre heures, et que
j'aille prendre mon dîner chez moi, parce que je ne déjeunais point
et ne pouvais jeûner plus longtemps.*

*Le jour marqué, j'allai chez le prince à trois heures et demie. Il
était déjà dans son salon ; je crois cependant qu'il était plus
qu'étonné, qu'il avait même une petite rancune contre moi, parce
que je lui dictais mon heure et ne voulais pas être à la merci de son
caprice pour le dîner.*

*À table il me parla sans discontinuer de mon pays et, faisant
tomber la conversation sur Pierre Ier, il me dit que les Russes lui
étaient très obligés, qu'il était notre créateur. Je niai cette assertion,
et lui dis que c'étaient les écrivains étrangers qui avaient donné ce
titre à Pierre Ier, parce qu'il en avait fait venir plusieurs, et que ceux-
ci par amour-propre le qualifièrent de créateur de la Russie, parce
qu'ils s'envisageaient eux-mêmes, ou leurs compatriotes, coopéra-
teurs dans cette prétendue création. Longtemps avant la naissance
de Pierre Ier les Russes avaient conquis les royaumes de Kazan,
d'Astrakhan et de la Sibérie. La nation la plus guerrière, connue
sous le nom de la Horde d'Or[2] (parce qu'elle possédait beaucoup
de ce métal, et que leurs armes en étaient décorées) avait été
vaincue aussi par les Russes, bien avant que les ancêtres de Pierre
Ier eussent été appelés au trône. Les arts avaient pris leur refuge
en Russie, et on a encore dans les couvents des tableaux, chefs-
d'œuvre de la peinture, qui datent de ce temps reculé. Nous avions
des historiens, qui ont laissé plus de manuscrits que tout le reste de
l'Europe ensemble n'en a eu.*

*« Il y a 400 ans, mon prince, ajoutai-je, que des églises revêtues
de mosaïque ont été détruites par Batû. — Vous ne comptez donc
pour rien, madame, me dit le prince de Kaunitz, que c'est lui qui a*

---

1. Chancelier impérial depuis 1753.

2. *La Horde d'Or* : nom donné par les Russes au khanat de Kiptchak,
le plus occidental de l'Empire mongol ; au XVe siècle, elle se morcela et
donna naissance aux khanats d'Astrakhan, de Kazan et de Crimée. Kazan
et Astrakhan furent prises sous Ivan IV le Terrible.

rapproché la Russie à l'Europe et que ce n'est que depuis lui que l'on la connaît. — Un grand empire, mon prince, avec des sources de richesses et de puissance, comme la Russie an possède, n'a besoin de se rapprocher de rien. Quand une masse aussi formidable, comme l'est ma patrie, est bien gouvernée, elle rapproche tout ce qu'elle veut à elle. Si la Russie resta ignorée jusqu'à l'époque que Votre Altesse dit, elle me pardonnera si je conclus que cela ne prouve que l'ignorance ou l'insouciance des pays européens, qui ignoraient une puissance aussi formidable, et pour vous prouver enfin que je n'ai aucune prévention contre l'empereur Pierre Ier, je finirai en vous manifestant sincèrement l'idée que j'ai de cet homme extraordinaire. Il avait du génie, de l'activité, le désir de perfection, mais un manque total d'éducation laissa ses passions fougueuses souveraines sur la raison. Emporté, brutal et despote, il traitait tous sans distinction, comme des esclaves qui devaient tout souffrir ; son ignorance ne lui permit pas d'apercevoir que plusieurs innovations, introduites par lui avec violence, s'introduiraient paisiblement par le temps, l'échange, le commerce et l'exemple des autres nations. Il n'aurait pas détruit le caractère inestimable de nos ancêtres, s'il ne prisait si fort les étrangers au-dessus des Russes. Il n'aurait pas affaibli le pouvoir et le respect que l'on doit aux lois, s'il n'en changeait si souvent, et même les siennes. Il sapa les fondements du règlement et code de son père ; il y substitua des lois despotiques pour en annuler ensuite quelques-unes. Il ôta presque toute entière la liberté et les privilèges des nobles et celles des domestiques, qui avaient un tribunal conservateur, auquel ils pouvaient faire appel en cas de tyrannie. Il introduisit un gouvernement militaire, qui est certainement le gouvernement le plus despotique, et la gloriole d'être créateur lui fit presser la bâtisse de Pétersbourg avec des moyens très tyranniques : des milliers d'ouvriers périrent dans ce marais, et il obéra les nobles par les ouvriers qu'ils étaient obligés de fournir, tandis qu'ils étaient forcés eux-mêmes de se faire bâtir des maisons de brique d'après ses plans, qu'ils eussent ou non besoin d'avoir des maisons à Pétersbourg ; cette opération devait être odieuse. Il y fit une amirauté, quoique les eaux de la Néva soient si basses, que l'on ne construisit dans ces chantiers que les carcasses des vaisseaux de guerre, qui ensuite, avec beaucoup de peine de bras et de dépense, furent renfermées dans des chameaux et traînées à Kronstadt, ce qu'il aurait dû s'épargner, vu qu'il devait savoir que les vaisseaux marchands même un peu considérables ou trop chargés n'arrivent pas à Pétersbourg. Sous Catherine II la ville a *quatre fois plus d'étendue ; les bâtiments de la couronne sont beau-coup plus splendides, et cela s'est opéré sans force, sans taxe quelconque et sans mécontentement. »*

Je m'aperçus que cette conversation faisait impression sur le prince de Kaunitz. Il voulait apparemment me faire jaser ; car il me dit encore qu'il est beau de voir un monarque travailler lui-même fort longtemps dans un chantier. « Je suis sûre que Votre Altesse dit ceci en badinant, répliquai-je ; car elle sait mieux que moi que le temps d'un souverain ne doit pas être employé pour faire la mani-pulation d'un simple ouvrier. Pierre Ier pouvait attirer chez lui non seulement des charpentiers et constructeurs, mais des animaux. Il manquait à son devoir et à des opérations ou soins majeurs en restant à Saardam pour devenir charpentier et estropier la langue russe par des terminaisons et par des termes hollandais, dont ses édits et tout ce qui a rapport à la marine sont farcis. Il n'avait aucun besoin indispensable d'envoyer des nobles apprendre aux pays étrangers les métiers de jardinier, de maréchal-ferrand, de mineur etc., etc., etc. Chaque noble aurait donné avec plaisir trois ou plusieurs de ses sujets pour leur faire enseigner ces métiers. »

Le prince de Kaunitz laissa tomber cette conversation et changea de sujet. J'en fus bien aise, car je n'étais pas fâchée de n'avoir pas tout dit de ce que j'avais sur le cœur contre la réputation sur parole de Pierre Ier [1].

---

1. *Mémoires*, éd. 1999, p. 139-141.

15

LE FEU DE NAPLES ET L'ESPRIT DE PARIS :
L'ABBÉ GALIANI

L'abbé Galiani n'a pas la sereine douceur fénelonienne de l'abbé Conti, l'ami de Mme de Caylus. Il fut, dans la génération suivante, et de l'avis même de Nietzsche, d'accord sur ce point avec Sainte-Beuve, l'un des esprits les plus brillants et peut-être le plus fulgurant du siècle français, le XVIIIᵉ. Quel exemple aussi de l'extraordinaire complémentarité qui n'a cessé d'unir l'Italie et la France ! Né en 1728 à Chieti, Ferdinand Galiani fut élevé avec son frère Bernard chez leur oncle, Célestin, archevêque de Tarente et Grand Chapelain du royaume de Naples. Mgr Galiani, ami de Vico, était un érudit lié à tout ce que Naples comptait de savants et d'esprits cultivés. À vingt ans, Ferdinand, qui avait été un « enfant prodige », reçut les ordres mineurs, selon une ancienne tradition humaniste, qui faisait de l'état ecclésiastique et de ses bénéfices le meilleur choix de vie pour le loisir lettré. Ses premiers travaux furent récompensés par le savant pape Benoît XIV, dont il prononcera et publiera en 1758 une magnifique oraison funèbre. D'autant plus magnifique qu'il ne se faisait aucune illusion sur la vanité de ce genre d'éloquence. En 1749, il avait fait circuler une parodie d'oraison funèbre : *Diverses compositions sur la mort de Domenico Iannacone, préposé aux pendaisons de la Grande Cour du Vicariat de Naples*. Le catholicisme, chez l'abbé Galiani, était un principe de liberté d'esprit et d'universelle ironie. À vingt-trois ans il publia un traité, *De la monnaie*, que Marx cite dans *Le Capital* comme un classique de la théorie de la valeur marchande. Bernardo Tanucci, Premier ministre de Ferdinand IV, le fit entrer à l'Académie d'Herculanum, et il s'y livra à des travaux sur la minéralogie du Vésuve et sur les anti-

quités découvertes par les fouilles d'Herculanum et Pompei. En
janvier 1759 Tanucci, peu satisfait de son ambassadeur à Paris, le
comte Cantillana, envoie Galiani, avec le titre de premier secrétaire, étudier les intentions de Choiseul et les intrigues politico-
diplomatiques de la capitale française. Les Bourbons de Naples
avaient en effet été contraints de signer le « pacte de famille »
conçu par Choiseul pour réunir les trois royaumes Bourbons
(France, Espagne et Naples) contre l'alliance anglo-prussienne.
Et Tanucci ne voulait pas être entraîné dans une guerre. Véritable
chef de mission, Galiani fut présenté au roi à Versailles. Comme
les grands seigneurs autour de Louis XV souriaient de sa petite
taille, Galiani se tira d'embarras par un trait d'esprit, qui
commença sa réputation : « Sire, s'écria-t-il, vous voyez à présent
l'échantillon du secrétaire ! Le secrétaire vient après. »

Sa correspondance diplomatique avec Tanucci atteste la subti-
lité et l'efficacité de cet ambassadeur masqué. En 1769, cependant, Galiani dit un mot de trop au baron de Gleichen,
l'ambassadeur du Danemark, dont la dépêche fut saisie et lue par
Choiseul. Déclaré *persona non grata*, l'abbé Galiani, à son vif
dépit, dut regagner définitivement Naples.

Pendant son séjour à Paris, sa vivacité spirituelle, son talent
comique, ses mœurs aimables, sa science avaient fait de lui le
« lion » en miniature des sociétés les plus exquises ou les plus
difficiles. Ses compatriotes Cesare Beccaria ou Pietro Verri, de
passage dans la capitale française, restèrent étonnés et jaloux de
cette faveur qui faisait de Galiani l'âme de toutes les conversations. Il représentait en effet la République des Lettres italiennes
autant que le royaume de Naples. L'abbé ne fut pas seulement
une vedette mondaine, reçu et fêté chez Mme Geoffrin, chez
Mlle de Lespinasse et chez Mme Necker. Les « philosophes »
s'éprirent de lui, il devint un habitué de l'hôtel Helvétius et de
l'hôtel d'Holbach, et un intime de Mme d'Épinay, chez qui il se
lia étroitement avec Diderot et Grimm. Mme de Choiseul disait
à son propos : « En France, il y a de l'esprit en petite monnaie et
dans l'Italie au lingot ! » Galiani de son côté goûta jusqu'à
l'ivresse le mélange unique de manières et d'intelligence hardie
qui faisait de la conversation parisienne, surtout dans les compagnies fréquentées par les « philosophes », un oxygène de haute
montagne pour l'esprit. Pour autant, il n'était pas lui-même un
« philosophe » au sens français. Son ironie et son sens aigu de la
comédie humaine prévenaient cet épicurien chrétien contre tout
esprit de système et surtout contre tout esprit de parti. Il était

trop profond pour ne pas être profondément conservateur, et il fut l'un des premiers à pressentir que le « raisonner tristement » allait saccager la nation la plus gaie de l'univers. Mais ce Montaigne italien aimait « l'art de conférer », il y excellait, et il trouva chez les philosophes, notamment Diderot, des interlocuteurs à sa mesure : il les quitta assez tôt pour n'avoir goûté parmi eux que la fête de l'esprit.

Son retour forcé à Naples en 1769 le désespéra d'abord. « Oui, Paris est ma patrie, on aura beau m'exiler, j'y retournerai », écrivit-il le 17 juillet 1769. En 1770 encore, il remarque : « Les plantes se dénaturent en changeant de sol, et moi, j'étais une plante parisienne. »

Mais cet « exil » fut le point de départ d'une active correspondance avec ses amis, qui le regrettaient, et surtout avec l'intelligente et sensible Mme d'Épinay, de plus en plus délaissée par Grimm. L'invention orale de Galiani, privée de l'incitation directe, se déploie désormais dans l'improvisation écrite. Nous devons indirectement à Choiseul un des chefs-d'œuvre de cet art si français, la lettre amicale, pratiqué cette fois par un virtuose italien. Et puis, peu avant son départ, Galiani, à la suite d'une conversation animée chez le baron d'Holbach, avait écrit à la demande de Diderot un dialogue où il réfutait les thèses libre-échangistes soutenues par les physiocrates, et plaidait, sous le nom du chevalier Zanibi, le pragmatisme en matière économique. *Ce Dialogue sur le commerce des blés*, revu par Mme d'Épinay, fut publié par les soins de Diderot en 1770. Il connut un vif succès. Voltaire en goûta la piquante vivacité autant que les idées :

« Comment pouvez-vous croire, écrivit-il à Mme d'Épinay, que je ne connais pas l'abbé Galiani ? Est-ce que je ne l'ai pas lu et relu ? Par conséquent je l'ai vu. Il doit ressembler à son ouvrage comme deux gouttes d'eau, ou plutôt deux étincelles. N'est-il pas vif, actif, plein de raison, de génie et de plaisanterie ? Toujours profond et toujours gai ? Je l'ai vu, vous dis-je et je le peindrai. »

Les lettres à Mme d'Épinay que nous reproduisons ici[1] reflètent l'excitation de cette aventure éditoriale, qui fit de l'abbé Galiani un auteur célèbre dans toute l'Europe. Grimm, dans sa

---

1. D'après la plus récente (et la meilleure) édition, par les soins de Georges Dulac et Daniel Maggetti, vol. I, 1769-1770, édition Desjonquères, 1992.

Correspondance littéraire manuscrite, réservée à un public restreint de têtes couronnées, publia de nombreuses lettres de Galiani à Mme d'Épinay. C'était en effet un régal de roi.

Riche, considéré et même puissant, l'abbé Galiani ne revint jamais à Paris. Il se réaccoutuma plus qu'il n'ose l'avouer à Naples et à sa bonhomie. Il y écrivit plusieurs traités touchant à la politique, au commerce, à l'éducation. Il y mit la dernière main à son *Commentaire des œuvres d'Horace*. En 1775, il fournit à Païsiello le livret de son opéra, *Le Socrate imaginaire*. Traducteur en italien de l'*Anti-Lucrèce* du cardinal de Polignac, il mourut en épicurien chrétien, en 1781.

Lettres de l'abbé Ferdinand Galiani
à Mme d'Épinay

Gênes ce 17 juillet 1769

Madame,

Je suis toujours inconsolable d'avoir quitté Paris, et encore plus inconsolable de n'avoir pas reçu aucune nouvelle ni de vous, ni du paresseux Philosophe [Diderot]. Est-il possible que ce monstre dans son impassibilité ne sente pas à quel point mon honneur, ma gloire (dont je me fiche), et mon plaisir, et celui de mes amis (dont je me soucie beaucoup), sont intéressés dans l'affaire que je lui ai confiée, et combien je suis impatient d'apprendre qu'enfin la pacotille ait doublé le cap, et passé le terrible défilé de la révision ? Car après cela je suis tranquille sur le reste.

Mon voyage a été très heureux sur la terre, et sur l'onde. Il a même été d'un bonheur inconcevable. Je n'ai eu jamais chaud, et toujours le vent arrière sur le Rhône, et sur la mer. Il paraît que tout me pousse à m'éloigner de tout ce que j'aime dans le monde. L'héroïsme sera donc bien plus grand, et bien plus mémorable à vaincre les éléments, la nature, les dieux conspirés, et retourner à Paris. Oui Paris est ma patrie. On aura beau m'en exiler j'y retournerai. Attendez-moi dans la rue Fromenteau au quatrième sur le derrière chez la nommée... fille majeure. Là demeurera le plus grand génie de notre âge, en pension à trente sols par jour, et il sera heureux. Quel plaisir que de délirer ! Adieu.

Je vous prie d'envoyer vos lettres toujours à l'hôtel de l'ambassadeur.

Grimm est-il revenu de son voyage ?

Naples ce 20 janvier 1770

Ma chère dame,

Dans l'abattement de désespoir où m'avait jeté le contretemps qu'essuyait mon ouvrage, je n'avais pas eu le cœur de répondre à votre lettre du 13. Je disais « Attendons, voyons par où cela finira. »

Le courrier parti de Paris le 25 n'a pas pu vaincre les obstacles des neiges, et des rivières débordées, ainsi nous sommes restés une semaine sans lettres de France, et à présent je reçois en même temps vos deux lettres du 25 et du 1er. Je ne sais pas encore si je suis à l'abri des malheurs, et si j'aurai mes pauvres cent louis. Car voilà toute mon ambition, ma gloire, ma vertu. J'observe pourtant qu'il a fallu renvoyer un contrôleur, causer des banqueroutes immenses, exciter le bouleversement de l'État pour que mon petit livre paraisse. La nuit qui accoucha d'Hercule ne fut pas à beaucoup près si longue, ni aussi orageuse. De grâce ne me mandez pas les critiques ; mandez-moi uniquement le débit, et si le libraire ira tenir compagnie aux trésoriers des postes, et de Bretagne. Voilà tout ce qui m'intéresse.

J'aurai soin de faire retirer régulièrement la Gazette de Paris, *et je m'arrangerai avec Suard. Son rhumatisme, et vos coliques ne valent rien du tout. Renvoyez cela au plus vite, et point de bains s'il vous plaît. Mangez du lait frais avec du miel de Provence, en trois jours vous vous y accoutumerez, et vous serez guérie. La Géorgique n'est plus un sujet de poème à notre âge. Il faut une religion agricole chez un peuple coloniste pour parler avec emphase, et avec grandeur, des abeilles, des poireaux, et des oignons. Avec votre triste consubstantialité et transsubstantiation, que voulez-vous qu'on fasse. Il y a deux classes de religions. Celles des peuples nouveaux sont riantes, et ne sont qu'agriculture, médecine athlétique, et population. Celles des vieux peuples sont tristes et ne sont que métaphysique, rhétorique, contemplation, élévation de l'âme. Elles doivent causer l'abandon de la cultivation, de la population, de la bonne santé, et des plaisirs. Nous sommes vieux.*

Je veux vous dire un mot sur votre première lettre. Sur la brochure de Voltaire, Tout en Dieu *vous vous étonnez qu'il n'ait employé que vingt pages pour parler de la cause universelle et de ses effets. Moi, je m'étonne du contraire. Qui dit* Tout en Dieu, *dit clair et net que* Dieu est le Tout, *car celui qui dit que le deux et le trois sont dans le cinq, dit que le cinq n'est que le composé de trois et deux. Et tout est dit. Comment diable peut-on trouver de quoi remplir une brochure d'une chose dont je n'ai pas pu remplir vingt lignes qu'en y ajoutant une comparaison. Voltaire a cette fois [joué] de malheur. Il a voulu paraître déiste, et il s'est trouvé athée sans s'en apercevoir. Tant va la cruche à l'eau etc. Il ne faut jamais se frotter trop sur ces matières, elles sont glissantes.*

Sa colère contre le Carême et la morue sèche est peut-être plus juste. Moi je ne l'aime pas non plus. Mais sa colère contre les fêtes est absurde. Il les croit d'institution divine et voilà pourquoi il les a prises en grippe. Mais il se trompe. Elles sont d'institution humaine. Elles ne sont pas pour Dieu, elles sont pour l'homme, et par conséquence Voltaire devrait les respecter. Encore cette fois il a pris son cul pour ses chausses. Pour Les Adorateurs, *selon les échantillons que vous m'en donnez, il pourrait être bon. Dans un dialogue, il faut que chacun reste de son avis. Le billet de notre cher marquis vaut mieux que tout cela. Faites mes compliments à Antoinette-Rose puisqu'elle a fait son entrée. Grimm s'est donné bien de la peine à chercher des corrections à faire sur un ouvrage, qui peut-être sera plus cher à mes amis par ses imperfections qui annoncent cette cruelle précipitation de mon départ. Ma santé est toujours la même. Mon état est toujours ennuyé. Au reste que sait-on ? Adieu ma belle chère dame.*

Naples ce 27 [janvier] du 1770

Madame,

Votre lettre du 6 arrive dans l'instant, et elle achève de me persuader que les dés sont pipés malgré tout ce qu'en dit le baron, qui a toujours amené des doublets dans sa vie, pendant que je n'amène que des as. Ne voyez-vous pas clairement que la seule chose qui m'intéresse dans tout ceci, c'est-à-dire mes pauvres cent louis, est celle qui rencontre des difficultés inouïes, inconcevables, impossibles à expliquer. Jurez donc, Madame, comme je jure aussi de mon côté. Il y a des saints qui veulent être jurés à ce que disait un célèbre goutteux.

Je ne m'étonne point des contradictions de Panurge. C'est un homme qui a le cœur dans sa tête, et la tête dans le cœur. Il raisonne par passion et agit par principes. Cela fait que je l'aime de tout mon cœur quoique je raisonne différemment, et qu'il m'aime aussi à la folie quoiqu'il me croie machiavellino. *Au reste je crois que son cœur qui est le plus vertueux, et le plus beau du monde entraînera sa tête, et qu'il finira par ne pas répondre, et par m'aimer davantage. Il s'apercevra à la 2e ou à la troisième lecture de l'ouvrage, que le chevalier Zanobi ne croit ni ne pense pas un mot de tout ce qu'il dit ; qu'il est le plus grand sceptique, et le plus grand académique du monde ; qu'il ne croit rien en rien sur rien de rien. Mais de grâce Madame ne lâchez pas ce mot qui est la clef du mystère. Attendons et amusons-nous à voir combien de temps*

Paris restera sans m'entendre, et à s'échauffer sur une question interminable. Le seul Grimm m'avait entendu d'abord, et il devinait que le livre resterait sans conclusion. Il a fallu ajouter une conclusion en grâce des badauds de Paris qui aiment à conclure. Au reste le livre est bien le livre d'un philosophe, et il est seul capable de former un philosophe et un homme d'État, c'est-à-dire un homme qui a la clef du mystère et qui sait que le tout *se réduit au zéro. L'abbé Raynal a bien raison de dire que l'ouvrage est profond. Il est diablement profond car il est creux, et il n'y a rien dessous. Ceux qui ont dit que les principes y étaient trop éparpillés ont fait l'éloge le plus complet du dialogue : mais le style des dialogues est presque inconnu à Paris. Ceux qui se donneront la peine de lier mes idées devineront peut-être le but de l'ouvrage.*

Vous m'avez mandé le premier succès de la décharge des grenadiers, et de la première file. J'attends avec curiosité le bruit des goujats de l'armée, qui sera diabolique. Mais n'oubliez pas de me mander ce qu'en aura pensé Voltaire. Vous en enverrez, sans doute, un exemplaire à mon cher prince de Saxe-Gotha de ma part. Encouragez mes amis qui auront lu l'ouvrage à m'écrire. Je ferai volontiers la dépense de la poste pour cette fois-là.

À propos, puisqu'on sait l'auteur, je me flatte que vous n'aurez pas manqué de dire à mes amis dans quelles circonstances fâcheuses ce malheureux enfant a été conçu, et avorté. Je ne sais pas moi-même ce qu'il est. Je n'ai pas pu le lire une seule fois de sang-froid. J'avais laissé le manuscrit original dans vos mains, ainsi je n'en sais rien. Cela ne fait rien au public, mais j'espère que mes amis le liront avec plus d'indulgence, et en un mot, pourvu que la lecture leur retrace le souvenir du son de ma voix, de mon dialogue, de mes gestes, voilà tout ce que je demande. Qu'on m'aime, car par la sangbleu, je le mérite à tous égards, et ils ne reverront pas de longtemps à Paris un étranger plus aimable que moi.

Autre à-propos. Je vous prie d'envoyer en présent de ma part (puisque l'auteur est connu) un exemplaire à M. Baudouin maître de requêtes nouvellement marié place Vendôme.

Il ne faut pas songer à une 2ᵉ édition si la première ne se vend point. Cependant si on la vendra, je voudrais ajouter un dialogue à la 2ᵉ édition où l'on expliquera le système des magasins de dépôt, qui est le seul qui puisse rendre faisable le commerce des blés en France.

Et comme quoi je rêve toujours argent, le libraire me paiera 25 louis ce nouveau dialogue. Mais vous me direz, « Pouvez-vous faire des dialogues hors de Paris ? » Non en vérité. Je suis ici dans le plus inconcevable accablement de tristesse. Mon voyage au Congo est impraticable. On me propose en revanche ici le voyage à l'île de Cuba. Ce n'est pas mon chemin, je réponds tristement. Savez-vous ce que je fais à présent ? Je m'occupe sérieusement à mettre en ordre tous mes petits ouvrages de jeunesse pour les imprimer sous le nom de Juvenilia. *Ils sont tous en italien. Il y a des dissertations, des vers, de la prose, des recherches d'antiquité, des pensées détachées. Cela est bien jeune en vérité. Cependant c'est de moi. Adieu, mon incomparable dulcinée. Vous m'aimez, n'est-ce pas ?*

Naples ce 3 fév 1770

Madame.

J'ai enfin reçu un exemplaire du livre qui fait tant de bruit à Paris, et que j'ai lu avec la plus grande avidité ne me souvenant presque plus de ce qu'il contenait. Foi de connaisseur c'est un bon livre. S'il a plu à l'abbé Raynal et à notre cher Schomberg, je suis content. Je fais le plus grand cas du jugement de ces deux hommes. Pour madame du Deffand je suis bien sûr qu'elle ne l'a pas lu. Pour Duclos, son avis indique toujours quel est l'avis contraire du reste de l'univers. Ainsi tout va bien.

J'y ai trouvé peu de changements, mais ce peu font un très grand effet. Un rien par un homme. J'en remercie les bienfaiteurs. Que n'en puis-je dire autant des correcteurs d'estampes ! J'y ai trouvé quatre ou cinq fautes capitales, qu'il est de la plus grande importance de corriger, quand ce ne serait qu'à la plume sur les exemplaires non vendus. Si le débit produit une seconde édition, je vous prie de faire grande attention à ces corrections, et en outre je vous demande en grâce d'ôter de la fin du cinquième dialogue, si je ne me trompe, cette partie de jeu, et de rétablir le dîner. *Je ne sais pas quelle rage vous avez de me faire passer pour un* joueur *plutôt que pour un* gourmand. *Je suis* gourmand *et point* joueur. *Quel mal y a-t-il qu'on parle de dîner lorsqu'on ne parle que de blé ? Enfin, Madame, je vous en prie, rétablissez-moi le dîner, et ôtez cette apostille qui contraste avec le début du dialogue suivant, qui commence* en dînant *etc. Ne donnons pas gain de bataille aux gens délicats. Je veux être ce que je suis. Je veux avoir le ton qu'il me plaît. Et si on m'achète, je ne demande pas davantage, ni mon libraire non plus.* [...]

Je réponds à votre lettre du 14, qui m'arrive dans le moment. Ceux qui vous ont fait la difficulté sur le double dommage que mes droits d'importation et d'exportation produiraient aux spéculateurs qui font venir des blés de l'étranger, ne connaissent pas les lois de leur pays. Il y a déjà deux ans, que cet inconvénient a été paré par une déclaration du roi. Il existait, quoique plus faiblement, à cause des droits d'un pour cent d'importation, et du demi pour cent d'exportation, que l'édit avait établis. La déclaration dit que le blé qui arrive est censé être en entrepôt, *que les ports de France seront des* ports francs *relativement aux blés, et qu'on ne paiera pas cet un pour cent lorsqu'on remporte les blés étrangers qu'on avait fait venir. Cette loi existe. Si j'avais mes papiers en ordre je vous l'enverrais d'ici. C'est vous-même qui me l'avez achetée pour 44 sols. Ainsi je ne devais pas parler d'une loi sage qui est déjà faite. Au reste j'en aurais parlé lorsque j'aurais expliqué mon système des* magasins, *et des* ports francs, *en un mot des* caricatori *qu'il faut établir en France comme ils le sont en Sicile, mais je suis parti, ou pour mieux dire on m'a arraché de Paris, et on m'a arraché le cœur. Que voulez-vous de moi ? Ainsi la réponse que vous devez donner à cette objection, n'est pas celle que vous me mandez dans votre lettre, mais c'est d'acheter cette déclaration, et la montrer. On verra que l'inconvénient n'existe pas, puisqu'il est décidé qu'on ne paie des droits, que lorsqu'on fait une véritable importation non pas en débarquant ces blés dans les magasins des villes commerçantes, mais en les vendant aux gens du pays, et de même, lorsqu'on s'en veut aller avec le blé apporté, il suffit de montrer sa déclaration faite lors de l'arrivée, et on est libre de s'en aller avec la quantité de blé non vendue, sans rien payer. Tout cela est fait déjà, et arrangé par le gouvernement français il y a deux ans avec beaucoup de sagesse, et en prenant toutes les précautions pour éviter les fraudes. Cependant je vous remercie infiniment de m'en avoir écrit. Cela me fournira matière pour le dialogue à faire.*

Faites-moi de grâce écrire par Grimm, par Schomberg, par le baron, par tout le monde. Cela est nécessaire à mon salut. Je suis damné, et je mourrai dans le désespoir, si mes amis m'oublient. Mille remerciements à Mlle de Lespinasse sur son opiniâtreté à trouver bonnes mes mauvaises plaisanteries. Adieu ma belle dame. Je n'ai pas le temps de vous en dire davantage ce soir. Embrassez mon cher Philosophe, et embrassez-vous vous-même de ma part. M. de Sartine a-t-il reçu la feuille que je lui envoyai de Gênes sur l'établissement des Lombards ? Adieu.

Madame, je vous prie d'envoyer un exemplaire des Dialogues *en présent de ma part à M. Pellerin ancien premier commis de la Marine rue Richelieu. J'aime bien cet homme de la* vieille roche.

16

FRÉDÉRIC-MELCHIOR GRIMM
ET LE STRABISME DES LUMIÈRES

Frivolité et philosophie sont les deux mamelles des Lumières. La vraie philosophie du siècle de Louis XV était peut-être son aimable frivolité, et la pire de ses frivolités, sa philosophie. C'est en tout cas par la frivolité et non par la philosophie que le Paris du XVIIIe siècle avait réussi sans coup férir à réduire le reste de l'Europe à la condition de province, suspendue et asservie aux modes, aux mots d'esprit, aux médisances, à la scène animée et aux incidents de coulisse du théâtre social parisien. Une aristocratie qui savait s'amuser avec esprit donna le ton, de loin, à toutes les autres, qui ignoraient le secret de se désennuyer, et le demandaient à Paris.

Spécialité des gens de lettres, comme la mode vestimentaire l'était des tailleurs, la philosophie qui pense apparut dans la panoplie des exportations parisiennes dans les années 1750. Elle trouva dans la frivolité, mais il faut aussi le dire, dans la générosité aristocratiques le milieu prestigieux, nourricier et contagieux dont elle ne pouvait se passer. Pour servir la « bienfaisance » et la « tolérance », elle s'empressa de prendre les couleurs de l'amusement, de la galanterie, de la médisance et de la mode, qui donnèrent à ses idées excitantes bonne figure parmi les plaisirs dont la frivolité élégante de Paris faisait la roue aux yeux de l'Europe des cours.

Une revue pour « décideurs »

Aucun organe des Lumières n'est aussi caractéristique de cette foncière ambiguïté, dont se jouaient les « philosophes » et qui se jouait d'eux, que la *Correspondance littéraire, philosophique et critique* qui, pendant vingt ans, de 1753 à 1773, fut leur interprète auprès des cours européennes. Ses abonnés étaient pour la plupart des têtes couronnées, ou à tout le moins, des princes d'Empire : Frédéric II, Catherine II, Gustave III de Suède, Stanislas-Auguste de Pologne, le duc de Saxe-Gotha, le prince Henri de Prusse, Caroline de Hesse, la princesse de Nassau-Sarrebrück, etc. En comparaison, *Commerce* a été une revue de grande consommation et le *New Yorker* peut passer pour un magazine pop.

Tous ces abonnés de grand luxe tenaient à être au courant de ce qui se lisait et disait à Paris, et ils trouvaient dans la coûteuse *Correspondance* le piment supplémentaire des disputes de ménage qui opposaient les philosophes entre eux : régulièrement, après sa rupture avec Mme d'Épinay, Rousseau y fut étrillé. Mais dans cette revue philosophique ses lecteurs huppés ne virent jamais rien d'autre que l'une des facettes, la plus sérieusement piquante, mais ni la seule, ni la plus attrayante du grand divertissement parisien. Sans doute ils purent y découvrir, avec *Le Contrat social,* les *Soins faciles pour la propreté de la bouche* et le *Traitement des cors aux pieds.* Il leur fallait tout de même recourir à d'autres canaux pour se tenir étroitement informés de ce dont ne traitait pas la *Correspondance* : la dernière mode en matière de langage, de vêtement, de mobilier, de vaisselle, de bijoux, de cuisine et les derniers potins relatifs à leurs pairs français et titrés de la Cour et de la Ville.

Dans la *Correspondance littéraire,* il est vrai, la « philosophie » d'une coterie, à l'abri de la publicité et donc de la censure, protégée par l'étroitesse du cercle de ses abonnés étrangers, puissants et de surcroît, pour la plupart, luthériens, pouvait se livrer à visage découvert, et par écrit, au persiflage des préjugés de la religion romaine et des injustices de la monarchie française. Mais il fallait doser adroitement cette critique avec des variétés intelligentes et utiles, parmi lesquelles brillent rétrospectivement à nos yeux les « Salons » de Diderot. Les abonnés de la *Correspondance* n'étaient pas seulement amateurs de livres nouveaux, mais collectionneurs d'œuvres d'art, et avides d'informations sur ce marché dont Paris était alors la place principale.

Du journalisme à la diplomatie

Cette science du dosage fut mise en œuvre avec *maestria* par le directeur de la revue, Frédéric-Melchior Grimm. Il s'était habilement substitué en 1753 à l'abbé Raynal, fondateur des *Nouvelles littéraires*. Le titre de la revue avait changé et son nouveau directeur lui avait recruté un nouveau public d'abonnés riches et titrés dans son Allemagne natale. Il en fit l'instrument de sa prodigieuse ascension sociale dans la diplomatie, les affaires, et même dans la noblesse d'Empire. Les hautes relations que lui valut cette revue pour *happy few* nourrirent aussi sa fortune.

Né à Ratisbonne, d'un père surintendant du clergé luthérien de la ville, Grimm avait fait de solides études, poussées jusqu'à l'enseignement supérieur à l'université de Leipzig. Admirateur et disciple de Gottsched, le grand *Herr Professor* des lettres allemandes d'alors, il se lança dans la carrière littéraire en docile imitateur des classiques français. Il écrivit une tragédie en cinq actes, *Banise*, qui fut représentée en 1747 à Strasbourg et à Francfort.

Comme Rousseau et plusieurs autres « grands hommes de province », il « monta » à Paris grâce au préceptorat. Il accompagna en 1748 dans la capitale française les enfants du comte de Schomberg. Il s'y fixa, au service d'un neveu du maréchal de Saxe, le comte de Friese, qui le prit pour secrétaire. Il se lia d'abord à Rousseau, qui débutait comme lui dans la bohème. Le citoyen de Genève le présenta à ses nouveaux amis philosophes : d'Alembert, Duclos, d'Holbach et surtout Diderot, dont l'amitié étroite avec Grimm ne se démentit plus jusqu'en 1781. Lorsque la fortune commença à lui sourire, Grimm réunit chez lui une fois par semaine pour un souper ses amis « philosophes », ce qui ne l'empêcha pas de fréquenter le reste du temps les « compagnies » parisiennes les plus en vogue, notamment celle de Mme Geoffrin. La Patronne, qui détestait la verve et la tenue bohème de Diderot, se toqua des manières compassées de Grimm, et des flatteries dont il sut la combler. Elle se livra pour lui à une campagne permanente d'abonnements à la *Correspondance*.

Le précepteur et nouvelliste sortit de l'obscurité par une liaison tempétueuse avec la célèbre cantatrice Mlle Fel. En 1753, en devenant l'amant de Mme d'Épinay, il acheva de prendre de l'importance dans la « communion philosophique » dont la dame était l'égérie. Elle a laissé de lui un portrait flatté dans *L'Histoire de Mme de Montbrillant*, où elle donne sa propre version, contre celle que Rousseau a proposée dans ses *Confessions*, de la rupture entre la « communion » et l'auteur de l'*Émile*. Elle dépeint Grimm comme un autre sauvage, mais mieux dégrossi, et plus candide que le citoyen de Genève :

« Sa figure est agréable, par un mélange de naïveté et de finesse. Sa physionomie est intéressante, sa contenance négligée et nonchalante, ses gestes, son maintien et sa démarche annoncent la bonté, la modestie, la paresse et l'embarras.

« Son âme est tendre, généreuse et élevée. Elle a précisément la dose de fierté qui fait qu'on se respecte sans humilier personne. En morale et en philosophie, il a des principes sévères, qu'il ne se permet pas de modifier et d'adoucir selon les circonstances, mais dont il se relâche presque toujours lorsqu'il s'agit de juger les autres.

« Il a l'esprit juste, pénétrant et profond. Il pense et s'exprime fortement, mais sans correction. En parlant mal, personne ne se fait mieux écouter. Il me semble qu'en matière de goût, nul n'a le tact plus délicat, plus fin, ni plus sûr. Il a un ton de plaisanterie qui lui est propre et qui ne sied qu'à lui.

« Son caractère est un mélange de vérité, de douceur, de sauvagerie, de sensibilité, de réserve, de mélancolie et de gaieté. Il aime la solitude et il est aisé de voir que le goût pour la société ne lui est pas naturel. C'est un goût acquis par l'éducation et par l'habitude.

« Le commerce de ses amis ajoute à son bonheur, sans y être essentiel. À l'aspect de ce qui ne lui est pas familier, son premier mouvement est de fuir. Ce n'est que la réflexion, la politesse et une sorte de niaiserie dans le caractère qui le retiennent. Comme il craint de manquer d'égards, il reste souvent avec des gens qui l'ennuient ou qu'il n'aime point. Alors un silence profond et un air distrait ne tardent pas à s'emparer de lui.

« Ce je ne sais quoi de solitaire et de renfermé, joint à beaucoup de paresse, rend quelquefois en public son opinion équivoque. Il ne prononce jamais contre son sentiment, mais il le laisse douteux. Il hait la dispute et la discussion, il prétend qu'elles ne sont inventées que pour le salut des sots »[1].

En réalité, sauf en musique où cet Allemand avait ses propres lumières, Grimm était avant tout une habile éponge, qui sut assez bien pasticher le tour railleur de ses amis parisiens pour pouvoir briller dans les « compagnies » et épater les cours étrangères. Il avait étudié « à froid », écrit Jean Fabre, l'esprit de société, et avec la même application qu'il avait apportée aux leçons de son maître

---

1. Mme d'Épinay, *L'Histoire de Mme de Montbrillant*, Mercure de France, 1992.

Gottsched[1]. Il fardait cette singerie de pédant en jouant volontiers le « nigaud d'Allemagne », et cachait son mépris pour la désinvolture française en déclarant : « Je suis resté naturel et Germain. »

Il s'était d'abord glissé dans la République des Lettres françaises en publiant dans *Le Mercure* de l'abbé Raynal des recensions d'œuvres littéraires allemandes, et en contribuant par des brochures à la cause de la musique italienne dans la *Querelle des Bouffons*. Lors du second séjour de Wolfgang Amadeus Mozart à Paris, où il était l'hôte de Grimm, ami de Léopold, chez Mme d'Épinay, rue Chaussée-d'Antin, le jeune musicien dut se débattre tout seul. Grimm s'était empressé pour lui lorsqu'il était un petit interprète prodige et dont tout le monde, jusqu'à Versailles, avait raffolé en 1763. Jeune compositeur inconnu à Paris, Mozart ne méritait plus qu'un intérêt dédaigneux[2].

Depuis 1753, fort de sa réputation naissante de critique littéraire et musical ingénieux, et de sa prise de possession de la *Correspondance*, il s'assura la collaboration généreuse et abondante de Mme d'Épinay et de Diderot, tout en se disant « attaché à son bureau comme un forçat » et en maudissant en toutes occasions ce « détestable métier » qui l'enchaînait aux livres, aux auteurs, à la vulgarité du journalisme.

De fait, il abandonna volontiers et souvent toute la rédaction de la revue bimensuelle à ses deux amis, s'absentant de Paris pour aller jouir à l'étranger de la faveur – et des avantages financiers – que lui valait l'importance parisienne qu'on lui attribuait. En 1757-1759, il suit, au titre de secrétaire du comte d'Estrées, la campagne de l'armée française en Westphalie ; en 1761-1763, il accompagne en Angleterre le prince héritier de Hesse-Darmstadt. En septembre 1769, puis au cours de l'été 1773, il a l'insigne honneur d'apporter la température de Paris à Frédéric II dans son château de Sans-Souci.

Quand il laissa la *Correspondance littéraire* en 1773 à Henri Meister (qui poursuivit l'entreprise, sans Diderot, et avec beaucoup moins d'éclat, jusqu'en 1790), il redevint précepteur, mais de haut vol, d'abord en accompagnant à Saint-Pétersbourg le jeune prince de Hesse-Darmstadt, puis en s'occupant de l'éduca-

---

1. Jean Fabre, *Stanislas Poniatowski et l'Europe des Lumières*, 1950, p. 334.

2. Voir *Mozart à Paris*, catalogue de l'exposition du Musée Carnavalet, établi sous la direction de Nicole Salinger, Paris-Musées, Francis Van de Velde, 1991, notamment « Mozart et le Paris de 1778 », p. 31-35.

tion des fils de la famille princière russe des Routmanzoff. Il ne reviendra à Paris qu'en 1777, après un « Grand Tour » tardif, qui commença par une cure à Karlsbad en juin 1774, qui se poursuivit par un long séjour en Italie (1775-1776) et qui s'acheva après un détour par l'Europe du Nord, Danemark et Suède. Partout, dans « l'Europe française », il est reçu en vedette de Paris, choyé par toutes les cours. Au fur et à mesure de ces pérégrinations, il s'élevait socialement. Dès 1755, il avait trouvé moyen de se faire donner par le duc d'Orléans le titre de « secrétaire des commandements ». Un peu plus tard, la Ville de Francfort le chargea de défendre ses intérêts à Paris, avec des appointements de 24 000 livres. Il était déjà devenu, pour un Diderot goguenard : « Monsieur l'Ambassadeur ». À force de faire les commissions à Paris pour Louise de Saxe-Gotha ou de contribuer à bien caser les filles de la landgravine Caroline de Hesse, il est nommé en 1769, conseiller à la légation de Saxe-Gotha en France. Lors de son passage à Vienne, en 1774, Marie-Thérèse le fit baron d'Empire et le duc de Saxe-Gotha nomma le nouveau baron son ministre plénipotentiaire auprès de la cour de Versailles.

L'agent parisien de Catherine II

Sa grande protectrice fut toutefois Catherine II, auprès de laquelle il avait été introduit en 1763 par l'obligeante Geoffrin. La tsarine avait cherché à s'attacher les deux directeurs de l'*Encyclopédie*, Diderot et d'Alembert. Elle leur proposa en vain de transférer l'entreprise à Riga, ou dans une autre ville de son empire. Grimm profita de son dépit en célébrant ses belles intentions dans la *Correspondance* : « On ne pourrait pousser plus loin la passion des philosophes. » La « Sémiramis du Nord », selon l'expression de Voltaire, avait trouvé l'homme docile qu'il lui fallait à Paris. Désormais, Grimm entraînant Diderot, la *Correspondance* s'employa à relayer Voltaire dans l'apologie de la politique de « tolérance » pratiquée par Catherine en Pologne, et à réfuter hautement les voyageurs qui ne manquèrent pas, dès cette époque, de décrire avant Custine le régime russe et ses méthodes en Pologne. Caraccioli, qui avait vu les Russes à l'œuvre à Varsovie, et qui l'avait dit dans ses brochures, en prit pour son grade de « colonel » polonais.

En 1768, contre les naïfs qui prenaient fait et cause à Paris pour les Confédérés de Bar, et ébranlaient l'opinion contre la répression russe, un éditorial de Grimm dans la *Correspondance* dicta à l'Europe ce qu'il fallait penser :

« La Pologne est aujourd'hui attaquée de cette fièvre dangereuse et convulsive [le fanatisme papiste] dont l'Allemagne et la France étaient si grièvement malades dans les deux siècles précédents ; il faut espérer que les médecins russes abrégeront le cours de cette maladie »[1].

Comme Voltaire, Grimm peut être compté parmi les inventeurs de la « guerre humanitaire ».

La lutte contre les Physiocrates

Non content de couvrir sans réserve la « Realpolitik » des despotes d'Europe orientale, Grimm fit de la *Correspondance* un instrument de combat contre les principaux concurrents de la « communion philosophique », en Allemagne, en Toscane, en Autriche, en Suède : les Économistes, les Physiocrates. *L'Ami des Hommes* du marquis de Mirabeau, l'un des manifestes de cette École aujourd'hui pratiquement rayée de la carte du siècle des Lumières, était devenu le livre de chevet de nombreux princes éclairés et d'innombrables propriétaires terriens. La tendance actuelle est de résumer la doctrine économique des Lumières dans *The Wealth of Nations* d'Adam Smith. Mais dans l'Europe continentale du XVIIIe siècle, une pensée économique proprement française avait gagné de nombreux partisans, notamment en Pologne, dont le potentiel agricole et minier était manifestement sous-exploité. Elle avait d'autant mieux fait tache d'huile que les articles « économiques » de l'*Encyclopédie* de d'Alembert et de Diderot s'inspiraient des vues de Quesnay et de ses disciples. On s'étonne qu'elle n'ait pas encore fait l'objet d'une réhabilitation.

Ce courant de pensée était à la fois modernisateur et conservateur. Point de combat contre l'« Infâme », point de croisade en faveur de la Tolérance, sinon de celle qui permet les échanges économiques et la prospérité dans « l'ordre naturel et essentiel des sociétés politiques ». Pour comble, les Physiocrates tenaient la monarchie administrative à la française pour le meilleur régime

---

1. Jean Fabre, *op. cit.*, p. 330.

d'Europe, et ils ne se cachaient pas de compter sur elle pour faire prévaloir ce qu'ils tenaient pour le vrai progrès. Voltaire, après les avoir raillés dans l'*Homme aux quarante écus,* revint sur ses préventions. Il se conduira en physiocrate à Ferney, et il soutiendra avec enthousiasme l'arrivée au pouvoir sous Louis XVI de l'« économiste » Turgot. Mais Grimm, qui en toutes choses était l'homme de Catherine II, épousa la haine de la tsarine pour la Physiocratie. Il se servit de *La Correspondance littéraire,* pour mener une campagne acharnée contre ces gêneurs. Son hostilité le poussa à publier en 1770 un *Sermon philosophique* pastichant lourdement l'ironie des factums voltairiens, où il qualifiait les Physiocrates de « capucins de l'Encyclopédie ». De même s'en prit-il aux intempestives *Considérations sur la constitution de la Pologne* de Rousseau, d'inspiration toute différente, mais dérangeant, elles aussi, l'argumentaire philanthropique conçu pour légitimer l'écrasement de la Pologne par Catherine II.

Le strabisme de Tartuffe

Il est difficile, au XVIIIᵉ siècle, de trouver plus franc Tartuffe que Grimm. Même son « acculturation » de surface à la langue et aux lettres françaises dissimulait le ressentiment et la haine du barbare fardé. À Catherine II, qui rêvait de dominer l'univers à partir de Constantinople reconquise sur les Turcs, il put écrire :
« Un jour viendra aussi où le sort fera prendre à la langue russe la place de la grecque, et à la langue germanique celle de la latine »[1].
Rousseau a qualifié Grimm d'« homme faux par caractère ». Comme souvent, il avait vu juste. Courtisan servile dans le Saint-Empire et à Saint-Pétersbourg, ce nouvelliste professait en France les principes les plus intransigeants de l'éthique et de la critique philosophiques. Il poussa cette duplicité jusqu'à la caricature, mais il faut avouer qu'il tenait de ses amis et modèles français cet art du double jeu commode. Aucun d'entre eux ne semble avoir été troublé par la contradiction entre la frivolité qui les applaudissait et la vertu romaine dont ils faisaient profession ; ils ne remarquèrent pas davantage à quel point leur critique de la monarchie et de la religion en France s'accordait peu avec leur

---

1. *Ibid.,* p. 348.

apologie des despotes étrangers. Seul, dans ses *Confessions*[1], Rousseau reconnaît ce double jeu, et comme toujours chez lui, la confession du péché vaut absolution :

« Lorsque j'ai fait, à Paris, écrit-il, l'anti-despote et le fier républicain, je sentais en dépit de moi-même une prédilection secrète pour cette même nation que je trouvais servile et pour le gouvernement que j'affectais de fronder. »

De surcroît, se voulant comme toujours unique, Rousseau ne fait pas de ce dédoublement un trait de la coterie à laquelle il avait appartenu, mais une bizarrerie qui lui est propre : « Je suis sûrement le seul qui, vivant chez une nation qui le traitait bien et qu'il adorait, se soit fait chez elle un faux air de la dédaigner. »

Les Lumières furent dépourvues au suprême degré du sens du tragique historique et politique. Elles s'aperçurent cependant de ce point aveugle, mais en théorie, et seulement dans le cadre restreint de la poétique littéraire. Dans un compte rendu de la tragédie *Mélanie* de La Harpe[2], Grimm écrivait :

« La vraie tragédie, celle qui n'existe point en France, celle qui est encore à créer, ne pourra être écrite qu'en prose, et ne s'accommodera jamais du langage pompeux, arrondi et phrasé du vers alexandrin. Il est impossible de donner à ce vers moins d'emphase, plus de force et de simplicité qu'il n'en a dans l'ouvrage de M. de La Harpe, et c'est ce vers qui tue à tout moment l'effet, et qui empêche le poète de m'arracher le cœur, de me déchirer les entrailles [...] Faudra-t-il donc jeter Racine et Voltaire au feu ? Non, il faut les admirer et les lire éternellement ; mais il ne faut pas croire qu'à la représentation leurs tragédies puissent avoir la vérité frappante, ou produire l'impression terrible des tragédies de Sophocle et d'Euripide : le jeu d'enfant percera toujours par quelque coin. »

N'allons pas voir dans cette critique de la tragédie classique française, l'institution littéraire par excellence du royaume, un appel au remue-ménage politique et historique. Cette critique était alors un lieu commun de la poétique des philosophes. Voltaire lui-même, dans ses *Lettres anglaises*, avait opposé Shakespeare à nos dramaturges classiques, avant de se

---

1. Jean-Jacques Rousseau, *Confessions*, L. V.
2. *Correspondance littéraire* du 15 février 1770.

reprendre. Diderot, l'ami de Grimm, avait emprunté à Burke la poétique du sublime « terrible », l'un des motifs majeurs de sa critique dramatique et surtout de sa critique d'art. La jeune génération allemande du *Sturm und Drang* était en train d'en faire son oriflamme, mais en vue d'une réforme tout aussi circonscrite à la poésie lyrique et dramatique.

Lorsque Grimm se désole, dans la *Correspondance littéraire* du 1er septembre 1772, des « faibles progrès de l'esprit philosophique », il ne faut pas se hâter de voir en lui un impatient révolutionnaire. L'exemple qu'il prend aussitôt laisse percer non pas une aversion de principe contre l'Ancien Régime européen en général, mais son hostilité foncière envers la France monarchique et catholique :

« Que nous sommes loin, écrit-il, de cette réformation salutaire de nos mœurs [*entendons* : des mœurs françaises] où les réjouissances publiques d'une nation auront pour objet de commémoration des grandes actions de ses ancêtres, et où les forfaits publics sont expiés par des jours solennels d'humiliation, qui inspirent à la nation une juste horreur pour les crimes dont ses annales sont souillées ! Il y a deux cents ans qu'un jeune roi d'exécrable mémoire, poussé au crime par une mère encore plus exécrable que lui, ordonna le massacre d'une partie de ses sujets, par la plus infâme et la plus lâche des trahisons. Et j'ai passé le second jubilé de cette nuit affreuse du 24 août, au milieu de Paris, sans rencontrer sur mon chemin âme vivante qui se la rappelât, qui en frissonnât d'horreur et d'épouvante. Non, je ne crois pas avoir jamais éprouvé une sensation plus douloureuse que celle que me causèrent ce silence universel, cet oubli total, symptôme plus fâcheux que ne serait la mort sur toute la nation. Enfin le vieillard de Ferney a cherché à rappeler à sa patrie cet horrible événement, mais par des stances trop faibles pour la tirer de sa funeste léthargie :

> *Tu reviens après deux ans,*
> *Jour affreux, jour fatal au monde.*
> *Que l'abîme éternel du temps*
> *Te couvre de sa nuit profonde...*

« Il n'a pas senti la fièvre ardente qui brûle toute âme sensible au souvenir de cette nuit funeste, et la plus cruelle que l'on puisse faire de ces vers, c'est de les trouver charmants, sans s'arrêter au sujet dont ils devaient nous retracer l'atrocité. Quoi !

l'Académie française avait un prix de poésie à distribuer, le lendemain de ce jubilé fatal, et elle n'a pas songé à donner pour sujet le massacre de la Saint-Barthélemy ! »

Prêt à secouer d'orages et à imposer une contrition commémorative annuelle à la nation qui a fait de lui ce qu'il est, le bon compère Grimm ne songe pas une seconde à étendre ces exigences de haute moralité historique aux royaumes et principautés du Saint-Empire ni à la Russie dont il était pensionné. Ni leur passé pourtant, ni celui de Luther (qui approuva l'impitoyable massacre des anabaptistes de Thomas Münzer) n'étaient vierges de crimes comparables à la Saint-Barthélemy.

Quand la princesse de Hesse-Darmstadt, grande lectrice de la *Correspondance littéraire*, s'inquiéta auprès de Grimm des idées dangereuses que pourrait contracter son fils en sa compagnie, pendant leur séjour prévu en Angleterre, il put rassurer son illustre correspondante en parfaite bonne foi :

« Daignez être persuadée que le faiseur de feuilles et l'homme que Votre Altesse place auprès du Prince son fils n'ont pas tout à fait la même allure. »

Diderot avait senti très tôt la duplicité du néophyte allemand de la philosophie, dont il avait fait son ami. Dès le 25 novembre 1760, il écrivait à Sophie Volland, à propos de la *Correspondance littéraire* :

« La sévérité de ses principes se perd. Il distingue deux justices, l'une à l'usage des particuliers, l'autre à l'usage des souverains »[1].

En réalité, cette distinction revêtait pour Grimm la sévérité d'un principe. Rendant compte avec un souverain mépris des *Considérations* de Rousseau, il écrira dans la *Correspondance littéraire* :

« Les hommes en général ne sont pas plus faits pour la liberté que pour la vérité, quoiqu'ils aient ces deux mots sans cesse dans la bouche. L'un et l'autre de ces biens inestimables appartient à l'élite du genre humain, sous la condition expresse d'en jouir sans trop s'en vanter. Le reste est né pour la servitude et pour l'erreur »[2].

---

1. D. Diderot, *Œuvres complètes*, éd. par Roger Lewinter, Le Club Français du Livre, 1970, p. 995.

2. *Correspondance littéraire, philosophique et critique par Gramm*. éd. Maurice Tourneux, t. X, 1879, p. 129 (janvier 1773).

La tentation des « philosophes »

En la personne de Grimm, les Lumières avaient pour agent de publicité un « philosophe » capable d'en remontrer par avance à Joseph de Maistre ! Mais Diderot lui-même, qui détestait Frédéric II, se laissa prendre aussi aux séductions de la Sémiramis du Nord, et toute la coterie de Mme d'Épinay pratique allégrement la même « bifocalité » que Grimm : impitoyables pour les pailles qu'ils relevaient dans l'œil du royaume de Louis XV, ils étaient étrangement aveugles pour les poutres du despotisme oriental.

Le même strabisme moral et politique a troublé la vue au XXe siècle de nombreux philosophes et nouveaux philosophes français, anges exterminateurs lorsqu'il s'agit de la France et de son histoire, et néanmoins prêts à tous les sophismes pour justifier ou admirer, hors de nos frontières, des injustices, des archaïsmes, voire des crimes, pour le moins comparables. Quand le passé français n'est pas en cause, cette partialité, fort peu kantienne mais très sartrienne, s'exerce sur la scène mondialisée. Les successeurs des philosophes, à cet égard pieux restaurateurs d'une vieille tradition parisienne, n'ont pas assez d'indignation pour condamner tels coupables, tout en marquant leur indifférence envers tels autres, dont la culpabilité, selon les principes qu'ils affichent, ne devrait pas être moindre.

La frivolité française du XVIIIe siècle, qui n'était pas dépourvue, à son meilleur, ni d'esprit ni même de profondeur, si l'on en croit Nietzsche, ne s'est jamais donné la peine de percevoir la duplicité de ses « philosophes ». Ils l'amusaient, elle ne vit pas plus loin.

La Révolution ne pardonna à Grimm ni son titre de « baron » autrichien, ni ses attaches trop voyantes avec l'autocrate de Saint-Pétersbourg. Il prit le large en Allemagne. Avant que ses biens ne fussent saisis, il revint à Paris en 1791, entassa tout ce qu'il put dans ses malles et repartit pour toujours. Catherine II n'en voulait pas auprès d'elle, mais elle continua à le subventionner en le nommant son ministre à Hambourg, l'une des capitales de l'émigration française. Dans leur correspondance, ils évoquent sur un ton badin le sort de la Pologne, et quelques mois encore avant sa mort, l'impératrice à son factotum, qui l'avait invitée à « éclairer » elle-même ce pauvre pays comme elle l'avait fait pour la Russie, lui faisait savoir qu'elle n'entendait pas tenter l'impossible : « Vénaux, corrompus, légers, oppresseurs, projecteurs, laissant régir leurs économies particulières par les Juifs qui suçaient leurs sujets et leur donnaient très peu : voilà en un mot les Polonais tout crachés »[1]. Le baron Grimm dut se retirer à Gotha après la disparition de Catherine. Il y « bâilla sa vie » jusqu'en 1807, dans une obscurité provinciale encore plus profonde que celle d'où Paris l'avait tiré quarante ans plus tôt.

Parmi les nombreuses brochures publiées par Grimm pendant la Querelle des Bouffons, la plus caractéristique est *Le Petit Prophète de Boehmishbroda* où, pastichant lourdement Voltaire, il s'arrange pour parodier la Bible, tourner en ridicule les jésuites, et faire du goût musical français un portrait ravageur. Voici quelques passages de cette satire à plusieurs facettes. Une Voix céleste s'adresse au « petit prophète » pragois, élève des jésuites, et lui enseigne ce qu'il faut penser des Français et de leur surdité pour la musique.

---

1. *Ibid.*, p. 352.

LE PETIT PROPHÈTE DE BOEHMISHBRODA

ICI COMMENCE LA RÉVÉLATION

Ô murs[1] que j'ai élevés de ma main en monument de ma gloire, ô murs habités jadis par un peuple que j'appelais le mien, parce que je l'avais élu dès le commencement, pour en faire le premier peuple de l'Europe, et pour porter sa gloire et sa renommée au-delà des bornes que j'ai prescrites à l'Univers.

Ô ville qui t'appelles la grande parce que tu es immense ; et la glorieuse parce que je t'ai couverte de mes ailes : écoute-moi, car je vais parler.

Et toi, ô place, où ils ont érigé le théâtre de la Comédie-Française, à qui j'ai donné le génie et le goût en partage et à qui j'ai dit : Tu n'auras pas ton égale dans l'Univers, et ta gloire sera portée depuis l'Orient jusqu'à l'Occident, et du Midi au Septentrion : écoute-moi, car je vais parler.

Et toi, théâtre frivole et superbe, qui t'es arrogé le titre d'Académie de musique lorsque tu n'en es pas une, et encore que je ne te l'aie pas permis : écoute-moi, car je vais parler.

Ô peuple frivole et volage, ô peuple enclin à la défection, et livré à la démence de ton orgueil et de ta vanité :

Viens que je compte avec toi, moi qui, si je veux, peux te compter pour rien : viens que je te confonde à tes yeux, et que j'écrive ta lâcheté de ma main sur ton front si altier dans toutes les langues de l'Europe !

LA TRANSMIGRATION

Tu croupissais[2] dans la fange de l'ignorance et de la barbarie, tu tâtonnais dans les ténèbres de la superstition et de la stupidité ; tes

---

1. Chap. XI.
2. Chap. XII.

philosophes manquaient de sens, et tes professeurs étaient des idiots. Dans tes écoles on parlait un jargon barbare, et sur tes théâtres on jouait les mystères.

Et mon cœur s'émut de pitié envers toi, et je me dis à moi-même : ce peuple est gentil, j'aime son esprit qui est léger, et ses mœurs qui sont douces, et j'en veux faire mon peuple, parce que je le veux ; et il sera le premier, et il n'y aura point d'aussi joli peuple que lui.

Et ses voisins verront sa gloire et n'y pourront atteindre. Et il m'amusera quand je l'aurai formé selon ma volonté, car il est gentil et plaisant de son naturel, et j'aime à être amusé.

Et j'ai tiré tes pères du néant où ils étaient, et j'ai dissipé les ténèbres qui te couvraient et j'ai fait venir le jour pour t'éclairer : et j'ai porté dans ton sein le flambeau des sciences, des lettres et des arts.

Et j'ai ouvert les portes de ton entendement, pour te faire comprendre ce qui était caché, et j'ai limé et façonné ton esprit, et je l'ai doué de tous les dons, et je lui ai donné le goût, et le sentiment et la finesse en partage.

Et quand je pouvais éclairer de mon flambeau et le Breton et l'Espagnol, et le Germain et l'habitant du Nord, parce que rien ne m'est impossible, je ne l'ai pourtant pas fait.

Et quand je pouvais laisser les arts et les lettres dans leur patrie, car je les y avais fait renaître, je ne l'ai pourtant pas fait.

Et je leur ai dit : sortez de l'Italie et passez chez mon peuple que je me suis élu dans la plénitude de ma bonté ; et dans le pays que je compte d'habiter dorénavant, et à qui j'ai dit dans ma clémence : tu seras la patrie de tous les talents.

Et je t'ai donné toute cette foule de philosophes depuis Descartes jusqu'aux philosophes que j'ai mis à la tête de l'Encyclopédie, et jusqu'à celui à qui j'ai dit : Fais l'Histoire naturelle.

Et toute cette foule de poètes, de beaux esprits et d'artistes sans nombre.

Et je les ai tous rassemblés dans un siècle, et on l'appelle le siècle de Louis XIV. Jusqu'à ce jour, en réminiscence de tous les Grands Hommes que je t'ai donnés, à commencer de Molière et de Corneille qu'on nomme Grands, jusqu'à La Fare et Chaulieu qu'on nomme négligés.

Et encore que ce siècle fût passé, je fis semblant de ne m'en pas apercevoir, et j'ai perpétué parmi toi la race des Grands Hommes et des talents extraordinaires.

Et je t'ai donné des poètes et des beaux esprits, et des peintres et des sculpteurs de grande force, et des artistes sans nombre, et des hommes excellents dans tous les genres depuis le grand jusqu'au petit.

Et je t'ai donné des philosophes de grand nom et je leur ai ouvert les yeux, pour voir ce que tu ne pouvais pas voir et ils voyaient bien, car ils disaient qu'ils n'y voyaient pas clair.

Et j'ai créé un homme exprès, en qui j'ai rassemblé tous les talents et tous les dons, pour qu'il n'y en eût point qu'il n'eût.

Et j'ai créé un autre homme lumineux, et je l'ai fait profond en entendement et de sublime conception, et je lui ai dit : Vois, et il a vu. Et je l'ai inspiré, et je lui ai donné l'esprit des Lois, et il te l'a remis à toi, et il t'a fait voir ce que tu n'aurais jamais vu dans la petitesse de ta vue et dans la faiblesse de ton œil.

Et ta gloire s'est conservée chez tes voisins jusqu'à ce jour

LES SOUPERS

Et encore[1] *que mes bienfaits t'aient porté à la défection et à la désobéissance, encore qu'ils t'aient enorgueilli et que ta vanité et ta présomption soient parvenues à leur comble ;*

Encore que tu méconnaisses ma voix qui t'appelle, et que tu te sois livré au mauvais goût ; encore que tu coures après l'esprit que je n'appelle pas esprit et qui est faux, comme les voix qui chantent les rôles à baguette de ton opéra ;

Encore que tu aies abandonné le bon sens et le jugement sain, et que tu te sois jeté dans la frivolité et dans la dissipation de tes idées qui sont vides de sens ;

Encore que tu décides journellement dans ton ivresse des choses sur lesquelles tu n'as jamais réfléchi ;

Encore que tu condamnes et méprises tous les jours, dans la défaillance de ton esprit et dans la crapule des festins que tu appelles soupers, les auteurs que j'ai créés et qui sont toute ta gloire :

Je me suis moqué de ton insolence dans ma miséricorde, et j'ai vu tes impertinences avec l'œil de ma patience ;

Et tes révoltes si multipliées n'ont fait que multiplier les miracles et les prodiges que j'opère encore tous les jours au milieu de toi, et

---

1. Chap. XIII.

dans tes académies, et sur tes théâtres, et devant tes yeux qui étaient fins et clair-voyants, et qui sont devenus grossiers et stupides.

Et j'ai caché ta honte et ta décadence à tes voisins, et je leur ai inspiré du respect et de l'admiration pour toi, comme si tu n'avais pas perdu le goût des grandes et belles choses.

Et je les ai empêchés de te voir rampant dans la petitesse de tes idées.

Le Florentin

Et de même[1] que j'avais tiré les autres arts de l'Italie pour te les donner tous, je voulus aussi porter dans ton sein la musique, et l'adapter moi-même au génie de ta langue.

Et je voulus créer tes musiciens, et les former et leur apprendre à faire de la musique selon mon oreille et selon mon cœur.

Et tu as méprisé mes grâces, parce que je les répandais sur toi en abondance.

Et tu t'es formé dans ton endurcissement un opéra qui m'ennuie depuis quatre-vingts ans, et qui fait la risée de l'Europe jusqu'à ce jour.

Et dans l'opiniâtreté de ton extravagance, tu l'as érigé en Académie de musique, encore que ce n'en soit pas une, et que je ne l'eusse jamais reconnue.

Et tu t'es choisi le Florentin pour ton idole sans me consulter, et encore que je ne l'eusse pas envoyé.

Et parce qu'il avait reçu la lueur du génie, tu as osé me l'opposer, parce que je t'avais donné mon serviteur Quinault dans ma clémence.

Et tu as cru que sa monotonie m'impatienterait et me forcerait à t'abandonner, parce que je suis prompt, et que tu voulais me lasser par la multitude de tes ouvrages.

Et tu t'es écrié dans la stupidité de ton ignorance : ah voici le créateur du chant, ah le voici !

Et parce que, dans la pauvreté de tes idées, il a fait comme il a pu, tu l'appelles créateur jusqu'à ce jour, lorsqu'il n'a rien créé, et que les Allemands fatiguent mes oreilles et me rompent la tête

---

1. Chap. XIV.

depuis deux cents ans, dans leurs Églises et dans leurs vêpres, par un chant que tu appelles ton récitatif à toi, quand il est à eux (encore qu'ils ne s'en vantent pas, parce qu'ils le trouvent mauvais) et que dans l'imbécillité de tes idées tu crois inventé par le Florentin que tu appelles Monsieur de Lully jusqu'à ce jour.

Le précurseur

Et nonobstant[1] ton entêtement et l'opiniâtreté de ta démence, je ne t'ai pas rejeté dans ma colère comme tu méritais, et je ne t'ai pas livré au mépris de tes voisins.

Et j'ai eu pitié de l'enfance de ton jugement et de la dureté de ton oreille, et j'ai entrepris de te ramener dans la voie juste par les chemins mêmes où tu t'étais égaré dans la folie de ton cœur.

Et j'ai entrepris de te dégoûter de la monotonie du Florentin et de l'insipidité de ceux qui l'ont suivi pendant plus de quarante ans.

Et j'ai formé un homme exprès, et j'ai organisé sa tête, et je l'ai animé, et je lui ai dit : aies du génie, et il en a eu.

Et quand il fut temps, je l'envoyai et je lui dis : Empare-toi de la scène qu'ils ont appelée Académie de musique, encore que ce n'en soit pas une, et purge-la de toute cette mauvaise musique qu'ils ont fait faire par des gens que je n'ai jamais avoués, à commencer du Florentin qu'ils appellent grand, jusqu'au petit Mouret qu'ils appellent gai et gentil.

Et tu les étonneras par le feu et la force de l'harmonie que j'ai mise dans ta tête, et par l'abondance des idées dont je l'ai pourvue.

Et ils appelleront baroque ce qui est harmonieux, comme ils appellent simple ce qui est plat. Et quand ils t'auront appelé barbare pendant quinze ans, ils ne pourront plus se passer de ta musique, car elle aura ouvert leur oreille.

Et tu auras préparé les voies que j'ai imaginées, pour donner une musique à ce peuple qui n'est pas digne de mes bienfaits : car tu es mon serviteur.

---

1. Chap. XV.

17

WILLIAM BECKFORD,
L'AUTEUR DE *VATHEK*

Le siècle des Lumières est souvent indifférent en matière de religion, il ne l'est jamais en matière d'éducation. Les précepteurs y pullulent, de Fénelon à Rousseau, en passant par Condillac. Même l'aristocratie, qui jusque-là s'était moquée des pédants, attend d'eux maintenant des titres d'autorité morale et intellectuelle pour ses rejetons. Du coup, les pédants, vaniteux par profession, se prennent pour les réformateurs de l'humanité. Ils l'entourent, comme ils le font de leurs pupilles, enfants et adolescents, d'une sollicitude encombrante et tranchante. Rien n'est mieux raisonné, et plus redoutable que les programmes d'éducation publiés par l'abbé de Condillac et par l'abbé Mably. Lord Chesterfield, à sa manière déconcertante, rivalise avec eux. En comparaison, Rousseau déploye des antennes de grand romancier pour orienter son Émile.

William Beckford (1709-1770), richissime planteur de la Jamaïque devenu lord-maire de Londres, avait trop d'affaires et de femmes sur les bras, et il est mort trop tôt, pour s'occuper de l'éducation de son fils unique, né en 1759. C'est la mère du jeune William Beckford II, grande dame méthodiste de la très noble et très nombreuse maison Hamilton qui, de loin et de haut, mais avec acharnement, présida à l'éducation d'un fils que la fortune paternelle et la haute naissance maternelle appelaient à une carrière d'homme d'État. Elle prit l'avis de son cousin William Pitt, Lord Chatham, parrain de l'enfant et ami du lord-maire. Il prononça que le jeune William, « un composé d'air et de feu », pourrait devenir un « parfait jeune homme », pour peu qu'il reçût « une juste proportion de solidité bien terrestre ».

Latin, grec, littérature classique, anglaise, italienne et française, géographie, arithmétique furent donc enseignés à l'enfant par une pléiade de professeurs, dans l'Eton qu'était devenu, à son usage exclusif, le vaste château de style palladien, Fonthill *Splendens*, décoré de salles chinoises et turques, pourvu d'un prodigieux hall égyptien, que William Beckford I avait fait ériger dans le Wiltshire, au milieu d'un immense parc paysager. Mrs Beckford, qui avait peut-être lu Quintilien sur ce sujet, redoutait pour son fils la promiscuité des *public schools*.

Une gouvernante, Lady Euphemia Stewart, un premier précepteur, Robert Drysdale, puis un second, le Révérend Docteur Lettice, dirigèrent sur place cette surabondante éducation princière. La demi-sœur de William, Elizabeth Marsh, fille d'un précédent mariage de Maria Hamilton, fut d'abord la seule compagne de l'âge du petit prince. Ils s'exaltèrent ensemble à la manière du couple de François-René et de Lucile à Combourg. Elizabeth Marsh devint plus tard une romancière à gros tirages. Son demi-frère, encore plus doué, était un enfant de génie, proclamé tel par sa mère, et bien décidé à le prouver. L'idéal du « parfait jeune homme » cher à Lord Chesterfield et à Lord Chatham lui fit tout de suite horreur. Il eut même très tôt l'inquiétante disposition à ne supporter d'autre compagnie que celle des génies de sa sorte, et comme par hasard, ils vinrent à sa rencontre et se multiplièrent sur sa route, dérangeant tous les programmes des précepteurs et des professeurs. Mrs Beckford en fut toujours inquiète, mais au fond flattée. Beckford, beau comme il sied à un futur modèle de George Romney, rencontra Mozart à Londres : il prit des leçons de musique avec cet Orphée de quatre ans son aîné. Ils sympathisèrent. Mozart s'inspirera même, plus tard, d'une marche improvisée par ce prodigieux petit « Lord Fauntleroy », son élève, pour écrire l'aria *Non più andraï* des *Noces de Figaro*.

En 1772, un autre génie, Alexander Cozens (1717-1786), choisi imprudemment par Mrs Beckford, vient s'installer à Fonthill pour enseigner le dessin à William [1]. Il met aussitôt entre les mains de l'enfant *Les Mille et une nuits*, dans la traduction française de Galland, que Lord Chatham lui avait interdites L'enfant de génie et le peintre visionnaire, véritable Socrate de

---

1. On se reportera au superbe livre écrit par Jean-Claude Lebensztejn sur Cozens, peintre, *L'Art de la tache*, éditions du Limon, 1990.

fiery souls, étaient faits eux aussi pour s'entendre. Tardivement épouvantée, Maria Hamilton fit chasser en 1777 le dangereux artiste, et elle obligea William à brûler les « dessins orientaux » qu'il avait multipliés sous la direction de son aîné. C'était bien trop tard. Le disciple et le maître entamèrent aussitôt une ardente correspondance que seule la mort de Cozens put interrompre en 1786.

Avec son précepteur ecclésiastique, le Révérend Lettice, William est alors envoyé à Genève. Maria Hamilton comptait sans doute sur la Rome calviniste pour calmer « l'air et le feu » de son William : elle connaissait trop peu son parent, le colonel Hamilton, à qui elle avait adressé l'adolescent. Le colonel rentrait des Indes. Par ses récits, il acheva d'exalter l'imagination orientale de William, déjà éveillée par les suggestions d'Alexandre Cozens. Dans leur correspondance, les deux complices projettent la construction d'une tour, où ils pourraient « s'échapper de la terre des hommes vers un ailleurs où l'air ne serait pas corrompu par le souffle des misérables qui font tout l'objet de notre mépris et de notre dégoût ». Depuis Genève, William rend évidemment visite au roi de Ferney, alors âgé de quatre-vingt-trois ans. Le « squelette vivant » se contente d'interroger l'adolescent sur sa parenté avec Antoine Hamilton, dont l'auteur de *Zadig* admire les *Mémoires de Gramont* et les *Contes*. À Genève même, William est choyé par Horace-Bénédict de Saussure, physicien météorologue, qui l'accompagne dans les expéditions alpestres, et le peintre Jean Huber, chroniqueur des dernières années de Voltaire. Cet artiste très doué s'intéresse aux montgolfières, et partage le goût de William pour l'Arioste et pour Shakespeare. À Évian, William rencontre un nain bien né et de talent, Pierre de Grailly, qui entre pour toujours à son service. Néron commence à percer. Tout ce qui, en cette fin du XVIIIe siècle, prend le large du « sens commun », semble incoerciblement coaguler autour du beau William.

Après une visite à la Grande Chartreuse, en juin 1778, sur les traces de Thomas Gray et d'Horace Walpole (les deux célèbres amis avaient fait ensemble ce pèlerinage en 1739), Beckford écrit pour Cozens son premier poème en prose, la *Vision*, en attendant de publier les fragments de sa correspondance avec son maître sous le titre : *Dreams, Walking Thoughts and Incidents* en 1783. Il est nourri non seulement des élégies mélancoliques de Gray, mais des vues nouvelles de Burke, qui a publié à Londres dès 1756 sa poétique : *A Philosophical Enquiry into the Origin of our Ideas of*

the Sublime and the Beautiful. L'Angleterre puritaine et utilitariste ne se contente plus maintenant de faire valoir son système
politique et économique et sa philosophie. Faisant feu des quatre
fers, elle peut même se targuer des révoltes intérieures contre son
propre conformisme. Elle donne des leçons de romanesque et de
poésie à la France catholique en panne d'imagination, renégate
de son lyrisme et de sa théologie mystique. Les « excentriques »
anglais réinventent à l'envers les « châteaux de l'âme » de sainte
Thérèse, ses « lyriques » retrouvent les « Torrents » de Mme Guyon,
et même la spiritualité fénelonienne de l'enfance, et ils le font
avec plus de séduction ambiguë que le marquis de Sade. Il faudra
attendre Chateaubriand, qui sur place a compris cet imaginaire
privé et poignant, pour faire entrer ce rayon vert anglo-saxon
dans la clarté française.

Les symbolistes, puis les surréalistes, sur les traces de Swin-
burne, sont revenus à « l'humour noir » et à la perversité délicieuse des « *fiery souls* », Beckford et Byron. Ils ont ainsi pavé la
voie du « siècle américain » qui se prolonge majestueusement sous
nos yeux et dont l'imaginaire bizarre plonge ses racines en réalité
dans le XVIIIᵉ siècle aristocratique d'Horace Walpole, d'Ann
Radcliffe et de William Beckford. C'est aussi celui de Füssli, de
Flaxman et de Blake. Un paradoxe énorme, si énorme qu'on ne
le voit pas, veut que les mythes de la démocratie de masse soient
l'extension à tous des fantasmes particuliers d'élus de la fortune,
orgueilleux, méprisants et révoltés comme Lucifer.

À 17 ans, le futur auteur de *Vathek*, dans la Grande Chartreuse, peut s'identifier à saint Bruno, après s'être identifié aux
Sarrasins de la *Jérusalem délivrée* et avoir dévoré *Les Souffrances
du jeune Werther*. L'enfant de génie, qui veut jouir d'un dieu
inconnu caché au fond de lui-même, est aussi un histrion supérieur préparé à tous les rôles. Au cours d'un voyage en Angleterre, dans le château des Courtenay, à Powderham, il a la
révélation d'un autre lui-même. Ce double enchanteur, c'est
William Courtenay, dit Kitty, alors âgé de onze ans (George
Romney a peint aussi son portrait). Alexandre Cozens est sur-le-
champ informé de ce coup de foudre. Maria Hamilton et le
Révérend Lettice en sont très alarmés. L'heure de faire voyager
William selon le rite du « Grand Tour » est donc venue. Beckford
part pour l'Italie, non sans avoir publié auparavant à Londres ses
Biographical Memoirs of Extraordinary Painters, un guide sati-
rique qui dévalue les peintres hollandais, trop bien représentés à
Fonthill, et exalte par contraste les grands Italiens. Avant de

gagner Venise, la tradition anglaise veut que l'on traverse la Hollande, l'Allemagne et l'Autriche. Enfin le 2 août 1780, William débarque avec son précepteur et un nombreux équipage, à Venise. Son hôtesse et confidente, la comtesse Orsini, multiplie les fêtes pour distraire le jeune « lion ». Celui-ci fait des ravages dans les grandes familles de la Sérénissime. Il voit dans Venise l'« antichambre de l'Orient ». Il écrit à Cozens :

« Je passe mes matinées oisives dans ma gondole, enveloppé dans les fourrures, à lire et à lâcher des cris. Mon corps est gelé, mais mon imagination ardente s'égare aux Indes et se régale des rayons de son propre soleil. La nuit, je suis dans les cafés ou à l'opéra où la voluptueuse musique de Bertoni, merveilleusement servie par le talent du meilleur chanteur du monde, me rend plus efféminé que jamais [...] Hélas, la musique me détruit, et ce qui est bien pire, j'ai du plaisir à me laisser détruire »[1].

Ce que nous appelons « culture », cette hyperbole permanente qui maintenant nous tient lieu de tout, religion, cœur, esprit, arts, lettres, mœurs, trouve son incunable dans l'extase qui transporta le jeune Beckford aux Offices de Florence :

« J'allais devenir fou lorsque je mis un pied dans la Galerie pour la première fois. Je vis tant de rangées de statues, tant de trésors, de pierres précieuses, et de bronzes que je sombrai dans un bienheureux délire que seules des âmes comme les nôtres peuvent connaître. Incapable de mettre fin à cette transe, je volai d'un buste à un autre, d'un cabinet à un autre comme un papillon émerveillé par un univers qui ne serait fait que de fleurs »[2].

Il a vingt ans.

En novembre 1780, sur le *Pausilippe*, il rencontre une nouvelle confidente dans sa parente par alliance, la flamboyante Emma Lyons, Lady Hamilton, épouse de l'ambassadeur d'Angleterre. Cet amateur éclairé, insatiable collectionneur d'antiques et de vases grecs, a été saisi à Naples par la ferveur qui dans toute l'Europe se porte vers les fouilles d'Herculanum et de Pompéi. Beckford compte désormais parmi les initiés de première main à la palingénésie du paganisme. Sur le chemin du retour *at home*, il s'arrête à Paris, mais son cœur est trop préoccupé pour qu'il se mêle à la vie de salons. Germaine Necker lui fait en vain la cour.

---

1. Didier Girard, *William Beckford, un terroriste au palais de la raison*, Librairie José Corti, 1993, p. 63-64.

2. *Ibid.*, p. 67.

C'est que le moment de sa majorité approche. Il va le fêter dans ce qui restera le moment culminant de sa vie, la *Christmas Party* à Fonthill en 1781 (c'est l'année des deux portraits de Romney). Il y réunit et enferme, pour quelques jours de féerie galante, de luxe, de rêve et d'amours, tous les êtres jeunes et beaux qui lui étaient chers : ses cousines Louisa et Harriett Beckford, son cousin George Pitt, et naturellement William Courtenay. Alexandre Cozens avait lui aussi été convoqué, et il était venu avec Philippe de Loutherbourg, un décorateur de théâtre et inventeur d'une forme primitive du cinéma : l'Eidophusikon, ancêtre du « Diorama » de Daguerre et Bouton. Tous deux mirent en scène la mémorable fête intime. Beckford quelques mois plus tôt en avait formulé le programme dans l'une de ses lettres d'Italie :

« Pour ma part, j'aimerais par-dessus tout m'emmurer avec ceux que j'adore, oublier les divisions du temps et posséder une lune et un soleil de théâtre que je pourrais faire se lever ou se coucher tout à loisir »[1].

Il a écrit lui-même le récit de cette fête, qui a fait date dans l'histoire de l'imaginaire anglais et américain et donc dans notre « civilisation des loisirs » :

« Emmurés nous fûmes, "au pied de la lettre", pendant trois jours et trois nuits, les portes et les fenêtres si bien fermées que ni la vulgaire lumière du jour ni le commun des vulgaires n'auraient pu entrer ou simplement nous observer. Les visages fatigués étaient tenus à l'écart, les fronts ridés et les bouches pincées étaient interdits à notre regard. Notre société était extrêmement jeune et délicieuse à regarder – car non seulement Louisa, mais aussi sa grande amie Sophia, peut-être la plus belle femme d'Angleterre, jetaient sur notre compagnie un charme fascinant. Il régnait à travers les hautes galeries voûtées et les spacieux appartements une douce lumière tempérée et rayonnante que Loutherbourg, lui-même mystagogue, distribuait avec un art supérieur. La grande propriété de Fonthill que j'ai fait démolir pour en construire une autre, plus extraordinaire encore, était parfaitement conçue pour la célébration des mystères. Le hall égyptien, à lui seul, semblait taillé dans de la roche brune et, de chaque côté, la succession de pièces et de couloirs dont on ne voyait pas le bout dévoilait, partout, la présence de plafonds voûtés. Un escalier sans fin laissait deviner, depuis sa plus haute

---

1. *Ibid.*, p. 77.

marche, une telle profondeur qu'on l'aurait pris pour le puits
d'une pyramide et, d'en bas, une telle hauteur que les marches
supérieures étaient plongées dans une sorte de vapeur conduisant
à une suite d'appartements princiers dont le sol recouvert de
marbre poli comme du verre et les plafonds peints avec toute la
débauche du pinceau de Casali et les couleurs criardes qui ont
fait toute sa fortune à cette époque si hostile aux Beaux-Arts. De
là, une autre envolée de marches accueillantes déroulait son épais
tapis pour nous inviter à passer dans un autre monde : des pièces
décorées, une galerie dessinée par Soane et plus loin encore, une
autre, qui contenait des œuvres d'art curieuses et des cabinets
précieux et à laquelle on accédait par un escalier tortueux.
À travers ces suites, à travers toutes ces galeries, nous déambu-
lions, et nous nous égarions main dans la main – accompagnés
des doux accords de la musique qui se faisait de temps en temps
plus forte – par moments il s'agissait d'orgue, à d'autres de
musique concertante à laquelle se joignaient trois des plus belles
voix d'Europe – Pacchierotti, Tenducci et Rauzzini qui –
merveille des merveilles – nous avaient aimablement rejoints.
Quelquefois, sans que nul n'ait pu dire d'où ces sons provenaient
– on entendait un chœur dont les modulations innocentes et
touchantes exprimaient à nos cœurs un langage qui tirait des
larmes à nos compagnons les plus chéris et les plus sensibles.
Adorables ! Ces promenades romantiques étaient adorables
comme notre errance dans ce petit monde clos dévoué à un
bonheur exclusif, entouré seulement d'êtres bien faits, dans toute
la fraîcheur de leur jeunesse et dans une juste disposition à profiter de tels moments. Ici, rien de vulgaire ni de fade – ici, rien ne
ressemblait aux manières et aux usages du monde, son « train-
train » et sa routine. Ici, n'était point tolérée la moindre attitude
qui puisse être teintée d'uniformité. La monotonie, sous aucune
de ses formes, n'était permise. Même la splendeur éclatante de
l'ensemble des plafonds dorés disparaissait, en partie, derrière les
vapeurs de bois d'aloès qui montaient en volutes depuis les cassolettes que l'on avait placées sur des plateaux de la plus belle
porcelaine du Japon, posés sur des tapis de soie. Le délire de
volupté dans lequel nos jeunes et vibrantes poitrines furent prises
sous l'influence conjuguée de toutes ces sensations ne peut que
trop bien être imaginé. Malgré la triste et longue distance qui
nous sépare de ces jours et de ces nuits de raffinement exquis –
refroidi par l'âge et, plus encore, par la terreur brutale et si
contraire à la poésie de ces temps barbares que nous vivons – je

me réchauffe et me sens encore tout irradié de cette étrange et
nécromantique lumière que Loutherbourg avait jetée sur ce qui
ressemblait tant à un Royaume Imaginaire, ou plutôt un Temple
Démoniaque profondément enfoui sous la terre, séparé du
monde par de terribles mystères – et partout cette lumière tranquille qui paraissait si douce et si inspirée. Pendant que le monde
des damnés s'étendait au-dehors dans toute son obscurité, sa tristesse et ses cris de désolation ; pendant que l'orage faisait rage
contre nos murs épais avec des bourrasques de neige, nous, à l'intérieur, nous jouissions du climat d'un beau jour d'été pendant
que chacune des voix basses et mélodieuses continuait à charmer
notre oreille. Afin que chaque sens fût satisfait au moment voulu
à l'aide d'un mécanisme qui fonctionnait à intervalles réguliers,
des tables recouvertes de la plus délicieuse chère et des fleurs les
plus parfumées glissaient jusqu'à nous depuis les parties les plus
reculées des lieux que l'on avait pris soin de séparer de nos salons
enchantés par de riches tentures et d'amples rideaux. La lueur
vibrante qui émanait de chaque objet, l'atmosphère mystique,
l'immensité, la complexité de ce labyrinthe voûté eurent un effet
si hallucinatoire sur chacun de nous qu'aucun n'aurait pu dire à
un moment précis où il était, d'où il venait, ni vers quoi il errait
tant la confusion était grande dans un tel dédale d'appartements
variés, tous éclairés à la torche sur plusieurs étages. C'était, en un
mot, la réalisation du romanesque dans sa plus extravagante
intensité » [1].

Dans le sillage de cette fête, « en trois jours et deux nuits »,
Beckford devient « l'auteur de *Vathek* ». Cette fois, il a écrit en
français son autobiographie fantastique, un « mythe personnel »
où il se livre tout en se voilant. Avec une ironie qui ne l'épargne
pas lui-même, il fait de sa mère, son éducatrice acharnée, le principal moteur de son odyssée vers Eblis. La princesse Carathis de
Vathek, c'est Maria Hamilton, mais une Maria qui ne se leurre-
rait pas sur ce qu'elle attend vraiment de l'éducation de son fils.
Pour tout dire sur lui-même, Beckford a choisi la convention, et
non la confession. C'est la convention du « conte oriental ». Les
Français, de Voiture à Voltaire, y étaient passés maîtres. Les classiques de l'orientalisme, du fait de l'alliance Paris-Constanti-
nople, étaient tous français : Bernier, Chardin, Galland,
d'Herbelot. La convention, masquant l'autobiographie, permet

---

1. *Ibid.*, p. 81-85.

d'aller plus loin et plus profond dans l'aveu, et d'éviter tout *pathos*. *Vathek*, conte arabe, est ainsi un chef-d'œuvre classique et français, où grondent tous les orages du *Sturm und Drang*, mais traités en dérision, comme un opéra italien. Le jeune Calife Vathek, sa mère Carathis, ses proies amoureuses Nouronihar et Gulchenrouz, son Lucifer le Giaour, travestissent la « troupe » de Fonthill et son jeu d'Enfer, mais ils le font connaître mieux que n'aurait pu le faire le récit direct à visage découvert.

Il y a du Mozart dans *Vathek*. Ce n'est bien sûr qu'une nuance des couleurs de *La Flûte enchantée* ou quelques mesures de la symphonie *Jupiter*. Reste que la sonorité et le rythme de la prose de Beckford ont fait à juste titre l'admiration de Mérimée (qui faillit rééditer le conte) et de Gautier. Mais il est revenu à Stéphane Mallarmé de donner une seconde vie, au seuil du symbolisme, à ce joyau final du « rocaille » français. Le poète de l'*Après-midi d'un Faune* réédite *Vathek* en 1876, avec une de ces préfaces fulgurantes dont il avait le secret. Il rétablit un fait jusque-là oublié ou douteux : quoique la traduction anglaise du conte de Beckford ait paru d'abord en 1784, à Londres, le texte original est français ; un peu plus tard, son auteur l'envoya simultanément à Paris et à Lausanne, où il fut publié la même année, en 1787. Mallarmé écrit fièrement :

« Je restitue *Vathek*, attrayant conte imaginatif par Beckford, à la langue française »[1].

Vathek conclut l'enfance et l'adolescence de Beckford. En 1782-1783, il a encore une belle et brève « période mondaine » à Londres (où il compose un petit opéra pastoral pour voix d'enfants) puis une « période savante » à Fonthill, où, en compagnie de Cozens, il commence à constituer sa bibliothèque et prépare ses manuscrits pour la publication. En mai 1783, il se marie à Lady Margaret Gordon, choisie par Maria Hamilton. Ce sera un couple sans drame apparent, d'où naîtront deux filles. Ils séjournent à Paris, où cette fois Beckford se fait connaître du plus grand monde. C'est l'heure du « baquet de Mesmer » et des sociétés secrètes. L'auteur de *Vathek* observe avec détachement cette capitale excitée par l'occulte et qu'il nomme « la Métropolis de Lucifer ». Il y reviendra invinciblement jusqu'en 1814.

---

1. Voir l'édition de *Vathek*, préfacée par Stéphane Mallarmé, dans la *Collection romantique* n° 5, Librairie José Corti, premier tirage, 1948, septième 1992, p. 18.

Il donne de la capitale française un portrait critique qui fait honneur à son intelligence :

« Tout ce qui se voit, s'entend, se sent à Paris, des visages peints jusqu'à la protubérance des semelles des chaussures, n'est que le produit de l'art le plus artificiel. Les poèmes en prose de Rousseau dédiés à la Nature ont été chantés en vain. Le naturel est oublié ou inconnu. J'abhorre ce verbiage précieux qui connaît une telle vogue ici en ce moment dans les cercles les plus choisis, à propos des revendications et des misères politiques, de l'admiration pour la belle musique et le mépris dans lequel on tient les Cathédrales et les Palais, y compris Versailles et Reims. Cette façon ampoulée de faire étalage de sentiments qu'aucun de ces débiteurs ou débiteuses de niaiseries ne sont de toutes façons capables de ressentir m'est parfaitement odieux. La sincérité de leurs vues libérales et leurs bons sentiments pour le peuple en général est si problématique que je suis plus que persuadé que ce prétendu petit-lait de philanthropie tournera bien vite en poison fatal à la première manifestation populaire d'orage patriotique »[1].

Mais au cours d'un séjour à Powderham, chez les Courtenay, le scandale éclate. On a découvert la relation amoureuse de Beckford et du très jeune Courtenay. Les Beckford doivent s'éloigner précipitamment et s'installer en Suisse, à Vevey, où Mrs Beckford II meurt bientôt de fièvre puerpérale. En 1787, William part se consoler au Portugal, où il mène grand train et à toutes brides : il tirera plus tard de ses séjours lusitaniens deux chefs-d'œuvre, le *Journal intime au Portugal* et les *Souvenirs d'Alcobaça et Batalba*. Entre 1788 et 1793, il séjourne fastueusement à Paris que la Révolution transforme peu à peu en foire à la brocante, et où il fait ses emplettes. Dans sa correspondance, il décrit la capitale de la Révolution avec autant d'étonnement et beaucoup moins de dégoût que ne l'avait fait de loin Burke, deux ans plus tôt, dans ses *Considérations sur la Révolution française*. Notons que tous ces voyages, et même le terrible scandale, ne l'avaient pas empêché d'être élu à plusieurs reprises au Parlement de Londres, où il siégea quelquefois jusqu'en 1820.

Après 1794, il s'enferme presque définitivement à Fonthill. Il consacre sa fortune à créer un palais et un parc fabuleux dignes de *Vathek*. C'est le modèle à la fois pour le Kubla-Khan de Coleridge, pour les châteaux de Louis II de Bavière et pour les folies architecturales et collectionneuses de William Randolph Hearst, le *Citizen Kane* d'Orson Welles

---

1. Didier Girard, *op. cit.*, p. 126

Le château paternel, « Splendens », théâtre de la *Christmas Party*, est rasé. À sa place Beckford fait construire un invraisemblable et hétéroclite couvent, Fonthill Abbey, dont il sera le supérieur. Il fait remodeler entièrement le parc pour lui donner l'aspect « pittoresque » et sauvage à la fois d'un jardin d'Éden et d'une forêt sacrée. Ses énormes moyens et sa vaste culture lui permettent de pousser jusqu'à ses dernières conséquences l'individualisme moderne : Fonthill Abbey et son parc deviennent la « propriété », entourée de murailles, de « l'Unique » au sens où l'entendra Max Stirner. Contrairement au Strawberry Hill de Walpole, que Beckford déteste et qu'il qualifie de « souricière », Fonthill Abbey n'est pas un monument néogothique. L'éclectisme orientaliste de Beckford y combine un « gothique colossal » (dont l'avenir est à Chicago et à New York) avec les souvenirs de Paestum, du Taj Mahal, de Sainte-Sophie et du baroque italien. C'est la première épreuve non seulement des châteaux de Louis II, mais aussi des monstrueux hôtels de Las Vegas, ce Fonthill Abbey pour la foule solitaire américaine, bien éloignée de savoir qu'elle s'ébroue dans l'imaginaire du pire ennemi des foules. Il voulut pourvoir l'« abbaye » d'une tour, comme celle qui se dressait dans Samarah, la capitale de Vathek. Elle s'effondra une première fois. Enfin, elle tint debout : c'est le premier *skyscraper* moderne, haut de 84 mètres.

Dans les salles innombrables de ce que Beckford nommait avec une ironie perverse, « le Sanctuaire du bon goût », sa frénésie de collectionner accumula de quoi remplir plusieurs Victoria and Albert Museum. Tous les éléments des *Spoils of Poyton* d'Henry James, et même la figure de la redoutable mère confidente, sont déjà réunis dans la genèse de cette œuvre composite. Aux meubles rapportés de Paris et qui venaient souvent du Garde-Meuble royal, des Riesener (notamment le fameux « bureau du comte d'Orsay »), et des Boulle, Beckford juxtaposa un mobilier précieux et bizarre provenant des colonies anglaises ou espagnoles, de l'Italie des palais baroques, ou encore fabriqué par des ébénistes anglais sur ses propres dessins. Son lit « néoclassique » est aujourd'hui une des attractions du Metropolitan Museum de New York. Sa prodigieuse collection d'orfèvrerie et de vaisselle rivalisait avec sa collection de tableaux. Beckford, reniant le goût paternel pour les Hollandais, avait fait entrer à Fonthill Abbey des chefs-d'œuvre de Léonard, de Raphaël, des Carrache, de Claude Lorrain, de Bellini et de Velasquez achetés en Italie, en Espagne, et dans ce Paris de la Terreur, qui réussit à transformer par ricochet la salle des ventes de Christie's à Londres en caverne d'Ali Baba. Mais partout, à Fonthill Abbey, dans les galeries qui portent le nom du roi Edward (un ancêtre des Hamilton) ou de l'archange saint Michel, dans l'Octagon central, dans le Grand Hall d'entrée, dans les nombreux boudoirs, anges, saints, cierges et ciboires conjuguent aux réminiscences des harems orientaux la pompe de la liturgie catholique. Cette luxueuse et immense prison avait quelques points communs avec le château imaginaire des *Cent vingt journées*. Pour Sade comme pour Beckford, le sublime est un oxygène qui se respire dans les flacons du blasphème.

Dès 1810, ses ressources fléchissant, Beckford doit vendre Fonthill (qui menace ruine) à un riche industriel, John Farqhar, qui va s'empresser de tout disperser aux enchères publiques. William s'installe sur un pied plus modeste, mais encore splendide, à Bath, en compagnie de ses livres et d'une sélection de ses objets et œuvres d'art. Il y fait même construire à son usage en 1826 une nouvelle tour, Landsdowne Tower. Il y fut enterré en mai 1844. Par l'une de ses filles, devenue duchesse d'Hamilton, il transmettra son sang à un descendant inattendu : le prince Rainier de Monaco.

Objet en France d'un véritable culte, auquel les surréalistes, après les symbolistes, ont beaucoup contribué, Beckford (quoique traité par le mépris dans *The National Dictionary of Biography*) est une figure clef de l'imaginaire anglo-américain. Les Natalie Barney, les Winaretta Singer, les Nancy Cunard, les Violette Trefusis, l'ont vénéré comme un ancêtre et un prophète. Si le *Barnabooth* de Larbaud est aussi délicieux et poétique, c'est qu'il vise expressément à donner une version française, à la Toulet, de ces « moi » milliardaires, despotiques et non conformistes dont Beckford est le maître de vie en Angleterre et en Amérique. Il est bon de le savoir, aujourd'hui que cet imaginaire composite, d'origine luxueuse et lettrée, imprègne grâce au cinéma et aux groupes « rocks » la jeunesse globale du monde entier. La librairie José Corti est le temple parisien du culte de Beckford. Elle a publié l'ensemble de son œuvre, qui est toujours disponible rue de Médicis dans les admirables traductions de Roger Kann.

Je reproduis ici un fragment de *Vathek*, l'arrivée du Calife au seuil de la cité souterraine d'Eblis, but du voyage « au bout de la nuit » que le héros de Beckford a entrepris loin de sa capitale de Samarah. Jorge Luis Borges a qualifié ce morceau de « premier Enfer réellement atroce de littérature »[1].

---

1. Jorge Luis Borges, *Enquêtes*, Gallimard, 1957, p. 200.

Sur le seuil d'Eblis

Le Calife, dévoré par l'ambition de donner des lois aux intelligences ténébreuses, s'embarrassa peu de cette désertion. Le bouillonnement de son sang l'empêchant de dormir, il ne campa plus comme à l'ordinaire. Nouronihar, dont l'impatience surpassait, s'il se peut, la sienne, le pressait de hâter sa marche, et, pour l'étourdir, lui prodiguait mille tendres caresses. Elle se croyait déjà plus puissante que Balkis, et s'imaginait voir les Génies prosternés devant l'estrade de son trône. Ils s'avancèrent ainsi au clair de la lune jusqu'à la vue des deux rochers élancés, qui formaient comme un portail à l'entrée du vallon dont l'extrémité était terminée par les vastes ruines d'Istakhar. Presque au sommet de la montagne, on découvrait la façade de plusieurs sépulcres de Rois, dont les ombres de la nuit augmentaient l'horreur. On passa par deux bourgades presque entièrement désertes. Il n'y restait plus que deux ou trois faibles vieillards, qui, en voyant les chevaux et les litières, se mirent à genoux, en s'écriant : Ciel ! est-ce encore de ces fantômes qui nous tourmentent depuis six mois ? Hélas ! nos gens effrayés de ces étranges apparitions et du bruit qu'on entend sous les montagnes nous ont abandonnés à la merci des esprits malfaisants ! Ces plaintes semblaient de mauvais augure au Calife ; il fit passer ses chevaux sur les corps des pauvres vieillards, et arriva enfin au pied de la grande terrasse de marbre noir. Là, il descendit de sa litière avec Nouronihar. Le cœur palpitant et portant des regards égarés sur tous les objets, ils attendirent avec un tressaillement involontaire l'arrivée du Giaour ; mais rien ne l'annonçait encore. Un silence funèbre régnait dans les airs et sur la montagne. La lune réfléchissait sur la grande plate-forme l'ombre des hautes colonnes qui s'élevaient de la terrasse presque jusqu'aux nues. Ces tristes phares, dont le nombre pouvait à peine se compter, n'étaient couverts d'aucun toit ; et leurs chapiteaux, d'une architecture inconnue dans les annales de la terre, servaient de retraite aux oiseaux nocturnes, qui, alarmés à l'approche de tant de monde, s'enfuirent en croassant.

Le chef des eunuques, transi de peur, supplia Vathek de

permettre qu'on allumât du feu, et qu'on prît quelque nourriture. Non, non, répondit le Calife, il n'est plus temps de penser à ces sortes de choses ; reste où tu es, et attends mes ordres ! En disant ces mots d'un ton ferme, il présenta la main à Nouronihar, et, montant les degrés d'une vaste rampe, parvint sur la terrasse qui était pavée de carreaux de marbre, et semblable à un lac uni, où nulle herbe ne peut croître. À la droite, étaient des phares rangés devant les ruines d'un palais immense, dont les murs étaient couverts de diverses figures ; en face, on voyait les statues gigantesques de quatre animaux qui tenaient du griffon et du léopard, et qui inspiraient l'effroi ; non loin d'eux, on distinguait à la clarté de la lune, qui donnait particulièrement sur cet endroit, des caractères semblables à ceux qui étaient sur les sabres du Giaour ; ils avaient la même vertu de changer à chaque instant ; enfin, ils se fixèrent en lettres arabes, et le Calife y lut ces mots :

« Vathek, tu as manqué aux conditions de mon parchemin ; tu mériterais d'être renvoyé ; mais, en faveur de ta compagne et de tout ce que tu as fait pour l'acquérir, Eblis permet qu'on t'ouvre la porte de son palais, et que le feu souterrain te compte parmi ses adorateurs. »

À peine avait-il lu ces mots, que la montagne contre laquelle la terrasse était adossée trembla, et que les phares semblèrent s'écrouler sur leurs têtes. Le rocher s'entrouvrit, et laissa voir dans son sein un escalier de marbre poli, qui paraissait devoir toucher à l'abîme. Sur chaque degré étaient posés deux grands cierges, semblables à ceux que Nouronihar avait vus dans sa vision, et dont la vapeur camphrée s'élevait en tourbillon sous la voûte.

Ce spectacle, au lieu d'effrayer la fille de Fakreddin, lui donna un nouveau courage ; elle ne daigna pas seulement prendre congé de la lune et du firmament, et sans hésiter, quitta l'air pur de l'atmosphère, pour se plonger dans des exhalaisons infernales. La marche de ces deux impies était fière et décidée. En descendant à la vive lumière de ces flambeaux, ils s'admiraient l'un l'autre, et se trouvaient si resplendissants, qu'ils se croyaient des intelligences célestes. La seule chose qui leur donnait de l'inquiétude, c'était que les degrés ne finissaient point. Comme ils se hâtaient avec une ardente impatience, leurs pas s'accélérèrent à un point, qu'ils semblaient tomber rapidement dans un précipice, plutôt que marcher ; à la fin, ils furent arrêtés par un grand portail d'ébène que le Calife n'eut pas de peine à reconnaître ; c'était là que le Giaour l'attendait avec une clef d'or à la main. Soyez les bienvenus en dépit de Mahomet et de toute sa séquelle, leur dit-il avec son affreux sourire ; je vais vous introduire dans ce palais, où vous avez si bien acquis une place. En disant ces mots, il toucha de sa clef la serrure émaillée, et aussitôt les deux battants s'ouvrirent avec un bruit plus fort que le tonnerre de la canicule, et se refermèrent avec le même bruit dès le moment qu'ils furent entrés.

Le Calife et Nouronihar se regardèrent avec étonnement, en se voyant dans un lieu qui, quoique voûté, était si spacieux et si élevé, qu'ils le prirent d'abord pour une plaine immense. Leurs yeux s'accoutumant enfin à la grandeur des objets, ils découvrirent des rangs de colonnes et des arcades qui allaient en diminuant et se terminaient en un point radieux comme le soleil, lorsqu'il darde sur la mer ses derniers rayons. Le pavé, semé de poudre d'or et de safran, exhalait une odeur si subtile, qu'ils en furent comme étourdis. Ils avancèrent cependant, et remarquèrent une infinité de cassolettes où brûlaient de l'ambre gris et du bois d'aloès. Entre les colonnes étaient des tables couvertes d'une variété innombrable de mets et de toutes sortes de vins qui pétillaient dans les vases de cristal. Une foule de Ginns et autres Esprits follets des deux sexes dansaient lascivement, par bandes, au son d'une musique, qui résonnait sous leurs pas.

Au milieu de cette salle immense, se promenait une multitude d'hommes et de femmes, qui tous, tenant la main droite sur le cœur, ne faisaient attention à nul objet et gardaient un profond silence. Ils étaient tous pâles comme des cadavres, et leurs yeux enfoncés dans leurs têtes ressemblaient à ces phosphores qu'on aperçoit la nuit dans les cimetières. Les uns écumaient de rage et couraient de tous côtés comme des tigres blessés d'un trait empoisonné ; tous s'évitaient ; et, quoique au milieu d'une foule, chacun errait au hasard, comme s'il avait été seul.

À l'aspect de cette funeste compagnie, Vathek et Nouronihar se sentirent glacés d'effroi. Ils demandèrent avec importunité au Giaour ce que tout cela signifiait, et pourquoi tous ces spectres ambulants n'ôtaient jamais leur main droite de dessus leur cœur. Ne vous embarrassez pas de tant de choses à l'heure qu'il est, leur répondit-il brusquement ; vous saurez tout dans peu : hâtons-nous de nous présenter devant Eblis. Ils continuèrent donc à marcher à travers tout ce monde ; mais malgré leur première assurance, ils n'avaient pas le courage de faire attention aux perspectives des salles et des galeries, qui s'ouvraient à droite et à gauche : elles étaient toutes éclairées par des torches ardentes et par des brasiers dont la flamme s'élevait en pyramide jusqu'au centre de la voûte. Ils arrivèrent enfin en un lieu, où de longs rideaux de brocart

*cramoisi et or tombaient de toutes parts dans une confusion impo-
sante. Là, on n'entendait plus les chœurs de musique ni les
danses ; la lumière qui y pénétrait semblait venir de loin.*

*Vathek et Nouronihar se firent jour à travers ces draperies, et
entrèrent dans un vaste tabernacle tapissé de peaux de léopards.
Un nombre infini de vieillards à longue barbe, d'Afrites en complète
armure, étaient prosternés devant les degrés d'une estrade, au
haut de laquelle, sur un globe de feu, paraissait assis le redoutable
Eblis. Sa figure était celle d'un jeune homme de vingt ans, dont les
traits nobles et réguliers semblaient avoir été flétris par des vapeurs
malignes. Le désespoir et l'orgueil étaient peints dans ses grands
yeux, et sa chevelure ondoyante tenait encore un peu de celle d'un
ange de lumière. Dans sa main délicate, mais noircie par la foudre,
il tenait le sceptre d'airain qui fait trembler le monstre Ouranbad, les
Afrites, et toutes les puissances de l'abîme.*

*À cette vue, le Calife perdit toute contenance, et se prosterna la
face contre terre. Nouronihar, quoique éperdue, ne pouvait s'empêcher d'admirer la forme d'Eblis, car elle s'était attendue à voir
quelque géant effroyable. Eblis, d'une voix plus douce qu'on aurait
pu la supposer, mais qui portait la noire mélancolie dans l'âme, leur
dit : Créatures d'argile, je vous reçois dans mon empire ; vous êtes
du nombre de mes adorateurs ; jouissez de tout ce que ce palais
offre à votre vue, des trésors des sultans préadamites, de leurs
sabres foudroyants et des talismans qui forceront les Dives à vous
ouvrir les souterrains de la montagne de Caf, qui communiquent à
ceux-ci. Là, vous trouverez de quoi contenter votre curiosité insatiable. Il ne tiendra qu'à vous de pénétrer dans la forteresse d'Aher-
man et dans les salles d'Argenk où sont peints toutes les créatures
raisonnables et les animaux qui habitaient la terre, avant la création
de cet être méprisable que vous appelez le père des hommes.*

18

GOYA, LA MARQUISE DE SANTA-CRUZ
ET WILLIAM BECKFORD

Depuis la réouverture récente des salles espagnoles du Louvre on peut y rencontrer de nouveau la marquise de Santa-Cruz peinte par Goya. Venant de la collection David-Weill, ce portrait est entré au Musée, par dation, en 1976. Il est difficile d'oublier cette dame une fois qu'elle a surgi devant nous, insolemment vivante par la magie d'un peintre lui-même ensorcelé.

Bien plantée, presque de profil, sur deux pieds mignons chaussés de soie blanche à incrustations et disposés, de face et à angle ouvert, sans grand souci de vraisemblance, la marquise cambre sa silhouette en plein air, au-dessus d'un horizon vert-bleu et d'un paysage vert mordoré, d'automne commençant et de glorieux crépuscule. Elle est vêtue en maja : longue jupe à ramages de dentelle noire, mantille de même couleur enveloppant les épaules et embrassée à la taille par ses deux avant-bras nus, l'un couvert de lourds bracelets d'or, l'autre tenant à bout de doigts un petit éventail fermé.

Sur son abondante chevelure gonflée et coiffée en casque, du même noir de jais que ses vêtements, sont piqués les nœuds d'un large ruban rose. La jupe et les petits souliers de soie forment le socle, reposant sur sa pointe, du buste ceinturé par les avant-bras croisés sur le tour de taille et enveloppé par une ample mantille de dentelle qui se fond sans solution de continuité avec le casque noir de la chevelure : cache opaque, quasi musulman, qui cerne le visage violemment éclairé. Le paysage, le ciel, les ailes repliées du grand oiseau noir prêt à reprendre son vol ne semblent là que pour expliquer le regard d'animal de race qui fixe le spectateur.

Pourtant cette large face charnelle, ce nez plutôt hommasse, ces joues pleines, rouges et mûres, ces lèvres sensuelles qui esquissent un sourire, ne sont pas ceux d'une jolie femme. Le peintre n'a pas cherché à les flatter, à les farder, ni à les rajeunir. À la date où le portrait a été peint (1799), la marquise avait trente-six ans.

Mais il a reconnu et fait voir en elle une « nature », tout le contraire de la joliesse, gracieuse jusqu'au stéréotype, des grandes dames contemporaines que Mme Vigée-Lebrun peignait alors en série à Vienne ou à Saint-Pétersbourg comme si la cour de Versailles continuait à dicter son moule à l'Europe. Sûre d'elle, de son rang et de son allure, l'aristocrate madrilène a tout l'aplomb d'une paysanne ou d'une poissarde. Son luxe et son élégance sont ceux d'un aigle ou d'un flamant rose. Sa vitalité, sa liberté, ses sens, ne se sont jamais laissé corseter ou maniérer par des conventions de cour. Elle est en femme ce que Goya est en peintre. Goya lui a prêté les pupilles qu'il se donne à lui-même dans ses autoportraits, noires et dilatées.

En réalité la marquise avait les yeux d'un bleu aigue-marine, comme l'attestent son propre autoportrait en miniature aux Offices (elle était en effet bon peintre, élève du miniaturiste français Dubois) et un autre très beau portrait d'elle, de style néoclassique, par Appiani, qu'on peut voir à Rome à l'Académie de Saint-Luc.

Aujourd'hui, l'une des dimensions les moins perceptibles de notre misère est la disparition de l'art du portrait. J'entends du portrait peint ou dessiné. La photo, si artiste qu'elle se veuille, ne sera jamais qu'un ersatz. Les portraits des Nadar, sur lesquels on s'extasie à bon droit, ne sont après tout qu'un lointain reflet, au fond de la chambre noire, d'une intelligence du visage humain aiguisée à Paris par l'école française du portrait qui remonte à Jean Foucquet et qui brille si haut avec Largillière, Liotard, La Tour, David.

Comment expliquer dans le Paris de Daguerre, qui est aussi celui d'Ingres, au début du XIXᵉ siècle, le désir de photographie ? Autrement dit, l'appétit du « réel » objectif, délivré de « préjugés » humains, mais dépouillé aussi de cet acte d'amour sensuel et imaginaire, entre peintre et modèle, qui fait du portrait peint un enfant vivant, et non pas la fiche anthropologique, plus ou moins fardée, pour le policier, l'officier d'état civil, le criminologiste, l'archiviste, le croque-mort et le biographe, que restera toujours, en définitive, la photo d'identité.

Comme une explosion nucléaire filmée au ralenti, l'irrésistible invasion photographique, vampirisant la face humaine, a eu raison de la peinture de portrait, comme elle a eu raison de la plupart des genres de l'imitation de la nature par l'art. Par contrecoup et rétrospectivement, le triomphe des spectres nous fait comprendre ce qui fait la magie du portrait peint, même quand il n'est pas l'œuvre d'un très grand maître, mais simplement d'un artiste : c'est un enfant de l'amour. La photo ne sera jamais qu'un clone sans père ni mère, une réplique sans interlocuteur.

Dans un portrait de peintre, la physionomie morale du « père », même lorsque le portraitiste est une femme, hante les traits du modèle-mère – que celui-ci soit homme ou femme. Comme un fils ou une fille reflète sur son visage, mystérieusement superposés et imprévisiblement dosés, les traits paternels et maternels, le portrait de peintre allie non moins mystérieusement l'autoportrait de l'artiste et les traits de son modèle. Plus l'artiste est original, plus cet engendrement donne naissance à des enfants originaux, doués d'une vie amphibie et autonome. Tel est le cas de la marquise de Santa-Cruz peinte par Goya. Son portrait est la fille, aussi vivante aujourd'hui qu'en 1799, du grand peintre espagnol et d'une grande dame de la cour d'Espagne. Nous autres, ombres éphémères, condamnées à nous contenter de reflets machinaux sur papier mat ou brillant, nous disparaîtrons sans descendance.

On s'attache à la mère sitôt qu'on a vu cet enfant de l'amour que lui a fait Goya. Pour la mieux connaître, l'histoire de l'art, qui a identifié le modèle du peintre (elle a longtemps passé pour une prétendue « marquise de la Mercedes »), a aussi reconstitué sa biographie. Mais l'histoire littéraire, sans même y être incitée par le portrait de Goya, et sans que l'histoire de l'art ne prête attention à sa découverte, a mis en lumière un document qui fait comprendre de l'intérieur la personnalité très singulière de la marquise de Santa-Cruz, telle que Goya a pu la connaître.

Ce document inespéré, c'est une liasse incomplète de quarante-cinq lettres autographes en français de la marquise, adressées à Madrid ou de Madrid, en 1788, à William Beckford, qui avait publié *Vathek* à Paris l'année précédente, et qui avait quitté la capitale espagnole pour un long séjour à Paris. Cette correspondance, pour l'essentiel inédite, était conservée dans le fonds Beckford de la Bodléienne, à Oxford, et elle a été récemment imprimée pour la première fois [1].

---

1. Voir l'édition procurée par le regretté collectionneur et érudit Roger Kann, sous le titre *Lettres d'amour de la marquise de Santa-Cruz*, Oxford, Studies on Voltaire and the eighteenth Century, 1986.

À peu d'années de distance en effet, cette correspondance reproduit la situation de la femme de Putiphar ou de Phèdre qu'illustrent les lettres célèbres de Mme du Deffand à Horace Walpole : même passion possessive de la part de l'amante, mêmes efforts pour ramener auprès d'elle l'aimé absent, mêmes pressentiments de son indifférence et, de la part de l'absent obstiné, mêmes tactiques dilatoires, même espacement cruel des réponses.

Walpole (et Strawberry Hill), Beckford (et Fonthill Abbey) : l'Hippolyte de Mme du Deffand et le Joseph de la marquise de Santa-Cruz, sont tous deux, à une génération de distance, et avant Byron, des « lions » issus de la puissante et prude aristocratie anglaise, délivrés de sa cage et de ses conventions, mais non de leur fortune : chacun d'eux a cultivé, en catholique d'élection, un siècle avant Des Esseintes, un décadentisme ostentatoire du goût ; Beckford et Byron le poussèrent jusqu'au dérèglement de tous les sens.

L'analogie entre la correspondance Santa-Cruz-Beckford et la correspondance Du Deffand-Walpole peut être même poussée plus loin : dans les deux cas, les lettres d'amour ont été largement conservées par leurs indifférents destinataires, mais les réponses ont pour l'essentiel disparu. Walpole avait obtenu de Mme du Deffand qu'elle détruisît ses propres lettres. Beckford, ou l'un de ses héritiers, a fait disparaître une partie des lettres de la Santa-Cruz, tandis que celle-ci ne semble pas avoir conservé les réponses de son bourreau (mais les archives privées espagnoles réservent peut-être une surprise).

Avec le cynisme d'esthète dont il est capable, Beckford a brièvement annoté en anglais plusieurs des lettres ardentes que la marquise lui avait adressées comme si chacune était un récitatif d'opéra, de couleur pathétique différente : « *gloomy, discontented and vindicating ; short and a little embarrassed* », etc.

Cela dit, l'analogie entre les deux couples s'arrête là. Mme du Deffand aveugle était beaucoup plus âgée que Walpole quand elle s'éprit de lui ; elle ne pouvait espérer qu'une tendresse amoureuse, exclusive et attentive. La marquise madrilène en 1788 avait vingt-cinq ans, et Beckford vingt-huit. Ces jeunes gens avaient eu, ce n'est pas invraisemblable, une brève liaison, pendant le séjour de Beckford à Madrid. La Santa-Cruz brûle de faire revenir auprès d'elle peut-être un amant inoubliable, à tout le moins un confident et corrupteur irremplaçable.

L'âge à part, on ne peut imaginer contraste plus vif qu'entre ces deux femmes. Mme du Deffand est avant tout une intelligence à la française, supérieurement lettrée, pour qui la vie des sens et la vie de l'esprit sont des mondes à part. La vie du cœur, qu'elle découvrit tardivement, fut pour elle une révélation. Très raffinée à sa manière, la jeune Santa-Cruz met tout son esprit dans la vie des sens et du cœur qu'elle ne sépare pas. Elle existe passionnément et d'un seul tenant, comme ces « sauvages » qui faisaient tant rêver Paris à la même époque.

Avant de présenter cette correspondance amoureuse, il convient de dire qui était donc cette marquise madrilène, et dans quelles circonstances elle s'est éprise de William Beckford.

Maria-Ana, née en 1763 comtesse de Waldstein-Wartemberg, fille d'une princesse de Liechtenstein, avait épousé à Vienne en 1781 le IXe marquis de Santa-Cruz, José de Silva y Bazan. Elle avait dix-huit ans, elle était pauvre, il en avait quarante-sept, mais il était fortuné, et puissant à la cour du roi d'Espagne, Charles III. Sur la route du retour en Espagne, Don José, sa jeune épouse et leur suite passent par Paris. À plusieurs reprises, le couple rend visite à Versailles à la reine Marie-Antoinette, qui connaît bien l'aristocratique famille autrichienne de Maria-Ana. Ils parviennent en plein mois de juillet à Madrid, et ils vont chercher un peu de fraîcheur dans la maison de campagne de Don José, à Hortaleza, non loin d'Alameda d'Osuna.

De cette union, quatre enfants, trois fils et une fille, naquirent. La fille, Mariana, devenue comtesse de Haro, inspirera à Goya, en 1802-1805, un autre de ses plus beaux portraits de femme.

Au moment où la jeune marquise arrive à la cour d'Espagne en 1781, le peintre, « artisan plutôt qu'artiste », « provincial quasi illettré et vulgaire », comme l'a écrit Ortega y Gasset, est en train de briser sa dépendance envers le clan des Bayeu, famille bien installée de médiocres peintres néoclassiques, dans laquelle il est entré par mariage, et à qui il doit de s'être fait connaître à Madrid. Il a été révélé à lui-même, et au génie espagnol, par Vélasquez, bien présent dans les collections madrilènes, mais inconnu de la peinture internationale européenne. Son instinct, ses goûts, sa vitalité sensuelle, sa naïveté populaire, sa vocation de peintre, le portent vers l'auteur des *Fileuses*, plus intellectuel et plus lettré que lui sans doute, mais dont la vigueur plastique sympathise comme lui avec le naturel des animaux, du peuple des grands seigneurs à l'espagnole, et s'accorde physiquement avec le terroir, la lumière et les sueurs de l'Espagne.

Cette maturation du peintre accompagne la mode madrilène, qui s'éprend alors de la tauromachie, des costumes et des fêtes populaires, de ce qu'ils révèlent d'âpre volupté de vivre arrachée à l'éphémère, à la fortune et à la mort. Les cartons du peintre pour la Manufacture royale de tapisseries avaient déjà fait humer à l'aristocratie et même à la famille royale espagnole ces saveurs fortes, qu'ils pressentent, mais dont l'étiquette et les conventions officielles, ressenties de plus en plus comme des « artifices », les préviennent de goûter directement. Cet appétit d'« hispanité » traditionnelle et populaire dans les goûts entre en contradiction avec les idées venues de France, et propagées par les philosophes des Lumières : critique des coutumes, des croyances et des superstitions populaires. Goya restera déchiré entre ces idées, auxquelles il s'est de plus en plus rallié, et l'enracinement de son art dans la vieille Espagne de la dévotion aux saints et à la Vierge, des courtisanes, des picaros et des séguedilles. C'est cette Espagne-là qui a intéressé Beckford.

À partir de 1781, doublant les Bayeu, Goya est de plus en plus adopté par la cour de Madrid ; dès 1786, assailli des commandes les plus flatteuses, il est nommé Peintre du roi. Cette extraordinaire appétence de la haute société espagnole pour l'« artisan » de génie venu du peuple culminera en 1795, dans l'intimité quasi érotique, de peintre à modèle, qui s'établira alors pour quelques mois entre Goya et la célèbre duchesse d'Albe devenue veuve : le fruit de cette rencontre sera la *Maja desnuda*.

Très vite, la nouvelle marquise de Santa-Cruz, dont la naissance, le mariage, la jeunesse et la beauté font une vedette de la Cour et de la haute société madrilène, s'est mise « au parfum » de la Castille. Par ses quatre maternités, elle a amplement rempli ses devoirs envers son barbon de mari. Quand William Beckford arrive, avec sa nombreuse suite, à Madrid, le 12 décembre 1787, c'est une femme tentée de vivre enfin sa vie, sans la moindre intention pourtant de troubler ni les apparences de son mariage, ni sa haute position sociale, ni les mondanités qui l'amusent. Elle trouva un complice inespéré dans Beckford, qui se recommandait à elle par sa beauté, son esprit, sa célébrité sulfureuse, son appétit de plaisirs, sa boulimie d'élégances sociales.

Fuyant une nouvelle fois l'Angleterre, où le bruit de ses amours avec William Courtenay (onze ans !) l'avait depuis 1784 interdit de bonne société, libéré de sa femme bien-aimée morte en couches à Lausanne en 1786, le jeune lord richissime, toujours original et à l'avant-garde, s'est décidé à explorer l'autre moitié, la plus méconnue, du monde catholique latin, la péninsule ibérique. Il avait déjà dans son adolescence pressé le citron italien. Il commença un peu par hasard par le Portugal, où il passa six mois difficiles, mais souvent délicieux. Deux livres étonnants naîtront de cette découverte : *Italy with sketches of Spain and Portugal* (1834) et *Recollections of an excursion to monasteries of Alcobaça and Batalha* (1835).

Indigné par le refus opposé par Robert Walpole (un cousin d'Horace), l'ambassadeur de Sa Majesté britannique à Lisbonne, de le recevoir et de l'introduire à la Cour, Beckford, à la tête d'un véritable train des équipages, médecin, intendant, cuisinier, pianoforte, bibliothèque, cave de bourgogne et de champagne rosé, gagne Madrid.

Là encore, même ostracisme envers le scandaleux voyageur de la part du chargé d'affaires anglais, Liston. Beckford ne restera que six mois à Madrid. Cette fois pourtant ses succès dans le grand monde espagnol et auprès des ambassades étrangères compensent les dédains anglais. Il était depuis longtemps attiré par le catholicisme : à Lisbonne, il s'était déclaré grand dévot du patron de la ville, saint Antoine de Padoue, et ne manquait jamais la messe qu'il suivait avec de grandes démonstrations de piété. À Madrid, il redouble de dévotion, mais les lettres de la marquise de Santa-Cruz nous font subodorer pourquoi. Ce zèle catholique ne retient pas en tout cas l'auteur de *Vathek* de se lier avec l'ambassadeur turc, Ahmed Vassif, à qui il fait porter des croissants confectionnés par son cuisinier français. Singulièrement explicite par écrit, ce qui est très rare à l'époque, il rapporte dans son *Journal* (publié finalement en 1954), les vives émotions qu'il doit à Mohammed, jeune Tunisien de l'ambassade : « Tout en me prenant les mains avec une inconcevable tendresse, il ne cessait de chuchoter à mon oreille d'une voix qui me transperçait jusqu'au fond du cœur. Je croyais rêver. Je le crois encore. Nous avons, Mohammed et moi, continué à boire dans les yeux l'un de l'autre (pour parler comme Hafiz) avec une telle avidité que le temps a passé sans que nous nous en rendions compte. »

Faisant feu des quatre fers, il s'attache le duc de l'Infantado (quinze ans), le prince (quatorze ans) et la princesse de Listenois (dix-huit ans), le prince de Carency (dix-sept ans), enfants de l'ambassadeur français, le duc de La Vauguyon, et surtout, comme les lettres de la marquise elle-même le révèlent, l'épouse de Don José de Santa-Cruz. Il est de tous les bals, on le voit à l'Opéra, à cheval sur le Prado, il joue gros jeu.

Cela lui laisse encore du temps pour visiter les monastères, les églises, les palais, et s'enthousiasmer pour les tableaux de maîtres italiens ou de Mengs.

Comme tout le monde alors, en dehors des cercles d'amateurs espagnols, il ne se doute même pas de l'existence de Zurbaran et de Vélasquez. À plus forte raison, le jeune « virtuose » anglais dut-il ignorer Goya, barbouilleur local. On s'étonne que les maréchaux de Napoléon (notamment Soult) aient montré autant d'appétence prédatrice pour les chefs-d'œuvre de l'art espagnol, qu'ils remportèrent en nombre à Paris en 1813. Mais ils avaient eu le temps sur place, dans l'éphémère cour du *rey intruso*, Joseph Bonaparte, d'apprendre auprès des *afrancesados* à goûter le meilleur de la production locale et à parier sur elle.

Soudain, sans crier gare ni dire adieu, Beckford quitte Madrid en direction de Paris le 14 juin 1788. Le chargé d'affaires anglais, ou bien le duc de La Vauguyon, peut-être même Don José ont-ils menacé de le faire expulser ? Il se peut aussi que Beckford ait voulu de lui-même couper court au nœud trop compliqué de liaisons dans lequel lui-même s'était embrouillé en quelques semaines. Paris était d'ailleurs sa capitale d'élection.

La première lettre conservée de la marquise à Beckford, qu'elle croit encore à Madrid, date du 30 mai 1788. Beckford ne l'informera qu'après son brusque départ de son adresse parisienne, et ils vont encore correspondre de loin pendant plusieurs mois.

Cela suppose qu'une étroite solidarité s'était nouée entre eux à Madrid, derrière le dos de Don José et au su de la Ville et de la Cour. Tout un jeu de sobriquets en français désignant les principales figures de la société madrilène leur est commun : le chargé d'affaires anglais est « le Renard » ; le nouvel ambassadeur anglais est « le Monstre » ; l'ambassadeur français, c'est « Papa Vaughion » ; son épouse, c'est « la Perche », son gendre, le prince de Listenois, c'est « Tortillard » ; quant à Don José de Santa-Cruz, c'est « l'Oiseau » ou « le Hibou ».

Dans le gazouillis de sa correspondance, la marquise cherche à rendre à Beckford l'appétit de Madrid en lui faisant la chronique d'une cour et d'un grand monde qu'il connaît bien. Elle ne manque pas de lui faire savoir, pour exciter sa jalousie, les nouvelles passions qu'elle fait naître et qu'elle repousse pour l'amour de lui. Elle lui rend compte aussi des démarches qu'elle a faites pour favoriser son retour.

Il s'agit d'abord d'obtenir du nouvel ambassadeur anglais qu'il reçoive Beckford au cas où il regagnerait Madrid. La marquise s'y emploie avec ardeur. Mais elle lui rapporte aussi le résultat des visites qu'elle a consenti à faire à sa demande et pour lui complaire. Il s'agit cette fois de transmettre des messages, et sans doute des présents, aux petits protégés qu'il a laissés derrière lui à Madrid. Elle s'exécute, mais en gémissant. On découvre ainsi que le zèle catholique de Beckford ne s'adresse pas seulement à saint Antoine de Padoue, mais à un enfant de chœur surnommé Kiki, dont il avait circonvenu la famille et qui fait partie de la manécanterie du sanctuaire madrilène de son céleste patron. Un autre enfant de chœur, Gregorio Franchi, enlevé au séminaire patriarchal de Lisbonne, était déjà entré dans la suite de l'insatiable Lord. Beckford l'avait emmené à Madrid. Ami, complice, rabatteur, agent d'affaires Franchi, jusqu'à sa mort à Londres en 1828, ne le quittera plus

La jeune marquise n'en demeure pas moins passionnément attachée à son correspondant. Il lui faudra encore six mois pour admettre qu'elle a été délaissée sans espoir de retour.

Les succès ininterrompus de sa carrière galante lui firent vite oublier cette humiliation. Elle tourna la tête de Félix Guillemardet, ambassadeur du Directoire à Madrid. En 1799, Goya peignit un superbe portrait de Guillemardet (légué au Louvre en 1865), et en sus une petite réplique du portrait en pied de la marquise (lui aussi légué au Louvre).

Les relations très amicales de la marquise et de son mari, ministre de Charles IV, avec Goya, peintre du roi, sont attestées entre 1790 et 1800. La période était faste pour le peintre, rallié à la coterie des « Lumières », qui, sous l'autorité de Charles IV et de l'amant de la reine, Manuel Godoy, gouverne l'Espagne selon la doctrine française du despotisme éclairé.

Don José de Santa-Cruz était résolument du parti des réformes. Sa femme était alors la maîtresse en titre du puissant banquier Cabarrus (père de la future Mme Tallien, plus tard encore princesse de Caraman-Chimay). De lui aussi, Goya a peint un beau portrait. Delacroix, qui avait des liens de famille avec les Guillemardet, raconte dans son *Journal* que la marquise avait exigé, contre toute prudence, en 1792, d'accompagner son amant d'alors, chargé par Charles IV d'apporter à Paris trois millions de livres pour faire évader Louis XVI : le couple fut arrêté en route et obligé de regagner Madrid sans pouvoir porter secours au roi.

En 1800, première révolution de palais. Le parti des Lumières est chassé du gouvernement. Cabarrus, le Necker espagnol, est emprisonné.

La même année, Lucien Bonaparte remplace Guillemardet à

l'ambassade de Madrid : il loge, en jeune veuf, au palais de Santa-Cruz, et il tombe amoureux de la maîtresse de maison, qui n'avait aucun motif de lui être farouche. Elle le rejoignit en France lorsqu'elle devint veuve elle-même en 1802, et elle s'installa dans son château de Plessis-Chamant près de Senlis. Abandonnée par Lucien pour Alexandrine Jouberthon, elle gagna l'Italie en 1805 et elle mourut à Fano en 1808, l'année de l'entrée des troupes de Murat à Madrid. Goya éternisera la résistance du peuple madrilène dans son tableau d'histoire : le *Dos de Mayo*. Cette résistance était inspirée par Ferdinand VII, le fils de Charles IV, et par tout ce qui en Espagne combattait les Lumières françaises.

Par un paradoxe en effet qui marquera pour longtemps l'histoire espagnole, et qui tourmentera le génie de Goya jusqu'au cauchemar, le parti des Lumières (qui avait toutes les sympathies du peintre : il avait gravé ses *Caprices* dans cet esprit) sera compromis par sa collaboration avec les envahisseurs français. Et le nationalisme de l'Espagne, que Goya avait dans le sang, s'identifiera désormais avec sa tradition autochtone, catholique, féodale et populaire. La marquise de Santa-Cruz, avec tout son talent et sa soif de vivre, fut soufflée par ce drame comme un fétu.

J'ai reproduit trois lettres de la marquise à Beckford, dans l'extravagante orthographe du manuscrit original que l'éditeur Roger Kann a scrupuleusement respectée. J'ai joint la seule lettre de Beckford à la marquise qui ait été conservée. Elle remonte à son séjour à Madrid

La marquise de Santa-Cruz à William Beckford

Madrid, jeudi 5 de juin 1788

On a donc vue tout de suite Kiki[1]*, et on ne sçavait rien de tout cela, mais coment pouvoit il deviner que le petit était arrivé, en voila assé sur cette article, jay trop de peine a en parler – je me suis promené ce matin solitairement avec mon Don Pedro*[2] *au Sitio, sur toutes les colines qui entourent Aranjuez, je me suis assie a considérer les environs, pensent continuellement a vous, j'etais très fatigué de ma promenade, et bien triste des réflexions que je fesoit, jay vu hier M. le Renard*[3] *au moment que je m'en allait de chés Portugal*[4]*, je lui ai remit le pase port, lui disant qu'il pouvait servir d'exemple, nous voirons ce qu'il me dira ce soire, et tacherai de lui faire entreprendre certaine conversation, il a déjà dit au Clavel*[5] *ce que je lui ai dit sur ma façon d'agir avec le tendre ménage*[6] *et je sçai que c'est eux qui y ont été sensible, et l'on prié de me sonder a ce sujet, je compte dire ce soire au Mqis que l'opéra nouveau est samedi, et que je compte partir d'ici Dimanche matin. Dieu veuille que cela prene bien, mais c'est aigale rien ne m'empecheroit d'aller*

1. Kiki, personnage non identifié, sans doute un enfant de chœur auquel Beckford paraît avoir été fort attaché.

2. D. Pedro de Silva, ecclésiastique, frère du marquis de Santa-Cruz.

3. Liston (Sir Robert), 1741-1836, débuta dans la carrière diplomatique comme secrétaire d'ambassade à Madrid (1783), poste qu'il quitta en 1788. Il demeura par la suite ambassadeur à Constantinople jusqu'à l'âge de quatre-vingts ans. Il mourut à quatre-vingt-douze ans, doyen du corps diplomatique mondial.

4. D. Diogo de Noronha e Menezes, ambassadeur du Portugal à Madrid depuis 1786. Il prit en 1792 une part active à la conclusion d'une alliance entre son pays et l'Espagne contre la France.

5. William Carmichaël, chargé d'affaires des États-Unis à Madrid.

6. L'ambassadeur d'Angleterre à Madrid, William Eden, et sa femme.

vous voire. Je désire que vous m'attendiés avec autant d'impatience, que j'en ai a vous rejoindre car je ne suis heureuse qu'auprès de vous. Vous le croirés sans peine sachant a quelle point je
vous aime, c'est bien pasionement, avec toute la tendresse de mon
cœur et de mon ame, et je ne craint pour de vous asurer que c'est
pour la vie.

Vendredi 13 de juin 1788
[Veille du départ de Beckford]

De ma vie je n'ai éprouvé de situation plus cruelle qu'aujourd'hui,
en me séparant de vous, qui faisiés tout mon bonheur je ne puis vous
dépeindre tout ce que mon cœur souffre, combien je suis inconsolable, dans ce moment mes larmes me laissent a peine voire ce que
j'écrit, je suis dans mon lit ou je me suis mit bien vite pour pouvoir
vous écrire, et soulager mon pauvre cœur adieu je n'ai pas la force
de vous en dire davantage. Aimez moi c'est tout ce que je vous prie,
pour moi rien ne poura me dedomager de la perte que je fait.

Madrid, 16 de juin 1788

De plus en plus je sens l'impression que vous aviez fait sur mon
cœur, ce n'est qu'aprésent que je sçai ce que c'est que d'aimer,
autant jay été heureuse tout le tems que jai été avec vous, autant
je suis malheureuse a présent, jay fait prier le renard Liston de
venir chez moi, il demandera au ministre une lettre de recommandation, pour M. Maÿ gouverneur de St Ildephonse pour qu'il vous
fasse voire tout ce qu'il y a, jay surtout recomandé pour qu'on fasse
jouer les eaux, sur quoi on fait ordinairement plus de difficulté vous
voirés aussi la manufacture de glace, pour Segovie il ne faut point
de permission, vous pouvez même voir le Colège militaire, et alors
surtout pensés a votre pauvre petite, qui ne vit plus que pour vous,
le renard devait m'envoyer cette lettre encore aujourd'huy ou me la
remettre chés Portugal, et je vous l'envoyrés aussitot, nous avons
parlé de vous, je lui ai dit que je comptois surement vous revoire,
que je vous serais attaché tout ma vie, parce qu'il plaisantait sur si
jalais faire un autre choix, il me parlait de quelques personnes entre
autre de Carency disant qu'il revenait au mois de septembre, mais

tout cela m'est bien indifférent, ces gens la ne savent pas combien je vous aime, cependant tout le monde remarque la tristesse et l'abattement ou je suis, Portugal dit qu'il n'ose pas m'approcher parce que je suis d'une humeur terrible, j'ay conté aussi a Liston pour le train de la Vaughion a cause de sa fille, il n'en savait rien du tout, j'espère que vous feré votre voyage plus heureusement qu'eux, ils ont trouvé les chemins fort movais et on resté enbourbé dans un trou qu'on ne voyait pas qui était remplie d'eau ne pouvant donc pas s'en tirer, malgré l'aide de toutes les mules et beuf qu'on trouvait sur le chemin, il laisserent la voiture et s'en furent a pied, mais chemin faisant ils rencontrerent une charrette et se mirent tou dessu, et arriverent dans ce bel équipage, a l'endroit dont je ne sçai plus le nom, la princesse de listenois effrayé de tout cela et incomodé de la pluy, de l'humidité, atrapa la fievre, ce qui les obligea de s'areter deux jours a cette endroit, la voiture après bien des traveaux et du temps fut retiré heureusement, je suis sur que vous rirai de l'idée de voir papa Vaughion sur une charrette, moi j'en ai rit malgré ma tristesse qui me done bien peu d'envie de rire, on a doné la place de Cavallerizo[1] de la princesse au Comte de Montijo frère d'Hariza, il n'en sera pas content, car sa place de Capitaine des albardiés est bien plus tranquille, et veaut davantage ; vous partirés donc demain d'après ce que vous m'avez dit l'autre jours, mon chagrin va s'augmenter, car vous sachant encore a Madrid, il me semblait que je n'avait pas perdue tout a fait esperance, ensuite, la satisfaction d'avoir tous les jours de vos nouvelles m'était d'une grande consolation et je vais en être privé pour bien des jours, cruelle idée, je suis continuellement les larmes aux yeux, et ne suis contente que quand je puis être seule et me livrer entièrement à ma douleur. À dieu ce que jay de plus cher au monde que j'adorerai et aimerai toute ma vie. Aimé moi bien aussi c'est le seul moyen de me rendre ma situation plus supportable.

Toute la société de Portugal était chez la benavente[2], ce qui ne m'acomodait puisque je devais y trouver liston, je fus chés lui il n'y était pas, et j'y ai laissé un de mes domestiques qui la atendue jusqua présent, et voici sa réponse...

---

1. Écuyer de la princesse des Asturies, la future reine d'Espagne Maria Luisa, maîtresse de Godoy.

2. La comtesse de Benavente, vieille sorcière médisante, selon le *Journal intime* de Beckford. Son salon était un tripot où elle battait le rappel des joueurs pour sa banque de faro.

Lundi ce 28 juillet 1788

Mon Dieu que vous ête aimable cher pti de m'ecrire si en detaille sur tout ce que vous vous faites et pensé, mais vous sçavéz bien pour qui vous vous doné cette peine et combien mon cœur est reconnoissant aux moindres preuves de votre attachement, votre lettre m'a fait tant de plaisir que je ne me possedoit pas de joye et de reconnoissence, au point que je vous ai accordé à l'instant tout ce que vous me demandé pour Kiki. J'y ai reflechi ensuite davantage, mais malgré toute le repugnance que j'y trouvoit, le pouvoir que vous avéz sur moi l'a emporté, et j'ai été hier pour cela entendre la messe, a la petite eglise de Kiki, lui et son Payre, sont tout de suite venue a la porte de la sacristie pour me voir, je vous laisse juger de tout ce qui se passoit en moi, mais je surmontoit touts les sentiments que j'eprouvoit, et la messe finie je fus a la sacristie, et demandai a Kiki... de voire sa chambre ; il m'y mena et me présenta sa Mayre qui est une petite fême toute ronde petite et laide, jay dit que j'avois eut de vos nouvelles et que vous me chargiés de bien des choses, por e chico¹ a qui j'adressait la parolle et qui me repondoit, que l'obligent succulent épouvantable Mr Kauf... a qui j'ajoute ces justes titres étoit venue de votre part lui donner de vos nouvelles j'ai palie je crois jusqu'au levres [?] et une sueure froide s'empara de tout mon corps. Ce n'est pas la tout, sur cela le pere et la mere, parlerent de toute les bontés, y Carigno² que vous aviés pour leur fils, c'est la le terme dont il se sont servi, et qu'il ne sçavait coment il avoit mérité, au point que vous vouliés l'emmener avec vous a quoi eux n'avoit pue consentir n'ayant que ce seul enfant ; il me prit un serement de cœur si terrible, que je ne pouvoit pa parler, et je sortis a l'instant pour me laisser aller a toute ma douleur ; en arivant chés moi je fut un peu consolé, ayant reçue votre lettre de Bayonne, qu'aporta un valet de chambre de Papa Vaughion qui se dit en avoir été chargé, je doute que ce soit par vous car vous ne m'en dite rien, mais c'est bien négligent a lui de ne pas me l'avoir aporté plutot, enfin il vaut mieux tard que jamais car je lui croyoit le même sort que la première ; vous enragé, dites vous,

---

1. Pour le petit.
2. Et de l'affection.

contre Ver[1] et ceux qui vous ont fait quiter l'Espagne. Cette maniere de vous exprimer est très vray puisque ce n'est pas moi seule que vous y avéz laissé, et que vous regretéz, car ce maudit Kiki, vous tient aussi a cœur que moi – vous m'en parléz encore et craignés que je ne m'aquitterai point de tout ce que vous me dites pour lui. C'est ce que je ferai dorénavant, je ne serai plus aussi bonne que je l'ai été hier, en voila assé, je ne veu point vous ennuyer davantage avec mes plaintes qui ne font qu'exciter ma jalousie, et me faire deraisoner, mais ayé egard a l'amour extreme que jay pour vous, et qui me consume, au sujet du portrait je ne veut point aprofondir ce qui en est, j'aime mieux vous en croire, mais je vais vous dire come jai sue ce que je vous ai dit ; c'est par Beuste *a qui je parloit de votre portrait que j'ai, et il me dit lequelle, le premier ou le segond, je fut surprise mais je fit semblant de rien, et lui dit seulement que je ne sçavoit pas lequélle c'était ; sur cela il me dit, a c'est qu'il y en avoit un plus ressemblant, que l'autre, je ne perdit pas courage et lui dit, c'est celui que j'ai, et que l'autre vous l'aviés envoyé a* Mariala *ce qui auroit pu être puisque c'etoit là votre première intention, cependant je ne le croyoit pas et milles idées facheuses me vinrent a l'imagination, et je fut toute suite vous faire part de mon chagrin, car je vous dit tout ; j'y trouve du soulagement, et souvent on est consolé, et vous faite réellement dans ce moment tout ce que vous pouvés pour cela, ce que vous me dite de franchi, sur les parti que vous avés prie me tranquilise beaucoup mais ne serais-ce pas pour faire place d'autre, et n'être pas importuné, vous alé dire,* toujour de la jalousie *et vous avéz raison mais je ne puis la surmonter, elle est plus pardonnable qu'a d'autre ou elle ne provient ordinairement que de l'amour propre, et ce n'est surement pas ce qui m'exite. C'est un sentiment tout différent, je recevrai avec bien du plaisir votre* agnus Dei *et les* Coplitas al Santissimo[2], *mais je n'aime pas les paroles que vous avéz choisie, ni que vous composié de preference de la musique d'église, et cela pour* Cause, *moi je vous envoy par* Beuste *les deux aires de la Gally, dans les* tramé Deluse [?][3], *c'est tout a fait votre genre de musique, le rondeau surtout : je jurerai vous l'avoir entendue chanter ou autre chose qui lui resemble infiniment ; les paroles sont* resta in pace

---

1. Le docteur Verdeil, un Genevois, médecin personnel de Beckford. Il s'efforçait souvent de tirer son patient des guêpiers où ce dernier avait coutume de se fourrer.

2. Les stances au Très Saint (pièces de musique composées par Beckford : voir Timoty Mowl, *William Beckford composing for Mozart,* Londres, John Murray, 1988).

3. *Les Intrigues dévoilées,* sans doute le titre d'un opéra.

amato ben, idolo mio, mio dolce amor [1] *; je vous envoy aussi Gilblas de Santillane qui vient de paroitre en Espagnole, et come on dit, transposé a sa premiere langue dans laquelle il doit etre bien plus interessant, et jay pensé que cela pouroit vous faire plaisir, mais pour mon portrait a l'huile je n'en ai encore aucune nouvelle mais je ferai toutes les démarches posibles pour le r'avoire. C'est cette après-diné que Beuste doit etre parti, il s'arette a baniere* [2] *et n'arivera a Paris que le 15 de septembre je lui ai bien recomendé de vous parler souvent de moi. C'est un bon Diable et suis faché qu'il soit parti, j'avois de la confiance en lui, nous parlions presque toujours de vous et me tenoit souvent compagnie, a l'opera il etoit toujours dans la loge et les autres jours nous nous promenions le soir ensemble au Prado, et Perico aussi mais actuellement je ne sçai ce que je ferai, je ne veu pas aller seule avec Perico, point que je craigne ses persecution ni d'y succomber, mais cela feroit parler si on me voyoit seul avec lui, C...* [3] *me ecrit je vous envoy sa lettre a laquélle je ne compte point repondre, le grand beau dont il parle est sens doute le grand Valon mais il se trompe bien je ne compte pas même le revoire, vous aviez donc été à* [la fin de la lettre manque].

William Beckford à la marquise de Santa-Cruz

Mardi 27 de mai 1788

Que me dites vous la – Comment – des cochoneries a la barbe du Papa Vauguyon Mr Kauff en demence et le cher Carency arrosé d'un grand verre d'eau pour eteindre la conflagration – c'est charmant – c'est pittoresque – je me suis bien secoué a force d'en rire – je vous ai souvent dit que le gentil Tortillard ne sacrifiait pas toujours aux nimphes et aux naïades. – Malgré toutes les fleurettes qu'il sçait si joliment repandre aux pieds des Sabatinis, des Galve et des Villamayors – les Faunes et même les Satires – jouissent de ses plus solides hommages. Une frenesie prophétique s'empare de moi – je le vois dans le sein de l'avenir se livrant aux fureurs du delire Grec, en depit du formidable Beaupere, de la tendre Felkanaman, et de la

---

1. Demeure en paix, mon cher amour, mon idole, mon tendre amour.
2. Banière pour Bagnières.
3. Le prince de Carency, fils du duc de la Vauguyon. Tortillard est son beau-frère, le prince de Listenois.

vertueuse Duchesse – Ah le beau train que c'a fera – déjà j'entends le bruit du remue-menage, des superbes exclamations dans le plus grand genre français – des cris aigres et une petite voix assez melodieuse s'obstinant a se deffendre. Le temps ne m'ayant point permis de sortir a cheval, ce matin j'ai eté chez Carmona[1] et de la avec Verdeil dans la rue de Tolede, adorer la Vierge de Mengs[2] que nous avons vue ensemble. Demandez à Silva, qui n'est pas sourd comme bien vous scavez, si par l'entremise de l'ambassadeur je pourrai faire sortir ce tableau d'Espagne. – Il est sublime – la Vierge est plus celeste que toutes celles de Raphaël. – On a jamais si bien allié ensemble la majesté d'une Divinité protectrice avec les graces, la candeur et l'innocence d'une jeune mortelle – aussi en suis je fou et prêt d'abjurer mes pechés et commencer une neuvaine en l'honneur de la Divine et compatissante Marie. – Je ferai votre commission aupres de l'Imperiali que vous ne connoissez que par de fort mauvaises traductions. Je vous assure qu'en Italien ou plus tot en Napolitain elle est fort supportable. – L'arrivé de la Penafiel me fait grand plaisir. – Il faut la cultiver avec soin et surtout la mettre au courant des méchancetés atroces de nos adversaires. – J'espere que vous empecherez toute liaison entre elle et la Matrone anglaise. Hier V. mena sa Bine à mon petit concert, elle n'est pas sans graces. – On a chanté impitoyablement mal : si j'ose le dire il n'y avoit que le Duo de votre Innocent et du mien qui valoit quelque chose. J'ai encore les oreilles ecorchés des miaullements du Rubio et de la basse continue du gracieux D. on pepe. – La partie instrumentale valoit mieux que la vocale. Il faut laisser passer les transports du grand gala avant que je me montre dans les vertes Calles[3] d'Aranjuez. – Vous ne voudriez pas assurement que j'allasse mendier une invitation chez des gens qui m'ont accablé de froideurs et de soupçons aussi mal fondés que ridicules. J'ai poussé ma promenade a cheval ce matin jusque au Pardo. – Le palais est d'une lourdise et d'une tristesse sans egal, mais le pavillon du prince a bien son merite.

---

1. Manuel Salvador Carmona, 1734-1820, vint à Paris pour se perfectionner dans l'art de la gravure. Il fut admis à l'Académie des beaux-arts français pour son portrait du peintre Boucher. Un des meilleurs graveurs de son temps, il avait épousé la fille du peintre autrichien Mengs.

2. Anton Mengs, 1728, 1779, naquit en Bohême, se fit connaître comme portraitiste et pastelliste. À la suite d'un séjour à Rome, il imita Raphaël et s'enthousiasma pour les Antiques. Créateur d'une école nouvelle dite néoclassique, il devint en 1764 à Madrid le peintre attitré de la cour de Charles III.

3. Rues.

19

LOUIS-ANTOINE CARACCIOLI
ET L'« EUROPE FRANÇAISE »

Il y eut à Paris, à partir de 1764, deux marquis Caraccioli C'était un de trop.

Le plus récemment arrivé était le marquis Dominique Caraccioli, ambassadeur de la cour de Naples. Ce grand seigneur n'était pas beau. Marmontel a écrit de lui qu'« il avait l'air épais et massif qui annonce la bêtise ». Mais il était doué au plus haut degré de ce que Paris au XVIIIe siècle appréciait au-dessus de tout : l'esprit. Ses mots coururent bientôt la capitale. À Louis XV qui, sachant que l'ambassadeur travaillait tard, au sortir d'un tourbillon de vie mondaine, lui demandait obligeamment s'il avait au moins le temps de faire l'amour, question civilisée s'il en fut, il avait répondu : « Non, Sire, je l'achète tout fait. » Cette étincelle, et beaucoup d'autres, lui ouvrirent toutes grandes les portes des salons les plus fermés, même celui de Mme du Deffand. Chez Mme Geoffrin, il conquit d'emblée les Encyclopédistes. Le grand seigneur napolitain entra diplomatiquement dans leurs vues et, comme prévu, il en fut récompensé. Grimm, d'Alembert, Marmontel chantèrent ses louanges. Ils ont laissé de lui des portraits enthousiastes. Quand, rappelé à Naples, il alla occuper la vice-royauté de Sicile, le marquis se garda, comme Catherine de Russie à Pétersbourg, de régner à Palerme suivant les directives de ses amis et correspondants parisiens. Il se montra néanmoins un excellent et populaire administrateur. Quand il mourut à Naples en 1789, il était depuis plusieurs années ministre des Affaires étrangères du royaume. Il appartenait à l'une des plus anciennes et illustres familles napolitaines, féconde en amiraux, cardinaux, princes, hommes d'État, poètes et femmes supérieures dont une magnifique chapelle funéraire, récemment restaurée dans son église parthénopéenne, honore la longue tradition héroïque.

L'autre Caraccioli, Louis-Antoine, descendait de la même famille, mais par une branche collatérale qui avait fait souche en France, et que la banqueroute de Law avait ruinée. Élevé au Mans, il était entré en 1739 dans la congrégation française de l'Oratoire, l'une des grandes familles spirituelles de la Contre-Réforme française, fondée par le cardinal de Bérulle, et d'où était sortie toute une lignée de grands esprits, Condren, Malebranche, Thomassin. Il enseigna la rhétorique au collège de Vendôme, séjour de torture morale pour le Louis Lambert de Balzac au XIXᵉ siècle, mais qui déjà avant la Révolution, à la différence de l'autre grand collège oratorien, Juilly, ne devait pas être la plus aimable de ces pépinières de jeunes esprits dont la France abondait depuis le XVIIᵉ siècle ; avec l'enseignement primaire dispensé jusque dans les villages par les Frères de la Doctrine chrétienne, ils avaient fait du royaume la nation la plus largement alphabétisée et cultivée d'Europe. La belle humeur et les talents de société du jeune Caraccioli (c'était un prodigieux imitateur) restaient en friche dans le métier de pédant de province.

Est-ce son ascendance italienne qui le poussa, ou bien ses supérieurs découvrirent-ils de bonnes raisons pour l'encourager doucement à quitter la prêtrise, ou à l'exercer ailleurs que parmi la jeunesse scolaire ? Il se rendit à Rome, première étape d'une longue pérégrination européenne. Son nom, sa conversation sémillante, ses talents de société, ses connaissances littéraires, le firent goûter du grand monde romain. Les papes Benoît XIV et Clément XIII le reçurent avec honneur. Plusieurs cardinaux italiens le prirent en amitié durable, et il resta en correspondance avec eux après son départ. Probablement obtint-il des autorités ecclésiastiques les dispenses qu'il était venu chercher. Il prit alors le chemin de l'Allemagne, puis passa en Pologne, où le général Rewski fit de lui le gouverneur de ses enfants. Pour qu'il ait le droit de s'asseoir à la table de ce prince, l'ecclésiastique très séculier reçut un brevet de colonel *in partibus*. Cet emploi lui valut une pension viagère de 5 000 livres, qui lui assura une certaine indépendance, aussi longtemps qu'elle fut versée, c'est-à-dire jusqu'au partage de la Pologne en 1772. Témoin des réalités polonaises, Caraccioli tenta en vain, non sans courage, et par plusieurs écrits, de combattre les préjugés des « philosophes », dont la puissance de feu couvrit sa voix.

Revenu en France, il passa quelques années à Tours, avant de s'établir à Paris, où il mena une existence d'homme de lettres et/ou d'abbé mondain. Sa gaîté, son expérience des pays étrangers, son aménité, firent de lui un hôte apprécié dans de nombreuses sociétés. Il n'en devint pour autant ni renégat ni apostat. Au contraire : les nombreux ouvrages qu'il publia en divers points d'Europe relèvent tous d'une fervente pastorale chrétienne. Il a composé une *Vie de Bérulle* et une *Vie de Condren* (1764) qui attestent sa fidélité à l'Oratoire. Aurait-il quitté l'état ecclésiastique (si vraiment il le quitta, la chose est possible, mais invérifiée) pour mieux connaître « le monde » de l'intérieur et se trouver plus libre pour le convertir avec les moyens les plus appropriés ?

Ni les *Grandeurs de Jésus* de Bérulle, ni les *Pensées* de Pascal, ni les *Oraisons funèbres* de Bossuet, ni même les éloquentes prédications contemporaines ne pouvaient plus toucher ni les infidèles ni les fidèles de l'âge rocaille. Nul mieux que Caraccioli n'a mesuré cet éloignement avant tout mondain pour la religion qui affectait en France l'aristocratie de la Cour et de la Ville et dont les gens de lettres s'empressaient de faire la théorie pour leur plaire. Comment empêcher que cet exemple ne devînt contagieux auprès de la France moyenne et profonde ? Caraccioli s'est voulu l'interprète d'une religion des Lumières qu'il savait partout présente et latente, en France et en Europe, en dépit de l'athéisme ou de l'agnosticisme de rigueur et de parade dans les compagnies parisiennes. Or, aux applaudissements du grand monde, c'est justement à attaquer et à intimider cette religion latente, accumulée et stabilisée par un siècle et demi de Contre-Réforme gallicane, que s'employaient à déconcerter, au canon, au pic et à la pioche, la coterie philosophique, électrisée en sous-main par Voltaire au cri de « Écrasez l'Infâme ».

L'ire du parti philosophique

Voltaire et ses amis ne pardonnèrent jamais à Rousseau sa *Profession de foi du vicaire savoyard*, qui apportait l'eau vive et moderne du sentiment au vieux moulin à prières du christianisme. L'œuvre de la Contre-Réforme avait réussi. Son âge militant et polémique était passé, son âge stable et bienveillant était venu. La douceur et la joie de saint Philippe Neri et de saint François de Sales étaient entrées dans les mœurs. Mais la propagande des philosophes s'ingéniait à représenter ce christianisme au repos comme le suppôt du despotisme, un cauchemar d'inquisition et de fanatisme. Le Vicaire savoyard, tout déiste qu'il fût, gênait cette propagande antireligieuse.

À plus forte raison, l'ex-oratorien Caraccioli, devenu publiciste catholique, ne put-il échapper longtemps au destin de tête de Turc qui attendait quiconque en France, après 1750, osait prendre parti publiquement pour le christianisme.

Le succès européen de ses nombreux livres fut en effet assez vaste pour qu'on s'avisât à Liège, en 1763, de composer et publier un *Esprit des œuvres de M. le marquis Caraccioli*, le genre d'ouvrage qui alors attestait un rang distingué, ou même éminent, dans la République européenne des Lettres. Voltaire avait déjà eu le sien à Amsterdam. Fille fidèle et conservatrice des Lumières, l'Amérique actuelle perpétue cette tradition. On trouve dans les librairies de ses « campus » un *Foucault Reader* ou un *Derrida Reader*, qui relèvent exactement de la même formule anthologique, et qui indiquent la cote élevée de ces penseurs étrangers dans le commerce universitaire de la *tenure*.

C'en était trop. La foudre de Voltaire et de ses affidés parisiens, La Harpe et Grimm, fut dirigée contre l'intrus. Pour le tuer sous le ridicule, il suffisait de faire valoir le disparate entre sa littérature d'oratorien mondain et le titre de marquis que lui avaient attribué (ou restitué) ses anthologistes liégeois, ou celui de colonel qui lui avait été donné en Pologne. L'arrivée opportune du brillant ambassadeur de Naples, l'année qui suivit l'ouvrage liégeois, fournit l'occasion cherchée. Le « vrai » marquis, quand il fut mis au parfum, se fit présenter partout où le « faux » avait eu, ou aurait pu avoir, ses entrées, en demandant que l'énoncé de son nom et de sa qualité par l'aboyeur soit suivi du cri : « Ce n'est pas lui. » On rit. La méchanceté du mot, répandu dans toute l'Europe par la *Correspondance littéraire* de Grimm, ferma sans doute plus d'une porte parisienne au Caraccioli français, et restreignit ses fréquentations. Voltaire déclencha contre le malheureux une véritable campagne d'insinuations, comme celle dont il avait pris autrefois la tête contre l'abbé Desfontaines, et qui aurait pu cette fois encore faire enfermer le « faux » marquis pour « vice italien ». Caraccioli ne s'en laissa pas conter. Son vrai et large public n'était pas celui des « philosophes ». Il continua à publier des livres et à connaître des succès de librairie. L'histoire littéraire, les yeux invariablement fixés sur les vedettes choyées par Mme Geoffrin ou par Mlle de Lespinasse, a épousé trop volontiers leur sectarisme.

Caraccioli avait commencé à publier en 1751, dans le contexte du *Siècle de Louis XIV* de Voltaire. Ce premier ouvrage, paru à La Haye, touche à l'une des rares ombres des Lumières françaises : l'anxiété de la décadence. Cet effroi était apparu dès 1714, avant même la mort du Grand Roi, dans l'essai retentissant d'Anne Dacier, la chevaleresque avocate d'Homère contre les « Modernes » : *Des causes de la corruption du goût*. Il avait pris un tour encore plus inquiet en 1734, dans le livre d'un autre « Ancien », Toussaint Rémond de Saint-Mard, intitulé *Trois Lettres sur la décadence du goût*. Il était devenu presque agressif en 1747, sous la plume d'un amateur d'art, Lafont de Saint-Yenne, qui créa un scandale par son pamphlet *L'Ombre du Grand Colbert, le Louvre et la Ville de Paris*. Invoquant les « grands travaux » du Grand Siècle, l'auteur à mots couverts accusait d'incurie et de négligence l'administration de Louis XV : le nouveau Louvre restait inachevé, les Collections du roi, entreposées à Versailles, restaient invisibles aux artistes et au public, l'urbanisme parisien demeurait au point mort depuis Colbert.

C'est sur ce fond de nervosité que joua Voltaire, à Potsdam, en concevant son *Siècle de Louis XIV* comme une vaste amplification tardive des célèbres panégyriques de Charles Perrault à la gloire du Grand Roi qui avaient, en 1687-1694, inauguré la Querelle des Anciens et des Modernes. L'apologie voltairienne du siècle classique était propre à irriter l'inquiétude des « Anciens » d'avoir à vivre dans un siècle « décadent », elle alimentait aussi les reproches adressés par un Lafont de Saint-Yenne à l'administration de Louis XV. De toute façon, elle suggérait que le siècle des Lumières ne porterait jamais le nom de Louis XV. En 1751, Voltaire avait déjà publié un bref *Essai du siècle de Louis XIV*, qui annonçait la couleur et assurait depuis la Prusse le lancement de son livre, encore en gestation.

Défense de Louis XV

Caraccioli a fort bien perçu l'intention sourdement perfide du projet, et il a voulu prendre la défense de Louis XV. Ce n'était pas le résultat d'une commande, et la Cour ne lui en manifesta jamais la moindre reconnaissance. Mais il était sincèrement préoccupé par la différence entre le « grand style » chrétien du XVIIe siècle et celui qu'il se sentait tenu d'adopter dans une époque toute différente. Son livre, presque une brochure, s'intitule *Dialogue entre le Siècle de Louis XIV et le Siècle de Louis XV*. La dédicace est adressée au Temps. Elle reprenait l'un des grands thèmes augustiniens de la prédication et de l'art classiques, la « vanité » fugace des choses humaines, qui doit inciter le chrétien à faire un usage urgent de chacun des instants qui lui sont laissés ici-bas. La préface effleurait un autre grand thème classique et chrétien, l'illusion et la désillusion, le jeu de l'apparence flatteuse qui se métamorphose en âpre vérité. L'homme de tous les âges est un Protée qui veut s'ignorer et qu'il faut amener à se connaître. Les « progrès » de la civilisation, qu'avait vantés Charles Perrault, et qui s'étaient accélérés depuis, se bornaient donc au fond, si l'on comprend bien Caraccioli, à rendre toujours plus évidente, plus rapide, et donc à la fois plus illusoire et plus révélatrice, cette roue du Temps sur laquelle tournent tous les hommes. La « décadence » que déploraient les « Anciens » n'était à ses yeux de chrétien qu'une autre phase, plus ambiguë, mais non moins providentielle et surtout moins brutale, du voyage de l'humanité à la rencontre et à l'épreuve de ses fins dernières.

Le dialogue allégorique qui fait le corps de l'ouvrage est un exercice d'école classique, dans une variante plus animée du « parallèle » cher à Plutarque et à Montaigne. Caraccioli n'avait qu'à se consulter pour savoir que dans le siècle où il écrivait le ton était donné par des mondains pressés et volages, dont l'attention, mobilisée par mille objets divers, est difficile à retenir. Il ne se proposera pas le plus souvent d'attaquer de front cette « dissémination », bien qu'il ait jugé bon de publier, en 1766, un *Chrétien du temps confondu par les premiers chrétiens* : c'était une refonte très allégée d'un gros ouvrage publié par le capucin Bonnal en 1657. L'adaptateur avait maintenu les piques acérées, typiques de l'éloquence sacrée du XVIIᵉ siècle, contre « ceux qui veulent un christianisme sans calvaire, un calvaire sans croix, une couronne sans épines ». Mais il admettait aussi qu'on ne pouvait plus risquer cette manière sévère qu'à très petite dose, et que tout était préférable au décourageant rigorisme janséniste. Caraccioli s'est donc persuadé très tôt – et cela restera le principe de la plupart de ses essais de moraliste – qu'en mimant le « papillotage » rocaille (le mot apparaîtra en 1764 dans une satire anonyme contre les petits-maîtres à la mode) pour mieux l'éveiller à sa vérité, il parviendrait à le modérer et même à le désabuser. C'était la stratégie déjà envisagée en 1642 par un autre moraliste chrétien oublié, François de Grenaille, dans un livre qui a introduit en français le mot « mode » et qui s'intitulait *De la mode, ou des caractères du Temps*. Le Paris des ruelles Louis XIII avait préfiguré le Paris des boudoirs Louis XV. La continuité de Caraccioli avec la Contre-Réforme française du Grand Siècle est patente. Mais elle n'a pas exonéré ce moraliste des Lumières d'adapter sa méthode aux excès mêmes qu'a engendrés la christianisation réussie du royaume et de leur chercher des palliatifs et des parades inédits.

Le livre de poche

En 1760, s'inspirant des théories optiques du Père Castel, Caraccioli ne craindra pas de faire paraître successivement *Le Livre à la mode*, imprimé en vert, *Le Livre à la mode, nouvelle édition marquetée, polie et vernissée*, imprimé en rose, et *Le Livre des quatre couleurs*, imprimé en vert, rose, bleu et beige. Son zèle, mais aussi son excentricité, anticipaient ainsi sur les fantaisies typographiques les plus débridées du surréalisme.

Retournant l'ambition originelle de l'imprimerie humaniste (sauver les textes classiques des effets du temps en les gravant sur du papier, comme les inscriptions antiques avaient été éternisées dans le marbre), Caraccioli mettait en évidence par cet encrage ironique et bizarre la frivolité du livre moderne de poche, objet de consommation hâtive et jetable. Il la mimait jusqu'à la caricature, non pour la flatter ni pour la condamner, mais pour la conduire à reconnaître ce qu'elle voulait ignorer : son propre principe de vanité.

« La bigarrure, écrit-il, est tellement à la mode, que ce livre a droit de se présenter au milieu de la belle société. Il ne remplacera pas le *Dictionnaire encyclopédique*, si varié par les matières qu'il traitait, mais il courra plus vite. Les esprits d'aujourd'hui, changeant comme des baromètres, ne s'effaroucheront point à la vue d'un ouvrage qui le représente, et les cœurs mobiles comme le vif-argent goûteront la morale qu'il contient [...]. Le monde d'aujourd'hui veut tout voir dans une lanterne magique [...]. Il ne donne qu'un coup d'œil et tous les livres, ainsi que leurs auteurs, doivent passer vite en formant quelques ombres et quelques nuances agréables [...]. Je n'adresse point ce livre à la postérité, car outre qu'il n'irait pas à son adresse, il serait alors "le Livre gothique" et ne répondrait plus à son titre. Je désire seulement qu'il ait l'honneur de reposer quelques minutes sur le sopha de la duchesse de *** et sur la toilette du chevalier de ***. Ce couple enchanté, qui nous retrace les colombes de Vénus, qui comme elle soupire agréablement, paraît d'une propreté [*entendons* : d'une élégance] ravissante et s'envole tous les jours dans la région des plaisirs les plus délicieux. Mon livre aura fait fortune si ce bonheur lui arrive. Mais quelle gloire n'aurait-il point si, finissant par servir de passe-temps à Dorine, jolie petite chienne, il était élégamment déchiré feuille par feuille et ensuite ramassé proprement pour servir de papillote à quelque tête vide de bon sens, mais ornée de cheveux artistement étagés. Voilà le plus brillant succès qu'il peut espérer. Plût au Ciel que la plupart de nos écrivains ne formassent pas d'autres souhaits ! »

Introduit à la faveur de ses teintes chatoyantes jusque dans un boudoir à la Boucher, le livre, au titre d'objet, devient une *Vanité*, une *Bulle de savon*, témoignant, au prix de son propre dépeçage accepté d'avance, de l'illusion qui règne dans les jardins modernes des délices. Mais le texte même, imprimé aux couleurs de fard, ou d'éventail, est conçu pour amener ses destinataires de luxe, s'ils ont pris le temps de le parcourir, à des réflexions que l'aspect frivole du support ne laissait pas prévoir. Quant au lecteur moins huppé, il sera d'autant plus ravi de reconnaître, au fond de cet apparent colifichet pour oisifs et petits-maîtres, la substance des sermons qu'il entend dévotement tous les dimanches :

« Que les temps ont changé ! Nos pères ne se mettaient jamais à table sans invoquer Dieu ; il ne faudrait aujourd'hui qu'un signe de croix pour perdre une personne de réputation. Nos pères croyaient tout simplement une religion qui a commencé avec le monde : nous voulons maintenant en avoir une changeante comme nos modes. Nos pères étaient sérieusement convaincus de l'immortalité de leur âme, nous adoptons glorieusement les lapins et les bécasses pour nos frères et nos sœurs ; nous prétendons n'être pas d'une autre substance. Oh ! le joli siècle que le nôtre ! »

Tertullien travesti en livrée de sylphe et de page ôte le masque, mais le moraliste se garde bien toutefois de brandir le crâne sur lequel Marie-Madeleine était autrefois invitée à faire oraison. Même démasqué, ce nouveau Tertullien, héraclitéen, épicurien et chrétien, refuse de faire peur. La mélancolie, la tristesse, l'angoisse ne sont pas à ses yeux des préparations évangéliques. La dévotion à laquelle il veut convertir est de nature joyeuse, la foi à laquelle il veut ramener est un principe de « jouissance » : elle est le vrai secret qui soulage les laïcs modernes de l'instabilité douloureuse des humeurs, des goûts et des opinions qui exaspère, subtilise, cache, multiplie, dans une civilisation compliquée, les tristesses inhérentes à la nature humaine veuve de Dieu.

Un chrétien des Lumières

Entre 1753 et 1764, Caraccioli publia à Rome, à Francfort, à Utrecht, aussi bien qu'à Paris, une série de traités de spiritualité (*La Conversation avec soi-même, La Jouissance de soi-même, De la gaîté, De la grandeur d'âme*) où il s'efforçait, pour le vaste public francophone, d'apprivoiser à une doctrine au fond classique d'analyse morale et de vie spirituelle un «esprit du temps» qui fuyait tout retour sur soi. *Le Livre des quatre couleurs* s'inscrit dans cette série d'essais parénétiques, même s'il prend une voie singulière pour atteindre la même fin. «Je connais des personnes, écrit Caraccioli, qui voient tout en noir, des personnes qui achèteraient des inquiétudes si elles n'en avaient point, et si l'on en vendait au marché. La surface du monde leur semble un crêpe lugubre, ou plutôt un drap mortuaire.» Tel est le revers de l'autre vice mondain et moderne, l'euphorie artificielle :

«J'en connais d'autres qui se chatouilleraient le soir pour rire, et si l'on n'avait ri dans la journée, qui ne donneraient pas leurs jolis châteaux en Espagne pour cent mille écus de rente, qui se repaissent des plus agréables chimères, qui les récusent, et qui ont toujours cinq ou six couleurs charmantes à leur volonté pour en revêtir les objets tristes et maussades. Cette façon d'être ne sera pas peut-être à la mode ; car il faut aujourd'hui des doses continuelles d'hypocondrie, surtout chez nos sages de vingt ans, et des magasins de vapeurs chez nos prudes de dix-sept. On est malade sans savoir où l'on a mal, on souffre, sans savoir qu'on souffre, mais on le dit, et le visage s'ajustant au discours, on meurt à chaque quart d'heure ; en mangeant et en vivant toujours.»

Les enfants du Paradis, les optimistes, même dupes de leur imagination, sont donc plus près de la vérité chrétienne que ces pessimistes : le «vague des passions» auquel ces dolents s'abandonnent, et dont Chateaubriand donnera une nouvelle définition en 1802 dans *Le Génie du christianisme*, est la pire voie d'égarement. Le «mal du siècle», nouvelle version mondaine de l'*acedia* des moines médiévaux, interdit cette «jouissance» qu'incessamment restaure la foi. Caraccioli ne peut donc être un adepte de la «décadence», cette idée noire qui travaille sourdement un siècle frivole. Il faut prendre son temps pécheur comme il est venu, et le convertir tel quel à l'ironie chrétienne, sans le désespérer.

Le dialogue entre le siècle de Louis XIV et le siècle de Louis XV, le parallèle entre «nos pères» et «nous», est donc bien le point de départ de l'itinéraire de Caraccioli, moraliste chrétien des Lumières. C'est aussi le point d'aboutissement de la Querelle des Anciens et des Modernes. Dans sa brochure de 1751, l'essayiste débutant prête à la personnification du Grand Siècle le discours qu'avait tenu Charles Perrault dans son poème et dans ses *Parallèles* et que Voltaire, à son de trompe, se préparait à reprendre dans son tableau du règne de Louis XIV : le XVIIe siècle a été le point de perfection atteint par la civilisation moderne, il efface tous les grands siècles antérieurs à commencer par le plus célèbre de l'Antiquité, celui d'Auguste. Mais Caraccioli, refusant l'idée de « perfection » qui fonde l'apologie de la modernité du Grand Siècle par Perrault et Voltaire, et qui commande l'idée de « décadence » répandue par les « Anciens », donne à la modernité propre au XVIIIᵉ siècle toutes ses chances de faire valoir ses propres mérites et même ses avantages.

Défense d'un XVIIIᵉ siècle catholique

Le porte-parole de l'âge contemporain, dans ce dialogue, veut bien reconnaître le mérite personnel des hommes de guerre du Grand Roi, mais c'est pour mieux mettre en évidence les progrès de stratégie et de la technique, qui ont rendu plus efficaces et moins destructrices les armées de Louis XV. Le plaidoyer *pro domo sua* du « XVIIIᵉ siècle » de Caraccioli réserve des surprises pour le lecteur moderne conditionné par la vulgate historiographique. Qui a jamais étudié l'éloquence sacrée sous Louis XV et Louis XVI ? Même l'abbé Bremond a reculé. Pour Caraccioli, son siècle est un siècle chrétien, fruit de la Contre-Réforme catholique, et il peut se prévaloir de grands orateurs sacrés, « l'illustre Polignac », « le célèbre Duguet », qui a mis en vogue une apologétique des spectacles de la Nature :

« Nous peint-il l'Univers dans son berceau, il fait éclore à nos yeux toutes les richesses du Ciel et de la Terre. Tantôt il nomme le firmament le premier prédicateur de la Vérité, le représente comme un Livre écrit en caractères de lumière où l'homme sauvage apprend à connaître son auteur, tantôt il amoncelle les flots de la mer, il en rassemble et l'écume et les coquillages pour montrer la majesté de ce fier élément. »

D'autres noms, que l'histoire littéraire ignore, sont cités à la suite du grand Massillon (lecture favorite de Chateaubriand, élève du collège de Dol) : « l'admirable Ségault, le célèbre de La Neuville, le docte La Bretonnie ». Et le « XVIIIᵉ siècle » ajoute : « C'est à cette École embellie par les grâces d'un style toujours fleuri, que le cœur apprend à penser noblement, l'esprit à juger sainement, les sens à agir décemment. » Le Bremond des Lumières nous manque cruellement.

Au Grand Siècle, qui met en avant Fénelon, le « XVIIIᵉ siècle » personnifié peut opposer Fontenelle, le Moderne par excellence :

« Plus oracle que ceux mêmes de l'Antiquité, il tint le vrai langage des Dieux ; plus hardi que le fameux Colomb, qui découvrit un coin de la Terre au-delà des mers, il s'élève jusqu'aux astres, et va chercher jusque dans les planètes un monde inconnu jusqu'alors. »

Le Grand Siècle invoque Descartes, Malebranche. Son interlocuteur plus jeune lui rétorque les erreurs de Descartes aujourd'hui décelées, et les excès d'imagination métaphysique où est tombé Malebranche. Jamais comme aujourd'hui les mathématiques et la géographie n'ont été cultivées avec tant d'éclat, les historiens, les antiquaires, les juristes, les médecins contemporains ont dépassé leurs prédécesseurs par leur science et leur talent. Aux poètes du XVIIe siècle, le siècle nouveau peut opposer Jean-Baptiste Rousseau, Voltaire (celui d'*Alzire*), Crébillon le père, Louis Racine, Peyron, entre les mains desquels « la Religion déploie ses plus belles richesses ».

Aux grands artistes de l'âge classique, le règne du Bien-Aimé peut opposer le sculpteur Edme Bouchardon, les peintres François Le Moyne, Quentin de La Tour, Carle Van Loo : « Quelle proportion dans leurs ouvrages, quelles grâces, quelle noblesse ! Sont-ce des hommes véritables qui naissent tout à coup entre leurs mains ? Sont-ce de simples figures ? L'œil s'y méprend. » À Lully ont succédé Rameau et Blamont, dont les interprètes font oublier ceux du siècle précédent :

« Sous la douceur des lois, sous les tendres modulations de Blavet, la flûte devient une voix qui articule distinctement des mots de douleur ou d'amour. À chaque coup d'archet de Mondonville, de Guignon, les sens se réveillent, le cœur redouble de palpitations, l'âme s'extasie. Les éclats de Jélyotte, semblables aux roulements des eaux souterraines, appellent les Dieux, pénètrent les Cieux, évoquent les morts, ouvrent les Enfers, endorment Cerbère, attendrissent Pluton. »

Louis le Bien-Aimé, tout auréolé de ses victoires au cours de la guerre de Succession d'Autriche, Apollon bienveillant régnant sur le plus brillant des Parnasses où plusieurs femmes (Mme du Châtelet, Mme de Lambert, Mme de Graffigny, Mme du Bocage, Mme de Puisieux) peuvent tenir tête aux Scudéry et Sévigné du règne précédent, n'a donc rien à envier, au contraire, à son arrière-grand-père jupitérien d'illustre mémoire. Le « XVIIe siècle » scandalisé tire alors de sa manche un atout redoutable :

« Tout est extrait chez la plupart de vos élèves, leurs lectures, leurs ouvrages annoncent des hommes superficiels. Qui aurait maintenant le courage d'ouvrir un *in-folio* : ce mot seul est capable d'engendrer une migraine ; de simples brochures ont succédé à ces volumes énormes que les miens compulsaient avec plaisir, qu'ils feuilletèrent avec avidité. La jeunesse ne connaît plus de livre que ceux qu'on lit dans l'espace de deux heures. Il en est des ouvrages comme des bouquets, l'on est content, pourvu qu'ils durent une journée. »

Le « XVIIIᵉ siècle » est obligé d'avouer que, dans la fureur du siècle à publier, s'enfantent beaucoup de futilités. Mais n'est-ce pas le prix à payer pour une plus large diffusion des Lumières qui a gagné maintenant les « plébéiens » et qu'atteste aussi bien le nombre de ceux qui écrivent que le succès d'excellents périodiques et dictionnaires : on ne saurait lire le *Journal de Trévoux* « en deux heures ».

Mais que dire des usages ? Le « XVIIᵉ siècle » insiste et se fait sévère :

« Je vois que ce mot vous rappelle ce goût de modes, de colifichets, qui confond aujourd'hui les deux sexes, qui vous rend le Règne de la frivolité ? Vit-on de mon temps l'individu mâle le disputer au féminin à force de parures, de mouches, et de fard ? Vit-on mes élèves avoir des toilettes en règle, passer leurs jours entre le peigne et le miroir ? Qui peut leur reprocher d'avoir mis leur gloire à se parer d'un bijou, à se pâter les mains, à se marquiser ? Eurent-ils d'autre fard qu'une noble sueur excitée par la fatigue, tirent-ils vanité d'une frivole parure ? Où est aujourd'hui cet esprit mâle, le partage de ceux qui sont véritablement hommes ? »

Ce désordre des sexes est contagieux. La politesse est devenue duplicité. On prêche maintenant une morale qui eût fait rougir la Rome païenne. On traite l'Être suprême de « songe par la politique embelli ». L'éducation n'est plus ce qu'elle était. Le luxe a tout corrompu. La simplicité a disparu. Le bel esprit a remplacé le bon sens.

Le « XVIIIᵉ » doit convenir que tout cela n'est pas faux, mais le siècle précédent avait eu déjà ses précieux ridicules, ses libertins et ses abbés de Choisy. L'éducation moderne, réformée par un Rollin, pourvue de manuels aussi excellents que celui de l'abbé Batteux et dispensée sur un mode enjoué et civil, a des grâces et des douceurs qui modèlent les jeunes âmes mieux que la vieille sévérité. Les révolutions répétées des arts et des modes ont les charmes de la variété, comme les saisons de la Nature. Et le luxe est au principe d'un commerce universel qui réunit les peuples les plus éloignés en une seule humanité. Au surplus, ne revient-il pas au chrétien de tirer un bien réel du mal même ? « Je profite de mes ombres, *déclare le Siècle de Louis le Bien-Aimé*, pour engendrer une lumière éclatante [...]. Convenons de bonne foi que chaque siècle a ses défauts, rien de parfait ici-bas. Ce n'est pas à nous, qui ne sommes que passagers, de briller sans ombre. L'éternité seule a ce glorieux privilège.» L'arbitrage de la dispute, médité par le Temps, rend une justice idéale aux deux siècles, tous deux «lustres de l'Univers». Mais la pointe finale tranche autrement : «Le Temps continua sa course ainsi que le dix-septième siècle, et 1701 disparut. Bientôt, on n'en aperçut plus aucun vestige.»

Paris et Rome

Un quart de siècle plus tard, en 1776, Caraccioli revint sur le parallèle qu'il avait tracé en 1751, mais cette fois sans opposer un spectre indigné à la réussite de la plus récente modernité chrétienne. Les Modernes l'ont définitivement emporté sur les Anciens, et le siècle de Louis XV a tenu toutes les promesses du siècle de Louis XIV, en les inclinant du côté de la joie, de la paix, de la douceur et de l'humanité. L'essayiste, au sommet de sa verve, fait le bilan des progrès européens d'une civilisation continentale à double foyer : Paris et Rome.

En faveur de Rome, et de la doctrine catholique des Lumières, le fécond écrivain avait publié en 1766 à Liège un *Éloge historique de Benoît XIV*. En 1776, il fait paraître à Paris un *best-seller*, les *Lettres intéressantes du pape Clément XIV Ganganelli, traduites de l'italien et du latin*, plusieurs fois rééditées et traduites en allemand. Voltaire, avant de les dénoncer violemment comme un faux, en fut d'abord surpris et enchanté.

En faveur de Paris, et de la civilisation chrétienne dont la capitale française est le foyer rayonnant, il publie un petit in-12°, en même temps à Turin et Paris : *L'Europe française*. La réédition, l'année suivante, modifie et précise le titre : *Paris capitale de l'Europe, ou l'Europe française*. Rivarol s'est inspiré de ce livre dans sa célébrissime dissertation couronnée en 1784 par l'Académie de Berlin, *De l'universalité de la langue française*.

Caraccioli ne se sert pas du mot «civilisation», qui vient d'entrer dans la langue, mais il emploie le verbe «civiliser», et c'est bien de civilisation, au sens profane et laïque, dont il est sans cesse question dans ce «tableau» où l'auteur, selon sa propre préface, a voulu représenter «les Européens selon le costume français qu'ils ont adopté». L'universalité conquise par la langue du royaume y est décrite avant Rivarol :

«On entend converser à la cour de Vienne, de Pétersbourg, de Varsovie, comme à celle de Versailles. C'est la même expression, le même accent [...]. Le Parisien qui voyage s'aperçoit à peine qu'il a quitté Paris, il ne trouve point de ville où on ne lui réponde [...].

Vous vouliez autrefois, illustre Leibniz, former une langue qui fût commune à tous les savants, qu'on pût entendre dans tous les pays. Revenez [...], et vous verrez que vos vœux sont accomplis. Il n'y a pas un homme instruit qui ne parle aujourd'hui français, ou qui ne le lise, pas une femme bien élevée qui n'en connaisse les expressions, et qui ne soit peut-être en état d'en admirer les beautés. Cette langue a l'avantage d'avoir fourni aux Anglais presque tous les termes des sciences et des arts. Que de sentences, que d'ouvrages, que d'axiomes qui doivent à la langue française leur lustre et leur réputation [...] ! Se modifiant selon les circonstances, elle est admirable dans la bouche des orateurs sacrés, majestueuse dans celle des rois, énergique dans celle des magistrats, ravissante chez les poètes, et séduisante chez les femmes. »

L'usage général du français est accompagné par l'adoption des « modes » et « usages » de Paris, et par l'influence profonde de la pensée française dans tous les ordres de l'esprit. Et cet ascendant pacifique, mais irrésistible, exercé par le Paris de Louis XV sur toute l'Europe, est d'essence moderne et chrétienne. Pour Caraccioli, le siècle des Lumières est la floraison merveilleuse des semences posées par la Contre-Réforme, à Rome par des papes éclairés, à Paris par la monarchie française, grande sous Louis XIV, aimable sous Louis XV. C'est à Paris qu'a pu s'épanouir une société laïque qui, ne se piquant ni de sainteté ni de dévotion, accomplit tout humainement par la douceur et l'intelligence de ses mœurs, avec ses ridicules, ses défauts et ses excès, mais aussi avec un humour à la Montaigne, les Béatitudes évangéliques. Cette « lecture » d'un XVIIIe siècle rose, et même couleur de cuisse de nymphe émue, bat en brèche toutes les idées historiographiques reçues aujourd'hui. Elle rencontre, malgré le rôle fécond qu'elle attribue au christianisme, odieux aux deux frères, l'enthousiasme des Goncourt ; elle s'ajuste au fond assez bien avec les vues sur « la longue durée » que défendent depuis longtemps parmi nous un Pierre Gaxotte, un Michel Antoine, un Pierre Chaunu.

Si la monarchie très-chrétienne, en devenant un régime administratif, a gagné un tel rayonnement européen, c'est que ce régime stable a permis au naturel de la nation de manifester toutes ses qualités morales, et d'atténuer ses défauts politiques d'inquiétude querelleuse et de sautes d'humeur. Même les guerres de Louis XIV, même l'injuste révocation de l'Édit de Nantes, sont devenues des « occasions de répandre les Français dans tous les pays » et de voir leurs soldats « se métamorphoser en guerriers aimables qui, après avoir combattu, se livraient aux délices de la société avec une politesse qui charmait ceux mêmes dont on dévastait les campagnes et les villes ». À plus forte raison sous Louis XV, quand le beau tempérament du roi tend à une « politique universelle de paix », et quand « plusieurs écrivains français » (hommage à Voltaire) ont jeté « un ridicule éternel sur les guerres et les guerroyants » : maintenant l'aimantation de l'aménité, de la gaîté, de l'esprit de société, de galanterie et d'agrément, dans les choses de la vie comme dans les choses de l'esprit, qui caractérisent le « génie » des Français, est devenu universel et irrésistible : « Les Européens, presque tous sur la réserve, ne sont devenus communicatifs que depuis qu'ils prirent les manières françaises. »

Cette évangélisation moderne (si opposée à celle que décrira Chateaubriand dans sa *Vie de Napoléon* : « Comme Mahomet avec le glaive et le Coran, nous allions l'épée dans une main, les droits de l'homme dans l'autre ») a transfiguré la République européenne des Lettres. Les étrangers doivent aux jurisconsultes français « l'avantage d'être plus clairs dans leurs suppliques et dans leurs mémoires, et conséquemment plus précis ». D'après l'exemple que la France a donné, les Européens lettrés ne conversent plus comme autrefois uniquement pour disputer, et pour faire assaut d'érudition :

« Nos livres de toute espèce ont beaucoup hâté la révolution qui fait le sujet de cet ouvrage. Ces gens qui écrivent si agréablement, et sur tant de jolis sujets, ont dit les Européens, doivent être eux-mêmes très agréables, et nous ne pouvons mieux faire que de les copier. Dès lors le Russe a pris la plume, ainsi que le Suédois, et l'on a vu sortir de leurs mains des livres calqués sur ceux qu'on imprime à Paris. »

Ce qui est vrai des livres l'est tout aussi bien des journaux et périodiques :

« Interrogez les hommes d'étude qui habitent la Bohême, la Transylvanie, la Courlande, et ils nous parleront de nos auteurs comme nous en parlons nous-mêmes [...]. C'est le fruit des journaux [...]. Les ambassadeurs les font connaître, les étrangers qui ont voyagé les font venir, et on se les communique avec la plus grande célérité. C'est d'après la lecture de nos ouvrages périodiques que l'abbé Lami, célèbre par son érudition, fit paraître à Florence une gazette littéraire, et qu'on vit à Mannheim, à Bruxelles, à Liège, à Bouillon, éclore différents journaux aussi agréables qu'utiles [...]. Quant aux gazettes, qui prirent naissance à Venise, on voit qu'elles sont aujourd'hui presque toutes écrites en français : autant de voix qui publient que la langue française est vraiment universelle. »

Les Académies royales ont engendré par imitation dans toute

l'Europe « je ne sais combien de sociétés, qui jouissent maintenant d'une réputation bien méritée ». Les collèges français ont inspiré la réforme de leurs correspondants européens : « Le collège Thérésien de Vienne en Autriche est à l'imitation de celui de La Flèche ; celui de Varsovie ressemble à celui de Juilly, et ceux de Rome ont beaucoup de rapport avec Mazarin, Harcourt, Lisieux. »

L'Europe française

Portées par un concours d'intelligences qui dialoguent dans la même langue, et qui ont reçu une éducation analogue, les thèses inspirées par « l'esprit philosophique », comme la tolérance civile et l'inoculation, que les Anglais avaient prêchées froidement et sans succès, sitôt qu'elles ont été reprises par les Français, « on les écouta de toutes parts et l'on se fit un plaisir de profiter de leurs leçons ». Les brochures éphémères et piquantes, dont Paris est la corne d'abondance, contribuent dans leur ordre à répandre auprès des voyageurs, qui en sont avides, et les font connaître dans l'Europe entière, l'esprit vif de Paris. Pour Caraccioli, ces essais d'humeur capricieuse représentent un autre degré de cet « esprit philosophique » qui pourvoit aux progrès de la science, de la médecine, et à l'adoucissement général des mœurs. À tous ses étages, l'esprit français étend le « génie du christianisme » sociable et doux à la vie morale et sociale de tous les peuples.

Il y a même quelque chose de résolument démocratique dans le sentiment de « plébiscite » spontané que donne Caraccioli au ralliement général de l'opinion européenne à l'évangile français :

« Le plus grand mérite, écrit-il, se soutient beaucoup moins par lui-même que par l'opinion, et certainement l'Europe ne serait pas devenue française, si l'opinion n'y eût pas fortement contribué. Mais elle emboucha la trompette en faveur des Français et dès lors, tous les peuples prêtèrent l'oreille, et furent de son avis. Aussitôt on ne parla plus que de leur amabilité, on n'estima plus que ce qu'ils imaginèrent pour les commodités de la vie et pour ses agréments. L'Allemand eut beau faire des chefs-d'œuvre [...]. »

La question irritée que posera Friedrich Sieburg en 1927 : « Dieu est-il français ? », avait déjà trouvé réponse chez Caraccioli.

Mais la plus incontestable originalité de l'Europe française est l'apologie apparemment paradoxale de traits du caractère national français dont les « philosophes », et pas seulement Rousseau, se défendaient avec autant d'ardeur que leurs ennemis théologiens : la légèreté, la passion des modes, le parti pris de gaîté et d'aménité, à plus forte raison la frivolité tourbillonnaire qui, chez les petits-maîtres et les petites femmes de Paris, peut toucher à l'extravagance évaporée. Le moraliste voit dans cette manière de prendre la vie, qui a irrité et fasciné les Européens, et qui peut sembler incompatible avec la sévérité du christianisme, une parade au vice suprême qui puisse frapper l'humanité mortelle : l'aveuglement sur sa propre vérité et la pesante satisfaction de soi, pédantesque ou méchante. Le « divertissement » honni par Pascal, lorsqu'il se pénètre d'esprit, est devenu un exercice supérieur d'humilité et d'humour. Il est une heureuse dérivation en France à la tentation de l'orgueil intellectuel et des fureurs politiques. Même réduites à elles-mêmes, les grâces et les folies sociales des Français ont un pouvoir de dégeler l'endurcissement des cœurs et de faire gagner, faute de la sainteté réservée à de rares grandes âmes, l'humanité sur l'inhumanité. Ce moraliste chrétien des Lumières n'est pas vraiment indulgent ni laxiste. Il continue et porte à leurs dernières conséquences l'anthropologie chrétienne de Montaigne, Charron, François de Sales.

Le théâtre, et pas seulement la tragédie ou la comédie sérieuse, mais l'opéra-comique, ancêtre d'Offenbach ou de Meilhac et Halévy, a contribué à convertir l'Europe :

« Danois, Italiens, Suédois, tous reviennent de Paris enchantés des pièces qu'on y joue, et il n'y a pas jusqu'aux spectacles de Boulevard qui les séduisent. Ils emportent tout avec eux ; et les opéras comiques, et les nouvelles comédies [...]. Il n'y a presque pas de cour en Allemagne qui n'ait aujourd'hui sa comédie française, et chose étrange, au milieu même des ravages de la Pologne, il s'en trouve une qui semble en adoucir les maux [...]. L'Espagnol lui-même, si fier et si sérieux, rend hommage à la comédie française, ayant un théâtre français à Cadix ; et c'est d'après ce fait mémorable que l'Espagne a donné à ses pièces un air naturel, en les rapprochant des mœurs de Paris »[1].

Les arts de la table, associés par les Français à l'art de la conversation, ont contribué à métamorphoser les Européens de bêtes à boire et à manger en convives de Cènes profanes.

« [Maintenant] on ne boit pas plus à Varsovie et à Prague qu'à Paris. Les étrangers, soit en fréquentant les ambassadeurs français, soit en venant eux-mêmes en France, ont enfin appris que la tempérance est spécialement la vertu des gens bien nés. Quelle gêne autrefois qu'une table russe, et maintenant quelle liberté, quel agrément ! On y parle avec intérêt, on y rit avec aisance, on y

---

1. *L'Europe française*, chap. XXV, « Des spectacles ».

mange avec délicatesse, et c'est encore un miracle français. On soupe à Milan, depuis que le maréchal de Villars y introduisit la coutume de donner des repas ; on festine à Turin et l'on commence à Rome même, d'après le bon exemple des ambassadeurs français, à connaître la bonne chère, et à savoir parfois en user »[1].

L'apostolat des Français ne passe pas par la grise mine ni les sermons des professeurs d'éthique :

« La gaîté, plus que toutes les leçons, a corrigé la plupart des Européens de leur insociabilité[2] [...]. Mille fois, dans les cafés, tant à Munich qu'à Berlin, tant à Liège qu'à Rotterdam, on prit, à la seule inspection d'un Français, sa manière de se mettre, de se présenter, d'exister »[3].

Et Caraccioli n'hésite pas à lâcher le plus scandaleux de ses paradoxes :

« Le Français, sans sa légèreté, n'eût pas charmé les Européens, ne les eût pas séduits [...] »[4].

Ou mieux encore :

« Le mérite ne nous fait que trop souvent des ennemis, et l'amabilité nous concilie tous les esprits »[5].

C'est que cette légèreté de danseur, étrangère à tout ce qui pèse et qui pose, n'est pas nécessairement une absence de « mérite ». C'est aussi et plutôt l'attitude d'une liberté bien décidée à ne pas se charger de chaînes : « Jamais le Français n'aurait francisé les nations s'il eût été l'esclave de la coutume et du préjugé [...]. Tout autre joug qu'une obéissance raisonnable lui pèse et voilà pourquoi il a l'air de ne faire que ce qu'il veut »[6]. Devinant par avance Jean Cocteau ou Jean d'Ormesson, Caraccioli définit d'un trait ce qui met hors de pair la vraie politesse à la française, « franche, aisée, rendant à chacun ce qui lui appartient ». Il n'est pas surprenant qu'elle soit devenue un objet de désir et d'imitation :

« On s'est modelé sur celle-ci, et cela paraît surtout chez les Polonais, qui, toujours aux pieds les uns des autres, exprimaient leur attachement et leur respect par des révérences aussi pénibles qu'humiliantes, mais qui se dégagent aujourd'hui d'aussi pénibles entraves [...]. C'était un spectacle hideux, avant ce siècle-ci, de voir la grossièreté du peuple allemand et hollandais. Les mœurs

---

1. *Ibid.*, chap. XXVIII, « Des tables ».
2. *Ibid.*, chap. XXX, « De la gaîté ».
3. *Ibid.*, chap. XXXI, « Des cafés ».
4. *Ibid.*, chap. XXXIV, « De la légèreté ».
5. *Ibid.*
6. *Ibid.*, chap. XXXVI, « De la liberté ».

des différents peuples se sont civilisées, et de cette heureuse révolution il est résulté une aménité qu'on ne peut trop chérir »[1].

Le talent français

De la légèreté des Français à leurs modes, à leur frivolité, à leur talent pour s'amuser, il n'y a qu'un pas. Persuadé que « le mal comme le bien entre dans l'ordre des événements et souvent en est la cause », Caraccioli s'aventure avec assurance dans ces régions maudites par les théologiens et dédaignées par les philosophes. C'est par leur faible, qu'ils n'osaient pas jusque-là reconnaître ni accepter, que les étrangers ont été convertis par les Français :

« *Je ne conçois pas la folie des Français*, dit gravement le seigneur allemand à trente-deux quartiers, en endossant un habit couleur de rose garni de blonde et de cannetilles vert pomme. *Ils se moquent de nous s'ils croient nous donner le ton.* Et en même temps, il ordonne à son valet de chambre, tout récemment arrivé de Paris, de lui chercher un nœud d'épée du dernier goût [...]. Ce que les leçons n'avaient pu faire, dans le cours d'un demi-siècle, les modes l'opèrent dans un moment ; rien n'est si rapide que ce qui est imitation »[2].

Les petits-maîtres parisiens, auxquels Jean Monnet n'a pas eu assez recours pour réaliser son rêve, ont été au XVIIIe siècle les voltigeurs de cette première unification européenne qui a été aussi un passage de la barbarie aux Lumières : « Et voilà des êtres qui ont contribué à changer l'Europe. Tout sert au besoin. Il fallait leurs caprices, leurs minauderies, leur jargon, pour introduire l'aménité. Vrais caméléons, ils changent de couleur à tout instant, et c'est leur variété, leur mobilité, leur agilité, qui font leurs agréments »[3].

L'ornement le plus enchanteur du château de Versailles, le *Repas chez Simon* de Véronèse, don de la République de Venise à Louis XIV, représente Jésus, le Verbe incarné, rayonnant de grave douceur au centre d'un somptueux banquet où toutes les joies de la couleur fondent ensemble, dans une gamme insensible qui fait passer apôtres et petits-maîtres, grands seigneurs et grandes dames luxueusement vêtus à la dernière mode, valets et servantes, grands chiens de chasse et petits chiens de manchon de la conversation profane à la conversation sacrée. Ce pêle-mêle de beaux êtres et de drapés élégants, de poils luisants et de jeunes chairs épanouies

---

1. *Ibid.*, chap. XXXIX, « De la politesse ».
2. *Ibid.*, chap. XI, « Des modes ».
3. *Ibid.*, chap. XLII, « Des petits-maîtres ».

compose à la fois une superbe *Vanitas* chrétienne et un fragile instant de *Voluptas* épicurienne auxquels la miséricorde du Christ accorde la même grâce que le peintre lui-même. Poème inoubliable d'humanité réconciliée avec sa propre condition charnelle et éphémère. Véronèse avait eu des ennuis, heureusement pas trop graves, avec le Saint Office, pour avoir dans ce tableau confondu un peu trop l'essentiel avec l'innocent accessoire. On dirait que Caraccioli avait dans l'esprit le *Repas chez Simon* (l'une des icônes de l'art rocaille) lorsqu'il a représenté l'Europe réunie autour de Louis XV et convertie à la conversation à la française :

« On a été séduit par la manière dont on converse en France. C'est l'aménité qui parle, c'est la franchise qui rit, l'agréable s'y mêle à l'utile, les nouvelles y contrastent avec les saillies, et l'on passe d'un sujet à l'autre, d'une manière aussi imperceptible que les nuances les plus fines, parmi les plus tendres couleurs, sont heureusement assorties [...]. L'Anglais n'avait autrefois d'autre entretien que celui qui roulait sur son gouvernement ; l'Italien ne parlait que de sa musique ; le Hollandais que de son commerce ; le Suisse que de son pays ; le Polonais que de sa liberté ; l'Autrichien que de son extraction. Maintenant on est à l'unisson, pour la manière de converser. On parle de tout, et on en parle bien »[1].

On ne sait rien du sort de Louis-Antoine Caraccioli pendant la Terreur, sinon qu'en 1795, la Convention thermidorienne lui accorda une pension de 2 000 francs, ce qui laisse supposer le degré de misère où il était tombé. Comme tous les gens de cœur, il accueillit avec faveur la Révolution. En 1785, il avait publié un ouvrage intitulé *Jésus-Christ, par sa tolérance, modèle des législateurs*, à la gloire de Louis XVI émancipateur des protestants et des juifs. En 1789, il fit paraître *Le Magnificat du Tiers-État, tel qu'on doit le chanter le 26 avril aux premières vêpres des États généraux*, et *Des prérogatives du Tiers-État, par la duchesse de ***, née plébéienne*, ce qui indique assez ses espérances. En 1790, deux ouvrages de lui sont encore imprimés : *L'abbé Maury frappant sa poitrine, ou la Passion de notre bon et humain clergé, office du vendredi saint* et *La Petite Lutèce devenue grande, où l'on voit ses aventures et ses révolutions depuis son origine jusqu'au 14 juillet 1790, l'époque de sa majorité et d'un pacte fédératif*. Ensuite, silence jusqu'à sa mort en 1803. On lira ci-dessous la conclusion de *L'Europe française, Chant du départ* d'une première « globalisation » selon l'esprit et les mœurs du royaume, mais qui finit très mal pour avoir renié son inspiration évangélique.

---

1. *Ibid.*, chap. XLIII, « Des conversations ».

L'EUROPE FRANÇAISE (1774)

Oh ! je respire. L'Europe est donc maintenant le plus agréable séjour de l'univers [...].

Rien de plus avantageux que d'avoir franchi, par le moyen des chemins publics et des postes, l'intervalle immense qui séparait les Européens les uns des autres [...]. Paris touche Pétersbourg, Rome, Constantinople, et ce n'est plus qu'une seule et même famille qui habite différentes régions [...].

Je ne rencontre plus ce fanatisme qui prenait le langage de la religion pour soulever peuple contre peuple [...].

La manière d'étudier est presque uniforme [...]. La superstition se cache, et la religion se montre [...].

Si j'examine la société, je la trouve la même chez tous les Européens, à quelques nuances près. La douceur en fait la base ; l'aménité, le vernis. On joue les mêmes jeux, on tient les mêmes propos, on a les mêmes idées, les mêmes sentiments. Les femmes sont instruites à Naples comme à Paris, à Londres comme à Madrid ; et elles font l'agrément des sociétés. Le bel esprit qui joue sur le mot commence à n'être plus écouté. Il n'y a que l'Italien qui conserve ses concetti, et qui les gardera, parce qu'il tient à sa langue pour laquelle il est justement passionné.

On recherche de toutes parts tout ouvrage qui porte l'empreinte de la délicatesse et du génie, et l'on désire universellement qu'il soit écrit en français ; c'est la seule langue qu'on aime à parler, et qui deviendrait unique, si la plupart des Européens étaient consultés.

Il n'y a plus de modes que celles qui sont françaises. L'Anglais a toutes les peines du monde à soutenir les siennes, qu'il ne conserve que par vanité.

On s'habille à Vienne comme à Paris, et l'on se coiffe à Dresde comme à Lyon.

L'emphase italienne, l'étiquette allemande, la morgue espagnole, ont fait place aux usages français. On n'aime plus ce qui gêne, et l'on sacrifie la hauteur de la naissance et du rang au plaisir de s'humaniser. L'Altesse comme l'Éminence, l'Excellence comme la

Grandeur daignent rire avec des personnes qui n'ont ni titres, ni apanages, ni quartiers de noblesse à produire [...]. Heureuse métamorphose qui a réformé les mœurs, en ne paraissant changer que les habits !

Il n'y a qu'une seule table chez tous les Grands de l'Europe, qu'une même manière de dîner. On connaît dans toutes les cours cette délicatesse exquise qui procure presque autant de plaisir à voir les mets qu'à les savourer [...].

[Aux repas] on converse avec intérêt, on [...] rit avec liberté. Quelques disputes littéraires sans aigreur, quelques jolis riens sans futilité, quelques nouvelles agréables sans indiscrétion, réveillent les convives et les amusent [...].

La politesse française n'a point trouvé de nation réfractaire quand elle s'est introduite chez les différents peuples. Il n'y a personne qui n'aime l'aisance et l'honnêteté.

L'Europe est donc maintenant un tableau dont toutes les parties sont admirablement liées [...] ; d'où je conclus qu'on ne peut résister aux charmes de la douceur et de l'insinuation, et que plus les années s'accumuleront, et plus l'aménité française dominera, cette aménité qui donne de l'agrément aux choses les plus sérieuses, comme de l'intérêt aux plus petits riens.

Habitants des différentes parties de l'Europe, si ce livre vous parvient, dites-vous à vous-mêmes : il n'existerait pas, si nous n'y avions donné lieu. Ce qu'il expose aux yeux du public, est précisément ce que nous faisons. Il prouve que nous sommes Français, pour le langage, pour les manières, pour les ajustements, pour les lectures, pour les opinions, et nous ne cessons de l'exprimer dans nos mœurs [...].

20

GUSTAVE III DE SUÈDE,
PARISIEN DE STOCKHOLM

Dans la mémoire de l'Europe, dont Goethe a été un irremplaçable témoin, la Rome antique est seule à avoir exercé un étoile-
ment aussi lointain et ineffaçable que la France. L'empreinte de
Rome, de son droit, de sa langue, de ses villes, de ses vignes, reste
gravée aujourd'hui encore à l'intérieur du *limes* que l'empereur
Aurélien fit construire au IIIᵉ siècle pour protéger l'aire de
l'Empire, dérisoire stratégie militaire, mais irrécusable bilan d'une
configuration durable. Le degré de civilisation plus douce que
représente la France suppose les terrassements et les fondations
laissés par Rome. Les formes qu'elle introduit et qu'elle répand
sont moins minérales et plus morales. Son intelligence moins
architectonique est plus subtilement souple, amie de la diplomatie et du bonheur. Sa langue est moins impérieuse que persuasive
et lumineuse. Elle représente un progrès dans le luxe séducteur
du cœur et de l'esprit. Aussi son expansion a-t-elle été beaucoup
plus vaste. Il n'y a pas et il ne peut y avoir de *limes* ni de muraille
de Chine français. La « doctrine des frontières naturelles », et à
plus forte raison celle de la « ligne Maginot », sont allées à contre-
courant de la vocation la plus profonde du royaume, dont la
forme mouvante et en pointillé n'a jamais fait obstacle à l'attraction qu'exercent ses plus puissants aimants, ni la puissance ni la
richesse pour elles-mêmes, mais l'art de rendre plus spirituels la
terre et le passage sur la terre. La France du XIIIᵉ siècle avec ses
chevaliers, ses poètes, ses romanciers, a imprégné de sa geste et
de sa langue « franque » la Méditerranée et le Proche-Orient,
mais aussi une Europe française déjà plus étendue que celle
d'Aurélien. La France du XVIIIᵉ siècle gagne la Russie, elle s'insi-

nue en Chine, elle se maintient en Amérique du Nord et elle règne sur l'Europe, sans avoir à l'occuper militairement. Elle a même séduit la Scandinavie, où, déjà sous Louis XIII, Christine de Suède, fille de Gustave-Adolphe Vasa, le puissant allié de Richelieu, lui avait donné à Stockholm une tête de pont d'érudits, de philosophes et de savants.

Maintenant que la Suède, avec la Finlande et l'Autriche ont adhéré à la nouvelle Europe, le moment est venu de rappeler que l'« influence française » avait déjà rallié à l'Europe ces vikings que Rome et ses armées n'avaient même pas rêvé d'englober dans leur vaste Empire. Gustave III de Suède, né en 1746 et qui régna de 1771 à 1792, incarne, mieux qu'aucun autre souverain des Lumières, ce climat éclairé de bonnes manières, d'intelligence avertie et de goût raffiné au sein duquel le « parler français » conduit les affaires européennes et les fait mûrir, souvent pour le meilleur et rarement pour le pire.

Un prince francophile

La mère de Gustave III, Louise-Ulrique de Prusse, était l'une des sœurs de Frédéric II, et comme son frère, elle avait correspondu avec Voltaire. Elle aurait pu trouver avec un fils aîné élevé à la française par son premier gouverneur, le comte de Tessin, et par son précepteur, le comte Scheffer, un terrain d'entente affective dans leur passion commune pour tout ce qui venait de France, livres, journaux, pièces de théâtre, mais cette Prussienne hautaine et sèche, au fond hobereaute à l'antique, mit durement à l'épreuve la vive « sensibilité » du prince (ce mot est alors un néologisme), sans parvenir pourtant à entamer ni son caractère ni son intelligence, ni sa liberté. En 1778, il était roi depuis sept ans, il dut encaisser stoïquement le scandale sans précédent qu'elle créa aux yeux de toute l'Europe et qui rejaillit de façon fatale sur la dynastie de Vasa, en insinuant publiquement que le premier né de son propre fils et de la reine sa belle-fille était un bâtard, autorisant ainsi la rumeur propagée par les « Bonnets », selon laquelle le roi de Suède, comme son oncle le roi de Prusse, préférait les hommes aux femmes.

La francophilie sans réserve de Gustave III se déclara très tôt, alors qu'il n'était encore que prince héritier. Cet attachement à la lointaine France était le liant du parti des « Chapeaux », dont le prince prit la tête, et qui regroupait à la cour de Stockholm les adversaires de l'influence et des intrigues de la trop voisine Russie, soutenue à la Diète suédoise par le parti des « Bonnets ». En 1767, attentif à tous les événements littéraires de la capitale française, le prince royal entra en correspondance avec Marmontel, et prit parti en faveur de son roman « philosophique », *Bélisaire*, condamné par la Sorbonne. Les lettres de l'élève du comte Scheffer sont émaillées de tous les néologismes qui étaient alors autant de mots de passe de la « philosophie » : *bienfaisance, raison, humanité, sensible, sensibilité, vertu, vertueux, attendrir, attendrissement*. Dans la Querelle de *Bélisaire*, où Marmontel dut son salut à Mme Geoffrin, le descendant trop sensible de Gustave-Adolphe et de Charles XII fut habilement manœuvré. Marmontel s'empressa de faire publier, à la faveur d'un subterfuge qui le mettait lui-même à couvert, la lettre de sympathie que le prince royal lui avait adressée pour le remercier de l'envoi de *Bélisaire*, ce qui mit l'imprudent en difficulté en Suède même, où le clergé luthérien prit feu et flamme contre lui. Le malheureux ! Il avait déjà contre lui le parti pro-russe. Il se mit définitivement à dos les dévots.

Dès 1771, prenant le relais de son frère cadet Charles, qui s'était rendu le premier à Paris et à Versailles, le prince royal put enfin se rendre en visite privée en France. « Me voici arrivé, écrit-il le 7 février à sa sœur Sophie-Albertine, à ce Paris tant souhaité et dont on est tant occupé chez nous. » Il n'est pas déçu. Louis XV le reçoit à Versailles et à Marly. Il n'oubliera jamais la majesté gracieuse du roi de France, dont l'appui ne lui fera jamais défaut. À Paris, il fait connaissance avec « presque tous les philosophes : Marmontel, Grimm, Thomas, Morellet, Helvétius ». Mais vu de près, Marmontel ne répondit pas à l'idée bucolique qu'il en avait conçue d'après ses ouvrages : « C'est un énergumène, écrit-il à sa mère, qui parle avec un enthousiasme extrême et qui est le plus grand républicain possible. » Il court les théâtres. Son séjour est interrompu par la nouvelle de la mort de son père, Adolphe-Frédéric. Le voilà roi et chef de l'Église luthérienne de Suède.

Préoccupé par l'exemple de la Pologne, et par la fronde parlementaire qu'il a constatée en France, le nouveau souverain, persuadé d'être fidèle à l'inspiration des Lumières, met fin à une « anarchie » dont le principe réside, comme en Pologne, dans les pouvoirs d'une Diète aristocratique trop aisément travaillée par l'or russe. Un coup d'État pacifique, accueilli avec ferveur par la population, suspend ce parlement nobiliaire. Gustave III rétablit en sa faveur l'équilibre des pouvoirs, promulguant une loi constitutionnelle qui limite à l'avenir les compétences de la Diète (21 août 1772). « Jamais, écrit-il fièrement à la comtesse d'Egmont, fille du maréchal de Richelieu, révolution ne s'est passée plus doucement et tranquillement que celle-ci. » Cet acte d'autorité est bien vu à Versailles, et l'année suivante, Louis XV n'hésitera pas à menacer Catherine II, qui préparait une invasion, d'envoyer une flotte et un corps expéditionnaire de 15 000 hommes en Suède si l'indépendance de ce royaume était menacée. La tsarine comprit et se tint coite.

Devenu presque absolu, le roi voulut gouverner en prince « éclairé ». Il en prit régulièrement Voltaire à témoin, lui adressant ses derniers édits et les programmes en français du théâtre et des fêtes de la Cour : « C'est à vous principalement, lui écrivait-il, que l'esprit humain doit l'avantage de surmonter et détruire les barrières que l'ignorance, le fanatisme et une fausse politique lui opposaient. Vos écrits ont éclairé les Princes sur leurs véritables intérêts. Vous leur avez montré avec cet agrément que vous seul savez donner aux choses même les plus sérieuses, que plus un peuple est éclairé, plus il est tranquille et fidèle à ses obligations. Il est donc bien juste que vous receviez le premier l'hommage que la raison rend à l'humanité. » En 1776, ayant appris les premières victoires françaises au service des Insurgents américains, il écrivait à la comtesse de Boufflers, la « veuve » morganatique du prince de Conti :

« Au reste, je vous félicite des pertes des Anglais dans leurs colonies. Comme bonne Française, vous devez y prendre part, et comme philosophe, ces grands événements sont bien dignes de votre attention. C'est un spectacle si intéressant que celui d'un État qui se crée soi-même que, si je n'étais pas ce que je suis, j'irais en Amérique pour suivre de plus près toutes les nuances de la création de cette nouvelle république »[1].

---

1. On peut lire la correspondance en français entre Catherine II et son cousin Gustave III, retrouvée et rassemblée par Gunnar von Proschwitz, dans la splendide édition qu'il en a lui même procurée, Stockholm, National Museum, 1998. Elle court de 1771 à 1792, mais elle est particulièrement intense dans les années 1790-1792. (*Gustave III par ses lettres*, Norstedts, Stockholm, Touzot, Paris, 1986, p. 156.)

Le roi francophile fit en 1777 un voyage officiel à Saint-Péters-bourg, où sa cousine Catherine II le reçut fastueusement, sans que la moindre sympathie réciproque répondît aux témoignages publics de bonne entente. En 1783, son règne se poursuivant heureusement, il se décida à resserrer ses liens avec la France, entrée dans un nouveau règne. Il était resté en relation quoti-dienne avec l'actualité parisienne et versaillaise par la lecture des journaux (les *Annales politiques, civiles et littéraires* de Linguet, et le *Courrier de l'Europe*, journal favorisé par Beaumarchais et publié à Londres comme le précédent). Il les ravitaillait lui-même en nouvelles de Suède. Sa correspondance avec son ambassadeur, le comte de Creutz, qui va bientôt devenir son Premier ministre, le tenait jour après jour informé du dessous des choses à la cour de France et des humeurs de l'opinion parisienne. Le comte aura pour successeur à Versailles, à la demande de Necker, le fade baron de Staël-Holstein, promis sous cette condition à Germaine, la fille du banquier genevois devenu directeur du Trésor, puis des Finances en 1777-1778. Le roi de Suède disposait aussi à Versailles d'un jeune ami qui lui était presque aussi cher qu'il l'était à la reine Marie-Antoinette : le comte de Fersen, fils cepen-dant d'un de ses plus acharnés adversaires politiques. Fersen fut nommé le 21 septembre 1783, à la fureur de Fredrik Axel, son père, colonel propriétaire du Royal suédois, le régiment de la garde personnelle de la reine.

Sous le nom de comte de Haga, Gustave III commença son pèlerinage vers le Sud latin par l'Italie, où il arriva en octobre 1783. Le jeune comte Hans Axel de Fersen figurait dans sa suite. Il s'arrête longuement à Rome, où l'ambassadeur français, le cardi-nal de Bernis, donne en son honneur et en l'honneur de Joseph II, lui aussi en voyage *incognito*, une de ces fêtes françaises dont ses prédécesseurs Polignac et Choiseul avaient donné le ton inimitable, et dont leur lointain successeur Chateaubriand, en 1828, réveillera pour une mémorable soirée, à la Villa Médicis, l'écho nostalgique. Tous les soirs, pendant les trois mois du séjour du comte de Haga et de ses gentilshommes, Bernis reçoit à souper les Suédois, au titre d'amis particuliers de la France. Le pape fait visiter en personne à son confrère luthérien et à sa suite les splendides collections d'an-tiques réunies dans le musée Pio-Clementino.

La joyeuse équipe fit ensuite mouvement vers Paris où elle parvient en juin 1784. Le roi est reçu en frère à Versailles par Louis XVI et Marie-Antoinette, pour laquelle, prévenu par Fersen, Gustave III éprouve d'emblée une sorte d'adoration. Il

retrouve à la Ville sa correspondante attitrée la comtesse de Boufflers et les nobles amies de cette tête politique, la maréchale de
Luxembourg, la princesse de Beauvau-Craon, la comtesse de
Forcalquier. Il a la chance d'arriver à temps pour assister, à la
Comédie-Française, à deux représentations du *Mariage de Figaro,*
la comédie créée le 27 avril et qu'il qualifie sans réprobation
d'« insolente » : il est en relations et en correspondance très
amicales avec Beaumarchais. À l'Opéra, il assiste à la première de
Didon, œuvre d'un protégé de la reine, le musicien italien
Piccinni, sur un livret de Marmontel. Son séjour culmine dans la
fête donnée en son honneur par la reine à Trianon, le 24 juin
1784. À son premier ministre Creutz, resté aux commandes à
Stockholm, il en fait le récit comme d'un triomphe diplomatique :

« La fête de la reine à Trianon a été charmante. On a joué sur
le petit théâtre *Le dormeur éveillé* de M. de Marmontel, musique
de Grétry, avec tout l'appareil et les ballets de l'Opéra réunis à la
Comédie Italienne. La décoration de Diamants termina le spectacle, on soupa dans les pavillons de jardin et après souper, le
jardin anglais fut illuminé. C'était un enchantement parfait. La
reine avait permis de s'y promener aux personnes honnêtes qui
n'étaient pas du souper, et on avait prévenu qu'il fallait être
habillé en blanc, ce qui formait vraiment un spectacle de
Champs-Élysées. La reine ne voulait pas se mettre à table, mais
fit les honneurs, comme l'aurait pu faire la maîtresse de maison
la plus honnête. Elle parla à tous les Suédois et s'occupa d'eux
avec un soin et une attention extrêmes. Toute la famille royale y
était, les charges de la Cour, leurs femmes, les capitaines des
gardes du corps, les chefs des autres troupes de la Maison du roi,
les ministres et l'ambassadeur de Suède : la Princesse de
Lamballe fut la seule du sang qui y était »[1].

La Ville n'est pas en reste avec la Cour. La correspondance du
roi égrène les noms de femmes dont les têtes seront tour à tour
coupées à peu de temps de là, comme le seront la plupart de
celles des ravissants modèles de Mme Vigée-Lebrun et de David :

« Madame de Pons, écrit le roi à son Premier ministre, m'a
donné mardi une fête avec illuminations, spectacle, variétés
amusantes, et un ballon chargé d'artifice. Toute la grande
noblesse y était. On ne pouvait se tourner sans rencontrer des
Rohan, des Montmorency, des Brissac [...] Madame de Pons y a

---

1. Éd. von Proschwitz, *op. cit.,* p. 268.

mis toutes les grâces et les attentions possibles. La Maréchale de Noailles y a soupé, et malgré sa dévotion, elle a assisté au spectacle de Janot [1] » [2].

De retour à Stockholm le roi redonne vie à l'Académie suédoise de belles-lettres, fondée en 1753 par sa mère. En 1786, il créera de son propre chef l'Académie suédoise, sur le modèle de l'Académie française. Il fait construire sur le modèle du petit théâtre de la reine à Trianon une salle de spectacle dans le parc de son château de Drottningholm. On la retrouvera en 1932 intacte et en état de marche, costumes, décors, fards et machines. Personne n'était plus entré depuis la mort du roi chez cette Belle au bois dormant, et on avait oublié son existence pendant un siècle et demi.

La guerre suédo-russe des années 1788-1790, dont il se reposait par la traduction en suédois du chant II de la *Henriade* de Voltaire, n'empêcha pas Gustave III de suivre avec une attention bouleversée et perspicace les premiers signes d'une France « anglisée », c'était son mot, profond, puis les progrès sanglants de la Révolution. Il écrit le 7 août 1789 au baron de Stedingk :

« Je vais maintenant affliger en vous le colonel français attaché à la Reine et à la France. Rien de plus affreux ne peut être dépeint que ce qui s'est passé à Paris les 12, 13, 14 et 15 juillet. Les Invalides forcés, le canon et les armes employés contre la Bastille, cette forteresse prise d'assaut, le gouverneur M. de Launay, traîné par la populace à la place de Grève, décapité, la tête portée autour de la ville en triomphe, le même traitement infligé au prévôt des marchands [...] Enfin le Roi seul accompagné de Monsieur et du comte d'Artois allant à pied sans suite au milieu de l'assemblée des États faire presque amende honorable, demandant du secours pour apaiser les troubles. Voilà ce qui s'est passé, voilà comme la faiblesse, l'irrésolution, et une imprudente violence sans avoir été préparée va renverser le trône de Louis XIV » [3].

En septembre 1790, rassasié par Hans Axel de Fersen de nouvelles sinistres venant de Paris, il écrit à son vieil ami le baron de Taube :

1. Le clown alors à la mode.
2. Éd. von Proschwitz, *op. cit.*, p. 269.
3. *Ibid.*, p. 312.

« Il me semble que le désordre [en France] est à son comble et qu'il faudrait faire une ligue comme celle des Grecs contre Troie pour ramener l'ordre et venger l'honneur des têtes couronnées. Je voudrais bien être l'Agamemnon de cette armée »[1].

De fait, sitôt la paix conclue avec Catherine II, il s'emploie en vain, à la fois auprès du couple royal français aux abois, auprès de la tsarine attentive mais attentiste, auprès du frère de Marie-Antoinette, l'empereur Léopold et son chancelier Kaunitz, qui font la sourde oreille, auprès même du gouvernement anglais, qui bien évidemment se déclare « neutre », à mettre sur pied une stratégie commune pour ménager la fuite des souverains français et opposer à la Révolution un front européen uni et résolu. Ses lettres à Fersen montrent que celui-ci était son représentant personnel et son interprète auprès du couple royal cerné dans les Tuileries. Quant à lui, il était prêt à tout pour sauver une dynastie à qui il estimait à juste titre devoir beaucoup. Faute de mieux, il fit l'impossible depuis Stockholm, pour soutenir les impuissantes tentatives de Fersen en vue d'organiser au moins une seconde évasion de la famille royale. Une lettre de Fersen au baron de Taube, datée du 1er avril 1792, frémit de sanglots où se mêlent l'angoisse pour le sort de la reine et l'horreur d'être à jamais privé de l'appui et de l'affection de Gustave III :

« Mon ami, je suis anéanti, je suis consterné, et je n'ai pas la force de vous exprimer tout ce que mon âme éprouve. Votre ancien valet de chambre, Jean, arrive, il va en Espagne, il m'a tout dit. L'état où je suis ne peut être senti que par celui où vous devez être, et cette certitude augmente encore mes peines. Ma douleur est profonde, et l'incertitude où je suis est affreuse. Jugez tout ce que je souffre par l'attachement vrai que je lui porte, que je lui porterai, et que je lui dois à tant de titres. Ces sentiments ne s'effaceront jamais de mon cœur, et mes seuls vœux, ceux que je forme du meilleur de mon cœur, c'est que Dieu me fasse la grâce de me laisser la possibilité de le lui prouver »[2].

Le 16 mars, au cours du fatal « Bal masqué » qu'immortalisera l'opéra de Verdi, qui porte ce titre, le roi avait été blessé par un coup de pistolet à l'Opéra de Stockholm. Il mourut treize jours plus tard. Fersen, le 29 mars, venait d'en apprendre la nouvelle à Paris.

---

1. *Ibid.*, p. 338.
2. *Ibid.*, p. 375.

Gustave III épistolier

Il suffit de quelques citations pour mesurer quel avait été le talent d'épistolier en langue française du roi de Suède. De toutes les têtes couronnées du siècle des Lumières, seul Stanislas Poniatowski peut rivaliser avec lui pour la vitalité et les nuances de sa prose française. Gunnar von Proschwitz, qui a tant fait pour rendre justice à Gustave III et au « siècle d'or » qu'il a valu à son royaume, a pu écrire [1] : « Son style naturel, vif, primesautier et spirituel donne à sa correspondance une physionomie originale et réserve à Gustave III une place à part parmi les hommes cultivés de son temps. Même aux yeux des Français, juges sévères et difficiles à contenter en matière de style, le français de Gustave III a trouvé grâce. Diderot fait grand cas d'une de ses lettres à Marmontel. » Il écrit à Sophie Volland : « Il faut que notre langue soit bien commune dans toutes ces contrées du Nord, car ces lettres auraient été écrites par les seigneurs de notre cour les plus polis qu'elles ne seraient pas mieux. » Et Beaumarchais donne libre cours à son enthousiasme. Une relation officielle française offre ce commentaire : « Son allure [de Gustave III] est agréable, ses gestes, tous ses mouvements sont vifs comme ses discours. Il n'a point du tout l'air étranger. Il aime un peu à parler, mais il parle bien, prononce bien le français et il faut avoir beaucoup d'attention pour s'apercevoir des petites fautes qu'il fait dans notre langue. »

Pour donner une idée de cette cour de Suède où l'on parle français, ainsi que du style du roi, voici quelques lettres de celui-ci et de ses proches. La première, adressée au Prince royal Gustave, âgé alors de onze ans, par son précepteur, le baron de Scheffer, est une véritable initiation à la civilisation française des formes. Les deux suivantes, l'une du Prince royal, l'autre de son frère, donnent une vive image du Paris de Louis XV, où ils séjournèrent l'un après l'autre à la fin du règne du roi. La dernière, adressée par Gustave III à la comtesse de Boufflers, montre le souverain en pleine possession de son jugement politique et de son instrument stylistique.

---

1. *Ibid.*, p. 11-12.

Le baron de Scheffer au Prince royal (1757) [1]

Monseigneur,

Lorsque j'ai l'honneur de proposer à Votre Altesse Royale de s'exercer à écrire des lettres, Elle me fait toujours de grandes diffi- cultés, et Elle préfère à cet exercice plusieurs autres qui sont réel- lement beaucoup plus difficiles. Cependant je sais qu'Elle se détermine volontiers, comme cela est fort naturel, pour les choses qui Lui coûtent le moins. Je dois donc penser, Monseigneur, que la composition d'une lettre doit vous paraître très pénible ; c'est une erreur, qui ne vient sans doute que de l'idée peu juste que vous vous êtes formée du style épistolaire. Je ne veux pas vous faire ici une dissertation sur ce sujet ; vous trouveriez bientôt autant de peine à lire des lettres qu'à en écrire. Mais voulez-vous savoir bien au juste ce que c'est que le style épistolaire, lisez les lettres de Madame de Sévigné ; vous croirez entendre une conversation, une mère qui parle à sa fille comme si elles étaient vis-à-vis l'une de l'autre. Si vous trouvez beaucoup d'esprit dans ces lettres, c'est que Madame de Sévigné en avait beaucoup, et qu'on parle avec esprit quand on en a. Mais on n'a jamais loué ces lettres parce qu'elles étaient spirituelles ; celles de Voiture et de Rabutin l'étaient bien autant ; on les a louées, admirées, adoptées même pour modèles en fait de lettres, parce qu'elles étaient simples et natu- relles, parce que l'esprit n'y était pas mis avec art, mais tel qu'on le trouve dans la bouche d'une personne qui n'a pas songé à en avoir. Concluez donc de là, Monseigneur, qu'en fait de lettres il n'est pas plus difficile d'écrire que de parler. Tout ce qui ressemble à la conversation est bon, tout ce qui a l'air plus apprêté sera infaillible- ment condamné par le bon goût. J'ose croire après cela que Votre Altesse Royale, qui parle avec tant de facilité, écrira de même quand Elle le voudra. Pour coup d'essai, Elle me permettra de lui demander réponse à cette lettre, et que, sans y penser davantage, Elle me dise naturellement ce qu'Elle m'eût répondu au cas que j'eusse exprimé de vive voix ce que je viens d'avoir l'honneur de Lui écrire. Si vous suivez, Monseigneur, ce conseil, vous serez

---

1. Éd. von Proschwitz, *op. cit.*, p. 15-16.

étonné vous-même de la facilité de ce que vous regardez à présent comme si difficile, et je gage que vous réussirez au point à vous écrier : n'est-ce que cela ?

Je voudrais réussir de même à vous convaincre de tous les sentiments dont je suis animé pour vous, et qui m'autorisent à ne vous pas parler seulement du profond respect qui vous est dû et avec lequel je serai toute ma vie

> *Monseigneur*
> *de Votre Altesse royale*
> *Le très humble, très obéissant*
> *et très fidèle serviteur*

> *Ulricsdal, 7 avril 1757*
> *Carl Fr. Scheffer*

Le prince Charles au Prince royal (1770) [1]

Mon cher Frère,

J'ai donc enfin quitté ce Paris tant vanté, tant désiré et tant aimé. Quel assemblage de plaisirs, d'agréments, et quel contraste de beauté, de vilenie, de malpropreté, de vices et de dérèglement. Il faut, pour connaître ce lieu, le voir sur toutes les faces. Paris est une ville qui est très grande, très peuplée, mais dont les beautés ne frappent pas au premier coup la vue, les maisons et les palais étant entourés de murs, on ne voit leur architecture que dans la cour, et la rue n'est ornée que du dehors des murs. Le peuple, qui se trouve à chaque heure du jour aux spectacles et aux promenades différentes en même temps, fait juger de la quantité qui se trouve restreinte dans cet endroit, mais quand on juge et voit la misère du peuple, on trouve qu'il paye bien cher les plaisirs et les dérangements des grands. Ce qu'il faut admirer dans Paris, c'est la perfection des arts et des sciences, les tableaux en tout genre et ce qui se trouve au Salon fait juger de l'habileté du Français et de la perfection de son génie, les belles-lettres et le bon goût qui règne en tout ce qui se fait, le fait mériter à juste titre l'approbation des étrangers qui tâchent d'imiter son modèle.

Mais quand on voit le dérèglement des mœurs, la dépravation et

---

1. *Ibid.*, p. 90-92.

le libertinage qui règne partout, on trouvera notre patrie heureuse d'ignorer ces coutumes affreuses et de ne jamais souhaiter d'acquérir chez nous ces perfections aux titres si lâches et si dépravés. Des assemblées où des femmes de qualité, confondues avec des filles, sont quittées quelquefois par des seigneurs du premier ordre pour se promener avec ces dernières. Cela se fait sans honte, et on n'en est pas choqué la moindre chose. J'ai vu le Duc de Chartres avec le Duc de Lauzun, le Duc d'Aumont et quelques autres Ducs se promener avec Mme de Mirepoix, Mme de Villeroy et Mme de Montmorency et les planter là pour causer avec des filles, les prendre sous les bras, se promener avec eux [elles], et partir pour souper avec eux [elles], et les autres dames en rire en disant où vont-ils ces étourdis ? et puis continuant leur chemin. Voilà des choses qui m'ont extrêmement surpris et auxquelles je ne me faisais jamais pendant mon séjour dans cette ville.

Le Duc de Choiseul, qui me fit bien des politesses, m'a donné à souper deux fois, de même que le comte de Sparre, colonel du régiment Royal Suédois et maréchal de camp. Les autres jours ont été consacrés à voir les châteaux et les palais, les cabinets, les académies, les promenades et les spectacles.

Je reçus deux jours avant que je suis parti mon audience chez le Roi, ne le pouvant avoir auparavant, le Roi étant occupé des Parlements et des affaires intérieures, lits de Justice, etc.

Je n'ai pas vu Madame Du Barry par égard pour le Duc de Choiseul étant brouillés très fort ensemble, et aucun ministre ou autre étranger ne la voit chez elle qu'au spectacle ou à Fontainebleau, le Comte Hessenstein seul le fait, mais s'étant mis sur le qu'en dira-t-on ? il peut faire tout ce qu'il lui plaira. Il a l'autre jour lâché un bon mot très plaisant à sa toilette, et qui l'a raccommodé tant soit peu avec le Duc de Choiseul pour les visites fréquentes qu'il faisait à cette dame.

Étant à sa toilette, elle prenait des airs imposants, plusieurs personnes présentes, elle disait qu'elle s'achèterait un tigre et le placerait dans son anti-chambre, mais elle pria les assistants de lui dire ce qu'il devrait avoir pour manger. Chacun donna son avis, du lait, des légumes, quelques-uns disaient qu'on lui donnerait des poulets, enfin des bavardises. Elle demande l'avis du Comte d'Hessenstein qui dit : « Donnez-lui un courtisan, Madame. Cela vous coûtera peu de chose. » Cette plaisanterie fit beaucoup rire, quoiqu'elle ne plût pas fort à la dame.

Je suis parti de Paris il y a trois jours. J'ai fait cette `course pendant nuit et jour et je suis arrivé d'hier ici, où le plus pressant fut *de vous faire souvenir de moi, mon cher Frère. Je reste ici quelques jours, et d'ici je m'arrêterai à Cassel et de là après avoir été quelque temps à Brunswick, je compte passer un mois ou trois semaines à Berlin. J'espère de cette façon bientôt vous voir, et au commencement de novembre j'espère être à Stockholm, où j'embrasserai un frère que j'aime tant et où je pourrai goûter dans ma famille des plaisirs qui m'ont été inconnus pendant mon voyage, et qui ne peuvent se comparer à rien au monde.*

Les plaisirs qui se font – et dont le bruit se répand jusqu'ici – en Suède, ne me feront pas oublier de vous, mon cher Frère ; chaque mot que je reçois de ma patrie m'est si cher, j'avale avec vitesse toutes les nouvelles que j'en reçois et quand je suis à la fin, je souhaite que je fusse au commencement. Il n'y a rien tel qui puisse ressembler au plaisir de recevoir des nouvelles de chez soi. Ce plaisir est infiniment plus grand que l'agrément de voir des nouveautés qui ne touchent en rien et qui sont presque aussitôt oubliées quand ils sont passés.

Mais c'est trop longtemps vous arrêter, mon cher Frère, avec mon verbiage, que vous trouverez vrai bientôt, quand vous serez dans le même cas où je suis, en entreprenant votre prochain voyage. Je me recommande pour ce moment en votre souvenir et votre tendre amitié, vous priant d'être persuadé [de] ma parfaite amitié et de l'attachement avec lequel je suis

> *Mon cher Frère*
> *Votre meilleur ami et*
> *tendre frère*
> *Charles*

> *Francfort-sur-le-Main*
> *ce 20 de septembre 1770*

Le Prince royal à sa mère Louise Ulrique, reine de Suède (1771) [1]

Madame,

J'ai fait un voyage ces jours derniers à Marly, où le Roi m'a reçu encore plus gracieusement que la première fois. Nous avons été logés dans les appartements des Enfants de France, ce qui est ici

---

1. *Ibid.*, p. 107-108.

une très grande distinction et une marque particulière des bontés du Roi. Il nous traite avec la plus grande amitié et comme ses enfants, et il badine souvent avec mon Frère, qui se comporte à merveille. Toutes les dames en sont charmées.

Nous irons demain à Versailles pour chasser pour la première fois avec le Roi, qui nous a envoyé son uniforme de chasse, de la même manière qu'il s'est pratiqué avec le Roi de Danemark. Il a fait ces jours-ci un froid affreux et un hiver aussi rude qu'en Suède, et la neige est tombée en si grande abondance que l'on s'est promené en traîneau à Versailles.

J'ai déjà fait connaissance avec presque tous les philosophes : Marmontel, Grimm, Thomas, l'abbé de Morellet, Helvétius. Ils sont plus aimables à lire qu'à voir. Il est extraordinaire que Marmontel, qui est si charmant dans ses contes et si léger, le soit si peu dans la conversation ; c'est un énergumène qui parle avec un enthousiasme extrême et qui est le plus grand républicain possible. Ma chère Mère peut bien croire que ce n'est qu'à Elle seule que j'ose dire une pareille chose, à peine l'ose-t-on penser ici. Ce serait un blasphème affreux dont je ne pourrais jamais me relever ici. Pour Grimm, il est plus aimable, quoique plus réservé. Thomas parle avec autant de force qu'il écrit, mais ce qui me paraît en général chez eux un défaut révoltant, c'est qui [qu'ils] n'ont aucune modestie et qu'ils se louent eux-mêmes avec autant de complaisance que leurs admirateurs pourraient le faire. Pour D'Alembert, on m'a dit qu'il était aussi modeste que grand philosophe. Je n'ai point encore pu parvenir à le voir. Rousseau est aussi ici et il n'est plus un Arménien, mais, à ce que l'on dit, un homme sociable. On m'a promis de me ménager une entrevue avec lui.

On a donné ces jours-ci une nouvelle pièce, Le Persifleur, *qui à la première représentation a eu du succès, mais qui ne l'a dû qu'au jeu de Molé et à quelques traits qui ne me paraissent pas trop bons. Elle a été depuis représentée quelques fois, mais hier qu'on l'a encore rejouée, elle n'a pas du tout réussi et rien n'a été applaudi. Dès qu'elle sera imprimée, j'aurai l'honneur de l'envoyer. Elle pourra peut-être plaire chez nous, mais ici on est d'une difficulté extrême.*

On est ici d'une disette extrême de nouveautés et sur le théâtre on n'a donné que Le Marchand de Londres, *qui a été sifflé. C'était avant mon arrivée. La pièce vient d'être imprimée, mais je ne l'ai point encore lue.*

J'ai vu jouer Néron dans Britannicus *par Le Kain. On ne peut rien imaginer de plus parfait ni de plus admirable. Brizard est aussi un grand acteur, mais pour le reste nous [n']avons rien à nous plaindre et ce serait faire tort à nos femmes que de les trouver inférieures. Mme Dumesnil, qu'on vante tant, tombe dans le familier à chaque vers et il n'y a que des moments où elle est bien, mais alors, il est vrai, elle est sublime. Pour les autres, il ne faut pas en parler, il y a encore Madame Drouin pour les rôles de comtesse ridicule, qui est très bonne. Mais je n'en ai pas encore vu qui surpassât Mme Baptiste.*

Pour la Comédie Italienne, elle est bien supérieure en tout à notre troupe et à celle de la Comédie-Française, mais j'avoue que les opéras comiques ne m'amusent pas plus ici qu'à Stockholm.

Il paraît ici un manifeste des confédérés de Pologne, qui est parfaitement bien écrit et, ce qui est curieux, c'est que le discours de l'évêque de Cracovie, pour lequel il fut enlevé, se trouve traduit dans les pièces justificatives. C'est l'envoyé des confédérés, qui est un homme de beaucoup de mérite, qui le distribue ici.

Il y a aussi des Questions sur l'Encyclopédie *par des amateurs, qui sont de Voltaire, qu'on a ici, mais c'est une si grande rareté que j'ai eu une grande peine de prêter [d'emprunter] une seule édition.*

Il y a une poste qui manque depuis deux jours. Cela m'inquiète beaucoup, il n'est rien de si affreux que l'absence, et quand je pense combien de lieues me séparent de tout ce qui m'est cher et combien encore il y aura de temps, cela me cause une peine que tous les plaisirs que je goûte ici ne peut [peuvent] compenser. Ce sentiment si doux qu'on sent au sein de sa famille auprès d'un Père, d'une Mère si justement et si tendrement adorés, ce sentiment, dis-je, qui est si naturel et auquel j'étais si accoutumé, jette un vide affreux dans l'âme qu'aucun autre sentiment ne peut remplacer et affadit pour moi tout autre sentiment.

Ma chère Mère me pardonnera cette digression, mais il m'est si doux de m'attendrir et de pouvoir exprimer par écrit, puisqu'il ne me l'est pas permis de bouche, tout ce que mon cœur sent, et de m'attendrir un peu dans ce moment que je suis seul, sur une séparation qui m'est si dure et auquel [à laquelle] le temps ne saurait m'accoutumer.

J'ai l'honneur d'être avec le plus tendre attachement et le plus profond respect

      Madame
        de Votre Majesté
        le très humble et très obéissant
        fils et sujet

à Paris, ce 17 de février 1771

Gustav

Gustave III à la comtesse de Boufflers (1772) [1]

Stockholm, 14 juin 1772

J'ai reçu, Madame la Comtesse, deux de vos lettres à la fois, l'une du douze janvier, et l'autre du mois de février. Je vous en marque les dates pour me disculper de n'y avoir pas répondu depuis. Votre amitié m'est trop précieuse pour que ma délicatesse ne soit pas blessée de l'idée que vous auriez pu aisément concevoir de quelque négligence de ma part, car pour de l'oubli, il est impossible à quelqu'un qui vous a connue.

Il s'est passé ici depuis mes dernières lettres bien des choses qui auraient pu vous intéresser : le spectacle que ma pauvre patrie offre dans ce moment peut mériter les regards d'une personne qui réfléchit autant que vous. Le choc de la démocratie contre l'aristocratie expirante, cette dernière préférant se soumettre à la démocratie plutôt que d'être protégée par la monarchie qui lui tendait les bras, voilà l'horizon politique que cet hiver vous aurait présenté. C'est à peu près le même tableau que j'ai vu en France. Là, c'était l'aristocratie luttant contre la plus ancienne monarchie. Mais ce qu'il y avait de consolant pour vous, c'est que, de quelque côté que la balance eût penché, votre gouvernement eût été bien réglé, au lieu qu'ici, nous approchons à grands pas de l'anarchie. Il y a des gens qui voudraient me faire croire que cela n'en est que mieux pour mes intérêts particuliers, mais, accoutumé à n'envisager que celui de tout l'État, je gémis en bon citoyen sur le sort d'un peuple qui méritait d'être heureux, qui désire le devenir, mais dont quelques démagogues fanatiques et ambitieux causent tous les malheurs en dénaturant les principes les plus vrais et les plus salutaires. Le spectacle de la Pologne devrait leur ouvrir les yeux sur ce qu'une ambitieuse Princesse peut entreprendre.

Les noms sacrés de religion et de liberté ont réduit les Polonais à l'état où ils sont maintenant. L'abus des choses les plus salutaires est nuisible. Spectateur de tous les chocs, j'attends en tremblant le moment que je vois approcher, où des puissances voisines voudront profiter de nos troubles pour nous assujettir. Je me croirais alors tout permis pour sauver ma patrie du joug où l'on voudrait la

---

1. *Ibid.*, p. 126-128.

réduire. Je vous assure, Madame, que je ne me sens pas le flegme du roi de Pologne qui voit tranquillement ses provinces se partager entre d'autres Princes, sans paraître même tenté de s'y opposer.

M. le Prince de Conti, qui s'est si souvent vu au moment d'être élevé à une place dont il était bien plus digne que celui qui se l'est arrogée aujourd'hui, doit être vivement affecté de l'état où se trouve en ce moment un royaume qu'il a regardé longtemps comme devant devenir un jour son patrimoine. Je juge par la sensation que j'éprouve moi-même combien son âme doit souffrir de voir ce beau pays abandonné par ses alliés, et en proie à ses voisins. Peut-être aussi que le rapport qu'il y a de la situation de ma patrie et de celle de la Pologne rend mes sensations plus vives et mon intérêt plus sensible.

Les affaires de votre pays, Madame, me paraissent maintenant plus tranquilles, et si l'on peut en juger de si loin, la conduite de M. le Duc d'Aiguillon comme ministre détruit entièrement les mauvaises impressions qu'on a voulu donner contre lui. Il me paraît même qu'il est d'une modération peu commune, bien opposée à l'opinion que l'on avait de son caractère. Je me trompe peut-être, l'on juge mal à 600 lieues de distance. Ce qui m'intéresse surtout, c'est de savoir comment les princes du sang se raccommoderont. Vous m'avez flatté, ce me semble, que votre voyage en Suède n'était retardé que par cet événement. C'est un motif de plus pour moi de souhaiter leur réconciliation.

Je vous envoie dans l'incluse une traduction du discours que j'ai tenu aux États, le jour où ils m'ont prêté serment. Il y en a deux exemplaires. Je vous prie d'en donner un au Prince de Conti de ma part. Un suffrage tel que le sien me flatterait beaucoup. Du moins, tout ce que j'ai dit aux États n'est que vérités, qu'il serait bien utile pour eux qu'ils crussent, mais malheureusement l'intérêt personnel est de tous le plus destructif pour les États.

La cérémonie de l'hommage est une des plus augustes que j'aie vues. Elle se fait en plein air. C'est un reste de l'ancienne élection de nos Rois. Je l'ai fait dessiner, et dès qu'elle sera gravée, j'aurai le plaisir de vous l'envoyer.

Le sacre s'est fait le 29 mai précédent, et les superstitieux (car il s'en trouve dans tous les pays) ont remarqué que depuis celui de Charles XI, il ne s'en est pas fait où il y ait eu moins d'accidents fâcheux qu'à celui-ci. J'attends une occasion pour vous envoyer la gravure.

Comme je n'écris que pour vous, j'attends de votre amitié et de votre indulgence que vous excuserez les fautes et les négligences qui peuvent m'échapper en écrivant dans une langue étrangère, quoique, par les sentiments, rien de ce qui concerne votre pays ne soit étranger pour moi, mais cette indulgence, que je réclame de votre amitié, je ne puis et ne dois l'attendre de ceux qui me liraient avant vous, si j'eusse envoyé ma lettre par la poste. Ainsi, ne soyez pas étonnée de l'ancienneté de la date de celle-ci.

Je finis tout ce bavardage en vous priant de croire combien sincèrement je regrette de vous avoir connue pour ne jamais espérer vous revoir.

Si Madame la Comtesse Amélie se rappelle quelquefois le Comte de Gotland, je vous prie, Madame, de lui dire qu'il m'a chargé de bien des compliments pour elle, et que parmi tous les souvenirs agréables qu'il a emportés de France, ses grâces, sa charmante naïveté, ainsi que sa tendresse pour son aimable mère, et l'amitié qu'elle voulait bien partager avec vous pour lui resteront toujours gravés dans son cœur reconnaissant.

21

UN ROMAN DANS « LA GUEULE DU CYCLOPE »
HANS AXEL DE FERSEN ET L'« AUTRICHIENNE »

« Jamais, sans doute, ne brilla sur ce globe, qu'elle semblait à peine toucher, une vision plus charmante. Je la vis comme elle se levait à l'horizon, ornant et réjouissant la haute sphère où elle commençait à se mouvoir, étincelante comme l'étoile du matin, pleine de vie, de splendeur et de joie »[1]. Chateaubriand se répétait à lui-même à Londres, en 1821, ces lignes de Burke, devant son secrétaire d'ambassade le comte de Marcellus, à qui il venait de raconter une nouvelle fois sa dernière rencontre avec Marie-Antoinette, le 30 juin 1789 ; il l'avait déjà consignée dans les *Mémoires d'outre-tombe*[2] :

« Elle me fit, en me jetant un regard avec un sourire, ce salut gracieux qu'elle m'avait déjà fait le jour de ma présentation. Je n'oublierai jamais ce regard qui devait s'éteindre si tôt. Marie-Antoinette, en souriant, dessina si bien la forme de sa bouche, que le souvenir de ce sourire (chose effroyable) me fit reconnaître la mâchoire de la fille des rois, quand on découvrit la tête de l'infortunée, dans les exhumations de 1815. »

C'est la première occurrence, dans les *Mémoires*, mais aussi dans l'expérience intérieure de Chateaubriand et dans notre littérature, de ce que l'on a nommé la « mémoire involontaire » associant la douceur du souvenir à l'anticipation de la mort. Avant la « grive de Montboissier » (l'incunable de la célèbre « madeleine de Combray » proustienne) il y eut la mâchoire de la reine exhumée

---

1. *Glittering like the morning star, full of life, and splendour and joy.*

2. *Mémoires d'outre-tombe*, éd. J.-C. Berchet, Garnier, 1989, t. I, L V, ch. 8, p. 308.

devant Chateaubriand, qui assistait à la macabre cérémonie d'exhumation avec une délégation de la Chambre des Pairs.

Le noble vicomte fut chargé d'en faire le récit devant ses confrères de la Chambre. On trouve dans son discours la première ébauche du récit des *Mémoires d'outre-tombe* :

« J'ai vu, Messieurs, les ossements de Louis XVI mêlés dans la fosse ouverte avec la chaux vive qui avait consumé les chairs, mais qui n'avait pas fait disparaître le crime ! J'ai vu le cercueil de Marie-Antoinette intact à l'abri d'une espèce de voûte qui s'était formée au-dessus d'elle, comme par miracle. La tête seule était déplacée ! et dans la forme de cette tête, on pouvait reconnaître, ô Providence, les traits où respirait avec la grâce d'une femme toute la majesté d'une reine. »

Les historiens peuvent discuter à l'infini des torts et des erreurs de la dernière reine de France. Certains, comme l'Américaine Lynn Hunt, peuvent appliquer les grilles d'une psychanalyse historique aux torrents d'obscénité et de boue que Paris a déversés sur l'héroïne involontaire de l'Affaire du collier, puis sur la prisonnière des Tuileries, du Temple et de la Conciergerie.

Le fond de la question n'est pas là. Chateaubriand, comme Burke, l'a senti et l'a dit. Avec l'« Autrichienne », ce fut la Femme par excellence qu'une haine de chasse aux sorcières poursuivit jusqu'au hallali en la personne de la reine de France.

Comment une nation connue dans toute l'Europe depuis le XIIe siècle pour son naturel gai, aimable, chevaleresque et hospitalier a-t-elle pu se dénaturer au point de traiter la plus gracieuse de toutes ses reines, parmi des charretées d'autres victimes féminines, avec cette « barbarie dans la civilisation » qui n'a eu d'équivalent, sur les bûchers du XVIe siècle, que dans les lagers et les goulags de notre siècle de fer ?

Chateaubriand, avant les frères Goncourt, avant Léon Bloy, avant Stefan Zweig, a fait du destin de Marie-Antoinette en 1789-1793 le témoin par excellence du paradoxe de la Révolution française : le crime contre l'humanité contemporain de la proclamation de la Déclaration des droits de l'homme, et commis par quelques-uns des auteurs de cette moderne Table de la Loi.

Il y avait un précédent à l'exécution de Louis XVI : le roi, grand lecteur de l'*Histoire d'Angleterre* de Hume, savait mieux que personne que le sacerdoce royal dont il était revêtu l'exposait à la peine capitale. Mais la mort sur l'échafaud de Charles Ier n'a pas suffi à dénaturer l'Angleterre. L'épouse de Charles Ier, Henriette de France, sœur de Louis XIII, n'a pas subi le sort de

Marie Stuart, qui conclut le sanglant XVIᵉ siècle des Tudor. Le traitement infligé à leur reine par les Français a créé l'irréparable. La « trace d'un sang qui ne s'effacera jamais », selon les mots de Chateaubriand à la Chambre des pairs, a lié en France la modernisation politique à un crime qui résume, avec l'indicible et silencieuse disparition de l'orphelin Louis XVII, tous ceux qu'a multipliés la Terreur.

En la personne de la reine, tous les sentiments naturels qui constituent l'humanité : la fierté, la dignité, l'amour maternel, les élans du cœur ont été, avec la beauté et la grâce, piétinés et salis publiquement par ses bourreaux.

Le tendre attachement qui a uni la reine au comte Hans Axel von Fersen lui a donné, dans les premiers temps de ses malheurs, ses dernières joies terrestres. On songe au couple que formèrent, pendant la Fronde, Anne d'Autriche et Mazarin. Mais Mazarin était un homme d'État, Fersen un très galant jeune premier qui comptait pour rien dans le jeu politique français.

Ni l'un ni l'autre de ces étrangers, initiés aux manières aimables et à « la douceur de vivre » française, mais prévenus de travers (comme toute l'Europe) sur le caractère d'une nation que Fersen, dans son *Journal*, rédigé dans notre langue, qualifie en 1785 de « légère, indiscrète, remplie de vanités et de prétentions », ne soupçonnaient pas du tout, avant la prise de la Bastille, l'arrière-fond féroce des idées et des passions françaises.

La reine voulut longtemps croire, même après son départ forcé de Versailles, que le peuple français aurait raison des démagogues qui le trompaient. En 1793, horrifié par la haine qui s'en prend à la vie de la famille royale, trahie par ses propres parents et désertée par ses amis, Fersen écrira dans son *Journal* : « Je déteste, j'abhorre cette nation de cannibales, tous sont des lâches, des poltrons sans âme ni cœur. » Lorsque le volcan eut explosé, et fait voler en éclats les apparences pompéiennes du grand monde français qui les avaient longtemps trompés, les deux amis restèrent, et ils devinrent dans la tourmente, plus solidaires que jamais.

Né en 1755 dans une famille de noblesse suédoise aussi profondément francophone, sinon francophile, que les Tessin, les La Gardie, les Creutz, ou le roi Gustave III lui-même, Fersen était arrivé à Paris en novembre 1773. Il avait rencontré la dauphine au cours d'un bal masqué au début 1774. C'est seulement en 1778, après une seconde présentation, que le jeune officier, d'une exceptionnelle beauté, entra dans le cercle de

Marie-Antoinette, devenue entre-temps reine de France. Pour couper court à des bruits d'idylle, dont la cour de Stockholm s'alarmait, Fersen s'engagea galamment dans le corps expédition-naire que Louis XVI envoyait au secours des Insurgents améri-cains. Il ne revint pas à Paris avant juin 1783. C'est en septembre de cette année-là qu'il devient colonel du Royal suédois, préposé à la garde personnelle de la reine. L'année suivante il accompa-gna le roi Gustave III dans son voyage en Italie, et regagna Paris avec le prince en juin 1784.

L'amour qu'il avait fait naître dans le cœur de Marie-Antoi-nette l'exaltait assez pour qu'il se soit contenté de paroles brûlantes. Il eut d'ailleurs une longue liaison avec la belle Éléo-nore Sullivan, dont il partageait les faveurs avec Quintin Craw-furd, un autre habitué étranger du cercle de la reine.

Dans ses lettres (en français) à sa sœur la comtesse Sophie Piper, avant et après la mort de la reine, il analyse, distingue et justifie ses deux amours : l'amour d'Elle (la reine) et l'amour d'El (Éléonore Sullivan). Il ne les juge pas incompatibles, mais en partie explicables l'un par l'autre. Il semble bien que Louis XVI, surtout – dans les années terribles 1789-1792 – n'ait rien vu d'inconciliable entre l'affection conjugale qui l'unissait étroite-ment à Marie-Antoinette et l'attachement que la reine pouvait éprouver envers le jeune Suédois, une des très rares loyautés sans faille, avec celle de l'Anglais Crawfurd, qui leur restât à tous deux.

Fersen n'était pas un Galahad, mais il n'avait rien non plus du chevalier de Faublas. Sa romance avec Marie-Antoinette est plus proche de Marivaux et de Mozart que de Louvet ou de Laclos. Il est difficile de savoir si vraiment, comme le pensait Napoléon Ier (qu'on n'aurait pas cru si prude, ni si bourgeois : l'époux de Marie-Louise d'Autriche refusa de négocier avec Fersen à Radstatt sur ce prétexte), le beau Suédois a « couché » avec la reine.

Fersen lui-même et les héritiers de ses papiers ont tout fait pour y supprimer tout ce qui aurait pu faire pencher en ce sens. La possibilité (très hypothétique) de consolations sensuelles ne fut guère laissée aux deux amis que pendant le séjour de la famille royale aux Tuileries, entre 1789 et 1791, loin des yeux de lynx de l'ancienne cour, moins faciles à tromper peut-être que les gardes nationaux.

Après l'arrestation de Varennes, le 20 juin 1791, Fersen (qui avait préparé la fuite de la famille royale avec Crawfurd, mais qui ne l'avait pas guidée au-delà des portes de Paris) dut se réfugier hors de France. De l'étranger, il consacrera toutes ses activités, son crédit et sa fortune à échafauder une voie de salut pour le roi et la reine. Il risquera encore, contre l'avis de Marie-Antoinette, un voyage sous un faux nom à Paris, en février 1792. Il réussit une dernière fois à gagner l'appartement de la reine aux Tuileries. « Allé chez elle, écrit-il dans son *Journal*, passé par mon chemin ordinaire, peur des gard. nat., son logement à merveille. » Et, biffé : « Resté là ». Il ne repartira que le lendemain à minuit, après une conférence avec le roi dont il rapporte les propos sereinement désespérés.

Il ne survécut qu'en apparence au supplice de la reine. Dans son *Journal* revient comme un leitmotiv l'exclamation : « Ah ! que ne suis-je mort pour elle le 20 juin ! »

Sans chercher les honneurs, il les reçut. Le roi Gustave IV Adolphe (qui avait succédé en 1792 à son père, assassiné au cours du fatal « bal masqué » de l'Opéra de Stockholm) fit de lui un grand maréchal du royaume, le chancelier de l'université d'Upsal, et son conseiller le plus écouté. La rumeur se répandit en Suède que, par haine de la France révolutionnaire, le maréchal Fersen poussait le roi à la guerre contre Napoléon. Lorsque, le 28 mai 1810, le prince de Holstein-Augustenbourg, héritier désigné de la couronne, mourut subitement, la rumeur en déduisit que Fersen l'avait empoisonné pour prendre sa place et avoir les mains libres contre la France.

Le 20 juin, jour des funérailles du prince héritier, le carrosse du maréchal est assailli par la populace. Traîné à l'Hôtel de Ville, Fersen est massacré à coups de pierres et de cannes, comme il l'eût été sans doute dix-neuf ans plus tôt à Paris, s'il était revenu aux côtés de Marie-Antoinette et de Louis XVI dans le carrosse de Varennes.

Trois lettres inédites, l'une de Marie-Antoinette à l'ambassadeur d'Autriche en France, au moment du transfert forcé de la famille royale aux Tuileries en octobre 1789 (avec une allusion voilée à Fersen), les deux autres de Fersen à Lady Elizabeth Foster, datant de 1793, donneront un échantillon de leur usage de notre langue (j'ai laissé l'orthographe telle quelle), et une idée du roman qui n'a sauvé ni la reine autrichienne ni son ami suédois d'une Histoire de France que Poussin, dans ses lettres à Chantelou, comparait déjà pendant la Fronde à « la gueule d'un cyclope enragé et furieux ».

Marie-Antoinette au comte de Mercy-Argenteau

Versailles, 10 octobre 1789

Je n'ai reçu qu'aujourd'hui, Mr. le comte, votre lettre du mardy 6, je conçois toutes vos inquiétudes ne doutant pas de votre parfait attachement. J'espère que vous avez reçu ma lettre de mercredy, qui vous aura un peu rassuré, je me porte bien et malgré toutes les méchancetés qu'on ne cesse de me faire, j'espère pourtant ramener la partie saine et honnête de la bourgeoisie et du peuple, malheureusement quoiqu'en très grand nombre ils ne sont pas les plus forts mais avec de la douceur et une patience à toute épreuve il faut espérer qu'au moins nous parviendrons à détruire l'horrible méfiance qui existait dans toutes les têtes et qui a toujours entraînée dans les abîmes où nous sommes. Vous écrirez à temps, pour moi, je crois qu'il est plus prudent que je ne lui écrive pas en ce moment, même pour lui mander que je me porte bien[1]. L'assemb. va venir icy, mais on dit qu'il y aura à peine 600 députés, pourvu que ceux qui sont partie calme les provinces au lieu de les animer sur cet événement cy, car tout est préférable aux horreurs d'une guerre civile. J'ai été bien aise que vous ayez pu vous sauver de Versailles, jamais on ne pourra croire ce qui si est passé dans les dernières 24 heures. On aura beau dire rien ne sera exagéré, et au contraire, tout sera au dessous de ce que nous avons vu et éprouvé. Vous ferez bien de ne pas venir de quelque temps icy, cella inquiéterait encore. Au reste je ne peu voir personne chez moi, je n'ai que ma petite chambre en haut, ma fille couche dans mon cabinet à côté de moi, et mon fils dans ma grande chambre, quoique cela soit gênant j'aime mieux qu'ils soyent auprès de moi et au moins ne me soupçonnera tont pas de voir du monde chez moi. Adieu, monsieur plus je suis malheureuse et plus je sens combien je suis tendrement attachée à mes véritables amis, et il y a longtemps que je me plais à vous compter de ce nombre[2].

---

1. Allusion très probable à Fersen.
2. Lettre manuscrite, collection privée, Paris.

Hans Axel de Fersen à Lady Elizabeth Foster

Bruxelles, ce 3 octobre 1793

Je ne conçois pas la fatalité qui a retardé la lettre aimable que vous aviez bien voulu m'écrire ma chère Milady de Lausanne, le 30 août et que je n'ai reçu que depuis huit jours. Cette négligence m'a privé du plaisir de savoir plus tôt que vous pensez à moi et que vous y prenez intérêt. Cette certitude m'est précieuse et vous ne devez pas douter combien les assurances m'en font plaisir, on est toujours bien aise de retrouver ses amis mais il semble qu'on en ait encore plus de besoin lorsqu'on a du chagrin. Celui que j'éprouve sur le sort de la famille R[oy]ale est bien vif. Leur situation m'affecte vivement et m'occupe sans cesse. Je ne fais que rêver aux moyens de la sauver, hélas à présent il en existe bien peu et depuis hier que nous avons appris la retraite des armées combinées sur Verdun et probablement hors de France, il y en a encore moins que jamais, il semble qu'il y ait le cachet du malheur sur tout ce qu'on entreprend pour cette famille infortunée, rien ne réussit et il n'y a que les scélérats qui aient du succès. Jusqu'à la saison, tout conspire contre eux car depuis deux mois il ne cesse de pleuvoir, ce qui a tellement gâté les chemins que les vivres ne pouvaient plus arriver à l'armée. La dysenterie commençait aussi à y faire de grands ravages, et ce sont sans doute ces deux causes qui auront décidé le Duc de Brunswick à faire une retraite aussi désastreuse dans ses conséquences. Les pauvres Émigrés vont être au désespoir, ils sont sans ressources et leur position est affreuse, ils ne sont cependant pas autant que leur Roi car ils ont du moins la liberté.

Je ne suis pas sorti de Bruxelles depuis un an et je n'en sortirai pas de l'hiver ma santé n'a pas été bonne et elle ne l'est pas encore, je suis presque toujours souffrant sans être précisément malade. Le B. de Breteuil est depuis trois semaines auprès du Roi de Prusse mais j'imagine qu'à présent il reviendra bientôt ici. Le Cte d'Esterhazy est toujours à Pétersbourg où il avait été envoyé l'année dernière par les princes. Voilà ma chère amie, tous les détails que vous avez bien voulu savoir de moi, vous ne sauriez croire combien j'ai eu du plaisir à voir que vous vous y intéressez encore et que vous n'oubliez pas un ami dont la tendre amitié qu'il vous avoue ne finira qu'avec sa vie.

Adieu ma chère amie. Croyez à ce sentiment de ma part. Payez-

moi de retour et donnez-moi quelquefois de vos nouvelles. Dites à la Duchesse combien je partage sa joie sur le rétablissement de Lady Duncannon et parlez de moi à cette dernière. Adieu.

Mme la Duchesse,

Mille remerciements belle et bonne Duchesse du petit mot que vous m'avez écrit et de l'aimable intérêt que vous me témoignez. Je sens mieux que je ne saurais l'exprimer combien j'y suis sensible. Continuez moi je vous prie ces sentiments, j'en suis digne par tous ceux que je vous ai voués pour la vie[1].

Hans Axel de Fersen à Lady Elizabeth Foster

Bruxelles, 22 octobre 1793

Je ne croyais pas, aimable Milady en recevant la vôtre du 10 de ce mois, que ma réponse aurait à vous annoncer une nouvelle aussi affligeante pour mon cœur. Vous savez sans doute déjà que la Reine de France, le modèle des Reines et des femmes n'est plus. C'est le 16 à 11h 1/2 du matin que ce crime a été consommé. Il fait frémir la nature et l'humanité, et mon cœur est cruellement déchiré. Le vôtre est trop sensible pour ne pas partager ma douleur, elle n'est allégée que par l'idée que du moins cette princesse infortunée est délivrée des maux et des chagrins affreux qu'elle éprouvait depuis quatre ans et auxquels son courage seul pouvait résister. Mme de Fitzjannes est extrêmement affligée. Nous pleurons ensemble notre perte commune. Je tâche de la consoler, mais hélas j'ai trop besoin, moi-même de consolation pour pouvoir lui en donner. Je n'ai pas la force de vous donner aucun détail sur ce triste événement, d'ailleurs ceux que nous avons sont peu exacts. Adieu, ma chère amie, plaignez-moi, donnez-moi de vos nouvelles et croyez à la tendre amitié que je vous ai vouée.

Mille choses à notre bonne et aimable Duchesse.

Je reçois dans l'instant votre paquet par le Ct Elliot et je vais remettre votre lettre à la Dsse de Fitzjannes.

Le Ct Elliot est arrivé hier soir et parti ce matin[2].

---

1. Lettre manuscrite, collection privée, Paris.
2. Lettre manuscrite, collection privée, Paris.

22

BENJAMIN FRANKLIN,
LES FRANÇAISES ET LES FRANÇAIS

Sujets souvent esclaves de la mode, les Français ont de tout temps passé pour vifs, curieux, versatiles, sans défense devant les nouveautés et volontiers entichés de leurs hôtes étrangers.

Au XVIᵉ siècle, Henri Estienne pestait contre la mode qui favorisait outrageusement en France les Italiens. Au XVIIᵉ siècle, un John Barclay, qui avait beaucoup voyagé, pouvait écrire, dans un essai sur les caractères nationaux de l'Europe :

« Le monde ne rendit jamais grâces assez à l'hospitalité française, laquelle semble ouvrir le temple d'humanité, pour y donner entrée à la fortune de tous les étrangers. L'on y fait état de l'esprit des hommes, et non de leur pays [...] Il n'est pas besoin aux étrangers d'oublier les mœurs de leur pays, ou de les ployer à la mode de France : il suffit qu'il n'y ait point d'orgueil de leur part, ou de barbarie trop rustique. Car même on peut gagner les affections de cette nation curieuse en faisant profession d'une mode étrangère, parce qu'elle juge plus candidement des coutumes étrangères que des siennes : voire elle se plaît à quelques imperfections de vie ou de corps, si elles viennent de loin. »

Au XVIIIᵉ siècle, les Persans de Montesquieu n'eurent pas en effet à se plaindre de Paris. Au XIXᵉ siècle, ni Heine, ni Tourgueniev, et au XXᵉ siècle ni Hemingway, ni Richard Wright, ni Picasso, ne souffrirent le moins du monde de leur naissance exotique.

Les Français seraient-ils devenus brusquement le contraire d'eux-mêmes ? On les accuse, et ils s'accusent volontiers maintenant, de xénophobie invétérée. Si xénophobie il y a en France,

elle est alors l'ombre portée et tardive d'une longue et extraordinaire tradition de xénophilie, voire de xénodulie, dont il n'est pas
d'exemple ailleurs dans le monde. La carrière de Benjamin
Franklin à Paris suffirait à attester que l'observation de Barclay,
un siècle et demi plus tôt, portait vraiment sur la longue durée
française.

Fils d'un marchand de chandelles, « À la Boule bleue », dans la
rue au Lait, à Boston (Nouvelle-Angleterre), *self-made-man* qui
avait fini par se créer une position dans la presse à Philadelphie
(Pennsylvanie), Franklin resta toujours, à Londres et en Angleterre,
où il séjourna à deux reprises, *a classless outcast*. Même lorsqu'il y
revint en 1755, avec le triple titre de Directeur général des Postes
de Sa Majesté Britannique sur le continent américain, de membre
de l'Assemblée législative du Parlement de Pennsylvanie, et chargé
de mission par cette assemblée auprès des Honorables Propriétaires de la Province, les Penn, et de la Couronne d'Angleterre, il
n'y fut jamais qu'un diplomate morganatique, condamné à
l'ombre, aux coulisses et aux froissements. Il eut affaire avec l'aristocratie anglaise, il crut parfois s'y faire des amis et des alliés. Il dut
se rendre à l'évidence d'un mépris qui finit par lui exploser en
pleine face. Cela ne surprit, ni assombrit ce whig doux, mais au
fond très radical, et qui attribua tous ses mécomptes anglais à
l'absurdité scientifique de l'existence d'une noblesse héréditaire.

Ces épines sociales l'aguerrirent davantage et le rendirent
redoutable. Elles ne l'empêchèrent pas en effet de remporter,
contre l'édifice d'orgueil et de ruse de l'*Establishment* britannique, de surprenants succès dans la défense des intérêts de ses
mandataires. Même la gloire scientifique (attestée cependant par
la médaille Copley de la Royal Society) qu'avait valu à cet autodidacte de génie (et artisan virtuose) la découverte de la nature
électrique de la foudre et l'invention du paratonnerre (1748-
1751) ne lui servit pas à Londres de savonnette à vilains. En
France, les expériences de Franklin furent répétées devant
Louis XV. Le roi de France écrivit de sa main au fils du
marchand de chandelles de Boston une lettre de félicitations.
D'enthousiastes disciples français firent de lui leur prophète.
Nouveau Prométhée, n'avait-il pas volé le feu du ciel à Jupiter ?

Dans son second séjour londonien, qui dura dix ans, Franklin
fit pourtant de son mieux, tout en défendant efficacement les intérêts des colonies anglaises, pour favoriser leur maintien dans la
Couronne britannique, moyennant un *self-government* en matière
fiscale et douanière. C'est bien malgré lui que se développa en

Nouvelle-Angleterre et en Virginie un mouvement de révolte armée et la revendication d'indépendance. C'est lui pourtant qui, le 29 janvier 1774, subit le sort de bouc émissaire aux yeux de l'Angleterre irritée. Devant le Conseil privé de la Couronne érigé en tribunal et présidé par le Premier ministre, Lord North, l'avocat général de Grande-Bretagne le couvrit d'insultes et de mépris devant la foule la plus élégante du royaume, parmi lesquels de nombreux lords de ses « amis ». Il fut destitué quelques jours plus tard de sa charge de directeur des Postes. Il ne lui restait plus qu'à regagner, en martyr de l'indépendance, l'Amérique insurgée.

Depuis Londres, il avait poussé plusieurs pointes en Europe continentale, et notamment en France en 1767. Paris, sa voirie bien tenue, son excellent système de distribution et de filtrage de l'eau, plurent à cet esprit pratique, ami du confort et des commodités. Comme tout le monde, il fut ébloui par Versailles, où il put assister au souper du roi : Louis XV échangea avec lui quelques paroles gracieuses. Partout il fut reçu avec politesse et même honneur. Il plaisait. Il s'appliqua à plaire, en revêtant un habit seyant et une perruque légère à la française. Dans le cercle des Physiocrates, qui se réunissait autour de M. Quesnay et du marquis de Mirabeau (l'auteur de *L'Ami des Hommes*), il se retrouva chez lui, séduit par leurs idées de prospérité générale par l'agriculture rationnelle, la réforme du fisc, la liberté du commerce et le libre-échange : autant d'eau au moulin américain, freiné par une Angleterre urbaine et insatiable de taxes indirectes. Il publia des articles dans la revue de l'École physiocratique, *Les Éphémérides du Citoyen*, qui par sa diffusion européenne devint un précieux organe de propagande pour la cause des colonies du roi George. Il revint encore à Paris en 1769, mais brièvement.

Les amitiés qu'il s'était faites en France au cours de ces deux séjours le désignèrent en 1776 (l'année où le Congrès de Philadelphie vota la « Déclaration d'indépendance ») pour représenter auprès du gouvernement français le nouvel État fédéral (en gestation, en révolution, mais encore inexistant aux yeux du droit international). La France, appuyée en Méditerranée par le Pacte de famille, et en Europe centrale par l'alliance avec Vienne, était alors et de loin la plus grande et prospère puissance européenne, la seule par ailleurs dont l'opinion publique manifestât un véritable enthousiasme pour les « Insurgents ». Le règne de Louis XVI commençait comme un âge d'or. Tous les espoirs de l'Amérique insurgée se tournèrent vers la France.

À soixante-neuf ans, accompagné de deux de ses petits-fils, le

Patriarche de Philadelphie partit pour cette grande aventure, de laquelle dépendait tout l'avenir de la Révolution américaine.

Le 3 décembre 1776, la tempête l'obligea à débarquer à Quiberon, et à gagner Nantes par la route. Il put croiser sur les chemins boueux les futurs chouans. En plein siècle des Lumières, ces paysans du Moyen Âge lui parurent aussi arriérés que les Indiens du Delaware, que ses compatriotes étaient en train allégrement de déposséder et de liquider. Aussitôt connue à Paris, l'arrivée de Franklin à Nantes devint la nouvelle du jour. Le 20 décembre, il débarqua à Versailles, dans une auberge. Officiellement en paix avec l'Angleterre, la France avait jusque-là répondu aux demandes de provisions émanant du Congrès américain par la médiation d'un sémillant agent commercial : Beaumarchais. Cette contrebande était couverte par une société intitulée, en hommage sans doute au *Barbier de Séville*, Rodrigue Hortalez et Compagnie. L'ambassadeur britannique, Lord Stormont, épiait ces torves manœuvres françaises et multipliait les représentations auprès de Vergennes. Le ministre temporisait. L'apparition de Franklin à Paris, et le « malheur » qu'il y fit, changèrent du tout au tout la donne anglo-franco-américaine.

Voltaire, dans l'une de ses *Lettres anglaises*, avait fait du Quaker un portrait à tirer les larmes d'attendrissement. Le *Quaker* était devenu un mythe français, apparenté au *Bon sauvage* accrédité ensuite par Rousseau. Philadelphie, d'où venait Franklin, était une fondation quaker. L'envoyé américain se gardera bien cette fois de s'habiller et coiffer à la française : son vêtement citoyen, ses manières républicaines, sa simplicité rustique, donnèrent corps aux deux mythes exotiques à la fois. Quoique tout le contraire d'un *Quaker*, Franklin en assuma les apparences, cultiva la méprise, et il le fit avec tant de rude bonhomie qu'il passa aussi pour le *Bon sauvage* des forêts américaines. Du coup, voltairiens et rousseauistes, ennemis pour tout le reste, tombèrent d'accord pour l'idolâtrer.

Avec un sens aigu du « terrain » et des relations publiques, Franklin fit aussitôt trois visites qui étaient autant d'examens de passage. Par trois fois, il s'en tira avec les honneurs. La première, ce fut évidemment une audience privée avec le ministre français des Affaires étrangères. Vergennes, grand seigneur cultivé et généreux, fut touché par la modestie et la compétence du grand bonhomme délégué par le Congrès américain. Son collègue Malesherbes avait été, quelques années plus tôt, ému de la même façon par Rousseau, plébéien de génie : il l'avait pris pour toujours sous sa protection. En sous-main, Vergennes fit accorder une avance de deux millions de livres aux Insurgents.

Plus redoutable était la comparution devant le tribunal suprême du grand monde parisien, le salon de la rue Saint-Dominique présidé par l'aveugle des Lumières, la marquise du Deffand. Franklin fut présenté le 29 décembre 1776, après le dîner, à la marquise assise dans son fauteuil en corbeille, le célèbre « tonneau ». Un brillant aréopage était réuni autour d'elle : le vicomte de Beaune, le chevalier de Boutteville, l'abbé Barthélemy, le comte de Guines, ancien ambassadeur de France à Londres, le duc de Choiseul et le jeune Anglais Elliott.

On pouvait s'attendre au pire. La marquise était éprise d'Horace Walpole. Lord Stormont, l'ambassadeur anglais, était de ses habitués. En principe, elle devait pencher pour le gouvernement britannique. Les idées démocratiques et commerciales de Franklin, si elle les avait connues, lui auraient fait encore plus horreur que les paradoxes de Voltaire qu'elle dédaignait ou la logique de d'Alembert, qu'elle détestait.

Or tout se passa pour le mieux. Franklin parla peu, écouta beaucoup, sourit et s'exclama au bon moment. Il fut jugé très honnête homme. Il faut croire que Choiseul, qui rongeait son frein et guignait toujours le pouvoir, avait organisé lui-même cette visite chez sa grande amie et fait en sorte qu'elle ne tournât pas au désastre. Un mot malheureux de la redoutable marquise eût pu nuire à Franklin. En fait, la cause américaine était déjà si populaire en France que même les candidats au ministère se devaient de lui donner des gages.

Puis Franklin rendit visite au marquis de Mirabeau. Il le connaissait depuis 1767 et il savait la sympathie des Physiocrates pour la cause américaine. Mais les Physiocrates, et le plus célèbre d'entre eux, Turgot, étaient aussi des pacifistes. Franklin l'était aussi, mais sa mission l'obligeait à obtenir la guerre. L'affection que l'« Ami des hommes » portait à Franklin, la solidarité des Physiocrates avec ce frère étranger, modérèrent et même neutralisèrent leurs réserves. Seul Turgot, qui n'assistait pas à l'entrevue, resta intraitable.

Franklin était surtout décidé à chauffer à blanc l'opinion, déjà bien disposée en sa faveur. Dès le 15 janvier 1777, il vint régulièrement siéger à l'Académie des sciences, dont il était membre correspondant. Il visita les grandes bibliothèques parisiennes : celle du Roi, Sainte-Geneviève, la Mazarine, etc. Ses confrères enchantés et toute la République des Lettres se déclarèrent ses serviteurs. Les grands seigneurs français et étrangers qui se piquaient d'érudition ou de science souhaitèrent rencontrer le grand homme : le duc de Croÿ, le duc de Chaulnes, le comte de Lauraguais, le prince Galitzine, le baron Blome, M. Eyck. Ces trois derniers, diplomates d'envergure européenne, devinrent de sérieux atouts dans la campagne de Franklin.

Le grand monde et la mode se précipitèrent à ses pieds. Le jeune duc de La Rochefoucauld obtint la faveur de servir comme secrétaire le nouveau « gourou ». Il savait l'anglais. Toute son illustre, puissante et antique famille se fit aussitôt le porte-voix de la gloire de Franklin et de la cause américaine. Les Noailles ne demeurèrent pas en reste. Le gendre du duc d'Ayen, le marquis de La Fayette, toutes affaires cessantes, supplia Franklin de faciliter son engagement volontaire auprès de Washington. Malgré l'opposition de Louis XVI, il s'embarqua dès le mois de mai. Le comte de Broglie rêvait de devenir le Guillaume le Taciturne des nouvelles « Provinces Unies » : l'illustre et puissante famille de Broglie adopta Franklin et sa cause.

Mais c'est un brasseur d'affaires, disciple de Franklin, Le Ray de Chaumont, qui le logea dans les communs de son hôtel de Valentinois, à Passy. Ce quartier aéré était le rendez-vous de la Maçonnerie française, que le duc d'Orléans s'employait alors à faire refleurir. Franklin trouva dans ce milieu des amis, des alliés, et l'accès à un vaste réseau de presse française, publiée en France ou à l'étranger. Excellent journaliste, il en fit l'usage le plus abondant et efficace.

Le velours qui se prêta le plus volontiers aux caresses de Franklin, ce furent les femmes, qui avaient toujours joué un rôle exceptionnel dans la vie publique française, et régnaient alors comme jamais. Elles se toquèrent de ce faux *Quaker* sensuel et sensible, rude et rusé comme un paysan, mais bon compagnon et doux comme un berger, peu disert mais généreux en cajoleries. Franklin connut à Paris beaucoup mieux qu'un « Fragment d'un discours amoureux ».

Tant d'appuis et réconforts si divers lui permirent de tenir tête sans fléchir aux sinistres nouvelles qui vinrent d'abord d'Amérique et qui faisaient se rengorger Lord Stormont. Quand fut annoncée la première grande victoire des Insurgents : la capture, à Saratoga, de Burgoyne et de son armée descendue du Canada, Franklin fit montre de ses capacités de renard. Feignant de négocier avec Londres, il fit croire à Vergennes qu'il importait à la France de prendre de vitesse cette ombre de paix et de s'engager ouvertement dans la guerre. Le 8 février 1778, Franklin tenait enfin son éclatante revanche sur Lord Stormont et la morgue anglaise : il signait avec Vergennes le traité d'alliance franco-américain, dans l'hôtel des Affaires étrangères, ancien hôtel de Lautrec, quai des Théatins. Le 20 mars, Louis XVI reçut officiel-lement à Versailles la délégation américaine conduite par Frank-lin.

La légende se répandit que le perruquier n'avait pas trouvé une perruque à la taille de la tête du grand Américain. Toute la France répéta : « Il a une grosse tête, et une grande tête. » Le fait est qu'il se présenta au roi coiffé de ses propres cheveux blancs, longs, clairsemés et raides, sans épée de cour au côté. On enten-dit toute la Cour subjuguée murmurer : « Il est habillé en *Quaker* ! »

Ainsi l'inventeur du paratonnerre et du calorifère le fut aussi de la « pub » et du « look ». Reste que ce jour-là, sur le plus beau théâtre de l'univers, les grands appartements de Louis XIV, la jeune troupe des « Quinze provinces unies » d'Amérique, flan-quées de leur Patriarche, et présentées par Louis XVI en personne, firent une entrée sensationnelle dans le monde. Le lendemain, les délégués américains reçurent un accueil très aimable au lever de la reine, puis chez Monsieur, frère du Roi, puis chez Madame, comtesse de Provence, et enfin chez Madame, sœur du Roi. On comprend que le château de Versailles soit resté cher aux États-Unis. C'est leur autre Cap Canaveral : à partir de là ils ont été lancés dans l'Histoire mondiale.

Dès lors, ambassadeur plénipotentiaire officiel du Congrès des États-Unis, Franklin connaît la vraie gloire. Plus encore que de Louis XVI, il la reçoit de la main de Voltaire mourant, venu juste à point jouir de sa propre apothéose à Paris. Franklin, accompa-gné de son petit-fils William Temple, ne manqua pas d'aller lui rendre visite à l'hôtel de Villette. Les deux « stars » s'entretinrent d'abord en anglais, puis, devant le murmure général, en français. Franklin poussa alors William Temple vers Voltaire, priant celui-ci de le bénir : le prince de la République des Lettres étendit sa main décharnée sur la tête de l'enfant et prononça sa bénédiction « au nom de Dieu et de la Liberté ». Tout le monde éclata en sanglots.

Quelques jours plus tard, Voltaire et Franklin siégèrent ensemble à l'Académie des sciences, dans sa salle des séances, au Louvre. La foule les obligea à se lever, à saluer, à causer entre eux. Le public enfin s'écria : « Il faut s'embrasser à la française

Le petit squelette français étreignit le gros et grand bonhomme américain, tandis que la foule applaudissait, pleurait et criait : « Qu'il est charmant de voir s'embrasser Solon et Sophocle ! »

Les jaloux et les moqueurs, de l'autre côté de l'Atlantique, menèrent souvent la vie dure à Franklin ambassadeur. Il n'en conduisit pas moins à Paris la vie la plus douce qu'il ait connue, bien installé dans sa maison de Passy, abondamment pourvue de vins rares, de nombreux domestiques, d'une infirmerie, d'une imprimerie, d'un laboratoire, d'ateliers, et d'un carrosse. Les grandes dames, à commencer par la reine Marie-Antoinette, le réclamaient, l'interrogeaient comme un oracle, le dorlotaient. Toutes voulaient l'embrasser et l'appeler « papa ». Il leur rendait la politesse. Le bruit de ces privautés, traversant l'Atlantique, scandalisa. À des amis qui le lui faisaient savoir, il répondait :

« Vous parlez de la gentillesse des Françaises pour moi. Je dois expliquer ceci. Les Français sont la nation la plus polie du globe. Les premiers que vous rencontrerez cherchent à savoir ce que vous aimez, puis ils le disent à la ronde. S'il est entendu que vous aimez le mouton, vous pourrez dîner où vous voudrez, vous aurez du mouton. Quelqu'un apparemment a publié que j'aimais les dames ; aussitôt tous m'ont offert des dames (ou des dames se sont offertes elles-mêmes) à embrasser (c'est-à-dire le baiser sur le cou. Car embrasser la bouche ou la joue n'est pas de mode ici, le premier procédé paraît grossier, et l'autre ôte la peinture). »

Aucune des « douceurs de vivre » de l'arrière-saison de l'Ancien Régime français ne fut refusée à l'hiver vigoureux de Franklin. M. et Mme d'Houdetot, flanqués de l'amant de Madame, le poète des *Saisons*, Saint-Lambert, donnèrent en son honneur, le 12 avril 1781, une fête champêtre dans leur domaine de Sannois. Franklin dut descendre de carrosse à un kilomètre du château, accueilli par des chants en l'honneur de la liberté. Il s'avança à travers le parc et le jardin décorés d'arcs de triomphe floraux et de guirlandes jusqu'à la table d'un délicieux souper. Entre chaque rasade, les convives chantaient à la ronde des couplets écrits pour la circonstance :

> *De Benjamin célébrons la mémoire*
> *Chantons le bien qu'il a fait aux mortels,*
> *En Amérique il aura des autels,*
> *Et dans Sannois nous buvons à sa gloire.*

Après le dîner, Franklin fut invité à planter dans le jardin un marronnier de Virginie, au pied duquel on avait fait graver sur le marbre une inscription votive. Au retour de la cérémonie, un orchestre accompagnait la procession des convives qui chantaient en chœur :

Que cet arbre, planté par sa main bienfaisante
Élevant sa tige naissante,
Au dessus du stérile ormeau,
Parfume l'air de cet heureux hameau.
La foudre ne pourra l'atteindre,
Elle respectera son faîte et ses rameaux,
Franklin nous enseigna par ses heureux travaux
À la diriger ou l'éteindre,
Tandis qu'il détruisait des maux
Pour la terre encore plus à plaindre.

À Passy, Franklin noua successivement deux idylles avec deux adorables femmes, Mme Helvétius et Mme Brillon de Jouy, ses voisines. La veuve du richissime fermier général et grand philosophe devant l'Éternel, Helvétius, avait été l'une des plus ravissantes jeunes beautés de France et de Lorraine, sa province d'origine, où sa famille, les Ligniville, comptait parmi les plus anciennes lignées du duché. Dans ses salons d'Auteuil, elle avait reçu en reine tout ce que Paris et l'Europe comptaient de talents et de grands noms. Elle en gardait de beaux restes. Le vieil ambassadeur américain huma avec délices cette rose d'automne de l'aristocratie française, et celle-ci ne résista pas au grand et glorieux *Wasp* qui avait traversé les océans jusqu'à elle. Ses salons, toujours très souhaités et fréquentés, étaient maintenant devenus une arche de Noé un peu passée ; elle-même, toujours belle, racée, spirituelle et sensible, se laissait assiéger de chats, de chiens, d'oiseaux et de petits abbés. Elle pouponna Franklin, elle le choya. Il écrivit pour elle en français contes sur contes. Il l'appelait Notre-Dame-d'Auteuil. En 1780, il lui fit une déclaration de mariage. Turgot, qu'elle avait aimé dans sa jeunesse et qu'elle consulta sur ce point comme en toutes choses, la rabroua d'avoir eu la faiblesse d'hésiter un seul instant. Elle eut beau redoubler de gâteries et d'esprit pour faire passer son refus : quelque chose s'était fêlé entre eux. Que serait-il advenu de M. et Mme Franklin à Auteuil en 1793 ?

Mis en appétit de bonheur français, Franklin se tourna vers

une autre voisine, Mme Brillon, née Hardancourt, épouse du receveur général des Dépôts du Parlement. Elle était encore jeune et très jolie. Elle était nourrie de *Nouvelle Héloïse*. Ils passaient ensemble de très longues soirées en musique, conversation, et innocentes caresses, comme Julie et Saint-Preux à Clarens. Ils visitèrent ensemble le célèbre jardin à l'anglaise de Watelet, « Moulin Joli ». Henry James s'est souvenu de cette « conversion » du vieux fils de Boston aux charmes de Paris lorsqu'il a décrit, dans *Les Ambassadeurs*, le vieil oncle d'Amérique venu à Paris pour arracher le jeune Chad des bras de la belle Mme Vionnet, et qui tombe lui-même dans les filets de l'Armide française. Franklin, enhardi, alla jusqu'à envisager un mariage entre son petit-fils, William Temple, et l'une des filles du couple Brillon. M. et Mme Brillon poliment éludèrent.

Cette nouvelle petite blessure d'amour-propre fut heureusement noyée par un déluge de joie : on annonça l'écrasante victoire franco-américaine de Cheasapeake, le 5 septembre 1781. L'Angleterre était condamnée à traiter.

Franklin fut l'un des pivots de la négociation. Quand les préliminaires du traité furent enfin signés, à Versailles, le 20 janvier 1783, l'heure de sa propre apothéose arriva. Toute la France et toute l'Europe se rendirent en pèlerinage à l'hôtel de Valentinois, dont l'ambassadeur occupait maintenant tout le corps de logis. Ses portraits étaient reproduits jusque dans la moindre échoppe, auprès de Louis XVI et de Washington. Toutes les Académies scientifiques de province et d'Europe l'élirent, quand ce n'était pas déjà fait, et lui demandèrent des mémoires sur les expériences et découvertes qu'il continuait de faire dans son atelier-laboratoire de Passy. Son avis fut décisif pour faire disqualifier Mesmer et son célèbre baquet par l'Académie des sciences. La Loge des Neufs Sœurs fit de lui son Vénérable à vie.

Il était devenu le Messie vivant annonçant le salut de l'humanité par la science et par la morale. Son autorité était telle qu'elle fit descendre dans les profondeurs du public français un catéchisme des Lumières (*L'Almanach du pauvre Richard, 1748*) que ni les écrits de Voltaire, ni ceux de Rousseau, s'adressant l'un et l'autre à une élite cultivée, n'avaient réussi à vulgariser à cette échelle. Le jeune comte de Mirabeau se chargea de traduire et de faire circuler aussi en France (avec l'accord de Franklin et de Chamfort) la première attaque frontale contre la noblesse héréditaire qui ait jamais été imprimée en Europe : *Considérations sur l'Ordre de Cincinnatus*. Franklin avait conçu ce pamphlet pour combattre les vétérans de la guerre d'Indépendance qui voulaient se constituer en ordre héréditaire. Mirabeau l'adapta et l'amplifia pour en faire un brûlot contre l'assise même de la monarchie française. Franklin n'y vit peut-être pas malice. Il multipliait les déclarations publiques d'admiration pour Louis XVI, et il ne marchandait pas les éloges (on ne peut les lire rétrospectivement qu'avec le frisson) à l'adresse du caractère national français :

« En politesse et en civilité, les Français ont dépassé les Anglais de bien des degrés. Je trouve ici une nation tout à fait aimable, pour ceux qui vivent chez elle. Les Espagnols ont une réputation d'orgueil. Les Écossais d'insolence. Les Hollandais d'avarice. Mais je pense que les Français n'ont point de vice national qu'on puisse leur reprocher. Ils ont quelque frivolité, mais sans gravité. Se coiffer de façon à ne pouvoir se mettre un chapeau sur la tête, ensuite mettre son chapeau sous le bras, remplir son nez de tabac, peuvent être dits folies, mais non vices. Bref rien de bon ne manque dans le caractère du Français, parmi tout ce qui peut contribuer à rendre un homme agréable et estimable. Ils ont seulement quelques bagatelles en trop qu'ils pourraient éliminer. »

Quelles qu'aient pu être les arrière-pensées de Franklin sur les « bagatelles à éliminer » en France, il ne fut pas trop bien récompensé par les États-Unis dont il avait été littéralement la sage-femme. « Rendu à la liberté » le 2 mai 1785, il dut céder la place à Thomas Jefferson. Rentré à Philadelphie, il ne joua dans la Convention constitutionnelle de 1787, réunie dans son fief, qu'un rôle de vieux Sage, respecté pour sa popularité, mais moqué en aparté par les vrais patrons du nouveau jeu politique. Il combattit du moins avec succès la persistance dans l'Amérique nouvelle de l'enseignement du grec et du latin, qu'il qualifiait de « charlatanisme de la littérature » et où il voyait la souche d'une éventuelle aristocratie américaine, oisive et inutile. Une monstruosité morale que le sociologue puritain Thorstein Veblen fustigera encore en 1899 dans sa fameuse *Théorie de la classe de loisir*.

Il applaudit aux nouvelles de la Révolution française, tout en déplorant ses excès. Il mourut le 17 avril 1790, dans sa grande maison de Philadelphie, au milieu de ses livres et des machines qu'il avait inventées et construites. Il créait par testament deux fondations pour venir en aide aux artisans de Boston et de Philadelphie. Né en 1706, il avait 84 ans.

Dès que la nouvelle parvint en France, Mirabeau le jeune prononça son oraison funèbre à l'Assemblée nationale, et fit voter un deuil national de trois jours. Gabriel Chinard a réuni, dans un ouvrage publié en français à Washington en 1927, tous les discours et descriptions publiés alors des cérémonies qui firent de l'hommage à Franklin rendu par la France unanime (futurs guillotinés comme Vicq d'Azyr, le médecin de Marie-Antoinette, et futurs guillotineurs, comme Robespierre) : premier essai de ces panthéonisations révolutionnaires dont Jean-Claude Bonnet, plus récemment, s'est fait l'enthousiaste historien[1].

Franklin parlait et écrivait un français estimable. Je reproduis ici la lettre qu'il écrivit à Mme Helvétius après le refus de sa proposition de mariage, et qu'il a imprimée lui-même sur les presses de l'ambassade dans un amusant recueil de ses galanteries intitulé *Les Bagatelles de Passy*, ainsi qu'un échange de lettres entre Mme Brillon et lui-même, reproduites d'après le manuscrit de l'*American Philosophical Society*[2].

---

1. *Naissance du Panthéon*, Fayard, 1998.

2. Reproduit dans *The Papers of B. F.*, t. 28, p. 464-465, Yale University Press, 1990.

Benjamin Franklin à Mme Helvétius

*Imprimée dans les Bagatelles
et non datée*

Chagrin de votre barbare résolution, prononcée si positivement hier au soir, de rester seule toute votre vie en l'honneur de votre cher mari, je me retirai chez moi, je me jetai sur mon lit, me croyant mort, et je me trouvai dans les Champ-Élysées.

On me demanda si j'avais envie de voir quelques personnages particuliers. Menez-moi chez les philosophes. – Il y en a deux qui demeurent ici-près dans ce jardin : ils sont de très bons voisins, et très amis l'un de l'autre. – Qui sont-ils ? – Socrate et Helvétius. – Je les estime prodigieusement tous les deux ; mais faites-moi voir premièrement Helvétius parce que j'entends un peu de français et pas un mot de grec. Il me reçut avec beaucoup de courtoisie, m'ayant connu, disait-il, de réputation il y avait quelque temps. Il me demanda mille choses sur la guerre, et sur l'état présent de la religion, de la liberté, et du gouvernement en France. – Vous ne vous informez donc pas de votre chère amie, Madame Helvétius ; cependant elle vous aime encore excessivement, et il n'y a qu'une heure que j'étais chez elle. – Ah ! dit-il, vous me faites ressouvenir de mon ancienne félicité. – Mais il faut l'oublier pour être heureux ici. Pendant plusieurs des premières années, je n'ai pensé qu'à elle. Enfin je suis consolé. J'ai pris une autre femme. La plus semblable à elle que je pouvais trouver. Elle n'est pas, il est vrai, tout-à-fait si belle, mais elle a autant de bon sens, un peu plus d'esprit, et elle m'aime infiniment. Son étude continuelle est de me plaire ; et elle est allée actuellement chercher le meilleur nectar et la meilleure ambroisie pour me régaler ce soir ; restez avec moi et vous la verrez. – J'aperçois, dis-je, que votre ancienne amie est plus fidèle que vous : car on lui a offert plusieurs bons partis qu'elle a refusés tous. Je vous confesse que je l'ai aimée, moi, à la folie ; mais elle était dure à mon égard, et elle m'a rejeté absolument pour l'amour *de vous. – Je vous plains, dit-il, de votre malheur ; car vraiment c'est une bonne et belle femme et bien aimable. Mais l'abbé de la R***, & l'abbé M***, ne sont-ils pas encore quelquefois chez elle ? – Oui assurément ; car elle n'a pas perdu un seul de vos amis. – Si vous aviez engagé l'abbé M*** (en lui donnant du café à la crème) à parler pour vous, peut-être vous auriez réussi ; car il est raisonneur subtil comme Duns Scotus ou St. Thomas ; il met ses arguments en si bon ordre qu'ils deviennent presque irrésistibles ; ou bien en faisant présent à l'abbé de la R*** de quelque belle édition d'un vieux auteur classique, vous auriez obtenu qu'il parlât contre vous ; et cela aurait encore mieux réussi : car j'ai toujours observé, que, quand il conseille quelque chose, elle a un penchant très-fort à faire le contraire. – À ces mots entra la nouvelle Madame Helvétius avec le nectar : à l'instant je reconnus en elle Madame Franklin, mon ancienne amie américaine. Je la réclamai. Mais elle me dit froidement : j'ai été votre bonne femme quarante-neuf années et quatre mois, presqu'un demi-siècle ; soyez content de cela. J'ai formé ici une nouvelle chaîne, qui durera l'éternité.*

Fâché de ce refus de mon Euridice, je pris tout de suite la résolution de quitter ces ombres ingrates, de revenir en ce bon monde, revoir le soleil et vous. Me voici ! Vengeons-nous !

Mme Brillon à Benjamin Franklin

Ce 11 may 1779

Vous avez bien raison mon bon papa, nous ne devons faire consister le véritable bonheur que dans la paix de l'âme ; il n'est pas en notre pouvoir de changer le caractère des gens avec lesquels nous vivons n'y empêcher le cours des contrariétés qui nous entourent ; c'est un sage qui parle et qui tâche de consoler sa fille trop sensible en lui enseignant la vérité : oh mon père, j'implore votre amitié votre saine philosophie, mon cœur vous entend, vous est soumis ; donnez-moi de la force, qu'elle me tienne lieu d'une indifférence que votre enfant ne peut jamais sentir : mais mon ami, convenez que pour celui qui sait aimer l'ingratitude est un mal affreux ; qu'il est dur pour une femme qui donnerait sa vie sans hésiter, pour assurer le bonheur de son mari ; de se voir enlever le fruit de ses soins, de ses désirs, par l'intrigue, la fausseté – le temps amènera tout à bien mon papa l'a dit, je le crois ; mais mon papa a dit aussi, le temps est l'étoffe dont la vie est faite[1] *; ma vie mon ami est faite d'une étoffe fine et légère que le chagrin déchire cruellement. Si j'avais quelques reproches à me faire, je n'existerais plus depuis bien longtemps ! Mon âme est pure, simple, franche, j'ose l'attester à mon père, j'ose lui dire qu'elle est digne de lui ; j'ose encore l'assurer que ma conduite qu'il a trouvée sage, ne se démentira pas, que j'attendrai la justice avec patience, que je suivrai les conseils de mon respectable ami, avec tenue et confiance – adieu vous que j'aime tant mon papa, ne m'appelez jamais que ma fille, hier vous m'appeliez madame et mon cœur se serrait je m'examinais pour voir si j'avais quelques torts envers vous, ou si j'avais quelques défauts que vous ne vouliez pas me dire – pardon mon ami, ce n'est pas un reproche que je vous fais, c'est une faiblesse dont je m'accuse je suis née beaucoup trop sensible pour mon bonheur et pour celui de mes amis ; guérissez-moi et plaignez-moi, si vous le pouvez faites l'un et l'autre : C'est demain mercredi, vous viendrez au thé n'est ce pas, croyez mon papa que la jouissance que j'éprouve à vous recevoir est partagée par mon mari, mes enfants, mes amis, je n'en puis douter, et je vous l'assure.*

Benjamin Franklin à Mme Brillon

Le lendemain

Vous m'avez dit, ma chère fille, que votre cœur est trop sensible. Je vois bien, dans vos lettres, que cela est trop vrai. D'être fort sensible de nos propres fautes ; c'est bon ; parce que cela nous mène de les éviter en futur : Mais d'être fort sensible et affligé des fautes d'autres gens, – ce n'est pas bon. C'est à eux d'être sensible là, et d'être affligés de ce qu'ils avaient mal fait : – Pour nous, nous devons rester en tranquillité, qui est la juste partage de l'innocence et la vertu. Mais vous dites « que l'ingratitude est un mal affreux ». C'est vrai, – aux ingrats – mais non pas à leurs bienfaiteurs. Vous avez conféré des bienfaits sur ceux qui vous en avez crus dignes. Vous avez donc fait votre devoir, parce que c'est de notre devoir

---

1. Écho de *Poor Richard* de Franklin, publié en 1748 : « Dost thou love life ? then do not squander time ; for that's the stuff life is made of », III, 64.

d'être bienfaisants ; et vous devez être satisfaite de cela, et heureuse dans la réflexion. S'ils sont des ingrats, c'est leur crime et non la vôtre ; et c'est à eux d'être malheureux quand ils réfléchissent sur la turpitude de leur conduite envers vous. — S'il vous font des injures, réfléchissez que quoique ils peuvent être auparavant vos égaux, ils se sont placés par ce moyen au-dessous de vous ; — Si vous vous vengez en les punissant exactement, vous les restituez dans l'état d'égalité qu'ils avaient perdu. Mais si vous les pardonniez, sans leur donner aucune punition, vous les fixez dans cette basse état ou ils sont tombés, et d'où ils ne peuvent jamais sortir, sans une vraie repentance et pleine réparation. Suivez donc, ma très chère et toujours aimable fille, la bonne résolution que vous avez prise si sagement, de continuer à remplir tous vos devoirs, comme bonne mère, bonne femme, bonne amie, bonne prochaine, bonne chrétienne, etc., (sans oublier d'être bonne fille à votre papa) et à négliger et oublier s'il est possible les injures qu'on peut vous faire à présent. Et soyez assurée, qu'avec le temps, la rectitude de votre conduite gagnera sur les esprits même des gens les plus mauvaises ; et encore plus sur ceux des personnes qui sont au fond d'un bon naturel, et qui ont aussi bon sens, quoique pour le présent peut-être un peu égarées par l'artifice des autres. Alors, tous vous demanderont avec componction le retour de votre amitié, et ils deviendront pour l'avenir des vos plus zélés amis.

Je suis sensible que j'ai écrit ici beaucoup de très mauvais français ; cela peut vous dégoûter, vous qui écrivez cette langue charmante avec tant de pureté et d'élégance. Mais si vous pouvez enfin déchiffrer mes expressions obscures, gauches et impropres, vous aurez peut-être au moins cette espèce de plaisir qu'on a en expliquant les énigmes, ou en découvrant des secrets.

23

UN AMBASSADEUR DES ÉTATS-UNIS
AU SECOURS DE LOUIS XVI :
GOUVERNEUR MORRIS

Dans l'abondante littérature historique sur la Révolution française, on trouve fréquemment cité le témoignage d'un certain « Gouverneur Morris »[1], sur lequel les doctes auteurs se gardent de donner la moindre précision, tant ce détail leur paraît relever de l'évidence ou bien de ces incongruités qu'il vaut mieux passer sous silence.

Ce témoin sans visage, qu'on est bien obligé malgré tout de citer, passe ainsi, aux yeux de nombreux lecteurs, pour le « gouverneur » de quelque État de la Fédération américaine, qui aurait pris sa retraite en France au plus mauvais moment. L'excellente biographie de Morris, par Jean-Jacques Fiechter[2], avait donc comblé, dès avant le Bicentenaire, une vraie lacune. Mais comme me le disait l'autre jour avec un ricanement de pitié un vendeur de la librairie Gallimard, boulevard Raspail, « aujourd'hui un clou chasse l'autre », et un bon ouvrage français publié en 1983, voire en 1993, est plus introuvable, mystérieux et inaccessible dans des boutiques vouées aux dernières nouveautés que les livres du siècle dernier chez les libraires d'ancien, pour la plupart très accueillants, cultivés et fureteurs, et à peine plus chers.

Fiechter nous apprend que le prénom français de « Gouverneur Morris » n'a rien à voir avec un titre de « *governor* » qu'il n'a jamais porté. Il est né en 1752 dans une famille Morris, d'origine

---

1. 1752-1816.
2. Fayard, 1983.

anglaise, dont l'installation à New York, dans un domaine qu'elle baptisa Morrissania (aujourd'hui réduit à un charmant musée encastré dans Harlem) remontait au XVIIe siècle : elle avait fui la restauration de Charles II Stuart, et la répression contre les partisans de Cromwell qui s'ensuivit. Sa mère, Sarah Gouverneur, fille unique de huguenots ayant fui la Révocation de 1685, lui avait donné pour prénom le nom de sa propre famille, qu'elle souhaitait perpétuer encore un peu. C'est elle aussi qui choisit, pour lui donner une excellente éducation classique (et française), l'Académie calviniste de New Rochelle, créée sur le modèle de l'Académie de Saumur par une colonie de protestants réchappés des persécutions de Louis XIV. Il avait passé brillamment le concours d' « attorney » dès l'âge de vingt ans.

Grand, puissamment charpenté, le jeune Américain avait les traits réguliers, un regard fier, la voix magnifique. Un des officiers de Washington a laissé de lui ce portrait :

« Cet homme a du génie. Ses dons multiples en font un brillant orateur. Ses phrases fluides épuisent avec souplesse tous les méandres de la rhétorique. Il émane de lui un tel rayonnement que l'esprit, charmé, envoûté, se laisse entraîner par son discours. Son imagination puissante lui fait tracer un tableau si parlant des choses, qu'il parvient à rendre simple et agréable le raisonnement le plus complexe. »

Tous ces dons devaient lui valoir un jour à Paris les plus vifs succès, à une époque où la beauté masculine retrouvait pour critères le canon de Polyclète et l'idéal romain de l'Orateur. Plus âgé que lui de vingt ans, George Washington, à qui il se lia d'une profonde amitié, appartenait lui-même physiquement au même type néoclassique, parfaitement accordé aux colonnades et aux frontons « coloniaux » de l'architecture néo-palladienne. Le sculpteur Houdon, pour réussir la statue en pied du général, au moment où celui-ci fut élu Président des États-Unis en 1789, fera poser dans son atelier parisien Gouverneur Morris, qui s'y prêta à la demande de Thomas Jefferson, frappé par la ressemblance entre le chef de l'État et son ami.

Avec de tels atouts, le jeune Gouverneur, bien avant de séduire les sirènes françaises de salon, devint très vite dans son pays, non sans scandale, un grand « abatteur de bois » à la Kennedy ou à la Clinton. Les dieux jaloux de « l'éthique protestante » lui en voulurent : en 1780, fuyant à trop grandes enjambées une maison de Philadelphie où un mari l'avait surpris, il fut renversé sous les roues d'un fiacre, et dut être amputé au genou. Sa jambe de bois n'assombrit nullement son heureux tempérament, elle ajouta plutôt à ses attraits sur les dames. En 1792, menacé dans les rues de Paris par l'émeute qui hurle à l'aristocrate, il se tirera d'affaire avec beaucoup d'à-propos en brandissant sa jambe de bois comme un trophée et en s'écriant :

« Je l'ai gagnée sur les champs de bataille de l'indépendance américaine. »

Dès 1775, faisant un choix opposé à celui de son frère, officier loyal à la Couronne britannique, il est élu au premier Congrès provincial des Insurgents, puis de nouveau en 1777, au Congrès qui décida et dirigea la Révolution. C'est alors qu'il se lie très étroitement à Washington. Après la victoire de 1783, il devint titulaire du Secrétariat d'État au Trésor du gouvernement provisoire ; il affûta dans ces fonctions son expérience des réalités économiques et financières franco-américaines, où la question de la dette considérable contractée par le nouvel État envers la monarchie française (elle s'élevait encore en 1793 à 16 835 000 livres) et celle des exportations (vitales pour la France pendant toute cette période) de céréales et de viande séchée jouaient un rôle central.

En 1787, élu député à la Convention de Philadelphie, il fut l'un des membres, à vingt-trois ans, de la commission qu'elle chargea de rédiger la Constitution ; il y prit une part prépondérante, entrant vivant dans la légende des *Founding Fathers* pour avoir peaufiné et écrit de sa main, le texte définitif du *Bill of Rights* et de la Constitution elle-même.

Dans ces exercices pratiques de droit constitutionnel et de philosophie politique, il est du côté des rédacteurs modérés de la revue *The Federalist* ; cette activité de législateur révéla, mais aussi aiguisa, ses dons supérieurs d'analyse et de prévision, qui justifièrent la profonde sympathie de Washington à son égard et qui trouveront à s'exercer sur un terrain infiniment plus difficile et dangereux, en France et en Europe, entre 1789 et 1794.

Cette profonde sagesse politique lui donnera le droit de juger sans indulgence la métaphysique constitutionnelle des intellectuels qui tenaient alors le haut du pavé parisien. Dans son *Journal*, l'un des témoignages contemporains les plus vivants et les mieux informés qui nous aient été laissés sur le Paris de la Révolution, il écrira le 21 janvier 1791 :

« Je vais dîner chez Mme de Staël. Elle n'est pas encore rentrée. J'y trouve l'abbé Sieyès. Il disserte avec beaucoup de suffisance sur le nouveau gouvernement, méprisant tout ce qui a été dit sur ce sujet avant lui. Mme de Staël dit que les écrits et les opinions de l'abbé forment une nouvelle politique, comme ceux de Newton en physique. »

Ce tour d'esprit théorique et tranchant n'était pas inconnu du côté américain. Gouverneur Morris (anticipant sur le jugement sévère de Connor Cruise O'Brien dans son livre récent *A Long Affair : Jefferson and the French Revolution*) reproche à son prédécesseur dans l'ambassade américaine à Paris (et à ses amis républicains aux États-Unis) de se laisser guider, dans leur analyse des événements français, par des œillères que nous qualifierions volontiers d'idéologiques (O'Brien rappelle que Jefferson, avide d'égalité, pour la France et en théorie, était en fait froidement raciste et esclavagiste dans sa conduite personnelle). De ces « Montagnards » américains, Gouverneur écrira, dès avant le 14 juillet 1789 : « Ils s'imaginent que tout ira d'autant mieux à mesure que l'on s'éloignera des institutions actuelles. Dans leur cabinet, ils voient les hommes tels qu'ils sont nécessaires à leur système. Malheureusement, de tels hommes n'existent nulle part et encore moins en France. »

Et, visant plus directement encore le futur successeur de Washington à la Maison-Blanche, Jefferson :

« Avec tous les partisans de la liberté, il voudrait voir disparaître la distinction des ordres. Je regarde comme très problématique l'avantage d'une pareille mesure pour l'humanité en général, mais concernant la France, je suis sûr qu'elle est mauvaise, et ne pourrait avoir que de fâcheuses conséquences » (19 juin 1789).

Le 21 juin, il déclarera à La Fayette, qui ne comprend même pas ce que son interlocuteur veut dire :

« Je suis opposé à la démocratie par amour de la liberté. »

Un peu plus tard dans la même année, le 26 novembre, il écrira :

« La Fayette me dit qu'il voudrait qu'il y eût deux Chambres, comme en Amérique. Je réplique que la Constitution américaine ne convient pas à ce pays, et que deux Chambres semblables n'iraient pas à une nation où il y a un pouvoir exécutif héréditaire, que chaque pays doit avoir une Constitution appropriée à sa condition, et que le caractère de la France exige un gouvernement plus relevé *(higher toned)*. »

Gouverneur Morris était arrivé à Paris en février 1789, chargé de mission économique et financière. Il s'y trouve vite chez lui, introduit dans la haute société parisienne et à Versailles par les nombreuses relations qu'il s'était faites auprès de Washington, pendant la guerre d'Indépendance, dans la noblesse d'épée française accourue à la rescousse des *Insurgents*. Tout en luttant contre le joug britannique, ce bon lecteur de Montesquieu avait appris à bien connaître et l'aristocratie française, avec ses faiblesses mais aussi sa force d'héritière et de garante d'une civilisation des mœurs très ancienne et très raffinée (bien supérieure à cet égard à la dure *gentry* anglaise), et même le vieil édifice monarchique français, œuvre d'art lui aussi, sécrété par les siècles et façonné par le naturel d'un grand peuple : après tout, c'est à cette ancienne monarchie et à cette non moins ancienne noblesse que les États-Unis devaient et doivent toujours leur existence. Morris eût préféré qu'on les fît évoluer l'une et l'autre avec prudence, sans éveiller les passions barbares de guerre civile ni les tentations de despotisme. Ces sentiments étaient partagés par les *Founding Fathers* les plus éclairés, et pas seulement Washington : un John Adams, un Alexander Hamilton, et même par le « fils spirituel » de Jefferson, William Short[1], chargé d'affaires à Paris dans l'interrègne entre son « père » et Morris : ce jeune homme alla jusqu'à exiger (malgré Jefferson et naturellement sans succès) la signature de Louis XVI, déjà emprisonné au Temple, au bas du reçu d'un remboursement de la Dette américaine, contractée par la jeune République envers le roi de France. Il faudra attendre une Edith Wharton, un Henry Adams (petit-fils de John) et un Henry James (dont l'œuvre a été récemment relue de ce point de vue par Mona Ozouf) pour retrouver chez des Américains une complicité aussi peu naïve avec la réussite d'humanité que représente la longue durée française.

L'attitude épicurienne (au sens philosophique) de Gouverneur Morris devant la vie l'avait rendu quelque peu sulfureux dans sa patrie. Elle trouva à Paris, dans les derniers jours de la « douceur de vivre », un climat qui lui convenait :

« En vérité, écrit-il, la grande affaire ici, c'est le plaisir. »

Ou encore :

« Ici nous sommes au pays de la femme. Elles jouissent d'une puissance quasi illimitée, et semblent y prendre un extrême plaisir, mais je ne suis pas sûr que le pays s'en trouve extrêmement bien. »

---

1. La correspondance en français entre la duchesse de La Rochefoucauld et William Short vient d'être retrouvée et publiée dans la collection « Le Temps retrouvé » du Mercure de France (éd. Doina Pasca Harsanyi, 2001).

Même lorsque les massacres répétés auront commencé, le remplissant d'horreur, l'auteur du *Journal* trouve un répit dans la contemplation du « rêve de pierre », d'arbres et de lumière que l'histoire française a imaginé et nommé Paris. Au soir de la sanglante journée du 17 juillet 1791, il note : « Je n'ai jamais rien vu d'aussi beau que le spectacle de ce soir sur le pont Royal : un beau clair de lune, un silence de mort, et la rivière coulant doucement sous les ponts, entre les hautes maisons illuminées. En face des bois, et dans le lointain des collines. Pas un souffle d'air. Il a fait très chaud dans la journée. »

Il a ses entrées chez Mme Necker et chez Mme de Staël, dont il ne partage pas le culte qu'elle voue déjà à son père génial :

« Il a une tournure et des manières de boutiquier, qui jurent avec ses vêtements de velours brodé. Son salut, sa manière de parler, tout en lui proclame : " C'est moi, l'homme dont tout le monde parle." J'ai beaucoup de peine à le croire réellement un grand homme. »

Il se lie d'amitié avec le grand Malesherbes (qui est devenu dans ces mêmes années le Mentor du jeune Chateaubriand) ; dans une lettre du 7 mars 1790, il dira de lui :

« Cet excellent vieillard a tant de bonté et tant de cette sereine gaîté qui accompagne un cœur généreux qu'il est impossible de ne pas ressentir pour lui une affection très sincère. »

D'emblée, cet analyste avisé des conjonctures s'est persuadé de deux choses : sur le continent, le « système européen » créé par les traités de Westphalie est en ruine, et la France a tous les moyens d'en dessiner un autre qui lui soit encore plus favorable. Mais il y faudrait un Richelieu, et la crise structurelle de la monarchie, sous un roi aboulique (dès le 1er juillet 1789, Gouverneur écrit à John Jay : « L'épée a glissé des mains du monarque sans qu'il s'en rende compte. D'après moi, le roi pour se tirer d'affaire souscrira à n'importe quoi »), et avec une aristocratie politiquement infirme, retarde cette redistribution inévitable des cartes. À l'intérieur du pays, l'absence d'une volonté à la tête de l'État va rendre impossibles les solutions modérées et raisonnables pour la crise de régime, et créer une situation dramatique dont la France ne sortira, après de nombreux soubresauts, que par une dictature militaire, qui imposera l'ordre à l'intérieur, et interviendra en Europe avec empire. Peut-on être meilleur prophète ?

Le pessimisme à court terme de Gouverneur Morris n'empêchera pas ce grand cœur de faire tout ce qui est en son pouvoir pour empêcher le pire. Il était en partie d'accord avec un « ultra » comme le baron de Besenval, lorsque celui-ci trouvait que la convocation des États généraux avait été un geste dramatique et disproportionné pour une bagatelle comme le budget en déficit (un déficit très modeste, 160 millions sur un budget total d'un demi-milliard de livres). Chateaubriand, dans ses *Mémoires*, exprimera le même sentiment. Aussi l'« attaché économique » de l'ambassade américaine mit-il sur pied un savant montage financier pour offrir à Necker le remboursement anticipé de la dette fédérale, réduite (ce qui était conforme aux intérêts des États-Unis) mais capable d'alléger en France le fameux déficit qui était l'une des origines de la crise politique française. Necker refusa.

Faute de mieux, Gouverneur se fit l'intermédiaire d'importations massives de farine et de riz des États-Unis, payables sur les termes de la dette (elles sauvèrent plus tard de toute émeute de la faim les gouvernements révolutionnaires), mais il orienta aussi les placements immobiliers que de nombreux Français – dont Talleyrand et la famille Necker – crurent bon de faire outre-Atlantique, non sans risques de déboires quand ils n'étaient pas bien conseillés. Sa propre bourse (qu'il avait beaucoup arrondie par les commissions que ces contrats lui assuraient) s'ouvrit généreusement pour les nobles français réduits aux abois (au premier rang desquels se rangea un jour l'épouse du général La Fayette).

Mais son rôle dans les affaires françaises dépassa très vite les limites de sa mission. Il était trop fort dans l'analyse politique pour n'être pas tenté d'intervenir dans une partie aussi inédite et serrée que celle qui se jouait à Paris sous ses yeux, au centre de l'univers, depuis son arrivée.

Est-ce un hasard si ce *womanizer* tomba amoureux d'une des femmes de la société parisienne les plus ravissantes et douées, mais aussi les plus liées au jeu politique (après toutefois Germaine de Staël) ? Adèle de Flahaut, épouse du frère cadet du comte d'Angiviller, directeur des Bâtiments du roi, et à ce titre pourvue d'un grand appartement au Louvre, était déjà la maîtresse officielle de l'évêque d'Autun, M. de Talleyrand (dont elle avait un fils, Charles, futur amant de la reine Hortense et père du duc de Morny), quand elle tomba dans les bras du vigoureux Américain. Au début, Gouverneur, jaloux et déconcerté, éprouva pour Talleyrand l'aversion du « noble sauvage » pour un diable boiteux de la vieille Europe : c'est, écrit-il, « un être sournois, rusé, impudent et ambitieux. Je ne sais pourquoi il me fait une impression aussi fâcheuse, mais c'est comme ça, je n'y peux rien ».

Mme de Flahaut ayant fini par céder au nouveau venu et l'évêque d'Autun s'accommodant en galant homme de ce ménage à quatre, Gouverneur, peu accoutumé à trouver du génie politique dans la noblesse française, reconnut celui de Talleyrand, et lui accorda l'estime qu'un champion d'échecs ne peut refuser à un champion d'une autre catégorie. Comme Talleyrand se venge un peu d'Adèle de Flahaut en consolant Mme de Staël des infidélités du comte de Narbonne, Gouverneur entre ainsi dans la compagnie la plus brillante de Paris, et il se montre à la hauteur, sinon dans le cynisme (Talleyrand, fatigué de Louis XVI, s'alliera un moment avec l'extrême gauche républicaine), du moins dans l'exercice de l'esprit.

Bien qu'il n'ait lui-même aucune illusion sur la volonté de Louis XVI, ni sur celle de son plus fidèle ministre, le comte de Montmorin (père de Pauline de Beaumont, que Chateaubriand canonisera dans les *Mémoires d'outre-tombe*), il met infatigablement à leur service son analyse lucide des situations, nourrie par les informations dont il dispose sur les projets des Girondins et des Jacobins. Lorsque le roi se décide à accepter la Constitution de 1791, Gouverneur rédige en anglais, langue que le roi possède, et il fait traduire pour la reine, par Mme de Flahaut, un discours d'acceptation devant l'Assemblée : Mme de Beaumont est dans le secret et Mme de Staël réussit à le percer. Le discours n'est finalement pas retenu. Heureusement, rien ne filtre ni ne filtrera de ce rôle de conseiller du Prince joué par le diplomate américain. Cette discrétion rendra possible la nomination de Gouverneur Morris, en janvier 1792, au rang d'ambassadeur plénipotentiaire. Washington, qui l'a imposé à Jefferson (devenu secrétaire d'État), conseilla vivement à son ami la réserve et la prudence.

Néanmoins, peut-être pour avoir lu entre les lignes les intentions du Président, Gouverneur fait de son mieux pour concourir, avec Montmorin, au second projet de fuite de la famille royale, devenue de plus en plus impopulaire depuis l'entrée en guerre contre l'Autriche, et que l'imbécile manifeste du duc de Brunswick a pratiquement condamnée. Les conjurés réunissent des fonds ; Gouverneur est fait dépositaire d'une fraction de cet argent, dont il rendra compte par lettre à Madame Royale, à Vienne, en 1796. D'autres projets de fuite, conçus par Mme de Staël, ou par un ami de la reine, Crawfurd, sont échafaudés. Comme fascinés par leur désastre annoncé, le roi et la reine sont toujours aux Tuileries, sans défense, quand la populace en furie, au jour dit, envahit le château et les oblige à se réfugier dans la loge du logographe de l'Assemblée, d'où ils seront jetés dans la prison du Temple.

L'ambassade américaine (rivalisant de compassion avec l'ambassade de Suède) devient ce jour-là le refuge contre l'émeute d'Adèle de Flahaut et de son fils, mais aussi de nombreuses familles nobles qui ont droit d'implorer la reconnaissance des États-Unis. Dans son rapport du 16 août à Jefferson, l'ambassadeur rend hommage à la dignité du roi dans son malheur ; il n'en ajoute pas moins :

« Les républicains ont eu le bon sens de marcher droit à leur but sans s'embarrasser de scrupules légaux ou constitutionnels ; ils ont eu l'avantage d'être unis contre les membres disloqués d'un corps sans chef. »

Le 10 septembre, Morris informe son ministre de la semaine sanglante :

« Pendant huit jours, on a massacré impunément plusieurs milliers d'individus. Cela a commencé par deux ou trois cents prêtres que l'on avait emprisonnés parce qu'ils n'avaient pas voulu prêter serment à la Constitution. Ensuite les exécuteurs d'une justice expéditive se rendirent à l'Abbaye où étaient détenues toutes les personnes présentes aux Tuileries le 10 août. Après les avoir également tuées, les assassins se portèrent sur d'autres prisons. Tous ceux qu'ils y trouvèrent, comme accusés, ou même seulement soupçonnés, furent mis à mort. Mme de Lamballe fut, je crois, la seule femme tuée.

« Après qu'on l'eut décapitée, sa tête et ses entrailles furent portées en triomphe dans la rue, et son corps fut traîné à la suite. Les bourreaux se rendirent sous les fenêtres du Temple, et le roi ainsi que la reine furent obligés de contempler cet horrible spectacle. »

Montmorin avait connu un supplice encore plus féroce : bourré de coups, empalé vivant, le père de Pauline de Beaumont fut brandi par la foule depuis l'Abbaye jusqu'à l'Assemblée nationale.

Talleyrand décide alors de gagner l'Angleterre, où il retrouve à Juniper Hall, chez Mme de Staël, Adèle de Flahaut, qui pour gagner sa vie et celle de son fils commence alors une carrière de romancière à succès. Gouverneur Morris est le seul ambassadeur qui n'ait pas quitté son poste à Paris. Il fait parvenir indirectement des secours à la famille royale. Sa somptueuse ambassade (l'hôtel Seymour, rue de la Planche) est le dernier salon parisien illuminé pendant la Terreur, où quelques rescapés provisoires viennent chercher un répit en rasant les murs. Les meubles, la vaisselle, les objets d'art, les livres précieux, les grands crus, achetés à vil prix dans la vente aux enchères du mobilier royal et princier, y transitent avant d'être empaquetés et envoyés à Cherbourg : Gouverneur médite de transformer Morrissania en un musée américain de l'art de vivre français à l'instar de ce que Jefferson était en train de peaufiner dans sa belle villa palladienne de Monticello, en Virginie.

Sa maison de campagne à Sainville, où il passe le plus clair de son temps, est le refuge de la comtesse de Damas, épouse d'un de ses anciens compagnons de la guerre d'Indépendance (elle a laissé de son hôte un admirable portrait, reproduit par Fiechter) et de quelques autres dames sauvées par l'ambassadeur. Il ne peut plus rien pour Louis XVI, sauf témoigner, dans son rapport à Jefferson, du déploiement de troupes et de l'abstention terrifiée du public lors de son exécution.

Dès le 18 octobre 1793, il décrit dans une lettre à Washington la radicalisation du nouveau régime, et il laisse prévoir la loi quasi génocidaire du 22 prairial de l'an II :

« Le gouvernement actuel est réellement despotique, en principe comme en pratique. La Convention est aujourd'hui composée d'une poignée des députés qui siégeaient à l'Assemblée législative. Cette minorité violente a réussi à s'emparer de tous les pouvoirs. Elle a fait jeter dans les prisons ses adversaires, puis a délégué la puissance exécutive à un comité dit de "salut public". L'une des mesures ordinaires de ce gouvernement est d'envoyer, dans les départements, des commissaires munis d'une autorité illimitée [...] Ils font incarcérer les citoyens "suspects". Un tribunal révolutionnaire a été établi pour les juger, et donne libre cours à ses passions démagogiques. "La terreur est à l'ordre du jour", tel est le slogan à la mode parmi les patriotes. Quel que soit dans l'avenir le sort de la France, il paraît évident qu'elle sera en définitive gouvernée par un despote. Qu'elle y soit conduite après avoir passé par un triumvirat ou quelque autre petit comité, peu importe. Je crois, moi, que cela arrivera et que nous sommes à la veille d'une crise terrible [...] Les prisons sont déjà pleines de personnes qui se regardent comme de futures victimes. La nature recule d'horreur. »

Rappelé sur la demande du Comité de salut public, Gouverneur Morris a le temps, avant de recevoir de Philadelphie la lettre officielle, d'assister à la chute de Robespierre et aux débuts du

Directoire. Il quitte Paris le 10 octobre 1794, reprenant la rédaction de son *Journal*, que par prudence il avait dû interrompre depuis le 10 août 1793. Il s'attardera encore quatre ans en Europe, allant de cour en cour. Il retrouve à plusieurs reprises à Altona, près de Hambourg (outre sa dernière maîtresse parisienne, Mme Simon), sa chère Adèle de Flahaut, devenue un écrivain célèbre, veuve depuis 1793, et fiancée depuis 1796 à un jeune diplomate portugais, le comte de Souza : celui-ci ne se décidera à épouser Adèle qu'en 1802, tant étaient nombreux les anciens amants qui semblaient se donner rendez-vous auprès de la dame dans cette nichée d'émigrés : Talleyrand, retour d'Amérique, Lord Wycombe, Gouverneur…

Le *Journal*, la correspondance privée et diplomatique de Gouverneur Morris sont rédigés le plus souvent en anglais. Mais comme la plupart des *Founding Fathers*, il parlait et écrivait fort bien en français. Je me borne à citer deux de ses lettres dans notre langue, adressées au comte de Montmorin, ministre des Affaires étrangères de Louis XVI, l'une en 1790 et l'autre en 1791, ainsi que le brouillon d'une note adressée au roi lui-même.

LETTRES DE GOUVERNEUR MORRIS

Au comte de Montmorin

Le 26 janvier 1790

On donne au Roi le conseil de se présenter à l'Assemblée et de se remettre (dit-on) à la tête de la Révolution. Le métier de révolutionnaire me paraît fort pour un prince. Je n'hésitais pas de dire sur-le-champ que c'était un concept inepte et perfide. Ce sont des fruits amers que ceux qu'il a cueillis jusqu'à présent de ses discours à l'Assemblée. L'inaction est non seulement pour lui le parti le plus sûr, mais le seul qui ne soit pas extrêmement dangereux. Que ceux qui craignent les conséquences d'avoir poussé toutes choses à outrance veuillent se mettre à l'abri des événements sous l'ombre de l'autorité royale, c'est tout simple. Que ceux encore qui ont commencé la Révolution et qui, en atteignant à leur but, se voient devancés par leurs disciples, cherchent un appui contre les violences qu'ils ont excitées, c'est naturel. Que les plus adroits d'entre eux désirassent enfin conserver pendant quelques années le nom de monarchie afin de mieux le vider de son contenu, ce n'est pas pour m'étonner. Mais que le Roi lui-même se prête à ce jeu, qu'il coure la tête baissée dans le piège qu'on lui tend ! Ah ! qu'il est à plaindre.

Que faut-il donc qu'il fasse ? Rien. Les enfants du comte d'Artois sont déjà hors du royaume si bien que la famille royale n'est plus tout entière entre les mains de ses ennemis qui seront enclins à respecter davantage ceux qui y sont encore par crainte des représailles de ceux qui leur ont échappé. Laissons-les faire. D'ici peu tout l'édifice social sera ébranlé jusque dans ses fondements et les personnes qui ont versé l'insulte sur les têtes royales et l'amertume dans leurs cœurs ressentiront, à leur tour, les maux qu'ils ont occasionnés. La guerre viendra au moment que l'affaiblissement général promettra à l'ennemi une proie assurée. Elle viendra purger l'État et rétablir les affaires. La finance elle-même, entre des mains habiles, en tirera bon parti. Ce ne sont pas les moyens qui manquent à la France, ce n'est que le talent d'en faire usage. Mais qu'on ne croie pas à la possibilité de remettre les choses dans l'état où elles étaient. Non, il faut pour la France désormais une constitution sage qui assure au peuple toute la liberté dont il est susceptible, ou il faut une tyrannie affreuse. Cette dernière ne convient nullement à un roi sensible et sage. Il faut donc la première, et pour y atteindre, il ne faut rien faire. Laissez le peuple se dégoûter des nouveautés dont il est avide : le temps change tout et dorénavant la tranquillité deviendra à son tour l'objet le plus ardemment désiré. Alors on ira au-devant du Roi pour lui offrir les dépouilles qu'on vient de lui arracher et il ne tiendra qu'à lui d'assurer à jamais le bonheur de la France.

Au comte de Montmorin

Le 25 mai 1791

Je désire, mon cher comte, avant de partir, vous dire encore un mot sur la position des affaires, et je vous donne la peine de lire cette lettre plutôt que de vous prendre quelques minutes de plus par une conversation. Vous m'avez très bien répondu l'autre jour en me demandant : Mais qui sont donc les personnes qui, en ce moment, sont bien vues du peuple ? S'il était aussi aisé qu'il est difficile de répondre à votre question, il resterait toujours à savoir pour combien de temps ces personnes conserveront la bonne volonté du peuple, ou pour mieux dire la populace. Je ne me dissimule pas, comme vous voyez, la difficulté. Mais je vous prie en même temps de faire attention à une autre chose qui est très claire. On connaît très bien les hommes, et les femmes aussi, qui sont détestés – très injustement, mais de tout cœur et en toute vérité. Or, il est très possible qu'on ne choisira pas très bien, mais il sera toujours très bien de changer. Quand les nouveaux venus seront dépopularisés, il faudra encore changer, puisqu'alors on se portera contre les entours et non pas contre les chefs. Je suis très intimement persuadé que si les personnes que vous aimez conservent leur état pour quelques mois de plus, la chose publique se rétablira. Déjà on commence à s'apercevoir que l'anarchie va bientôt tout détruire si on n'y porte pas bientôt remède. Ce remède est l'autorité *du chef, et comme tout dépend de l'opinion, il faut le temps nécessaire pour faire sentir au peuple cette grande vérité. En attendant, je vous supplie en grâce de considérer que l'Assemblée et les départements ont sollicité le renvoi de plusieurs personnes, que les désordres inséparablement annexés à un numéraire fictif[1] vont incessamment tomber dans les dernières classes de la société, qu'alors nous verrons naître une sorte de procès entre les partisans de l'ancien et du nouveau régime, peut-être entre le Roi et l'Assemblée. Car il ne faut nullement douter que chacun cherchera à rejeter le blâme sur l'autre. Si, dans ce moment, la Cour se trouve entourée de ceux qui se sont attiré la haine très injuste de la populace, qui est-ce qui répondra des conséquences ? Surtout si, dans le même temps, la France est menacée au-dehors ? Vous savez bien les combinaisons qu'ont faites depuis longtemps les malintentionnés, et vous verrez que le bon Père Duchesne, que j'ai l'honneur de vous présenter[2], commence déjà d'endoctriner ses très chères ouailles. Adieu. Je me promets le plaisir de vous voir demain à votre café, et je vous verrai alors me redonner celle-ci avec deux autres petites pièces que vous connaissez.*

Je suis, avec un attachement sincère, Monsieur le Comte, votre très humble serviteur,

G. Morris

PS : Il faut toujours se ressouvenir qu'il n'est plus question de liberté. C'est seulement de savoir qui sera le maître dont il s'agit. Si je pouvais me tranquilliser sur le sort de la famille royale, je serais très inquiet sur celui de la France si on s'avise (pour me servir d'une expression à la mode) de changer de dynastie.

---

1. Les assignats.

2. Il semble que Morris ait aidé à lancer un « faux » Père Duchesne royaliste pour contrer les attaques du journal de Hébert et des « Enragés ».

Au roi Louis XVI

Paris, le 18 novembre 1791

Sire,

Il y a déjà longtemps que M. de Montmorin a quitté son poste, et M. de Ségur ne l'accepta que pour s'en démettre le lendemain. Les circonstances ne permettent pas encore à Votre Majesté d'y placer une personne qui lui convient, et Elle éprouve une grande difficulté à faire même une nomination provisoire. Une indifférence aussi marquée pour les premières places de l'empire démontre par le fait les vices de la Constitution. Il faut qu'elle soit bien mauvaise pour que personne ne veuille s'en mêler, et il faut qu'elle soit changée bientôt parce qu'on sent bien qu'elle est inexécutable. Le parti républicain s'en aperçoit et se promet tout de l'impatience où doit naturellement se trouver Votre Majesté. Il est persuadé qu'elle prêtera l'occasion à ses ennemis de s'élever sur les ruines de la monarchie, et il se flatte que dans les secousses inséparables d'une anarchie aussi complète le Roi restera seul au milieu des décombres de son royaume.

Dans ce moment, Sire, j'ose encore m'adresser à Votre Majesté. Je n'examinerai pas si son ancien ministre l'a bien ou mal servie, parce que, même en supposant qu'il fût sans talent et sans zèle, il me paraît convenir au Roi de se constituer en obligation pour faire éclater sa reconnaissance. Des circonstances fâcheuses l'obligent à lutter contre une Assemblée représentative. Or, de telles Assemblées sont toujours ingrates, et en conséquence, leurs membres ne sont mus que par le sentiment passager de l'enthousiasme. Mais un Roi, et surtout un Roi reconnaissant, commande à l'espérance, c'est-à-dire au mobile universel des humains. Il en résulte que tout le monde abandonnera tôt ou tard la cause de l'Assemblée pour soutenir celle du Roi. Ainsi, quand même la reconnaissance ne serait pas une vertu, elle serait toujours une qualité royale, parce qu'elle est toujours un grand moyen de gouverner. Ce n'est pas pourtant à tout le monde, ni à tout propos, qu'il convient de faire des largesses. Dans une loterie royale, ce ne sont que les gros lots qui valent, parce que les petits hommes et les petits services sont rarement utiles aux rois. En répandant des gratifications légères, on dissipe des sommes immenses pour faire une foule d'ingrats. En s'accordant au contraire de grandes récompenses, mais rares, on excite les efforts de tous en ne payant qu'un seul, et on parvient ainsi à concilier l'économie la plus sévère avec une grande magnificence.

Le moment approche, Sire, où les factions qui déchirent la France déploieront toutes leurs forces. Si les émigrés restent tranquilles jusqu'à ce que les Républicains soient entièrement brouillés avec ceux qui désirent la conservation de ce qu'ils appellent la monarchie, les derniers s'uniront insensiblement au parti aristocratique, et alors les Républicains subiront la loi du plus fort. Dans cette union, il sera question de l'autorité royale, et les droits de Votre Majesté ne seront soutenus que par ceux qui espèrent en tirer avantage. Je ne fais pas l'éloge de l'humanité, Sire, mais un tableau de la France. Puisse-t-il être utile à Votre Majesté. Je désire son bonheur et celui de son auguste Reine, de toute mon âme, et c'est d'après ce désir que j'ose leur faire part de mes réflexions, persuadé qu'elles pardonneront un zèle peut-être importun.

24

UNE REINE D'ANGLETERRE *IN PARTIBUS* : LOUISE-MARIE-CAROLINE DE STOLBERG-GOEDEN, COMTESSE D'ALBANY

Chateaubriand conclut son histoire des *Quatre Stuarts* (1828) par cette brève oraison funèbre de Jacques II :

« La tombe du fils de Charles Ier [à Saint-Germain] s'élève au-dessus de nos ruines, triste témoin de deux révolutions, preuve extraordinaire de la contagieuse fatalité attachée à la race des Stuarts. »

Louis XVI, aux Tuileries et à la prison du Temple, méditait dans l'*Histoire d'Angleterre* de David Hume sur la fragilité des trônes de droit divin, ignorée de ses ancêtres, mais mise pour la première fois en évidence au XVIIe siècle par le destin des Stuarts. L'auteur des *Mémoires d'outre-tombe* a été hanté par le même parallèle : le décalage chronologique qui a fait de Charles Ier et de ses deux fils, alliés de Louis XIII et de Louis XIV, le miroir prémonitoire de l'avenir de la famille royale française, tandis que l'Angleterre révolutionnaire offrait aussi une image inverse de la France de la Terreur ; la monarchie et l'aristocratie ont parfaitement survécu outre-Manche à l'exécution de Charles Ier et à l'exil définitif de son second fils, tandis qu'en France – Chateaubriand est déjà parvenu à cette conclusion en 1828 – non seulement la dynastie trop intimement associée au droit divin n'est plus chez elle, mais la forme monarchique elle-même ne pourra plus jamais « prendre » après l'exécution de Louis XVI. Le roi-martyr avait-il lu en 1790 les *Réflexions sur la révolution française* de Burke ? Chateaubriand historien et politique a tenu le plus grand compte du parallèle que le grand essayiste whig y établit entre continuité anglaise et discontinuité française. Jeune émigré s'efforçant de « penser la révolution », il avait rendu visite à Burke en 1797.

L'avant-dernier Stuart

Son récit des *Quatre Stuarts* s'arrête avec la mort de Jacques II, en 1701, à Saint-Germain, « comme un saint » (Dangeau *dixit*). Ce fut en effet le dernier de la dynastie à avoir effectivement régné, quoique brièvement, un peu comme Charles X après Louis XVIII. Dans les *Mémoires*, Chateaubriand, avec le même décalage chronologique prémonitoire, donne la suite et fin de l'histoire de la Restauration anglaise, comme il donne, dans ses récits de voyage à Prague et à Butschirad, la suite de l'abdication de Charles X en 1830, les aventures de la duchesse de Berry, le crépuscule de la cour en exil du roi déchu et de sa famille. Il retrace l'existence pathétique du petit-fils de Jacques II, « The Young Pretender », Charles-Édouard (Charles III *in partibus*) plus connu sous le pseudonyme de comte d'Albany (1720-1788), de celle, plus obscure, de son frère le cardinal d'York (1725-1807) : ces deux derniers Stuarts ne régnèrent jamais et moururent sans descendance. Il évoque aussi la personnalité robuste de l'épouse de Charles-Édouard, qui survécut près de quarante ans à son mari. Il l'avait rencontrée à Florence en 1803.

Oubliée des biographes français depuis Saint-René Taillandier (1863), vivante dans la mémoire anglaise grâce à Vernon Lee, la comtesse d'Albany, comme le prince de Ligne, est un exemple caractéristique de la continuité et de la vitalité de la haute société lettrée européenne, entre Lumières et Romantisme, restée indemne hors de France du traumatisme de la Terreur et de l'émigration qui brisèrent moralement tant de leurs survivants français. Beaucoup moins affectée qu'une bourgeoise de Genève, mais parisienne de cœur, comme Germaine de Staël, par le drame français et par ses idéologies, cette grande dame cosmopolite a su échapper à la « contagieuse fatalité » attachée aux Stuarts, qui se communiqua à la dynastie française dès avant 1789. Elle s'éloigna dès qu'elle le put de Charles-Édouard. En 1792, elle quitta Paris en temps voulu.

Le cercle européen qu'elle réunit autour d'elle à Florence, sans pouvoir rivaliser avec les grandes heures de Coppet, avec lequel il était en liaison, bénéficia d'une plus longue durée. Pendant la Révolution et de nouveau sous l'Empire, Paris n'est plus la capitale mondaine de l'Europe française : une constellation de salons cosmopolites se met à briller, hors de France, prenant la relève des salons parisiens avec moins d'éclat mondain, mais avec la gravité déjà des salons du XIXᵉ romantique. Pendant la Terreur, Adèle de Flahaut (Mme de Souza) transporta son salon à Altona, près de Hambourg. Mme de Staël reconstitua le sien à Juniper Hall, en Angleterre, puis chez son père, à Coppet. Le salon florentin de Mme d'Albany, à partir de 1792, fut l'un de ces centres nerveux délocalisés de la civilisation européenne. On a assisté pendant l'entre-deux-guerres 1918-1940 à un phénomène analogue : le cercle de Mme Mayrisch au Luxembourg, et les Décades de Pontigny en Bourgogne, ont cherché à soustraire au bruit de Paris la conversation de la République des Lettres. L'histoire des « salons européens » reste à écrire, et la comtesse d'Albany, née princesse allemande, reine d'Angleterre par mariage, italienne de cœur, y tiendrait une place notable.

Son mariage avec Charles-Édouard, célébré à Macerata, le 17 avril 1772, est très postérieur à la grande aventure de la vie du « jeune Prétendant » : sa tentative de reconquête de la couronne de ses ancêtres à partir de la patrie de la dynastie, l'Écosse. Cette tentative vraiment héroïque fut le modèle inspirateur de l'équipée de la duchesse de Berry en 1831, qui tourna à l'*opera buffa*. Le débarquement du Prétendant en Écosse, ses premiers succès militaires, les loyautés chevaleresques qu'ils suscitèrent, sont restés la grande légende de l'ancien royaume, immortalisée par plusieurs des plus beaux romans de Walter Scott, *Waverley*, *La Jeune fille de Perth*, dont le romantisme de la Restauration s'enchanta. « Bonnie Prince Charlie », qui comptait sur l'appui de Versailles, alors en guerre avec l'Angleterre, eut beau rallier les highlanders jacobites et opérer une percée qui menaça Londres : ni l'intendance ni la marine françaises ne suivirent. Les fidèles chevaliers écossais furent repoussés, dispersés et massacrés à Culloden (16 avril 1746) par l'armée du duc de Cumberland, et c'est tout juste si le Prétendant put s'échapper d'île en île, dans les Hébrides, et regagner la France à Morlaix.

À Paris, une autre humiliation l'attendait, deux ans plus tard. Par le traité d'Aix-la-Chapelle, Louis XV s'engagea à expulser du royaume l'héritier des Stuarts, l'arrière-petit-fils d'Henriette de France. Charles-Édouard, tenant l'hospitalité française pour un droit de famille, refusa de quitter Paris de bon gré. À la réprobation générale, il fut arrêté dans sa loge de l'Opéra et expulsé *manu militari* en direction d'Avignon. Il est probable que presque aussitôt il revint secrètement à Paris ; il paraît même qu'il se

rendit *incognito* à Londres, où ni les jacobites ni la police hano-
vrienne ne firent cas de sa présence. Le jeune héros brisé était en
effet devenu un ivrogne invétéré et prématurément vieilli.

En 1766, le chevalier de Saint-Georges, son père (Jacques III),
mourut à Rome. De Bâle où il apprit la nouvelle, Charles-
Édouard se rendit dans la capitale pontificale pour se faire reconnaître roi par Clément XIII. Le pape ignora ostensiblement son
existence. L'année suivante, chapitré par son frère le cardinal
d'York, il consentit la mort dans l'âme à présenter ses respects au
Saint-Père, au simple titre de « comte d'Albany ».

La jeune princesse de Stolberg, issue d'une grande famille de
Thuringe, d'obédience autrichienne et possessionnée en
Flandres, était une idée du duc de Choiseul. Il souhaitait que la
race des Stuarts se perpétuât, afin de maintenir dans la manche
de la politique de Versailles une carte éventuellement jouable
dans la grande partie franco-anglaise. Elle n'avait pas dix-neuf
ans. Toute française d'éducation, jolie, spirituelle, cultivée, cette
chanoinesse de l'abbaye de Sainte-Vandru, le Fontevrault habs-
bourgeois des Flandres, vit dans ce mariage une couronne. De
son côté, Charles-Édouard fut séduit par la pension que lui
garantissait Choiseul. Le couple fit une entrée royale dans Rome,
sans effet sur la résolution pontificale de ne pas reconnaître
« Charles III ».

Jamais Rome, à la veille de la suppression des Jésuites, n'avait
été plus brillamment la capitale européenne des arts. De surcroît,
le cardinal de Bernis y transportait, dans le sillage laissé par
Choiseul, les élégances et le luxe de Paris, le sens des fêtes somp-
tueuses de Versailles. Non reconnue, la « reine » Louise, ne
pouvant nulle part tenir son rang, était condamnée à s'abstenir de
tout. Le jubilé de 1774 approchant, le « roi » et la « reine », pour
éviter une cascade d'affronts, durent dire adieu à Rome et s'installer à Florence. Le grand-duc Léopold, comme le pape, les
ignora. La fureur impuissante de Charles-Édouard ne trouva
d'exutoire que dans son intimité : ivre mort, il maltraitait cruellement sa jeune épouse.

La reine et le poète

Deux ans auparavant, un jeune gentilhomme piémontais, à peu
près autodidacte, mais décidé coûte que coûte à devenir le
nouveau Pétrarque et le nouveau Dante, s'était installé à Florence

pour se laver de ce qu'il nommera, dans son autobiographie, la
« barbarie française » : il était décidé à se rendre maître de la
langue toscane. L'Europe française, sans qu'elle s'en rendît
compte, était déjà sourdement minée par l'émergence d'une
Europe des nations. En se voulant « nationales », la Révolution et
la France impériale déchireront d'elles-mêmes le voile de « l'universalité » de la langue et des mœurs françaises, tout en prétendant lui substituer celle des Grands Principes.

L'impatience du joug éprouvée par Vittorio Alfieri (1749-1803)
correspondait aux aspirations analogues qui se manifestaient alors
en Allemagne, notamment chez Herder et chez Hamann. Racon-
tant dans son autobiographie son premier voyage à la découverte
de l'Italie, le poète écrira :

« Au reste, comme en partant pour ce voyage d'une année je
n'avais pris avec moi d'autres livres que quelques voyages d'Italie,
tous en français, je faisais tous les jours de nouveaux progrès vers
la perfection de cette barbarie où j'étais déjà fort avancé. Avec
mes compagnons de voyage, la conversation avait toujours lieu en
français, et dans les quelques maisons de Milan où j'allais avec
eux, c'était également en français qu'on parlait. Ainsi ce soupçon
d'idées que j'arrangeais dans ma petite tête n'était jamais vêtu
que de haillons français ; si j'écrivais quelque méchant poulet,
c'était aussi en français – et le pire qui soit –, car je n'avais appris
qu'au hasard cette maudite langue : si jamais j'en avais su la plus
petite règle, je n'avais garde de m'en souvenir. Quant à l'italien,
je le savais moins encore. Je recueillais ainsi le fruit du malheur
originel d'être né dans un pays amphibie, et de la belle éducation
que j'y avais reçue. »

C'est seulement en 1775, dégoûté de la médiocrité de sa tragédie italienne *Cléopâtre*, et plus encore des tragédies en prose française accumulées dans ses cartons, qu'il se décida contre « la
mesquine et déplaisante langue » des Welches ; il fit alors serment
« de n'épargner, dit-il, ni encre ni fatigue pour me mettre en état
de parler ma langue aussi bien que ce fût en Italie, persuadé que,
si une fois je parvenais à bien dire, il ne m'en coûterait pas beaucoup ensuite de bien concevoir et composer ».

À Florence, en 1777, il ne manquait au futur Dante qu'une
Béatrice. Sitôt qu'il aperçut la comtesse d'Albany, il sut que,
blonde aux yeux noirs, intelligente et lettrée, ce serait elle :

« Ayant fini par m'apercevoir au bout de deux mois que c'était
là la femme que je cherchais, puisque, loin de trouver chez elle,
comme dans le vulgaire des femmes, un obstacle à la gloire litté-

raire, et de voir l'amour qu'elle m'inspirait me dégoûter des occupations utiles et rapetisser pour ainsi dire mes pensées, j'y trouvai
au contraire un aiguillon, un encouragement et un exemple pour
tout ce qui était bien, j'appris à connaître et à apprécier un trésor
si rare, et dès lors je me livrai entièrement à elle. »

Rencontre providentielle. Le jeune aristocrate préfigurait
Chateaubriand, Lamartine, Vigny, il cherchait dans le « sacre de
l'écrivain » le substitut à une position sociale qu'il jugeait humiliée par les « despotismes éclairés ». La comtesse d'Albany cherchait elle aussi un sacre de substitution. Le feu ardent de ce beau
sigisbée roux, le sacrifice qu'il lui fit de sa nationalité piémontaise
(ce qui lui coûta longtemps les revenus d'un tiers de sa fortune),
les nombreux poèmes et drames qu'elle lui inspirait (notamment
une *Marie Stuart*) allaient trop dans le sens de ses désirs pour
qu'elle restât insensible aux objurgations du poète italien. Insul-
tée et battue *at home*, elle s'impatientait de sa condition recluse.
Alfieri prit soin lui-même, obtenant l'appui du grand-duc
Léopold et du cardinal d'York, d'organiser la fuite de la comtesse
hors du domicile conjugal, devenu une geôle au su de tous. Elle
se réfugia d'abord dans un couvent florentin. Un bref du pape
Pie VI approuva la séparation et désigna le couvent romain où la
comtesse devait trouver asile.

Le scandale fut énorme, et la fureur de « Charles III » faisait
tout craindre. Alfieri se transforma en spadassin, se faisant
accompagner de cavaliers armés pour protéger le départ pour
Rome du carrosse de la comtesse. Puis il rebroussa chemin et,
par décence, attendit quelques mois à Florence.

En 1781, sous couleur d'un voyage à Naples, il revit la reine de
son cœur derrière les grilles de son couvent à Rome. Pour s'arracher à cette nouvelle prison, la comtesse sollicita la reine Marie-
Antoinette, qui lui accorda une généreuse pension, la libérant
ainsi de toute dépendance financière envers le cardinal son beau-
frère, évêque de Frascati, et qui y résidait le plus souvent. Elle
s'installa dans les appartements romains de celui-ci, au palais de
la Chancellerie, tandis que l'ombrageux Alfieri obtenait, au prix
de courbettes qu'il ne pardonna jamais au clergé romain, l'autorisation curiale de s'installer à Rome.

Ils étaient en train d'inventer ensemble et en tâtonnant le
couple adultère romantique, évoluant au-dessus de la société, dans
une sphère littéraire et artistique inaccessible au scandale. Ils
frayaient la voie aux couples légendaires Germaine de Staël-
Benjamin Constant, Chateaubriand-Pauline de Beaumont,

Chateaubriand-Juliette Récamier, George Sand-Musset, Liszt-Mme d'Agoult, qui devinrent les couples princiers de l'Europe nouvelle. Électrisé par ses visites au palais de la Chancellerie, le talent d'Alfieri prit définitivement son essor, et les salons romains où il lisait et faisait jouer ses nouvelles tragédies commencèrent à faire savoir à l'Italie qu'un génie lui était né. La vogue du « retour à l'antique » battait son plein. Les drames de l'aristocratique poète étaient accordés par avance au *Serment des Horaces* de David, tout y respirait la passion de la liberté, la haine des tyrans, la vertu républicaine et le courage stoïque d'affronter la mort violente.

La situation était tout de même scabreuse. Le cardinal d'York, depuis son évêché de Frascati, finit par s'en apercevoir et s'en émouvoir. Le pape fit savoir au poète qu'il était indésirable à Rome. Avec désespoir, il dut s'éloigner. Mais il était désormais une figure majeure de la République italienne des Lettres, choyé à Milan par Parini, à Padoue par Cesarotti, le traducteur d'Ossian. À Florence, il fit imprimer un choix de ses tragédies. L'ennui cependant le rongeait, et il s'avisa de le tromper en gagnant l'Angleterre, où il se livrera à une autre de ses passions, les chevaux de race. Sur la route, il fit une longue station à Fontaine-de-Vaucluse, où il invoqua Pétrarque et Laure, et adressa, à l'imitation du poète du XIVe siècle, des malédictions en vers à Paris, « immense cloaque » et au « jargon nasal » des Français.

Pendant ce temps, la comtesse bénéficiait de la sollicitude officieuse du roi de Suède Gustave III, en visite en Italie sous le nom de comte de Haga. Non content de solliciter, par l'intermédiaire du baron de Staël, son ambassadeur à Paris, un supplément de pension de la cour de Versailles pour Charles-Édouard, le roi se mit en tête de réunir les deux époux. Mme d'Albany le convainquit plutôt de négocier une séparation en bonne et due forme, ce qu'il obtint. Agréée par le cardinal d'York, signée par Charles-Édouard, autorisée par le pape, et agrémentée pour le comte d'Albany par une augmentation de la pension servie par la France, ce document affranchissait définitivement la comtesse. Elle pouvait désormais régner à sa façon et à son propre compte.

Une arrière-saison à Paris

Elle donna rendez-vous à son amant en Alsace, où ils séjournèrent agréablement deux mois et d'où Alfieri put se rendre aisément à Kehl surveiller les épreuves de ses poèmes dramatiques, sous presse dans « l'admirable imprimerie de Beaumarchais », éditeur des œuvres complètes de Voltaire. Ce délai accordé aux convenances, ils s'installèrent à Paris, que la comtesse n'avait aucune raison de dédaigner, et où l'imprimerie Didot devait préparer une autre édition des tragédies d'Alfieri. Nous sommes en 1787. L'Ancien Régime français menacé connaissait alors son arrière-saison. Il faut reconnaître à ce couple morganatique du grand monde, outre l'art d'esquiver tout soupçon de demi-monde, celui de se mouvoir avec un instinct très sûr de l'à-propos, de se trouver toujours *where the action is* et de s'en aller prestement quand les choses se gâtent.

Mais il ne faut pas s'y tromper. Dans leur aventure commune, c'est la comtesse d'Albany qui tient le gouvernail avec un doigté sûr. Il y a chez elle une forme d'esprit analogue à celle qui fit de Talleyrand l'insubmersible du siècle des révolutions. Elle la devait comme l'évêque d'Autun à la discipline de fer et au tact infaillible qui se forgeaient dans les anciennes cours. Auprès de Charles-Édouard, tout déchu qu'il fût, elle avait été à la même école que Mme de Maintenon ou Mme des Ursins. Elle ne songea donc pas à épouser Alfieri, ce qui lui aurait fait perdre son titre royal. Avec cran, elle réussit le tour de force d'être toujours traitée en reine, bien que vivant publiquement en concubinage. Elle avait pris sur elle la tradition de la cour de Jacques II à Saint-Germain, mais sans le savoir elle préparait l'Abbaye-aux-bois.

Dans la première demeure parisienne qu'elle partagea avec son poète, au bout de la rue Montparnasse, presque à la campagne, elle avait fait aménager une salle du trône, son argenterie était frappée aux armes de Grande-Bretagne, et son petit personnel lui donnait de la Majesté. Mme de Staël commencera toujours les lettres qu'elle lui adressa par « *dear Majesty* ». Elle ne perdit pas un instant de vue Florence, où Charles-Édouard, assisté par une fille naturelle dont il avait fait une duchesse d'Albany, mourut dignement dans ses bras le 30 janvier 1788. Pour faire contre-poids à cette réhabilitation morale de son époux, elle sortit hardi-ment de la réserve qu'elle avait gardée jusque-là. Transportée avec son décor royal rue de Bourgogne, elle mit à profit le grand théâtre parisien pour se déclarer la muse et souveraine du plus grand poète vivant. Elle se laissa dédier la tragédie de *Myrrha* dans l'édition Didot avec une ferveur qui l'élevait à jamais au-dessus de tout reproche vulgaire :

« Toi seule es la source de ma poésie et de mon inspiration, ma vie ne date que du jour où elle s'est confondue avec ta vie. »

Elle n'avait donc abandonné à son sort un roi illusoire et borné que pour créer de toutes pièces un prince consort qui fût aussi un prince de l'esprit. Par le trio romanesque de Rousseau, Julie, Saint-Preux et M. de Wolmar, le public français était bien préparé à agréer cette légitimation de l'adultère au nom de la fécondité poétique et de la supériorité spirituelle.

Le grand monde parisien se précipita donc chez la reine et son poète. Paris compta un nouveau salon, où de grands seigneurs et hauts dignitaires, Jacques Necker, le comte de Montmorin, Malesherbes, des diplomates comme le ministre de Vienne, le comte Mercy d'Argenteau, celui de Suède, le baron de Staël-Holstein avec sa jeune femme, et même le nonce du pape, Mgr Dugnani, soupèrent et conversèrent régulièrement. Belle revanche : jamais la cour d'Angleterre, même au temps de Charles Ier et d'Henriette, n'avait réuni d'aussi beau linge dans ses châteaux. Même si elle ne fut jamais qu'à demi convaincue du génie d'Alfieri, Mme de Staël établit dès lors avec Mme d'Albany une sorte d'amitié de puissance à puissance qui ne s'altéra jamais. Beaumarchais vint lire rue de Bourgogne *La Mère coupable*, le 5 février 1791.

Un de ses coups de maître est le bref séjour qu'elle fit à Londres. « Reine veuve légitime », elle fut reçue officiellement par le couple royal « usurpateur » George III et la reine Charlotte, elle trôna dans la loge royale à l'Opéra et sur les bancs des ladies au Parlement. Horace Walpole commenta ainsi cet énorme *practical joke* : « C'est le sens dessus-dessous de notre époque ». Dans le *Journal* qu'elle tint pendant ce séjour, elle vante comme Montesquieu la « liberté anglaise », mais elle tient les mœurs anglaises pour les moins polies d'Europe. Elle n'éprouva aucun désir, sa fantaisie et sa curiosité une fois satisfaites, de s'attarder à Londres. Son salon, à son retour, brilla d'un extraordinaire éclat. David, Marie-Joseph et André Chénier, le célèbre helléniste et voyageur Ansse de Villoison, les antiquaires d'Hancarville et Séroux d'Agincourt, Alexandre et Joséphine de Beauharnais, accrurent le nombre de ses habitués.

Alfieri ne pouvait rêver agent littéraire plus efficace que cette nouvelle Béatrice. Pour autant les préventions du poète contre les Français n'avaient pas désarmé, au contraire. La révolution politique, où il avait cru voir d'abord le passage à l'acte de sa poétique aristocratique de la liberté, lui répugnait de plus en plus. Au lieu de liberté de Miltiade et de Caton, il voyait s'établir par le bas la plus jalouse et féroce des tyrannies. Il partagea les sentiments de Burke qui écrivait dès 1790 :

« Ce qui est à remarquer dans une persécution populaire de cette nature, c'est que ses victimes sont plus encore à plaindre que celles de toute autre. Sous un prince cruel, elles ont pour calmer le feu de leurs blessures le baume de la compassion qu'elles inspirent à tout le genre humain, et les marques d'estime que leur prodigue le peuple pour les fortifier dans la généreuse constance qu'elles mettent à supporter leur infortune Mais ceux qui ont à gémir sous les injustices de la multitude sont privés de toute consolation extérieure. On les dirait abandonnés du genre humain, écrasés pat une conjuration de tous leurs semblables. »

En même temps qu'André Chénier et que Frédéric Schiller, ce farouche « républicain » s'enflamma pour la cause de Louis XVI et composa une *Apologie du roi*. En privé, il n'appelait plus la révolution que *questa tragica farsa*.

L'émeute sanglante du 10 août le décida à décamper, et la comtesse ne fit aucune objection. Cette tragédie n'était pas la leur. Le 18 août ils se mirent en route, dûment munis de passeports délivrés par la section de leur quartier. À la barrière Blanche, les gardes nationaux les laissèrent passer, mais les sans-culottes veillaient, et ils les arrêtèrent aux cris de « À mort les aristocrates ! à l'Hôtel de ville les aristocrates ! Ce sont les riches qui s'en vont de Paris avec leur argent pour affamer le pauvre peuple ! ». La foule grossit, menaçant de mettre le feu aux deux voitures. Alfieri, fort de ses passeports en règle et arguant de sa qualité d'étranger, se débattit si bien que les gardes nationaux vinrent à la rescousse, l'étau se desserra, et ils purent s'élancer sur la grand-route. Ils l'avaient échappé belle. Deux jours plus tard, un mandat d'arrêt sera notifié à son domicile contre la comtesse, elle avait été inscrite sur la liste des émigrés, et elle aurait dû normalement finir pendue à la lanterne de l'Hôtel de Ville.

Après ces violentes émotions, le poète italien, déjà mal disposé, conçut une haine incoercible contre la France. En 1804, ses *Œuvres complètes* publiées par les soins de Mme d'Albany contiendront un recueil de vers et de prose intitulé *Il Misogallo*, réédité à Londres en 1814, mais jamais traduit en français. Ces xénies avaient été écrites à chaud en Flandres, où le couple trouva d'abord refuge.

Le crépuscule d'un couple idéal

En novembre 1792, ils avaient regagné Florence. Elle y retrouva les égards dus à son rang, et dans son palazzo Gianfiliazzi sur les bords de l'Arno, pourvu d'un théâtre en 1794 pour y représenter les tragédies d'Alfieri, elle reprit son rôle de mécène et d'hôtesse du grand monde des arts, des lettres et de la diplomatie. Mais l'humeur devenue difficile du poète, ravagé de *taedium vitae*, limita le nouvel essor de la vocation mondaine de Mme d'Albany. En 1799, ils durent se retirer sur les collines de Florence pour rester à l'écart de l'invasion française, qu'Alfieri vit avec horreur et fureur. Mais la galanterie des officiers de Bonaparte envers la comtesse, et les liens qu'elle avait noués naguère avec Joséphine, les préservèrent cependant de tout dommage.

À cette époque, le grand amour officiel, que les écrits d'Alfieri n'ont jamais cessé d'exalter jusqu'à l'incandescence, n'était plus qu'une fiction sociale aussi froide que celle des *Yeux d'Elsa*, ou du couple Windsor. La passion romantique, dressée contre les conventions, en devient une elle-même avec le temps, et souvent beaucoup plus verrouillée que le mariage. Vittorio le premier en fit intérieurement et silencieusement l'épreuve, comme il avait fait à Paris l'expérience politique non moins décevante du retournement de la liberté en licence et en terreur. Il eut de nombreuses passades plus ou moins tarifées. Mais dans son autobiographie, son idolâtrie pour sa reine et muse reste toujours au beau fixe. Il se reprit de passion pour les chevaux et le grand galop. Il s'enfouit toujours davantage dans des travaux de traduction de poèmes antiques.

Peu à peu, un jeune peintre plébéien, et français de surcroît, sorti de l'atelier de David et de l'Académie de France à Rome, François-Xavier Fabre (1766-1837), avait fait son entrée dans l'intimité du couple. Il avait commencé par donner, dès 1793, des leçons de dessin à la « reine d'Angleterre » et fait un premier portrait de la comtesse et du poète. Cette vie à trois garde ses secrets. La correspondance entre le nouveau Pétrarque et sa Laure a été détruite par Fabre du vivant de la comtesse et à sa demande. Le propre exécuteur testamentaire de Fabre, un janséniste, fera disparaître tous ses papiers.

Quand Alfieri s'éteignit le 7 octobre 1803, son « incomparable amie » n'avait pas quitté un instant le chevet de son poète. Elle avait perdu la pension de Marie-Antoinette, mais elle devenait l'héritière universelle d'une fortune piémontaise que le poète avait récupérée dans son intégralité. La douleur de la veuve, et les lettres éplorées qui la firent savoir aux quatre coins de l'Europe, furent à la hauteur de la légende de Dante et Béatrice, de Pétrarque et de Laure, qu'ils avaient réinventée ensemble. Un tombeau de marbre, œuvre de Canova, sur lequel fut gravée l'épitaphe latine composée par Alfieri, associa pour l'éternité le nom du grand poète à celui d'*Aloysia e Stolbergis, comitissa Albaniae*. Le monument fut inauguré en grande pompe en 1810 à Santa Croce, le Westminster florentin.

Quelques mois après le deuil, François-Xavier Fabre s'était installé près de la comtesse *a casa di Vittorio Alfieri*, sur le Lungarno. Il veilla, d'artiste à artiste, à la conception et à l'achèvement du sévère monument funèbre à la mémoire du poète commandé à Canova. Il prit aussi grand soin de la perfection typographique des *Œuvres complètes* qui parurent en 1804. Il emprunta le sujet d'un de ses tableaux d'histoire à une tragédie d'Alfieri. Chateaubriand, qui prétend avoir tout percé à jour en 1803, lors des obsèques d'Alfieri, a écrit de la Muse :

« La comtesse d'Albany, d'une taille épaisse, d'un visage sans expression, avait l'air commun. Si les femmes des tableaux de Rubens vieillissaient, elles ressembleraient à Mme d'Albany à l'âge où je l'ai rencontrée. Je suis fâché que ce cœur, fortifié et soutenu par Alfieri, ait eu besoin d'un autre appui. »

Un salon européen à Florence

C'est alors néanmoins que sa grande saison d'hôtesse de l'Europe, longtemps bridée par l'insociabilité croissante d'Alfieri, put vraiment commencer à Florence. Tous les nouveaux livres de France et d'Allemagne étaient lus et commentés au palazzo Gianfiliazzi. Tous les étrangers de distinction de passage en Italie aspiraient à y être reçus.

La comtesse d'Albany était trop des anciennes cours pour goûter l'ardente éloquence déployée par Mme de Staël contre la Terreur et l'Empire. Cette passion civique sentait trop pour elle la France de 1789. En bons termes avec Joséphine, elle le fut aussi avec Elisa Bacciochi, la sœur aînée de l'Empereur, devenue grande-duchesse de Toscane en 1808. Mais au fond, et pour de tout autres raisons que la châtelaine de Coppet, elle était encore plus irréconciliable qu'elle avec l'Empire.

Son salon florentin ne fut donc pas, comme Coppet, un foyer de pensée libérale et de résistance politique, mais dans sa correspondance avec les hôtes de Mme de Staël, qui étaient quelquefois les siens, comme Sismondi et Bonstetten, elle se tenait informée en professionnelle de tout ce qui se disait et lisait chez son amie. Cela suffit pour inquiéter la police impériale. L'ombre antifrançaise d'Alfieri pouvait faire craindre que sa maison devînt un symbole, sinon un point de ralliement pour l'Italie rebelle aux desseins de Napoléon. En mai 1809, Mme d'Albany reçut l'ordre de se rendre à Paris à l'automne.

Elle partit en compagnie de Fabre. L'empereur la reçut en audience. Il lui demanda, non sans ironie, de « satisfaire son goût pour les beaux-arts » dans la capitale française, sans troubler davantage ses propres projets d'intégration de la Toscane dans l'Empire. Il avait déraciné Mme de Staël de Paris qu'elle adorait et il l'avait contrainte à une résidence surveillée à Coppet. Il déracinait Mme d'Albany de Florence, où elle régnait à son aise, et il l'enfermait à Paris, dont elle avait perdu le goût en 1792. Fabre put renouer avec David et ses anciens camarades d'atelier. Au bout d'un an, elle reçut l'autorisation de rentrer à Florence. Tous comptes faits, elle n'était pas à craindre.

En 1815, Mme de Staël, venue à Pise pour le mariage de sa fille Albertine avec le duc de Broglie, échangea de nombreuses lettres avec Mme d'Albany. L'on y entrevoit bien, derrière les grâces mondaines, une essentielle divergence politique : l'une et l'autre souhaitent l'échec des Cent jours, mais l'une craint une réaction antilibérale, et l'autre cache à peine qu'elle la souhaite. Mme de Staël en vint à écrire cruellement, l'année suivante, à la comtesse :

« Dans ce moment de légitimité, ne pourriez-vous pas vous refaire reine d'Angleterre ? »

Cette « reine » de salon cachait assez bien ses sentiments pour que, veuve du « républicain » Alfieri, mais veuve aussi d'un Stuart, elle pût recueillir les confidences des libéraux italiens. L'important pour elle était de rester dans le mouvement et d'attirer à elle les gens qui comptent. Virtuose de la conversation à la française, elle ne pouvait se permettre d'afficher vulgairement des convictions. Aussi la fine fleur de l'Europe libérale, Adèle de Souza, Bertin l'aîné, l'ami de Chateaubriand, Paul-Louis Courier, Lamartine, Ugo Foscolo comptèrent parmi ses hôtes et correspondants. Mais la duchesse de Devonshire, la duchesse d'Hamilton, le cardinal Consalvi, les ambassadeurs, les secrétaires d'ambassades, la fine fleur de l'Europe de la Sainte Alliance, se plaisaient tout autant chez elle et avec elle.

Fabre était de naissance plébéienne, mais la comtesse, qui avait compris l'avenir social des arts, n'avait pas choisi un artiste médiocre pour exercer à ses côtés son office de muse royale. Grand Prix de Rome en 1787, cet élève de David était tenu par le maître pour le plus doué de ses disciples après Drouais. Stendhal tranche trop vite, comme souvent, lorsqu'il écrit, après avoir visité Montpellier : « M. Fabre savait acheter des tableaux, mais non pas en faire. » Fabre excella dans le portrait, la peinture d'histoire, et le paysage. Privé (ou délivré) de la compétition parisienne, il peignit relativement peu, à intervalles, mais souvent avec bonheur. Comme David exilé à Bruxelles, il s'accommoda fort bien, toutes choses égales, d'une clientèle peu nombreuse ou de passage.

D'opinions opposées à celles de David, il fit venir auprès de lui ses parents après 1798, et sa liaison avec l'illustre et éternelle émigrée prolongea sa propre émigration. Un témoignage incontestable en faveur de l'esprit de la comtesse et de celui de son nouveau prince consort a été laissé par Paul-Louis Courier, dans un court et étincelant dialogue intitulé *Conversation chez la comtesse d'Albany*, rapportant des entretiens à trois à Naples en 1812. Il revient à François-Xavier Fabre, qui tient le dé de cette conversation, d'établir, non sans une pointe polémique contre la France napoléonienne et un hommage indirect rendu à Alfieri, la supériorité des arts et des lettres sur l'héroïsme militaire et la fécondité de la sagesse des Anciens préférable à l'esprit novateur des Modernes.

La comtesse mourut en janvier 1824, laissant Fabre son légataire universel. Il prit le temps de lui faire ériger sur ses dessins un cénotaphe de marbre qui fut dressé à Santa Croce, à distance du tombeau d'Alfieri. La même année, il regagna sa ville natale de Montpellier, qui fit construire un Musée pour abriter les collections qu'il avait décidé de léguer à ses compatriotes : la bibliothèque d'Alfieri, les tableaux de maîtres de la Renaissance et du XVIIe siècle qu'il avait réunis dans l'hôtel du Lungarno, les abondantes archives épistolaires de Mme d'Albany et les siennes, son propre fonds d'atelier. En échange de ces exportations considérables, il avait fait don à la Bibliothèque laurentienne des manuscrits d'Alfieri.

Pour donner une idée de l'esprit et du style animé de Mme d'Albany, voici un fragment de son *Journal* londonien et un jugement tranchant sur le sentimentalisme de Mme de Staël.

PROSES DE LA COMTESSE D'ALBANY

Notes sur l'Angleterre (1791)

J'ai passé environ quatre mois, en Angleterre et trois à Londres[1]. Je m'étais fait une tout autre idée de cette ville. Quoique je susse que les Anglais étaient tristes, je ne pouvais m'imaginer que le séjour de leur capitale le fût au point où je l'ai trouvé. Aucune espèce de société, beaucoup de cohues... Comme ils passent neuf mois de l'année en famille avec très peu de personnes, ils veulent, lorsqu'ils sont dans la capitale, se livrer au tourbillon. Aussi les femmes ne restent-elles jamais à la maison. Toute la matinée, qui commence à deux heures (car elles ne se lèvent qu'à midi, se couchant à quatre heures du matin), se passe en visites et promenades, car les Anglais ont besoin, et le climat l'exige, de faire un grand mouvement. La vapeur du charbon, l'absence continuelle du soleil, la nourriture pesante et la boisson exigent qu'on se secoue beaucoup ; encore tout, cet exercice ne les préserve-t-il pas des accès de goutte, qui les clouent au lit pour des mois et quelquefois pour des années, car quantité de gens sont estropiés de cette maladie, que j'attribue beaucoup à leur intempérance.

Toutes les villes de province valent mieux que Londres, elles sont moins tristes, moins enfumées ; les maisons en sont meilleures. Comme tout paye, les fenêtres sont taxées aussi ; par conséquent, on n'a que deux ou trois fenêtres sur la rue, ce qui rend la maison étroite et incommode, et, comme le terrain est extrêmement cher, on bâtit sa maison tout en hauteur. Le seul bien dont jouit l'Angle terre, et qui est inappréciable, c'est la liberté politique... Son Gouvernement étant un mélange d'aristocratie, de démocratie et de monarchie, ce dernier élément quoique très-limité, est assez puissant pour faire aller la machine sans le secours des deux autres, et pas assez pour nuire au pays, car, quoique le ministre ait la majo-

1. Saint-René Taillandier, *La Comtesse d'Albany*, Paris, Michel Lévy frères, Librairie nouvelle, 1862, p. 112-116.

rité dans la Chambre, s'il veut faire quelque entreprise nuisible à la nation, ses amis l'abandonnent, comme il arriva dans la guerre de Russie. Le peuple n'a au gouvernement que la part qu'il doit avoir, c'est-à-dire dont il est susceptible et, quoiqu'on prétende qu'il est acheté aux élections, son choix tombe sur des personnes qui ne voudraient pas se déshonorer en soutenant une mauvaise cause, nuisible à la nation et contraire à leurs propres intérêts. L'aristocratie est aussi une partie de ce gouvernement, car c'est un certain nombre de familles qui compose la chambre haute ; mais elle ne blesse pas, par ce que la Chambre des communes est remplie des frères de ces lords, et qu'il n'y a pas un des membres de la chambre basse qui ne puisse aspirer à devenir lord, si les services qu'il a rendus à l'État le méritent. Mais il n'y a pas de pays où chaque ordre soit plus classé qu'en Angleterre. Le peuple sent sa liberté, mais rend ce qui est dû à chacun. Ce peuple est né pour la liberté ; il y est habitué, et, en respectant son supérieur, il sait qu'il est son égal devant la loi. Si l'Angleterre avait eu un gouvernement oppressif, ce pays, ainsi que son peuple, serait le dernier de l'univers : mauvais climat, mauvaise terre, productions par conséquent qui n'ont aucun goût ; il n'y a que la bonté de son gouvernement qui en a fait un pays habitable. Le peuple est triste, sans aucune imagination, sans esprit même, avide d'argent, ce qui est le caractère dominant des Anglais ; il n'y en a pas qu'on ne puisse acheter avec plus ou moins de ce métal. J'attribue ce vice au besoin extrême qu'on en a dans ce pays, où, avec une fortune considérable, on est pauvre, vu les taxes énormes qu'on paye et la cherté affreuse dont sont les choses de première nécessité.

Il me parait que les bonnes lois de ce pays ont habitué le peuple à la justice, il m'a paru aussi qu'il défendait volontiers le faible ; les enfants qui courent dans les rues n'ont jamais rien à craindre. Les Anglais aiment les femmes pour le besoin physique, mais ne connaissent pas la nécessité de vivre en société avec elles. Ils sont maris exigeants et sévères, et les femmes sont en général plus sages que dans les autres pays, parce qu'elles ont plus à risquer ; la distribution des maisons les empêche de recevoir chez elles sans que les domestiques et le mari en soient instruits. Elles sont en général bonnes mères et bonnes femmes ; mais elles aiment le jeu, et les grandes dames aiment beaucoup la dissipation. On ne connaît pas à Londres la société particulière, ni le charme de cette société ; on vit dans sa famille, c'est-à-dire avec son mari et ses enfants, car on ne rend rien à son père ni à sa mère, au moins parmi la classe que j'ai fréquentée.

« *Les Anglais ne sont capables de sentir aucun des beaux-arts, et encore moins de les exécuter ; ils achètent beaucoup de tableaux et n'y entendent rien...* »

Remarques sur *L'influence des passions ou le bonheur des individus et des nations* de Mme de Staël (1797)

Ce livre est un ramassis d'idées prises un peu partout, assaisonnées d'un style très négligé et très-obscur qui tient du mauvais goût du temps. On voit que la dame est pénétrée de la Révolution, qu'elle y rapporte toutes ses pensées, qu'elle flatte le pouvoir du moment pour retourner à Paris, que c'est l'éloignement de cette capitale qui est la passion qui la dévore. Dans le chapitre de l'Amour de la Gloire, elle peint son père, parce qu'elle le croit le plus grand homme du siècle... Elle croit connaître l'amour, et ne connaît que les égarements de l'imagination... Le seul chapitre de l'Esprit de parti est intéressant, parce que, ayant vécu au milieu des intrigues de la Révolution, elle en connaît tous les dédales. Ce livre est un de ceux qui tomberont comme tant d'autres qui sont nés pendant les troubles du moment et finissent avec eux.

Il est difficile assurément d'exprimer un jugement plus inique. Que d'erreurs ! que d'injustices ! Se peut-il que l'introduction surtout n'ait pas éclairé la comtesse et son ami sur le vrai caractère de ce livre et sur la mission de la France ? Madame de Staël, on peut le dire, était un représentant fidèle de notre génie, lorsqu'elle s'écriait éloquemment en 1796 : « Honte à moi si durant le cours de deux épouvantables années, si pendant le règne de la terreur en France j'avais été capable d'un tel travail, si j'avais pu concevoir un plan, préparer un résultat à l'effroyable mélange de toutes les atrocités humaines ! La génération qui nous suivra examinera peut-être la cause et l'influence de ces deux années ; mais nous, les contemporains, les compatriotes des victimes immolées dans ces jours de sang, avons-nous pu conserver alors le don de généraliser les idées, de méditer des abstractions, de nous séparer un moment de nos impressions pour les analyser ? Non, aujourd'hui même encore, le raisonnement ne saurait approcher de ce temps incommensurable. Juger ces événements, de quelques noms qu'on les désigne, c'est les faire rentrer dans l'ordre des idées existantes, des idées pour lesquelles il y avait déjà des expressions. À cette affreuse image tous les mouvements de l'âme se renouvellent, on frissonne, on s'enflamme, on veut combattre, on souhaite de mourir ; mais la pensée ne peut se saisir encore d'aucun de ces souvenirs, les sensations qu'ils font naître absorbent toute autre faculté. C'est donc en écartant cette époque monstrueuse, c'est à l'aide des autres événements principaux de la révolution de France et de l'histoire de tous les peuples que j'essayerai de réunir des observations impartiales sur les gouvernements, et si ces réflexions me conduisent à l'admission des premiers principes sur lesquels se fonde la constitution républicaine de la France, je demande que, même au milieu des fureurs de l'esprit de parti qui déchirent la France, et par elle le reste du monde, il soit possible de concevoir que l'enthousiasme de quelques idées n'exclut pas le mépris profond pour certains hommes, et que l'espoir de l'avenir se concilie avec l'exécration du passé[1].

---

1. *Ibid.*, p. 144-146.

25

CHARLES-JOSEPH DE LIGNE :
LE DERNIER DES HOMMES D'ESPRIT

Le prince de Ligne appartient à une famille littéraire des Lumières qui n'a guère retenu l'attention, tant les modernes héritiers des « gens de lettres » et des « philosophes » ont jalousement réservé à leurs propres ancêtres les premiers rôles sur le théâtre de ce siècle. Cette famille des hommes ou des femmes « d'esprit » fut pourtant celle qui donna le ton au style sinon à la pensée des Lumières. Les « gens de lettres » et les « philosophes » redoutaient son ascendant, et rivalisaient avec elle par des moyens intimidants (le paradoxe, la provocation, le scandale, le sarcasme) propres à agiter l'opinion et à mettre la foule des rieurs de leur côté. Ce que l'on appelle aujourd'hui « intellectuel médiatique » est apparu à Paris au XVIIIᵉ siècle, et il a pris le siècle par surprise.

L'« esprit » en effet n'est pas identique à l'intelligence qui fait parade d'elle-même pour la galerie. C'est une notion antique et aristocratique. L'*ingenium*, de par son étymologie, c'est le beau naturel reçu à la naissance. C'est le propre aussi de l'homme libre, l'*ingenuus*, qui ose avoir son sentiment, mais pour le dire à propos, sans hausser le ton et en se gardant de blesser, d'humilier ou de provoquer par des éclats vulgaires. Ce bonheur confidentiel et oral de répartie vive, rapide, ce sens du ton et du mot juste dans les conjonctures les plus délicates, ce sont des grâces et des dons sociaux distribués avec parcimonie, et dont la réputation ne passe pas par la place publique. Castiglione, Montaigne, La Rochefoucauld, La Bruyère, avaient été au XVIᵉ et au XVIIᵉ siècle les Socrate de cette aristocratie de « l'esprit » qui ne se confond nullement avec celle « d'établissement », même si rien n'interdit qu'elles se croisent.

En 1713, les *Mémoires du comte de Gramont* d'Antoine Hamilton, que Chamfort qualifiera encore en 1787 de « bréviaire de la jeunesse noblesse », avaient dessiné pour le siècle du maréchal de Richelieu et du prince de Ligne le portrait-type du jeune gentil-homme héroïque à la guerre, hardiment amoureux et aventureux en temps de paix, mais toujours « homme d'esprit », corne d'abon-dance de saillies réjouissantes, de portraits piquants, de récits brefs et épigrammatiques. Il va de soi que l'« homme d'esprit » saisi dans sa fleur par Hamilton, trop occupé à vivre gaiement et dangereuse-ment, n'a rien de l'homme de lettres ni du philosophe. C'est son beau-frère, se piquant d'écrire, qui s'est chargé de mettre au net les *Mémoires* que le comte vieillissant se soucie peu de rédiger, mais qu'il a nourri oralement des souvenirs de son jeune temps égrenés pour réjouir ses amis. Le jeune chevalier des *Mémoires de Gramont* finit par trouver une compagne digne de lui, Elizabeth Hamilton, qui est en femme ce qu'il est en homme. Il l'épousera. Ce livre a donné le ton jusqu'en 1789 au style d'être et de dire dans la noblesse française, modèle pour la noblesse européenne.

Si l'éducation, l'étude, la réflexion, le travail, peuvent développer l'*ingenium*, il faut surtout que cela ne se sache ni ne se voie. L'esprit est une improvisation désinvolte, libre de tous les stig-mates d'effort dont se prévaut le pédant. Il a beaucoup à voir avec le charme, la vivacité, l'aimable désinvolture qui rendent irrésis-tible en amour comme dans le grand monde. L'épigramme, le jeu de mots, le trait piquant, le portrait et les narrations brèves et vivantes, tout ce qui donne du sel au dialogue et du feu à la vie en société entre dans le bonheur d'expression orale de l'homme ou de la femme d'esprit. Ces grâces de la parole et de la danse sociales, ces dons pour les joies de la vie n'ont de sens qu'entre gens « bien nés », soit par le sang, soit par cooptation. Elles sont incompréhen-sibles et inconcevables pour le vulgaire, et dans ce vulgaire grands seigneurs et hobereaux entrent en aussi grand nombre que les roturiers. Dans les *Mémoires de Gramont,* il en cuit aux lourdauds de la cour de Charles II, même s'ils portent les plus grands noms d'Angleterre, de n'avoir pas deviné le *smart set* des gens d'esprit qu'ils côtoient. L'esprit (Pascal dit : « habileté ») a toujours avec le peuple la complicité profonde qu'il refuse aux demi-habiles. Le peuple ignore la vanité des lourdauds et la morgue pesante des parvenus, il a le bon sens naturel, et de surcroît une appétence spontanée pour tous les dons de nature. L'homme d'esprit est partout chez lui. Sachant qui il est, mais n'en faisant pas étalage, il fait fête à la diversité des conditions, des goûts, des mœurs.

Le malheur qui peut affliger le cœur de l'homme d'esprit (et qui le pousse éventuellement, comme Antoine Hamilton, à écrire) n'est pas une raison pour qu'il mette en berne son *ingenium* et demande compassion. La vaillance de l'homme d'épée et de désir, son « esprit de joie », ne se relâchent jamais. Même inspirée par la mélancolie (le prince de Ligne, traité de haut par son père, empêché dans sa carrière militaire, accablé par la mort d'un fils adoré, ne manqua pas de chagrins), la littérature des gens d'esprit se garde d'en faire état avec cette insistance que les survivants du XVIIIᵉ siècle reprocheront à Chateaubriand. Elle a le naturel gai de la conversation, elle la continue par d'autres moyens. Et comme la conversation, elle trouve sa récompense en elle-même. Rien n'est plus odieux à l'homme d'esprit que le qualificatif d'« auteur » professionnel, à plus forte raison d'auteur rétribué qui tire bénéfice de ce qu'il écrit et de ses éventuels succès de librairie. La notion artisanale de chef-d'œuvre lui est profondément étrangère. Elle suppose le travail, qui tue le naturel et offense la liberté. Que le prince de Ligne ait été une autorité européenne dans la sphère des gens d'esprit, les *Mémoires* du comte de Tilly l'attestent :

« Le peu que je vous ai lu de ces *Mémoires* à Berlin [en 1805] me parut avoir votre approbation ; vous eûtes l'indulgence de les louer tellement que je ne balançai pas de les conduire à leur terme »[1].

En coupant la tête au public de l'esprit et à nombre de gens d'esprit, la Révolution condamna les survivants aux travaux forcés de l'œuvre à succès, aux stratégies histrioniques et publicitaires du « génie » qui doit, comme Napoléon, aller d'exploit en exploit, aux travaux forcés auxquels il faut se livrer pour en faire la promotion et, pour les perdants, à des souffrances de crucifiés. Chateaubriand est l'archétype du jeune noble survivant qui a rompu avec le modèle de Hamilton, et qui a dû s'astreindre à la discipline et aux calculs de l'écrivain professionnel, vivant de sa réputation et de sa plume. Le prince de Ligne, ruiné par l'invasion française des Flandres, était alors trop vieux pour changer de style, mais il dut se résoudre en 1795 à vendre ses écrits et même à écrire pour vivre.

★

---

1. *Mémoires du comte Alexandre de Tilly,* éd. C. Melchior-Bonnet, Mercure de France, « Le Temps retrouvé », 1986, p. 58. Ces *Mémoires* sont dédiés au prince de Ligne, à qui l'auteur écrit : « Comment expliquer l'attrait qui nous pousse à laisser un souvenir sur des débris et des ruines ? L'homme a donc un penchant à disputer quelques dépouilles à la mort, à déposer quelques traces de lui-même, à propager des pensées qui furent contemporaines de son passage dans la vie ? Il espère que ses écrits lui survivront de quelques jours : il aime à lutter avec le néant » (*ibid.*, p. 57).

Fouquier-Tinville n'a pas pu faire guillotiner Charles-Joseph de Ligne, citoyen de l'Europe française et archétype du ci-devant. Ligne avait eu l'esprit de ne pas naître français, et de n'avoir plus remis les pieds en France après 1787. Sa très ancienne famille féodale des Pays-Bas catholiques, du même rang que les Aremberg ou les Croÿ, l'avait fait naître prince d'Empire. Sa capitale naturelle était Vienne, quoiqu'il ne parlât guère plus l'allemand que Frédéric II. Français par la langue et par l'éducation qu'un ancien élève des Jésuites de Louis-le-Grand lui avait données, Paris et la France étaient pour ce grand seigneur, aussi à l'aise à Berlin, qu'à Varsovie, à Saint-Pétersbourg qu'à Versailles, la seconde patrie de tout homme d'esprit.

Ligne n'a pas eu non plus l'occasion de s'illustrer, et éventuellement de mourir, pendant les guerres franco-autrichiennes de la Révolution et de l'Empire. La haute bureaucratie viennoise lui refusa toujours un commandement militaire et lui préféra le plus souvent, pour conduire des guerres absurdement conçues, des nullités que Dumouriez, puis Napoléon, eurent beau jeu de tourner en ridicule. Pourtant cet homme d'épée avait fait ses preuves dans sa jeunesse ; il avait brillamment servi l'Autriche au cours de la guerre de Sept Ans. Elle ne lui donna plus jamais par la suite l'occasion de déployer ses talents militaires. Il compensa cette carrière des armes trop tôt interrompue dans l'armée impériale par d'insatiables amours, l'autre sport aristocratique Il en appréciait toutes les spécialités, sans aucun préjugé ni clérical, ni bourgeois. Il n'excluait de l'amour que le mariage, devoir lignager qu'il remplit pourtant sans barguigner. Il fut donc un époux volage et absent, mais le meilleur des pères. Lorsqu'il fit connaissance avec Giacomo Casanova en 1794, dans sa triste retraite de Dux, en Bohême, il noua avec lui une vive amitié. L'*Histoire de ma vie* qu'était en train d'écrire le vieux bibliothécaire du comte Waldstein, et dont il fut l'un des premiers lecteurs, le délecta.

Il connut d'autres triomphes que d'alcôve, dans l'art de la conversation, qui lui valut l'estime de connaisseurs et de champions aussi incontestables que Frédéric II, Catherine II, Stanislas Poniatowski et Germaine de Staël. Sénac de Meilhan a fait de lui un portrait de son *ingenium* en action :

« Il donnait l'impression d'un poète dans l'exaltation de sa verve, et celle d'un peintre dans la chaleur de la composition. Il a l'air noble, son abord est distrait ou affectueux. Il embrasse tendrement un homme et il serait embarrassé de dire son nom. Il passe à côté d'un de ses amis et ne le voit pas. »

La correspondance, pour les gens d'esprit, c'est la conversation continuée par d'autres moyens, mais sur le même ton et dans le même style. Le prince de Ligne est un épistolier hors de pair. Comédien sur les scènes de château, comme tout le monde au XVIIIe siècle, il l'était aussi dans la vie, où il accumula les rôles les plus divers dans plusieurs cours. Il revêtit les uniformes de parade ou de campagne les plus différents, dans plusieurs armées : autrichienne, polonaise, russe. Malgré cette éblouissante sociabilité, ce don d'ubiquité et ces métamorphoses, faute d'un champ d'action réel, il s'adonna ardemment à la littérature, mais sans se produire sur la scène de la République des Lettres. Il alla toutefois à Ferney rendre ses hommages au roi Voltaire, dès 1763. Il figure dans l'annuaire de la haute noblesse européenne et des têtes couronnées qui correspondaient avec le patriarche. Il grimpa jusqu'au grenier de Rousseau, rue Plâtrière, en 1767. Ces gestes manifestaient une appétence pour les « philosophes », mais aucune allégeance.

Comme tous les nobles d'épée qui avaient le goût d'écrire (Montaigne, qui posait à l'épée, leur en avait fourni le premier le modèle) il écrivait en amateur, abondamment, dans des genres eux-mêmes non professionnels, et pas seulement des lettres, pour sa satisfaction personnelle ou pour celle de ses amis. Le comte de Caylus, qui publia toujours sous l'anonymat, et souvent dans des recueils collectifs, a laissé une quantité impressionnante de manuscrits, comédies de château, poésies de circonstances, journaux de voyage, maximes et réflexions, contes, et encore une grande partie d'entre eux ont disparu dans la tourmente révolutionnaire. Quoique de deux générations plus jeune, le prince de Ligne était parti du même pas et il s'est montré encore plus abondant.

Il y a en effet une « littérature des gens d'esprit » qui a ses traits et ses genres propres. La difficulté que l'histoire et la critique littéraires universitaires (oubliant la leçon de Sainte-Beuve) ont longtemps éprouvée à situer les *Mémoires*, vient en grande partie de n'avoir pas pris toute la mesure de cette littérature d'amateurs souvent très doués, dont la caractéristique la plus déroutante est la publication souvent et longuement différée. L'apparition toute récente de la correspondance inédite (et totalement inconnue jusqu'ici) de la duchesse de La Rochefoucauld avec William Short, entre 1790 et 1838 [1], atteste que les manuscrits clandestins du XVIIIe siècle ne sont pas toujours ceux de philosophes persécutés.

Mais à force d'écrire, goutte à goutte, comme disait Paulhan, on

---

1. Voir p. 391, note.

acquiert du métier. Montaigne, là aussi, était le meilleur des exemples. Épistolier abondant et virtuose, essayiste, moraliste, historien, critique littéraire, poète, dramaturge, Ligne excellait dans les mêmes genres que Caylus, mais avec des arborescences différentes. Même lorsqu'il se décida à publier une grande partie de sa production, il lui manqua de s'être composé à temps un personnage d'écrivain distinct de sa *persona* de prince d'Empire. Il resta donc grand seigneur, à la fois le plus indépendant des hommes et le plus parfait homme de cour : cela l'obligeait à ne pas publier sous son nom, à ne pas s'exposer au jugement du grand public. Cela le condamnait aussi à rester un marginal de la République des Lettres. Ce grand seigneur préférait la compagnie des écrivains à celle de la plupart de ses pairs, mais il ne la privilégiait pas.

Avec le temps et les déceptions, il donna dans la graphomanie secrète, comme le duc de Saint-Simon. Il appela cette suite aux *Mélanges, Mes posthumes*, parmi lesquels figurent des *Mémoires* sous le titre de *Fragments de l'Histoire de ma vie*, écrits à Vienne et à Toeplitz entre 1795 et 1814. Ils n'ont été connus qu'en 1927. Il a fallu attendre l'édition de Jérôme Vercruysse pour en connaître le texte critique[1]. Son œuvre romanesque, grâce aux soins de Roland Mortier et de Marcel Couvreur, commence à retenir l'attention savante. Mais ses *Livres rouges* ou *roses* restent inédits. Il faut le regretter. On découvre chez Ligne, nonchalamment semées, des graines qui, soigneusement cultivées, feront la fortune de Chateaubriand et de Proust :

« Ai-je parlé quelquefois de ce qu'on éprouve de mal par les souvenirs ? La cloche du dîner du château, ici [à Toeplitz], a le même son que celle du château de Bel-Œil. Cela me fait le même effet que le cri des paons qui sont au Prater. »

L'année même où il commençait la rédaction de *Mémoires* – par définition posthumes –, dans la grande ombre qu'avait fait se lever sur l'Europe la Révolution française, il se décida à publier, mais anonymement, à Dresde, chez les frères Walther, trente-quatre volumes successifs de *Mélanges militaires, littéraires, et sentimentaires* (néologisme destiné à en combattre un autre : sentimental), d'où il tira quelques revenus et qui payèrent quelques-unes de ses éternelles dettes. Cette publication s'échelonna de 1795 à 1811. D'autres manuscrits de sa main dorment encore dans les archives du château familial de Bel-Œil, dont il avait écrit la description,

---

1. *Fragments de l'Histoire de ma vie*, éd. Jérôme Vercruysse, t. I, Champion, 2000.

avec celle des jardins et des « fabriques » aménagés sur ses plans, dans un essai qui reste encore son seul écrit vraiment célèbre : *Coup d'œil sur Bel-Œil.*

Au début de 1809, il fit un pas de plus hors de l'Ancien Régime des gens d'esprit et il pénétra plus avant dans la République des Lettres. Mme de Staël, qu'il avait enchantée à Vienne, publia à Paris, avec une préface-portrait, une anthologie de ses *Mélanges.* Elle connut un très vif succès et plusieurs éditions. Le nom et le titre de Ligne, avoués cette fois clairement, firent ainsi leur entrée officielle dans la littérature, et du vivant de l'auteur.

Au même moment, Chateaubriand publiait son chef-d'œuvre, peaufiné depuis 1804 : *Les Martyrs,* une épopée en prose. Le livre fut déchiré par la critique officielle de l'Empire, et le public bouda. Ironique chassé-croisé entre les deux aristocrates-écrivains, l'un fidèle à l'amateurisme du XVIIIe siècle, l'autre travaillant durement à s'adapter au « siècle des révolutions ». Le meilleur ami de Ligne, selon ses propres dires, était Alexandre de Laborde, fils du banquier de Marie-Antoinette guillotiné en 1793. Or Alexandre de Laborde se lia étroitement à partir de 1805 à Chateaubriand, hôte du château familial de Méréville, et dont la « mieux aimée », Natalie de Noailles, était sa sœur cadette. *« Dear Francis »* était par ailleurs dans les meilleurs termes avec la Dame de Coppet, éditeur et amie de Ligne. Il n'a pu connaître l'auteur de *Mes Posthumes,* qui avait écrit : « C'est un homme mort qui parle », mais il aura pu lire en 1828, dans les pages liminaires des *Mémoires* de Tilly, admirateur de Ligne, le même parti pris d'adopter le « ton du revenant » :

« Je ne me serais pas permis d'écrire, si je n'étais pas mort pour le monde avant d'avoir cessé de vivre »[1].

Seulement, pour Ligne et pour Tilly, l'outre-tombe ce sont les Enfers des *Dialogues des morts* de Fénelon et de Fontenelle, où l'on perpétue la conversation entre gens d'esprit, qui avait fait le sel de la vie. Rien de commun avec les Enfers de Milton et de Chateaubriand.

Encore adolescent, Ligne avait été nommé chambellan de l'impératrice Marie-Thérèse, à la Hofburg. Il connaissait Marie-Antoinette avant qu'elle ne partît pour la France. À partir de 1770, à Versailles, il appartint à l'entourage autrichien de la dauphine, puis de la reine, toujours gouvernée par l'ambassadeur

---

1. *Mémoires du comte Alexandre de Tilly, op. cit.*

Mercy d'Argenteau. Dans sa mémorable biographie de Ligne [1] Philip Mancel n'est pas tendre pour la jeune princesse, qui réussit à braquer contre elle et contre la royauté française le seul sentiment religieux fort que les Lumières eussent laissé intact en France : le patriotisme. Ce biographe absout Ligne, qui brillait dans les salons de Paris encore plus qu'à Versailles et qui se garda d'entrer dans les intrigues du sérail. À contre-courant de l'opinion française, Ligne, comme Gustave III de Suède, avait eu toutes les indulgences pour la liaison du vieux Louis XV avec l'exquise comtesse du Barry, et après la mort du roi, il rendit plusieurs fois de galantes visites à Louveciennes à l'ex-maîtresse royale. En France, il cherchait surtout à obtenir de la reine et des ministres du roi un appui dans des procès qui traînaient en longueur devant des juridictions parisiennes, et dont l'enjeu financier était vital pour ce magnifique dépensier.

Rentré à Vienne en 1787, il démontra son intelligence politique des affaires françaises dès 1792, en écrivant à son ami Ségur, rallié à la Révolution : « Un sceptre de fer, tel est le résultat de la liberté. Vous deviendrez des esclaves et vous le mériterez. » C'était aussi le sentiment de Gouverneur Morris, l'ambassadeur des États-Unis à Paris, à la même époque. Bonaparte, avant même d'apparaître sous son nom, était déjà le point de fuite des perspectives révolutionnaires aux yeux les mieux exercés.

En grand seigneur spontanément frondeur, Ligne ne portait pas dans son cœur le despotisme éclairé de Joseph II. Il sympathisa en 1789 avec la révolte des Flandres contre le centralisme de Vienne. En grand seigneur des Lumières, il était par position anticlérical et il avait, comme Voltaire, accablé d'épigrammes cagots et dévots.

Sans le faire dévier de son tour d'esprit fondamentalement libéral, la Terreur française lui rendit à la fois le sens de la piété catholique et celui de l'Ancien Régime monarchique, qui jusqu'alors n'avaient été pour lui que simples évidences inébranlables dont on peut se moquer. Quand à soixante-quatorze ans il vit se réunir à Vienne le Congrès de 1814, qui devait, croyait-on, renouer avec l'Europe des traités de Westphalie et mettre fin par une Sainte-Alliance à la parenthèse-cauchemar de la Révolution et de l'Empire, le beau vieillard, toujours étincelant d'esprit, fut exalté par le feu d'artifice de plusieurs cours impériales et royales concentrées dans la même ville. Lui qui avait « charmé l'Europe »

---

1. Stock, 1992.

d'Ancien Régime, il semblait maintenant son lieu de mémoire vivant et intact. La gloire littéraire moderne et récente qu'il devait à Mme de Staël ajoutait encore à sa réputation d'homme de cour et de diplomate hors de pair. Il fut l'homme du jour. Sans qu'il s'en fût rendu compte, le grand seigneur était aussi devenu une vedette au sens déjà moderne, tourbillonnant dans une galaxie de rois, d'empereurs, de ministres, de généraux et de jolies femmes. Chateaubriand eut beau être le principal acteur du Congrès de Vérone (1822), il n'en devint la vedette qu'après coup, dans le récit qu'il publia lui-même avec les Actes du Congrès.

Ligne était habitué au rythme lent, aux progrès feutrés, dans des cercles relativement limités, de la vie diplomatique d'Ancien Régime. Il ne résista pas longtemps à la pression artificielle, à proprement parler déjà médiatique, que Napoléon, à Erfurt et à Tilsitt, avait imposée aux relations internationales, et dont le Congrès antinapoléonien de Vienne, triomphe de la langue et de l'Europe françaises, avait hérité. Épuisé, il mourut le 13 décembre, muni des sacrements de l'Église. La veille, comme sa femme lui rapportait que tous les souverains s'enquéraient de sa maladie, il éclata une dernière fois : « Qu'ils s'en aillent au diable, ils en sont la cause. »

Jamais le talent de conversation du prince de Ligne n'apparaît plus à vif que dans ses *Lettres* à la marquise de Coigny, dont l'ensemble constitue un véritable reportage sur le voyage-spectacle de Catherine II à travers la Russie en janvier 1787 (les « villages à la Potemkine » furent inventés pour décorer sa route) en direction de la Crimée. La tsarine était accompagnée des ambassadeurs de France (Ségur), d'Autriche (Cobenzl) et d'Angleterre (Fitz-Herbert) et elle avait invité Ligne, à titre d'ami : l'esprit du prince devait servir la diplomatie de l'autocrate russe. Le 18 mai, Joseph II *incognito* rejoignit l'impératrice. Ligne fut de tiers dans leurs entretiens. Ce fut le prélude à une guerre russo-turque (1787-1792), à laquelle Ligne participa sous l'uniforme russe : Catherine II lui avait donné des terres dans la région de Yalta.

C'est à juste titre que Mme de Staël a publié ces lettres dans son anthologie de 1809, les complétant par un portrait tracé par Ligne du ministre et favori de l'impératrice, Potemkine, extrait d'une lettre au comte de Ségur. Germaine avait dressé un tombeau à ce qu'elle avait le plus aimé dans l'Ancien Régime français, ce qu'elle aurait voulu à tout prix comme Stendhal faire passer dans le nouveau régime « à l'anglaise » des Modernes : le charme des hommes et des femmes d'esprit.

Le prince de Ligne à la marquise de Coigny [1]

De Barczisarai, ce 1er juin 1787

Je comptais élever mon âme, en arrivant en Tauride, par les grandes choses, vraies et fausses, qui s'y sont passées. Elle était prête à se tourner du côté de l'héroïque avec Mithridate, du fabuleux avec Iphigénie, du militaire avec les Romains, du tendre avec les Grecs, du brigandage avec les Tartares, du mercantile avec les Génois. Tous ces genres-là me sont assez familiers. Mais en voici bien un autre, vraiment. Ils ont tous disparu pour les Mille et une Nuits.

Je suis dans le harem du dernier Khan de Crimée, qui a eu bien tort de lever son camp, et d'abandonner, il y a quatre ans, aux Russes, le plus beau pays du monde. Le sort m'a destiné la chambre de la plus jolie de ses sultanes, et à Ségur celle du premier de ses eunuques noirs. Je ne l'ai pas encore vu, car je vous écris à cinq heures du matin ; mais je parie que, par la raison opposée à la mienne, et de peur, il a passé ainsi que moi une nuit affreuse. Ma maudite imagination ne veut pas se rider, elle est fraîche, rose et ronde comme les joues de madame la marquise.

Il y a dans notre palais (qui tient du maure, de l'arabesque, du chinois et du turc), des fontaines, des petits jardins, des peintures, de la dorure, et des inscriptions partout, entre autres dans la très drôle et très superbe salle d'audience, en lettres d'or, en turc, autour de la corniche : « En dépit des jaloux, on apprend au monde entier qu'il n'y a rien, à Ispahan, à Damas, à Stamboul, d'aussi riche qu'ici. »

Depuis Cherson, nous avons trouvé des campements magiques par leur magnificence asiatique, dans des déserts. Je ne sais plus où je suis, ni dans quel siècle je suis. Quand je vois tout d'un coup s'élever des montagnes qui se promènent, je crois que c'est un rêve : ce sont des haras de dromadaires qui, lorsqu'ils se mettent sur leurs grandes jambes, font cet effet-là, à une certaine distance. – N'est-ce pas là, me dis-je, ce qui a fourni l'écurie des trois rois pour leur fameux voyage de Bethléem ? – Je rêve encore, me dis-je, quand je

---

1. *Lettres et pensées du prince de Ligne* (d'après l'édition de Mme de Staël), éd. par R. Trousson, Tallandier, 1989.

rencontre des jeunes princes du Caucase presque montés en argent, sur des chevaux dont la peau est plus fine et plus blanche que celle de presque toutes nos duchesses, à l'exception d'une ou deux. Quand je les vois armés d'arcs et de flèches, je me crois au temps du vieux ou du jeune Cyrus. Leur carquois est superbe. Vous ne connaissez que celui de l'Amour, et grâce à Dieu, vos traits valent mieux que les siens ; ils sont plus piquants et plus gais, car ils ne sont pas trempés dans l'anacréontique. Malheur à ceux qui veulent les trouver brûlants ! Car vous n'aimez pas à les guérir. Marquise si chère à moi, vous en dédaignez les moyens, qui sont à la vérité bien compris, et qu'on trouve partout.

Quand je trouve des détachements de Circassiens beaux comme le jour, dont la taille, enfermée dans des corps, est plus serrée que celle de madame de Lauzun[1] ; quand je rencontre ici des Mourzas mieux mis que la petite Choiseul aux bals de la reine, des officiers cosaques avec plus de goût que mademoiselle Bertin[2] pour se draper, et des couleurs dans les meubles et les vêtements aussi harmonieuses que celles que risque madame Lebrun dans ses tableaux, je suis d'un étonnement à n'en pas revenir.

Quand, de Stare Krim, redevenu un palais pour y coucher une seule nuit, je découvre ce qu'il y a de plus intéressant dans deux parties du monde, et presque jusqu'à la mer Caspienne, je crois que c'est une parodie de la tentation de Satan, qui ne montra jamais rien de si beau à celui que vous savez.

Je vois du même point, en sortant de ma chambre, la mer d'Azoph, la mer Noire, la mer de Zabache et le Caucase. Le coupable qui y fut mangé (éternellement, je crois) par un vautour, n'avait pas dérobé autant de feu que vous en avez dans les yeux et l'imagination, dirait votre fou futile furet l'abbé d'Espagnac. Si vous étiez ici, à Barczisarai, avec nous ; et si vous étiez une conteuse comme Dinarzade, je ne vous croirais pas ; mais, au lieu de me laisser conter, je vous en conterais, chère marquise.

C'est encore un rêve, quand, dans un char triomphal avec des chiffres en pierres brillantes, assis dans le fond de cette voiture de voyage à six places, entre deux personnes sur les épaules desquelles la chaleur m'assoupit souvent, j'entends dire, en me réveillant, à l'un de mes camarades de voyage : « J'ai trente millions

_____

1. Amélie de Bouffers (1751-1794), petite-fille de la maréchale de Luxembourg, épouse du duc de Lauzun.

2. Modiste de Marie-Antoinette.

de sujets, à ce qu'on dit, en ne comptant que les mâles. » – « Et moi, vingt-deux, répond l'autre, en comptant tout. » – « Il me faut, ajoute l'une, au moins une armée de six cent mille hommes, depuis Kamtschatka jusqu'à Riga, compris le crochet du Caucase. » – « Avec la moitié, répond l'autre, j'ai juste ce qu'il me faut. »

Ségur vous mandera combien ce camarade-ci lui a plu. Ségur a plu, en revanche, beaucoup à l'empereur, qui enchante tous ceux qu'il voit. Dégagé des soins de son empire, il fait le bonheur de celui-ci par sa société. Il n'a eu qu'un petit moment d'humeur, l'autre jour, qu'il a reçu des nouvelles de la révolte des Pays-Bas. C'était celui où tous ceux qui avaient des terres en Crimée, comme tous les Mourzas et ceux à qui l'impératrice en a donné comme à moi, lui ont prêté serment de fidélité. Il vint à moi, et, me prenant par la Toison, il me dit : « Vous êtes le premier de l'Ordre qui ait baisé la main avec des seigneurs à barbe longue. » – « Il vaut mieux, lui dis-je, pour Votre Majesté et pour moi, que je sois avec les gentilshommes tartares qu'avec les gentilshommes flamands. »

Nous passions en revue, en voiture, tous les états et les grands personnages. Dieu sait comme nous les accommodions ! – « Plutôt que de signer la séparation de treize provinces, comme mon frère George[1], dit Catherine II avec douceur, je me serais tiré un coup de pistolet. » – « Et plutôt que de donner ma démission, comme mon frère et beau-frère, en convoquant et nommant la nation pour parler d'abus, je ne sais pas ce que j'aurais fait », dit Joseph II.

Ils étaient aussi du même avis sur le roi de Suède, qu'ils n'aimaient pas, et que l'empereur avait pris en guignon en Italie, à cause d'une robe de chambre bleue et argent, dit-il, avec une plaque de diamants. L'un et l'autre convinrent qu'il a de l'énergie, du talent et de l'esprit. – « Oui, sans doute, leur répondis-je en le défendant (puisque les bontés qu'il m'avait témoignées et un grand caractère que je lui ai vu déployer m'attachaient à lui) ; Votre Majesté devrait bien empêcher un libelle affreux, où on ose traiter un prince bon, aimable, avec autant de génie, de don Quichotte. » – « S'il l'était, dis-je à Joseph II, ce serait de la Baltique, mais pas de la Manche, à moins d'y ajouter trois lettres de plus[2], ajouteraient les mauvais plaisants, qui devraient cependant respecter les têtes couronnées. Faites venir M. de Villette pour vous expliquer ce que

---

1. George III d'Angleterre.

2. « Chevalier de la Manchette », comme le marquis de Villette que Voltaire maria cependant à sa protégée, « Belle et Bonne » de Varicourt.

cela veut dire, car il faut bien savoir le français et l'histoire pour cela, et les femmes ont de la peine à comprendre un pareil jeu de mots et d'esprit. »

Leurs Majestés impériales se tâtaient quelque fois sur les pauvres diables de Turcs. On jetait quelques propos en se regardant. Comme amateur de la belle antiquité et d'un peu de nouveautés, je parlais de rétablir les Grecs ; Catherine parlait de faire renaître les Lycurgues et les Solons. Moi, je m'entendais sur Alcibiade ; et Joseph II, qui était plus pour l'avenir que pour le passé, et le positif que pour la chimère, disait : « Que diable faire de Constantinople ? »

On prenait, comme cela, bien des îles et des provinces, sans faire semblant de rien ; et je leur disais, en moi-même : « Vos Majestés ne prendront que des misères, et la misère. » – « Nous le traitons trop bien, dit l'empereur en parlant de moi ; il n'a pas assez de respect pour nous. Savez-vous, Madame, qu'il a été amoureux d'une maîtresse de mon père et qu'il m'a empêché de réussir en entrant dans le monde, auprès d'une marquise de Prié, jolie comme un ange et qui a été notre première passion à tous les deux ? »

Point de réserve entre ces deux grands souverains. Ils se contaient les choses les plus intéressantes. – N'a-t-on jamais voulu attenter à votre vie ? Moi j'ai été menacé. – Moi, j'ai reçu des lettres anonymes. – Voici une histoire de confesseur et des détails charmants et ignorés de tout le monde, etc.

L'impératrice nous avait dit un jour, dans sa galère : « Comment fait-on des vers ? Écrivez-moi cela, Monsieur le comte de Ségur. » Il en écrivit les règles avec des exemples charmants. Et la voilà qui travaille. Et elle en fait six, avec tant de fautes que cela nous fit beaucoup rire tous les trois. Elle me dit : « Pour vous apprendre à vous moquer de moi, faites-en tout de suite ; je n'en essayerai plus ; m'en voilà dégoûtée pour la vie. » – « C'est bien fait ! dit Fitzherbert[1] ; vous auriez dû vous en tenir aux deux que vous avez faits sur le tombeau d'une de vos chiennes :

Ci gît la duchesse Anderson
Qui mordit Monsieur Rogerson[2].

---

1. Fitz-Herbert, envoyé de Londres.
2. Médecin personnel de Catherine II.

On me donna des bouts-rimés, avec l'ordre de les expédier bien vite ; et voici comme je les remplis, en m'adressant à elle :

> À la règle des vers, aux lois de l'harmonie
> Abaissez, soumettez la force du génie.
> En vain fait-il trembler les voisins de l'État
> En vain à votre empire il donne de l'éclat
> Pour rimer, suspendez un moment votre gloire.
> C'est un nouveau chemin au temple de mémoire.

Cela lui revint dans la tête à Barczisarai. — « Ah ! Messieurs, nous dit-elle, je m'en vais chez moi ; et vous verrez ». Voici ce qu'elle nous rapporta. Elle ne put pas aller plus loin :

> Sur un sopha du Khan, sur des coussins bourrés,
> Dans un kiosque d'or, de grilles entourés...

Vous vous doutez bien que nous l'avons accablée de reproches de n'avoir pas pu sortir de là, après quatre heures de réflexion et un si beau commencement. Car on ne se passe rien en voyage.

Ce pays-ci est assurément un pays de roman, mais qui n'est ni romanesque ni romancier, car on ne peut pas trouver une seule femme pour en avoir avec elle. Celles d'ici sont enfermées par ces vilains mahométans, qui ne connaissaient pas la chanson de Ségur sur le bonheur d'être trompé par la sienne. La duchesse de Luxembourg me ferait tourner la tête, si elle était à Achmeczet ; et je ferais une chanson pour la maréchale de Mouchy[3], si elle habitait Balaklava.

Il n'y a que vous, chère marquise, qu'on puisse adorer au milieu de Paris ; adorer est le mot, car on n'y a pas le temps d'aimer.

Il y a ici plusieurs sectes de dervis, plus plaisantes les unes que les autres, les Tourneurs *et les* Hurleurs. *Ce sont des jansénistes plus fous encore que les anciens convulsionnaires. Ils crient* Allah, *jusqu'à ce qu'épuisés de forces, ils tombent à terre, dans l'espérance de ne s'en relever que pour entrer dans le ciel.*

Je laissai là, pour quelques jours, la cour dans la plaine, et montai et descendis le Tczetterdar, au risque de la vie, en suivant le lit raboteux des torrents, au lieu de chemins que je n'ai pas trouvés. J'avais besoin de reposer mon esprit, ma langue, mes oreilles, et mes yeux de l'éclat des illuminations qui joutent toutes les nuits, telle part que nous soyons, avec le soleil, qui n'est que trop sur notre tête tout le jour. Et j'ai rencontré enfin ce que je vais vous dire, ou plutôt vous envoyer ; c'est ce que j'ai écrit sur le lieu même, au crayon que je viens de mettre au net pour vous. »

Le prince de Ligne au comte Louis-Philippe de Ségur [1]

Au camp d'Otchakow, le 1er août 1788

Je vois un commandant d'armée (le prince Potemkin [favori de Catherine II]) qui a l'air paresseux et qui travaille sans cesse ; qui n'a d'autre bureau que ses genoux, d'autre peigne que ses doigts ; toujours couché, et ne dormant ni jour ni nuit, parce que son zèle pour la souveraine, qu'il adore, l'agite toujours, et qu'un coup de canon qu'il n'essuie pas l'inquiète, par l'idée qu'il coûte la vie à quelques-uns de ses soldats. Peureux pour les autres, brave pour lui ; s'arrêtant sous le plus grand feu d'une batterie pour y donner ses ordres, cependant plus Ulysse qu'Achille ; inquiet avant tous les dangers, gai quand il y est ; triste dans les plaisirs ; malheureux à force d'être heureux, blasé sur tout, se dégoûtant aisément ; morose, inconstant ; philosophe profond, ministre habile, politique sublime ou enfant de dix ans ; point vindicatif, demandant pardon d'un chagrin qu'il a causé, réparant vite une injustice ; croyant aimer Dieu, craignant le diable, qu'il s'imagine être encore plus grand et plus gros qu'un prince Potemkin ; d'une main faisant des signes aux femmes qui lui plaisent, de l'autre des signes de croix ; les bras, en crucifix au pied d'une figure de la Vierge, ou autour du cou d'albâtre de sa maîtresse ; recevant des bienfaits sans nombre de sa grande souveraine, les distribuant tout de suite ; acceptant des terres de l'impératrice, les lui rendant ou payant ce qu'elle doit sans le lui dire ; vendant et rachetant d'immenses domaines pour y faire une grande colonnade et un jardin anglais, s'en défaisant ensuite ; jouant toujours ou ne jouant jamais ; aimant mieux donner que payer des dettes ; prodigieusement riche sans avoir le sou ; se livrant à la méfiance ou à la bonhomie, à la jalousie ou à la reconnaissance, à l'humeur ou à la plaisanterie ; prévenu aisément pour ou contre, revenant de même ; parlant théologie à ses généraux, et guerre à ses archevêques ; ne lisant jamais, mais sondant tous ceux à qui il parle, et les contredisant pour en avoir davantage ; faisant la mine la plus sauvage ou la plus agréable ; affectant les manières les plus repoussantes ou les plus attirantes ; ayant enfin tour à tour l'air du plus fier satrape de

---

1. *Lettres et pensées du prince de Ligne*, op. cit., p. 184-186.

l'Orient ou du courtisan le plus aimable de Louis XV ; sous une grande apparence de dureté, très doux en vérité dans le fond de son cœur ; fantasque pour ses heures, ses repas, son repos et ses goûts ; voulant tout avoir comme un enfant, sachant se passer de tout comme un grand homme ; sobre avec l'air gourmand ; rongeant ses ongles, des pommes ou des navets ; grondant ou riant, contrefaisant ou jurant, polissonnant ou priant, chantant ou méditant ; appelant, renvoyant ; rappelant vingt aides de camp sans leur rien dire ; supportant le chaud mieux que personne, en ayant l'air de ne songer qu'aux bains les plus recherchés ; se moquant du froid en ayant l'air de ne pouvoir se passer de fourrures ; toujours sans caleçon, en chemise ou en uniforme brodé sur toutes les tailles ; pieds nus ou en pantoufles à paillons brodés, sans bonnet ni chapeau : c'est ainsi que je l'ai vu une fois aux coups de fusil ; tantôt en mauvaise robe de chambre ou avec une tunique superbe, avec ses trois plaques, ses rubans et ses diamants gros comme le pouce autour du portrait de l'impératrice : ces diamants semblent placés là pour attirer les boulets ; courbé, pelotonné quand il est chez lui, et grand, le nez en l'air, fier, beau, noble majestueux ou séduisant quand il se montre à son armée tel qu'Agamemnon au milieu des rois de la Grèce.

Quelle est donc sa magie ? Du génie, et puis du génie et encore du génie : de l'esprit naturel, une mémoire excellente, de l'élévation dans l'âme, de la malice sans méchanceté, de la ruse sans astuce ; un heureux mélange de caprices dont les bons moments, quand ils arrivent, lui attirent les cœurs ; une grande générosité, de la grâce et de la justesse dans ses récompenses : beaucoup de tact, le talent de deviner ce qu'il ne sait pas, et une grande connaissance des hommes.

26

UN TERRAIN D'ESSAI POUR LES LUMIÈRES.
LA POLOGNE ET SON DERNIER ROI,
STANISLAS II AUGUSTE PONIATOWSKI

À l'Extrême-Occident, les Lumières politiques trouvèrent enfin leur terre promise dans la « vierge » Amérique anglaise. À l'Orient de l'Europe, elles cherchèrent, mais beaucoup plus distraitement, un terrain d'essai dans l'ancienne République catholique et nobiliaire de Pologne, encerclée dans des frontières floues et spongieuses par la Prusse de Frédéric II, l'Autriche de Marie-Thérèse et de Joseph II, la Russie de Catherine II et l'Empire ottoman. Le long règne de Stanislas II Auguste Poniatowski, « philosophe couronné », dura tant bien que mal de 1764 à 1795. Pendant trente ans, ce roi désarmé, qui avait pris pour devise « Patience et Courage », soumis à un protectorat russe tout en tenant tête à une guerre civile déclarée ou larvée, dut encore encaisser un premier partage léonin de son royaume entre Russie, Autriche et Prusse. Sans désemparer, il s'efforça de créer dans ce qui lui restait de royaume un État moderne et, en définitive, sous le coup d'enthousiasme de la jeunesse polonaise pour la Révolution française, il osa le pourvoir d'une constitution « à l'anglaise ». L'entrée des troupes russes et prussiennes à Varsovie en 1792 mit fin à cette expérience, jugée « jacobine » à Saint-Pétersbourg. Le royaume-moignon qui avait subsisté au premier partage perdit sous la botte russe son dernier semblant d'existence politique indépendante. La Prusse et l'Autriche reçurent comme de juste leur part supplémentaire de gâteau. L'ex-roi finit ses jours en résidence surveillée dans l'Empire des tsars, en 1798.

S'il est un terrain où la diplomatie, la sensibilité, et la philosophie, dont le siècle s'enorgueillissait, mettent bas les masques et révèlent leur envers de *Realpolitik*, de cynisme, et de sycophantisme, c'est bien la lointaine Pologne de Stanislas-Auguste. Et cependant son roi-soliveau n'eut pas de trop de cette diplomatie, de cette sensibilité et de cette philosophie qu'il tenait de son éducation et de ses voyages en Occident, pour se maintenir si longtemps, et la Pologne avec lui, au milieu de tous les périls et pour mettre tenacement en œuvre, dans son royaume-peau de chagrin, un programme de « souverain éclairé », en dépit de l'indifférence ou du mépris de l'Occident, malgré la pression militaire de plus en plus pesante de ses voisins et contre la résistance souvent armée de compatriotes avec lesquels pourtant il sympathisait. À y regarder de près, ce règne fut une sorte de chef-d'œuvre inachevé et sans gloire du siècle des Lumières [1]

Une éducation de futur roi-philosophe

Bonaparte, né cadet de petite noblesse provinciale dans le plus ancien royaume héréditaire d'Europe, n'avait pas la moindre chance de devenir ni roi ni à plus forte raison empereur. Rien, sinon des prophéties inventées après coup, ne prédisposait davantage le sixième fils du comte Stanislas Poniatowski à devenir roi. Cependant, il avait dans son jeu quelques atouts que n'aura pas Bonaparte et que ses parents, ses précepteurs, et une maîtresse impérieuse, surent mettre à profit, un peu à son corps défendant. Tout nobliau qu'il fût né, en effet, le père de Stanislas avait été un héros, célébré avec feu par Voltaire dans l'un de ses premiers chefs-d'œuvre, l'*Histoire de Charles XII*. Réunissant à en croire Voltaire le courage d'Achille à la ruse d'Ulysse, Poniatowski s'était montré capable d'exploits prodigieux qui à plusieurs reprises avaient sauvé la vie de son maître, adversaire impétueux de Pierre le Grand, et apte tout aussi bien à des tours de force diplomatiques et politiques qui, à plusieurs reprises, à Constantinople où Charles XII avait trouvé refuge après la terrible défaite de Poltava, manquèrent de peu de réussir à lancer la puissance ottomane à l'assaut du tsar et assouvir ainsi la vengeance du roi de Suède.

---

1. Sur Stanislas Poniatowski et son temps, l'ouvrage fondamental reste celui de Jean Fabre, *Stanislas Auguste Poniatowski et l'Europe des Lumières*, Paris, 1952, à compléter par les *Mémoires* de Stanislas, éd. Académie des sciences de Saint-Pétersbourg, 1907, 2 vol. Pour une synthèse plus récente, comportant une bibliographie à jour, voir Adam Zamoysky, *The Last King of Poland*, London, Weidenfeld and Nicholson, 1992.

Fêté en héros à Paris pendant la Régence (c'est alors qu'il avait fourni à Voltaire les éléments de l'*Histoire de Charles XII*), le « Beau Polonais » était retourné en Pologne auréolé des lauriers de Mars acquis auprès de Charles XII sur les Russes et les Turcs, et paré des myrtes de Vénus conquis auprès de la duchesse du Maine et de Mme de Tencin sur les grandes et les petites femmes de Paris. Ce double prestige lui valut en 1720 un mariage d'amour avec Constance Czartoriska, et l'honneur d'entrer dans le conseil de « la Famille », comme on appelait en Pologne le clan aristocra tique des Czartoriski, le plus titré et le plus puissant du royaume, rival héréditaire à lui tout seul des clans plus ou moins solidaires des Radziwill, des Potocki, des Branicki, des Sapieha.

Contrairement à la plupart des couronnes d'Europe, celle de Pologne comme en principe celle de l'empereur germanique, n'était pas héréditaire, mais élective. La Diète polonaise, qui élisait les rois de cette République nobiliaire, était divisée entre clans irréconciliables disposant du *liberum veto*, ce qui en temps normal interdisait toute décision à cette éloquente assemblée, et en temps d'élection, ouvrait un vaste champ à la diplomatie, à la corruption et au chantage militaire des cours européennes qui concouraient à qui forgerait une majorité pour son candidat. Au XVIe siècle, Henri de Valois (le futur Henri III) avait brièvement régné sur la Pologne. Au XVIIIe siècle, les Grands Électeurs de Saxe, Auguste II le Fort et Auguste III, avaient été tour à tour rois de Pologne. Louis XV avait intrigué en vain, dans les inter-règnes, pour faire élire son cousin le prince de Conti. Un noble polonais, Stanislas Leszczinski, avait pu brièvement « régner » sur l'anarchie polonaise, avant de restituer le trône à Auguste III, et de trouver un confortable refuge chez son gendre le roi de France, dans le duché viager de Lorraine. Le « Secret du roi » avait décidé une fois pour toutes, mais sans savoir s'en donner les moyens, que la Pologne devait rester la république nobiliaire traditionnelle, un État-tampon.

Si un Leszczinzki, plus ou moins client de « la Famille » avait pu régner, pourquoi pas un Poniatowski, fils d'une Czartoriska ? Chéri entre tous leurs nombreux enfants par son père et par sa mère, le jeune Stanislas né en 1732, manifesta des dons précoces. Il reçut une éducation qui, sans le préparer ouvertement au métier de roi, le rangea peu à peu parmi les candidats possibles à une élection que la mort du roi Auguste de Saxe devait ouvrir un jour ou l'autre. Dans un siècle qui fourmille presque autant de précepteurs que d'agents diplomatiques, l'enfant préféré et choyé

de Constance Czartoriska fut tour à tour docile aux enseigne-
ments des maîtres les plus hétéroclites, avant de s'exposer à la
direction tempétueuse des nombreuses « mamans » qui prirent,
chacune à leur façon, le relais de l'attentive et sévère Constance.
Ce Télémaque ne manqua ni de Mentors ni de Minerves, de
toutes nationalités, de tous sexes, de toutes religions, et de toutes
obédiences philosophiques, ce qui fit de ce Polonais passionné
pour sa patrie l'enfant par excellence de l'Europe cosmopolite et
bigarrée des Lumières tardives. Paradoxe qui lui valut de solides
haines dans une noblesse polonaise dont Rousseau admira le
« républicanisme » et dont il encouragea le penchant pour un
nationalisme farouche et jaloux, politiquement imbécile, le
« sarmatisme ».

La mère de Stanislas, dévote catholique travaillée de quiétisme,
le mit d'abord entre les mains de pédants luthériens allemands
qui lui enseignèrent les rudiments de latin, de polonais, de
géométrie et de droit national, puis de Pères théatins italiens, qui
lui apprirent un français élégant, lui donnèrent le goût du théâtre,
des beaux-arts, et des bonnes manières. Dès l'âge de douze ans,
il était tourmenté de l'inquiétude théologique héritée par le
XVIIIᵉ siècle des grandes Querelles du siècle précédent entre jansénistes et molinistes, entre Bossuet et Fénelon. Libre arbitre ou
prédestination ? Volontarisme ou abandon à la Providence ?
Plusieurs années plus tard, il s'attirera la colère de celui de ses
maîtres qui lui aura le plus appris, en défendant contre son
volontarisme libertin la cause des « fatalités qu'aucune prudence
humaine ne peut prévoir ». Sa pente le portait à une passivité
louvoyante et mystiquement optimiste, qui à cet égard le fit
ressembler à Louis XVI. En 1745, le futur précepteur du duc de
Chartres (Philippe-*Égalité* sous la Terreur), l'abbé Allaire, se
chargea de parachever son entraînement à la rhétorique classique
et à la civilité française. C'est de ce parfait « honnête homme »
qu'il tint, malgré son excellente maîtrise du polonais, de l'allemand, de l'anglais, de l'italien et du russe, sa prédilection déclarée pour le français, et pour le style coupé de la prose de
La Bruyère, d'Antoine Hamilton, et de Voltaire.

Parallèlement, Stanislas, dévoré d'orgueil et de timidité, ce qui
fit de lui un disciple et un pupille à toutes mains, recevait par
l'exemple les leçons de ses puissants oncles Czartoriski. Espérant
le rallier à son idole Frédéric II, l'ambassadeur en Pologne de
l'impératrice Élisabeth, le comte courlandais Hermann-Charles
Kayserling, ex-professeur de l'université de Kœnigsberg, l'initia

de son côté aux subtilités et aux distinguos de la logique scolastique, casuistique fort utile dans le dédale juridique, politique et diplomatique des affaires polonaises.

En 1747, cherchant fortune en Pologne, un ingénieur militaire suisse, agent secret de Louis XV, Lucas de Toux de Salverte, arrive à Varsovie, et enseigne au jeune homme les fortifications. C'est la seule formation militaire qu'ait reçue Stanislas, futur roi inerme et par là encore ressemblant à Louis XVI. Maçon de haut grade, Toux de Salverte ne cessera plus de faire des va-et-vient entre Paris et Varsovie, on ne sait pour le compte de qui : les Loges ou le « Secret » du roi de France ?

Au cours de l'été 1750, le Télémaque polonais (il a alors dix-huit ans) séjournant à Berlin où Kayserling l'avait adressé pour adorer son dieu Frédéric, rencontra le Mentor anglais qui, pour longtemps, va le prendre dans sa classe. Pour commencer, il lui inculqua son mépris pour le roi de Prusse : « *A perverse, barren, spiteful little wretch.* » Sir Charles Hanbury Williams avait été à Londres le prince scandaleux de la jeunesse dorée des *Dilettanti* et du *Hell-Fire Club*, fondé par Lord Hervey. Son ami Horace Walpole le tenait pour « *a bright genius, dangerously bright* ». Son esprit mordant, doué pour la satire et la poésie galante, avait si bien servi Robert Walpole que le Premier ministre whig en avait fait un baronet et un ambassadeur, d'abord à Dresde, puis à Berlin, où Frédéric II, jaloux, le prit en grippe et le rassasia d'humiliations. Voltaire, qui se trouvait alors à Potsdam, prit goût au contraire à son esprit et à ses compliments. Il écrivit à d'Argental : « L'envoyé d'Angleterre m'a fait de très beaux vers anglais. » L'année suivante, Williams obtint de regagner Dresde, l'une des deux capitales d'Auguste III.

Une liaison avec le frère aîné de Stanislas, le « beau » Casimir, n'empêcha pas l'irrésistible Williams de s'attacher le cadet, dont il appréciait la culture et l'esprit ; il décida, ce qui le fit très bien voir des Poniatowski père et mère, que leur fils avait un royal avenir. Il comptait aussi à terme assurer à la politique anglaise un précieux atout en Europe orientale. À Dresde, plus agréablement qu'à Berlin, Williams put reconstituer autour de lui une petite cour de *Dilettanti*, avec son secrétaire Harry Digby, d'autres jeunes Anglais et le « beau » Casimir Poniatowski. C'est toutefois une complicité en vue d'un grand dessein, approuvé tacitement par la famille, qui fit de lui le guide de Stanislas sur les chemins escarpés de la politique et de la diplomatie. Avec ce nouveau précepteur, Stanislas quittait les terres arcadiennes chères à

Fénelon, pour aborder les rivages troubles qu'explorera Balzac. Sous le couple Mentor-Télémaque, perce le pacte Vautrin-Rubempré, scellé par Williams, qui écrira à Stanislas : « Je vous aime, je vous chéris comme un enfant que j'ai élevé, souvenez-vous-en », sans toutefois que Stanislas, heureux de ce préceptorat passionné, y voie la moindre malice.

Dans la compagnie du chevalier et de ses amis, Stanislas perdit de sa timidité. « Ma liaison avec le chevalier Williams, écrit-il dans ses *Mémoires*, devint plus intime et servit beaucoup à me donner dans le grand monde une considération et un air d'homme fait que mon âge ne m'accordait pas encore et que ma très petite figure, qui ne se développa que cette année par une croissance assez subite, avait jusqu'alors contribué à retarder »[1].

Pendant la cour magnifique, chasse, théâtre, opéra, ballets, concerts, que le roi Auguste tient à Leipzig, à l'occasion de la foire Saint-Michel, en 1750, il connaît les heures les plus ensoleillées de sa vie :

« Cette joyeuse vie dura six semaines. J'avais de la santé, pas beaucoup d'argent, mais plus que de besoin, aucune inquiétude, je vivais en un très beau lieu, dans une belle saison, en très bonne compagnie, j'étais presque amoureux, mais nullement libertin, je ne voyais que des gens qui me paraissaient contents, et semblaient n'avoir d'autre affaire que de s'amuser ; je n'ai jamais été si heureux mais quand les six semaines furent passées, mon bon temps passa avec elles »[2].

Pendant ce séjour, il se prend de sympathie pour l'épouse du tout-puissant Premier ministre d'Auguste III, le comte de Brühl. La comtesse, amie de Constance, le prend en vive affection et l'adopte. C'est la première de ses « mamans ».

Un « Grand Tour » de l'Europe des Lumières

Les parents de Stanislas, pour qu'il ne perdît pas la main en Pologne, préférèrent pour lui au « Grand Tour » d'un seul tenant, de règle dans l'aristocratie anglaise et hollandaise, une série de courts séjours dans les grandes capitales européennes, bien préparés par des lettres de recommandation, et interrompus par des retours « au charbon » et *at home*. Stanislas avait déjà fait un

---

1. *Mémoires*, éd. Péterbourg, 1907, t. I, p. 42.
2. *Ibid.*, p. 44-45.

saut dans les Flandres à la rencontre du maréchal de Saxe, en 1748. Il fit la connaissance de la cour de Vienne en 1750 : elle lui parut guindée. Un flirt qu'il ébaucha avec une fille d'honneur de Victoire de Savoie, nièce et héritière du prince Eugène, flirt dénoncé à sa famille par le nonce Serbelloni, provoqua son rappel immédiat à Varsovie. Il y reviendra en 1753, pour assister à la nomination à la chancellerie impériale du comte de Kaunitz, retour de son ambassade à Versailles. Il accompagna alors Williams à Hanovre, l'Électorat du roi d'Angleterre George II, puis à La Haye, où il se lia au comte de Bentinck. l'homme fort de la cour d'Orange. Puis il quitta Williams, qui regagnait Londres, pour voler vers Paris.

Il n'y resta que cinq mois, il n'y put jamais revenir, mais ce court séjour suffit pour qu'il se considère désormais comme Parisien, quelque rebuffade qu'il reçût de Choiseul et du Secret du roi, quelque déception qu'il eût au fond éprouvée de la frivolité française et de la difficulté à se faire admettre dans ce qu'on appelait à Paris l'*extrêmement bonne société*. Il dut se contenter de bonheurs tout littéraires. Recommandé par la comtesse de Brühl, il est reçu et adopté par l'antique Mme de Brancas, qui avait connu Mme de Maintenon, et qui elle-même maintenait vivante à Versailles par sa conversation, son style, ses manières, son genre de politesse, la mémoire de la cour de Louis XIV. Faute d'intérêt de la politique versaillaise pour ce petit Polonais, Stanislas, nourri par l'abbé Allaire de *Mémoires* français, se montre d'autant plus sensible à la dimension « proustienne » de la cour de France et aux personnages qui y restaurent le passé dans le présent. Outre la duchesse de Brancas, il était prêt à s'attacher à cet autre lieu de mémoire vivant qu'était le vieux maréchal de Noailles, neveu de Mme de Maintenon, s'il ne l'avait irrité d'emblée en le louant maladroitement du même souffle que Puisieux, son ex-collègue au Conseil du roi, alors que le maréchal tenait l'ancien ministre Puisieux pour un *valet*. Même déception auprès du roi, à qui il est présenté par le maréchal de Richelieu, mais qui ne lui dit rien. Il ne put rencontrer Choiseul. Au lieu de jouer un rôle politique en faveur de sa patrie, Marie Leszczinska, qui s'était retirée du lit conjugal et vivait confinée de son plein gré dans une aimable petite cour dévote, ne pouvait rien pour Stanislas.

La Ville, en la personne de son hôtesse universelle, Mme Geoffrin, lui fit d'abord fête, puis le traita en « maman » grondeuse et bourrue qui ne lui pardonnait pas sa gaffe envers le maréchal de Noailles. « Je me soumis à la correction, écrit-il dans ses

Mémoires, je tâchai de m'accoutumer aux différents styles que madame Geoffrin emploie selon les occasions »[1]. Il voit chez elle Montesquieu, lui aussi réduit à la servitude par la « Patronne » (qu'il qualifiait *in petto* de « harengère du beau monde »), et le chef survivant des Modernes, Fontenelle, auprès de qui Mme Geoffrin « faisait mettre un petit poêle de fer pour le soutenir au degré de chaleur qui était nécessaire pour le conserver à quatre-vingt-seize ou dix-sept ans qu'il avait alors. Il conservait au bout de sa carrière, malgré sa surdité, cette coquetterie d'esprit et cette afféterie d'expression dans son meilleur temps. Il me demanda une fois d'un air fort sérieux, si je savais le polonais comme le français »[2]. C'est rue Saint-Honoré qu'il rencontra les « philosophes ». Grimm, Marmontel, d'Alembert, dont il eut si peu à se louer, mais qu'il admirait sans réserve.

Formé par les *Caractères* de La Bruyère, Stanislas est attentif aux bizarreries et singularités innocentes dont Paris abonde, et qui y vivent publiquement à leur guise sans émouvoir quiconque : « Je fus présenté au duc de Gesvres, gouverneur de Paris, à midi. Il était dans son lit, dont les rideaux étaient rattachés des deux côtés à la muraille, comme le seraient ceux d'une femme vers la fin de ses couches, qui reçoit du monde. Il avait soixante ans, portait une coiffe de femme rattachée sous le menton, et faisait actuellement des nœuds avec une navette, comme une femme. Et cet homme avait fait la guerre, et ses habitudes efféminées n'étonnaient personne, et le public paraissait assez content de lui. Et je me suis dit : "L'on voyage pour voir ailleurs ce que l'on ne voit pas chez soi, et les dehors ne montrent pas toujours ce qu'il y a au fond et il faut apprendre à ne pas s'étonner de tout" »[3].

Bien que la grande affaire du moment eût dû être l'exil du Parlement de Paris à Pontoise, les conversations parisiennes étaient tout occupées de la Querelle des Bouffons, dont les Encyclopédistes, prenant le parti du vaudeville italien contre l'opéra de Lully et de Rameau, se servent pour pousser leur propagande antireligieuse et sourdement antimonarchique.

Stanislas est reçu par le prince de Conti, éternel candidat déçu au trône de Pologne, désormais en disgrâce auprès de Louis XV et en déclin dans l'opinion. À la Ville aussi, et à la campagne,

---

1. *Ibid.*, p. 86.
2. *Ibid.*, p. 89.
3. *Ibid.*, p. 90.

grâce aux traditions des grandes familles historiques, la mode d'hier côtoie la mode d'autrefois. La duchesse d'Orléans, sœur du prince de Conti, par son visage, par toute sa personne, en repos et en mouvement, à pied, à cheval, dansante ou assise, « rappelait continuellement les plus agréables peintures de Watteau »[1]. Mais tout aussi bien « ce me fut un plaisir, conte Stanislas dans ses *Mémoires*, de retrouver parmi les personnes qui composaient la cour du duc d'Orléans, en troisième et quatrième génération, presque tous les noms qui m'étaient devenus familiers par les descriptions que la fameuse Mademoiselle du temps de Louis XIV, et le cardinal de Retz nous ont laissées dans leurs *Mémoires* de la maison d'Orléans de leur temps. Une vieille Mme de Polignac, dame d'honneur de la duchesse d'Orléans, répandait par son esprit presque autant d'agrément dans cette cour que sa nièce, la marquise de Blot, par les grâces de sa figure »[2].

Les leçons de l'acariâtre Geoffrin ne valant pas celles du chevalier Williams, le touriste polonais est étourdi plutôt qu'ébloui par cette « richesse inépuisable d'objets toujours nouveaux qui nourrit toujours l'attention légère des Français », et il était sur le point d'avouer son ennui, si l'ordre familial de gagner l'Angleterre ne lui avait pas laissé l'impression qu'il était malgré tout sur le point d'obtenir la « vogue » durable que les Parisiens accordent si difficilement aux étrangers. C'est peut-être cette tâche inachevée qui va le maintenir désormais sur le qui-vive envers les « philosophes », « Maman » Geoffrin, et l'opinion française, si puissante mais si aisément distraite et prévenue.

À Londres, bien qu'il n'y trouve point Williams, la mission et les introductions qu'il a reçues de « la Famille », anxieuse de jouer Londres contre Versailles, lui font rencontrer tout le haut personnel politique anglais, depuis le vieux duc de Newcastle, Premier ministre, jusqu'au jeune Pitt, « grand de taille, maigre, à la physionomie d'aigle » et dont la grande carrière s'annonce. Les frères Yorke, fils du Lord Chancelier Hardwick, et avec lesquels il s'était lié lors de son séjour à La Haye avec Williams, lui offrent la compagnie la plus chaleureuse et la plus sérieusement savante qu'il eût encore connue. Il apprend l'anglais, découvre Shakes-

---

1. *Ibid.*, p. 92.
2. *Ibid.*, p. 93.

peare, les jardins paysagers, les combats de coqs, l'étrange éducation anglaise, partagée entre les coups de fouet et l'abandon à la
sauvagerie, combinaison qui pousse chacun à cultiver son « originalité ». Observateur plus perspicace que Voltaire, le Stanislas des
Mémoires constate qu'un individualisme calculateur et utilitaire
est passé en habitude insulaire, selon la devise *Primo mihi*, sans
que pourtant le respect de la loi et le sens jaloux de l'intérêt
commun en soient affectés. Il s'étonne du côté instruments bien
dressés et rodés, fonctionnant comme par ressort et ilotes hors de
leur service, des marins anglais. Cette froide spécialisation, très
« Temps modernes », heurte la générosité et l'amour de la liberté
dont il partage les conventions aristocratiques avec l'ensemble des
Lumières continentales.

Il découvre ce professionnalisme anglo-saxon jusque dans le
soin maniaque que met Lord Chesterfield à se montrer à jour du
parler parisien, en lui-même capricieux et changeant :

« Il parlait la langue française avec beaucoup plus de pureté et
même d'élégance qu'aucun Anglais que j'aie connu jusqu'alors,
où l'esprit et le ton anti-gallican étaient encore poussés beaucoup
au delà de ce qu'on voit aujourd'hui. Mais il aimait si fort à se
parer de ce talent qu'il payait exprès un correspondant à Paris
pour lui mander tous les mots, toutes les phrases nouvelles que la
mode y produit successivement. Il n'eut rien de plus pressé, dès
la première fois que je lui fus présenté, que de glisser devant moi
"qu'apparemment j'avais vu ce matin-là même non seulement
beaucoup de *poilous*, mais aussi *beaucoup de gens comme il faut en
habits coquins,* au parc de Saint-James". Or comme la même
mode qui produit tant de mots nouveaux, en abolit presque
autant successivement, quelque philologue futur, à qui mon
manuscrit tombera sous les yeux, me sera peut-être très obligé de
pouvoir grâce à mes soins, augmenter son vocabulaire *obsoletorum*
de la signification mystique des trois expressions ci-dessous souli-
gnées. Or donc *poilou*, en terme de chasse, signifiait alors un
chien, d'un certain poil roussâtre ; mais au sens figuré les beaux
diseurs désignaient par le mot *poilou,* tout homme obscur, et dont
surtout la naissance était peu connue, par opposition *aux gens
comme il faut,* qui étaient tous nobles ou du moins distingués
dans leur sphère. Or ces gens du monde *comme il faut* avaient
déjà adopté l'usage anglais de se promener à pied, le matin, dans
les rues, mais n'avaient pas encore adopté le mot de *frac* pour
leur habillement, quoiqu'ils fissent déjà usage de la chose. Or
cette chose à Paris en 1754 s'appelait un habit *de coquin*, et c'est

la connaissance de cette importante vérité que milord Chesterfield fit briller avec empressement à mes yeux »[1].

Il manquait encore à Stanislas, désormais assuré de l'appui anglais, mais dédaigné par la France et par Frédéric II alors allié de Versailles, le consentement indispensable de la Russie. La Providence veut que le chevalier Williams soit nommé en juin 1755 à l'ambassade de Saint-Pétersbourg, et les parents de Stanislas s'enthousiasment à l'idée que leur fils, sous la houlette de ce berger exercé, aille se faire connaître dans la capitale de l'Empire russe, protecteur traditionnel de « la Famille ». Stanislas s'installe à l'ambassade anglaise auprès de la cour de Russie. Williams avait reçu mission de sceller l'alliance anglo-russe, et il s'était donné à lui-même celle de faire servir cette alliance à la carrière de Stanislas, par-delà le règne de la tsarine Élisabeth, fille de Pierre le Grand, impératrice de toutes les Russies.

L'avenir appartenait, pour qui avait les yeux grands ouverts, à la grande-duchesse Catherine Alexeïevna, ex-Sophie d'Anhalt-Zerbst, épouse maltraitée du grand-duc Pierre Féodorovitch, duc de Schleswig-Holstein, le neveu allemand choisi par Élisabeth pour son successeur. Le sceau à long terme de l'alliance anglo-russe, aussi bien que la couronne de Stanislas, dépendaient d'une étincelle entre la tsarine en puissance et le candidat à la royauté. La diplomatie du XVIIIe siècle faisait volontiers feu avec l'amadou des affinités électives.

La perspicacité et l'entregent de Williams se montrèrent à la mesure de son dévouement pour les intérêts de Londres et de sa passion pour le jeune Polonais. Comme Vautrin, ménageant les amours de Rubempré avec la duchesse de Maufrigneuse et son mariage avec Clotilde de Grandlieu, Williams s'arrangea pour faire apercevoir Stanislas par la grande-duchesse, dont il savait qu'elle était en quête d'amants et de fonds. Il lui procura les fonds dont elle manquait, neutralisa en l'achetant le ministre d'Élisabeth, Bestoutchev, et avec l'aide de Naryschkine, un gentilhomme de la chambre grand-ducale, il arrangea pour Stanislas un rendez-vous secret, à très hauts risques, car la grande-duchesse, gardée sous clef par son mari, était aussi surveillée de près par la tsarine. Aucune immunité diplomatique ne couvrait le jeune Polonais : « J'oubliais, écrira Stanislas, qu'il y avait une Sibérie. » Il fut l'amant de Catherine et la revit souvent. Irrésis-

---

1. *Ibid.*, p. 129.

tible auprès des ambitieux, Williams obtint d'emblée l'entière confiance de Catherine, qui le fit entrer en tiers, à la fois confident et boîte aux lettres, dans la brûlante liaison dont il était l'auteur. Le succès de cette intrigue fut assombri par l'échec dramatique de sa mission auprès d'Élisabeth. Alarmé par la triple alliance Angleterre-Autriche-Russie que Williams avait pratiquement conclue, Frédéric II réagit vivement, et parvint à décourager Marie-Thérèse tout en séduisant le cabinet britannique. Désavoué, humilié, l'ambassadeur anglais devint *persona non grata* à Saint-Pétersbourg dès l'automne 1755.

La nervosité de Williams devint telle que, poussé à bout par une discussion sur le libre arbitre avec Stanislas, il menaça de rompre leur pacte. L'amant de Catherine eut un instant le vertige, tant l'intrigue et tout son avenir étaient suspendus au génie de Williams. Il songea au suicide. Mais le nuage se dissipa :

« Ces craintes s'évanouirent en moi dès que nous fûmes réconciliés, parce que je l'aimais presque comme un père, et parce que j'avais un besoin essentiel d'espérer, qui fait le ressort de la vie et surtout de la jeunesse »[1].

Le portrait de la Vénus germanique tracé par l'Adonis Sarmate, se remémorant le jour de leurs premières et dangereuses voluptés, eût enchanté l'adorateur de Mme Hanska, s'il avait pu forcer les Archives d'État de Nicolas Ier où les *Mémoires* de Stanislas restèrent au secret pendant tout le XIXe siècle :

« Elle avait vingt-cinq ans. Elle ne faisait presque que relever de ses premières couches, elle était à ce moment de beauté qui en est ordinairement le comble pour toute femme à qui est accordé d'en avoir. Avec des cheveux noirs, elle avait une blancheur éblouissante, les couleurs les plus vives, de grands yeux bleus à fleur de tête très parlants, des cils noirs et très longs, le nez aigu, une bouche qui semblait appeler le baiser, les mains et les bras parfaits, une taille svelte, plutôt grande que petite, la démarche entièrement leste, et cependant de la plus grande noblesse, le son de voix agréable, et le rire aussi gai que l'humeur, qui la faisait passer avec une facilité égale des jeux les plus folâtres, les plus enfantins, à une table de chiffre, dont le travail physique ne l'épouvantait pas plus que le texte, telle importante ou même périlleuse qu'en fût la matière. La gêne où elle a vécu depuis son mariage, la privation de toute compagnie analogue à son esprit,

1. *Ibid.*, p. 155.

l'avaient portée à la lecture. Elle savait beaucoup. Avec une tournure d'esprit caressante, sachant saisir l'endroit faible de chacun, elle se frayait dès lors, par l'amour du public, le chemin à ce trône qu'elle a depuis rempli avec tant de gloire [...] Je ne puis me refuser au plaisir de marquer ici jusqu'à l'habillement où je la trouvai ce jour-là : c'était une petite robe de satin blanc, une parure légère de dentelles, mêlées de rubans roses, en était le seul ornement. Elle ne concevait pour ainsi dire point comment il fut possible que je fusse vraiment dans son cabinet, et il est vrai que je me le suis souvent demandé à moi-même, quand aux jours de cour, je passais au milieu de tant de gardes et de surveillants de tout genre, comment il se pouvait que j'eusse pénétré déjà tant de fois, comme enveloppé d'un nuage, dans des lieux que je n'osais pas seulement envisager en public » [1].

À leur terreur, à leur jeunesse, à l'ambition qui les possédait tous deux, s'ajoutait, pour chauffer à blanc leur désir, l'abstinence dont ils avaient hâte de sortir. Elle relevait des couches de l'enfant de son premier amant. Quant à lui, « par une singularité remarquable », explique-t-il avec une désarmante rouerie, « j'eus à lui offrir, quoiqu'à l'âge de 22 ans, ce que personne n'avait eu » [2].

Loin de Londres, loin de Vienne, loin de Varsovie, à la cour de Saint-Pétersbourg on est dans l'antique Thèbes, dans l'Écosse de Macbeth, ou dans le sérail de Roxane et de Bajazet, inimaginables dans la capitale des Lumières, à Paris. Stanislas savait le mot d'ordre laissé à sa mort par Pierre le Grand : « Il faut espionner. » Aussi espionnait-on à Saint-Pétersbourg « sur les grandes et les petites choses ». La face de Méduse du chef de la chancellerie secrète, Alexandre Schouwalov, cousin de « Monsieur Pompadour », l'amant en titre de l'impératrice Élisabeth, lui était connue. « Comme pour augmenter la terreur que le nom seul de son emploi inspirait, la nature lui avait donné des tiraillements de nerfs qui défiguraient horriblement son visage, laid d'ailleurs, toutes les fois qu'il était sérieusement occupé » [3]. Williams avait sondé les points forts et les points faibles de ce système policier dont la France ne connaîtra l'équivalent qu'après 1792. En ce sens, la Russie était politiquement en avance. Toutes les précautions furent prises pour que les deux amants ne soient pas découverts.

---

1. *Ibid.*, p. 158.
2. *Ibid.*, p. 157.
3. *Ibid.*, p. 325-326.

Au cours de ses conversations sur l'oreiller avec Stanislas, la grande-duchesse, tournant les pages de son amant comme un livre, étudie ce Paris qu'il connaît bien et dont elle sait, par l'exemple de Frédéric II, combien il importe aux potentats modernes d'avoir sa faveur. Elle s'intéresse avant tout à la principale trompette française de la Renommée, Voltaire. Ensemble les deux candidats au despotisme éclairé se délectent à lire sa blasphématoire *Pucelle d'Orléans,* longtemps tenue sous le boisseau, mais dont le comte Poniatowski, enchanté des amours grand-ducales de Stanislas, a obtenu du maréchal de Richelieu une copie, qu'il a fait parvenir à son fils. Et tandis que la grande-duchesse perfectionne son style français et entrevoit ce qu'il lui faudra dire et faire pour s'attacher Voltaire, son amant s'instruit auprès d'elle de secrets d'État qu'il s'empresse de transmettre à Williams, tissant la toile d'une improbable alliance anglo-russe.

Sous le protectorat de Catherine le Grand

À deux reprises, Stanislas revint en Pologne, et la seconde fois, en décembre 1756, il regagna Saint-Pétersbourg avec le titre d'ambassadeur de la cour de Saxe, aux abois depuis que Frédéric II, cette fois retourné contre la France et soutenu par l'Angleterre, avait envahi l'Électorat, bombardé et pillé Dresde, et mis Auguste III à genoux. De crainte de passer pour un agent double anglais, l'ambassadeur de Saxe doit rompre officiellement avec Williams, qui continua néanmoins de veiller sur ses amours avec Catherine. Mais l'Anglais, dont la situation diplomatique devenait intenable sous la pression de l'ambassadeur français, le marquis de L'Hôpital, dut quitter Saint-Pétersbourg au cours de l'été 1757, l'esprit troublé. Il se suicidera deux ans plus tard. Il laissait derrière lui deux amants désemparés. À juste titre, car Schouvalov et l'impératrice avaient fini par pénétrer l'intrigue, et Stanislas trop exposé dut à son tour décamper d'urgence, le 14 août 1758. Il ne reverra jamais pendant trente ans sa grande-duchesse. Pendant tout ce temps, devenu roi par sa grâce, l'amoureux transi ne cessera plus d'éprouver les griffes de l'ours russe, dont Catherine II avait revêtu la fourrure et la férocité.

Le 4 janvier 1762, Élisabeth mourut. Son neveu Pierre III prit la couronne. Il renverse les alliances et rallie la Russie à Frédéric. Catherine est menacée de répudiation. Stanislas veut voler à son secours. Elle le décourage sèchement. Son nouvel amant, le géant

Grégoire Orlov, et son frère Alexis se chargèrent du coup d'État indispensable à son salut et à ses ambitions : il réussit dans la nuit du 9 juillet. Le tsar est emprisonné. Il sera vite assassiné. La nouvelle impératrice de toutes les Russies fit parvenir aussitôt un message à son ex-amant : « J'envoie incessamment le comte Kayserling ambassadeur en Pologne pour vous faire roi après le décès de celui-ci, et en cas qu'il ne puisse réussir pour vous, je veux que ce soit le prince Adam Czartoriski »[1]. « La Famille » de toute façon triomphait. Mais Stanislas, rêvant déjà de mariage, n'avait pas encore pris la mesure de la volonté d'acier qui avait surgi à Saint-Pétersbourg à la place de sa voluptueuse maîtresse. Catherine II ne regarda plus sa passade que de loin et de haut, comme un pion passif dans son grand jeu.

Le 5 octobre 1763, ce fut au tour d'Auguste III de mourir. La lutte pour la succession devint frénétique, « la Famille » ayant des candidats autres que Stanislas, le clan Radziwill ayant les siens, les ambassadeurs étrangers travaillant pour les uns ou pour les autres. Catherine, et le proconsul qu'elle dépêcha en Pologne, le prince Nicolas Vassilievitch Repnin, tranchèrent. Repnin obtint l'appui de l'ambassadeur anglais Thomas Wroughton, celui de Frédéric II qui avait alors besoin de l'alliance russe, et passa outre l'avis de l'ambassadeur de Louis XV et de Choiseul, le marquis de Paulmy, affaibli par l'issue désastreuse pour la France de la guerre de Sept Ans et combattu sur place par un concurrent dépêché par le Secret du roi, le général Monet, pourvu d'instructions différentes !

Des troupes russes firent mouvement vers Varsovie. Le 27 août 1764, la Diète élective se réunit, élut à l'unanimité Stanislas, qui fut couronné avec grand concours de foule dans la cathédrale Saint-Jean, le 25 novembre, jour de la Sainte-Catherine. Il prit le nom de Stanislas II Auguste. Il avait trente-trois ans. Il représentait non pas la Russie, malgré l'appui qu'il en avait reçu, mais l'espérance, le renouveau. L'un de ses premiers soins fut d'inviter Voltaire à Varsovie, d'adresser ses amitiés à Grimm et Diderot, les puissants rédacteurs de la *Correspondance littéraire,* et de fournir les informations adéquates aux journalistes de la *Gazette de Leyde* et du *Courrier du Bas-Rhin.* Peines perdues : il fallait, pour intéresser la presse de langue française, c'est-à-dire alors la presse

---

1. Jean Fabre, *op. cit.*, p. 223.

tout court, d'autres arguments que la bonne volonté philosophique.

À l'intérieur, la position de faiblesse du nouveau roi, bien
décidé pourtant par-devers lui à servir l'indépendance et les
lumières de la Pologne, ne tarda pas à rallumer les vieilles jalou-
sies de clan. Son action réformatrice de l'État, de l'éducation et
de l'assiette de l'impôt, qui allait dans le sens de l'opinion, heurtait trop d'habitudes et d'intérêts, et elle ne manqua pas de passer
pour du cosmopolitisme anti-polonais. La question religieuse, le
catholicisme étant en Pologne religion d'État, offrait aussi un
excellent prétexte aux puissances étrangères, protestantes comme
la Prusse, orthodoxes comme la Russie, pour contester la politique à petits pas de Stanislas, qui ne voulait rien précipiter et
comptait sur l'effet à long terme des Lumières pour convertir les
Polonais à l'égalité confessionnelle. Le proconsul Repnin, sur
l'ordre de Catherine II, s'empara de l'argument pour humilier
publiquement le roi devant la Diète. Les troupes russes se mirent
en marche de nouveau. La Diète, sous sa pression, vota le retour
au *liberum veto* qui la paralysait, mais avant de se séparer
confirma « à perpétuité » l'incapacité civique des non-catholiques
polonais. Les Russes n'insistèrent pas, et pour cause.

Les magnats « républicains », regroupés par les Radziwill dans la
« Confédération de Radom » et approuvés par la plupart des
évêques, défièrent alors le roi, accusé d'être servile envers la
Russie, tout en faisant appel, eux-mêmes, en sous-main au soutien
du proconsul Repnin, trop heureux de disposer d'un nouvel
instrument de pression sur Stanislas. Le représentant de Catherine
se sentit les mains libres pour un coup de force : les grenadiers
russes se ruèrent en pleine Diète pour arrêter et enlever les prélats
qui tonnaient en faveur de l'unité de foi du royaume.

Malgré cette rébellion qui profitait à l'emprise russe, Stanislas
réussit cependant à sauver l'essentiel des réformes administratives
qu'il avait déjà fait adopter. La « Confédération de Radom », réaf-
firmée en février 1767 dans la petite ville de Bar, franchit le pas,
prit les armes et déclencha la guerre civile contre le roi. Stanislas
dut assister impuissant à la répression russe contre des frondeurs
dont il approuvait le patriotisme, bien qu'ils n'eussent pas hésité
à flatter la Russie pour avoir raison de lui. Il était pris entre
plusieurs feux. Une tragédie menaçait. L'Angleterre de
George III, de David Hume et d'Edmund Burke fut la seule à
reconnaître la bonne foi de Stanislas et à dénoncer le crime
contre le droit des gens qui se préparait. Mais elle n'intervint pas.

Marie-Thérèse fit la première avancer ses troupes à l'intérieur de la Pologne. Frédéric II, qui publiait volontiers des pasquinades tournant en dérision l'ex-ami de Williams, imita l'impératrice autrichienne. Stanislas connut encore un bref répit quand, victime d'un enlèvement par les Confédérés de Bar, il réussit à échapper aux assassins et à regagner triomphalement le palais royal, le 3 novembre 1771. Deux mois plus tard, le 4 janvier 1772, l'Autriche et la Russie signèrent un accord de partage de la Pologne, et le 17 février suivant, une convention russo-prussienne délimita le morceau qui revenait au « roi-philosophe » de Sans-Souci. Tout le parti philosophique parisien, et Voltaire depuis Ferney, saluèrent ces accords par des *Te Dea Catharina* comme s'ils marquaient le triomphe de la déesse russe de la Tolérance !

Stanislas n'avait pas les moyens, sous une occupation russe larvée, et avec sur les bras une rébellion intérieure dont malheureusement pour lui les troupes russes avaient eu férocement et définitivement raison en août 1772, de rassembler la nation contre la Russie et contre la fronde nobiliaire, comme Gustave III de Suède put le faire en septembre 1772. Il ne disposait pas non plus, comme le roi de Suède, du soutien de Versailles. Il dut se contenter d'inonder l'Europe d'éloquentes protestations, en attendant que le crime fût consommé.

Pour donner au crime une apparence de légalité, Catherine II envoya à Varsovie un nouveau proconsul, le baron Otto Magnus von Stackelberg, dont les manières étaient parfaites, mais l'ultimatum sans réplique : « Se soumettre ou se démettre. » Pour faire plier le roi et la Diète, Stackelberg trouva des « collaborateurs » en nombre parmi les magnats qui haïssaient le roi réformateur. Sous la pression directe des soldats russes, la Diète entérina des traités ratifiant l'amputation du royaume d'un tiers de son territoire et des deux tiers de sa population ; ils imposaient de surcroît à la Pologne une constitution encore plus paralysante que sa constitution traditionnelle.

Le roi lui aussi dut plier, mais ne rompit point. Il continua d'embellir Varsovie, dont le peintre vénitien Bernardo Bellotto fut chargé de représenter sous tous ses angles le panorama ; il chercha la réconciliation avec les survivants de la Confédération de Bar et, faisant appel à l'expertise économique d'un Dupont de Nemours ou pédagogique d'un Condillac, il poursuivit son œuvre de réforme économique et judiciaire et de construction d'une éducation nationale. Son modèle n'était plus Louis XIV, mais Henri IV. Comme l'écrit élégamment son plus récent biographe, il « cultiva son jardin » avec persévérance. Mais c'était un jardin d'automne après l'orage, fleurant la décomposition. La France de Louis XVI et de Vergennes lui était certes devenue favorable, mais ne lui était d'aucun secours. Les intrigantes et les aventuriers pullulaient autour du roi, qui cherchait dans les plaisirs et l'espoir du miracle une compensation à son angoisse. Il ne pouvait se résoudre ni à collaborer franchement avec le protectorat russe, ni à refuser sa sympathie à l'opposition décimée qui se voulait « républicaine » et « nationale ». De son côté le proconsul Stackelberg, qui faisait tout pour diminuer un vassal dont il se défiait, ne le soutenait même pas contre des agressions prussiennes répétées.

En 1785, Stanislas tenta de renouer avec Catherine II, et d'échanger l'étouffant protectorat contre une alliance militaire anti-turque. Il alla à sa rencontre à Kanew. Après trente ans, il retrouva en tête à tête son ex-maîtresse dans la galère impériale qui transportait la tsarine le long du Dniepr, en direction de la Crimée. Il lui remit son projet d'alliance. Il put s'entretenir aussi avec l'empereur Joseph II, qui rejoignait Catherine *incognito*. Le prince de Ligne était de la partie. Peines perdues. S'en tenant aux traités de 1775, la tsarine ne voulait pas d'une alliance qui aurait admis la remilitarisation et l'existence d'un État polonais.

La jeune génération polonaise, formée dans les écoles de Stanislas, s'enflamma en 1789-1790 aux nouvelles de la Révolution française. Rousseau était son maître à penser. Le roi partageait plutôt les vues de Burke, dont il lut les *Réflexions* en 1790. De toute façon, l'heure était venue d'un grand débat constitutionnel, entre le modèle anglais et le nouveau modèle français. Les menaces de l'Angleterre de Pitt pesant sur la Russie avaient semblé éloigner les périls, mais Pitt renonça à pousser sa pointe. Néanmoins, le 4 mai 1791, le roi dans l'enthousiasme général prêtait serment sur la nouvelle constitution libérale votée par la Diète : elle faisait de la Pologne une monarchie héréditaire.

Le 14 mai 1792, 9 700 « libérateurs » russes franchissaient en armes les frontières de la Pologne, « appelés » par une confédération de magnats hostiles à la nouvelle constitution. L'armée récemment levée du jeune État opposa une courageuse résistance. Le 23 juillet, Stanislas signa une lettre de capitulation adressée à la tsarine. Le protectorat russe se fit dictature militaire ouverte Un second traité de partition, réduisant à peu de chose le territoire polonais, fut signé le 23 janvier 1793 entre Russie, Prusse et Autriche Ce n'était encore qu'un début.

Stanislas, que les Confédérés de 1792 rendaient responsable de la nouvelle partition, n'avait plus de roi que le nom. Quand le 23 mars 1794 une révolution à l'appel de Kosziuszko éclata à Cracovie, puis à Varsovie, massacrant les occupants russes et leurs plus voyants collaborateurs, Stanislas s'y rallia sans hésiter.

La réplique fut foudroyante. En juin 25 000 Prussiens, faisant leur jonction avec 15 000 Russes commandés par Souvorov, assiégèrent Varsovie, où une Terreur jacobine s'amorçait. La ville prise, Catherine raya de la carte la petite Pologne de 1793, la déclara territoire occupé et envoya Stanislas en résidence surveillée à Grodno. Le troisième traité de partition entérinant cette fois la suppression de la Pologne fut signé le 24 octobre 1795. Stanislas fut contraint d'abdiquer. Il n'avait jamais cessé d'écrire dévotement à Catherine, et d'espérer en elle contre tout espoir.

« Maman Geoffrin » et le double jeu des grandes consciences parisiennes

Le caractère de Stanislas « roi-philosophe » avait beaucoup de pailles dans son métal : elles suffiraient à attester les contradictions des Lumières. La politique de Versailles envers la Pologne de Stanislas suffirait de son côté à démentir la réputation de *cleverness* que s'était acquise la diplomatie française depuis les traités de Westphalie, de Ryswick et d'Utrecht. Mais que dire alors de l'attitude des « philosophes » parisiens et de leur chef Voltaire envers un roi qui, de leur propre aveu, était leur élève, et envers un pays qu'il travailla contre vents et marées à « éclairer » selon leurs vues ? Si la cour de France se montra stupide, la capitale des Lumières se révéla odieuse.

Tout commença avec le voyage de Mme Geoffrin à Varsovie en 1766, dont Voltaire avait pu écrire qu'il « doit être en France une grande époque pour tous ceux qui pensent ». La « Patronne » du salon philosophique du 372, rue Saint-Honoré, jusqu'au couronnement de 1764, n'avait tenu Stanislas Poniatowski que pour un « petit garçon » qu'il lui revenait de morigéner. De crainte qu'il se liât pendant son séjour à Paris au meilleur connaisseur d'art de l'époque, le comte de Caylus, elle lui avait interdit ses « Lundis », le jour des artistes, et se réserva désormais à elle-même le rôle d'intermédiaire pour ses achats de tableaux et de statues. Le nouveau roi dut accueillir dans ses collections, à son grand désespoir, beaucoup d'œuvres médiocres ou de faux.

Stanislas devenu roi tenait Mme Geoffrin pour ce qu'elle était en réalité, un précieux intermédiaire avec les trompettes philosophiques qui fréquentaient son salon. Il lui adressa donc, lors de son avènement, les mêmes circulaires publicitaires qu'il faisait parvenir à ses correspondants occidentaux. En échange, il reçut de celle qu'il appelait par-devers lui « la Geoffrin » des torrents de tendresse auxquels il n'avait pas été accoutumé, et qu'il ne souhaitait nullement. Cet éternel « fils » ne sut pas résister à la longue à la tentation de saisir la main que lui tendait une « maman » de plus.

La Patronne des Lumières, contrairement à la Verdurin de Proust, n'avait pas une once de méchanceté. Mais elle était ivre de snobisme, et elle mettait son remarquable sens pratique et son flair psychologique au service de cette violente passion. Les idées de ses « philosophes » ne l'intéressaient qu'au titre d'un « politiquement correct » qu'il lui fallait observer pour se les attacher : ce qu'elle voyait en eux, c'étaient des gens de lettres assez célèbres pour attirer chez une bourgeoise comme elle quelques gens du grand monde et beaucoup de nobles étrangers. Il faut lui rendre cette justice qu'elle ne se fit jamais d'illusion ni sur Frédéric II, ni sur la tsarine, et qu'elle fut des rares Français à sympathiser vraiment avec Stanislas. Dévote, prude, charitable tout en restant près de ses sous, conservatrice à tous crins, comme sa fille dont elle avait fait une marquise de La Ferté-Imbault, toute sa vie d'hôtesse, voire d'« ambassadrice » des Lumières philosophiques, était fondée sur un profond malentendu que ses habitués et elle-même s'entendirent pour voiler soigneusement.

Ce malentendu caché entait le pouvoir de Mme Geoffrin sur celui que ses « philosophes » avaient acquis de régenter l'opinion française et européenne. Et c'est l'obscur désir de vérifier dans toute son étendue ce pouvoir, reflet de celui de ses habitués, qui la porta à imaginer, elle qui à soixante-dix ans n'avait comme Boileau jamais mis les pieds hors de Paris, un voyage jusque dans la lointaine capitale de son « fils » couronné. Elle s'était permis, n'entendant rien ni à la politique ni à la diplomatie, d'écrire à Choiseul le 11 mars 1765 pour lui intimer l'ordre de reconnaître son « enfant », ignoré par Versailles : ce qui ruina pour longtemps toute l'intrigue secrète échafaudée par Stanislas pour réchauffer envers lui le roi, Choiseul et le chef du Secret, le comte de Broglie.

Le roi résista longtemps, mais il dut se résigner à ce voyage. Le 21 mai 1766, la confortable berline de Mme Geoffrin s'ébranla sur les pavés de la rue Saint-Honoré. Tout au long de la longue route, elle fut accueillie de capitale en capitale en reine des

Lumières, notamment à Vienne où elle reçut les honneurs de la Cour qu'elle n'aurait pas songé à espérer de Versailles. L'Europe avait les yeux fixés sur la messagère des « philosophes », dûment accréditée par Voltaire.

Le séjour à Varsovie ne se prolongea pas cependant au-delà de dix semaines. Posant à la Maintenon du royaume, se mêlant de trancher en politique dans un pays dont elle ne savait rien, sauf qu'il était « gothique » et qu'il fallait, avec l'aide des bons régiments russes, lui imposer sans tergiverser les lumières souhaitées par ses habitués parisiens, s'interposant dans des querelles de famille qu'elle réussit à aigrir davantage, s'immisçant avec toute sa pruderie dans les mœurs de Stanislas et avec toute son économie dans les comptes de la Cour, cette mouche du coche, accueillie d'abord avec effusion, en fut bientôt réduite à quereller par correspondance un roi trop occupé pour la voir trop longtemps et trop souvent. Si Stanislas avait pu croire que la présence de « la Geoffrin » à sa cour amorcerait à Varsovie une noria de « philosophes » et ferait croître son prestige européen, il mesura son erreur. Certes on révérait en elle Grimm, d'Alembert et Voltaire. Mais à elle toute seule et loin d'eux, ce bon lecteur de nos classiques eut tout loisir de la percer à jour : elle n'était au fond que la Mme Pernelle de *Tartuffe*. Au demeurant, ni Voltaire, ni d'Alembert ne songèrent jamais à gagner Varsovie, et Grimm n'y fit qu'une brève escale dédaigneuse. Diderot gagnant Saint-Pétersbourg contourna même l'obstacle polonais.

Furieuse, la Patronne se rembarqua pour Paris le 13 septembre, et elle eut beau recevoir du roi des lettres de raccommodement, elle lui répondit par un « Tout est dit ». La correspondance néanmoins finit par reprendre, tant Stanislas était anxieux de ne couper aucun fil avec Paris. Impatienté par ses conseils d'abdication ou de reddition à la force russe, c'est tout de même à Mme Geoffrin qu'il confia, au plus fort de la révolte des Confédérés de Bar, le secret de sa louvoyante et persévérante politique royale :

« Les Russes ont beau me dire : vous parlez pour ceux qui veulent vous détrôner. Je réponds : à mon égard, ils pèchent par ignorance, mais leurs motifs, au moins pour la plupart, ont le patriotisme et l'indépendance nationale pour objet ; ils sont Polonais, donc je dois tâcher de les secourir comme je puis »[1].

---

1. Jean Fabre, *op. cit.*, p. 310.

Reflet machinal des lieux communs « philosophiques », la pauvre Mme Geoffrin était malgré tout un ange de bonne foi en comparaison de Voltaire, qui au milieu du siècle touchait au sommet de sa gloire et de son autorité européennes, en Pologne comme ailleurs. Au seigneur de Ferney, la catholique Pologne n'apparaissait en revanche que sur le fond obscur des âges « gothiques » où selon lui la France elle-même avait croupi jusqu'au « siècle de Louis XIV » et au progrès du siècle de Voltaire. Cet antre du fanatisme faisait tache à ses yeux dans une Europe orientale où les Lumières de deux Louis XIV étaient en plein rayonnement, et méritaient toute la faveur de la République des Lettres. Il est difficile d'imaginer une inversion d'optique plus obtuse. L'un de ces flambeaux était Frédéric le Grand, dont aucune brouille ne le détachera, et dont tous les forfaits n'attirèrent de sa part qu'ironie indulgente. L'autre était Catherine, elle aussi traitée par lui de « Grande », et qui avait obtenu toute sa compréhension philosophique lors de la « liquidation » de Pierre III, et de nouveau lors de l'assassinat le 16 août 1764 d'un autre gêneur, le prince Ivan. Sûr de rencontrer le sentiment de Voltaire, qui avait pourtant publié l'année précédente le *Traité sur la tolérance,* d'Alembert, son fidèle agent parisien, lui avait alors adressé ce commentaire :

« Il vaut mieux, dit le proverbe, tuer le diable que le diable ne vous tue. Si les princes prenaient des devises comme autrefois, il me semble que celle-là (la tsarine) devrait être la sienne. Cependant il est un peu fâcheux d'être obligé de se défaire de tant de gens et d'imprimer ensuite qu'on est bien fâché, mais que ce n'est pas sa faute. Il ne faut pas faire trop souvent cette sorte d'excuse au public. Je conviens avec vous que la philosophie ne doit pas trop se vanter de pareils élèves. Mais que voulez-vous ? Il faut aimer ses amis avec leurs défauts »[1].

Il est évident qu'entre les amis puissants et les amis misérables, les « philosophes » savaient faire la diférence. Catherine était généreuse de ses roubles, ses commandes de publicité politique étaient payées rubis sur l'ongle, elle acheta la production horlogère de Ferney, la bibliothèque de Diderot dont elle lui laissa l'usufruit, des collections française d'œuvres d'art dont le philosophe se fit l'honnête courtier et enfin elle distribua des pensions comme Louis XIV. Autre point commun avec le Grand Roi : elle

---

1. *Ibid.*, p. 317.

avait une armée. À elle seule, elle résumait pour ses amis et propagandistes français toutes les Lumières dont elle prétendait inonder la Russie. Il était bien naturel que ses rayons s'étendissent aux ténèbres de la Pologne. Stanislas, toujours à court d'argent, et dépourvu de bataillons, devait se contenter d'être la lune de ce Soleil pétersbourgeois, et si possible en même temps du Soleil potsdamois.

« Je ne sais, écrivait Voltaire à d'Alembert en novembre 1764, au moment où l'amant de Catherine venait d'être élu roi, qui est le plus philosophe de Stanislas, du roi de Prusse ou de la tsarine. On est étonné des progrès que la raison fait dans le Nord » [1].

Au cours de sa campagne en faveur de Calas, des Sirven et de la tolérance, Voltaire avait obtenu de Stanislas deux cents ducats pour les Sirven. Ayant reçu le texte du discours que le roi de Pologne avait prononcé en 1766 devant la Diète, et où il laissait espérer l'égalité civique pour les non-catholiques, Voltaire le prit au mot et tint la chose faite :

« Mais, Sire, le bien que vous faites à l'humanité entière en établissant une sage tolérance en Pologne me donne un peu de hardiesse. Il s'agit ici du genre humain ; vous en êtes. *Je mourrai en paix, puisque j'ai vu les jours du salut.* Le vrai salut est le bienfaiteur. Sire, vous pardonnerez au vieillard Siméon de s'écrier : la bienfaisance ! » [2].

Par un merveilleux chassé-croisé sémantique, le beau prétexte que la tsarine invoquera pour justifier en 1767 l'entrée des troupes russes en Pologne et la répression de la révolte de Bar, servira à son avocat Voltaire pour présenter à l'Europe cette violation du droit des gens comme une éclatante victoire de sa propre campagne en faveur de la tolérance : « Non seulement cette princesse est tolérante, écrivait-il, mais elle veut que ses voisins le soient [...]. Elle a juré qu'elle ne voulait pas un pouce de terre, et que tout ce qu'elle fait n'est que pour la gloire de la tolérance » [3]. Un pamphlet pseudonyme, répandu dans toute l'Europe, et qui valut à Voltaire de somptueux cadeaux envoyés de Saint-Pétersbourg, *Dissensions des Églises en Pologne,* décrit la tsarine et ses « trognes armées » comme le bras séculier de la philosophie

1. *O.C.* de Voltaire, Voltaire Foundation, Oxford, Correspondance, (Best) D12185.

2. Jean Fabre, *op. cit.*, p. 321.

3 *Ibid.,* p. 319.

exécutant ce que Stanislas s'était contenté de laisser espérer : la défaite d'un sanglant fanatisme déshonorant la Pologne et l'humanité. Le Pseudonyme allait jusqu'à écrire :

« On fut étonné de voir une armée russe vivre au milieu de la Pologne avec beaucoup plus de discipline que n'en eurent jamais les troupes polonaises. Il n'y a pas eu le moindre désordre. Elle enrichissait le pays au lieu de le dévaster : elle n'était là que pour protéger la tolérance [...] On n'eût pris cette armée que pour une Diète assemblée pour la liberté »[1].

La « guerre humanitaire », la protection préventive des minorités, le droit d'ingérence, tous les fards de la *Realpolitik* étaient déjà inventés. L'ardeur voltairienne fut tout de même un peu désarçonnée par la nouvelle, en 1772, de la partition de la Pologne où les deux Louis XIV du Nord s'étaient taillé la part belle. Cette fois le « philosophe », qui d'abord ne voulait pas croire à ce crime de « philosophes », se garda de l'évoquer en public, même sous le voile de l'anonymat. En privé, dans sa correspondance, il se borna à citer La Fontaine : *Mes amis, dit le Solitaire, les choses d'ici bas ne me regardent point,* ou à démentir mélancoliquement ses habituelles déclamations contre les « Welches » et ses hymnes à la gloire de la Raison du Nord :

« J'aime encore mieux être Français que Danois, Suédois, Polonais, Russe, Prussien ou Turc ; mais je veux être Français solitaire, Français éloigné de Paris, Français suisse et libre »[2].

Dans sa correspondance avec Frédéric, il se borne d'abord a ironiser sur la devise de la médaille frappée par le roi de Prusse, à l'imitation de Louis XIV, pour célébrer sa part du festin polonais : *Regno redintegrato* (« Le royaume rendu à ses frontières ») et à préférer *Regno novo* (« Un royaume de plus »). Pas un mot de condoléances à Stanislas, à qui il n'écrira jamais plus. Mme du Deffand n'avait pourtant pas manqué, non sans une pique secrète, de l'inviter à faire un geste pour une fois généreux .

« Je voudrais, lui avait-elle écrit, que vous fissiez des factums pour le pauvre roi de Pologne. Il n'y a qu'une voix comme la vôtre qui puisse se faire entendre »[3].

Elle savait bien que Voltaire avait mentalement dans cette

---

1. *Ibid.*, p. 322.
2. *Ibid.*
3. *Ibid.*

pénible affaire adopté la devise paraphrasée du Prusias de Corneille : « Ah ! ne me brouillez pas avec mes rois philosophes ! » Un brillant pamphlet anglais de Lindsay ne manqua pas de tourner en ridicule son étrange silence, succédant à tant de propagande creuse qui rétrospectivement lui donnait fâcheuse figure de dupe.

À la décharge du grand homme « dépassé par l'Histoire », il faut reconnaître qu'il ne se leurrait pas lui-même. À Frédéric, à qui il adressa le sévère pamphlet anglais comme une preuve de fidélité sacrificielle, il alla aussi loin qu'il pouvait aller sans heurter directement son vieux complice :

« Je fus attrapé comme un sot quand je crus bonnement, avant la guerre des Turcs, que l'impératrice de Russie s'entendait avec le roi de Pologne pour faire rendre justice aux dissidents [protestants et orthodoxes] et pour établir seulement la liberté de conscience. Vous autres rois, vous êtes comme ces dieux d'Homère, qui font servir les hommes à leurs desseins sans que les pauvres gens s'en doutent »[1].

En dépit de ce lâchage, et de la parfaite lucidité de Stanislas sur l'appui efficace que le rideau de fumée moral émis par Voltaire avait offert à l'appétit de la tsarine, le roi de Pologne n'en continua pas moins obstinément à tenir le roi des Lumières pour « l'honneur de son siècle ». Trois bustes et une statue en pied du grand homme continuèrent à orner ses châteaux et ses parcs. Jusqu'au dernier triomphe de l'auteur de *Candide* à la Comédie-Française, il se tint au courant de ses moindres faits et gestes. Il feuilletait volontiers le dossier de lettres et manuscrits du grand écrivain qu'il avait lui-même réuni. Il se considérait comme son disciple, fidèle à l'idéal de progrès que ses écrits lui avaient enseigné, sinon à sa personne et ses foucades. Il admirait aussi Rousseau, d'autant plus peut-être que celui-ci avait rédigé en 1772 son projet de Constitution pour la Pologne à la demande de la Confédération de Bar, écrasée, malgré les impuissantes objurgations du roi, par les troupes russes du général Apraxine. Son règne, en dépit de tout, aura permis aux Polonais, sinon à la Pologne, de s'accorder au mouvement général des esprits en Europe. On ne saurait en dire autant de la Russie de Catherine II.

---

1. *Ibid*, p. 328.

Stanislas II Auguste, mémorialiste français

Stanislas Poniatowski, finissant ses jours dans le Palais de marbre de Saint-Pétersbourg où le tsar Paul Ier l'avait appelé à la mort de Catherine II, aurait été surpris d'apprendre que sa gloire terrestre pourrait devenir un jour celle d'un écrivain français. Il laissait des *Mémoires*, mais c'était à ses yeux sa justification politique pour la Pologne à venir, et non pas un monument littéraire français. Aujourd'hui encore, il est vrai, les Français eux-mêmes ignorent la centralité du genre des *Mémoires* dans leur propre tradition littéraire, et seul un livre oublié, mais qui mérite lui-même d'être redécouvert, a jusqu'ici rendu justice à la place que les *Mémoires* de Stanislas méritent de tenir dans cette tradition très française.

La supériorité des *Mémoires* sur la meilleure historiographie, c'est qu'ils montrent au lieu d'essayer d'expliquer. Et ils montrent dans cet état second du témoin qui sait qu'il va mourir, fouillant dans ses souvenirs encore cuisants ce qu'il a vu, ce qu'il a fait, ce qu'il a entendu, ce qu'il a senti, éclairé une dernière fois dans la nuit qui tombe par la vive et ultime lumière d'un soleil qui ne se lèvera plus. Si le genre des *Mémoires* est d'origine aristocratique, s'il a été si brillant dans l'Ancien Régime, c'est sans doute d'abord parce que l'art nerveux du récit et du dialogue, le talent du portrait et de l'anecdote étaient des composantes obligées de l'esprit de conversation, qui se prolongeait tout naturellement dans la correspondance écrite, et qui se résumait pour ainsi dire dans les *Mémoires* quand l'heure en était venue. Pour écrire ses *Mémoires*, l'aristocrate de cour était soutenu par le sentiment qu'il avait été mêlé à des événements historiques et associé au petit nombre d'hommes et de femmes qui résumaient le mieux l'époque où il avait vécu, tous rassemblés dans le milieu de pouvoir où il avait évolué. L'extra-ordinaire film intérieur que suppose la projection finale de *Mémoires* a été d'abord enregistré et pour ainsi dire tourné, au cours d'une vie antérieure aux aguets, dans le suspens dangereux, haletant, parfois enivrant de la Cour et des « compagnies » qui gravitent autour d'elle. On n'oublie pas ce qui a fait trembler de peur ou de plaisir.

Mais pourquoi ce genre aristocratique a-t-il été un genre français, né en France avec Joinville, et accompagnant les règnes

successifs de nos rois, les états successifs de notre langue, avec
une abondance, une variété, une vitalité qui culminent au
XVIIe siècle, avec les *Mémoires* de la Fronde ? Peut-être parce que
l'aristocratie française était à la fois très attachée à ses rois, et en
perpétuelle fronde, ouverte ou intime, contre leur joug.

Le fait est qu'au XVIIIe siècle, les grands étrangers qui ont écrit
des *Mémoires*, Frédéric II et sa sœur la margravine de Bayreuth,
le baron de Besenval, le prince de Ligne, tenant le genre pour un
produit du terroir français, les ont écrits dans notre langue. Si
Stanislas Poniatowski a écrit lui aussi, mais avec plus de talent,
ses *Mémoires* en français, c'est qu'il connaissait mieux que
personne la tradition française du genre, au point de humer à
Versailles et à Paris, lorsqu'il les découvrit en 1753, un parfum de
flacon baudelairien, un air de déjà vu et de déjà lu, des noms, des
caractères, qui lui étaient « devenus familiers »[1]. Si les *Mémoires*
de Stanislas (dans leurs premiers livres, que j'ai déjà beaucoup
cités) ont un éclat et un suspens exceptionnels parmi les
Mémoires d'étrangers écrits en français au XVIIIe siècle, ce n'est
pas seulement une question de langue et de style : c'est qu'il les
a commencés et les a poursuivis dans la situation archétype des
classiques du genre, sous la menace non seulement de la mort,
mais de la *damnatio memoriae*. Le genre a été illustré en France
par de grands seigneurs et de grandes dames disgraciés, vaincus,
Retz, la Grande Mademoiselle, Saint-Simon, et qui confient à
leur famille, voire à une postérité lointaine, le soin de recueillir la
bouteille à la mer qu'ils leur lancent clandestinement. Stanislas
connaissait presque par cœur ses grands auteurs. Il s'est retrouvé
un jour acculé au même drame vital et il a recouru à la même
issue littéraire.

Dictés en français à son secrétaire Christian-Wilhelm Friese
entre 1771 et 1798, relus et corrigés de sa main, les *Mémoires* du
roi Stanislas ont tous les traits caractéristiques de ce genre singulier. Ils réfléchissent la parole vive d'un homme d'action qui
n'est pas un écrivain professionnel, mais qui est passé maître
dans l'usage virtuose du français. Ceux de Stanislas Poniatowski
sont exceptionnels par leur fraîcheur, leur liberté de ton, le
bonheur et l'abondance, leur improvisation orale, mais d'une
improvisation qui va son train et qui n'a pas besoin de se
reprendre pour réussir ses vocalises. Sur fond d'une prose clas-

---

1. *Mémoires, op. cit.* p. 93.

sique, au sens voltairien du terme, quelque chose de Rousseau se laisse entendre.

Il a commencé à écrire en 1771, quand se dessinait déjà la première partition de la Pologne, quand l'imprudente Conspiration de Bar avait attiré l'armée russe sur le territoire national et quand il comprit que son règne ne tenant plus qu'à un fil ne lui vaudrait jamais la gloire. Ce que l'État de Richelieu et de Louis XIV avait été pour Retz, pour la Grande Mademoiselle, pour Saint-Simon, une figure du *Fatum*, Catherine qui l'avait piétiné, Frédéric qui l'avait outragé, Louis XV, qui en 1753 ne lui avait même pas adressé la parole, et Voltaire, qui après 1772 avait cessé définitivement de lui écrire, l'ont été ensemble pour cet éternel enfant des Lumières.

Le destin qu'ont connu ses *Mémoires* est lui aussi archétypique d'un genre par définition posthume et menacé de longs engloutissements. Écrits dans la clandestinité, les *Mémoires* paraissent parfois longtemps après la mort de leur auteur. Ce délai est souvent une affaire d'État. Les *Mémoires* de la Fronde n'ont pu paraître qu'après la mort de Louis XIV. Louis XV a fait saisir à la mort de Saint-Simon les *Mémoires* du petit duc, dont on savait en haut lieu qu'ils pouvaient porter atteinte à la gloire de Louis XIV et à l'honneur de nombreuses grandes familles de la Cour. Ce qui s'était produit en France se répéta à une tout autre échelle en Russie tsariste, où les *Mémoires* à la française, genre exotique, n'étaient pas, c'est le moins que l'on puisse dire, protégés par une tradition littéraire, et où néanmoins l'ex-roi de Pologne fut bien forcé d'achever et de laisser les siens, dans le Palais de marbre où il mourut, en 1798.

Les huit volumes reliés en maroquin, secret d'État à haut risque, furent immédiatement transportés et déposés sous scellés aux Archives des Affaires étrangères, puis, pour plus de sûreté, en 1832, sur l'ordre de Nicolas Ier, aux Archives d'État. Ils n'en sortirent que brièvement en 1891, quand le tsar Alexandre III eut la curiosité d'y jeter un coup d'œil. Outre une partie toute personnelle, ils contiennent un recueil de documents diplomatiques et politiques (tous en français) essentiels pour l'histoire russo-polonaise d'un malheureux règne. C'est seulement en 1907 que Serge Gouaïnov obtint de Nicolas II l'autorisation de les publier, sur les presses de l'Académie des sciences, plus d'un siècle après la disparition de Stanislas.

Seul Français jusqu'ici, Jean Fabre, dans le magnifique livre qu'il publia en 1950, *Stanislas Poniatowski et le siècle des*

Lumières, a fait abondamment état de ce chef-d'œuvre de notre langue, dont peu d'exemplaires figurent dans les bibliothèques françaises. C'est un des meilleurs panoramas de l'Europe des Lumières que l'on puisse lire, une galerie de portraits saisissants, et c'est aussi l'archive d'un souverain des Lumières ayant régné dans une Europe orientale où elles sont parvenues de loin, par en haut, mais nulle part mieux reçues qu'en Pologne, où elles connurent, bien avant 1793, la même suite de tragiques démentis qu'a subi de nos jours, à Varsovie, à Budapest et à Prague, le « socialisme à visage humain ».

INDEX

REMERCIEMENTS

Il y a des livres prémédités, d'autres non. Celui-ci a poussé de lui-même, et il a trouvé seul, de son propre mouvement, sa forme et sa fin ; trompant toujours en cours de croissance les intentions que naïvement, en prenant chaque fois pour la tige un branchage ou un rameau, je me faisais fort de lui imposer. J'ai d'abord cru qu'il allait être « une petite anthologie de la prose française », écrite par des étrangers au XVIIIe siècle. Puis, les courts chapeaux que je donnais à ces citations, dans l'espèce de feuilleton que la revue *Commentaire* avait bien voulu accepter de publier, ont pris de l'ampleur : ils sont devenus portraits. J'ai donc cru que j'allais, sans renoncer à l'anthologie, vers une galerie de portraits d'étrangers, rois et reines, chefs militaires, ambassadeurs, grandes dames, aventuriers, dont la francophilie déclarée ou l'attraction irrépressible pour la France avaient fait des témoins caractéristiques de l'« Europe française » au siècle des Lumières. Puis les portraits au singulier sont devenus portraits couplés ou entrecroisés, ils ont tourné à la biographie brève, ou à la tranche d'histoire. Bienveillante et indulgente, la revue continuait de trimestre en trimestre à publier le feuilleton, sans s'émouvoir de la singulière transformation dont il était l'objet. Certains de ces essais ont essaimé en préfaces et petits livres. C'est le cas de l'essai sur Lord Chesterfield, devenu aux éditions Rivages la préface à ses Lettres, maintenant traduite en italien et publiée chez Adelphi.

Souvent, ils recoupaient les études sur *La conversation* et *Le génie de la langue française* que Pierre Nora avait publiées dans *Les lieux de mémoire*, et qui ont eux-mêmes déployé leurs archives dans les anthologies commandées à Jacqueline Hellegouarc'h et parues dans l'intervalle aux Classiques Garnier : *L'art de la conversation* et *L'esprit de société*. La petite anthologie de la prose française écrite par des étrangers dans l'« Europe française », par quoi tout avait commencé, s'était peu à peu transformée en une redécouverte de la France des Lumières, vue et comprise dans sa propre langue par ses visiteurs ou ses observateurs étrangers les plus attentifs.

Peu à peu, non seulement la tige, mais le feuillage du livre en train de naître se sont imposés à ma vue, mais c'est seulement après coup que son sens et son titre ont jailli comme d'eux-mêmes. Le titre a été trouvé au cours d'une conversation téléphonique avec le directeur de *Commentaire*, Jean-Claude Casanova, à qui ses lecteurs faisaient remarquer que le feuilleton de la revue ne correspondait plus à l'énoncé initial. Pour autant, ni le sens ni le titre qui étaient apparus ne reniaient aucun de ceux, partiels ou intermédiaires, essayés depuis le début, ils n'obligeaient pas non plus à épuiser aucun d'entre eux.

C'est alors que Bernard de Fallois, qui a suivi de loin, avec une attention flottante qui n'a rien de commun avec celle du psychanalyste, mais qui a tout de l'empathie amusée du grand éditeur, a décidé que la plante avait atteint sa taille adulte, et qu'il était temps de la mettre en pot. J'ai dû tailler ici, ou rétablir là des équilibres, afin de respecter les nervures qui s'étaient dessinées nettement au cours du temps, et malgré moi. Fort injustement, et avant tout pour en prendre sur moi seul les faiblesses et les fautes, mon nom figure en tête d'un livre dont je suis très peu l'auteur.

Je ne saurais dire en effet toutes les lumières, toutes les sources, et toutes les nourritures qui ont permis à ce livre de se développer et de se déployer sans moi. La dédicataire de *Quand l'Europe parlait français* n'a cessé de mettre à son service les réserves inépuisables de son esprit, de ses collections, de sa bibliothèque et de son cœur généreux. Jacqueline Hellegouarc'h, Benedetta Craveri, Benoît d'Aboville, Benjamin Strorey, Marianne Roland-Michel, Pierre Rosenberg, Françoise Waquet lui ont prêté leur concours. Éric de Lussy, de la Bibliothèque de l'Institut, et ses collègues de la Bibliothèque Mazarine, l'ont ravitaillé en photocopies. Avec patience, depuis des années, Catherine Fabre, mon assistante au Collège de France, a donné corps typographique à tant de fragments épars, mais qui avaient tous la même idée en tête. Pierre-E. Leroy, maître de conférences au Collège de France, a relu les premières épreuves. Bernard Minoret et le Professeur Bruno Neveu ont bien voulu consacrer du temps et leur acribie bien connue à la lecture des secondes.

TABLE

TABLE 489

Impression réalisée sur CAMERON par

BUSSIÈRE CAMEDAN IMPRIMERIES

GROUPE CPI

à Saint-Amand-Montrond (Cher)
en janvier 2002

N° d'édition : 414. N° d'impression : 020124/4.
Dépôt légal : décembre 2001
Premier dépôt légal : octbre 2001.

Imprimé en France